KiWi 271

Über das Buch
Wolfgang Leonhard war ein Junge von 13 Jahren, als er mit seiner Mutter das nationalsozialistische Deutschland verlassen mußte und in die Sowjetunion emigrierte. Dort wuchs er nach der Verhaftung seiner Mutter in einem sowjetischen Heim für österreichische und deutsche Emigranten auf, studierte an der Moskauer Pädagogischen Hochschule für Fremdsprachen und trat dem Kommunistischen Jugendverband der UdSSR bei. Er erlebte den Ausbruch des deutsch-sowjetischen Krieges in Moskau und wurde zwangsweise nach Karaganda umgesiedelt. Ein Jahr später wurde er in die Komintern-Schule einberufen, um für politische Aufgaben in Deutschland geschult zu werden. Nach Auflösung der Komintern arbeitete er im ›Nationalkomitee Freies Deutschland‹. Diese Ausbildung, politisches Interesse und Aktivität führten dazu, daß Leonhard zu jenen zehn Funktionären gehörte, die unter Führung Walter Ulbrichts im April 1945 nach Deutschland entsandt wurden. Die ihm nun zugewiesenen Aufgaben brachten es mit sich, daß er nicht nur die damaligen Repräsentanten der sowjetischen Besatzungszone und der späteren DDR persönlich kennenlernte, sondern auch an internen Entscheidungen und Ereignissen der kommunistischen Partei und Administration beteiligt war. Nachdem Tito den Bruch mit Moskau vollzogen hatte, flüchtete Leonhard nach Jugoslawien und von dort aus in die Bundesrepublik Deutschland. 1949 wurde er »wegen trotzkistischer Tätigkeit« aus der kommunistischen Partei ausgeschlossen. 1990 nennt die (Ost) *Berliner Zeitung* sein Buch »ein einzigartiges Dokument über die Kinderjahre des Stalinismus«.

Der Autor
Wolfgang Leonhard, geboren 1921, lebt als Ostexperte in der Bundesrepublik. Er war von 1966–1987 Professor an der historischen Fakultät der Yale-Universität, New Haven/USA.

Wolfgang Leonhard

Die Revolution entläßt ihre Kinder

Kiepenheuer & Witsch

Umschlag Manfred Schulz, Köln
Gesamtherstellung Clausen & Bosse, Leck
ISBN 3 462 02188 5

Inhalt

Vorwort

Am 15. März 1949 hätte ich in der SED-Parteihochschule »Karl Marx« in Kleinmachnow eine Vorlesung halten müssen. Im großen Lektionssaal saßen die Kursanten der Parteihochschule mit Notizblöcken vor sich und warteten auf den Dozenten. Sie warteten vergebens.

Wo ist Genosse Leonhard?

Man suchte mich in meiner Wohnung in der Parteihochschule. Ich war nicht dort. Die Vorlesung wurde abgesagt. Schon tauchte bei einigen der Verdacht auf, der flüsternd geäußert wurde: »Vielleicht ist Wolfgang abgehauen?«

Die Sekretärin der Parteihochschule wurde beauftragt, in meiner Wohnung in Berlin-Pankow nachzusehen. Aber auch das blieb erfolglos. Bald war kein Zweifel mehr möglich: Wolfgang Leonhard ist geflohen.

Die Nachricht von meiner Flucht sprach sich sofort herum. Auf der Parteihochschule herrschte große Erregung. Bis zu diesem Zeitpunkt waren nur wenige höhere SED-Funktionäre aus der Sowjetzone Deutschlands geflohen. Sie hatten meist früher der Sozialdemokratie angehört. Jetzt aber war ein verantwortlicher SED-Funktionär geflohen, der aus der KPD gekommen war – und noch dazu in der Sowjetunion geschult und ausgebildet.

Noch etwas kam hinzu: Bisher waren alle SED-Funktionäre in den Westen gegangen, und die Westberliner Presse hatte jedesmal sofort darüber berichtet. Nach meiner Flucht aber brachten die westlichen Zeitungen nichts. In Westberlin wußte man genauso wenig wie in Ostberlin.

Wo ist denn Leonhard geblieben? Sollte er vielleicht gar in Jugoslawien sein?

Nur heimlich wurde diese Vermutung ausgesprochen – denn über Jugoslawien zu sprechen war damals nicht ungefährlich.

Eine Woche nach der anderen verging. Vom SED-Dozenten Leonhard war nichts zu hören. Das Rätselraten dauerte an.
Während dieser Aufregung saß ich in Belgrad und schrieb eine Rundfunk-Erklärung und eine Broschüre über die politischen Gründe meiner Flucht aus der Sowjetzone.
Am 12. März 1949 hatte ich Ostberlin verlassen, am 25. März war ich, nach einer schwierigen Flucht, in Belgrad eingetroffen. Vier Wochen nach meiner Ankunft verlas ich im Studio des Belgrader Rundfunks meine Erklärung gegen die Kominform-Resolution und für die Jugoslawen, die sich im Sommer 1948 von Stalin losgesagt hatten, um ihren eigenen unabhängigen Weg zum Sozialismus zu gehen.
Nach meiner Stellungnahme, die am 22. April abends in zwölf Sprachen über den Belgrader Rundfunk verbreitet und am nächsten Tag in allen jugoslawischen Zeitungen veröffentlicht wurde, konnte die SED-Führung nicht mehr schweigen.
Vier Tage später, am 26. April 1949, wurde im SED-Zentralorgan »Neues Deutschland« mein Ausschluß aus der Partei bekanntgegeben. Unmittelbar darauf begann eine fieberhafte Tätigkeit in der Parteihochschule. Eine Versammlung löste die andere ab. Alle Kursanten wurden in Einzelgesprächen noch einmal auf Herz und Nieren überprüft. Aber auch das wurde als ungenügend erachtet. Es folgte die Direktive: Die von Leonhard geführte Klasse der Parteihochschule wird aufgelöst, alle Kursanten werden auf andere Fakultäten verteilt.
Alle Vorschläge, die ich als Dozent für die zukünftige Tätigkeit der Kursanten gemacht hatte, wurden nun ins Gegenteil verkehrt. Hatte ich zum Beispiel empfohlen, einem Kursanten nach dem Studium auf der Parteihochschule die Möglichkeit zu geben, an einem wissenschaftlichen Institut zu arbeiten, konnte dieser nun mit Sicherheit damit rechnen, zur »praktischen Parteiarbeit« in die Provinz geschickt zu werden.
Der in der Sowjetunion ausgebildete Dozent Heinz Abraham – der sich selbst als »harten Bolschewisten« bezeichnete –

hielt Vorträge über die »Lehren«, die sich für die Parteihochschule aus dem »Fall Leonhard« ergäben.
Immer wieder wurden Versammlungen einberufen, in denen jeder, der in irgendeiner Beziehung zu mir gestanden hatte, Selbstkritik üben mußte. In stundenlangen Diskussionen wurden »Hinweise einer parteifeindlichen Einstellung« bei mir gesucht und ausgewalzt. Von jedem Redner wurde bis zur Ermüdung betont, daß »mangelnde Wachsamkeit« meine rechtzeitige »Entlarvung« verhindert hätte.
All dies geschah, weil ich einigen Dozenten und Kursanten der Parteihochschule Materialien der jugoslawischen Kommunisten zu lesen gegeben hatte. Wie sehr mußte die SED-Führung diese Materialien fürchten, wenn sie sich zu so außerordentlichen Maßnahmen gezwungen fühlte!
Die Erregung der SED-Führung war verständlich. Zum erstenmal war ein Funktionär geflohen, der zehn Jahre in der Sowjetunion verbracht hatte und dort aufgewachsen, erzogen und politisch geschult worden war.
Dieses Buch berichtet von meinen Erlebnissen während meines zehnjährigen Aufenthalts in der Sowjetunion (1935–1945) und meiner vierjährigen Tätigkeit als Funktionär im zentralen Apparat der SED-Führung (1945–1949). In diesem Buch wird die große Säuberung von 1936 bis 1938 geschildert, mein Leben in sowjetischen Schulen und Hochschulen, die Tage in Moskau um den Kriegsausbruch am 22. Juni 1941, meine Deportierung in das Karaganda-Gebiet von Nordkasachstan, die Ausbildung ausländischer Funktionäre auf der Kominternschule (1942–1943) und meine Tätigkeit als Rundfunksprecher des Senders des Nationalkomitees »Freies Deutschland« (1944–1945).
In den letzten drei Kapiteln schildere ich die Rückkehr aus Moskau nach Deutschland mit der »Gruppe Ulbricht« im Mai 1945 (später »Initiativgruppe des Zentralkomitees der KPD« genannt), die erste politische Tätigkeit im Mai und Juni 1945 in Berlin, die Neugründung der Kommunistischen Partei Deutschlands am 11. Juni 1945, meine Tätigkeit in der Abteilung Agitation und Propa-

ganda des Zentralkomitees der KPD und die Gründung der SED, die ich am 22. April 1946 im Admiralspalast miterlebte.
Gerne gebe ich zu, daß ich anfangs enthusiastisch an die Möglichkeit eines unabhängigen demokratischen Weges zum Sozialismus glaubte, die Hoffnung einer antifaschistischen demokratischen parlamentarischen Republik mit allen Rechten und Freiheiten für das Volk und einen allmählichen Übergang zu einem demokratischen Sozialismus. Aber schon seit Anfang 1947, mit der zunehmenden Sowjetisierung und Stalinisierung, wurde es für mich deutlich, daß dies eine Illusion gewesen war. Immer mehr verdichteten sich die Zweifel, immer nachhaltiger wurde meine Kritik an der sich deutlich abzeichnenden bürokratisch-diktatorischen Entwicklung der damaligen Sowjetzone Deutschlands.
In diesem Buch versuche ich bewußt, die Begegnungen und Diskussionen, Ereignisse und Erlebnisse so zu schildern, wie ich sie damals gesehen und empfunden, damals gefühlt und gedacht habe. Nur dadurch, so scheint mir, wird dem heutigen oft jüngeren Leser verständlich, warum nicht wenige von uns damals an diese Ideologie glaubten und sich diesem System verpflichtet fühlten, wann und wie die ersten kritischen Gedanken auftauchten und was der Bruch mit dem Stalinismus für einen Menschen bedeutet hat, der in dieser Lehre aufgewachsen war. Die Entscheidung ist das Ergebnis eines jahrelangen qualvollen Prozesses des Zweifelns und der Rechtfertigung, der Gewissensqualen und der konstruierten Theorien zu ihrer Beruhigung. Ist dieses Stadium einmal erreicht, dann gibt es kein Zurück mehr.
Seit meiner Flucht im März 1949 habe ich auf Reformen, auf eine Liberalisierung und Demokratisierung in den Ländern Mittel- und Osteuropas und der Sowjetunion gehofft. So bekannt mein Buch in allen westlichen Ländern geworden ist – auf eine Veröffentlichung in der Sowjetunion und der DDR mußte ich sehr lange warten.
Mit der Ernennung Gorbatschows zum sowjetischen Generalsekretär am 11. März 1985 und mit der allmählichen Entwicklung

von Glasnost und Perestroika konnte ich im Juni 1987 erstmals erneut die Sowjetunion besuchen. 42 Jahre waren seit jenem 30. April 1945 vergangen, als ich mit Ulbricht aus Moskau abgeflogen war. Jetzt kam ich aus der Bundesrepublik als Pressevertreter anläßlich der Reise des Bundespräsidenten von Weizsäcker wieder nach Moskau – in jene Stadt, in der ich zehn Jahre meiner Jugend verbracht hatte. Nach einigen Vorgesprächen wurde dann kapitelweise mein Buch »Die Revolution entläßt ihre Kinder« in der sowjetischen Wochenzeitung »Sa Rubeshom« veröffentlicht; die Herausgabe des gesamten Buches auf russisch für die sowjetischen Leser dürfte bevorstehen.

So blieb für mich die große Hoffnung, die sich 35 Jahre nach Erscheinen meines Buches in Westdeutschland erfüllte: Am 25. Juni 1990 konnte ich in der Akademie der Künste in Ost-Berlin die vom Reclam-Verlag Leipzig herausgebrachte Ausgabe meinen Lesern in der DDR vorstellen.

Manderscheid/Eifel, Juli 1990

Wolfgang Leonhard

1 In der Sowjetschule

Unser letzter Abend in Schweden, der 18. Juni 1935, war gekommen. Wir gingen noch einmal durch die Straßen von Stockholm. Einige Freunde meiner Mutter, deutsche Emigranten wie wir, begleiteten uns zum Dampfer, der uns in die finnische Hafenstadt Turku bringen sollte.
»Glückliche Fahrt nach Moskau!« riefen sie uns zum Abschied zu. An die Reise durch Finnland kann ich mich kaum noch erinnern. Ich war so voller Erwartung auf die Sowjetunion, daß alle anderen Eindrücke verblaßten.
Am nächsten Tag saßen meine Mutter und ich in dem immer leerer werdenden Zug, der sich der finnisch-sowjetischen Grenze näherte. Im ganzen Wagen war außer uns niemand mehr. Der Schaffner kam zu uns: »In einer Viertelstunde sind wir an der Grenze.« Er nannte einen ganz unaussprechlichen Namen, in dem viele y, ü und i vorkamen. Das war die damalige finnische Grenzstation. Heute, nach den Gebietsverlusten Finnlands, wird der Ort wahrscheinlich einen russischen Namen haben.

Reise nach Moskau

Etwas verloren standen wir auf dem kleinen, fast verlassenen Bahnhof. Ein Bahnbeamter gab uns bereitwillig Auskunft: »Zwischen der letzten finnischen und der ersten russischen Station ist ein Pendelverkehr eingerichtet worden. In etwa einer halben Stunde wird der Zug kommen. Von der sowjetischen Grenzstation aus haben Sie dann direkten Anschluß nach Leningrad.«
Für meine Mutter war es nicht die erste Reise nach Moskau. Sie hatte schon 1924 die Sowjetunion besucht. Während des Ersten Weltkrieges hatte sie dem Spartakusbund angehört und war 1918 der Kommunistischen Partei beigetreten. Eine Zeitlang arbeitete

sie als Pressereferentin der sowjetischen Handelsvertretung in Berlin, war aber 1925 aus der Kommunistischen Partei Deutschlands ausgetreten und gehörte seitdem zur »Heimatlosen Linken«. Nach Hitlers Machtergreifung hatte sie bis zum Frühjahr 1935 illegal in Berlin gearbeitet und war dann nach Schweden gegangen.

Und ich? Ich war damals ein dreizehneinhalbjähriger Junge, der sich freute, in die Sowjetunion fahren zu können. Ich war in Berlin aufgewachsen, hatte die Karl-Marx-Schule besucht, gehörte seit Ende 1931 den »Jungen Pionieren«, der Kinderorganisation der KPD, an und war im Herbst 1933 von meiner Mutter nach Schweden geschickt worden. Dort kam ich in ein modernes Landschulheim, und bald konnte ich fließend Schwedisch sprechen.

Als wir im Frühjahr 1935 wieder zusammenkamen, mußten wir uns entschließen, wohin wir gehen wollten. Die illegale Gruppe in Berlin, der meine Mutter angehörte, war aufgeflogen, ihre Mitglieder verhaftet worden. Die Gestapo hatte auch meine Mutter gesucht.

Es war klar, daß meine Mutter nicht nach Deutschland zurückkehren konnte. Die schwedische Aufenthaltsgenehmigung war aber begrenzt. Während ich zunächst noch in Vigbyholm blieb, führte meine Mutter eine eifrige Korrespondenz, um für uns einen neuen Wohnsitz ausfindig zu machen.

Eines Nachmittags, als wir in der herrlichen Umgebung Stockholms spazierengingen, wurde ich in die Pläne meiner Mutter eingeweiht.

»Du bist jetzt schon ein großer Junge«, begann sie, »ich möchte mit dir einmal über unser weiteres Leben sprechen.«

Ich nickte und machte ein ernstes Gesicht – wie alle 13jährigen Jungen, die man wie Erwachsene behandelt.

»Ich möchte keine Entscheidungen ohne deine Einwilligung treffen. Die Sache steht so: In Schweden können wir nicht bleiben, weil ich hier keine Arbeit bekomme. Ich habe von hier aus an Freunde und Bekannte geschrieben. Wir haben zwei Möglichkei-

ten: Wir können nach England fahren. Dort, in Manchester, sind gute Freunde von mir. Du könntest die englische Schule besuchen und würdest dann, solange die Nazis in Deutschland an der Macht sind, in England aufwachsen. Das wäre die eine Möglichkeit.«
»Und die andere?« fragte ich.
Meine Mutter stockte ein wenig. »Wir könnten in die Sowjetunion fahren.«
»Ich bin für die Sowjetunion«, sagte ich mit Bestimmtheit.
Ob meine Antwort oder andere Dinge den Ausschlag gaben, weiß ich nicht. Die Reise wurde jedenfalls beschlossen.
Wir wußten damals nicht, wie entscheidend dieser Entschluß für uns werden sollte. Wie sollte meine Mutter ahnen, daß sie bereits anderthalb Jahre später von der NKWD verhaftet werden würde, um für zwölf Jahre in sowjetischen Lagern zu verschwinden, aus denen sie erst 1948 nach Berlin zurückkehren durfte!
Auch ich konnte damals nicht wissen, daß ich zehn Jahre in der Sowjetunion verbringen würde, daß vor mir die Ausbildung zum Funktionär an einer der höchsten sowjetischen politischen Schulen lag, und daß ich einmal den Bruch mit einem System vollziehen würde, an das ich von Kind an geglaubt hatte.
Dies alles lag noch in ferner Zukunft. Vorerst – es war ein sonniger Junitag des Jahres 1935 – warteten wir an der finnischen Grenzstation auf den Zug, der uns in die Sowjetunion bringen sollte.
Pünktlich lief ein kleiner Zug in den Bahnhof ein. Auf der Lokomotive und dem Tender sah ich das Zeichen Hammer und Sichel, unser Zeichen, das ich bisher nur auf den Fahnen von Demonstrationszügen gesehen hatte! Ich war sehr aufgeregt. Aus dem Führerstand der Lokomotive schaute ein Heizer heraus, der uns freundlich zuwinkte.
»Das ist Ihr Zug«, sagte der finnische Bahnbeamte. »Er wird Sie zur sowjetischen Grenzstation Bjeloostrow bringen.«
Wir fuhren kaum schneller als ein Pferdefuhrwerk. Wenige Minuten später waren wir aber schon an der Grenze. Vom Fenster

aus sah man einen großen Granitblock. Auf der einen Seite stand ein finnischer Grenzsoldat, auf der anderen ein Rotarmist – der erste Rotarmist, den ich in meinem Leben sah. An seiner Mütze prangte der Sowjetstern mit dem Zeichen Hammer und Sichel, in der Hand, fest an sich gedrückt, hielt er ein Gewehr mit Bajonett. Einige Männer in Uniform und Zivil kamen auf uns zu. Es war die sowjetische Grenzkontrolle. Im Bahnhofsgebäude öffneten sie unsere Koffer und sahen sie durch. Für Kleider und Lebensmittel schienen sie gar kein Interesse zu haben. Um so genauer wurden die Bücher untersucht. Obwohl wir fast nur kommunistische Literatur bei uns hatten, nahmen sie jedes Buch einzeln in die Hand und blätterten sogar einige durch.

Endlich war die Revision beendet. Unmittelbar nachdem wir in den Leningrader Zug eingestiegen waren, ertönte das Abfahrtssignal. Der Zug war ziemlich voll, aber man machte uns bereitwillig Platz. Wir waren die einzigen Ausländer. Neugierig schauten uns die Passagiere an. Man konnte ihnen ansehen, daß sie sich über uns unterhielten, aber ich verstand kein einziges Wort. Mit uns sprach niemand.

In Leningrad hatten wir einige Stunden Aufenthalt. Hier wirkte alles viel ärmlicher als in Stockholm. Die Häuser waren nicht so gut verputzt und die Menschen längst nicht so gut angezogen. Ich sah viele barfüßige Kinder. Dieses Bild war mir fremd, es bedrückte mich sogar ein wenig. Aber ich vergaß es schnell, weil es gar nicht in mein Wunschbild hineinpaßte.

Am Abend fuhren wir mit dem Nachtzug nach Moskau. Nach den aufregenden Ereignissen dieses Tages fiel ich in einen bleiernen Schlaf.

Als ich erwachte, war ich in Moskau, in jener Stadt, in der ich nun viele Jahre verbringen und die zu meiner zweiten Heimatstadt werden sollte.

Die Moskauer »Karl-Liebknecht-Schule«

Wir waren weder durch die Intourist als Besucher noch mit einer Delegation gekommen. So gab es bei unserem Eintreffen weder Feiern noch offizielle Begrüßungen und auch keine freigehaltenen Hotelzimmer. Aber wir wurden von einigen Freunden erwartet, die meine Mutter von früher her kannte.
Wir fuhren vom Bahnhof quer durch Moskau zur Granowskijstraße 5, der Privatwohnung eines Bekannten. Wohnung war zuviel gesagt – es war nur ein einziges Zimmer. Hier wurden die Pläne für unser neues Leben in Moskau besprochen.
Meine Mutter dachte zuerst an mich. »Der Junge muß in die Schule, kann aber kein Wort Russisch.«
»Das ist nicht notwendig«, wurde uns gesagt. »Es gibt in Moskau zwei fremdsprachige Schulen, eine englische und eine deutsche. Übrigens hat dein Sohn Glück, die deutsche Schule bekommt gerade jetzt zum 1. September ein sehr schönes neues Schulgebäude in der Kropotkinstraße 12.«
»Gibt es denn hier in Moskau Deutsche?« fragte ich erstaunt. Meine neuen Freunde lächelten. »Aber natürlich. Es leben in Moskau einige Tausende deutsche und österreichische Emigranten, darunter auch viele Schutzbündler, Teilnehmer des Aufstandes gegen Dollfuß im Februar 1934, die nach der Niederlage nach Moskau gekommen sind. Es gibt hier einen deutschen Klub, eine deutsche Tageszeitung, die *Deutsche Zentral-Zeitung* und einen ›Verlag ausländischer Arbeiter in der UdSSR‹, der viele Bücher in deutscher Sprache herausgibt.«
So begann unser Moskauer Leben.
Die Wohnungssuche war sehr schwierig. Die ersten Tage verlebten wir bei diesem oder jenem Bekannten, dann fanden wir endlich ein möbliertes Zimmer. Meine Mutter suchte Arbeit – und ich hatte viel Freizeit, denn die Schulen hatten Sommerferien.
»Willst du dir nicht die Metro anschauen?« wurde ich gleich am zweiten Tag gefragt. Die Metro, die Moskauer Untergrundbahn, war gerade wenige Wochen vorher, am 15. Mai, dem Verkehr

übergeben worden, und überall war man auf diese Errungenschaft sehr stolz.
Sie stand damals so im Mittelpunkt des Interesses, daß ich fast überall gefragt wurde, ob ich schon mit der Metro gefahren sei. Prompt folgte dann die Frage, wie sie mir gefallen habe, und es entspann sich meist ein langes, ausführliches Gespräch über ihre Vorzüge. Nur einmal traf ich einen Ketzer. »Es wäre gut«, meinte er, »wenn Moskau über der Erde nur ein Zehntel so schön wäre wie unter der Erde.«
Die Bemerkung war durchaus richtig, denn der Unterschied war in der Tat sehr kraß. Damals war es auch nicht leicht, sich in Moskau zurechtzufinden. Es gab keinen einzigen Stadtplan. Meine Mutter hatte noch einen aus dem Jahre 1924, aber der half uns wenig. Inzwischen waren sehr viele Straßen umbenannt worden, und auch sonst hatte sich das ganze Bild durch viele Neubauten und den Abbruch alter Häuser verändert. Um so froher waren wir, als plötzlich in allen Buchhandlungen Stadtpläne von Moskau zu haben waren. Aber wir wurden enttäuscht: Die Stadtpläne, die wir im Juli 1935 kaufen konnten, waren solche für das Jahr... 1945.
Wir wußten gar nicht, was wir davon halten sollten.
»Wozu brauche ich denn einen Stadtplan aus dem Jahre 1945, wenn ich im Jahre 1935 durch Moskau gehen will?« fragte meine Mutter erstaunt.
»Das ist doch ganz einfach«, wurde uns geantwortet. »Anfang Juli ist der 10-Jahres-Generalbauplan für Moskau veröffentlicht worden, und um ihn populär zu machen, sind eben jetzt die Pläne für das Jahr 1945 gedruckt worden. Wie Moskau heute aussieht, weiß doch sowieso jeder.«
Wenn wir nun spazierengingen, nahmen wir beide Stadtpläne mit; den einen, der zeigte, wie Moskau vor 10 Jahren ausgesehen hatte und den anderen, der angab, wie es in 10 Jahren aussehen würde.
Unser Erlebnis mit den Stadtplänen war eigentlich typisch für jene Zeit: 1935 war eines der Übergangsjahre in der Sowjetunion.

Revolution und Bürgerkrieg, ja sogar der erste Fünfjahresplan waren schon Vergangenheit; die Jahre der Säuberungen und Massenverhaftungen, des Hitler-Stalin-Paktes und des Finnlandkrieges lagen noch in der Zukunft.
Zu Beginn des Jahres 1935 waren die letzten Lebensmittelkarten abgeschafft, und auf einem außerordentlichen Sowjetkongreß war die Ausarbeitung einer freieren und demokratischen Verfassung angekündigt worden.
»Das Schwerste ist jetzt vorüber. Es wird bestimmt besser werden. Auch das politische System wird nun demokratischer werden. Das sieht man ja schon an dem Entwurf für die neue Verfassung«, war der Grundtenor vieler Gespräche in jenem Jahr.
Nur wenige unserer Bekannten waren nicht ganz so optimistisch. Schon in den ersten Wochen nach unserer Ankunft hörte ich immer wieder einen Namen: Kirow. Wenige Monate vor unserer Einreise, am 1. Dezember 1934, war Sergej Kirow, ein Mitglied des Politbüros, in Leningrad ermordet worden. Der Ermordung Kirows folgten Massenverhaftungen. Im Unterschied zu ähnlichen Ereignissen der Vergangenheit wurden aber nicht etwa ehemalige Angehörige anderer Parteien oder parteilose Spezialisten Opfer dieser Säuberung, sondern bolschewistische Parteifunktionäre.
Wenn über Kirow gesprochen wurde, klang oft ein banger Unterton an. »Was mich an dem Fall Kirow so besorgt macht«, sagte einer unserer Bekannten, »ist die Auflösung der ›Gesellschaft der alten Bolschewiki‹. Bis vor wenigen Wochen war ›Alter Bolschewik‹ bei uns ein Ehrenname und die Zugehörigkeit zu dieser Gesellschaft eine hohe Auszeichnung. Am 26. Mai wurde die Gesellschaft ohne politische Begründung aufgelöst und ihr Gebäude beschlagnahmt.«
Dieses Ereignis wurde in den ersten Wochen oft besprochen. Es gab sogar ein Scherzwort:
»Haben Sie gehört? Die letzte konterrevolutionäre Organisation ist aufgelöst!«
»Was denn für eine?«

»Die Gesellschaft der alten Bolschewiken.«
Es war ein Scherz – aber ein bitterer Scherz.
So hörte ich als 13jähriger, politisch interessierter Junge, viele Gespräche, optimistische und pessimistische Betrachtungen – denn damals, vor der großen Säuberung von 1936 bis 1938, konnte man in der Sowjetunion noch manches freie Gespräch führen.
Am 1. September 1935 wurde ich in die deutsche »Karl-Liebknecht-Schule« in Moskau aufgenommen. Das schöne, moderne vierstöckige Schulhaus mit großen, sonnigen Klassenräumen gehörte zu den 72 neuen Schulgebäuden, die im Jahre 1935 in Moskau errichtet worden waren. Äußerlich sah es so aus wie jedes moderne Schulgebäude in Westeuropa auch. Als ich es jedoch betrat, schaute ich erstaunt in eine Ecke. Da stand eine große Statue von Stalin. Auf dem Sockel war zu lesen:

Es gibt keine Festung, die die Bolschewiki nicht erstürmen können!

Stalin

Im Hauptgang der Schule befand sich eine neue Losung. Mit weißen Lettern prangten auf rotem Tuch die Worte:

Lernen, lernen und nochmals lernen!

Lenin

Ich meldete mich beim Direktor, dem Genossen Shelasko, um die Einschulungsformalitäten zu beenden. Die Einschulung war nicht leicht gewesen, da sich das sowjetische Schulsystem schon in seinem Aufbau erheblich vom Schulsystem anderer Länder unterscheidet. In der Sowjetunion begann die Schulpflicht damals mit dem 8. Lebensjahr; es gibt eine Einheitsschule, wobei die ersten 7 Klassen für alle obligatorisch sind, während die 8., 9. und 10. Klasse von jenen besucht werden, die an einer Hochschule oder Universität studieren wollen. »Nach dem sowjetischen Schulsystem wirst du in die 6. Klasse eingestuft«, sagte mir der Direktor.

Etwas zögernd ging ich die Treppe hinauf. Vom Lehrer wurde ich als »Neuer« vorgestellt. Die Schüler starrten mich neugierig an und flüsterten miteinander. Ich setzte mich, noch etwas befangen, auf meinen neuen Platz. Neben mir hing eine Wandzeitung. Als ich meine Klassenkameraden betrachtete, sah ich, daß alle ein rotes Pioniertuch trugen. Alle? Ich schaute mich noch einmal um. Ganz rechts vorne saß ein Mädchen, das keins hatte. Aber sie war die einzige.

Es wurde in deutscher Sprache unterrichtet – allerdings nach sowjetischen Lehrbüchern. Die Lehrer waren zum größten Teil deutsche Emigranten, die, genau wie wir, über Schweden, Frankreich oder die Tschechoslowakei in die Sowjetunion emigriert waren.

Lehrplan und Unterrichtsstoff entsprachen genau dem der russischen Schule. Alle Lehrbücher, selbst die für Mathematik und Physik, waren wortgetreue Übersetzungen aus dem Russischen. Wenn mir zu Anfang die äußere Ähnlichkeit mit meinen bisherigen Schulen aufgefallen war, so merkte ich doch schon nach wenigen Tagen einen großen Unterschied. In der Karl-Liebknecht-Schule wurde viel mehr verlangt als in allen Schulen, die ich vorher besucht hatte. Wir bekamen sehr viele Hausaufgaben und mußten uns ziemlich anstrengen, um das Pensum zu schaffen.

Wir lernten fast täglich eine Stunde Russisch, als zweite Fremdsprache noch Englisch. Auf mathematische und naturwissenschaftliche Fächer wurde besonders großer Wert gelegt. Bereits in der 6. Klasse gab es Unterricht in Algebra, Geometrie und Physik und anstelle des Zeichenunterrichts ein Fach, das *Tschertschenije* (»Technisches Zeichnen«) genannt wurde. In Geschichte nahmen wir die Antike durch; in Geographie die »Geographie der kapitalistischen Länder« (damit waren alle Staaten außer der Sowjetunion gemeint), wobei auch auf die Wirtschaftsstruktur und die politischen Verhältnisse der einzelnen Länder eingegangen wurde. Im Literaturunterricht lernten wir gleichzeitig die russische und die deutsche Literatur. Einmal wöchentlich hatten wir »Gesellschaftskunde«, in der vor allem die politische Entwicklung und der staatliche Aufbau der Sowjetunion behandelt wurde. An die Stelle dieses Faches trat später der Unterricht in »Verfassungskunde«. Die Kontrolle der Leistungen war im Vergleich mit den modernen Schulen, die ich vorher besucht hatte, recht streng. Jede Antwort, und war sie auch noch so gering, wurde doppelt notiert: im Klassenbuch des Lehrers und im sogenannten »Dnjewnik«, dem »Tagebuch«, das in den Händen des Schülers blieb und wöchentlich von den Eltern gegengezeichnet werden mußte. Nach jedem Quartal gab es eine Wiederholung und eine Art Zwischenprüfung; gegen Ende jedes Schuljahres fanden sehr detaillierte Einzelprüfungen in allen Fächern statt, oft sowohl schriftlich wie mündlich.

Ich werde Sowjet-Pionier

Immer wieder wurden wir zum Lernen angespornt. Schüler, die eine schlechte Note oder eine »Bemerkung« – so wurde bei uns ein ausgesprochener Tadel für undiszipliniertes Verhalten genannt – erhalten hatten, mußten auf einer Klassenversammlung dazu »Stellung nehmen«. Nach einer kurzen Einleitung des Lehrers wurde der betreffende Schüler dann vom Lehrer oder vom Klassenvorsitzenden gefragt: »Wie ist es dazu gekommen, daß du eine schlechte Note erhalten hast?«

Sobald der Sünder versuchte, sich irgendwie herauszureden, wurde er von besonders aktiven Schülern scharf unterbrochen:

»Es ist eine Schande, eine Bemerkung zu erhalten, besonders unwürdig ist es jedoch, sich nachher herauszureden.« Es war die unterste Stufe der in der Sowjetunion so verbreiteten »Kritik und Selbstkritik«.

Immer wieder wurde uns klargemacht, wie notwendig eine straffe Disziplin sei. Wir sollten nicht nur selbst diszipliniert sein, sondern auch »für die Verbesserung der Disziplin kämpfen«. Es gebe, so wurde uns immer wieder gesagt, zwei Arten von Disziplin. Die eine, in den kapitalistischen Ländern, beruhe auf Furcht, Unterdrückung und Unterordnung; die andere, die

Disziplin in der Sowjetunion, sei die freiwillige, die bewußte Disziplin für den Aufbau des Sozialismus. Der bewußte und freiwillige Charakter der sowjetischen Disziplin wurde unterstrichen durch die Wettbewerbe in der Schule, in denen die Klasse siegte, die die geringste Anzahl von »Bemerkungen« und schlechten Noten aufzuweisen hatte.
Bei den Wettbewerben und dem »Kampf für die Verbesserung der Disziplin« spielte die Pionierorganisation eine entscheidende Rolle. Nach etwa 2 Wochen kam eine Schülerin zu mir: »Möchtest du nicht den Jungen Pionieren beitreten?«
»Natürlich, aber das ist ja bei mir nicht nötig. Ich bin schon 1932 bei den Jungen Pionieren in Berlin gewesen.«
»Deine Mitgliedschaft in Berlin gilt hier nicht. Du mußt neu eintreten.«
»Gut, wo soll ich mich denn da anmelden?«
»Hier kannst du dich nicht einfach anmelden. Wenn du bereit bist einzutreten, werde ich deinen Namen auf die Liste setzen, und dann wirst du bei der Abteilungsfeier aufgenommen werden. Der Pionierleiter wird einen Eid vorsprechen, den du wiederholen mußt, und dann erhältst du das Pioniertuch.«
Kurze Zeit darauf fand die Zeremonie statt. Im Schulsaal war die ganze Pionierabteilung in Habtachtstellung angetreten. Wir »Neuen« wurden in die Mitte des Saales geführt. An der Spitze der Abteilung stand der Fahnenträger. Auf ein bestimmtes Zeichen hin setzte Trommeln ein, und der Pionierleiter begann den Eid vorzusprechen:
»Ich, junger Pionier der Sowjetunion, verspreche feierlichst angesichts meiner Genossen ...«
Wir wiederholten dies und, immer nur wenige Worte auf einmal, den ganzen Eid:
»... treu und tapfer für die Sache der Arbeiterklasse zu kämpfen, das heilige Vermächtnis Lenins zu wahren, stets vorbildlich zu sein und alle Gebräuche und Verpflichtungen der Jungen Pioniere zu erfüllen.«
Danach wurde uns, wieder mit besonderer Feierlichkeit, das Pio-

niertuch umgelegt und die Pionierspange übergeben, auf der eine Flamme zu sehen war und die Worte standen: *Budj gotow! – Wsegda gotow!* Das war die russische Form des mir schon bekannten Pioniergrußes: »Sei bereit! Immer bereit!«

Sowohl das Pioniertuch als auch die Spange hatten eine symbolische Bedeutung. Die drei Zipfel des roten Halstuches bedeuteten Partei, Komsomol und Junge Pioniere. Die auf der Spange abgebildeten fünf Holzscheite versinnbildlichten die fünf Erdteile, die drei Flammen die III. Internationale. Letzteres wurde jedoch schon kurz darauf in der offiziellen Erklärung, nicht mehr erwähnt.

Wir lernten die Biographien Lenins und Stalins und die Geschichte der sowjetischen Pioniere. Wir erfuhren, daß die ersten Pioniergruppen 1922 entstanden waren und 1925 die *Pionerskaja Prawda* als Zeitung der Pioniere geschaffen wurde. Die Organisation der Jungen Pioniere vereinigte Kinder von 11 bis 16 Jahren und zählte zu jener Zeit, im Jahre 1935, 10 Millionen Mitglieder. Die Aufgabe der Pioniere, so wurde uns gesagt, bestehe in der Unterstützung der Schule, der Festigung der Disziplin, der Unterstützung des Lehrers, der Erziehung zur Verantwortlichkeit gegenüber der sozialistischen Heimat. Bei der Pionierorganisation habe es in der Vergangenheit gefährliche Abweichungen gegeben. Eine verräterische Linksabweichung habe propagiert, die Funktionen der Schulleitung den Pionierorganisationen zu übertragen. Das sei, so wurde uns erklärt, nicht nur eine sehr gefährliche, sondern auch eine parteifeindliche Auffassung gewesen, denn sie bedeute eine Unterschätzung der Schule. Es habe aber nicht nur eine linke, sondern auch eine rechtsopportunistische Abweichung gegeben. Diese sei genauso gefährlich gewesen, denn sie habe die Ansicht vertreten, man müsse die Pionierorganisation in die Schulverwaltung eingliedern, und das hätte bedeutet, sie zu liquidieren. Diese beiden gefährlichen Abweichungen bei den Pionieren seien jedoch durch den Beschluß vom April 1932 »Über die Verurteilung der Rechts- und Linksabweichung bei der Pionierorganisation« überwunden worden.

Wir lernten Entwicklungen, Erscheinungen und Situationen, die sich auf den ersten Blick genau glichen, völlig unterschiedlich beurteilen – je nachdem, ob sie die kapitalistischen Länder oder die Sowjetunion betrafen.
Schon nach kurzer Zeit war es uns in Fleisch und Blut übergegangen, eine Erhöhung der Lebensmittelpreise in den kapitalistischen Ländern als »neues Zeichen der verschärften Ausbeutung der Arbeiter« zu werten, die Erhöhung von Lebensmittelpreisen in der Sowjetunion dagegen als einen »wichtigen volkswirtschaftlichen Beitrag zum Aufbau des Sozialismus«; baufällige Häuser im Westen wurden von uns sofort als »Beweis für den grauenhaften Lebensstandard der Werktätigen« bezeichnet, dieselben baufälligen Häuser in Moskau waren »Überbleibsel der Vergangenheit«.
Alle Ereignisse wurden nun von uns sofort verurteilt oder begrüßt, je nachdem, wo sie sich zugetragen hatten. Diese Denkweise prägte sich allen – auch mir – so fest ein, daß ich mir viele Jahre hindurch eine andere Art zu denken überhaupt nicht vorstellen konnte.

Das Kinderheim Nr. 6

Im Sommer 1936 trat ein Ereignis ein, das mein Leben veränderte. Ich wohnte mit meiner Mutter in einem möblierten Zimmer in der Gorkistraße 26. Der eigentliche Bewohner hatte eine Kommandierung nach Igarka erhalten, einer kleinen Stadt im nördlichen Sibirien, deren Entwicklung und Ausbau schnell betrieben wurde. Nun sollte der Ingenieur zurückkehren, und wir mußten ausziehen.
Mehrere Wochen lang versuchte meine Mutter, ein anderes Zimmer zu finden, aber vergebens. Manche Möglichkeiten zerschlugen sich, als die Vermieter erfuhren, daß wir Deutsche seien, andere wollten nicht auch noch einen 14jährigen Jungen aufnehmen. So war meine Mutter bemüht, mich unterzubringen.
Eines Tages kam sie erfreut nach Hause: »Ich habe für dich etwas

sehr Schönes gefunden. Du wirst in das Kinderheim Nr. 6 aufgenommen, in das Heim der österreichischen Schutzbundkinder. Dort wirst du es sehr gut haben.«

Meine Mutter hatte nicht übertrieben. Das Heim befand sich in der Kalaschnijgasse Nr. 12, im Zentrum der Stadt, zwischen dem Arbatplatz und dem Nikitskij-Tor. Es war in einem großen, für Moskauer Verhältnisse fast pompösen, allerdings etwas dunklen Haus untergebracht, das früher einem reichen Moskauer Kaufmann gehört hatte.

Das Kinderheim Nr. 6 war das »Heim der Schutzbundkinder«. Nach der Niederlage des Februaraufstandes 1934 in Österreich kamen nicht nur Hunderte von Schutzbundkämpfern in die Sowjetunion, sondern auch viele Kinder, darunter manche, deren Eltern in den Kämpfen getötet worden waren. Am 8. August 1934 – dieser Tag wurde alljährlich in unserem Kinderheim festlich begangen – war der Sonderzug mit den österreichischen Kindern an der Sowjetgrenze angekommen. Damals folgte ein festlicher Empfang dem anderen. Alle Sowjetzeitungen brachten lange Berichte über das Eintreffen der Schutzbundkinder. Das Pionierlager »Artek« auf der Krim, das schönste der Sowjetunion, lud die Schutzbundkinder ein, ihren ersten Sommer auf der Krim zu verleben.

Dann ging es nach Moskau, und hier wurde das repräsentative Haus in der Kalaschnijgasse 12 den Schutzbundkindern als ständiges Heim zur Verfügung gestellt. Im Heim lebten übrigens nicht nur Kinder österreichischer Sozialdemokraten und Schutzbundkämpfer, sondern auch einige Kinder deutscher Kommunisten.

Dieses Heim mit der anspruchslosen Bezeichnung »Kinderheim Nr. 6« ließ sich in nichts mit einem gewöhnlichen sowjetischen Kinderheim vergleichen. Die Zöglinge waren fast so privilegiert wie Delegationen, die für kurze Zeit die Sowjetunion besuchten. Die Kleidungsstücke wurden in besonderen Schneiderwerkstätten hergestellt. Für die Verpflegung sorgte eine österreichische Köchin. Das Heim hatte einen eigenen Autobus, mit dem die

Zöglinge zur Schule gebracht und von dort wieder abgeholt wurden und der auch für alle anderen Fahrten zur Verfügung stand. Ein eigenes Ambulatorium, von einer deutschen Ärztin geleitet, überwachte den Gesundheitszustand der Kinder. Jeden Morgen wurde die Temperatur gemessen. Wo immer die Schutzbundkinder hinkamen, wurden sie jubelnd empfangen. Bei allen Premieren wurden Karten für Opern, Operetten und Theaterstücke in so großer Zahl zur Verfügung gestellt, daß sie manchmal gar nicht ausgenutzt werden konnten.
Der Direktor war ein deutscher Kommunist namens Beiß. Die Pädagogen waren deutsche oder österreichische Emigranten, teilweise auch Russinnen, die fließend Deutsch sprachen und für diese besondere Aufgabe vom Zentralkomitee des Komsomol ausgesucht worden waren.
Als ich in das Heim kam – am 26. September 1936 –, bestand es bereits zwei Jahre. Die Zeiten der zahlreichen Empfänge waren vorüber. Der Autobus wurde zurückgezogen, und wir mußten zu Fuß gehen. Die tägliche Temperaturkontrolle war eingestellt worden. Das sehr üppige Essen wurde langsam einfacher – obwohl es natürlich immer noch viel besser als das der russischen Kinder war. Einladungen gab es zwar noch, aber nicht mehr so viele wie in den ersten Jahren. Der deutsche Direktor wurde durch einen russischen, Semjonow, ersetzt.
Zu jener Zeit waren im Heim Kinder im Alter zwischen 8 und 16 Jahren. Die Zöglinge der ersten vier Schulklassen wurden österreichisch »Gschroppen« genannt; die Schüler der 5. und 6. Klassen galten als die »Mittleren« und wir, die wir die 7., 8. oder 9. Klasse besuchten, wurden als »die Großen« bezeichnet.
Wir waren immer noch eine Art »Schaufenster«. Unsere Anlagen wurden entwickelt und gefördert. Für die musikalisch Begabten gab es besonderen Unterricht; für die schauspielerisch Interessierten war ein Theaterzirkel eingerichtet worden unter der Leitung von Weiland Rodd, einem Neger, der in die Sowjetunion emigriert war und im Film »Zirkus« wie auch in anderen sowjetischen Filmen als Schauspieler mitwirkte. Wir hatten einen Lite-

raturzirkel, und nicht selten erhielten wir Besuch von deutschen Schriftstellern, die in die Sowjetunion emigriert waren. Ausländische Delegationen wurden meist zu uns geführt. Häufig kamen die Vertreter der österreichischen oder der deutschen Sektion der Komintern zu uns, und bei unseren Feiern zum 1. Mai, 7. November oder zu Neujahr hatten wir nicht selten Koplenig, den Generalsekretär der KP Österreichs, oder Wilhelm Pieck zu Gast. Neben den offiziellen Feiertagen hatten wir auch unsere eigenen: Jedes Jahr wurde der 12. Februar, in Erinnerung des Eintreffens in der Sowjetunion, festlich begangen. An diesen Feiertagen erhielten die besten Schüler – dieser Begriff war in unserem Falle meist sehr weit gezogen – wertvolle Prämien, die weit über dem lagen, was sonst in der Sowjetunion Kindern als Prämien gegeben wurde. Zu allen großen Feiern, die es zu jener Zeit in Moskau gab, wurden wir eingeladen und meist als eine Art »junger Ehrengäste« unter Beifall des gesamten Auditoriums begrüßt. Eine besondere Freude war es für uns, als unsere besten Schüler die Jungfernfahrt auf dem Moskau-Wolga-Kanal mitmachen durften.

Auch in politischer Hinsicht erhielten wir manche Sonderrechte. An den Wänden prangten Losungen, die von den üblichen sowjetischen Standardlosungen abwichen: Begrüßungen für die antifaschistischen Kämpfer in Österreich und Deutschland oder für die spanischen internationalen Brigaden. Neben den Bildern Lenins und Stalins waren nicht die Mitglieder des sowjetischen Politbüros, sondern die Bilder von Johann Koplenig, von Dimitroff, Ernst Thälmann und Wilhelm Pieck zu sehen.

In Moskau waren wir zu jener Zeit gut bekannt. Wenn wir, meist viel besser gekleidet als die gleichaltrigen russischen Jugendlichen, abends spazierengingen, hörten wir manchmal Passanten hinter uns sagen: *Smotri, eto djeti schuzbundowzew.* (»Sieh mal, das sind die Schutzbundkinder!«) Wir verlebten eine glückliche Zeit – eigentlich ohne zu wissen, wie es damals anderen Jugendlichen in der Sowjetunion ging.

Die Pädagogen und unser russischer Direktor waren ausnehmend freundlich. Wenn wir unsere Wünsche vortrugen, konnten wir gewiß sein, daß sie erfüllt wurden, soweit sie im Rahmen des Möglichen lagen. Es bestand auch ein Heimsowjet, den wir selbst wählten und der eine Art Mitbestimmungsrecht in allen Fragen besaß. Unsere einzige ständige Verbindung zur Außenwelt war die »Bibliothek für ausländische Literatur« in der Stoljeschnikowpereulok, etwa 15 Minuten von unserem Kinderheim entfernt. Sie war in einer kleinen Kirche untergebracht, die in den ersten Jahren nach der Revolution geschlossen worden war. Hier fanden wir deutsche, englische, französische, spanische und italienische Bücher.

Fast jeden Tag ging ich mit meinen Freunden auf einige Stunden in den Lesesaal. Neben der klassischen deutschen Literatur gab es auch viele neuere Bücher: Thomas Mann, Heinrich Mann, Franz Werfel, Max Brod, Stefan Zweig, Jakob Wassermann, Arnold Zweig, Lion Feuchtwanger, Emil Ludwig und natürlich alle Emigranten-Autoren, die mit der Sowjetunion sympathisierten – Friedrich Wolf, Anna Seghers, Johannes R. Becher, Erich Weinert, Bodo Uhse, Fritz Erpenbeck, Willi Bredel.

Diese Lesehalle schien uns zunächst paradiesisch. Aber bald sollte ich auch ihre Schattenseiten kennenlernen. Als ich ein Buch von Traven in die Hand bekam, entdeckte ich zu meinem namenlosen Erstaunen, daß ganze Absätze mit einer besonderen Tusche unkenntlich gemacht worden waren. Alle Versuche, die »vertuschten« Stellen doch zu lesen – zum Beispiel, indem ich die betreffende Seite gegen das Licht hielt – waren vergebens. Die »Vertuschung« war technisch vollkommen.

Diese eigentümliche Form der Zensur wurde übrigens nicht nur bei Büchern angewandt, sondern auch bei Zeitungen und Zeitschriften, wobei es sich groteskerweise auch um Zeitschriften handelte, die von der KPD oder von Personen herausgegeben wurden, die mit ihr sympathisierten. In der Lesehalle gab es nämlich außer den sowjetischen Zeitungen auch noch die damals in der Tschechoslowakei erscheinende *Rote Fahne*, das *Pariser Tageblatt* oder *Die neue Weltbühne*. Selbst in diesen sehr sowjetfreundlichen Publikationen wurden Absätze unkenntlich gemacht, wenn sie Ereignisse brachten, die in der Sowjetpresse nicht erwähnt worden waren.

Wir »Älteren« waren schon damals nicht nur literarisch interessiert, sondern auch politisch. Das ist gar nicht erstaunlich. In der Sowjetunion ist das Leben ja viel stärker politisiert als in jedem anderen Lande der Welt. Es gibt kaum eine Frage, die nicht »politisch« betrachtet wird. Kampagnen, Versammlungen, Demonstrationen lösen einander ab.

Wenn wir mit den Schularbeiten fertig waren, stürzten wir uns auf die politische Literatur, die wir bekommen konnten – auf die Schriften von Marx, Engels, Lenin und Stalin. Niemand zwang uns dazu, wir wurden nicht einmal aufgefordert, uns politisch zu bilden. Es war unser eigener Wille, unser eigenes Interesse, das uns dazu trieb, und es hatte sich bald eingebürgert, daß wir »Älteren« uns anschließend, während langer, ausgedehnter Spaziergänge durch Moskau, über das Gelesene unterhielten.

Von all dem, was sich gerade um diese Zeit in der Sowjetunion abzuspielen begann, hatten wir in unserem Heim auf der Kalaschnijstraße keine Ahnung. Aber es ist schwer, in der Sowjetunion unbekümmert zu leben; es gibt kein Plätzchen, wohin man sich zurückziehen, keinen Ort, wo man unbeschwert von den Ereignissen sein eigenes Leben führen kann. Das galt auch für uns.

Die Verhaftung meiner Mutter

Als ich in das Kinderheim Nr. 6 kam, zog meine Mutter in ein kleines primitives Kämmerchen – Zimmer konnte man es kaum nennen. Es befand sich in einem alten Haus in der Nähe des Nikitskij-Tors. Eigentlich war sogar die Bezeichnung »Kämmerchen« übertrieben, denn es handelte sich nur um den kleinen Teil eines Flurs, der durch eine primitive Bretterwand abgetrennt war.

Aber selbst diese Behausung hatte meine Mutter nur nach schwe-

ren Kämpfen bekommen. Ein- oder zweimal wöchentlich traf ich mich mit ihr. Wir gingen durch Moskau. Es waren schöne Stunden. Wie sehr mir auch das Kinderheim gefiel, so froh war ich doch jedesmal, meine Mutter sehen und sprechen zu können. Ende Oktober 1936, wenige Wochen nach meinem Einzug in das Kinderheim, schlenderten wir an einem regnerischen Tag durch die Straßen Moskaus. Dabei knabberte ich Süßigkeiten, die wir in meinem Lieblingsgeschäft *Wostotschnyje Sladosti* (Östliche Süßwaren) am Nikitskij-Tor gekauft hatten.
»Ich habe noch eine große Bitte, Mami«, sagte ich.
»Was denn, mein Junge?«
»Weißt du, das schlimmste ist dieses technische Zeichnen. Wir haben bis übermorgen eine ganz verflixt schwere Zeichnung zu machen, und die Sache will mir nicht richtig gelingen.«
Meine Mutter versprach mir, die Zeichnungen schon am folgenden Tag fertig zu haben. Und dann mußte ich schnell weg, um nicht zu spät ins Heim zu kommen.
Noch einmal schaute ich mich um. Meine Mutter stand da, ihre Handtasche und meine Zeichnungsrolle unter dem Arm, und winkte mir freundlich nach.
Am nächsten Tag stand ich zur verabredeten Zeit an unserem Treffpunkt. Meine Mutter war nicht da.
Ich wartete. Zehn Minuten vergingen, eine Viertelstunde, eine halbe. Meine Mutter kam immer noch nicht.
Ich beschloß, zu ihr nach Hause zu gehen, in die kleine hölzerne Korridorstube. Vielleicht ist sie krank, dachte ich.
Beunruhigt klingelte ich an der Wohnungstür. Einer der Bewohner öffnete, schaute mich eigentümlich an, ließ mich aber gleich durch. Ich lief durch den Korridor und blieb erstaunt vor dem primitiven hölzernen Verschlag stehen. Die Tür war verschlossen. Außerdem entdeckte ich zwei Siegel: eines auf der Bretterwand und eines an der Tür.
Ich verstand überhaupt nichts mehr. Inzwischen war die Tür des Nebenzimmers geöffnet worden.
»Was willst du denn?« wurde ich gefragt.

»Ich möchte zu meiner Mutter, die wohnt doch hier.«
»Deine Mutter ist nicht mehr hier.«
»Aber wo ist sie denn?«
»Die ist weg.«
»Aber wieso denn? Hat sie nichts hinterlassen?«
»Nein, sie hat nichts hinterlassen. Sie mußte plötzlich weg. Wahrscheinlich ist sie auf einer Kommandierung und wird wohl bald wiederkommen. Geh nur ruhig nach Hause.«
Nachdenklich und beunruhigt ging ich ins Heim zurück. Ich war schon lange genug in Rußland, um zu wissen, was eine Kommandierung ist: der plötzliche Auftrag von einer Dienststelle, eine bestimmte Arbeit an einem anderen Ort durchzuführen. Aber von wem konnte denn meine Mutter eine Kommandierung erhalten haben? Wohin war sie gefahren? Wann würde sie zurückkehren? Im Kinderheim vergingen diese beunruhigenden Gedanken. »Wahrscheinlich wird sie eine Kommandierung erhalten haben, um Fremdsprachenunterricht zu geben, vielleicht für Offiziere der Armee. Da darf sie wahrscheinlich nicht schreiben«, beruhigte ich mich und machte mich an die technische Zeichnung.
Eine Woche nach der anderen verging. Mehrmals ging ich noch in die »Wohnung« meiner Mutter, aber ich konnte nur jedesmal traurig die versiegelte Tür anstarren. Die Bewohner des Nebenzimmers, die anfangs freundlich zu mir waren, hatten sich bald verändert.
»Warum kommst du denn immer wieder?« sagte einer von ihnen streng, fast böse zu mir. »Wir haben dir doch gesagt, daß deine Mutter auf Kommandierung ist. Sobald sie zurückkommt, wird sie sich schon melden. Du brauchst doch nicht dauernd hierherzulaufen.«
Danach ging ich nicht mehr hin. Inzwischen hatte ich auch Bekannte meiner Mutter getroffen. Auch sie erzählten mir, meine Mutter sei auf einer Kommandierung, aber niemand schien genau zu wissen, wo sie sich befand.
»Ich habe gehört, sie soll in Tiflis sein«, sagte ein Bekannter.

»Aber warum schreibt sie mir denn nicht?«
»Es gibt eben Kommandierungen, bei denen man nicht schreiben kann«, wurde mir geantwortet. Das verstand ich, denn davon hatte ich schon mehrfach gehört. So fragte ich nicht mehr.
Bald traten noch andere Ereignisse ein, die mich aus unserem ruhigen Kinderheimleben herausrissen.
Im Januar 1937 fand der Prozeß gegen das »trotzkistische Parallelzentrum« statt, eine angebliche Verschwörerorganisation, der Pjatakow, Radek, Sokolnikow und Serebrjakow angehörten, alles führende Funktionäre, die uns bisher als vorbildliche Bolschewiki hingestellt worden waren. Die *Deutsche Zentral-Zeitung*, die bisher ebenso wie die *Prawda* fast ausschließlich von Erfolgen des sozialistischen Aufbaus geschrieben und Fotos von neuen Industriewerken oder vorbildlichen Kolchosen veröffentlicht hatte, strotzte nun von Beschimpfungen gegen »trotzkistische Spione«, »Diversanten«, »Verräter der Heimat« und »Restauratoren des Kapitalismus«.
Der Unterricht in Gesellschaftskunde wurde sofort den neuen Erfordernissen angepaßt und war nun ausschließlich dem Prozeß gewidmet.
Wir erfuhren, daß diejenigen, die wir bisher als vorbildliche Parteiführer gekannt hatten, in Wirklichkeit Spione, Agenten und Diversanten gewesen sein sollten, die heimliche Verhandlungen mit Hitler-Deutschland und Japan geführt hätten mit dem Ziel, die Ukraine an Deutschland und den sowjetischen Fernen Osten an Japan zu übergeben und in der Sowjetunion den Kapitalismus wiederherzustellen.
Die Angeklagten, so sagte man uns, wären bereits seit Jahren, sogar seit Jahrzehnten, Schädlinge, Volksfeinde und Agenten gewesen, hätten es aber verstanden, ihre Umgebung zu täuschen. Zur gleichen Zeit, da sie sich als vorbildliche Funktionäre aufspielten, hätten sie in Wirklichkeit die Produktionspläne sabotiert, Brandstiftungen und Sprengungen organisiert, Diversionsakte ausgeführt, Eisenbahnkatastrophen organisiert und durch absichtliche Verseuchung von Verpflegungs- und Sanitätsstellen

mit Bakterien den Tod von Arbeitern und Bauern verschuldet. Gleichzeitig hätten sie terroristische Gruppen gebildet mit dem Ziel, die Führer der Partei und der Sowjetregierung zu ermorden. Am 30. Januar 1937 ging der Prozeß zu Ende. Pjatakow, Serebrjakow und andere Angeklagte wurden zum Tode, Sokolnikow und Radek zu 10 Jahren Gefängnis verurteilt. Die Zeitungen brachten Bilder von Versammlungen in Betrieben und Kollektivwirtschaften, in denen alle Anwesenden die Hand hoben, das Zeichen, daß die Versammelten einen Beschluß des Gerichts gutheißen. Auf großen Demonstrationen wurden Losungen getragen wie: »Erschießt die tollen faschistischen Hunde!« »Die Volksfeinde müssen von der Erdoberfläche ausradiert werden.«
Wir konnten die Bedeutung dieses Prozesses damals nicht voll ermessen. Noch lebten wir wie auf einer glücklichen Insel. Von den Massenverhaftungen jener Zeit hatten wir noch keine Ahnung. Wie gewöhnlich gingen wir in die Schule, lasen Bücher und diskutierten. Das einzige, was wir bereits merkten, war, daß im Unterricht für Gesellschaftskunde, auf Versammlungen in der Schule und im Heim sehr viel von Wachsamkeit gesprochen wurde, von »Feinden« und »Agenten« und von ihren schändlichen Taten.
Die große Verhaftungswelle hatte im Herbst 1936 begonnen, doch erst im späten Frühjahr 1937, als es nicht mehr möglich war, es vor uns zu verheimlichen, merkten auch wir, was im Lande vor sich ging.
Die Verhaftungen machten auch vor der deutschen Karl-Liebknecht-Schule nicht halt. Von März 1937 an wurde nach und nach ein Lehrer nach dem anderen verhaftet.
Zuerst verschwand unser Deutschlehrer, Gerschinski, ein deutscher Kommunist, der als Jugendlicher die Karl-Marx-Schule in Berlin-Neukölln besucht hatte und nach 1933 in die Sowjetunion gekommen war. Dann folgte unser Geschichts- und Geographielehrer, Lüschen, ebenfalls Absolvent der Karl-Marx-Schule. Schließlich wurde auch unser Lehrer für Mathematik und Chemie, Kaufmann, verhaftet.

Das war nicht nur in unserer Klasse so, sondern in unserer ganzen Schule. Die wenigen Lehrer, die übrigblieben, waren völlig übermüdet, da sie alle Stunden der inzwischen Verhafteten übernehmen mußten. Aber sie litten nicht nur an Übermüdung, sondern auch an Angst. Jeder wußte, daß auch er morgen an die Reihe kommen konnte. Dadurch verloren sie ihre Sicherheit und konnten, was wir Schüler natürlich merkten, oft nur mit großer Anstrengung die Stunden zu Ende führen.

Manchmal spielte ihnen ihre Angst auch üble Streiche. Einmal, als wir gerade Unterricht in Verfassungskunde hatten und der Lehrer, so begeistert wie es nur ging, über den demokratischen Charakter der Verfassung und über die moralisch-politische Einheit des Sowjetvolkes sprach, wollte er seine Darlegungen mit dem bekannten Stalin-Ausspruch krönen: »Denjenigen aber, die versuchen sollten, unser Land zu überfallen, wird eine vernichtende Abfuhr zuteil werden, damit ihnen in Zukunft die Lust vergehe, ihre Schweineschnauze in unseren Sowjetgarten zu stekken!« Ausgerechnet bei diesem Satz versprach er sich und rief uns schallend zu:

»...damit ihnen in Zukunft die Lust vergehe, ihre Sowjetschnauze in unseren Schweinegarten zu stecken!«

Einige Schüler prusteten heraus, andere, darunter auch ich, saßen wie gelähmt. Was nun? Was würde jetzt passieren?

Wenige Sekunden später hatte der Lehrer seinen Fehler gemerkt, wurde kreideweiß und zitterte am ganzen Körper. Es war ihm anzumerken, mit welcher Mühe er die Stunde zu Ende führte. Uns allen tat er schrecklich leid. Wir wußten, daß dies sein Ende bedeutete, denn es war klar, daß er selbst diesen Vorfall bei der Partei melden mußte. Einige Tage später verschwand er. Wir sahen ihn niemals wieder und hörten auch nichts mehr von ihm. Selbst unsere Prüfungen standen im Schatten der Verhaftungen.

An einem Junimorgen saß unsere Klasse zusammen, um die schriftliche Prüfung in Deutsch abzulegen. Wie immer bei Prüfungen waren wir ein wenig aufgeregt, als der Lehrer eintrat. Er

kontrollierte zunächst die Anwesenheitsliste und erklärte uns dann die Prüfungsaufgabe:
»Ich werde euch jetzt einen Auszug aus einem Buch des antifaschistischen Schriftstellers Georg Born vorlesen, und ihr werdet dann den Inhalt in eigenen Worten niederschreiben. Ihr habt dafür drei Stunden Zeit, könnt also in aller Ruhe arbeiten.«
Mit diesen Worten öffnete er seine Mappe, um das Buch von Born herauszunehmen. Plötzlich lief in einigen Bänken Geflüster um.
»Was ist denn los?«
Ein Schüler stand auf. »Genosse Lehrer, mein Vater hat erzählt, daß Georg Born vor einigen Tagen als Volksfeind verhaftet worden ist.«
Der Lehrer wurde aschfahl. Zitternd legte er das Buch wieder in die Mappe, kramte in ihr, betrachtete einige andere Bücher und legte sie schnell wieder weg. Schließlich nahm er ein Buch von Kisch, der zu jener Zeit in Mexiko lebte und von dem er einigermaßen sicher annehmen durfte, daß er nicht als »Volksfeind« entlarvt werden würde.
Jetzt hatte sich unser Lehrer etwas beruhigt und gefaßt.
»Ich möchte mich bei euch für mein ernstes Versehen entschuldigen. Selbstverständlich werden wir uns nicht auf das Buch eines Volksfeindes stützen, der jetzt seiner gerechten Strafe entgegengeht. Ich werde euch statt dessen eine Reportage von Egon Erwin Kisch vorlesen, und ihr werdet sie dann in eigenen Worten nacherzählen.«
Er las uns den Abschnitt vor. Seine Stimme zitterte noch immer ein wenig. Er war viel ängstlicher als wir, die ein Examen abzulegen hatten.
Gerade in den Prüfungstagen, im Juni 1937, lief die Säuberungsaktion auf höchsten Touren.
Anfang Juni wurden wir und mit uns die gesamte sowjetische Bevölkerung durch ein besonders eigentümliches Ereignis überrascht: Eine der bis dahin berühmtesten medizinischen Kapazitäten der Sowjetunion, Professor Pletnjow, wurde beschuldigt, die

sowjetische Bürgerin B. vergewaltigt zu haben! Da in der Sowjetpresse niemals sexuelle Angelegenheiten erwähnt werden, rief es allgemeines Erstaunen hervor, daß die Umstände der Vergewaltigung beschrieben und sogar darauf hingewiesen wurde, der Professor habe die Bürgerin B. mehrmals in den Busen gebissen. Sie sei, so wurde in der *Prawda* erklärt, durch Bisse zur Invalidin für ihr ganzes Leben geworden.

Unmittelbar darauf folgten die üblichen Resolutionen der verschiedensten medizinischen Institute gegen den »Vergewaltiger« und »Sadisten« Pletnjow. Ein öffentlicher Prozeß war angekündigt, der mit Spannung erwartet wurde. Aber man hörte dann von Pletnjow fast ein ganzes Jahr nichts mehr. – Dafür kam in jenen Tagen eine neue Losung auf, die man täglich in der Zeitung lesen und auf Versammlungen hören konnte:

Der sowjetische Sicherheitsdienst wird stärker, größer und mächtiger. Mögen alle Spione, Diversanten und Mörder zittern! Der sowjetische Sicherheitsdienst wird noch zeigen, wozu er fähig ist.

Wenige Tage später – am 11. Juni 1937 – wurde die Aufdeckung einer angeblichen Verschwörung unter der Führung des bisherigen Generalstabschefs, Marschall Tuchatschewskij, und 7 anderen Generälen der Roten Armee bekanntgegeben. Die genannten Personen – es waren Männer, die die höchsten Stellen der Armeeführung bekleideten, alte Parteimitglieder und hohe Partei- und Staatsfunktionäre – wurden beschuldigt, Spione einer ausländischen Macht gewesen zu sein. Sie hätten in der Armee Schädlingsarbeit geleistet, um sie zu schwächen, und wollten angeblich sogar eine Niederlage der Roten Armee herbeiführen, um die Macht der Großgrundbesitzer und Kapitalisten in der UdSSR wiederherzustellen.

In den letzten Monaten waren wir durch die Prozesse, die ständigen Drohungen und Beschimpfungen gegen »Todfeinde«, »Spione«, »Doppelzüngler«, »Verräter« und »Diversanten« und die laufenden Mahnungen zur Wachsamkeit schon an vieles gewöhnt. Die Veröffentlichung der entdeckten Verschwörung Tuchatschewskijs übertraf aber alles bisher Dagewesene.

Von den 6 Seiten der *Prawda* vom 12. Juni 1937 waren 5 ausschließlich diesem Ereignis gewidmet. Es war das einzige Mal in der Geschichte der sowjetischen Presse, daß jede Seite der Zeitung mit Balkenüberschriften versehen war:

SPIONE, VERÄCHTLICHE MIETLINGE DES FASCHISMUS, VERRÄTER DER HEIMAT – ERSCHIESST SIE!

war die Schlagzeile der Titelseite.

Die zweite Seite trug die Balkenüberschrift:

SPIONE, VERLETZER DER MILITÄRPFLICHT, VERRÄTER DER HEIMAT UND DER ROTEN ARMEE – ERSCHIESST SIE!

Die dritte Seite war betitelt:

SPIONE, DIE UNSERE HEIMAT AUFTEILEN WOLLTEN UND IN DER UDSSR DIE MACHT DER GROßGRUNDBESITZER UND KAPITALISTEN WIEDERHERSTELLEN WOLLTEN – ERSCHIESST SIE!

Auf der vierten Seite hieß es:

SPIONE, DIE SABOTAGEAKTE ZUR UNTERGRABUNG DER MACHT DER ROTEN ARMEE DURCHFÜHRTEN – ERSCHIESST SIE!

Auf der fünften Seite:

SPIONE, DIE EINE NIEDERLAGE DER ROTEN ARMEE ERSTREBTEN – ERSCHIESST SIE!

Der Leitartikel trug den Titel *Für Spione, für Spionage und Verrat der Heimat – erschießen* und endete mit jenen Worten, die nun immer wieder auftauchten: »Der sowjetische Sicherheitsdienst wird noch zeigen, wozu er fähig ist!«

Die ganze Zeitung war angefüllt mit Resolutionen, in denen die sofortige Erschießung gefordert und die angeblichen Verräter beschimpft und verflucht wurden. Die spontanen »Forderungen des Volkes« waren jedoch schon überholt, denn in einer kurzen Notiz wurde mitgeteilt, Tuchatschewskij und seine Mitangeklagten seien schon am Abend vorher zum Tode durch Erschießen verurteilt und hingerichtet worden.

Obwohl wir von diesen Ereignissen noch nicht direkt berührt wurden, wirkten sie auch im Kinderheim nach. Am Abend des Tages, an dem Tuchatschewskij zum Tode durch Erschießen verurteilt worden war, kam einer unserer Zöglinge – er gehörte nicht einmal zu den »Großen«, sondern war erst 13 oder 14 Jahre alt – mit bleichem Gesicht auf mich zu.

»Was soll ich bloß tun? Ich habe etwas ganz Schlimmes angestellt!«

»Was ist denn?«

»In der Prüfungsarbeit hatten wir ein Aufsatzthema über die Rote Armee, und da hab' ich Tuchatschewskij noch besonders hervorgehoben.«

»In deinem Aufsatz?«

»Ja, aber noch schlimmer! Ich hab' meinen Aufsatz ausgerechnet mit dem Satz beendet: ›Unter Führung Stalins und Tuchatschewskijs siegte die Rote Armee im Bürgerkrieg und ist auch heute unbesiegbar!‹ Was wird denn jetzt bloß werden?«

Glücklicherweise geschah ihm nichts, aber in jenen Tagen gab es selbst im Kinderheim, besonders bei den »Älteren«, viele besorgte Gesichter. Es war wie eine Erlösung, als man uns eines Abends zusammenholte und mit der freudigen Mitteilung überraschte: »Wir fahren diesen Sommer zur Erholung auf die Krim nach Gursuf.« Am gleichen Abend hatte ich ein mir damals völlig unverständliches Erlebnis. Ein Pädagoge unseres Heims kam auf mich zu, sah mich ernst an, drückte mir freundschaftlich die Hand, sagte aber kein Wort. Ich verstand gar nichts. Was hatte er?

Eine Woche war ausgefüllt mit Reisevorbereitungen. Am letzten

Tag vor der Abfahrt kam derselbe Lehrer noch einmal zu mir, jetzt allerdings freudig. »Es ist alles wieder gut«, sagte er und klopfte mir auf die Schulter.
»Aber was war denn bloß?«
Er antwortete zögernd: »Es war da eine Sache, aber die hat sich inzwischen geklärt. Jetzt laß den Kopf nicht hängen, pack deine Sachen, wir fahren auf die Krim!«
In dem malerisch gelegenen Kurort Gursuf am Schwarzen Meer hatten wir einige schöne Gebäude zur Verfügung gestellt bekommen und verlebten herrliche Tage. In der wunderbaren Landschaft der Krim, unter den Palmen und im kühlen Meer, erschienen uns die Ereignisse der vergangenen Monate wie ein böser Traum. Wir glaubten und hofften, alles würde sich bald wieder einrenken, bei unserer Rückkehr nach Moskau würde alles wieder so gut sein, wie es noch vor wenigen Monaten für uns gewesen war.
Nach etwa drei Wochen Ferien auf der Krim wurde ich krank. Ich lag im Krankenzimmer unter der Obhut unserer deutschen Ärztin, die stets aufopfernd für uns sorgte. Als es mir schon besser ging, kam die Ärztin zu mir ans Bett.
»Hier, du hast Post bekommen«, sagte sie.
Aufgeregt las ich die Postkarte. Sie war an die Adresse des Kinderheims geschickt worden. Sie kam von meiner Mutter! Als Absender war angegeben: *L.P. Schor, Tschibiju, Komi ASSR.* Darunter befand sich die Bemerkung *KRTD 5 Jahre.*
Nun wußte ich, was geschehen war. Es traf mich wie ein Schlag: Meine Mutter war verhaftet worden! Es war mir bekannt, daß L.P. die Abkürzung für Lagerpunkt und KRTD die russische Abkürzung für *Konterrevoluzionnaja trotzkistskaja dejatelnostj,* also »konterrevolutionäre trotzkistische Tätigkeit«, ist.
Jetzt verstand ich auch, warum das Zimmer versiegelt gewesen war, die Nachbarn sich mißtrauisch gezeigt hatten und man mir etwas von einer »Kommandierung« meiner Mutter erzählt hatte, um mich nicht zu beunruhigen. Mir kam das Grausame der Situation zu Bewußtsein: Während meine Mutter bereits 10 Mo-

nate in Haft war und jetzt unter grauenvollen Bedingungen im nördlichen Polarkreis lebte, befand ich mich im privilegiertesten Kinderheim der Sowjetunion und erholte mich unter Palmen auf der Krim!

An Ausflügen nach Simferopol, Liwadija oder Jalta, an Besuchen von Schlössern oder Wanderungen in schönen Bergpartien konnte ich nun nur noch widerwillig teilnehmen. Immer wieder trat mir das Bild meiner Mutter vor Augen, und ich dachte traurig daran, was wohl gerade mit ihr geschah.

Von der Karte, der Verhaftung und Verbannung meiner Mutter erzählte ich keinem etwas – aber ich war sicher, daß der Direktor des Heims und die Pädagogen es wußten.

Da fiel mir auch wieder das eigentümliche Verhalten des Lehrers kurz vor unserer Abreise ein. Hatte es vielleicht etwas mit der Verhaftung meiner Mutter zu tun gehabt? Noch einmal versuchte ich, mit ihm darüber zu sprechen, aber er winkte ab. Erst mehr als ein Jahr später erfuhr ich den Grund seines Verhaltens. Um jene Zeit war nicht nur meine Mutter, es waren auch die Eltern von weiteren 8 bis 10 Zöglingen unseres Heims verhaftet worden. Dann war eine Anweisung gekommen, daß alle, deren Eltern von der NKWD verhaftet worden waren, unser Heim verlassen und in ein NKWD-Kinderheim überführt werden sollten. An diesem Tag war der Pädagoge zu mir gekommen und hatte mir, ohne mir natürlich davon berichten zu können, die Hand zum Abschied gereicht. Wenige Tage später war der Beschluß rückgängig gemacht worden. Wir durften im Heim bleiben, und daraufhin war er, diesmal freudig, zu mir gekommen und hatte gesagt, daß alles in Ordnung sei.

Noch heute weiß ich nicht, wem wir die Rettung zu verdanken hatten. War der Befehl auf eine Intervention der Komintern rückgängig gemacht worden?

Auf jeden Fall waren wir vor dem grauenhaften Schicksal bewahrt worden, in eines der vielen NKWD-Kinderheime zu kommen, die damals für die Kinder von Verhafteten existierten. Von unseren Eltern waren wir zwar für viele Jahre getrennt, aber vor

dem Schlimmsten blieben wir bewahrt. Wir hatten jetzt nur noch eins, an das wir uns halten konnten: unser Kinderheim, das nun für uns Heimat, Familie und Beschützer war.
Was aber, wenn unser Heim aufgelöst würde?

Entscheidung für die russische Schule

Nach sechs Wochen Ferien auf der Krim kehrten wir in der zweiten Augusthälfte nach Moskau zurück. Schon am nächsten Tag wurden wir »Älteren« zu einer Sonderbesprechung in das Zimmer des Direktors bestellt.
»Genossen, ihr habt alle schon die 7. Klasse beendet, und wir müssen uns einmal ernsthaft über eure Zukunft unterhalten. Ihr könnt jetzt alle schon gut Russisch, und ich möchte euch zu überlegen geben, ob es nicht besser wäre, wenn ihr die deutsche Karl-Liebknecht-Schule verlaßt und russische Schulen besucht. Selbstverständlich ist das kein Zwang. Wir können uns in einigen Tagen noch einmal darüber aussprechen.«
Einige von uns entschieden sich sofort für die russische Schule, andere – darunter auch ich – zögerten. Ich konnte zwar schon ganz gut Russisch, aber noch immer nicht so gut wie Deutsch. Wenn es sich nur um die Sprache gehandelt hätte, wäre ich lieber noch in der deutschen Schule geblieben. Es war mir jedoch klar, daß Semjonows Vorschlag – wenn er es auch nicht erwähnt hatte – aus politischen Gründen erfolgt war. Wahrscheinlich dachten die anderen dasselbe, denn als wir zwei Tage später wieder im Direktorzimmer versammelt waren, hatten sich alle für die russische Schule entschieden.
Vom 1. September 1937 an gingen wir 12 älteren Zöglinge in russische Schulen. Wir wurden verschiedenen Schulen zugeteilt. Die anderen, die »Gschroppen« und »Mittleren«, blieben vorläufig noch in der deutschen Karl-Liebknecht-Schule.
Ich kam in die 93. Moskauer Schule, die sich in einem kleinen Gäßchen in der Nähe des Arbatplatzes befand. Wie viele Moskauer Schulen war auch diese in einem modernen schönen Ge-

bäude untergebracht, und auch hier konnte ich eine hervorragende Ausstattung bewundern.
Die Schüler und Lehrer kamen uns sehr freundlich und kameradschaftlich entgegen und halfen uns, wenn wir schwierigere Dinge auf russisch nicht gleich verstanden. Nicht ein einziges Mal begegneten wir einer feindseligen Haltung.
Obgleich wir die russische Sprache schon recht gut verstanden, war es zuerst nicht leicht, dem Unterricht zu folgen. Die letzten drei Klassen der Sowjetschule werden in erster Linie von denjenigen besucht, die später an den Hochschulen studieren wollen. Der Lehrstoff in der 8. bis 10. Klasse wird sehr gedrängt behandelt, und in den letzen drei Schuljahren wird außerordentlich viel verlangt. Ich bin auch heute noch davon überzeugt, daß in den sowjetischen Schulen nicht weniger, sondern wahrscheinlich mehr gelernt wird als in den meisten Schulen Westeuropas und Amerikas, wenn auch natürlich vieles einseitig dargestellt wird. Wir lernten zwar weder Latein noch Griechisch – es gab nur eine einzige Fremdsprache –, aber in anderen Fächern, besonders auf naturwissenschaftlichem Gebiet, waren die Anforderungen sehr hoch.
Während sich in den meisten Fächern die 8. Klasse organisch an die vorhergehende 7-Jahres-Schule anschloß, gab es doch bei einigen eine Reihe von Veränderungen. Mathematik war nun in drei Fächer – Algebra, Geometrie und Trigonometrie – unterteilt. Physik und anorganische Chemie wurden weitergeführt, und die Geographiestunden waren einer recht eingehenden Darlegung der Wirtschaftsgeographie der UdSSR gewidmet. In Biologie nahmen wir die Anatomie und Physiologie des Menschen durch.
In Geschichte beschäftigten wir uns mit der geschichtlichen Entwicklung der Völker der UdSSR, die übrigens nicht mit einem Ereignis der russischen Geschichte, sondern mit Urartu begann, einem Staat, der vom 9. bis 6. Jahrhundert v. Chr. auf jenem Gebiet bestand, auf dem sich heute das sowjetische Armenien befindet. Im Geschichtsunterricht wurde in diesem Schuljahr

1937/38 erstmalig besonderer Wert auf das Studium Iwans des Schrecklichen gelegt, denn in der historischen Betrachtung dieses Zaren war gerade eine wichtige Änderung erfolgt. Unerwartet für viele, wurde er plötzlich als progressiver Herrscher und Einiger Rußlands gefeiert, der von der reaktionären Geschichtsschreibung bislang nicht richtig gesehen worden war und dem man völlig zu Unrecht den Beinamen »der Schreckliche« gegeben hatte. Ausführlich wurden die progressiven Leistungen in der Einigung des Reiches und der Säuberung Rußlands von Verrätern unterstrichen, wobei besonders auf die »Opritschnina« hingewiesen wurde, die als Zeichen den Hundekopf und den Besen getragen hatte. Den Hundekopf, um die Verräter aufzuspüren, und den Besen, um Rußland von ihnen zu säubern.

In der 8. Klasse gab es weder Verfassungskunde oder Gesellschaftskunde noch ein anderes politisches Fach. Dafür erhielten wir zweimal wöchentlich Unterricht in *Wojennoje djelo,* der Militärkunde.

Wir hatten uns dann mit Exerzieren, dem Aufbau der zivilen Luftverteidigung und Luftschutzmaßnahmen zu beschäftigen. Ein besonderer Greuel blieb mir nach wie vor *Tschertschenije*, das Technische Zeichnen, das in jeder Woche schwieriger wurde. Die Bedeutung dieses Fachs wurde jedoch sehr unterstrichen, offensichtlich weil man – nicht zu Unrecht – annahm, daß die Mehrzahl der Absolventen der 10-Jahres-Schulen einmal Technische Hochschulen besuchen würde.

Die Tendenz, uns auf Hochschulen vorzubereiten, war unverkennbar, und es gab in dieser Hinsicht eine Reihe interessanter Einrichtungen. So wurden wir bereits von der 8. Klasse an gelegentlich zu »Tagen der offenen Tür« in die verschiedensten Hochschulen eingeladen. An diesen Tagen war das gewöhnliche Leben in einer Hochschule unterbrochen: die Professoren, Dozenten, Assistenten und Vertreter der Studenten standen zur Verfügung, um interessierte Schüler der 10-Jahres-Schulen zu empfangen und ihnen zu erklären, womit sich die Hochschule beschäftigt. Damit sollte für das betreffende Institut geworben und gleichzeitig den Schülern die Entscheidung für ihre spätere Laufbahn erleichtert werden. Auch ich besuchte an mehreren »Tagen der offenen Tür« Hochschulen und hatte schon entschieden, welche ich später besuchen wollte.

Unser Übergang in die russische Schule führte bald dazu, daß manche von uns begannen, auch untereinander russisch zu sprechen. Es war der erste Schritt auf dem Wege zu unserer Sowjetisierung und Russifizierung, die mit dem Jahre 1937 immer stärker spürbar wurde.
Anfang 1938 folgte der zweite Schritt: Die deutsche Karl-Liebknecht-Schule wurde aufgelöst. Durch die Verhaftung der Lehrer und auch des Schuldirektors – sowohl Shelasko als auch seine Nachfolgerin Kramer waren verhaftet worden – konnte der Schulbetrieb im Heim nicht mehr aufrechterhalten werden. Nun kamen auch alle anderen österreichischen und deutschen Kinder in russische Schulen.
Immer mehr wurde unser Heim den russischen Heimen angeglichen. Zwar besuchten uns noch Vertreter der österreichischen oder deutschen Sektionen der Komintern, und wir hörten Referate über den antifaschistischen Kampf in Deutschland und Österreich oder über die Ereignisse in Spanien, aber immer häufiger kamen auch sowjetische Referenten, die uns mit den politischen Fragen der Sowjetunion vertraut machen sollten. Wir lernten alle Fragen politisch betrachten oder, wie wir es meist ausdrückten, »vom grundsätzlichen Standpunkt aus« und gewöhnten uns daran, alles, was die Sowjetunion tat, zu rechtfertigen, selbst das Außergewöhnlichste, selbst Dinge, die an und für sich den Ideen des Sozialismus entgegengesetzt waren.
Anfangs schrieben viele Jugendliche unseres Heims noch Briefe an ihre Eltern oder Verwandten in Österreich, mit der Zeit wurden die Bindungen lockerer. Wir dachten seltener an Deutschland und Österreich und mehr und mehr an die Sowjetunion. Anfangs wurde bei unseren Versammlungen im Heim stets von der Sowjetunion als unserer »zweiten Heimat« gesprochen.

Schließlich wurde das Wort »zweite« weggelassen, und allmählich fühlten wir uns so, als ob die Sowjetunion unsere einzige und wirkliche Heimat sei.
In unseren Gesprächen wurden Österreich und Deutschland nur noch ganz selten erwähnt. Die Erinnerung verblaßte. Wir waren zu jungen sowjetischen Menschen geworden, die zwar ihrer Nationalität nach Deutsche oder Österreicher waren, ihrem Denken und Fühlen nach jedoch bereits zur Sowjetunion gehörten.
So hatte unser Kinderheim in der Zeit von 1934 bis 1938 ein anderes Gesicht bekommen. Eigentlich war es um diese Zeit schon kein »Kinderheim« mehr. Unmerklich waren die »Gschroppen« zu »Mittleren« und die »Mittleren« zu »Großen« geworden, während die früheren »Großen« schon kaum mehr in ein Kinderheim hineinpaßten. Sonnabends und sonntags wurde nun bei uns getanzt, und ein Besucher wäre kaum auf den Gedanken gekommen, daß es sich bei den Paaren um Zöglinge eines Kinderheims handelte.
Während noch vor einigen Monaten Pädagogen und Nachtschwestern sich anstrengen mußten, um erbitterte Kinderheimschlachten mit Zahnpulver-Schachteln zu schlichten, standen sie nun vor anderen Problemen, denn die meisten der Zöglinge unseres Heims waren nun dem Zauber der ersten Liebe verfallen. Aber für diese glücklichsten Jahre der Jugend hatten wir uns eine schlechte Zeit »gewählt«.

Die große Säuberung – vom Kinderheim aus gesehen

Die Verhaftungen wollten und wollten kein Ende nehmen, ja, sie hatten nach unserer Rückkehr von der Krim, Ende August 1937, sogar noch zugenommen. Im Herbst 1937 wurde alles bisher Dagewesene übertroffen.
Es war für mich nichts Außergewöhnliches mehr, wenn ich beim Besuch eines Bekannten die versiegelte Tür oder eine andere Familie vorfand, die inzwischen in das Zimmer des Verhafteten eingewiesen worden war. Der Begriff »Verhaftung«, noch vor weni-

gen Jahren ein schrecklicher Ausnahmefall, wurde zur alltäglichen Erscheinung. Auf dem kurzen Weg zur Schule konnte ich fast täglich die grünen Wagen sehen, mit denen die Verhafteten abtransportiert wurden.

Immer häufiger hörten wir von Verhaftungen führender Kominternfunktionäre, die uns bisher als Beispiel und Vorbild dargestellt worden waren. Über Nacht verschwanden nicht nur Lehrer der Karl-Liebknecht-Schule, sondern auch Redakteure der *Deutschen Zentral-Zeitung* und Mitarbeiter des »Klubs ausländischer Arbeiter«. Immer wieder wurde von neuen Verhaftungen im Emigrantenheim und unter den Schutzbündlern berichtet. Man merkte den Lehrern in der Schule, den Pädagogen im Heim, ja sogar den Referenten der Komintern bei ihren Besuchen die ständige Angst an, in der sie lebten.

Diejenigen, die noch nicht verhaftet worden waren – sie nannten sich selbst manchmal die »Übriggebliebenen« –, verhielten sich unterschiedlich.

Die meisten waren von einer ständigen Angstpsychose befallen; sie liefen wie gehetztes Wild umher, immer darauf bedacht, nur ja das Richtige zu tun, um einer Verhaftung zu entgehen.

Aber was war »das Richtige«?

»Am wichtigsten ist es jetzt, möglichst überhaupt nichts zu sagen, vor allem natürlich keine einzige politische Äußerung zu tun. Selbst wenn sie noch so linientreu ist. Schweigen, Schweigen und nochmals Schweigen, das ist das Gebot der Stunde«, meinten die einen.

»Es gibt heute nichts Gefährlicheres, als schweigend umherzulaufen, denn dadurch erweckt man den Anschein, geheime Gedanken zu haben und überhaupt ein Volksfeind zu sein. Gerade in der heutigen Situation ist es besonders wichtig, aktiv zu wirken und täglich im Sinne der *Prawda* zu allen Fragen klar seine Meinung zu äußern«, meinten die anderen.

»Man kann nie wissen, wer morgen als ›Volksfeind‹ verhaftet wird. Am besten ist, man grüßt niemanden mehr und sondert sich völlig ab«, war die eine These.

»Man muß gerade jetzt so leutselig wie möglich sein. Man muß sich genauso wie früher verhalten und so tun, als ob man von der ganzen Säuberung nichts merkte. Nichts kann gefährlicher sein, als sich in einem kleinen Kämmerlein abzusondern«, war die andere.

»Am wichtigsten ist jetzt, seine Bücher zu ›säubern‹. Alle Bücher, bei denen auch nur die Möglichkeit besteht, daß sie vielleicht nicht ganz auf der Linie liegen könnten, muß man sofort im Ofen verbrennen«, sagten die einen.

»Es gibt nichts Gefährlicheres, als in diesen Monaten der Säuberung auch nur das kleinste Stück Papier in den Ofen zu stecken. Das wird sofort von anderen Mietern gemerkt, und dann heißt es, man habe Dokumente verbrannt, und man wird automatisch als Spion verdächtigt. Lieber zehn parteifeindliche Bücher im Bücherschrank als ein Stückchen verbranntes Papier im Ofen!« widersprachen andere.

Letzten Endes waren aber alle Diskussionen vergeblich. Es wurden sowohl die verhaftet, die stumm wie Fische umhergelaufen waren, als auch andere, die bei allen möglichen und unmöglichen Gelegenheiten laut und begeistert die Leitartikel der *Prawda* zitiert hatten. Jene, die sofort nach der Arbeit in ihr Zimmerchen gingen und sich nicht mehr herauswagten, fielen genauso der NKWD zum Opfer wie solche, die es sich zum Prinzip gemacht hatten, »nichts zu merken« und sich wie früher zu verhalten. Die Übervorsichtigen, die ihre halbe Bibliothek verbrannten (darunter auch erlaubte Bücher), wurden genauso verhaftet wie die anderen, die den Ofen überhaupt nicht anmachten, aus Angst, man könne annehmen, sie wollten Dokumente verbrennen. Es gab einfach kein Rezept für unschuldige Menschen, sich so zu benehmen, daß man ihnen die Schuldlosigkeit auch glaubte. Sogar in unserem Kinderheim war es inzwischen bekannt geworden, daß 99 Prozent aller verhafteten Menschen niemals etwas gegen die Sowjetmacht getan hatten und daher selbst mit bestem Willen beim Verhör nichts gestehen konnten. Meist, so wurde mir damals erzählt, gelang es der NKWD aber doch, irgend etwas zu finden, was an und für sich völlig harmlos war – etwa eine Postkarte aus dem Ausland oder ein Besuch im »Café National«, in dem sich zur gleichen Zeit, viele Tische entfernt, ein ausländischer Diplomat befunden hatte. Ein solches, an sich völlig harmlose Ereignis konnte dann, mit einer gewissen Phantasie, zur Teilnahme an einer Verschwörung gegen Stalin »ausgebaut« werden.

Die Frage, die damals von den »Noch-nicht-Verhafteten« diskutiert wurde, war nun die: Soll man sich konsequent weigern, Phantasieverbrechen einzugestehen und zu unterschreiben, oder soll man dem Untersuchungsrichter helfen, eine solche Geschichte zusammenzustellen und sie unterschreiben, um wenigstens den guten Willen zu zeigen?

Die Meinungen meiner Bekannten waren geteilt.

»Ich habe niemals irgend etwas gegen die Sowjetmacht getan, und falls ich verhaftet werde, denke ich nicht daran, irgendwelche Verbrechen einzugestehen, die ich nie begangen habe. Ich werde nichts aussagen und auch nichts unterschreiben«, lautete die eine These.

»Die Verhaftungen haben ja nicht das geringste mit einer Schuld oder Unschuld zu tun. Eine Weigerung, etwas auszusagen, hilft niemandem. Im Gegenteil, man erhält lediglich eine viel härtere Strafe und hat niemandem damit gedient«, war die entgegengesetzte Meinung. »Ich werde jetzt schon eine möglichst glaubwürdige Geschichte ausdenken, um es der NKWD einfach zu machen und vielleicht noch eine verhältnismäßig geringe Strafe zu bekommen, falls ich verhaftet werden sollte.«

Wenige Tage später traf ich einen sehr klugen Bekannten, der kurz vorher einem Menschen begegnet war – er nannte natürlich keinen Namen –, den die NKWD verhaftet, aber wieder entlassen hatte.

»Ich glaube, ich habe die Lösung gefunden«, sagte mein Bekannter. »Man muß sich für das Verhör eine blödsinnige Geschichte ausdenken, die gerade noch so ist, daß sie vom Untersuchungsrichter als Geständnis angenommen wird, aber gleichzeitig so blöd, daß bei der ersten Revision ihre Unwahrscheinlichkeit sofort auffällt.«

»Wie soll denn so ein Geständnis aussehen?«

»Ich hab' für mich noch keine Geschichte ausgedacht; ich bin noch am Überlegen. Aber mein Bekannter hat mir einige Beispiele gegeben. So hat ein Chemiker in seinem Verhör gestanden, er habe dem Nazi-Geheimdienst eine wichtige chemische Formel verkauft. Sofort wurde er natürlich gefragt, was das für eine Formel sei. Er schrieb die Formel H_2SO_4. Das Geständnis wurde anerkannt.«

»Unglaublich!«

»Sieh mal, viele der geschulten NKWD-Funktionäre sind inzwischen selbst verhaftet worden, und daher setzen sich die Untersuchungsrichter oft aus völlig unerfahrenen Bauernjungen zusammen, denen man so etwas erzählen kann. Es gibt noch viel tollere Sachen! Kennst du die Geschichte vom Leningrader Hafen?«

Ich verneinte.

»Einer hat gestanden, an einer wichtigen Verschwörung gegen die Kriegsmarine beteiligt gewesen zu sein. Mit anderen habe er den Plan gehabt, Steine in den Hafen von Kronstadt zu werfen, um die Flotte und den Kriegshafen damit zu schädigen.«

»Na, und wie ging die Sache aus?«

»Er bekam 8 Jahre. Ohne Geständnis wäre er vielleicht zu 10 oder 12 Jahren verurteilt worden. Außerdem ist er sicher, daß er bei einer Revision dieser ganzen Urteile, auf die er hofft, zu den ersten gehören wird, die freigelassen werden.«

Es war eine unvorstellbare, groteske Situation. Während sonst Menschen, die unter einer Diktatur leben und aktiv gegen sie tätig sind, sich vornehmen, bei einem Verhör nichts zuzugeben und soviel wie möglich abzustreiten, um mit einer geringen Strafe wegzukommen, wurde ich Zeuge von langen Gesprächen ernsthafter Menschen, die niemals etwas gegen das System getan hatten, sich aber sorgfältig und ernsthaft überlegten, was sie nach einer Verhaftung zugeben könnten!

Gleichzeitig tauchten, wie immer in solchen Zeiten, die wildesten Gerüchte auf.

»Jeshow wird bald abgesetzt werden«, flüsterte man hoffnungsvoll, und im Oktober lief das Gerücht um, am 7. November 1937, zum 20. Jahrestag der Oktoberrevolution, werde es eine große Amnestie geben, und alle würden wieder freigelassen.

Der 7. November kam. Es gab eine Amnestie, aber lediglich für ein paar hundert Kriminelle, die mit der großen Säuberung nicht das geringste zu tun hatten. Auch die Gerüchte über Absetzung des gefürchteten Staatssicherheitskommissars verstummten bald – denn Jeshow blieb, er wurde gerade um jene Zeit mehr gefeiert denn je.

Am längsten hielt sich ein Gerücht über Marschall Blücher, den damaligen Oberkommandierenden des »Besonderen Fernöstlichen Militärbezirks«. Von Blücher wurde schon früher erzählt, er sei in den 20er Jahren wiederholt in China gewesen und habe mit Sun Yat-sen, dem damaligen Führer der chinesischen Revolution, zusammengearbeitet. Als der Rang der »Marschälle« eingeführt wurde, gehörte er zu den ersten fünf, die ihn erhielten, und genoß als Oberkommandierender des sogenannten »Besonderen Fernöstlichen Militärbezirks« eine gewisse Ausnahmestellung. Im Juni 1937 hatte er dem Gremium angehört, das Marschall Tuchatschewskij zum Tode verurteilt hatte, war aber dann, wie jetzt flüsternd erzählt wurde, sofort nach dem Fernen Osten zurückgekehrt. Kurz darauf waren auch schon die ersten Gerüchte im Umlauf.

»Marschall Blücher macht nicht mit«, flüsterte mir ein Bekannter freudig zu. »Es gibt keine Säuberung im Fernöstlichen Militärbezirk.«

»Überhaupt keine Verhaftungen?«

»Das natürlich nicht; aber es sind nur die gewöhnlichen Verhaftungen und nicht das, was wir jetzt hier haben.«

»Aber ist denn das überhaupt möglich?«

»Warum soll es nicht möglich sein? Er hat ja die oberste Befehlsgewalt und läßt das einfach nicht zu. Ach, wenn man doch bloß

nach Wladiwostok könnte!« Seine Augen leuchteten bei dem Gedanken. »Aber ich glaube, das würde auffallen, und dann würde man sicher noch kurz vor der Abfahrt hier verhaftet werden.«
Das Gerücht wurde bald schon in einer neuen, erweiterten Fassung erzählt:
»Vor einigen Tagen hatte die NKWD beschlossen, den ungehorsamen Marschall Blücher zu verhaften. Ein ganzer Zug voller NKWD-Leute fuhr zu diesem Zweck los. Kaum hatten sie die Grenze des Fernöstlichen Bezirks überschritten, da war der Zug schon von Marschall Blüchers Sondertruppen umstellt. Sogar Artillerie soll dabeigewesen sein Die NKWD-Leute mußten sich ergeben und wurden verhaftet. Jetzt sitzen sie im Gefängnis von Wladiwostok! Ein toller Kerl, der Marschall Blücher!«
Mir schienen schon damals – heute bin ich erst recht davon überzeugt – diese Gerüchte ein bloßer Wunschtraum zu sein. Es war der letzte Hoffnungsstrahl in einer verzweifelten Situation. Aber auch diese Gerüchte verstummten allmählich, denn bald sprach es sich herum, daß Marschall Blücher verhaftet worden war. Er war wie vom Erdboden verschluckt. In der Sowjetpresse und auf Versammlungen wurde er nicht mehr erwähnt.
Die Verhaftungen dauerten ununterbrochen weiter an. Die Menschen wurden immer gleichgültiger. Sie sahen ihrem Schicksal entgegen wie einer Naturkatastrophe, die unabwendbar ist. Noch mehr: In dieser grausigen Zeit wurden – vielleicht weil alles sowieso unabwendbar schien – noch Witze erzählt:
Zwei Moskauer, Iwan und Pawel, treffen sich auf der Gorkistraße.
»Nu, wie ist das Leben, Pawel?« fragt Iwan.
»Wie soll es schon sein, Iwan. Es ist halt wie im Autobus.«
»Wie im Autobus?«
»Ja, wie im Autobus. Die einen sitzen und die anderen zittern.«
Am verbreitetsten war der »Vier-Uhr-früh-Witz«, eine Anspielung auf die Verhaftungen, die meist um diese Zeit erfolgten:
Um 4 Uhr früh klopft es an einer Moskauer Wohnung, in der fünf Familien wohnen.

Alle springen sofort aus ihren Betten, aber keiner traut sich, die Tür zu öffnen. Sie stehen und warten zitternd an ihren Zimmertüren.
Das Klopfen wird stärker.
Schließlich faßt sich einer, der Mieter Abram Abramowitsch, und öffnet die Wohnungstür.
Man hört ihn eine Weile mit einem draußen stehenden Mann flüstern. Dann wendet er sich zu seinen zitternden Hausgenossen, sein Gesicht strahlt: »Keine Beunruhigung, Genossen, es ist nichts, das Haus brennt...«

Die ersten Zweifel

Ich war längst nicht mehr der einzige im Heim, dessen Mutter verhaftet worden war. Inzwischen hatten auch andere Zöglinge durch Briefe oder Karten von der Verhaftung ihrer Eltern erfahren. Nach und nach lösten sich die Zungen, und einer gestand dem anderen, daß seine Mutter oder sein Vater oder – das gab es auch – beide Eltern verhaftet worden seien.
Eigentümlicherweise reagierten wir alle ähnlich: Jeder von uns wußte längst, daß Mutter oder Vater unschuldig verhaftet waren. Wir waren aber schon so weit sowjetisch erzogen, daß wir bei unserer Beurteilung nicht von Einzelschicksalen ausgingen – selbst wenn es unsere Eltern betraf, die, wie wir wußten, unschuldig waren.
Bei keinem von uns – es waren etwa 10 Jugendliche, deren Eltern verhaftet worden waren – führte dieser persönliche schwere Schicksalsschlag sofort zur Opposition gegen das System. Instinktiv schreckten wir vor dem Gedanken zurück, daß es sich bei den Massenverhaftungen der Jahre 1936 bis 1938 um etwas handelte, was zu unseren Idealen des Sozialismus in direktem Gegensatz stand. Wir versuchten, uns damals immer noch einzureden, daß es sich um Überspitzungen einer an und für sich notwendigen und richtigen Maßnahme handele.
Wieder saßen wir eines Abends im Heim zusammen.

Ein junges Mädchen, dessen Vater von der NKWD verhaftet und für 10 Jahre verbannt worden war, machte den Anfang.
»Ich glaube, man kann die Sache am besten durch ein Beispiel erklären. Stellen wir uns vor, jemand von uns hat einen Apfel, auf den er sehr viel Wert legt, weil es sein einziger ist. In diesem Apfel ist nun eine faule oder sogar giftige Stelle. Wenn man den Apfel retten will, wird man gezwungen sein, die giftige oder faule Stelle herauszuschälen, um das übrige zu erhalten. Beim Herausschneiden wird man vielleicht, um sich nicht zu vergiften, nicht nur die schlechten Stellen entfernen, sondern auch weitere Teile herausschneiden, damit nur der wirklich gesunde Teil des Apfels übrigbleibt. So ähnlich ist es jetzt vielleicht bei der Säuberung.«
Ein anderer von uns stimmte ihr zu: »Gewiß gibt es in der Sowjetunion wirklich eine Anzahl von Spionen, Agenten und Diversanten. Vielleicht weiß die Sowjetmacht nur, daß sie vorhanden sind, aber nicht, wo und um wen es sich handelt. Um nun ganz sicherzugehen und den Sowjetstaat zu retten, muß man wohl oder übel also auch Unschuldige verhaften. Dies ist zwar für den einzelnen sehr schmerzhaft, aber ist es nicht ›grundsätzlich‹ gesehen gerechtfertigt, wenn es sich darum handelt, das einzige sozialistische Land der Welt zu retten?«
»Es handelt sich ja schließlich um einen historischen Prozeß«, meinte ein dritter. »Ich habe gerade jetzt einige Bücher über die Französische Revolution und vor allem über die Jakobinerdiktatur gelesen. Damals hat es ja auch Prozesse und Hinrichtungen gegeben, die vielleicht, formal-juristisch betrachtet, unrichtig waren, aber trotzdem zum Sieg der Revolution beitrugen.«
Aber hier stieß er auf Widerspruch.
»Das ist ein ganz gefährliches Beispiel, das du da bringst. Hat nicht gerade die Jakobinerdiktatur durch die Prozesse und den revolutionären Terror ihre Basis eingeschränkt und damit letzten Endes, gewollt oder ungewollt, zum Sieg der Konterrevolution beigetragen?«
Die Diskussion ging noch eine Weile hin und her. Wir waren nun drauf und dran, die Säuberung »historisch« zu erklären; um jene

Zeit konnte man die »Älteren« im Kinderheim über alle möglichen Bücher gebeugt sehen, die sich mit der Jakobinerdiktatur befaßten.

Wir hatten uns so sehr damit beschäftigt, daß wir uns schon scherzhaft den »1793er-Klub« nannten.

Abends gingen meine Freunde und ich – wir waren meist zu zweit oder zu dritt – am Moskwa-Ufer spazieren und diskutierten eifrig über die Probleme der Französischen Revolution. Aber unsere Diskussionen brachten uns nicht weiter.

Es ist für einen Menschen im Westen schwer, sich vorzustellen, wie hilflos wir in unseren Diskussionen waren. Wir waren ja nur auf die Prozeßberichte angewiesen. Wir hörten nicht eine einzige Gegenstimme, nicht einmal eine kritische Bemerkung. Wir hatten keine Zeitungen (mit Ausnahme der *Prawda*) und keine Bücher (mit Ausnahme derjenigen, die der »Linie« entsprachen und zugelassen waren), keine Möglichkeit, ausländische Rundfunkkommentare über dieses Thema zu hören. Wir wußten nicht, daß sich im Ausland alle führenden Zeitungen mit den Prozessen und Massenverhaftungen beschäftigten, daß unzählige Bücher darüber geschrieben und die verschiedensten Theorien über die Prozesse entwickelt wurden. Wir waren in unseren Gedanken und Diskussionen völlig auf uns selbst gestellt. Außerdem sprachen wir selbst in unserem kleinen Kreis nicht alles offen aus, sondern nahmen ganz unwillkürlich die Sprache der Andeutungen und Vergleiche, die Fabelsprache, an.

Immer wieder versuchten wir, die Säuberung zu rechtfertigen, um uns unser Ideal, unseren Glauben an die Sowjetunion als das erste Land des Sozialismus, zu erhalten.

Vielleicht, so sagten wir uns, ist es aus bestimmten, uns nicht bekannten Gründen unbedingt notwendig, diese Prozesse und Massenverhaftungen durchzuführen. Vielleicht sind die Angeklagten zwar »subjektiv« keine Verräter und keine Spione, hemmen jedoch »objektiv« die Entwicklung des Sozialismus.

Hatte nicht Marx selbst von der Gewalt als Geburtshelferin einer neuen Gesellschaft gesprochen? War es nicht möglich, daß man-

che der Verhafteten wirklich Spione waren und daß, da man darüber keine genauen Angaben hatte, alle Ministerien und alle Dienststellen gesäubert werden mußten? Ging es nicht letzten Endes darum, den Bestand des ersten sozialistischen Staates in der Welt zu schützen?
Manche von uns sahen diese Ereignisse als eine historische Notwendigkeit an, vielleicht aus Gründen notwendig, die wir nicht kannten und die so bedeutsam waren, daß sie von den höchsten Stellen nicht preisgegeben werden durften.
Um diese Zeit bekam ich durch Zufall das gute Buch des amerikanischen Kommunisten John Reed: *Zehn Tage, die die Welt erschütterten*. John Reed schilderte die Revolutionstage im November 1917, die er selbst in Petrograd miterlebt hat. Staunend merkte ich, daß in diesem Buch Stalin überhaupt nicht erwähnt wurde, während alle diejenigen, die bei den Prozessen als »Spione« und »Agenten« bezeichnet, hier als die führenden Männer der Revolution dargestellt wurden.
Dann verglich ich noch einmal die Zeitungen mit den Prozeßberichten. Nein, das konnte nicht wahr sein! Es war einfach unmöglich, daß dieselben Kommunisten, die die Oktoberrevolution geleitet, seit dem Jahre 1917 an der Spitze der Partei gestanden und die russischen Werktätigen zum Sieg über die Weißgardisten und ausländischen Interventen geführt, die in führenden Positionen den sozialistischen Aufbau geleitet hatten, nun seit den zwanziger Jahren imperialistische Agenten und ausländische Spione gewesen wären. Je länger die Verhaftungen andauerten, um so kritischer wurden meine Gedanken. Abends grübelte ich über die Ereignisse und suchte eine Antwort.
Die Säuberungen hatten bei mir dazu geführt, manche Ereignisse kritischer zu betrachten, hatten meinen Glauben ein wenig erschüttert, meinen Eifer etwas gedämpft – aber sie führten bei mir noch nicht zu einem innerlichen Bruch mit dem System. Es waren die ersten ernsten Zweifel. Mein Bruch mit dem Stalinismus sollte erst mehr als zehn Jahre später erfolgen.

Verhaftungen im Kinderheim

An einem schönen Frühlingstag – es war im März 1938 – waren wir, eine kleine Gruppe, nach dem Mittagessen so ins Gespräch vertieft, daß wir als letzte den Speisesaal verließen. Als wir durch den Vorraum gingen, wurde gerade das große Eingangstor geöffnet. Zwei Männer in Zivil waren eingetreten und kamen langsam die Stufen herauf.

»NKWD-Leute«, flüsterte mir ein Nachbar zu. Das brauchte er mir nicht zu sagen!

Inzwischen war vom Lernsaal aus unser Pädagoge, der österreichische Schutzbundkämpfer Karl Zehetner, zusammen mit einem Zögling in den Vorraum gekommen. Auch sie hatten die Männer entdeckt.

»Na, Karl, paß auf, jetzt holen sie dich«, scherzte der Zögling.

»Über solche Dinge macht man keine Scherze! Du weißt doch, daß die Sowjetmacht keine unschuldigen Menschen verhaftet!« sagte Zehetner und versuchte, seiner Stimme Festigkeit zu verleihen. Die NKWD-Leute gingen auf unseren Pädagogen zu.

»Wir suchen Karl Zehetner«, sagten sie mit schneidender Stimme auf russisch.

»Das bin ich«, flüsterte er.

»Sie sind verhaftet von den Organen der NKWD!«

Karl Zehetner sagte nichts mehr. Ohne sich noch einmal umzudrehen, folgte er den beiden zum Ausgang. Dann hörten wir nur noch den Motor des anfahrenden Autos.

Noch vor wenigen Monaten hätte dieses Ereignis eine Sturzflut von Diskussionen, Aufregung, Gesprächen und Vermutungen hervorgerufen. Jetzt, im Frühjahr 1938, wurde es fast gleichmütig aufgenommen. Wir erhielten vom Direktor nicht einmal eine Erklärung über Zehetners Verhaftung. Er wurde einfach nicht mehr erwähnt. Die einzige Folge seiner Verhaftung war, daß manche nun noch vorsichtiger wurden, als sie es schon vorher gewesen waren.

Wenige Tage später kam es bei uns im Schlafsaal der »Großen« zu einer scharfen Auseinandersetzung zwischen zwei »Ältesten«. Sie waren beide schon über 17 Jahre alt.

»Habt ihr gehört, R. ist verhaftet worden! Das ist derselbe, den wir öfter im ›Klub ausländischer Arbeiter‹ gesehen haben«, sagte einer von uns, der gerade in das Schlafzimmer gekommen war.
Einer der beiden »Ältesten« sprang auf, ging in das Lernzimmer und kam mit seinem Notizbuch zurück.
»Was machst du denn da?« rief ihm der siebzehnjährige Rolf Geißler zu. Er war der Sohn eines sächsischen Kommunisten aus Penig.
»Das wirst du gleich sehen«, antwortete der andere. Er nahm seinen Federhalter und strich im Notizbuch Namen und Adresse des verhafteten R. sorgfältig durch, so daß nichts mehr zu erkennen war. Prüfend betrachtete er das Blatt. Er war aber noch nicht zufrieden, nahm also ein Rasiermesser und entfernte die Seite.
»Man muß vorsichtig sein«, sagte er, als ob er sich entschuldigen wollte.
Rolf Geißler lachte höhnisch. »Du bist eine Krämerseele, ein jämmerlicher Feigling. So etwas nennt sich Kommunist! Solch ängstliche Kleinbürger wie dich verachte ich bloß. Du wirst nie ein Kämpfer werden!«
»Das hat überhaupt nichts mit Ängstlichkeit zu tun. Es ist ein unbedingtes Gebot der Vorsicht und Wachsamkeit.«
Es begann ein hitziger Streit zwischen Rolf Geißler und dem Ängstlichen. Schließlich rief dieser meinem Freund Rolf zu: »Warte mal ab, wir werden ja sehen, wer von uns beiden zuerst verhaftet wird, du oder ich!«
Nach diesem für den Schlafraum eines Kinderheims immerhin etwas ungewöhnlichen Gespräch gingen wir schlafen.
Am frühen Morgen, etwa um 4 Uhr, wurden wir durch ein lautes Pochen an der Tür geweckt. Zwei Männer in Zivil traten in unser Schlafzimmer, gerade so, als ob sie hier zu Hause wären. Hinter ihnen sahen wir das ängstliche, verstörte Gesicht unserer Nachtschwester.
»Befindet sich hier Rolf Geißler?« rief einer von den beiden mit lauter Stimme.

»Jawohl, hier bin ich«, antwortete Rolf noch ganz schlaftrunken auf deutsch, wiederholte aber, als er die beiden Männer sah, seine Worte auf russisch.
»Sie sind verhaftet von den Organen der NKWD«, hörte ich zum zweitenmal den stereotypen Satz, der stets bei Verhaftungen gesprochen wurde. »Wo sind Ihre Sachen?«
Rolf Geißler zeigte auf das Nachtkästchen, das direkt neben seinem Bett stand.
»Haben Sie Waffen?«
»Aber, werte Genossen, das hier ist doch ein Kinderheim«, mischte sich die Nachtschwester ein.
»Wir haben Sie nicht gefragt!«
»Haben Sie Waffen?« wurde Geißler noch einmal gefragt.
»Nein.«
»Gut, packen Sie Ihre Sachen! Aber alle Schriftstücke, die Sie haben, legen Sie hier auf den Tisch!«
Wir waren inzwischen hellwach geworden. Beim letzten Satz fiel uns mit Schrecken ein, daß wir am Abend vorher – wir waren ja schließlich noch halbe Kinder – ein Gesellschaftsspiel gebastelt hatten. Einer von uns, der graphisch begabt war, hatte aus Linoleum Stempel mit Phantasiepostzeichen und Phantasiegeldstükken angefertigt und anschließend damit einige Dutzend Spielmarken und -scheine hergestellt. In diesem Moment wurden sie von Rolf Geißler auf den Tisch gelegt. Jeder von uns dachte dasselbe: Die NKWD-Leute werden niemals an ein Gesellschaftsspiel glauben, sondern sicher annehmen, die Zeichen einer »geheimen Organisation« entdeckt zu haben.
Genau das geschah. Als Rolf die Spielstempel und Spielscheine auf den Tisch legte, warfen sich die beiden NKWD-Leute vielsagende Blicke zu.
Rolf Geißler hatte sich inzwischen angezogen und einige Wäschestücke in seinen kleinen Koffer gepackt.
»Bevor Sie gehen, werden Sie jedes Schriftstück mit Ihrem Namen kennzeichnen.«
Nach und nach unterzeichnete Geißler alle seine Briefe, Schul-

hefte, Notizbücher und Aufzeichnungen. Dann kamen die kleinen Spielmarken dran.

Einer von uns versuchte etwas zu erklären: »Genossen, das ist...«

»Wir haben Sie nicht gefragt. Niemand hier wird etwas sagen!«

Wenige Minuten später war die Prozedur beendet. Rolf Geißler wurde abgeführt. Wieder hörten wir, als die Tür des Hauptportals geöffnet wurde, das Anlaufen eines Motors.

Wir haben nie wieder etwas von Rolf Geißler gehört.

Zur gleichen Zeit, als diese Verhaftungen im Kinderheim vor sich gingen, befand sich das Land erneut im Fieber eines großen Prozesses. Diesmal war es der gegen den sogenannten antisowjetischen »Block der Rechten und Trotzkisten«. Sowohl der Kreis der Angeklagten als auch die ihnen zur Last gelegten Verbrechen waren noch größer als bei den vorausgegangenen Prozessen.

An der Spitze der Angeklagten standen der berühmte Parteitheoretiker Nikolai Bucharin, seit 1917 Mitglied des Zentralkomitees und des Politbüros, Chefredakteur der *Prawda* und langjähriges Mitglied des Exekutivkomitees der Kommunistischen Internationale, und der alte Bolschewik Rykow, in der ersten Sowjetregierung vom November 1917 Volkskommissar für Inneres und nach Lenins Tod Vorsitzender des Rates der Volkskommissare der UdSSR. Mit dem Machtaufstieg Stalins wurde Rykow immer weiter in den Hintergrund gedrängt und schließlich zum Volkskommissar für Post- und Fernmeldewesen degradiert, aber auch von diesem Posten war er am 27. September 1936 ohne jede Begründung entfernt worden, und seitdem hatte man nichts mehr von ihm gehört.

Besonders grotesk war die Tatsache, daß nun auch der langjährige Innenminister und Chef der NKWD, der ehemalige Generalkommissar für Staatssicherheit, Jagoda, der früher selbst solche Prozesse inszeniert hatte, auf der Anklagebank saß. Er war von seinem mächtigen Posten des Volkskommissars für Inneres im Herbst 1936 abgesetzt und anstelle von Rykow zum Volkskommissar für Post- und Fernmeldewesen ernannt worden. Dieser Posten galt zu jener Zeit allgemein als Vorstufe für eine Verhaftung. Im April 1937 wurde seine Absetzung von dem unheilvollen Postministerium bekanntgegeben, und als schließlich Mitte Mai in einer kleinen Notiz bekanntgegeben wurde, daß der Name Jagodas von der Eisenbahnbrücke zwischen Wolotschajewsk und Komsomolsk entfernt worden sei, war es jedem jungen Pionier klar, daß der langjährige Innenminister, Chef der NKWD und Generalkommissar für Staatssicherheit, auf dem Umweg über das Postministerium inzwischen verhaftet worden war. Jetzt, im März 1938, fand man ihn als Angeklagten wieder. Darüber hinaus saßen auf der Anklagebank drei ehemalige Volkskommissare und drei der bekanntesten sowjetischen medizinischen Kapazitäten, darunter Professor Pletnjow, der gleiche, der im Juni 1937 beschuldigt worden war, eine sowjetische Bürgerin vergewaltigt und in den Busen gebissen zu haben. Das wurde bei diesem Prozeß jedoch nicht erwähnt, sondern nun war er angeklagt, gemeinsam mit den Professoren Lewin und Kasakow auf Anordnung Jagodas den Dichter Maxim Gorki, den ehemaligen NKWD-Chef Menschinski und die Politbüromitglieder Kirow und Kuibyschew ermordet zu haben. Auch die anderen Beschuldigungen gingen weit über die der vorhergehenden Prozesse hinaus. Den Angeklagten wurde vorgeworfen, im Jahre 1918 eine Verschwörung gegen Lenin organisiert zu haben, seit Beginn der zwanziger Jahre Spione ausländischer Geheimdienste gewesen zu sein und mit Hitler-Deutschland über die Abtretung der Ukraine sowie mit Japan über die Abtretung des fernöstlichen Küstengebiets verhandelt zu haben. Darüber hinaus hätten sie das Ziel verfolgt, Bjelo-Rußland an Polen und die mittelasiatischen Sowjetrepubliken an Großbritannien abzutreten, Georgien, Armenien und Aserbaidshan von der Sowjetunion loszutrennen, die Sowjetunion zu zerstückeln und die Herrschaft der Großgrundbesitzer und Kapitalisten wieder zu errichten.

Diese Beschuldigungen reichten offensichtlich noch nicht aus, denn es wurde ihnen außerdem noch vorgeworfen, eine Verschwörung zur Untergrabung der Verteidigungsindustrie vorbereitet und Zusammenstöße von Militärtransporten inszeniert zu haben. Der langjährige sowjetische Landwirtschaftsminister Tschernow sollte Schädlingstätigkeit auf dem Gebiete der Pferdezucht ausgeübt haben, wodurch 25.000 Pferde zugrunde gerichtet worden waren. Er hätte darüber hinaus Anweisungen gegeben, Schweine mit Rotlauf und Pest zu impfen, Eierlieferungen für Moskau zurückgehalten und in die Buttervorräte Glas und Nägel werfen lassen. Den alten Bolschewiki und Mitkämpfern Lenins wurden nicht nur Verbindungen zur Gestapo und zu dem japanischen Geheimdienst, sondern auch Mitarbeit in anderen ausländischen Spionagediensten vorgeworfen. So sollte der sowjetische Innenminister und Generalkommissar für Staatssicherheit gleichzeitig für den deutschen, japanischen und polnischen Geheimdienst gewirkt haben; der Außenhandelsminister Rosengolz war angeblich seit 1923 für den deutschen Generalstab und seit 1926 auch für den Intelligence Service tätig gewesen, der frühere Vorsitzende der Ukrainischen Sowjetregierung, Rakowskij, für den englischen Spionagedienst seit 1924, für den japanischen seit 1934. Auch der sowjetische Finanzminister Grinko hatte seit 1932 gleichzeitig im Dienste des deutschen und des polnischen Geheimdienstes gestanden.

Diesen »Anklagen« entsprechend waren auch die Beschimpfungen in der Presse stärker als je zuvor. Wyschinski nannte die Angeklagten nicht nur, wie üblich, eine »Bande von Spionen und Verbrechern«, sondern auch ein »verfluchtes Otterngezücht« und einen »übelriechenden Haufen menschlichen Abschaums«. Der Hauptangeklagte Bucharin, den Lenin einst »Liebling der Partei« genannt hatte, wurde nun von Wyschinski als »verfluchte Spottgeburt von Fuchs und Schwein« bezeichnet. Wyschinski forderte in seiner Schlußansprache, die Angeklagten müßten »wie räudige Hunde erschossen werden«.

Es folgten die bereits gewohnten Massenversammlungen, auf denen zu den Prozessen »Stellung genommen« wurde. Mit jedem Tag wuchs die Zahl der Resolutionen, in denen die sofortige Todesstrafe nach den vorgeschriebenen Klischeesätzen gefordert wurde. In der Presse wurden Fotos dieser Versammlungen gebracht, und man sah, wie alle als Zeichen des Einverständnisses die Hand hoben.

Am 15. März 1938 wurde das Urteil offiziell bekanntgegeben. Die ehemaligen Partei- und Staatsführer Bucharin, Rykow, Jagoda, Krestinski, Rosengolz, Tschernow und Grinko sowie die beiden Ärzte Lewin und Kasakow und einige andere Angeklagte wurden zum Tode, der ehemalige ukrainische Regierungsvorsitzende Rakowskij und Professor Pletnjow zu je 20 Jahren Gefängnis verurteilt.

Am nächsten Tag fielen zwei Stunden des üblichen Unterrichts in der Schule aus. Wir sollten den Prozeß und das Urteil »durcharbeiten«. Unsere Lehrerin gab uns eine »Diskussionsgrundlage«, wobei sie sich natürlich genau an die Prozeßberichte und die in diesem Zusammenhang erschienenen Leitartikel der *Prawda* hielt, und forderte uns auf – wie das überall in diesen Tagen üblich war –, dazu »Stellung« zu nehmen.

Das Ergebnis dieser Aussprache lag ohnehin von vornherein fest. Nacheinander drückten einige Schüler unter genauer Beachtung der offiziellen Terminologie ihren Abscheu aus über die Verbrecher und Verräter und ihren Dank gegenüber den Sicherheitsorganen und dem obersten Gericht, die das Sowjetvolk von diesem Abschaum befreit hatten.

»Gibt es noch irgendwelche Wortmeldungen?« fragte die Lehrerin.

»Ja«, meldete sich hinten ein Schüler. »Ich möchte noch sagen, daß ich nicht mit allem einverstanden bin.«

Die Klasse packte lähmendes Entsetzen. Alle drehten sich nach dem Sprecher um, denn mit seinen Worten schien sein Schicksal besiegelt zu sein. Ist der wahnsinnig? dachten wohl die meisten Schüler.

Besonders nervös war natürlich die Lehrerin, die ja für alles, was in dieser Stunde passierte, verantwortlich gemacht wurde.

Sie wollte schon den Schüler am Sprechen hindern, ließ aber plötzlich davon ab. Wahrscheinlich war ihr blitzartig bewußt geworden, daß sie, wenn sie den Schüler am Sprechen hinderte, einer »Vertuschung« und damit »objektiver Hilfe für einen volksfeindlichen Schüler« bezichtigt werden könnte.
Inzwischen hatte der Schüler zu sprechen begonnen. »Ich habe den Prozeß von Anfang bis Ende genauestens verfolgt und bin der Meinung, daß es richtig ist, diese Volksfeinde, Schädlinge und Spione zu erschießen, aber es ist mir, ehrlich gesagt, völlig unverständlich, warum drei Angeklagte nicht die Todesstrafe, sondern nur 15 oder 20 Jahre Gefängnis bekommen haben. Man hätte auch Pletnjow, Rakowskij und Bessonow erschießen sollen.«
Der Schüler, der dies sprach, war im allgemeinen recht intelligent und gehörte zu den Besten der Klasse. Er hatte im Brustton innerster Überzeugung gesprochen – er glaubte den Prozessen!
Die Lehrerin atmete auf. Er hatte zwar eine Abweichung ausgesprochen, aber eine relativ ungefährliche.
Sie faßte noch einmal die Diskussion zusammen und wies den übereifrigen Schüler zurecht: »Genosse Wyschinski hat ausdrücklich darauf hingewiesen, daß nicht alle Verbrecher in gleichem Maße die Verantwortung zu tragen haben und das Strafmaß individuell zu bestimmen sei. Es steht uns im übrigen nicht zu, die Entscheidung des Obersten Gerichtshofs der UdSSR zu kritisieren, der sein Urteil nach so reiflicher Überlegung gefällt hat. Eins darf aber wohl gesagt werden: Die Tatsache, daß man zwischen den Hauptschuldigen und den weniger Schuldigen einen deutlichen Unterschied gemacht hat, ist ein erneutes Beispiel für die Gerechtigkeit unserer sowjetischen Justiz.«

Der Hitler-Stalin-Pakt erschüttert uns

Mit dem Prozeß gegen den »Rechts-Trotzkistischen Block«, dem größten und letzten der Prozesse in den Jahren der Säuberung von 1936 bis 1938, hörten die Verhaftungen jedoch nicht auf. Noch einmal, im Herbst 1938, war die Verhaftungswelle für einige Wochen wieder ganz besonders stark. Dann aber, gegen Ende des Jahres 1938, erschien eine kurze Notiz in der *Prawda*, daß Jeshow von seinen Pflichten als Innenminister entbunden und an seiner Stelle Berija ernannt worden sei.

Der grausame Vernichtungsfeldzug war beendet. Es gab kaum eine Dienststelle, die nicht ein- oder mehrmals die Verhaftung des gesamten Personalstabs durchgemacht hatte. Millionen Menschen, darunter Hunderttausende von Fachleuten, die in mühsamer Arbeit herangebildet worden waren, befanden sich nun in den Lagern Sibiriens, Kasachstans oder des Fernen Ostens.

Besonders groß war die Zahl der Opfer unter den alten Bolschewiki, unter den Kämpfern des Bürgerkriegs. Fast alle alten Mitkämpfer Lenins waren verhaftet worden.

Von den sieben Mitgliedern des Politbüros zur Zeit Lenins beging Tomsky Ende 1936, zu Beginn der Säuberung, Selbstmord in einem NKWD-Gefängnis. Sinowjew, Kamenew und Rykow wurden im Verlauf der Säuberung erschossen. Trotzki wurde kurz darauf, im Sommer 1940, in Mexiko von einem NKWD-Agenten ermordet. Nur Stalin überlebte die Säuberung.

Bucharin und Pjatakow, die Lenin in seinem am 25. Dezember 1922 verfaßten Vermächtnis als die »fähigsten Köpfe unter der jüngeren Generation« bezeichnet hatte, wurden von der NKWD erschossen.

Von den 21 Mitgliedern des Zentralkomitees der Kommunistischen Partei des Jahres 1917 sind 16 ehemalige ZK-Mitglieder während der Säuberungen verschwunden, verhaftet bzw. erschossen worden. Drei waren vorher eines natürlichen Todes gestorben, und nur zwei haben sie überlebt – Stalin und Alexandra Kollontai.

Am 7. November 1937, als die Säuberung ihren Höhepunkt erreicht hatte, wurde der 20. Jahrestag der siegreichen Oktoberrevolution und der Bildung der ersten Sowjetregierung gefeiert. Von den 15 Mitgliedern dieser ersten Sowjetregierung waren neun Volkskommissare von der NKWD verhaftet. Trotzki befand sich zu jener Zeit im Exil. Vier waren vor der Säuberung gestorben. Nur ein einziges Mitglied der ersten Sowjetregierung vom November 1917 überlebte die Säuberung: Stalin.
Nicht minder zahlreich waren die Opfer in der Führung der Roten Armee. Von den 5 Marschällen der Sowjetunion fielen drei – Tuchatschewski, Blücher und Jegorow – der Säuberung zum Opfer. Dasselbe Schicksal ereilte die damals bekanntesten sowjetischen Generäle. Der Chef der Politischen Hauptverwaltung der Roten Armee und Stellvertretender Volkskommissar für Verteidigung, Garmanik, verübte Selbstmord.
Die Säuberungen beschränkten sich jedoch keineswegs auf die Spitzen. Die Verheerungen in den einzelnen Unionsrepubliken, in örtlichen Staats- und Parteiorganen, vor allem unter den Parteimitgliedern, waren sogar noch größer. Von ganz geringen Ausnahmen abgesehen, befanden sich nun alle alten Bolschewiki und darüber hinaus alle, die in ihrer Jugend gegen den Zarismus gekämpft und schon damals in Verbannung gelebt hatten, wieder im Gefängnis oder im Lager.
Es war der grausamste Vernichtungsfeldzug, der je in einem Staate durchgeführt worden ist.
Die in der Sowjetunion lebenden ausländischen Kommunisten wurden ganz besonders davon betroffen. In wenigen Monaten wurden mehr Funktionäre des Kominternapparates verhaftet, als vorher in 20 Jahren von allen bürgerlichen Regierungen zusammengenommen. Allein die Aufzählung der Namen würde ganze Seiten füllen.
So sei hier nur an einige Mitglieder des Zentralkomitees der KPD erinnert, die der Säuberung zum Opfer fielen: August Kreuzburg, Hermann Schubert, Hugo Eberlein, Hermann Remmele, Willi Leow und Hans Kippenberger. Das gleiche Schicksal ereilte

Werner Hirsch, den ehemaligen Chefredakteur der *Roten Fahne*, Willi Koska, den Generalsekretär der Roten Hilfe Deutschlands, Kurt Sauerland, Chefredakteur der Zeitschrift *Roter Aufbau*, und gemeinsam mit ihnen Hunderte von deutschen Kommunisten, die glaubten, in der Sowjetunion ein Asyl gefunden zu haben.
Um die Jahreswende 1938/39 hörte die blutige Säuberung genauso plötzlich und unvermittelt auf, wie sie zwei Jahre vorher begonnen hatte.
Heute finde ich es erstaunlich, wie schnell die Menschen in Moskau – darunter auch ich – imstande waren, alles Schreckliche aus ihrer Erinnerung zu tilgen. Doch wir hatten einfach zu viel erlebt in diesen schrecklichen Monaten. Unsere Gefühle waren abgestumpft.
Wenige Wochen nach der Absetzung Jeshows wurde nur noch in Ausnahmefällen von den Verhaftungen gesprochen.
Die Gerüchte und »Rezepte« verschwanden ebenso schnell, wie sie zwei Jahre vorher aufgetaucht waren.
Nur gelegentlich tauchten in Gesprächen kurze Erinnerungen aus der *Jeshowtschina* – wie man die Säuberung in Moskau nannte – auf. Es war, als ob man von Ereignissen spräche, die längst der Geschichte angehörten und sich Jahrhunderte vorher zugetragen hatten.
Den Sommer 1939 verbrachten wir in Jejsk am Asowschen Meer als Gäste einer großen Militärakademie. Jejsk war Militärstadt. Zivilisten waren kaum zu sehen. Überall sahen wir Uniformierte, die auf ihren Mützen die Aufschrift trugen *»W.M.A.U. imeni STALINA«*. Die geheimnisvolle Abkürzung bedeutete *Wojenno-Morskoje-Aviazionnoje Utschilischtsche*, auf deutsch »Marinekriegsschule für die Luftwaffe«. Es muß eine außergewöhnlich große Schule gewesen sein, denn die ganze Stadt schien fast nur aus Offizieren und Marinefliegern der WMAU zu bestehen.
Etwas abgelegen von der Stadt erhielten wir einige schöne Gebäude zugeteilt. Sie lagen zwar nicht unmittelbar am Meer, aber die WMAU stellte uns einen Autobus zur Verfügung, der uns täglich zum Meer und abends wieder zurückbrachte.

Nach den grauenvollen Jahren der Säuberung waren diese Ferien für uns besonders schön. Wir ruhten uns einmal richtig aus – ganz losgelöst von unserem üblichen Leben waren wir allerdings nicht.
Während des Urlaubs bereiteten wir uns auf unseren zukünftigen Eintritt in den Komsomol vor. Jeden zweiten Nachmittag saßen wir zusammen mit unserem Politleiter Igor Speranski und wurden politisch geschult. Es ist nicht schwer zu erraten, womit wir uns beschäftigten – mit der Geschichte der KPdSU. Sie war im Herbst 1938 erschienen, und selbstverständlich hatte ich sie schon sorgfältig durchgelesen. Nun, während des Urlaubs, erfolgte die zweite »Durcharbeitung«. (Später mußte ich sie noch dreimal durchnehmen!)
Mitte August wurden wir zu einer Feier in den großen Kulturpalast der WMAU eingeladen. Das Referat über die internationale Lage war, wie damals üblich, scharf gegen den Faschismus und Hitler-Deutschland gerichtet, und der Redner ließ es sich nicht nehmen, hinzuzufügen:
»Genossinnen und Genossen, hier in unserem Saal befinden sich unsere ausländischen Gäste, die Kinder von deutschen und österreichischen Antifaschisten, die gegen die grausame Hitler-Diktatur gekämpft haben!«
Alles drehte sich nach uns um. Seitdem waren wir in Jejsk stadtbekannt. Wir verbrachten eine herrliche Zeit. Unsere Gastgeber besuchten uns oft und fragten, ob wir mit allem zufrieden seien. Wir fühlten uns umworben wie in den ersten Jahren im Kinderheim.
Drei Tage später wurde unser Politleiter Igor Speranski mittags in die Stadt gerufen.
»Fahrt ruhig solange baden, ich komme abends zurück. Ich bin nur in die Stadt gerufen worden.«
»Was ist denn los!«
»Keine Ahnung, etwas Wichtiges wird's wohl kaum sein.«
Fröhlich und vergnügt waren wir baden gegangen und schon etwa eine halbe Stunde wieder zurück, als plötzlich unser Polit-

leiter aufgeregt hereingestürzt kam: »Eine ganz wichtige Nachricht!« rief er noch ganz außer Atem. »Ich habe in Jejsk den Bürstenabzug der morgen erscheinenden Zeitung erhalten.«
»Was ist denn passiert?« fragten wir wie aus einem Munde.
»Wir haben einen Nichtangriffspakt mit Deutschland abgeschlossen!«
Wir starrten ihn mit offenem Munde an. Alles hatten wir erwartet, aber nicht das. Natürlich hatten wir genau die Presse verfolgt, hatten aber mit Sicherheit angenommen, daß es trotz aller Schwierigkeiten bei den Verhandlungen bald zu einem Bündnisvertrag mit England und Frankreich gegen die faschistischen Aggressoren kommen würde.
Unser Politleiter Igor las uns mit offizieller, feierlicher Stimme den Wortlaut des Paktes zwischen der Sowjetunion und Hitler-Deutschland vor. Nach den ersten Sätzen glaubten wir noch, es handele sich bei diesem Vertrag nur um eine Verpflichtung, sich gegenseitig nicht anzugreifen. Dann las uns unser Politleiter die weiteren Artikel dieses Vertrages vor. Fassungslos hörten wir die Sätze:
»Die Regierungen der beiden vertragschließenden Teile werden künftig fortlaufend mit Konsultation in Fühlung miteinander bleiben, um sich gegenseitig über Fragen zu informieren, die ihre gemeinsamen Interessen berühren.
Keiner der beiden vertragschließenden Teile wird sich an irgendeiner Machtgruppierung beteiligen, die sich mittelbar oder unmittelbar gegen den anderen Teil richtet.«
Das war ja nicht nur ein Nichtangriffspakt, das war eine völlige Änderung der gesamten sowjetischen Außenpolitik! Gegenseitige Information über »gemeinsame Interessen« mit der Hitler-Regierung? Keine Teilnahme an irgendeiner Mächtegruppierung, die sich gegen Hitler richtet? Das konnte ja nur eine endgültige Absage an alle Formen des Kampfes gegen die faschistische Aggression bedeuten!
Wir waren wie vom Donner gerührt. Fassungslos und schweigend saßen wir da. Schließlich meinte Egon Dirnbacher, der

jüngste unter uns, traurig: »Ach, wie schade, jetzt werden wir ganz bestimmt Chaplins Film ›Diktator‹ nicht sehen dürfen.« Der kleine Egon hatte die Situation sehr richtig erfaßt, denn in der Tat wirkte sich der Paktabschluß – wie wir in den nächsten Tagen sehen sollten – sofort innenpolitisch aus.
Eine Diskussion wollte nicht recht in Gang kommen, denn niemand, eingeschlossen unser Politleiter, konnte für den Pakt eine Erklärung geben.
»Bestimmt werden morgen genauere Kommentare in der Presse veröffentlicht werden«, beruhigte er uns. »Außerdem fahre ich morgen zur Partei nach Jejsk. Dann werde ich euch noch Genaueres berichten, und morgen abend können wir ausführlich über alles diskutieren.« – Aber dazu sollte es nicht mehr kommen.

»Unser Heim ist aufgelöst!«

Am nächsten Morgen, dem ersten Tag nach dem Paktabschluß, wurden wir schon ganz früh von unserem Politleiter geweckt: »Eben ist ein Telegramm aus Moskau gekommen. Wir sollen sofort zurückkehren.«
»Gleich heute?«
»Ja, ich habe mich schon erkundigt. In zwei Stunden können wir bereits über Rostow nach Moskau zurückfahren.«
Im Zug nach Moskau beherrschten uns trübselige Gedanken. Was hatte diese plötzliche Rückfahrt zu bedeuten? Wie würde sich unser Leben gestalten, nachdem die Sowjetunion mit Hitler-Deutschland einen Pakt abgeschlossen hatte?
Mit Spannung erwarteten wir unsere Ankunft in Moskau, um Genaueres zu erfahren.
Wir brauchten nicht lange zu warten.
Auf dem Bahnhof kamen uns schon einige Zöglinge des Heims entgegen, die in anderen Orten ihre Erholungszeit verbracht hatten und noch schneller zurückgekehrt waren: »Unser Heim ist aufgelöst!« riefen sie uns zu.

Es gab wohl kaum eine andere Nachricht, die mich so hätte erschüttern können. Unser Heim – das war für uns alles: unsere Wohnung, unser Leben, unser Beschützer, unser Freund! Und jetzt, von einem Tag zum anderen, sollte es nicht mehr da sein! Wir standen plötzlich vor einem Nichts und konnten uns unser weiteres Leben kaum vorstellen.
»Was wird nun aus uns werden?«
»Das wissen wir auch noch nicht. Heute nachmittag soll alles entschieden werden.«
Schweren Herzens fuhren wir vom Bahnhof zu unserem Heim in der Kalaschnijgasse 12. Dort sah es aus wie nach einer Schlacht. Möbelpacker, Anstreicher, Klempner liefen umher, renovierten und verpackten. Alle unsere Sachen waren in irgendeinen Saal geräumt worden. Einige von uns hatten ihre Sachen schon verpackt und standen bereits abmarschbereit, wußten aber nicht, wohin. Andere liefen ratlos und traurig in dem Haus umher, das für viele Jahre unser Heim gewesen war.
Irgendwelche Sitzungen wurden abgehalten, aber niemand schien zu wissen, was nun mit uns geschehen würde. Auf unsere Fragen zuckten die Pädagogen nur hilflos die Achseln: »Wir wissen genausowenig wie ihr. Der Direktor ist auf einer Besprechung.«
Nach seiner Rückkehr hieß es: »Kommt alle in den großen Saal. Die Versammlung wird gleich beginnen!«
Gegenüber den bisherigen Versammlungen war diese nicht gerade feierlich zu nennen. Wir saßen auf Kisten und Säcken oder standen an die Wände gelehnt.
Wie üblich wurde mit einer politischen Einleitung begonnen. Unser Direktor »erklärte« uns den Pakt, indem er darauf hinwies, daß die Westmächte sich geweigert hätten, auf der Grundlage der Gleichberechtigung zu verhandeln. Sie wollten die Sowjetunion dazu ausnützen, für die Interessen der westlichen Imperialisten zu kämpfen. Dieses Spiel habe jedoch der große Stalin durchschaut. Durch den sofortigen Abschluß eines Paktes mit Deutschland sei die Voraussetzung dafür geschaffen, daß die So-

wjetunion weiter in Frieden leben und ihren Aufbau fortführen könne.
Dann kam er auf unser Heim zu sprechen. »Im Zusammenhang mit den neuen außenpolitischen Notwendigkeiten wird auch bei uns eine gewisse Reorganisierung erfolgen.«
Unter der Formulierung »gewisse Reorganisation« war die sofortige Auflösung des Heims zu verstehen.
Kurz, kalt und herzlos wurden die neuen Richtlinien vom Direktor bekanntgegeben. Er gab sich offensichtlich schon gar keine Mühe mehr, uns den Übergang in die neue Situation psychologisch zu erleichtern. Unwillkürlich bekam ich den Eindruck, daß wir bereits »abgeschrieben« waren.
»Alle Zöglinge des Heims, die die 7. Klasse noch nicht beendet haben, werden heute nachmittag in das russische Kinderheim ›Spartak‹ übergeführt. Die älteren können in einen Betrieb gehen, der dann auch für die Unterbringung sorgen wird. Diejenigen, die den Wunsch haben, die 10-Jahres-Schule noch zu beenden, werden mit den jüngeren in das russische Kinderheim überwiesen und müssen sich derselben Tagesordnung unterwerfen, wie alle anderen Zöglinge des russischen Heims.«
In einer halben Stunde war alles entschieden. Noch am gleichen Nachmittag kamen etwa 40 Zöglinge in das Kinderheim »Spartak«. Äußerlich gesehen schien der Unterschied zwischen beiden Heimen nicht allzu groß zu sein. Das Gebäude war zwar etwas kleiner, aber immerhin noch ganz schön.
Zögernd betraten wir das neue Heim. Beim Eintritt wurde uns zugerufen: »Alle sofort in den Saal!« Es klang nicht gerade freundlich! Deprimiert standen wir im Saal, als ein großer, streng aussehender, dunkelhaariger Mann eintrat:
»In einer Linie antreten!« rief er streng. Ein solcher Ton war bei uns im Heim nicht üblich gewesen.
Widerwillig fügten wir uns.
Wie Keulenschläge sausten nun seine Anordnungen auf uns hernieder: »Niemand darf das Heim ohne Erlaubnis eines Pädagogen verlassen! Die Schulaufgaben werden unter Aufsicht der

Pädagogen gemacht! Alle haben sich dem festgelegten Reglement dieses Heims zu fügen! Rauchen ist strengstens untersagt, auch außerhalb des Hauses auf dem Hof. Jeder, der raucht, soll es lieber gleich sagen und seine Zigaretten abgeben. Wer das nicht tut, wird später strenge Strafen zu erwarten haben!«

Wir waren inzwischen 17, 18 und 19 Jahre alt, und einige, darunter auch ich, hatten ihre »Dukat«- oder »Kasbek«-Schachteln in der Tasche. In unserem früheren Heim hatte es für die älteren nie ein Rauchverbot gegeben.

»Ich fordere euch noch einmal auf, gebt eure Zigaretten gleich freiwillig ab. Wer es nicht tut, wird später mit strengen Strafen zu rechnen haben«, rief der Direktor drohend.

Einer machte den Anfang. Widerwillig folgten wir nach und nach seinem Beispiel.

Dann wies man uns unsere Schlafstellen zu. Erschreckt blickten wir in die Schlafsäle, in denen die primitiven Betten eng zusammengepfercht standen. Der Unterschied zu unserem bisherigen Heim war sehr kraß.

»Hier werden sicherlich keine ausländischen Delegationen hingeführt«, war mein ketzerischer Gedanke.

Dann kam das Abendessen. Unnötig zu sagen, daß es schlecht war.

Aber mich bedrückte die Wandlung in den materiellen Verhältnissen nicht so sehr wie die Beeinträchtigung meiner persönlichen Freiheit, daß ich mich nun genau den Verordnungen zu unterwerfen hatte und für jeden kleinen Spaziergang eine besondere Erlaubnis brauchte. Manche unserer jüngeren waren dem Weinen nahe.

»Es ist nicht schön hier. Es ist alles so ganz anders als in unserem Heim«, klagten sie. »Ich habe mir nie vorgestellt, daß der Unterschied zwischen unserem und einem russischen Kinderheim so groß ist.«

Wir schrieben die letzte Augustwoche 1939. Das Kinderheim Nr. 6, das Heim für die Kinder österreichischer Schutzbundkämpfer und deutscher Emigranten, hatte etwa 5 Jahre bestanden. Ich hatte drei Jahre darin verbracht. Während dieser ganzen Zeit hatten wir die Sowjetunion kennengelernt – aber aus dem Blickwinkel heranwachsender junger Menschen, die in einem privilegierten Heim lebten, keine täglichen Sorgen hatten, ein Leben führten, das weit über dem Durchschnitt eines gewöhnlichen Sowjetmenschen lag. Wir hatten zwar die fürchterlichen Jahre der Säuberung miterlebt, aber auch diese noch nicht in dem Ausmaße wie die Menschen, die in anderen Institutionen und Organisationen tätig waren.

Nun war es plötzlich mit dieser Ausnahmestellung vorbei. Durch den Abschluß eines Nichtangriffspakts mit Hitler-Deutschland und die Auflösung unseres Heims hatten wir uns über Nacht in gewöhnliche junge Menschen der Sowjetunion verwandelt. Es erschien kaum glaublich, daß nicht einmal zwei Wochen vergangen waren, seitdem wir mit einem Sonderautobus der Militärakademie ans Meer gefahren und auf einer festlichen Veranstaltung vor Hunderten von Offizieren gefeiert worden waren.

Vielleicht kann dieses Erlebnis einem heutigen Leser verständlich machen, warum in der Sowjetunion – und damit auch in diesem Buch – politische Ereignisse einen so außerordentlich großen Raum einnehmen und persönliche Erlebnisse oft in den Hintergrund gedrängt werden. Aber wie sollte es anders sein in einem Land, in dem die politischen Ereignisse so unmittelbar in das persönliche Leben eingreifen? Mit 14 Jahren hatte ich den Beginn der riesigen Verhaftungswelle erlebt, die mich von meiner Mutter trennte, mit 15 Jahren die Verhaftung unserer Lehrer und Pädagogen, die Prozesse und die wüsten Beschimpfungen gegen Persönlichkeiten, die uns noch wenige Monate vorher als Vorbilder geschildert worden waren. Mit 16 Jahren war ich Zeuge, wie ein Zögling unseres Kinderheims in unserem Schlafsaal verhaftet wurde, und nun, mit 17½ Jahren, wurde ich gewahr, daß das Schicksal unseres Kinderheims von einem außenpolitischen Vertrag mit einer anderen Großmacht abhing.

2 Mein Leben als Sowjet-Student

»Wenn Sie innerhalb von fünf Tagen eine Studien- oder Arbeitsmöglichkeit mit Wohngelegenheit gefunden haben, steht Ihrer Entlassung aus dem Heim nichts im Wege. Wenn nicht, dann werden Sie hierbleiben und sich, so wie alle anderen, den Bedingungen des Heims fügen«, sagte mir der Direktor des »Spartak«-Heims in strengem Ton. Mein Entschluß war gefaßt: Um keinen Preis wollte ich in dem mir so trostlos erscheinenden russischen Kinderheim »Spartak« bleiben. Ich mußte einfach aus diesem Haus heraus, das mir wie eine Zwangsjacke vorkam.
So war ich auf der Suche nach einer Lehranstalt, die Absolventen der 9. Klasse aufnahm und Stipendien und Unterkunftsmöglichkeiten bot.

Der rettende Vorbereitungskurs

»Wir können leider niemanden mehr aufnehmen. Wir mußten schon im August Anwärter abweisen, da der Lehrgang bereits komplett ist«, antwortete man mir im Moskauer Lehrerinstitut, das in einem alten Gebäude in der Nähe der U-Bahn-Station »Kirowskaja« untergebracht war.
Ich zeigte meine »Pochwalnaja Gramota«, die Belobigungsurkunde für ausgezeichnete Schüler.
»Vielleicht können wir doch eine Ausnahme machen. Kommen Sie übermorgen wieder.«
Übermorgen – das war der letzte Tag der vom Direktor gestellten Frist.
Auf dem Rückweg vom Lehrerinstitut ging ich an unserem früheren schönen Heim in der Kalaschnijgasse 12 vorüber. Inzwischen waren dort bereits russische Kinder untergebracht worden. Da man uns doch nicht so schnell loswerden konnte, waren den

»übriggebliebenen« österreichischen und deutschen Jugendlichen einstweilen zwei Zimmer zur Verfügung gestellt worden. Auch ich könnte dort vorübergehend noch wohnen, wurde mir gesagt, falls ich im Lehrerinstitut nicht sofort eine Schlafgelegenheit erhalten sollte.

Inzwischen war der fünfte Tag meiner »Galgenfrist« angebrochen. Gespannt betrat ich morgens wieder das Gebäude des Lehrerinstituts.

»Wir haben Ihren Fall beraten. Wir können Sie doch noch aufnehmen.«

Schon wollte ich erfreut danken, ja, ich fühlte mich bereits als Student des Lehrerinstituts und vom »Spartak«-Heim befreit. Aber ich hatte mich zu früh gefreut.

»Es wird allerdings noch mindestens eine Woche dauern, bis die Formalitäten erledigt sind und Sie von uns eine offizielle Bescheinigung über Ihre Aufnahme erhalten können.«

Noch eine Woche – so lange konnte ich nicht warten. Niemals würde der Direktor darauf eingehen. Ich mußte etwas in der Hand haben. Ein Papier. Sofort! Nur das konnte mich retten.

»Vielleicht wollen Sie in den Vorbereitungskursus. Dort können wir Sie natürlich sofort aufnehmen, aber da würden Sie ein Jahr verlieren.«

In diesem Augenblick war mir alles egal. Bloß weg aus dem russischen Heim! Ich wußte gar nicht genau, wozu dieser Vorbereitungskurs diente, aber als ich »sofort aufnehmen« hörte, war ich gleich dafür.

Wenige Minuten später hatte ich die so heiß ersehnte Bescheinigung: »Es wird hiermit bestätigt, daß Genosse W. Leonhard Kursant des Vorbereitungskurses des Moskauer Lehrerinstituts für Fremdsprachen ist.«

Freudestrahlend verließ ich das Lehrerinstitut, und eine halbe Stunde später war ich wieder im »Spartak«-Heim. Kurz darauf stand ich vor dem Direktor. Er versuchte freundlich zu sein und beglückwünschte mich sogar.

Dann nahm ich Abschied von meinen deutschen und österreichi-

schen Jugendfreunden aus dem früheren Kinderheim Nr. 6, mit denen ich so viele Jahre gemeinsam verbracht hatte und die jetzt im russischen »Spartak«-Kinderheim »gleichgeschaltet« waren. Auch sie wünschten mir alles Gute, wie es der Direktor getan hatte, aber es lag mehr Wärme und Offenheit in ihren Worten.
So begann im September 1939 mein Leben als Student des Vorbereitungskurses des Moskauer Lehrerinstituts für Fremdsprachen.
Die einjährigen Vorbereitungskurse für Hochschulen waren damals in der Sowjetunion ziemlich verbreitet. Sie hatten den Zweck, den Nachwuchs für eine bestimmte Hochschule vorzubereiten und die zukünftigen Studenten schon vor dem Eintritt in die Hochschule mit den Spezialfächern vertraut zu machen. Nach Abschluß dieses Jahres wird ein Examen abgelegt, das mit der Aufnahmeprüfung für die Hochschule identisch ist. Da ich nun Schüler des Vorbereitungskurses war, nahm ich mit Sicherheit an, nach einem Jahr, d.h. im September 1940, in das Moskauer Lehrerinstitut für Fremdsprachen, das sogenannte »MUIIJA«, aufgenommen zu werden.
Der Unterricht fand nicht im Institut statt, sondern nachmittags und abends in den Räumen einer Schule im Zentrum Moskaus.
Obwohl wir nun schon fast so etwas wie Studenten waren, ähnelte der Betrieb des Vorbereitungskurses weitgehend dem einer Schule. Genau wie in der Schule hatten wir einen festgelegten Unterricht mit Klassenarbeiten und Hausaufgaben. Wir erhielten Zensuren und mußten viele Prüfungen ablegen, wie dies in allen sowjetischen Schulen üblich ist. Mehr als die Hälfte der Unterrichtszeit war der englischen Sprache gewidmet. Als Nebenfächer, die wir allerdings auch obligatorisch besuchen mußten, gab es Russisch, Russische Literatur und Geschichte. Ich war froh, von Mathematik, Physik, Chemie und »Tschertschenije« befreit zu sein, um mich auf die Fächer konzentrieren zu können, die mich interessierten.
Im Vorbereitungskursus ging man sehr systematisch, allerdings auch sehr langsam vor. Die ersten drei, vier Monate beschäftigten

wir uns ausschließlich mit Phonetik, da auf die Aussprache großer Wert gelegt wurde. Alle Diktate wurden in der internationalen phonetischen Schrift geschrieben. Viel Zeit widmeten wir der Aussprache der phonetischen Zeichen, mußten diese vor Spiegeln üben und genau über die Stellung der Zunge und des Gaumens Bescheid wissen. Erst im zweiten Halbjahr kamen wir überhaupt zum englischen Alphabet und zur englischen Schriftsprache.
Diese Unterrichtsmethode mag zwar nach westeuropäischen Begriffen äußerst langweilig erscheinen, aber sie hatte den Vorteil, daß beim Übergang zu den ersten englischen Texten die Kursanten im allgemeinen eine außerordentlich gute Aussprache hatten – und das war ja auch der einzige Weg für den fremdsprachlichen Unterricht in einem Land, wo man kaum englische Rundfunksendungen hören, englische oder amerikanische Filme sehen, nur wenig englische oder amerikanische Bücher lesen konnte und natürlich niemals die Möglichkeit hatte, sich mit englischen oder amerikanischen Besuchern zu unterhalten. Es wurde nach einer Methode gelehrt, die dem sowjetischen Leben angepaßt war. Mich interessierte der Geschichtsunterricht besonders, der sich nach dem Abschluß des Nichtangriffspakts mit Deutschland in vieler Hinsicht geändert hatte.
Noch ein Jahr zuvor war der Sieg Alexander Newskis über den Deutschen Ritterorden in der Schlacht am Peipus-See im April 1242 als das wichtigste Ereignis der russischen Geschichte bezeichnet worden. Nun, nach Abschluß des Paktes mit Deutschland, wurde diese Schlacht nur noch in einem Nebensatz erwähnt. Statt dessen wurde auf die historische Bedeutung der Außenpolitik Peters des Großen besonders aufmerksam gemacht, der die Schaffung des preußischen Staates im Jahre 1701 unterstützt und damit den Grundstein gelegt hätte für die enge Zusammenarbeit zwischen Preußen-Deutschland und Rußland, die auch heute wieder... und dann folgte die bereits bekannte Darstellung der historischen Bedeutung des Paktes zwischen der Sowjetunion und Deutschland.
Die Veränderungen nach dem Paktabschluß waren auch auf an-

deren Gebieten nicht zu übersehen. In der Bibliothek für ausländische Literatur lagen nun statt der Emigrantenzeitungen häufig Nazi-Zeitungen aus, und manche antifaschistischen Romane deutscher Emigranten waren aus der Bibliothek entfernt worden. Das Wort »Faschismus« kam in der Sowjetpresse überhaupt nicht mehr vor. Es war, als hätte es nie einen Faschismus gegeben.
Die innenpolitischen Veränderungen waren schlagartig nach dem Abschluß des Paktes eingetreten. Schon am Abend des 23. August 1939 waren in allen Lichtspielhäusern der Sowjetunion die damals bekannten antifaschistischen Sowjetfilme *Professor Mamlock* (nach einem Theaterstück von Friedrich Wolf) und *Familie Oppenheim* (nach einem Roman von Lion Feuchtwanger) abgesetzt worden. Auch alle Theaterstücke mit antifaschistischem Inhalt verschwanden am gleichen Abend, darunter auch das Schauspiel *Die Matrosen von Cattaro*, obwohl es sich um ein Stück handelte, das einen Matrosenaufstand im Jahre 1918 behandelte, der sich gegen die österreichisch-ungarische Monarchie richtete. Aber wahrscheinlich dachte sich die Theaterzensurstelle, daß man in dieser Hinsicht gar nicht vorsichtig genug sein könne.
Nachdem am 1. September mit Hitlers Angriff auf Polen der Zweite Weltkrieg begonnen hatte, lautete die offizielle These, es handele sich um einen imperialistischen Krieg von beiden Seiten, und der Sowjetunion sei es durch ihre geniale Außenpolitik gelungen, in diesem Kriege neutral zu bleiben. Wenige Tage später wurde die erste pro-sowjetische Anekdote verbreitet:
»Hast du schon von unserem neuen Aufschwung in der Flugzeugproduktion gehört?«
»Nein, wieso?«
»Gestern wurden in Luftkämpfen über Westeuropa 12 englische und 8 deutsche Flugzeuge abgeschossen.«
»Aber was hat das mit unserer Flugzeugproduktion zu tun?«
»Ist doch klar. Damit haben wir 20 Flugzeuge mehr.«
Am 17. September 1939, nachdem Polen bereits fast völlig durch die Hitler-Armeen zerschlagen war, wurde der Einmarsch der sowjetischen Truppen in Polen bekanntgegeben.

Überall – natürlich auch in unserem Institut – fanden an diesem Tage Massenversammlungen statt, auf denen die Maßnahme der sowjetischen Regierung »erklärt« wurde.
»Zum Schutz von Leben und Eigentum der blutsverwandten Völker der Westukraine und des westlichen Teils von Bjelo-Rußland« – lautete die offizielle Begründung für den Einmarsch der Sowjettruppen in Polen. Noch wenige Wochen zuvor hatte sich die Sowjetunion bereit erklärt, Polen vor einem Angriff Hitlers zu schützen und zu verteidigen.
Der Feldzug in Polen war bald zu Ende, und am 28. September wurde bekanntgegeben, daß über den Nichtangriffspakt mit Deutschland hinaus nun noch ein Freundschaftsvertrag und ein Abkommen über die neuen Grenzen in dem früher polnischen Gebiet abgeschlossen worden sei.
Auch nach dem Abschluß des Freundschaftsvertrages blieb die offizielle Parteilinie bei ihrer Erklärung, daß es sich um einen imperialistischen Krieg von beiden Seiten handele.
Wir hatten jedoch längst gelernt, selbst die kleinsten Hinweise in der Zeitung und im Rundfunk genau zu beachten, und es konnte uns daher nicht entgehen, daß sowohl im Rundfunk als auch in der Presse der deutsche Wehrmachtsbericht immer an erster Stelle, die entsprechenden Kommuniqués aus England und Frankreich dagegen an zweiter gebracht wurden. Auch gab die *Prawda* den Auszügen aus Hitlers Reden mehr Raum als den Auszügen aus Churchill-Reden. Es war für uns also nicht schwer zu erkennen, daß die offizielle Propaganda in ihrer Tendenz etwas mehr auf seiten Hitler-Deutschlands als auf der Seite der Westmächte stand.

Mit guten Vorsätzen in den Komsomol

Die jüngste außenpolitische Entwicklung hatte zwar meine Zweifel an manchen Erscheinungen in der Sowjetunion verstärkt, aber meine grundsätzliche Haltung noch nicht erschüttert. Es lag daher kein Widerspruch darin, daß ich mich gerade um diese Zeit bemühte, in den Komsomol, den kommunistischen Jugendverband der Sowjetunion, einzutreten. Ich wünschte aufrichtig, ein guter Komsomolze zu werden. Ich hatte schon sehr viel über Komsomolzen gelesen, von ihren heroischen Taten in der Revolution, im Bürgerkrieg und im ersten Fünfjahresplan, vor allem hatte mich das Buch von Nikolai Ostrowski *Wie der Stahl gehärtet wurde* tief beeindruckt, jener Komsomolzen-Roman, der so viele sowjetische Jugendliche beeinflußte, an dem sie sich aufrichteten, wenn sie Zweifel hatten und aus dem sie neue Zuversicht schöpften, neue Kräfte und neue Energien.

Die soziale Herkunft, die bisher stark unterstrichen wurde, spielte nun bei der Aufnahme in den Komsomol keine nennenswerte Rolle mehr – entscheidend war die Loyalität gegenüber dem System. Die erzieherischen Aufgaben des Komsomol wurden besonders hervorgehoben: politische Schulung, Sport und militärische Ausbildung, daneben Literaturzirkel, musikalische Aufführungen und Tanzabende. Die neue Losung des »fröhlichen Lebens der Sowjetjugend« sollte jedoch nicht allzulange gültig sein, denn kurz darauf begannen die großen Säuberungen von 1936 bis 1938, die sich auch im Komsomol verheerend auswirkten.

Selbst der langjährige Generalsekretär des Komsomol, Kossarew, blieb nicht verschont. Alexander Kossarew, damals 35 Jahre alt, war 1918 unmittelbar nach der Gründung dem Komsomol beigetreten. Als 16jähriger Komsomolze nahm er an der Verteidigung von Petrograd teil und hatte anschließend den ganzen Bürgerkrieg an den Fronten miterlebt. Nach seiner Rückkehr wurde er zunächst zum Sekretär des Baumann-Bezirks von Moskau gewählt, 1926 war er Sekretär des Moskauer Verbandes, und seit März 1929 stand er als Generalsekretär an der Spitze des Komsomol.

Kurz vor Ende der Säuberung traf ihn der vernichtende Schlag der Jeshowschen Geheimpolizei. Kossarew und seine engsten Mitarbeiter in der Komsomolführung wurden beschuldigt, »Doppelzüngler« und »moralisch verkommene Personen« zu

sein, die »als Feinde des Volkes« den Versuch gemacht haben sollten, »die Arbeit des Komsomol zu untergraben«.
Als ich im Herbst 1939 dem Komsomol beitrat – er zählte zu jener Zeit 9 Millionen Mitglieder –, lag die Säuberung jedoch schon weit zurück.
Über ein Jahr hatte ich mich für den Eintritt in den Komsomol politisch vorbereitet. Ich hatte das Programm und das Statut studiert, die wichtigsten Schriften Lenins und Stalins gelesen und natürlich die *Geschichte der KPdSU* »durchgearbeitet«.
Nun fühlte ich mich reif für die Aufnahme, schrieb eine Erklärung an die betreffende Grundorganisation des Komsomol, in der ich, wie es üblich war, meinen Wunsch zum Eintritt in den Komsomol darlegte und politisch begründete.
Wenige Tage später saß ich in einem nüchternen Zimmer, umgeben von russischen Komsomolzen, die mich aufmerksam musterten. »Wir haben hier noch den Aufnahmeantrag vom Genossen Leonhard, den wir jetzt behandeln wollen«, sagte der Sekretär und las meinen Aufnahmeantrag vor. Es herrschte Stille, und ich fühlte mich fast wie in einem Examen.
»Wie üblich, wird es wohl das beste sein, wenn uns Genosse Leonhard zunächst seinen Lebenslauf schildert. Ich bitte die Genossen, genau zuzuhören und anschließend Fragen zu stellen.«
In der feierlichen offiziellen Stimmung mußte ich jetzt meinen für russische Komsomolzen etwas ungewöhnlichen Lebenslauf erzählen.
Ein oder zwei Jahre vorher, zur Zeit der Säuberungen, wäre ich sicher niemals aufgenommen worden. Kein Komsomolze hätte den Mut gefunden, den Antrag eines jungen Menschen zu befürworten, der seine Kindheit in Deutschland verbracht hatte und dessen Mutter von der NKWD verhaftet worden war. Jetzt, im Herbst 1939, war die Situation völlig anders. Ich konnte ungehindert meinen Lebensbericht zu Ende führen.
»Gibt es irgendwelche Fragen an den Genossen Leonhard?« fragte der Sekretär.
»Was für gesellschaftliche Arbeiten hast du bisher geleistet?«

»Ich war ein Jahr lang Redakteur der Wandzeitung in der Schule und zwei Jahre Mitglied der Wandzeitungsredaktion im Kinderheim.«
»Wie steht es mit dem Lernen?«
»Im Schuljahr 1935/36, in der 6. Klasse und in der 9. Klasse war ich Otlitschnik. In der 7. und 8. Klasse bestand ich die meisten Fächer mit ›Gut‹.«
Meine schwächeren Zeugnisse 1937/38 wurden mir nicht verübelt. Bei den anderen sah es gewiß ähnlich aus. In den Jahren der Säuberungen waren die Leistungen allgemein gesunken.
»Hast du die *Geschichte der KPdSU (B)* durchgearbeitet?«
»Ja, ich bin bereit, auf diesem Gebiet Fragen zu beantworten.«
Aber es fragte keiner. Offenbar hatten sie wenig Lust, auf dieses Thema einzugehen, das ihnen schon überdrüssig geworden war. Statt dessen folgten die üblichen Fragen über den Komsomol.
»Was sind die wichtigsten Pflichten eines Komsomolzen?«
Ich antwortete getreu nach dem Statut: »Die wichtigsten Pflichten eines jeden Komsomolzen sind:

Die Werke von Marx, Engels, Lenin und Stalin zu studieren, sein politisches Wissen ständig zu vermehren und die marxistisch-leninistische Lehre den breiten Massen der Jugend nahezubringen, die Beschlüsse der Partei der Bolschewiki und des Komsomol auszuführen und aktiv am politischen Leben des Landes teilzunehmen;
in der sozialistischen Einstellung zur Arbeit vorbildlich zu sein, das sozialistische Eigentum zu hüten und gegen Verletzungen der Ordnung des sozialistischen Staates aufzutreten; sich wissenschaftliche und technische Kenntnisse anzueignen und am kulturellen Leben teilzunehmen, sich körperlich auszubilden, Sport zu betreiben und stets bereit zu sein, seine ganze Kraft und, wenn notwendig, sein Leben für die Verteidigung des sozialitischen Vaterlandes einzusetzen;
aktiv an der Arbeit der Komsomolorganisation teilzunehmen, die Komsomolversammlungen regelmäßig zu besuchen, die Aufträge

der Organisation unverzüglich, schnell und genau zu erfüllen und alles Begonnene auch konsequent zu Ende zu führen.«

»Nach welchem organisatorischen Prinzip ist der Komsomol aufgebaut?«
»Der Komsomol ist nach dem Prinzip des demokratischen Zentralismus aufgebaut. Das bedeutet, daß alle leitenden Organe gewählt werden, die unteren Organe den oberen unterstellt sind, die Minderheit sich der Mehrheit zu fügen hat, die Komsomolorgane ihren Organisationen gegenüber Rechenschaft ablegen müssen.«
»Gut, das genügt«, meinte der Sekretär. »Gibt es noch irgendwelche Fragen?«
Einen Augenblick herrschte Stille.
»Wenn keine Fragen mehr zu stellen sind, kommen wir zur Abstimmung. Wer dafür ist, die Aufnahme Leonhards in den Komsomol von unserer Gruppe aus zu befürworten, den bitte ich, die Hand zu heben.«
Alle Anwesenden hoben die Hand.
Damit war meine Aufnahme jedoch noch nicht vollzogen.
»Unser Antrag geht jetzt an das Rayonkomitee des Komsomol. Du wirst von dort Nachricht erhalten und dich beim Rayonkomitee zur angegebenen Zeit melden.«
Etwa zwei Wochen später wurde ich dann zum Rayonkomitee des Komsomol bestellt. Der Rayonsekretär stellte einige Fragen und sprach über die Ehre, die mit dem Eintritt in den Komsomol verbunden sei, über das Vertrauen, das man damit in mich setze, und über meine Verpflichtung, dieses Vertrauen zu rechtfertigen. Ernst, fast feierlich, überreichte er mir das kleine dunkelgraue Büchlein mit der Aufschrift *Wsesojusnij Leninskij Sojus Kommunistitscheskoj Molodjoshi* (WLSKM).
Als ich zur Antwort gab, daß ich all meine Kräfte einsetzen würde, um das Vertrauen zu rechtfertigen, benutzte auch ich die vorgeschriebenen Formulierungen – aber ich sprach sie ergriffen, mit ehrlicher Überzeugung.

Einem heutigen Leser mag das vielleicht eigentümlich erscheinen: Meine Mutter war verhaftet worden, ich hatte die Verhaftung meiner Pädagogen und Freunde miterlebt und selbstverständlich längst bemerkt, daß die sowjetische Wirklichkeit ganz anders war, als sie etwa in der *Prawda* geschildert wurde. Aber irgendwie trennte ich diese Dinge, auch meine persönlichen Eindrücke und Erlebnisse, von meiner grundsätzlichen politischen Überzeugung. Es war fast, als ob es zwei Ebenen gab: die eine der Tagesereignisse und eigenen Erlebnisse, über die ich mir nicht selten kritische Gedanken machte, die andere war die große »Linie«, die ich zu jener Zeit, »grundsätzlich gesehen« – trotz mancher Bedenken –, immer noch für richtig hielt.

Ich glaube, daß sehr viele Komsomolzen eine ähnliche Trennung vornahmen und für viele von ihnen diese Denkweise typisch ist. Allerdings gab und gibt es auch Jugendliche, die dem Komsomol nicht aus tiefster Überzeugung beitreten. Das wurde mir bald klar, denn von nun an nahm ich ständig an den Sitzungen und Versammlungen teil und lernte bald die verschiedensten Komsomolzen kennen, die man, meiner Meinung nach, in vier Gruppen einteilen könnte:

Da waren zunächst die »Enthusiasten«, junge Menschen, sprühend von Aktivität und Initiative, die mit Begeisterung, Hingabe und Aufopferung für den Komsomol tätig waren, sich aber über politische Probleme nicht allzu viele Gedanken machten und politische Widersprüche oder plötzliche Wendungen der Linie kaum zu bemerken schienen. Für sie war der Komsomol die einzige Möglichkeit, ihre jugendliche Kraft zu entfalten. Aber manchmal hatte ich den Eindruck, eine andere Bewegung oder Organisation mit gleichen Möglichkeiten hätte sie nicht minder angezogen.

Dann gab es einen anderen Typ von Komsomolzen, zu dem auch ich damals gehörte. Er trat aus politischer Überzeugung der Organisation bei und fühlte sich vor allem von den programmatischen Fragen und der politischen Diskussion angezogen. Auch solche Komsomolzen waren aktiv, wenn auch nicht immer so weitgehend wie die »Enthusiasten«. Sie sahen wohl manche Widersprüche und hatten zuweilen ernste Bedenken, versuchten aber durch langwierige und manchmal sehr komplizierte Gedankengänge, vor sich selbst alles zu rechtfertigen.

Den dritten Typ des »Karrieristen« fand ich vor allem bei Söhnen und Töchtern von Partei-, Staats- und Wirtschaftsfunktionären. Sie wollten etwas im Leben erreichen und sprachen das manchmal auch unverblümt aus. Im Komsomol sahen sie lediglich ein Sprungbrett, um schneller Karriere machen zu können.

Schließlich stieß ich zu meinem Erstaunen auf einen Typ, den ich als »gleichgültig-selbstverständlichen Komsomolzentyp« bezeichnen möchte. Es waren junge Leute, die sich offensichtlich über ihren Beitritt zum Komsomol keine Gedanken gemacht hatten. Sie waren eingetreten, weil andere es auch taten, weil ihre Freunde oder Freundinnen im Komsomol waren, »weil es eben so ist«. Diesen Typ traf ich vor allem unter Mädchen im Komsomol, aber keineswegs nur unter ihnen.

Insgesamt war ich 6 Jahre lang Mitglied des sowjetischen Komsomol. Erst nach längerer Zeit, als ich so eng mit einigen Komsomolzen befreundet war, daß ich offen über meine ketzerischen Gedanken sprechen konnte, bemerkte ich zu meinem großen Erstaunen: Ich stand keineswegs allein.

Nach und nach – leider muß ich hier auf jede nähere Beschreibung verzichten, um die Betreffenden nicht zu gefährden – kam ich mit einigen oppositionellen Komsomolzen zusammen. Einer dieser Freunde im Komsomol bekannte sich in einem Gespräch mit mir zum Anarchismus. Meine anderen oppositionellen Freunde waren Marxisten und Leninisten – aber gerade weil sie die Lehren von Marx und Lenin ernst nahmen, standen sie in vielen entscheidenden Fragen in Opposition zu dem System, vor allem gegen die Allmacht der NKWD und gegen die Säuberung der alten Garde der Bolschewiki. Einmal las mir eine Komsomolzin ein Gedicht vor, das, mit der Hand abgeschrieben, in diesen Kreisen weitergegeben wurde. Es war ein revolutionäres Freiheitsgedicht. Später hörte ich, daß sogar der Roman eines oppositionellen Komsomolzen von anderen mit der Hand abgeschrieben worden war und an ganz sichere Genossen weitergegeben wurde. Der Titel dieses Romans lautete: *Gullivers Reisen in das Land, wo die Wände Ohren haben.*

Die Überraschung im Finnland-Krieg

Im Oktober 1939 lasen wir in der *Prawda*, daß Finnland ein Angebot der Sowjetunion über den Abschluß eines Beistandspakts abgelehnt hatte. Die UdSSR – so wurde uns gesagt – habe Finnland um eine Verschiebung der Grenzen bei Leningrad um 30 km gebeten und sei bereit, Finnland statt dessen ein fünffach größeres Territorium abzutreten.

Mir schien die finnische Haltung zunächst unverständlich. Wie alle anderen »gewöhnlichen« Sowjetbürger hatte auch ich keine anderen Informationsquellen. Ich wußte nichts von den Debatten im finnischen Parlament, fast nichts von der Stellung Westeuropas und Amerikas zu diesen Fragen. Vor allem hatte ich natürlich keine Ahnung von den Befürchtungen der finnischen Bevölkerung, daß der Pakt der Anfang vom Ende der finnischen Souveränität werden würde – wie es sich ja nur wenige Monate später am Beispiel Estlands, Lettlands und Litauens bewahrheiten sollte.

Der Ton der *Prawda* gegen Finnland wurde nun immer schärfer. In der zweiten Oktoberhälfte wurde nicht mehr von der »finnischen Regierung«, sondern nur noch von finnischen »Häuptlingen«, »Abenteurern« und »Glücksspielern« gesprochen. Die Namen der maßgebenden finnischen Persönlichkeiten wurden mit verächtlichen Adjektiven bedacht.

Am 29. November explodierte das Pulverfaß. Sowjetische Truppen überschritten die finnische Grenze. Offiziell wurde bekanntgegeben, finnische Truppen hätten an der sowjetischen Grenze »eine Reihe von provokatorischen Übergriffen« verübt. Aber das wurde nicht sehr ernst genommen, auch von denen nicht, die im allgemeinen »hundertprozentig« waren. Wenn man im Gespräch

mit ihnen die offiziellen Formulierungen vom »finnischen Angriff« benutzte, bekam man als Antwort häufig das bekannte Augenzwinkern, das ich später noch oft erleben sollte.
Wenige Tage nach Beginn des russisch-finnischen Krieges wurde in großer Aufmachung die Einnahme der ersten finnischen Stadt, Terioki, und die Bildung einer »finnischen Volksregierung« unter dem Vorsitz von Kuusinen bekanntgegeben. Diese neugeschaffene Regierung hatte einen Aufruf an das finnische Volk erlassen und sogar schon Fahnen gestiftet für diejenige Truppeneinheit, die als erste in Helsinki einmarschieren würde.
Nach dem ersten schnellen Vorstoß und der Einnahme Teriokis blieben die sowjetischen Truppen jedoch vor der Mannerheim-Linie stecken. Man hörte viel von großen Verlusten, und die »kleine Aktion des Leningrader Militärbezirks« verwandelte sich in einen richtigen Krieg. Es schien uns unvorstellbar: Die große, ruhmreiche, unbesiegbare Sowjetarmee, die uns immer als stärkste der Welt gepriesen worden war, stand nun in einem Krieg gegen das kleine Finnland, das damals nur 3½ Millionen Einwohner zählte!
Noch eigentümlicher als der wochenlange Stillstand der Front war für uns alle das Durcheinander im Transport- und Versorgungswesen. Schon während der ersten Kriegstage hatten Personenzüge stundenlange Verspätungen oder fielen überhaupt aus. Einige Tage nach Kriegsbeginn gab es in Moskau bereits Schlangen vor den Brotläden. Manche Versorgungsgüter wurden überhaupt nicht geliefert.
Wenn es bei einem »örtlichen Zusammenstoß« mit einem kleinen Lande schon zu derartiger Desorganisation kommt – so fragten sich die Menschen damals in Moskau –, was wird dann erst passieren, wenn die Sowjetunion in einen wirklich ernsten Krieg gegen Großmächte eintreten müßte? Die Besorgnis der Menschen kam in einem kleinen Scherzwort zum Ausdruck, das damals in Moskau flüsternd weitererzählt wurde:

Jeschtscho nitschewo njet,	*Es gibt noch nichts,*
a ushe nitschwewo njet.	*und schon gibt es nichts mehr.*
Schto she budjet,	*Was wird es erst geben,*
kogda schto nibud budjet?	*wenn es wirklich etwas gibt?*

Drei Wochen waren seit Kriegsbeginn vergangen. »Zu Stalins Geburtstag wird der Krieg sicher zu Ende sein«, hatte man anfangs oft gehört. Aber der 21. Dezember, Stalins Geburtstag, verstrich – und der Krieg war noch immer nicht zu Ende.

Die Wintermonate vergingen. Täglich lasen wir auf der ersten Seite der *Prawda* links unten das Kommuniqué des Leningrader Militärbezirks. Es wurde lediglich von der Erstürmung »befestigter Punkte« berichtet. Ortsnamen tauchten nicht auf, da lange Zeit überhaupt keine Ortschaften mehr eingenommen wurden.

Obwohl der Krieg unpopulär war, glaubten viele meiner Freunde und auch ich, daß er bis zum Ende durchgefochten würde. Schließlich bestand ja bereits eine neue finnische »Volksregierung«, und die Mitglieder der offiziellen finnischen Regierung waren so häufig als »Mörder«, »Banditen« und »Faschisten« bezeichnet worden, daß wir nicht glaubten, die Sowjetunion werde mit derselben Regierung jemals wieder Verhandlungen führen.

Um so erstaunter waren wir, als plötzlich am 12. März 1940 der Friedensvertrag mit Finnland abgeschlossen wurde. Die Sowjetunion erhielt aufgrund dieses Vertrages die Karelische Landenge und die Stadt Wiborg, und auch an einigen anderen Stellen wurde die Grenze etwas zugunsten der Sowjetunion verschoben, schließlich erhielt die Sowjetunion noch pachtweise die Halbinsel Hangö – aber diese Ergebnisse blieben weit hinter den Erwartungen zu Beginn des Krieges zurück.

Mit denselben finnischen Führern, die in der *Prawda* wenige Wochen zuvor nur »Abenteurer« und »Glücksspieler« hießen, hatte die Sowjetregierung nun einen Friedensvertrag abgeschlossen! Überall gab es wieder Massenversammlungen, in denen die Beendigung des Krieges als Beweis der Friedenspolitik der Sowjetunion und ihres Führers Stalin dargestellt wurde. Wie üblich wurde am Schluß jeder Versammlung bekanntgegeben, daß der Referent Fragen beantworte – und diesmal gab es Fragen.

»Mir ist eines unklar, Genosse Referent«, hörte ich einen Studenten fragen. »Seit einigen Monaten besteht doch eine finnische Volksregierung, die jetzt im Vertrag gar nicht erwähnt wird. Was ist denn mit der Volksregierung?«

Der Referent wurde etwas verlegen. »Diese Frage kann ich augenblicklich noch nicht beantworten. Darüber ist in der offiziellen Verlautbarung nichts zu finden. Es ist jedoch sicher, daß unsere Sowjetregierung auch in dieser Hinsicht die notwendigen Schritte unternehmen wird.«

Von einem Bekannten, der in einem Betrieb arbeitete, erfuhr ich, daß auch dort die Frage gestellt worden war. Der Referent, der aus Arbeiterkreisen stammte, löste die Frage einfach: »Ach ja, herrje, die Volksregierung! Wo ist denn die bloß geblieben? Darüber hat man uns ja auf der Agitatorensitzung gar nichts gesagt!«

Da offenbar diese Fragen in sehr vielen Versammlungen auftauchten, wurde wenige Tage später in einem Artikel der *Prawda* erwähnt, daß durch den sowjetisch-finnischen Vertrag neue Verhältnisse entstanden seien und die Volksregierung sich selbst aufgelöst habe. Mit diesem Nebensatz war das Schicksal der finnischen Volksregierung abgetan. Der Krieg war beendet, und er wurde verständlicherweise nur noch selten erwähnt, denn der sowjetisch-finnische Krieg 1939–1940 war einer der größten politischen und militärischen Mißerfolge der Sowjetunion.

Im Verlauf dieses Krieges hatte ich mehrmals mit einigen Freunden gesprochen, mit denen ich auch schon während der Zeit der Säuberungen vorsichtig Gedanken ausgetauscht hatte. Jeder wußte einen Grund für den Mißerfolg der Sowjettruppen:

»Die Rote Armee war auf den Feldzug gar nicht vorbereitet.«

»Die militärischen Kräfte Finnlands sind weitgehend unterschätzt worden.«

»Es sind politische Hoffnungen an die Bildung der ›Volksregierung‹ geknüpft worden, die in der Wirklichkeit nicht berechtigt waren.«

»Durch die große Säuberung, die Massenverhaftungen von Generälen, höheren und mittleren Offizieren, war die Sowjetarmee dezimiert und geschwächt worden.«

Auch heute glaube ich, daß darin die Ursachen für die Mißerfolge der sowjetischen Kriegsführung in Finnland 1939 bis 1940 zu suchen sind.

Viele Jahre später, als ich schon im Westen war, hörte ich zu meinem Erstaunen die Meinung, die Sowjetunion habe absichtlich den Krieg in Finnland so lasch geführt, um damit das Ausland irrezuführen und dort den Eindruck einer militärischen Schwäche hervorzurufen. Ich halte eine solche Auffassung für völlig irrig. Selten war die Sowjetunion so daran interessiert, stark zu erscheinen, wie gerade damals, kurz nach dem Ausbruch des Krieges in Europa und als Bündnispartner Hitler-Deutschlands. Mehr denn je mußte ihr daran gelegen sein, als stärkste Großmacht gewertet zu werden, um als ebenbürtiger Partner Hitler-Deutschlands zu gelten, ihre Stellung als einzige, damals nicht am Weltkrieg teilnehmende Großmacht zu festigen, um dadurch umworben zu werden und Konzessionen zu erreichen.

Ein deutliches Zeichen dafür, daß im finnischen Krieg eine wirkliche und nicht eine fiktive Schwäche der Roten Armee zum Ausdruck kam, liegt auch darin, daß wenige Wochen nach Beendigung des finnischen Krieges die große Reorganisation der sowjetischen Armee begann. Man scheute selbst nicht davor zurück, verhaftete Offiziere wieder aus den Lagern zurückzurufen, um sie mit neuen Kommandos zu beauftragen.

Anfang Mai 1940 wurde Woroschilow, der langjährige Volkskommissar für Verteidigung, abgesetzt. An seine Stelle trat Marschall Timoschenko.

Kurz darauf wurden die persönlichen Dienstränge für den höchsten Kommandeurbestand der Roten Armee und Kriegsmarine

eingeführt, Anfang Juli wurde das Strafmaß für Fahnenflucht oder eigenmächtiges Verlassen des Dienstes erheblich verschärft, die Einhaltung der Grußpflicht wurde besonders verlangt und eine neue Beschwerde- und Arrestordnung eingeführt.
Schließlich wurde im Herbst 1940 die seit 1925 bestehende Disziplinarordnung durch eine neue, schärfere ersetzt, in der die unbedingte Disziplin gegenüber den Befehlen der Vorgesetzten besonders betont und die Nichterfüllung eines Befehls als Verbrechen gebrandmarkt wurde.
Die Zeit vom Frühjahr bis Herbst 1940 war jedoch nicht nur durch die große Reorganisation der Roten Armee gekennzeichnet. Es war auch die Zeit, in der die Freundschaft mit Hitler-Deutschland besonders stark betont wurde.

Moskau während des Hitler-Stalin-Pakts

Die große Überraschung über den Nichtangriffspakt vom 23. August 1939 und den Freundschaftspakt vom 28. September war abgeklungen. Die Menschen in der Sowjetunion, darunter auch ich, hatten sich an die »neuen Gegebenheiten« gewöhnt. Wir betrachteten es schon fast als selbstverständlich, daß es keine antifaschistischen Filme und antifaschistischen Bücher mehr gab. Immer wieder wurde mit Stolz verkündet, daß die Sowjetunion durch ihre geniale Friedenspolitik sich aus dem Konflikt herausgehalten habe, und manchmal wurde sogar mehr oder weniger offen darüber gesprochen, daß der Krieg zwischen den Westmächten auf der einen und Hitler-Deutschland und Italien auf der anderen Seite der Sowjetunion nur nützlich sein könne.
Seit Anfang 1940 schwirrten Gerüchte, die Beziehungen mit Deutschland würden bald noch enger werden. Man hörte schon hier und da Gespräche über die Möglichkeit eines Kriegsblocks zwischen Deutschland und der UdSSR, und es gab damals viele Menschen in Moskau, die an diese Möglichkeit glaubten.

Mitte Februar 1940 wurde der Abschluß eines neuen Wirtschaftsabkommens zwischen Hitler-Deutschland und der UdSSR begeistert begrüßt. Artikel über imperialistische Weltherrschaftspläne Englands und Frankreichs und Auszüge aus Hitler-Reden häuften sich. Am 26. Februar 1940 – das Datum habe ich mir genau gemerkt – erlebten die erstaunten Sowjetleser, daß eine ganze Seite der *Prawda* nur aus zwei Beiträgen bestand: einem langen Auszug aus einer Hitler-Rede und einem ausführlichen Artikel über das *Kommunistische Manifest*.
Immer häufiger wurden in der Sowjetpresse England und Frankreich für den Krieg verantwortlich gemacht. »Sechs Monate dauert der Krieg, der von den englischen und französischen Imperialisten heraufbeschworen wurde, um ihre Herrschaft zu erhalten. Die anglo-französischen Imperialisten haben jedoch keine Erfolge in ihren Plänen einer Neuaufteilung der Welt erzielt. Um aus der Sackgasse herauszukommen, bereiten sie immer wieder neue Abenteuer vor, mit dem Ziel, den jetzigen imperialistischen Krieg in einen neuen Weltkrieg zu verwandeln«, schrieb die *Prawda* Anfang März 1940, und diese neue »Linie« wurde auf unzähligen Versammlungen der sowjetischen Bevölkerung eingehämmert.
Anfang April wurden lange Auszüge aus dem sogenannten *Weißbuch des Außenministeriums* der Hitler-Regierung mit zustimmenden Kommentaren in der *Prawda* veröffentlicht. Sogar der Hitler-Angriff auf Dänemark und Norwegen wurde gerechtfertigt:
»Die Maßnahmen Deutschlands in diesem Falle waren notwendig... Es wird behauptet, daß Deutschland durch seine Operationen in Skandinavien die Prinzipien des internationalen Rechts gebrochen, den Nichtangriffspakt mit Dänemark in einen Fetzen Papier verwandelt hätte usw. ... Heute jedoch, nachdem England und Frankreich bereits die Souveränität der skandinavischen Länder zum Schaden der Interessen Deutschlands verletzt und damit die Gegenmaßnahmen Deutschlands hervorgerufen haben, in scheinheiliges Wehklagen auszubrechen über die Rechtmäßig-

keit oder Unrechtmäßigkeit der deutschen Operationen, bedeutet nichts anderes, als sich in eine lächerliche Lage zu versetzen.«

Nun war schon nicht mehr daran zu zweifeln, daß die offizielle Linie nicht mehr auf dem Standpunkt der absoluten Neutralität stand, sondern die immer engere Anlehnung an Hitler-Deutschland wurde mit jedem Tag deutlicher.

Die Politik der absoluten Neutralität in den ersten Wochen nach dem Pakt war im allgemeinen beliebt gewesen. Die jetzt erfolgte Wendung rief bei manchen jedoch Zweifel hervor. In einer Moskauer Hochschule hatte ein Student es gewagt, diese damals recht verbreiteten Zweifel offen auszusprechen.

Es geschah nach einer Vorlesung in Marxismus-Leninismus über das Thema der gerechten und ungerechten Kriege. Der Dozent legte die Unterschiede zwischen gerechten und ungerechten Kriegen dar. Gerechte Kriege könnten keine Eroberungskriege sein, sondern seien Befreiungskriege mit dem Ziel, entweder das Volk gegen einen äußeren Überfall oder gegen Unterjochungsversuche zu verteidigen bzw. das Volk von der Sklaverei des Kapitalismus oder die Kolonien vom Joch der Imperialisten zu befreien. Ungerechte Kriege seien dagegen Eroberungskriege, die das Ziel hätten, fremde Länder zu erobern und fremde Völker zu versklaven.

Wie immer hatte sich der Lektor nach Beendigung der Vorlesung bereit erklärt, Fragen der Studenten zu beantworten. Ein Student meldete sich:

»Genosse Dozent, vor wenigen Tagen haben die militärischen Operationen Deutschlands gegen Dänemark und Norwegen begonnen, die, wie uns in der *Prawda* mitgeteilt wird, notwendig gewesen seien. Wie steht es mit dem Charakter dieser militärischen Operationen? Kann man sie als gerechten Krieg bezeichnen? Ist dann etwa der Krieg von seiten Norwegens und Dänemarks ein ungerechter Krieg?«

Es herrschte eine atemlose Stille im Hörsaal.

Die Frage war für den Dozenten höchst unangenehm. Er zog

sich aus der Affäre, indem er erklärte, man könne die Dinge nicht so schematisch und formalistisch betrachten, sondern müsse sie in großen Zusammenhängen und ihren Wechselwirkungen erkennen. Eine Qualifizierung in gerechte und ungerechte Kriege sei in diesem Falle eine falsche, unwissenschaftliche Fragestellung, die in einer solchen Form nicht zu beantworten sei.
Während es bei uns Studenten – und sicher in anderen Bevölkerungsschichten – manche Zweifel über die Richtigkeit der »Linie« gab, bemerkte ich zu meinem Erstaunen, daß auf der anderen Seite die neue Linie gegenüber Hitler-Deutschland nicht ohne Folgen für die Auffassung der Bevölkerung geblieben war. Als ich eines Vormittags an einem Zeitungsstand vorbeikam, unterhielten sich gerade zwei einfach gekleidete Leute über den Krieg in Westeuropa.
»Hitler ist doch ein ganzer Kerl, wie der in Europa Ordnung schafft!« sagte der eine.
»Der haut diese französischen und englischen Imperialisten und Kriegshetzer ganz schön zusammen«, meinte der andere zustimmend.
Ein anderesmal wurde ich gefragt:
»Haben eigentlich die Nazi-Konzentrationslager, von denen man früher so viel gehört hat, wirklich bestanden, oder war das vielleicht eine Propagandalüge von den englischen und französischen Imperialisten?«
In Kreisen deutscher Emigranten verkehrte ich zu jener Zeit verhältnismäßig selten. Nur einmal hatte ich die Gelegenheit, mit dem kommunistischen Dichter Erich Weinert, dem späteren Präsidenten des Nationalkomitees »Freies Deutschland«, zu sprechen. Ich war mit seiner Tochter Marianne schon seit meiner Kindheit in Berlin befreundet und besuchte sie häufiger in dem neuen Schriftstellerhaus in der Lawruschinsky Pereulok. Als Erich Weinert ins Zimmer trat, fragte ich ihn, wie man denn nun die ganze Situation als deutscher Antifaschist zu betrachten habe. Erich Weinert – der mir menschlich sehr sympathisch war – sprach von der »völlig veränderten Situation«, von einer »neuen

Aufgabenstellung« und »neuen Perspektiven«, die ganz anders wären, als wir uns das früher gedacht hätten. »Der Nicht-Angriffs- und Freundschaftspakt vom September 1939«, meinte er, »ist vielleicht nur der Anfang, und gewiß ist dann mit der Möglichkeit einer noch weitergehenden Zusammenarbeit mit Deutschland zu rechnen.«

Das war eine Auffassung, die ich im ersten Halbjahr 1940 häufig hörte. Viele sprachen damals von der Möglichkeit eines militärischen Bündnisses mit Hitler-Deutschland, manche sogar von der Möglichkeit gemeinsamer militärischer Aktionen gegen die »westlichen Imperialisten«.

Als am 10. Mai 1940 der Überfall Hitlers auf Belgien, Holland und Frankreich begann, wurden die Kämpfe in Frankreich von der Bevölkerung Moskaus mit sehr großem Interesse verfolgt. Vor den Zeitungskiosken standen lange Reihen von Menschen, die geduldig auf die Morgenzeitungen oder die *Wetschernaja Moskwa*, die einzige Moskauer Abendzeitung, warteten. Die meisten lasen die Zeitungen, ohne irgendwelche Kommentare von sich zu geben – das Kommentieren hatte man sich in den Jahren der Säuberung gründlich abgewöhnt. Um so deutlicher sind mir die seltenen Fälle in Erinnerung, in denen die Menschen in Moskau offen ihre Meinung zum Ausdruck brachten.

Ein Vertreter der Sowjetintelligenz sagte mir damals:

»Hitlers Angriff auf Frankreich hat in den Reihen der Intelligenz in Moskau zu einem Stimmungsumschwung geführt. Solange der Krieg sich auf Polen und Skandinavien beschränkte, waren die meisten neutral; manche sympathisierten sogar ein wenig mit Hitler. Mit dem Angriff auf Frankreich hat sich das völlig verändert. Allmählich kommt eine deutliche Antipathie gegen Hitler auf, nicht so sehr aus Sympathie für England, sondern aus Mitgefühl vor allem mit dem tragischen Schicksal Frankreichs. Gerade mit Frankreich fühlen sich viele Vertreter der Intelligenz noch geistig verbunden.«

Auch bei den Studenten hatte ich eine ähnliche Wandlung gespürt – aber ich bin nicht sicher, ob sich dieser Stimmungsumschwung auch in anderen Teilen der Bevölkerung schon zu jener Zeit bemerkbar machte.

Am 15. Juni 1940 hatten Moskaus Morgenzeitungen über die Einnahme von Paris durch die deutsche Wehrmacht berichtet. Ich hatte gerade die Zeitung gekauft und fuhr mit der Straßenbahn zum Tagankaplatz. Neben mir saß ein älterer Mann, offensichtlich ein Bauer, der wohl zu Besuch nach Moskau gekommen war.

»Nun, junger Mann, was gibt's denn Neues über den Krieg in Frankreich?«

»Die deutschen Truppen haben Paris eingenommen.«

Er klatschte freudig in die Hände: »Hitler zeigt's jetzt mal den Franzosen!« Die anderen Fahrgäste, die diese Äußerung gehört hatten, fanden kein Wort der Erwiderung.

Wenige Minuten später stand ich wieder an einem Zeitungsstand. Ich sah, wie ein vielleicht vierzehnjähriger, jüdisch aussehender Junge die Zeitung aufschlug und sichtlich erregt die Meldung von der Einnahme von Paris las. »Paris ist genommen«, rief er traurig, und ihm kamen die Tränen. Dann lief er nach Hause, wahrscheinlich, um die traurige Meldung seinen Eltern zu erzählen. So verschieden reagierten damals die Menschen in Moskau.

Das Ende der Kämpfe in Frankreich und der beginnende Luftkrieg über Großbritannien wurden jedoch kaum noch beachtet, denn inzwischen wurde das gesamte Land, wie immer völlig unerwartet, von innenpolitischen Ereignissen überrascht, die nun für Wochen und Monate im Vordergrund standen.

Am 26. Juni 1940 war auf der ersten Seite der *Prawda* ein Aufruf des Zentralrats der sowjetischen Gewerkschaft erschienen, mit dem Vorschlag, in allen Betrieben die Arbeitszeit von 7 auf 8 Stunden und die Arbeitszeit der Angestellten von 6 auf 8 Stunden zu erhöhen. Auch die Arbeitszeit der Jugendlichen zwischen 16 und 18 Jahren, die bisher nur einen 6-Stunden-Tag hatten, solle nunmehr auf 8 Stunden verlängert werden.

Statt der bisherigen »Schestidnjewka« (6-Tage-Woche) schlugen die Gewerkschaften vor, die überall in der Welt übliche 7-Tage-Woche einzuführen*.

Die Gewerkschaftsführung beschränkte sich jedoch nicht darauf, für die Verlängerung des Arbeitstages und der Arbeitswoche einzutreten, sondern schlug darüber hinaus vor, die Freiheit der Wahl des Arbeitsplatzes abzuschaffen!

Wörtlich hieß es:

Der Zentralrat der Sowjetgewerkschaften ist der Auffassung, daß das eigenmächtige Verlassen des Arbeitsplatzes durch Arbeiter und Angestellte aus staatlichen, genossenschaftlichen und kommunalen Unternehmen, sowie der eigenmächtige Wechsel von einem Betrieb zum anderen oder einer Dienststelle zur anderen verboten werden müßte.

Natürlich war es klar, daß diesen »Vorschlägen« der Gewerkschaften bald eine Regierungsverordnung folgen würde.

Die entsprechende Verordnung wurde schon am nächsten Morgen veröffentlicht. Erst danach kam die organisierte Kampagne, in der sie »einstimmig« begrüßt wurde.

Alle Maßnahmen, die die Gewerkschaften »vorgeschlagen« hatten – die Verlängerung des Arbeitstages auf 8 Stunden, der Übergang zur 7-Tage-Woche und das Verbot, den Arbeitsplatz zu verlassen –, waren in der Verordnung des Präsidiums des Obersten Sowjets enthalten. In § 5 waren die Verbotsbestimmungen für das Verlassen des Arbeitsplatzes genau formuliert:

Arbeiter und Angestellte, die eigenmächtig staatliche, genossenschaftliche und kommunale Betriebe oder Unternehmungen verlassen, werden dem Gericht übergeben und durch Urteil des Volksgerichts mit einer Gefängnisstrafe von 2 bis 4 Monaten bestraft.

* Bis dahin hatte in der Sowjetunion, im Unterschied zu allen anderen Ländern Europas, die Woche aus 5 Arbeitstagen und einem anschließenden »Wychodnoj«, einem freien Tag, bestanden, wobei auch die Namen der Wochentage abgeschafft waren und diese als »1. Tag«, »2. Tag« usw. bezeichnet wurden.

Aber nicht nur Arbeiter wurden mit Gefängnisstrafen bedroht, sondern auch die Betriebsdirektoren, falls sie nicht genügend scharf durchgriffen.
Obwohl wir, streng genommen, von diesem Gesetz nicht unmittelbar betroffen waren, gab es natürlich auch bei uns im Vorbereitungskursus eine Versammlung anläßlich seiner Veröffentlichung. Dieses Gesetz vom 26. Juni müsse auch für uns Studenten als richtunggebend für eine erhöhte Aktivität im Studium gelten, wurde uns gesagt. Auch wir »begrüßten« es natürlich einstimmig.
Bald wurde das Gesetz aber noch verschärft. Ein Befehl des Volkskommissariats für Justiz vom 22. Juli 1940 bestimmte, daß eine Verspätung von 20 Minuten schon als »Progul«, als unentschuldbares Fernbleiben von der Arbeit, zu bezeichnen sei und mit »pflichtmäßigen Erziehungsarbeiten« am Arbeitsplatz bis zu 6 Monaten unter Zurückhaltung bis zu 25 Prozent des Lohnes bestraft würde.
Dieses drakonische Gesetz gegen die Arbeiter ist bis heute noch nicht aufgehoben worden.
Das »20-Minuten-Gesetz« hatte verheerende Folgen. Von Zöglingen unseres früheren Heimes, die nun in Betrieben arbeiteten, erfuhr ich, was sich jetzt dort abspielte. Es war grauenvoll. Die Verkehrsverbindungen waren im Durchschnitt so schlecht, daß ohne jegliches Verschulden des Arbeiters manchmal Verspätungen über 20 Minuten zustande kamen. Aber keinerlei Beweise halfen. Die Betriebsdirektoren zitterten selbst vor Angst. Die Zahl derjenigen, die dem Gericht übergeben oder zu »pflichtmäßigen Erziehungsarbeiten« verurteilt wurden, stieg ins unermeßliche.
Trotz des grauenhaften Ernstes der Situation verbreitete sich in Moskau bald ein Witz über dieses Gesetz:
»Hast du schon gehört: Das Große Theater ist bis auf die Grundmauern abgebrannt!«
»Wie war denn das möglich? Konnte die Feuerwehr das nicht verhindern?«

»Nein, die Feuerwehr sitzt im Gefängnis.«
»Im Gefängnis?«
»Ja, sie kam 20 Minuten zu spät und wurde zum Löschen nicht mehr zugelassen, sondern zu pflichtmäßigen Erziehungsarbeiten ins Gefängnis geschickt.«
Die Welle von Verhaftungen und Gerichtsurteilen aufgrund dieser neuen Arbeitsgesetze hatte bald solche Ausmaße angenommen, daß die Gerichte die Arbeit nicht mehr bewältigen konnten. Aus diesem Grund wurde durch einen Erlaß des Präsidiums am 10. August 1940 festgelegt, daß alle Verhandlungen über Straftaten gegen die Arbeitsgesetzgebung von den Volksgerichten allein, ohne jegliche Mitwirkung von Geschworenen, durchzuführen seien. Diese Ereignisse standen so sehr im Mittelpunkt des Lebens aller Einwohner der Sowjetunion, daß von den anderen Ereignissen kaum noch Notiz genommen wurde. Der Zusammenbruch Frankreichs, der Luftkrieg über England, die Besetzung der baltischen Staaten durch die sowjetischen Truppen und ihre Umwandlung in »Unionsrepubliken der UdSSR«, die Eingliederung Bessarabiens und des nördlichen Teils der Bukowina in die Sowjetunion verblaßten vor dem »Kampf gegen Bummler, Schwänzer und Desorganisatoren«.
Nur ein einziges Ereignis, das außerhalb dieser Sphäre lag, ist mir noch im Gedächtnis geblieben: der Tod Trotzkis.
Am 24. August erschien in allen sowjetischen Zeitungen an auffälliger Stelle eine ganz kurze Notiz über Trotzkis Tod. Es wurde mitgeteilt, daß nach Meldungen amerikanischer Zeitungen gegen Trotzki »von einem seiner Anhänger« ein Attentat verübt worden sei. Trotzki habe einen Schädelbruch erlitten und sei in einem Krankenhaus in Mexiko gestorben.
Alle Zeitungen der Sowjetunion beschränkten sich auf diese wenigen Zeilen. Nur die *Prawda*, das Zentralorgan der Partei, schmähte in einem längeren Artikel unter dem Titel *Der Tod eines internationalen Spions* den Mitkämpfer Lenins noch nach seinem Tode. Der Artikel strotzte von Schimpfworten und historischen Fälschungen. »Trotzki war bereits seit 1921 Agent aus-

ländischer Nachrichtendienste und ein internationaler Spion«, hieß es wörtlich. Und der Artikel der *Prawda* über den Vorsitzenden des Petrograder Sowjets von 1917 und Begründer der Roten Armee schloß mit den Worten: »Ehrlos beendete er sein Leben, dieser verachtungswürdige Mensch. Er geht ins Grab mit dem Kainszeichen eines internationalen Spions und Mörders.«
Am gleichen Abend traf ich während eines Spazierganges einen Schutzbündler, der in einem sowjetischen Betrieb arbeitete. Unwillkürlich sprachen wir beide über Trotzkis Tod.
»Ob das wohl wirklich einer seiner Anhänger war?« meinte er und sprach damit denselben Gedanken aus, der auch mir beim Lesen gekommen war – aber beide hatten wir von den wahren Vorgängen, die zum Tode Trotzkis geführt hatten, natürlich keine Ahnung. Wir gingen noch ein wenig spazieren. An den Litfaßsäulen waren gerade große Plakate angebracht worden, eine Ankündigung für ein *Narodnoje guljanje*, ein Volksfest, das im Kulturpark stattfinden sollte.
»Weißt du, was einige Arbeiter im Betrieb sagen? Das Volksfest ist bestimmt wegen Trotzkis Tod angekündigt worden.«
Ich antwortete nichts darauf. Trotz Beendigung der Säuberung war es zu gefährlich, über Trotzki zu sprechen.
Es schien mir aber sehr interessant, daß im August 1940, 13 Jahre nachdem Trotzki aus der Partei ausgeschlossen und 11 Jahre nachdem er aus der Sowjetunion verbannt worden war, einige Arbeiter die offizielle Version über den Tod Trotzkis nicht glaubten und Stalin zutrauten, den Tod dieses Revolutionärs durch ein Volksfest feiern zu lassen.

In der Hochschule für Fremdsprachen

Im Sommer 1940 war der Vorbereitungskursus für die Hochschule zu Ende. Die Abschlußprüfungen waren bald erledigt.
Wenige Tage später stand ich voller Spannung in den Räumen der Aufnahmekommission der Moskauer Pädagogischen Hochschule in der Metrostrojewska Uliza 38. Es war ein großes, älte-

res dreistöckiges Gebäude, etwa in der Mitte zwischen den beiden U-Bahn-Stationen *Dworez Sowjetow* (Sowjetpalast) und *Park Kulturij* (Kulturpark). Studenten erzählten mir, daß früher in diesem Haus ebenfalls eine Hochschule gewesen sei, an der Gogol und andere russische Dichter studiert hätten.

»Sie haben also den Vorbereitungskurs des Lehrerinstituts beendet. Warum wollen Sie denn nicht am Lehrerinstitut studieren?« wurde ich gefragt.

»Ich habe für Ihr Institut eine ganz besondere Sympathie.«

Der Aufnahmeleiter lachte. »Nun, wollen mal sehen, was sich da machen läßt. Sind Sie bereit, unser Eintrittsexamen abzulegen?«

»Ja, natürlich. Wann soll ich es tun?«

»Nein, so schnell geht das noch nicht. Bitte, füllen Sie erst einmal diesen Fragebogen aus, und bringen Sie ihn morgen her. Dann werden wir sehen.«

Es war ein sehr ausführlicher Fragebogen. Natürlich wurden auch über Eltern eine Reihe Fragen gestellt, und in dem betreffenden Abschnitt über meine Mutter schrieb ich die damals so häufige Auskunft *»arestowana organami NKWD«*, auf deutsch: »verhaftet von den Organen der NKWD«. Das war die offizielle Formulierung, mit der man Verhaftungen auf Fragebogen zu beantworten hatte. Bevor ich ihn abgab, erkundigte ich mich bei einem mir bekannten Studenten: »Wie ist das, wenn ich über die Verhaftung meiner Mutter berichte, kann mir das schaden, gibt es irgendwelche Sonderbestimmungen?«

Der Student lachte trocken: »Als ob du der einzige wärst, der damit aufwarten kann! Das gehört doch heute schon dazu. Wenn die Prüfungskommissionen sich daran stören wollten, könnte man ja gleich ganze Hochschulen schließen.«

Ein anderer Student gab mir ähnliche Auskunft.

»1937 und teilweise noch 1938 wurden alle Anträge, in denen die Eltern als verhaftet angegeben waren, mit einem Kreuz versehen. Man sprach davon, in solchen Fällen seien die Prüfungen besonders streng. Das hat man aber schnell aufgegeben, denn dadurch wurden ja die Prüfungskommissionen aufmerksam gemacht, wie weit die Verhaftungswelle um sich gegriffen hatte.«

Die beiden Studenten hatten recht. Der Leiter der Aufnahmekommission las gleichmütig über die Stelle des Fragebogens hinweg, an der die Verhaftung meiner Mutter angegeben war.

»Sie können in etwa zwei Wochen Ihre Aufnahmeprüfung ablegen. Inzwischen geben wir Ihnen schon einen Ausweis, daß Sie hier essen dürfen. Auch Ihrer Aufnahme in das Studentenheim steht nichts im Wege, sobald Sie das Examen bestanden haben.«

Freudig verabschiedete ich mich. Die nächsten beiden Wochen verbrachte ich, wie schon so oft, mit den Vorbereitungen für das Examen. Mitte August erhielt ich ein kurzes Schreiben: »Wir bestätigen hiermit, daß Genosse Leonhard in den Ersten Kursus des Moskauer Staatlichen Pädagogischen Instituts für Fremdsprachen aufgenommen ist.«

Nur wenige Tage später war auch meine Aufnahme in das Studentenheim geregelt.

Wie in allen Hochschulen der Sowjetunion konnte auch hier jeder Student, der darum bat, Unterkunft im Heim der Hochschule erhalten. Unsere Hochschule besaß ein Heim in der Petrowerigsky Pereulok 6–8. Die Wohnblocks gehörten früher der »KUNS«, der Kommunistischen Universität für die Völker des Westens. Nach der Auflösung der Institution waren sie dem Institut für Fremdsprachen übergeben worden. Jeweils nach Größe des Zimmers schliefen wir zu zweit oder dritt, was im Verhältnis zu manchen anderen Studentenheimen außerordentlich vorteilhaft war.

Am 1. September 1940, als wir »Neuen« zum erstenmal in die Hochschule gingen, wurde jeder gleich für eine der drei Fakultäten vorgesehen: für die deutsche, englische oder französische. Ich wählte die englische Fakultät. Die Vorlesungen in Pädagogik, Psychologie, Geschichte der Pädagogik, Marxismus-Leninismus und *Wojennoje Djelo* (Militärkunde) wurden für alle Fakultäten gemeinsam gehalten. Neben diesen gemeinsamen Fächern hatten wir Vorlesungen über englische Geschichte, englische Literatur,

Phonetik und Grammatik der englischen Sprache und *Jasykosnanije* (Sprachwissenschaft). Daran nahmen natürlich nur jeweils die Studenten der betreffenden Semester unserer englischen Fakultät teil.

Sobald wir uns für eine bestimmte Fakultät entschieden hatten, erhielten wir einen genauen Vorlesungsplan. Der Besuch aller Vorlesungen war obligatorisch, und die Teilnahme an den Vorlesungen wurde ständig kontrolliert. Täglich gab es 2–3 Vorlesungen, wobei eine Vorlesung in einer sowjetischen Hochschule stets 90 Minuten dauert. Daneben wurde der praktische Unterricht in Phonetik, Grammatik usw. in kleineren Gruppen durchgeführt.

Die Studenten eines jeden Semesters waren in zwölf Untergruppen eingeteilt, wobei jede durchschnittlich aus etwa 15 bis 20 Studenten bestand. In diesen kleinen Gruppen fanden die Seminare statt, die aber nur sehr bedingt mit Seminaren an westlichen Universitäten verglichen werden können. Es handelt sich meist um reine Unterrichtsstunden, mehr oder weniger wie die in einer Schule.

Es gab auch hier wieder eine Fülle von Examen. Jeder von uns erhielt neben dem Studentenbuch mit Lichtbild, das wir immer bei uns tragen und beim Betreten der Hochschule vorzeigen mußten, noch ein kleines Büchlein, das *Satschotnaja Kniga*, in das die Noten der Prüfungen und Examen eingetragen wurden. In einer sowjetischen Hochschule gibt es nach jedem Semester zwei Formen von Examen: einmal das sogenannte *Satschot*, das der Student für jedes durchgenommene Fach abzulegen hat. Bei einem *Satschot* gibt es keine Zensuren, sondern es wird lediglich die Bezeichnung *Sdal* (abgelegt) in das Examensbuch eingetragen. Ein Student hat dabei das Recht, in einer gewissen Zeit mehrmals zu versuchen, ein *Satschot* abzulegen; es ist also eine Art Vorexamen. Erst wenn der Student alle *Satschots* abgelegt hat und dem Professor sein Examensbuch mit den eingetragenen *Satschots* vorweisen kann, wird er zu den »richtigen« Examen zugelassen. Examen finden am Ende des Semesters in den wichtigsten

Fächern statt. Die Examen sind natürlich strenger als die *Satschots*; man darf sie nur einmal ablegen und erhält Zensuren. Im Vergleich zu westlichen Universitäten scheint mir die Kontrolle des Studien- und Examenssystems an den sowjetischen Hochschulen straffer, schärfer und organisierter zu sein.

Ein weiterer Unterschied gegenüber den Universitäten anderer Länder liegt in der außerordentlich weitgehenden Spezialisierung. Zwar gibt es in den wichtigsten Städten der Sowjetunion auch Universitäten mit verschiedenen Fakultäten. Die vorherrschende Form ist jedoch nicht die Universität, sondern das »Institut« mit einem sehr detaillierten, spezialisierten Studienplan. So gibt es zum Beispiel in der Sowjetunion keine »Technischen Hochschulen«, sondern Hochschulen für einzelne technische Gebiete, z. B. »Hochschule für Kältemaschinenbau«, »Hochschule für Signalwesen«, »Hochschule für Buntmetalle« usw.

Die weitgehende Spezialisierung der Hochschulen in der Sowjetunion entspricht den Notwendigkeiten, denen sich der sowjetische Staat gegenübersieht: in kürzester Frist auf allen Gebieten, besonders für alle Zweige der Wirtschaft, spezialisierte Kräfte heranzubilden. Es ist nicht zu bestreiten, daß dies der Sowjetunion bereits gelungen ist. Durch die hohe Zahl der Studenten (die sich gegenüber 1940, nach einem Rückschlag während des Krieges, sogar noch erhöht hat) ist die Garantie für einen ständigen Nachwuchs hochqualifizierter Fachkräfte auf allen Spezialgebieten gegeben. Allerdings führt dieses Hochschulsystem dazu, daß die Absolventen zwar außerordentliche Kenntnisse ihres Fachgebietes besitzen, diese nicht selten aber auf Kosten ihrer Allgemeinbildung erreicht haben.

Jeder Student hat nach Absolvierung einer Hochschule die Pflicht, mindestens 2–3 Jahre in seinem Fachgebiet praktisch tätig zu sein. Nach dem Staatsexamen wird dem Absolventen meist sofort auch eine Arbeitsstelle zugewiesen.

Über die hervorragende Ausstattung der Hochschule war ich erstaunt. Neben großen Vorlesungsräumen und einer ausgezeichneten Bibliothek gab es »Kabinette« für die einzelnen Fächer, die in der Hochschule gelehrt wurden: Psychologie, Pädagogik, Phonetik, Geschichte und Literaturgeschichte. In den »Kabinetten« konnte man die wichtigste Fachliteratur für das jeweilige Gebiet finden. Hier war auch der Dekan des betreffenden Wissensgebietes oder einer seiner Mitarbeiter anzutreffen, die bereitwilligst Konsultationen gaben.

Der Stolz des Instituts aber war das »Marr-Kabinett«, ausschließlich gewidmet dem sowjetischen Sprachforscher Nikolaj Jakowlewitsch Marr. Marrs Schriften wurden uns damals als höchste Offenbarung der Sprachwissenschaft gepriesen, und im »Kabinett« befand sich eine überlebensgroße Statue von ihm. Seine Sprachlehre war damals fast genauso unantastbar wie die Schriften Stalins. Sie wurde uns als Linguistik dargestellt, die auf dem Marxismus-Leninismus beruhe und der bürgerlichen Auffassung der Sprachwissenschaft den Todesstoß versetzt habe. Im Unterschied zu den bürgerlichen Auffassungen habe Marr die Sprache als Teil des Überbaus betrachtet, deren Entwicklung nur im Zusammenhang mit der Entwicklung der Gesellschaft zu verstehen sei. Die Menschheit habe ihre Sprache im Prozeß der Arbeit und der bestimmten gesellschaftlichen Bedingungen geschaffen, und die Sprache verändere sich ständig im Zusammenhang mit den Bedingungen der sozialen Formen des Lebens.

Niemand von uns wäre damals auch nur im Traum auf den Gedanken gekommen, daß der große unantastbare Marr zehn Jahre später von Stalin genauso scharf angegriffen werden würde, wie wir ihn loben mußten.

Am Moskauer Institut für Fremdsprachen studierten damals etwa 2500 sowjetische Jugendliche – 2440 weibliche und 60 männliche. Es war die Hochschule in der ganzen Sowjetunion, die den größten Prozentsatz weiblicher Studenten aufzuweisen hatte. In Moskauer Studentenkreisen nannte man sie daher scherzhaft »Institut blagorodnych deviz« – das Institut der tugendsamen Mädchen. Es war aber nicht nur wegen der »tugendhaften Mädchen« bekannt, sondern auch durch seine ausländischen Studenten. Söhne und Töchter von Emigranten, von Funktionären der Komintern oder von sowjetischen Diplomaten, die längere Zeit im Ausland verbracht hatten.

Sehr bald hatte ich nicht nur unter den russischen, sondern auch unter den ausländischen Studenten gute Freunde gefunden; einen Polen, der in Spanien in der Internationalen Brigade gekämpft hatte, eine junge Amerikanerin, eine Koreanerin und eine sowjetische Studentin, die lange Zeit in Charbin verbracht hatte, weil ihre Eltern bei der Leitung der mandschurischen Eisenbahn angestellt waren. Auch mit vielen ehemaligen Schülern der deutschen Karl-Liebknecht-Schule konnte ich ein fröhliches Wiedersehen feiern.

Trotz dieser Besonderheit war unser Institut eine typisch sowjetische Hochschule. Wie in allen anderen Hochschulen gab es neben unserem Studium die sogenannte »gesellschaftliche Arbeit« – gekennzeichnet vor allem durch die Komsomol- oder Parteiversammlungen (eine Reihe von Studenten war bereits Parteimitglied). Die Komsomolversammlungen in der Hochschule unterschieden sich kaum von allen anderen und zogen sich meist schleppend und träge hin. Fast ausschließlich wurden praktische Fragen besprochen, wie der oder jener studierte, ob er seine Wettbewerbsverpflichtungen erfüllt habe usw. Politische Themen wurden fast nur an Feiertagen behandelt: vor dem 1. Mai, dem Revolutionsfeiertag am 7. November oder vor dem 23. Februar, dem Tag der Roten Armee. Selbst dann hörten wir das übliche Standard-Referat, wie es an diesen Tagen sowieso in allen Institutionen und Betrieben gehalten wurde, so hatten wir Komsomolzen in politischer Hinsicht lediglich das Privileg, dasselbe Referat zweimal zu hören.

Noch weniger aktiv waren die sogenannten Massenorganisationen, denen jeder Komsomolze selbstverständlich angehörte.

Da war zunächst die »OSOAVIACHIM«, die »Gesellschaft zur Förderung der Verteidigung durch das Flugzeugwesen und durch die Chemie«, die die Aufgabe hatte, in besonderen Aeroklubs Fallschirmspringer heranzubilden, Schießkurse, Kurse in »PWChO«, in »Luftabwehr und chemischer Abwehr«, zu orga-

nisieren und vieles andere mehr. In der Praxis jedoch beschränkte sich für uns die Mitarbeit in dieser Gesellschaft auf die Verpflichtung, einen Mitgliedsbeitrag zu bezahlen und drei- oder viermal im Jahr einen Vortrag über Luftabwehr anzuhören.
Auch von der MOPR, der »Internationalen Organisation zur Unterstützung der Kämpfer der Revolution«, die viele Emigranten unterstützte, war auf unserer Hochschule – in anderen Instituten war es ähnlich – nur wenig zu spüren. Lediglich am 18. März, am Tag der Pariser Kommune, der zum »Tag der MOPR« auserkoren war, fanden von der MOPR einberufene Versammlungen statt. Bei uns sprach am 18. März 1941 Wilhelm Pieck, der eine Übersicht über die derzeitige internationale Lage gab.
Die dritte Massenorganisation, der ich, wie alle Komsomolzen an unserer Hochschule, damals angehörte, war der »Bund der kämpferischen Atheisten« *(Sojus woinstwennych besboshnikow)*. Auch diese Organisation hatte ihre Bedeutung inzwischen vollkommen eingebüßt. Einerseits war bereits seit Ende der 30er Jahre, noch deutlicher allerdings während des Krieges, eine neue Politik gegenüber der Kirche zu spüren. Andererseits war die Organisation uns Komsomolzen und Studenten faktisch überflüssig geworden. Wir waren ohne Religionsunterricht aufgewachsen, blieben von diesen Fragen vollkommen unberührt und machten uns darüber gar keine Gedanken mehr – zumindest habe ich in den 10 Jahren meines Lebens in der Sowjetunion in meinem Bekanntenkreis keinen einzigen Menschen meiner Generation getroffen, der nicht Atheist gewesen wäre.
Im Frühjahr 1942 – zu jener Zeit lebte ich schon nicht mehr in Moskau – wurde uns kurz und bündig, ohne jede Begründung mitgeteilt: »Der ›Bund kämpferischer Atheisten‹ ist aufgelöst.« Der Auflösungsentschluß wurde in der Presse nicht veröffentlicht. Seit Frühjahr 1942 wurde der Bund einfach nicht mehr erwähnt. Getreu der sowjetischen Art, den Kurs der gegenwärtigen Politik in die Vergangenheit zurückzuverlegen und die Geschichte demgemäß umzudeuten, ist man sogar noch einen Schritt weitergegangen: Es wird nicht einmal mehr erwähnt –

selbst nicht in den neuen Ausgaben der Sowjetenzyklopädie –, daß eine solche Organisation wie der »Bund kämpferischer Atheisten« jemals bestanden hat!

Sowjetischer Studentenalltag

Inzwischen war ich zu einem der 600 000 Studenten geworden, die damals in der Sowjetunion studierten. Mein Tageslauf glich dem jedes anderen Studenten.

Bis in die späten Mittagsstunden hinein hörte ich die obligatorischen Vorlesungen und nahm an Seminaren teil. Mittags aß ich in der »Stolowaja«, der Mensa der sowjetischen Hochschulen. Meist kehrte ich erst in den Abendstunden zu unserem Studenten-Obschtscheshitije zurück.

Unser Studentenheim galt als eines der besten in Moskau, war aber dennoch, im Vergleich zu den Studentenheimen anderer Länder, recht primitiv. Meistens stand in den Zimmern ein kleiner primitiver Schrank, in dem wir unsere Mäntel und unsere »Walinki«, jene hohen schwarzen Filzstiefel, die man im Winter in Moskau trägt, aufbewahrten. Die anderen wenigen Habseligkeiten, die wir besaßen, hatten wir, wie alle Studenten, in einem kleinen Koffer verstaut, den wir unter das Bett stellten. Im Winter war es oft sehr kalt, und es kam vor, daß wir abends im Zimmer in unseren Wintermänteln saßen, um die notwendige Literatur zu lesen. An solchen Abenden war die einzige Rettung der Kipjatok-Kessel – ein Wasserbehälter mit kochendem Wasser (leider war es allerdings manchmal nur lauwarm), mit dem wir unseren Tee aufbrühten. Einige Studentinnen hatten kleine primitive Kochgeräte zur Bereitung von Kaffee oder Tee – obwohl die Benutzung elektrischer Kochgeräte im Studentenheim verboten war. In der Kleidung hatte ich mich allmählich den anderen Studenten angepaßt, und niemand hätte wohl damals in mir einen Ausländer vermutet.

Das Studium war damals noch kostenlos. Darüber hinaus erhielt jeder Student vom Staat ein Stipendium, das mit jedem Kursus

(unter »Kursus« versteht man in der Sowjetunion zwei Semester, also ein Studienjahr) erhöht wurde. Zu jener Zeit schwankte es zwischen 140 Rubel im ersten Kursus und 280 im letzten.
Die Summe reichte gerade zur Bestreitung der notwendigsten Lebensbedürfnisse aus, zur Bezahlung der geringen Miete im Studentenheim und vor allem für die Verpflegung. Kleidung konnte man sich vom Stipendium nur durch sehr hartes Sparen anschaffen. Ganz wenige Studenten brachten es fertig – mir ist noch heute unklar, wie.
Die Studenten halfen sich auf ihre Weise. Manche, die Eltern, Freunde oder Verwandte auf dem Dorf hatten, erhielten Pakete; andere verfügten über Geldzuwendungen von ihren Eltern oder von Bekannten in der Stadt. Ein nicht geringer Teil der Studenten verdiente sich zusätzlich etwas durch irgendwelche körperliche Arbeit – z.B. Schneeschaufeln – oder durch Übersetzungsarbeiten und Unterrichtsstunden in Fremdsprachen. Allerdings wirkten sich diese zusätzlichen Arbeiten bei dem völlig genormten, fast möchte man sagen, schulmäßigen Studium sofort negativ für den betreffenden Studenten aus.
Die meisten ausländischen Studenten, vor allem die Söhne und Töchter von Emigranten, erhielten regelmäßig von der MOPR, der Roten Hilfe, eine zusätzliche Unterstützung von 200 Rubel monatlich. So standen uns im Monat 340 Rubel zur Verfügung – aber selbst mit dieser Summe konnte ich nur ganz knapp auskommen. Auch russische Studenten, die ihre Eltern verloren hatten und in Kinderheimen aufgewachsen waren, erhielten monatlich eine gewisse Unterstützung, allerdings eine geringere als die, welche wir von der MOPR bekamen.
Aber die materiellen Schwierigkeiten störten uns nicht allzusehr. Wir waren fast alle so in unser Studium vertieft, daß wir auf Wohlleben keinen großen Wert legten, zumal auch die anderen Menschen – abgesehen von einer kleinen Schicht – mit ähnlichen Schwierigkeiten zu kämpfen hatten.
Damals gab es etwas anderes, was mich viel mehr beunruhigte. Seitdem Anfang 1939 die große Säuberung zu Ende gegangen

war, lebte ich in dem Glauben, die schreckliche Zeit der Denunziationen und des Spitzelunwesens sei vorüber. Ich hielt sie für einen untrennbaren Bestandteil der Säuberungsperiode.

Bald aber wurde ich eines anderen belehrt.

Ich war mit einer Studentin befreundet, die ich hier nicht näher beschreiben möchte, weil sie heute noch im Osten lebt. Sie gehörte zu den wenigen Menschen, mit denen ich offen sprechen konnte. Auf unseren langen Spaziergängen im Kulturpark oder am Moskwafluß unterhielten wir uns über alle Fragen, für die sich junge Menschen in allen Ländern interessieren; manchmal auch über die Dinge, die uns in der Sowjetunion bedrückten. Uns beiden waren solche Gespräche brennendes Bedürfnis.

Eines Tages, als ich sie im Korridor der Hochschule traf, flüsterte sie mir zu: »Wolodja (so wurde ich in der Sowjetunion genannt), ich muß heute abend mit dir etwas sehr Ernstes allein besprechen.« Ich wartete gespannt auf den Abend.

Zunächst nahm sie mir ein Versprechen ab:

»Versprich mir, daß du unter keinen Umständen irgend jemandem erzählen wirst, was ich dir jetzt sage.«

Ich versprach es (und habe auch mein Versprechen gehalten).

»Versprich mir auch, daß du niemals durch dein Verhalten zeigen wirst, daß du mein Geheimnis kennst.«

Nachdem ich ihr auch dieses Versprechen gegeben hatte, sagte sie mit stockender Stimme:

»Seit einigen Tagen arbeite ich für die NKWD. Ich wurde hinbestellt und mußte ein Schriftstück unterzeichnen, daß ich bereit sei, alle gewünschten Auskünfte zu erteilen und niemandem etwas über meine Tätigkeit zu sagen. Ich soll nun regelmäßig über bestimmte Studenten Berichte schreiben. Für diese Arbeit habe ich einen anderen Namen bekommen, mit dem ich auch die Berichte unterzeichnen muß.«

»Worüber mußt du denn berichten? Über feindliche Äußerungen gegen die Partei?«

»Nicht nur darüber. Da gäbe es ja verhältnismäßig wenig zu schreiben. Ich muß über alles, was die mir genannten Personen erzählen, berichten, über alles, was mit Politik, auch nur indirekt, zu tun hat.«

»Stehe ich auch auf deiner Liste?«

»Nein, bis jetzt noch nicht. Aber ich bin sicher, daß man mich auch über dich fragen wird. Man hat mir gesagt, jetzt sei erst der Anfang gemacht, und später würden weitere Namen hinzukommen. Ich weiß nicht, ob ich es fertigbringen würde, dann deine Äußerungen zu verschweigen. Ich glaube nicht. Deswegen bitte ich dich, von heute ab mit mir keine politischen Gespräche mehr zu führen.«

Ich schaute ihr in die Augen. Sie war sehr traurig, traurig darüber, daß sie nicht mehr offen mit mir sprechen konnte, was auch ihr so viel Erleichterung gebracht hatte. Vor allem aber schien es sie innerlich sehr zu belasten, nun für die NKWD tätig sein zu müssen. Das konnte ich deutlich spüren, aber nach ihrem Bericht wußte ich auch, daß ihr gar keine andere Wahl blieb. Eine Ablehnung hätte sie verdächtig gemacht, vielleicht ihre Verhaftung zur Folge gehabt.

Daß sie mir ihre Anwerbung mitgeteilt, ja sogar genau geschildert hatte (ich verzichte auf die Wiedergabe dieser Erzählung, um der NKWD keine Hinweise zu geben), war wahrscheinlich der größte Freundschaftsbeweis, den ich in meinem ganzen Leben erhielt.

So tief ich davon beeindruckt war, so erschreckte mich auf der anderen Seite ihre Erzählung. Sie war sicher nicht die einzige. Es gab also bei uns Studenten und Studentinnen, die laufend über alle Gespräche, die sie in der Hochschule und dem Studentenheim hörten, schriftlich an die NKWD berichteten!

Wie viele mochten es wohl sein? In Gedanken ging ich noch einmal die mir bekannten Studenten und Studentinnen durch. Wer von ihnen würde für die NKWD berichten? Bei keinem meiner Bekannten hielt ich es für möglich. Aber konnte ich so sicher sein? Hätte ich je geahnt, daß diese Studentin Berichte für die NKWD schreiben mußte? Wer garantierte mir, daß die anderen mir bekannten Studenten es nicht auch tun mußten? Würden sie den Mut finden, mir das zu sagen und damit eine Angelegenheit preiszugeben, zu deren strikter Geheimhaltung sie sich verpflichtet hatten? Ein unheimliches Gefühl überkam mich. Jede, selbst die geringfügigste politische Äußerung wurde vielleicht in schriftlichen Berichten notiert und wöchentlich der NKWD abgegeben. Ich war ja gar nicht gegen das System – aber sagte ich nicht doch manchmal etwas, was nicht ganz der Linie entsprach? Von diesem Tag an beschloß ich, noch vorsichtiger zu sein, mich bei allen politischen Gesprächen fest an die »Linie« zu halten, möglichst schnell von politischen Dingen abzulenken und über »neutrale« Gebiete zu sprechen.

Der große Schlag vom 2. Oktober 1940

Vier Wochen hatte ich in der Hochschule verbracht, als wir plötzlich, am Morgen des 3. Oktober 1940, ohne jede Vorbereitung, über eine jähe Wendung des gesamten Studentenlebens unterrichtet wurden.

Irgend jemand, der zufällig ganz früh auf der Straße gewesen war, hatte schon eine Zeitung mitgebracht und klopfte an die Türen mit dem Ruf: »Die Stipendien sind abgeschafft!«

»Übergeschnappt ist der Idiot!« sagte mein Zimmerkamerad, aber er zog sich trotzdem schnell an. Ich tat das gleiche. Als wir auf den Korridor kamen, war unser Frühaufsteher bereits von einer Gruppe Studenten umringt. Er hatte die *Prawda* in der Hand und las die Verfügung des Rates der Volkskommissare der UdSSR über die Einführung der Schulgeldpflicht für die höheren Klassen der Mittelschulen und für die Hochschulen der UdSSR vor.

»In Anbetracht der Steigerung des materiellen Wohlstandes der Werktätigen ...«, begann er zu lesen. Nach einem solchen Anfang ahnten wir Schlimmes.

Zunächst kam die Einführung des Schulgeldes für die drei letzten Klassen der Mittelschulen. Dann folgte ein Schlag, der uns traf:

»Für das Studium an den Hochschulen der UdSSR wird folgende Höhe der Bezahlung festgelegt:

a) In den Hochschulen, die sich in Moskau, Leningrad und den Hauptstädten der Unionsrepubliken befinden – 400 Rubel im Jahr;
b) in den Hochschulen, die sich in anderen Städten befinden – 300 Rubel im Jahr;
c) in Musik-, Kunst- und Theater-Hochschulen – 500 Rubel im Jahr.
Das Schulgeld wird an die betreffenden Lehranstalten in gleichen Teilen zweimal im Jahr gezahlt: zum 1. September und zum 1. Februar.
Bemerkung: Für das erste Halbjahr des Schuljahres 1940/41 wird das Schulgeld nicht später als zum 1. November dieses Jahres entrichtet.«
Überall sah man lange Gesichter – nicht nur wegen der Einführung des Studiengeldes überhaupt, sondern vor allem auch wegen der Tatsache, daß die erste Rate schon bis zum 1. November bezahlt werden mußte.
»Noch 27 Tage Zeit«, sagte einer. Es klang hoffnungslos.
Schon überlegten wir uns, wie vielleicht von den Stipendien etwas abzuzweigen sei, um das Studiengeld zu bezahlen.
Aber da traf uns schon der nächste Schlag: Mit der gleichen Verordnung wurden auch unsere monatlichen Stipendien abgeschafft. In Zukunft wurden Stipendien nur noch an die allerbesten Studenten gegeben.
Wie üblich fanden Versammlungen statt, auf denen »die Veränderung der Vorschriften über die Zuteilung von Stipendien« – wie die offizielle Formulierung hieß – und die Einführung des Schul- und Studiengeldes begründet wurden.
In unserer Hochschule verlief diese Versammlung planmäßig. Als der Redner geendet hatte, kam der übliche Beifall. Danach wurde gefragt, ob irgendwelche Dinge noch unklar seien, Fragen zu erklären seien oder jemand seine Meinung äußern wolle. Niemand machte von der Aufforderung Gebrauch.
Einige Tage später erzählte mir ein Student, daß in einer Moskauer Hochschule der Stellvertretende Minister für Volksbildung

über das neue Gesetz referiert habe. Ein Student habe nach seinem Referat vor der ganzen Versammlung an ihn die Frage gerichtet, wie das neue Gesetz mit Artikel 121 der Verfassung der UdSSR in Einklang zu bringen sei.
Es war eine heikle Frage – denn tatsächlich war in Artikel 121 der Verfassung der UdSSR ausdrücklich der kostenlose Unterricht in allen Volksbildungsanstalten der UdSSR, »einschließlich der Hochschulen«, festgelegt.
Der Stellvertretende Volkskommissar hatte erklärt, die Begründung für diese Maßnahme sei im Gesetz enthalten und der entsprechende Absatz der Verfassung würde gemäß dem neuen Gesetz gelegentlich verändert werden. Das geschah auch – übrigens war es nicht das einzige Mal, daß Gesetze in der UdSSR erlassen wurden, die im Gegensatz zur Verfassung standen.
Aber die Studenten dachten nach dem 2. Oktober nicht darüber nach, ob das Gesetz der Verfassung widersprach, sondern darüber, was sie nun tun sollten.
Da die Einführung des Studiengeldes gleichzeitig mit dem Entzug der Stipendien erfolgte, wurde die Weiterführung des Studiums vielen Söhnen und Töchtern von Arbeitern oder Kolchosbauern praktisch unmöglich.
In diesen Tagen sah ich oft verweinte Gesichter. Von vielen Studenten mußten wir uns trennen.
Besonders schwer fiel mir der Abschied von einem kleinen rothaarigen Studenten, der aus einer ärmlichen Bauernfamilie stammte, verbissen und emsig studiert und sich sehr auf seine spätere Tätigkeit als Lehrer in den letzten Schulklassen gefreut hatte.
Aber er war nicht der einzige. Immer mehr Studenten, deren Eltern ärmeren Kreisen angehörten, verließen die Hochschule. Eigentlich blieben nun nur noch die Söhne und Töchter der Privilegierten, Offiziere oder sonstigen »Verantwortlichen«.
Viele ausländische und alle russischen Studenten, die in Kinderheimen aufgewachsen waren, gehörten nicht zu den »Privilegierten«. Wir glaubten zunächst, daß auch wir das Studium aufgeben

müßten. Wenige Tage später wurde den russischen Studenten aus den Kinderheimen eine Unterstützung zum weiteren Studium zugesichert. Inzwischen waren wir ausländischen Studenten nacheinander zur MOPR gerannt, die uns manchmal geholfen hatte. Bald erfuhren wir mit großer Erleichterung, daß wir nicht im Stich gelassen werden sollten. Die MOPR versprach uns, sowohl das jährliche Studiengeld von 400 Rubeln zu zahlen als auch weiter die monatlichen Unterstützungen zu gewähren.
Wenn ich heute daran zurückdenke, so erinnere ich mich nicht nur an den traurigen Abschied von vielen Freunden aus der Hochschule, sondern es ist mir auch klar, daß dieses Gesetz einen neuen Schritt in der Entwicklung des stalinistischen Systems bedeutete.
Die Besetzung fast aller wichtigen Funktionen in der Sowjetunion wird von der Absolvierung einer Hochschule abhängig gemacht. Bis zum 2. Oktober 1940 war es praktisch allen begabten und fähigen Kindern der Arbeiter und Bauern möglich, unabhängig vom Geldbeutel der Eltern, die 10-Jahres-Schule und danach die Hochschule zu besuchen. Damit standen ihnen alle Möglichkeiten offen – eine Tatsache, die damals von der sowjetischen Propaganda auch immer betont worden war. Seit dem 2. Oktober 1940 können dagegen in der Regel nur solche jungen Menschen in höhere Positionen aufsteigen, deren Eltern selbst hohe Funktionen innehaben. Der Kreislauf hat sich geschlossen: Die herrschende bürokratische Schicht, die sich seit Ende der 20er Jahre gebildet und mit den Säuberungen von 1936 bis 1938 durch die Liquidierung der »alten Garde« ihre Macht konsolidiert und gefestigt hatte, begann sich nun im Jahre 1940 von »Außenseitern« abzuschließen und tat damit den ersten Schritt, ihre Privilegien und Funktionen zu vererben.

Deutsche Emigranten wieder gefragt

Ende November 1940, fast eineinhalb Jahre nach Abschluß des Nichtangriffspaktes mit Deutschland und wenige Wochen nach

dem Besuch Molotows in Berlin, erinnerte man sich in Moskau plötzlich wieder der deutschen Emigranten.
Nachdem unser Kinderheim aufgelöst worden war, hatten wir uns nur selten und zufällig gesehen; die meisten arbeiteten in Betrieben, einige waren noch immer im russischen Kinderheim, andere studierten inzwischen an Hochschulen. Manche von uns hatten russische Frauen geheiratet und waren nun völlig russifiziert.
Um so erstaunter war ich, als ich Ende November 1940, wenige Wochen nach der Rückkehr Molotows aus Berlin, eine Einladung zu einer Zusammenkunft im Zentralkomitee der MOPR erhielt. Ich war froh, denn ich hoffte, auf diese Weise meine früheren Freunde einmal wiederzusehen.
Mit großer Spannung ging ich in das MOPR-Haus, wo wir uns um 20 Uhr versammeln wollten. Es gab ein großes Hallo, denn ich traf wirklich sehr viele aus dem früheren Kinderheim Nr. 6 und auch viele andere österreichische und deutsche Jugendliche, Söhne und Töchter deutscher Emigranten, die bei ihren Eltern gewohnt hatten. Fast alle waren Komsomolzen, alle sprachen fließend russisch, manche von ihnen russisch sogar besser als deutsch.
Wir hatten jedoch wenig Zeit für Begrüßungen, Unterhaltungen und Erinnerungen, denn wir wurden in einen großen Saal gebeten. Die offizielle Veranstaltung begann mit der Rede eines österreichischen Kominternfunktionärs:
»Genossen, wir haben euch zusammengerufen, um wieder die Verbindung aufzunehmen. Es handelt sich hierbei nicht um eine einmalige Zusammenkunft, sondern wir werden von jetzt an jeden Montagabend zu einer politischen Schulung zusammenkommen. Alle Anwesenden werden in bestimmten Gruppen für die Seminare aufgeteilt. Es wird nicht nur eure Aufgabe sein, jeden Montagabend hierherzukommen und das Referat anzuhören, sondern auch die angegebene Literatur zu lesen und an den Seminaren teilzunehmen.
Vor allem möchte ich euch noch darauf hinweisen, daß diese

Schulung im engsten Kreis vor sich geht und aus begreiflichen Gründen darüber nicht allzuviel geredet werden soll.«
Wir waren lange genug in der Sowjetunion, um uns an diese Direktive zu halten, und erzählten unseren russischen Bekannten nichts davon. Offenbar wurde auf diese Schulung großer Wert gelegt. So waren alle, die in den Betrieben am Montag Abendschicht hatten – bestimmt auf höhere Anweisung – von der Arbeit freigestellt, ohne daß allerdings die Leiter der betreffenden Arbeitsstelle genau wußten, warum das notwendig war. Auch ich sprach mit russischen Studenten nicht über unsere Sonderschulung. Ich machte mir aber doch Gedanken darüber. Allein die Tatsache, daß sich nach 1½ Jahren wieder deutsche und österreichische Genossen in Moskau trafen, schien mir ein Zeichen dafür zu sein, daß vielleicht in den Beziehungen zu Hitler-Deutschland doch nicht alles ganz so rosig war, wie man es zu jener Zeit auch noch offiziell darstellte.
In der sowjetischen Presse war von einer Verschlechterung der Beziehungen nicht das geringste zu spüren. Alle Meldungen ausländischer Zeitungen, die die Beziehungen zu Deutschland in irgendeiner Weise schädigen konnten, wurden sofort scharf dementiert. Die Reise Molotows nach Berlin war groß aufgemacht und kommentiert worden. Mitte November veröffentlichte die *Prawda* nachträglich ein Bild von den Verhandlungen, auf dem Molotow und Hitler gemeinsam zu sehen waren.
Auch bei unserer Montag-Abend-Schulung im Zentralkomitee der MOPR wurden in der ersten Zeit alle Themen vermieden, die die gegenwärtige internationale Situation und die Beziehungen der Sowjetunion zu Hitler-Deutschland berührten. Neben der obligaten Durcharbeitung der *Geschichte der KPdSU* – auf dieser Schule nahm ich sie nun schon zum drittenmal durch – behandelten wir einige grundsätzliche Fragen des Marxismus-Leninismus und hörten Vorlesungen über die Geschichte der deutschen Arbeiterbewegung. Schon am zweiten Schulungsabend hörte ich das Referat eines Funktionärs, den ich bis dahin nur dem Namen nach kannte: Walter Ulbricht. Er behandelte ausführlich die Re-

volution von 1918, sprach aber kein Wort über die aktuellen Fragen des Kampfes gegen den Faschismus. Ein anderesmal hörten wir einen Vortrag über den Charakter des Weltkrieges. Aufgrund der offiziellen Unterscheidung zwischen gerechten und ungerechten Kriegen wurde auch jetzt noch – Ende 1940 – versucht, den Nachweis zu erbringen, daß der Krieg von beiden Seiten, sowohl von Deutschland und Italien als auch von England und Frankreich, ein ungerechter imperialistischer Krieg sei.
Erst im Frühjahr 1941 konnte ich eine leichte Veränderung der »Linie« verspüren. In einem Referat sprach Walter Ulbricht von der Möglichkeit, daß sich, wie das häufiger in der Geschichte der Fall gewesen sei, der Charakter des Krieges in seinem Verlauf ändern könne. Es war atemlos still im Raum, denn eine solche Bemerkung konnte man damals in keiner sowjetischen Zeitung lesen. »Diese Tatsache«, erklärte Ulbricht, »ist besonders wichtig im Zusammenhang mit dem Angriff Deutschlands und Italiens auf Jugoslawien und Griechenland. Es sind bereits Elemente vorhanden, insbesondere im Falle Jugoslawiens, die darauf hinweisen, daß man in gewisser Hinsicht von einem gerechten Verteidigungskrieg dieser beiden Völker gegen einen äußeren Angriff sprechen kann.« Wenn Ulbricht sich auch sehr vorsichtig ausdrückte und das Wort Faschismus – das während der ganzen Dauer des sowjetisch-deutschen Nichtangriffspakts verboten war – auch in diesem Falle vermied, so war mir doch dieser Hinweis deutlich genug.
Einige Wochen vergingen. Heikle Themen wurden nicht mehr berührt.
Am Montag, dem 16. Juni 1941, kamen wir wie immer zu unserem Schulungsabend in das Haus des Zentralkomitees der MOPR. Auch an diesem Abend sprach Walter Ulbricht.
Nach seinem etwa 1½-stündigen Referat wurde, wie immer, anschließend bekanntgegeben, daß man Fragen stellen könne. Es folgten eine Reihe von Fragen zu dem Referat Ulbrichts, das, soweit ich mich erinnere, mit der aktuellen Situation nicht direkt in Zusammenhang stand. Da wir allmählich im Verlaufe der Aus-

sprache zur gegenwärtigen Lage übergegangen waren, stellte ein Teilnehmer die Frage:
»Genosse Ulbricht, immer häufiger berichten ausländische Zeitungen von der Gefahr eines deutschen Angriffs auf die Sowjetunion. Die Meldungen sind zwar in der Sowjetpresse klar und deutlich dementiert worden, aber vielleicht wäre es möglich, noch etwas Genaueres über diese Dinge zu erfahren.«
Ulbricht ging jedoch nicht auf diese Frage ein. Er wiederholte lediglich kurz die offiziellen Dementis und schloß mit den Worten: »Das sind Gerüchte, die mit provokatorischen Absichten verbreitet werden. Es wird keinen Krieg geben.«
Sechs Tage später begann Hitlers Angriff auf die Sowjetunion.

3 Bei Kriegsbeginn in Moskau

»Die allgemeine Versammlung aller Studenten der englischen Fakultät zu Ehren des 1. Mai findet am 30. April abends in der Aula statt!« hatte man am Schwarzen Brett der Hochschule bekanntgegeben.

Als ich kurz vor der Feierstunde in die Aula kam, herrschte eine fröhliche, fast ausgelassene Stimmung. Der Frühling des Jahres 1941 war sehr schön. Die Mädchen hatten sich herausgeputzt, und alle freuten sich auf die bevorstehenden beiden Feiertage. Die Säuberungen schienen schon eine Ewigkeit zurückzuliegen, und auch das Gesetz vom 2. Oktober 1940 war fast »Geschichte«. Am Vorstandstisch hatte das Präsidium Platz genommen – der Fakultätsleiter, einige Dozenten, der Partei- und der Komsomolsekretär sowie etliche Studenten, die man dadurch besonders auszeichnen wollte.

Wie immer wurde ein Ehrenpräsidium gewählt, das vom Versammlungsvorsitzenden nach den genauen Richtlinien vorgeschlagen wurde. Die Ankündigung der Namen – Stalin, Molotow, Woroschilow u. a. – wurde mit Beifall begrüßt.

Bei der Erwähnung Stalins erhoben wir uns, wie immer, von den Plätzen, und auch der Beifall war anhaltender als bei den anderen Führern.

Das Referat wurde diesmal von einem sowjetischen Offizier, unserem Dozenten für Militärkunde, gehalten.

Zunächst nahm alles den gewohnten Verlauf. Er berichtete über die Erfolge der Sowjetunion auf dem Gebiet der Wirtschaft, der Industrie, der Landwirtschaft, der Verteidigung, der Kultur und über den Aufschwung der einzelnen Sowjetrepubliken – natürlich mit einer Unmenge von Zahlen. Gegen Ende des Vortrags wurde – auch das war üblich – noch etwas über die internationale Lage gesagt. Wieder hörten wir vom imperialistischen Krieg in

Europa, von der weisen Politik des großen Stalin, der es vermocht hatte, die Sowjetunion aus dem Konflikt herauszuhalten, aber auch von der Gefahr einer Ausweitung des Krieges. Da die Sowjetunion mit diesem Krieg nichts zu tun hatte, ließen die Studenten das Referat gleichgültig über sich ergehen. Die meisten dachten wohl schon an den geselligen Abend, der stets nach dem Referat stattfand.

Plötzlich, für uns alle unerwartet, hörten wir den sowjetischen Offizier sagen:

»Gestern abend traf die Nachricht ein, daß deutsche Truppen in Finnland gelandet sind.«

Es folgte kein Kommentar, keine weitere Bemerkung, aber er hatte den Satz langsam gesprochen und besonders deutlich hervorgehoben.

Einige Studenten standen nach dem offiziellen Teil noch etwas zusammen, um sich über das Referat zu unterhalten.

»Als ich den Satz hörte, lief es mir kalt über den Rücken«, sagte eine Studentin. Uns anderen war ähnlich zumute. Wir spürten, noch undeutlich und unklar, eine Gefahr.

Am nächsten Morgen versammelten wir uns vor der Hochschule zur Demonstration. Es war schon das sechste Mal, daß ich an der Maidemonstration in Moskau teilnahm. Die Beunruhigung des vergangenen Abends war bereits vergessen. Wir scherzten und sangen, während Spruchbänder und Führerporträts ausgeteilt wurden, die wir zu tragen hatten. Die Spruchbänder waren für das ganze Land einheitlich. Ein oder zwei Wochen vor dem 1. Mai wurden die »richtigen« Losungen wörtlich in der *Prawda* veröffentlicht. Als wir etwa zwei Stunden später in geschlossenen Demonstrationszügen über den Roten Platz marschierten, ertönten die Lautsprecher: »Es lebe die Friedenspolitik der Sowjetunion«; »Frieden«; »Frieden«. Noch nie war diese Parole so hervorgehoben worden. Es klang fast beschwörend.

»Es liegt was in der Luft«, flüsterte mir mein Reihennachbar zu, der, wie ich, politisch sehr interessiert war. Er hatte den in der Sowjetunion bei vielen Menschen wachen Instinkt, der ihn befähigte, aus leisesten Andeutungen Schlußfolgerungen zu ziehen. Wir begannen zum erstenmal am Wert des Paktes mit Deutschland zu zweifeln, dessen Beständigkeit, Festigkeit und Unverbrüchlichkeit uns immer wieder gepriesen worden war. Noch kurz zuvor hatte man uns in einer Vorlesung gesagt: »Es gibt, wie ihr wißt, zwei Arten von Ehen. Die eine beruht auf Liebe, die andere gründet sich auf Vernunft. Unser Pakt mit Deutschland gleicht einer guten Vernunftehe. Damit ist nichts Herabsetzendes gesagt. Im Gegenteil. Sehr oft sind Vernunftehen bekanntlich fester und dauerhafter als Liebesehen.«

Am 7. Mai wurde bekanntgegeben, daß Stalin, der bisher offiziell nur den Titel eines Generalsekretärs der Partei trug, zum Vorsitzenden des Rates der Volkskommissare ernannt worden sei. Der bisherige formelle Regierungschef, Molotow, wurde sein Stellvertreter.

Anfang Juni fanden wieder überall Versammlungen statt – die üblichen Versammlungen zum Zeichnen der jährlichen Staatsanleihe. Offiziell galt sie als freiwillig. Jeder könne den Betrag zahlen, der ihm angemessen erscheine, hieß es. Es war jedoch längst üblich geworden, einen Monatslohn zu zahlen.

Die Listen zum Eintragen lagen auch bei uns im Institut aus. Für jeden, der unterzeichnete, war die Summe angegeben, die er »freiwillig« zu zahlen hatte. Wir hatten nur noch zu unterschreiben. Der entsprechende Betrag wurde dann einfach zurückgehalten. Dafür erhielt jeder Staatsobligationen, die nach 20 Jahren zurückgezahlt werden sollten.

Die Zeichnung stand diesmal unter der Parole: »Stärkung des friedlichen Aufbaus!«

Das beruhigende TASS-Dementi

Anfang Juni 1941 begannen unsere Jahres-Abschluß-Examen. Bis tief in die Nacht hinein brannte in fast allen Zimmern unseres Studentenheims das Licht.

Alle Gespräche drehten sich um die Examen. Wir vertieften uns so sehr in Phonetik, Latein, Pädagogik, Englische Geschichte und Literatur, Marxismus-Leninismus und Militärkunde, daß wir einige Wochen lang die politischen Ereignisse nur noch am Rande bemerkten. Ganz unberührt von ihnen blieben wir jedoch selbst in diesen Wochen des angestrengten Studiums nicht.

Eines Tages sprach ich im Institut mit einer Studentin. Sie schaute sich ängstlich um, ob jemand in der Nähe sei.

»Bei den Truppenteilen an der sowjetisch-finnischen Grenze müssen die Rotarmisten ihre Divisionsnummern von den Uniformen entfernen. Das wird immer getan, wenn Gefahr eines militärischen Zusammenstoßes besteht.«

Ich war skeptisch. »An der sowjetisch-finnischen Grenze? Finnland hat doch gerade erst einen Krieg gegen die UdSSR verloren. Es wird doch jetzt nicht die Sowjetunion angreifen!«

»Vielleicht zusammen mit Deutschland? Die Nachricht ist ganz sicher. Eine Freundin von mir hat ihren Bruder als Offizier dort. Aber du darfst es auf keinen Fall weitersagen.«

Besorgt dachte ich nach. Sollte wirklich Kriegsgefahr bestehen? Ich war wohl nicht der einzige, der sich damals in der Sowjetunion solche Gedanken machte.

Wenige Tage später sah ich auf dem Wege zur U-Bahn-Station Dsershinskaja, daß an den Kellern einiger Häuser Bauarbeiten durchgeführt wurden. Zunächst maß ich dem keine Bedeutung zu. Als ich aber tags darauf eine ausgedehntere Fahrt durch Moskau unternahm, sah ich ähnliche Arbeiten an vielen Stellen. Ich war natürlich nicht der einzige, der das bemerkte, und wieder schwirrten Gerüchte durch die Stadt.

»Habt ihr schon gesehen? Luftschutzkeller werden ausgebaut...«

»Quatsch, das sind Lagerräume.«

»Doch, es handelt sich um den zivilen Luftschutz.«

»Unsinn, die Lagerräume für Winterkartoffeln werden ausgebaut.« So kreuzten sich besorgniserregende und beruhigende Gerüchte in der ersten Junihälfte in Moskau.

»In England behauptet man, Hitler will einen Krieg gegen die

UdSSR führen«, sagte mir einer von ihnen. »Aber sicher ist das nur englische Propaganda. Die wollen zwischen uns und Deutschland nur Mißtrauen säen«, fügte er gleich hinzu, weil der Pakt noch immer über jeder Kritik stand.

Die meisten Menschen, mit denen ich damals in Moskau sprach, waren derselben Meinung. Die wenigen Besorgten aber wurden am 14. Juni 1941 endgültig beruhigt. An diesem Tage veröffentlichten nämlich sämtliche Zeitungen der UdSSR an auffallender Stelle eine Mitteilung – acht Tage vor Beginn des Krieges! –, daß alle Gerüchte über eine Verschlechterung der Beziehungen zwischen Deutschland und der UdSSR aus der Luft gegriffen seien. In der Erklärung wurde betont, daß »die UdSSR, wie dies aus ihrer Friedenspolitik hervorgeht, den sowjetisch-deutschen Nichtangriffspakt eingehalten hat und auch die Absicht hat, ihn weiter einzuhalten, und daher alle Gerüchte, wonach sich die Sowjetunion zu einem Krieg gegen Deutschland vorbereite, verlogen und provokatorisch sind«.

Dann aber kam etwas, was wohl in der Geschichte der Diplomatie einzigartig sein dürfte: Die sowjetische Verlautbarung beschränkte sich nämlich nicht nur darauf, das eigene Festhalten am Nichtangriffspakt noch einmal zu bestätigen, sondern wies von sich aus auch alle Gerüchte über deutsche Kriegsvorbereitungen zurück.

Dieser Absatz fand natürlich in der Sowjetunion die stärkste Beachtung.

Er lautete:

Nach den Angaben der UdSSR hält Deutschland ebenso unverbrüchlich an den Bestimmungen des sowjetisch-deutschen Nichtangriffspaktes fest wie die Sowjetunion. Nach Auffassung sowjetischer Kreise entbehren die Gerüchte über die Absichten Deutschlands, den Pakt zu brechen und einen Angriff gegen die UdSSR zu führen, jeder Grundlage. Die in letzter Zeit vor sich gehenden Umgruppierungen der nach den Operationen auf dem Balkan frei gewordenen deutschen Truppen in die östlichen und nordöstlichen Gebiete Deutschlands erfolgen, wie man annehmen muß,

aus anderen Gründen, die nicht mit den sowjetisch-deutschen Beziehungen in Zusammenhang stehen.
An diesem Morgen des 14. Juni war die Vorhalle unseres Studentenheims – trotz der Examen – von Studenten überfüllt. Alle drängten sich um die *Prawda*, die stets an der Wand ausgehängt war.
Es herrschte eine gute, fast ausgelassene Stimmung. Alle freuten sich, daß sich die ängstlichen Prophezeiungen als unrichtig erwiesen hatten. Schon sprach man über Ferienpläne.
»Am 22. Juni sind die letzten Examen, und dann, dann fahren wir in die Ferien.« Auch ich freute mich, obwohl ich noch keinen genauen Plan hatte. Eins stand jetzt auf jeden Fall fest: Alle Sorgen waren gegenstandslos; nur noch die Examen beenden und dann richtig ausruhen!

Molotow wird sprechen!

Am Abend des 21. Juni saßen mein Zimmerkamerad, der polnische Student Benek Girchowitsch, und ich wieder über unseren Büchern. Am nächsten Tage sollte unser letztes Examen stattfinden.
Plötzlich klopfte es. »Wer, zum Teufel, ist da?« rief Benek. Wir konnten es nicht leiden, während der Vorbereitungen zum Examen gestört zu werden. Das Klopfen wurde lauter und nachhaltiger. »Otkrojte«, rief eine Stimme, halb bittend, halb fordernd. Offenbar war es kein Student.
Ärgerlich öffnete ich die Tür. Vor mir stand ein kleines Männchen mit einem riesigen Ballen Papier oder Pappe unter dem Arm.
»Ich will euch, Genossen Studenten, nicht bei den Examensvorbereitungen stören. Die Institutsleitung hat mich lediglich hierher geschickt, um die Verdunkelungsanlage einzurichten.«
Er machte sich am Fenster zu schaffen, klopfte irgendeine Leiste fest und begann eine große Rolle daran zu befestigen. Das Ganze wirkte etwas ungemütlich. Aber Benek, der den spanischen Krieg

miterlebt hatte, war nicht aus der Ruhe zu bringen. »Na, na, ist es denn schon so gefährlich?« meinte er lächelnd.
Das kleine Männchen winkte ab:
»Natürlich nicht. Es ist bloß eine allgemeine Vorsichtsmaßnahme. Wir leben zwar im Frieden, aber in Westeuropa ist doch der Krieg in vollem Gang. Eine Vorsichtsmaßnahme für alle Fälle.«
Offensichtlich war dies die offizielle Erklärung, die er auch schon in anderen Zimmern geäußert hatte. In wenigen Minuten war unsere Verdunkelungsrolle fertig.
»Na, wollen mal sehen, wie die Sache funktioniert. So etwas Ähnliches haben wir in Barcelona auch gehabt«, meinte Benek, und wir vergnügten uns noch eine Weile am Rauf- und Runterrollen unserer Verdunkelung, der neuen Zierde unseres Zimmers.
Bald hatten wir genug von diesem Spiel. Weder mir noch Benek noch irgendeinem anderen Studenten wäre es wohl in den Sinn gekommen, an diesem Abend an eine wirkliche Gefahr zu glauben. Wir hatten andere Sorgen: unser morgiges Examen, das letzte des Jahres.
Es war der 21. Juni 1941, abends. Bis in die späte Nacht waren wir mit den Vorbereitungen für das Examen beschäftigt.
Am Morgen des 22. Juni waren in unserem Heim viele Studenten schon früh auf. Manche hatten den Wecker auf 5 oder 6 Uhr gestellt, um in den letzten Stunden vor dem Examen noch einige Dinge nachzuholen. Benek und ich gehörten nicht dazu. Er hatte sich meiner Theorie angeschlossen, daß es viel wichtiger sei, ausgeschlafen zum Examen zu kommen. So wollten wir bis 9 Uhr schlafen.
Das sollte uns aber nicht gelingen. Schon ganz früh morgens hörten wir ein aufgeregtes Hin- und Hergelaufe im Korridor.
»Verdammte Idioten, können einen nicht einmal richtig schlafen lassen vorm Examen!« meinte Benek im Halbschlaf. Ich stimmte ihm zu und fügte noch ein kräftiges russisches Schimpfwort bei. Das Gerenne wurde aber immer toller. An Schlafen war nicht

mehr zu denken. Wir waren kaum aufgestanden, als auch an unsere Tür gehämmert wurde.
»Molotow wird sprechen! Vor einer halben Stunde ist es durchgegeben worden, und es wird immer wiederholt. Es soll eine ganz wichtige Erklärung sein«, rief ein Student aufgeregt durch die Tür.
»Wann denn?«
»Um zwölf«, hallte es uns vom Korridor aus entgegen.
Wir schauten auf die Uhr. Es war gerade 9 Uhr. Wir hatten also noch viel Zeit. Wir versuchten, uns auf das Examen zu konzentrieren, aber es gelang uns nicht. Die Zeit schien so langsam wie noch nie zu vergehen. Endlich kam dann die Ankündigung.
»Hier spricht Moskau. Sie hören jetzt die Rede des Stellvertretenden Vorsitzenden des Rates der Volkskommissare der UdSSR, des Außenministers der UdSSR, Wjatscheslaw Michailowitsch Molotow.«
Eine Sekunde Pause. Dann hörten wir die Stimme Molotows.
»Bürger und Bürgerinnen der Sowjetunion«, begann er mit ernster, etwas feierlicher Stimme.
»Heute um 4 Uhr früh, ohne irgendwelche Forderungen an die Sowjetunion zu erheben und ohne Kriegserklärung, haben die deutschen Truppen unser Land angegriffen, unsere Grenzen an vielen Stellen überschritten und Shitomir, Kiew, Sewastopol, Kaunas und einige andere unserer Städte bombardiert. Die feindlichen Luftangriffe und das Artilleriefeuer erfolgten auch vom rumänischen und finnischen Territorium aus.
Dieser unerhörte, treubrüchige Überfall auf unser Land steht in der Geschichte der zivilisierten Staaten ohne Beispiel da. Der Überfall auf unser Land erfolgte, obwohl zwischen der UdSSR und Deutschland ein Nichtangriffspakt besteht und die Sowjetregierung die Bedingungen dieses Vertrages gewissenhaft erfüllt hat. Der Überfall auf unser Land erfolgte, obwohl die deutsche Regierung während der ganzen Zeit des Bestehens dieses Paktes keinerlei Forderungen an die UdSSR gestellt hat. Die gesamte Verantwortung für diesen räuberischen Überfall auf die Sowjet-

union fällt somit voll und ganz auf die deutschen faschistischen Herrscher.«

Unwillkürlich zuckten wir zusammen, als wir das Wort »faschistisch« nach fast zwei Jahren erstmalig wieder im Moskauer Rundfunk hörten. Nach einigen Sekunden Pause setzte Molotow seine Rede fort:

»Jetzt, wo der Überfall auf die Sowjetunion bereits erfolgt ist, hat die Sowjetregierung ihren Truppen den Befehl gegeben, dem räuberischen Überfall Widerstand zu leisten und die deutschen Truppen aus dem Territorium unserer Heimat zu vertreiben.

Dieser Krieg ist uns nicht aufgezwungen worden vom deutschen Volk, von deutschen Arbeitern und Bauern, von der deutschen Intelligenz, deren Leiden wir wohl verstehen, sondern von einer Clique blutrünstiger faschistischer Herrscher, die die Franzosen, Tschechen, Polen, Serben, Norweger, Dänen, Griechen und andere Völker unterjocht haben.«

Dann brachte Molotow einen historischen Vergleich, der in der ersten Phase des Krieges immer wieder herangezogen wurde:

»Es ist nicht das erstemal, daß es unser Volk mit einem überheblichen feindlichen Angreifer zu tun hat. Seinerzeit hat unser Volk auch den Feldzug Napoleons gegen Rußland mit einem Vaterländischen Krieg beantwortet. Napoleon erlitt eine Niederlage, die zu einem völligen Zusammenbruch führte. Dasselbe wird auch mit dem überheblichen Hitler geschehen, der einen neuen Feldzug gegen unser Land begonnen hat. Die Rote Armee und unser ganzes Volk führen erneut einen siegreichen Vaterländischen Krieg für die Heimat, für die Ehre und die Freiheit.«

Molotow schloß seine Rede – es war die kürzeste, die ich je in der Sowjetunion erlebt hatte – mit einem Appell an die sowjetische Bevölkerung:

»Die Regierung ruft euch, Bürger und Bürgerinnen der Sowjetunion, dazu auf, die Reihen noch enger zu schließen um unsere ruhmreiche bolschewistische Partei, unsere Sowjetregierung und unseren Führer, den Genossen Stalin.
Unsere Sache ist gerecht. Der Feind wird geschlagen. Der Sieg wird unser sein.«

Ehe uns alles richtig zu Bewußtsein gekommen war, hatte Molotow seine Rede schon beendet. In unseren Ohren klangen noch die Worte: *Nasche djelo prawoje. Wrag budjet rasbit. Pobjeda budjet sa nami.* (Unsere Sache ist gerecht. Der Feind wird geschlagen. Der Sieg wird unser sein.)
Wir saßen wie versteinert da. Das hatten wir am wenigsten erwartet! Wir konnten es überhaupt nicht fassen. Dann verließen Benek und ich unser Zimmer. Wir konnten jetzt nicht allein sein. Im Nebenzimmer unterhielten sich einige Studenten. Wir setzten uns zu ihnen. Auch bei ihnen herrschte eine gedrückte, angstvolle Stimmung. Im Rundfunk wurden sowjetische Marsch- und Kampflieder gespielt, die mit unseren Gefühlen gar nicht übereinstimmten.
Plötzlich trat eine Studentin ins Zimmer: *»Nu, tepjer my wojujem!«* (Na, jetzt führen wir Krieg!) rief sie laut, unternehmungslustig, fast fröhlich. Wir waren unangenehm berührt.
»Es gibt keinen Grund, fröhlich zu sein«, meinte einer. »Krieg ist eine sehr ernste und schreckliche Sache.«
Dann wurde es wieder still. In diesen Minuten spürte ich, wie sehr ich schon mit der Sowjetunion verwachsen war. Bedrückt stellte ich mir vor, wie vieles, was inzwischen aufgebaut worden war, durch den Krieg wieder vernichtet werden sollte, welche Opfer der Krieg kosten, wie die Entwicklung aufgehalten und zurückgeworfen werden würde. Bei all meinen kritischen Gedanken und oppositionellen Gefühlen war ich doch vom Aufbau in der Sowjetunion so begeistert, daß sich die Nachricht vom Krieg wie ein schwerer Alpdruck auf mich legte. Die anderen Studenten dachten und fühlten in diesen Minuten wohl das gleiche.

Allmählich hatten wir uns gefaßt, und das bedrückende Schweigen wurde unterbrochen. Zögernd und nachdenklich wurden verschiedene Auffassungen laut.
»Jetzt wird das Ende des Hitler-Faschismus kommen. Für seine Eroberungen in Europa wird Hitler nun die Quittung erhalten.«
»Unsere Truppen werden bestimmt gleich in Polen einmarschieren.« Ein Student war skeptisch: »Der Kampf wird sehr schwer sein. Es ist durchaus möglich, daß Hitler zunächst in der Westukraine und im Westen Weißrußlands vorgehen wird und seine Offensive vielleicht erst an den früheren Grenzen der Sowjetunion zum Stehen gebracht werden kann. Der Angreifer ist ja schließlich im Vorteil.«
Seine Auffassung wurde von allen anderen zurückgewiesen.
Seit 1936 war uns immer wieder eingeimpft worden, daß es eine Wiederholung der Intervention 1919–1922 nicht mehr geben würde. Wenn die Sowjetunion angegriffen werden sollte, so hieß es stets auf allen Versammlungen, würde die Rote Armee vordringen und den Angreifer auf dem feindlichen Boden zerschmettern. Dieser Gedanke war uns so in Fleisch und Blut übergegangen, daß wir einen Krieg auf sowjetischem Boden gar nicht mehr in Betracht zogen.
Dann warf ein Student die Frage auf, die am 22. Juni 1941 wohl überall gestellt wurde, wo sowjetische Menschen zusammen waren: »Was wird England tun?«
Die Meinungen waren geteilt: »Wir werden jetzt sicher gemeinsam mit England gegen Hitler kämpfen«, meinte eine Studentin mit Bestimmtheit, obwohl uns dieser Gedanke nach zwei Jahren des Paktes neu und fremd war.
Ein Student war skeptisch. Er erinnerte an den Flug von Heß. »Der bisherige Krieg zwischen Deutschland und England war sicher nur ein abgekartetes Spiel. Nun werden sie gemeinsam gegen die Sowjetunion vorgehen.« Aber ihm wurde sofort widersprochen. Die Mehrzahl unserer kleinen Studentengruppe meinte an jenem Morgen des 22. Juni, wir würden jetzt mit England in gemeinsamer Front gegen Hitler stehen.

»Unser Examen!« Der impulsive Ruf einer Studentin führte uns in unser Alltagsleben zurück.
Als wir aus dem Studentenheim kamen, bot sich uns das Bild eines aufgescheuchten Ameisenhaufens. Ganz Moskau war auf der Straße. Die Geschäfte waren überfüllt. Alle schienen noch schnell etwas einkaufen zu wollen, wohl in der Erinnerung, daß Krieg in Rußland in erster Linie eins bedeutete: Hunger. Als politisch bewußte Komsomolzen mißbilligten wir diese Hamsterkäufe. Beim Zigarettenkiosk schaute der Verkäufer erstaunt auf, als ich nur eine einzige Schachtel verlangte. Alle anderen kauften jetzt dutzendweise.
In unserem Institut war die Atmosphäre bedeutend ruhiger. Einige Komsomolfunktionäre gingen umher und ermahnten uns, ruhig dem Studium nachzugehen und allen Panikstimmungen entgegenzutreten. Wir antworteten etwas gekränkt, daß wir das selbst wüßten.
Vor der Tür des Examenszimmers standen mehrere Studenten, die darauf warteten, hineingerufen zu werden. Das stieß uns wieder in die Examensstimmung hinein. Wir hatten es bald bestanden. Einen Tag vorher – und ich wäre aus dem Prüfungszimmer freudig herausgestürzt, hätte mit meinen Studienkameraden gefeiert und Pläne für den Sommer gemacht. Jetzt dachte ich an nichts dergleichen. Ich dachte nur an eines: Was gibt es Neues über den Krieg?
Es gab nichts Neues. Um vier Uhr früh hatte der Krieg begonnen. Jetzt war es vier Uhr nachmittags. Zwölf Stunden waren vergangen, und der Rundfunk hatte noch immer nichts über den Verlauf der Kampfhandlungen gemeldet.
In der ganzen Stadt waren Lautsprecher angebracht, so daß überall die Worte Molotows und Marschmusik gehört werden konnten. Ab und zu wurden auch einige Kommentare durchgegeben, die zum Kampf gegen den Faschismus aufriefen. Ich schlenderte durch Moskau – wie die meisten Menschen an diesem Tag. Als ich über den Theaterplatz ging, ertönten die Lautsprecher: »Die faschistischen Barbaren ...« Neben mir hörte ich plötzlich eine

etwas ironische englische Stimme: *»Now at last they became antifascists too.«* Ich ging schnell weg, da ich wußte, wie gefährlich es sein konnte, in der Nähe von Ausländern gesehen zu werden, selbst wenn diese jetzt unsere Verbündeten sein sollten. Da der Moskauer Rundfunk noch immer nichts über die ersten Kriegsereignisse brachte, schwirrten die verschiedensten Gerüchte durch die Stadt:
»Die Angreifer sind schon an den Grenzen zurückgeschlagen worden.«
»Die Deutschen haben Luftlandedivisionen bei Kiew abgesetzt.«
»Die Rote Armee verfolgt die Deutschen und ist schon auf polnischem Gebiet.«
Über allem aber stand immer die gleiche Frage: Was wird England tun? Die Abendnachrichten brachten uns die Antwort. Der Moskauer Rundfunk gab zu Beginn der Nachrichtensendung Auszüge aus der Churchill-Rede über den gemeinsamen Kampf gegen Hitler bekannt. Wir atmeten auf. Eine Welle von Optimismus ging durch unser Studentenheim – und wahrscheinlich durch die gesamte Sowjetunion.

Die ersten Kriegstage

In den Morgenzeitungen fanden wir mit Balkenüberschriften die neuen Losungen:
Das gesamte Sowjetvolk ist fest und einheitlich wie noch nie.
Unter der Führung des großen Stalin wird das Sowjetvolk den hinterhältigen Feind zerschmettern.
Mit dem Namen Stalin haben wir gesiegt, mit dem Namen Stalin werden wir siegen.

Bereits am 23. Juni liefen zum erstenmal wieder seit fast zwei Jahren antifaschistische Filme. Vor den großen Kinos waren schon die Riesenplakate für *Professor Mamlock* (nach einem Schauspiel von Friedrich Wolf) und *Familie Oppenheim* (nach einem Roman von Lion Feuchtwanger) zu sehen. Die Zeitungen

berichteten erstmalig über die Widerstandsbewegung in den von Hitler-Deutschland besetzten Ländern.
Endlich erschien auch das erste Kommuniqué. Die optimistischen Gerüchte des ersten Kriegstages erwiesen sich als unwahr. Es wurde bekanntgegeben, was die wenigsten erwartet hatten: Der Krieg fand auf sowjetischem Boden statt. Im Kommuniqué hieß es etwas unklar, daß die deutschen Truppen »an einigen Stellen 10 bis 25 Kilometer vorzudringen« vermochten.
Gleichzeitig mit den neuen Losungen und dem ersten Frontkommuniqué wurde auch die offizielle Formulierung des Krieges bekanntgegeben: »Großer Vaterländischer Krieg des Sowjetvolkes«. Einen Augenblick stutzte ich. In den vergangenen Jahren hatte ich allerdings die schrittweise Umstellung der gesamten Propaganda, die allmähliche Ausmerzung aller Begriffe des revolutionären Internationalismus und die immer deutlichere Betonung des sowjetischen Patriotismus bewußt miterlebt und auch darüber nachgedacht. Die neue Parole kam also für mich nicht völlig überraschend. Aber ich hatte erwartet, daß der Krieg zumindest als antifaschistischer Befreiungskrieg geführt wurde, um das gemeinsame Ziel mit den anderen von den Nazis unterdrückten Völkern deutlich herauszustellen. Diese Bezeichnung »Vaterländischer Krieg« begrenzte ihn dagegen ausschließlich auf die Sowjetunion, genauer gesagt, auf Rußland. Es sollte offensichtlich die Parallele zum Krieg gegen Napoleon 1812/13 hergestellt werden – und vielleicht war die Unterstreichung des Begriffes Vaterland vom Standpunkt der sowjetischen Führung auch das wirksamste Mittel, um die große Masse der Bevölkerung für die Unterstützung des Krieges zu gewinnen.
Aber in den ersten Kriegstagen hatte ich – wie fast alle Menschen der Sowjetunion – andere Sorgen, als über politische Formulierungen nachzudenken.
In den drei baltischen Republiken, in Bjelo-Rußland, der Karelofinnischen und der Moldauischen Unionsrepublik, der gesamten Ukraine und in 13 Gebieten Rußlands, darunter auch in Moskau und Leningrad, war der Kriegszustand proklamiert worden. In

diesen Gebieten erhielten die militärischen Organe das Recht, alle für die Verteidigung notwendigen Arbeiten durchzuführen und die gesamte Zivilbevölkerung dafür zu mobilisieren.
In einem besonderen Befehl wurden die Jahrgänge 1905 bis 1918 zum Kriegsdienst einberufen – nicht nur in den westlichen Militärbezirken des Landes, sondern auch in Archangelsk, im Ural, in Sibirien, an der Wolga und im Kaukasus.
Es folgten die wichtigsten Maßnahmen für die Luftverteidigung Moskaus und für das Moskauer Gebiet. Alle Häuser mußten verdunkelt und die Luftschutzräume in Ordnung gebracht werden. Alle Theater, Kinos, Klubs und Parks, Restaurants, Cafés und Geschäfte (viele Lebensmittelgeschäfte in Moskau waren bis 24 Uhr geöffnet) mußten um 22.45 Uhr schließen.
Schließlich wurden alle Urlaubsbestimmungen für die Dauer des Krieges aufgehoben. Der Urlaub sollte durch Kompensation in Geld ersetzt werden. Fabrikdirektoren und Abteilungschefs erhielten das Recht, täglich Überstunden anzuordnen, die mit anderthalbfacher Zahlung des üblichen Lohnes vergütet werden sollten.
Wie überall fand an diesem Abend auch in unserer Hochschule eine Komsomolzenversammlung anläßlich des Kriegsbeginns statt. Dichtgedrängt saßen wir in der großen Halle unseres Instituts. Erwartungsvolle Stille. Es herrschte eine Stimmung, wie sie in Komsomolzenbüchern für die Zeit der Revolution und des Bürgerkrieges geschildert ist.
»Jetzt ist die Zeit der Bewährung für den Komsomolzen gekommen«, hörten wir. Wir wußten es, und wohl alle wollten diese Probe bestehen. »Bereits heute früh sind Komsomolzen unseres Instituts zum Bau der neuen Linie der Untergrundbahn eingesetzt worden. Sie muß beschleunigt fertiggestellt werden, als zusätzlicher Luftschutzraum für die Moskauer Bevölkerung«, teilte uns unser Komsomol mit.
Nacheinander sprachen noch einige Komsomolzen. Häufig fiel das Wort »werolomno« (treubrüchig). Immer wieder unterstrichen sie, daß Hitler-Deutschland trotz des Nichtangriffspaktes

den Angriff auf die Sowjetunion unternommen hatte. Man spürte die Empörung über den treubrüchigen Überfall und den entschlossenen Willen, den Angreifer zurückzuschlagen.
Dieses Gefühl war echt – auch bei denen, die dem Regime kritisch oder oppositionell gegenüberstanden, ja sogar bei denen, deren Eltern in den Stalinschen Zwangsarbeiterlagern gefangengehalten wurden. Was Stalin weder durch Propaganda noch durch Terror jemals vollständig erreichen konnte, hatte nun Hitler fertiggebracht: Die Regierung im Kreml erschien den meisten Menschen in der Sowjetunion in diesen Tagen des Jahres 1941 als echte Interessenvertretung.
Neben mir stand eine Studentin, mit der ich schon gelegentlich oppositionelle Gespräche geführt hatte. »Diesmal ist es wirklich etwas anderes«, flüsterte sie mir zu.
Zum Abschluß der Versammlung hatten einige unserer Studenten die Internationale angestimmt, und nun brauste sie durch den Saal. Innerlich aufgewühlt kehrten wir zu unserem Studentenheim zurück. Nachdem wir einige Stunden geschlafen hatten – es war die Nacht vom 23. auf den 24. Juni –, ertönten die Sirenen. Ununterbrochen wurden dabei durch den Rundfunk drei Worte in jener langgezogenen Art wiederholt, die wir später noch so oft hören sollten: *Grash-danje! Wos-dusch-naja! Tre-wo-ga!* (Bürger! Luftalarm!)
In dieser Nacht hörten wir es das erste Mal, und es dauerte einige Zeit, bis mir der Sinn dieser Worte zu Bewußtsein kam. Völlig schlaftrunken sprang ich aus dem Bett. Mein Freund, der Spanienkämpfer, murrte: »Verflixte Sache, hab' mir das schon abgewöhnt. Ist ja mehr als zwei Jahre her, seit wir so etwas in Barcelona hörten.«
Wir hängten unsere Gasmasken um und gingen in den »Luftschutzraum« – ein ganz gewöhnlicher Keller –, wie ja überhaupt noch nichts vorbereitet war. Zunächst blieb alles still. Dann hörte man in der Ferne Motorengeräusch und Flakartillerie. Für uns war alles schrecklich neu und aufregend. Wie überall, gab es auch bei uns einige, die mit militärischen Kenntnissen prahlten.

Aus den Motorengeräuschen wollten sie die Flugzeugtypen erkennen. Ich war jedoch skeptisch, da sie nur jene Typen erwähnten, die wir in der Militärkunde durchgenommen hatten.
Der einzige, der für alles glaubhafte Erklärungen wußte, war mein Stubengenosse, der Spanienkämpfer. Sein Prestige wuchs von Minute zu Minute – allerdings nur bis zum nächsten Morgen. Die Morgenzeitungen berichteten nämlich, es habe sich lediglich um eine Übung gehandelt. Die Luftschutzmaßnahmen der Hauptstadt seien kontrolliert worden. Dafür war es jetzt allerdings höchste Zeit. Es konnte nicht verborgen bleiben, daß auf diesem Gebiet fast nichts vorbereitet worden war. Offensichtlich hatten auch die höchsten Spitzen der Partei und Regierung nicht mit einem Krieg im Juni 1941 gerechnet. Alles mußte jetzt nachgeholt werden: die Organisation des Luftschutzes, die Bildung von Luftschutz- und Sanitätsbrigaden, der Umbau der Kellerräume in Luftschutzbunker, die Luftabwehr, die Verdunkelung und Tarnung.
Dafür wurde nun aber mit Hochdruck gearbeitet. In wenigen Tagen veränderte sich das Stadtbild Moskaus. Die größten Bauten der Stadt, wie das Haus des Ministerrates und das gegenüberliegende Riesenhotel »Moskwa«, die beide bisher in leuchtend weißer Farbe geprangt hatten, erhielten einen Tarnanstrich. Die großen Hauptstraßen der Stadt wurden so bemalt, daß der Eindruck entstand, auf Dächern kleinerer Häuser zu gehen. Auch die großen Plätze der Stadt, wie z.B. der Platz der Revolution und der Theaterplatz, wurden mit »Hausdächern« bemalt und größere Flächen sogar mit Holz in Form von Hausdächern verdeckt. Auch der Moskwafluß wurde vollständig mit Holz überdeckt, um den Fliegern die Orientierungsmöglichkeit zu nehmen.
In der »Metro« wurden mit größter Schnelligkeit entlang der ganzen Schienenstrecke Bretter ausgelegt, so daß die U-Bahn-Schächte zu einem riesigen Luftschutzkeller für die ganze Stadt wurden. Schon nach wenigen Tagen war diese Arbeit erledigt. Ein großer Teil der Bevölkerung Moskaus konnte sich nun bei

Luftangriffen in dem Tunnel geschützt wissen, da die Moskauer Untergrundbahn zwischen 16 und 35 Meter tief unter der Erde liegt. Nur die Station »Kirowskaja« war für die Bevölkerung gesperrt. Dieser Bahnhof, der unterirdisch am tiefsten liegt, wurde als Luftschutzbunker für das Diplomatische Korps und sonstige Privilegierte reserviert.

Jeden Abend stiegen bei Einbruch der Dunkelheit riesige Fesselballons auf. Man nannte sie »Aerostati wosduschnogo sagrashdenija«. Es hieß, sie seien durch besondere Drahtgeflechte miteinander verbunden und stellten ein wirksames Mittel gegen feindliche Flieger dar.

Am Morgen des 24. Juni gab ein Anschlag bekannt, daß sich alle Komsomolzen zu einer Sonderaufgabe in der Hochschule zu versammeln hätten. Von dort führte uns der Komsomolsekretär zum »Haus der Gelehrten« in der Kropotkinstraße, dem man jetzt allerdings seine ursprüngliche Bestimmung kaum mehr ansah. Tausende von Komsomolzen hielten sich dort auf; die meisten in Trainingsanzügen, viele mit umgehängter Gasmaske.

Der Rayon-Sekretär des Komsomol wurde mit Jubel empfangen. Er sprach nur wenige Worte: »Genossen, das Rayon-Komitee des Komsomol hat euch hierhergerufen, um eine Sonderaufgabe zu erfüllen. Es handelt sich um folgendes: Heute vormittag sind bei uns die neuen Plakate und Spruchbänder eingetroffen, die wir in den Straßen anbringen müssen. Es wurde beschlossen, dafür die Komsomolzen der Stadt Moskau zu mobilisieren.«

Erstaunlich schnell hatten wir uns in Gruppen zusammengefunden, nahmen die Plakate, Losungen und den Klebstoff in Empfang und erhielten die Anweisung, in welchem Stadtteil wir die Plakate zu kleben hatten. Wir erhielten drei Sorten Plakate: ein kurzes Textplakat, auf dem in großen schwarzen Lettern die damalige Hauptlosung verkündet wurde:

> Unsere Sache ist gerecht.
> Der Feind wird geschlagen werden.
> Der Sieg wird unser sein.

Interessanter waren die beiden großen Bildplakate. Das eine zeigte in der Mitte den Nichtangriffspakt zwischen der UdSSR und Deutschland vom 23. August 1939. Auf der einen Seite des Bildes sah man friedliche Sowjetbürger, die im Schatten des Paktes und unter seinem vermeintlichen Schutz ihrer friedlichen Arbeit nachgingen, während zur gleichen Zeit von der anderen Seite her ein Nazi mit dem Bajonett den Pakt durchstößt und die Sowjetbürger verletzt. Das andere Bildplakat erschien mir noch wirksamer. Bis dahin hatte ich in der Sowjetunion kein so eindrucksvolles Plakat gesehen, und auch in den ganzen vier Kriegsjahren wurde eine solche Wirksamkeit, meiner Auffassung nach, nie mehr erreicht:
Man sah im Hintergrund den Schatten Napoleons, und skizzenhaft angedeutet, den Untergang seiner Armee beim Übergang der Beresina; vorne, grell gezeichnet, eine Karikatur von Hitler; links oben und rechts unten standen lediglich zwei große Zahlen: 1812 und 1941. Der ganze Text des Plakates bestand aus vier russischen Worten: »Tak bylo – tak budjet«, auf deutsch: »So war es – so wird es sein.«

Die Umstellung der Propaganda

Kurz nach Kriegsbeginn wurde bekanntgegeben, daß alle Radioapparate eingezogen würden. Jeder Besitzer eines Gerätes wurde aufgefordert, es innerhalb von 48 Stunden beim nächsten Postamt gegen eine Quittung abzugeben.
Vor den Postämtern bildeten sich lange Schlangen von Menschen, die geduldig warten mußten, um ihre Radioapparate loszuwerden. Die Quittung besagte, daß nach Beendigung des Krieges der Apparat wieder zurückgegeben würde. Nur wenige glaubten daran; die meisten waren sich schon von vornherein darüber im klaren, daß sie ihren Apparat nie mehr wiedersehen würden. Sie türmten sich in den Höfen der Postämter und waren allen Witterungseinflüssen ausgesetzt.
Gleichzeitig wurde verfügt, daß die in allen Gemeinschaftswoh-

nungen, Institutionen und Fabriken vorhandenen Lautsprecher nicht abgeschaltet werden dürften.
Darin lag kein Widerspruch: Radioapparate waren im Jahre 1941, ähnlich wie heute, nur einem bestimmten Teil der Bevölkerung zugänglich, dagegen hingen in allen Institutionen, Gemeinschaftsräumen, Studentenwohnungen, Arbeiterklubs und sonstigen öffentlichen Stellen kleine schwarze, fächerförmige Lautsprecher, die ausschließlich das Programm der nächstgelegenen Rundfunkstationen übertrugen. Das war (und ist auch heute noch) die verbreitetste Art des Rundfunkhörens in der Sowjetunion.
Nachdem alle Radioapparate eingezogen waren, wurde es möglich, allen Sowjetbürgern die gleichen Informationen und das gleiche Programm zu servieren, da die Stationen sich in der Regel darauf beschränkten, wortgetreu die Sendungen des Moskauer Rundfunks zu wiederholen. Als Ergänzung wurde lediglich ein kurzes lokales Programm geboten. Die Beeinflussung des gesamten Volkes durch eine einzige zentrale Propagandastelle war damit garantiert. Das erschien der Sowjetführung jetzt zweifellos notwendiger als je zuvor; gerade in den ersten Kriegstagen lief die Propaganda auf Hochtouren.
Es war erstaunlich, wie schnell die völlige Umstellung der Propaganda auf das Nationalgefühl, auf den sowjetischen Patriotismus, auf den Begriff des Vaterländischen Krieges vorgenommen wurde, wie schnell die Begriffe »Partei«, »Sozialismus« und »Kommunismus« aus dem propagandistischen Sprachgebrauch verschwanden.
Diese Veränderung war jedoch nicht – wie häufig angenommen wird – eine nur zeitbedingte Taktik. Es handelte sich um eine logische Weiterführung der ideologischen Veränderungen der letzten Vorkriegsjahre. Während bis etwa 1935 in Artikeln und Liedern, die die Möglichkeit eines Angriffs auf die Sowjetunion und eines zukünftigen Krieges behandelten, noch immer von einem »revolutionären Krieg« und von »Klassen« gesprochen wurde, waren diese Begriffe bereits längere Zeit vor dem Krieg in

den Hintergrund getreten. Mehr und mehr wurde vom Sowjetpatriotismus gesprochen, ohne daß die früheren Begriffe sofort völlig verschwunden wären. Während des Konflikts mit Japan im Sommer 1938, als es mehrere Tage zu örtlichen Grenzkämpfen am Chasan-See im Fernen Osten kam, waren beide Komponenten vorhanden. Die offizielle Losung hieß damals: »Für die Heimat, für den Kommunismus«.

Jetzt, nach Kriegsbeginn, war die Entwicklung einen Schritt weitergegangen. In der gesamten Propaganda wurde fast ausschließlich vom Vaterland, der Heimat, der russischen Erde und dem Patriotismus gesprochen. Diese neue Linie wurde nicht nur durch die Presse und den Rundfunk popularisiert, sondern vor allem durch die bildhafte Wirkung des Plakates.

Schon in den ersten Kriegswochen wurde zu diesem Zweck das *Okno TASSA* (Das Fenster der TASS) geschaffen. TASS ist die Bezeichnung für das amtliche sowjetische Telegrafenbüro und Okno TASSA war die Vereinigung einer Gruppe sowjetischer Künstler und Dichter, die ihre Begabung in den Dienst der Kriegspropaganda stellten. Sie schufen nicht nur ständig neue Plakate und die dazugehörigen Texte, sondern auch ganze Bildserien; jedes Bild war mit kleinen, einfach verständlichen Reimen versehen. Hierbei wurde auf ein Vorbild aus der Zeit des Bürgerkrieges zurückgegriffen, als die bekanntesten Dichter und Maler der Partei – darunter auch Majakowski – sich zum sogenannten *Okno ROSTA* zusammengeschlossen hatten.

Das Original wurde täglich – denn fast jeden Tag erschien ein neues Plakat oder eine neue Bildserie – auf dem Kusnjetzki Most, einer bekannten Geschäftsstraße Moskaus, ausgehängt. Die besten von ihnen erschienen dann als Sonderdruck oder in der Presse. Es war erstaunlich, wieviel Ideen diese Künstler- und Dichtergruppe hatte und wie wirkungsvoll viele TASS-Plakate waren. Sie haben in der sowjetischen Propaganda während des Krieges eine nicht geringe Rolle gespielt. Durch sie wurden viele Menschen erreicht, die mit den langen, schwerfälligen Artikeln in der *Prawda* nicht angesprochen werden konnten. Die Bildserien waren lebendig, frisch, oft satirisch und stachen wirkungsvoll von dem gedankenarmen Hurra-Patriotismus vieler offizieller Artikel ab.

Wenige Wochen später wurden neue Versionen bekannter sowjetischer Filme gezeigt, die man der jetzigen Situation angepaßt hatte. So sah ich mit Staunen eine neue Fassung des berühmtesten sowjetischen Films *Tschapajew*. Während der seit 1934 gezeigte Film über Tschapajew damit endete, daß der sowjetische Held des Bürgerkrieges beim Versuch, schwimmend das andere Ufer des Flusses Bjelaja bei Ufa zu erreichen, vom Maschinengewehrfeuer der Weißen getroffen wurde und in den Fluten versank, zeigte die neue Fassung einen anderen Schluß: Tschapajew wurde nicht getroffen, überquerte den Fluß, erreichte das Ufer und hielt eine kurze Rede: »So, wie wir in den Zeiten des Bürgerkrieges die Weißen zerschmettert haben, so werden wir auch heute den tödlichen Feind, den deutschen Faschismus, niederringen.«

Die etwas eigentümlich anmutende Methode, alte Filme durch neue Szenen zu ergänzen, wurde auch bei dem bekannten Theaterstück *Der Junge aus unserer Stadt* praktiziert. Das Theaterstück und der gleichnamige Film handeln von einem jungen Sowjetbürger, der während des spanischen Bürgerkrieges von den Nazis gefangengenommen, von einem deutschen General verhört und dann erschossen wurde. Auch dieser Film lief jetzt in anderer Darstellung. Wieder wird der junge Sowjetbürger von dem Nazi-General verhört; im Unterschied zur ersten Fassung gelingt ihm jedoch die Flucht, und er trifft den Nazi-General wieder – als Gefangenen der Roten Armee.

Besonders stark wurden in der sowjetischen Propaganda die deutschen Überläufer aus den ersten Kriegstagen herausgestellt. Davon hatten wir bereits wenige Tage nach Kriegsbeginn auf der Zusammenkunft der deutschen Emigranten gehört. Als wir uns im Gebäude des Zentralkomitees der MOPR trafen, herrschte eine Spannung wie nie zuvor. Jeder wußte, daß es nun keine üblichen Schulungsabende für deutsche Emigranten mehr geben würde. Der Schulungsleiter beschränkte sich auf den Hinweis: »Das Wort hat Genosse Ulbricht.« Ulbricht hielt eine kurze Rede. Er sprach über die Verbrechen des Faschismus, über den Ernst der Lage, über die Notwendigkeit, alle Kräfte für den Sieg gegen den Faschismus anzuspannen.

»Wir leben in den ersten Kriegstagen, aber ich kann euch heute schon eine erfreuliche Mitteilung machen. Bereits am 22. Juni ist der erste deutsche Soldat auf die Seite der Sowjetunion übergelaufen.«

Ulbrichts Erklärung wurde mit riesigem Beifall aufgenommen. Mit Spannung lauschten wir seinem weiteren Bericht.

»Dieser Soldat war in Rumänien, am Fluß Pruth, stationiert. In der Nacht vom 21. auf den 22. hörte er in seiner Einheit den Befehl zum Angriff auf die Sowjetunion. Unmittelbar darauf entfernte er sich von seiner Truppe, schwamm nachts über den Pruth auf die Seite der Roten Armee, um mitzuteilen, daß in wenigen Stunden der Nazi-Überfall auf die Sowjetunion beginnen würde.«

»Wenn schon ein Soldat vor Kriegsausbruch auf die sowjetische Seite übergeht, wie wird es erst sein, wenn der Krieg richtig im Gange ist«, flüsterte mir mein Nebenmann zu.

Einige Tage später wurde dieser deutsche Soldat in der ganzen Sowjetunion bekannt. Seine Tat wurde in einem der ersten sowjetischen Kriegs-Kommuniqués erwähnt, und die *Prawda* veröffentlichte sein Bild und seine Erklärung. »Ich bin«, so berichtete Alfred Liskof, »schon seit längerer Zeit gegen das Hitler-System. Als ich erfuhr, daß der Angriff unmittelbar bevorstand, faßte ich den Entschluß, auf die Seite der Roten Armee überzugehen. Noch einen Tag vor dem Angriff auf die Sowjetunion hat niemand geglaubt, daß dieser Verrat möglich sei. Man kann sich gut vorstellen, wie das deutsche Volk dieses wahnsinnige Abenteuer aufnehmen wird.«

Zwei Tage später wurde gemeldet, daß eine JU 88 in Kiew gelandet sei. Alle vier Insassen des Flugzeuges, der Unteroffizier Hans Hermann aus Breslau, der Beobachter Hans Kratz aus Frankfurt,

der Obergefreite Appel aus Brünn und der Funker Wilhelm Schmidt aus Regensburg hatten gemeinsam beschlossen, auf einem sowjetischen Flugplatz zu landen. In einer Erklärung, die in allen sowjetischen Zeitungen veröffentlicht wurde, berichteten sie, daß sie schon mehr als ein Jahr zusammen geflogen seien und an den Luftangriffen auf London, Portsmouth, Plymouth und auf andere englische Städte teilgenommen hätten: »Wir stellten uns oft die Frage: ›Warum kämpft Hitler gegen die ganze Welt? Warum bringt er allen Völkern Europas Tod und Zerstörung?‹ ... Jetzt, da Hitler den Krieg an Rußland erklärte, beschlossen wir zu handeln. Am 25. Juni warfen wir unsere Bomben in den Dnjepr und landeten bei Kiew.«
Auch am nächsten Tag war die Besatzung eines deutschen Flugzeugs zu den Sowjettruppen übergegangen.
Die Berichte über deutsche Überläufer hatten eine Welle von Zuversicht ausgelöst. Unter den deutschen Emigranten herrschten in den ersten Kriegstagen große Illusionen. Wie ich später erfuhr, hegten damals auch sowjetische Stellen große Hoffnung auf eine propagandistische Beeinflussung der vorrückenden deutschen Truppen. In der Druckerei »Iskra Revoluzii« in der Filippowski-Pereulok wurden in den ersten Kriegswochen manchmal pro Tag bis zu zwölf verschiedene Flugblätter in deutscher Sprache in Druck gegeben. Allerdings sollen sie sehr schwach gewesen sein und nicht selten bei den vorrückenden Soldaten der deutschen Wehrmacht nur Gelächter hervorgerufen haben.
Die Hoffnungen der ersten Kriegstage sollten sich bald als trügerisch erweisen. Mit dem weiteren schnellen Vordringen der deutschen Armeen wurden Überläufer immer seltener. Die Propaganda für die deutsche Wehrmacht wurde eingeschränkt, und die militärischen Fragen standen nun fast ausschließlich im Vordergrund. Für die Zivilbevölkerung Moskaus hieß das in erster Linie: Ausbau der Luftverteidigung und des Luftschutzes.

Im Moskauer Luftschutz

Fünf Tage nach Kriegsbeginn wurden Luftschutzbrigaden für die Hochschule und unser Studentenheim zusammengestellt. Die Sanitäts- und Ordnungsbrigaden bestanden ausschließlich aus Mädchen. Die männlichen Studenten wurden alle in die »Feuerlöschbrigade« entsandt. In wenigen Minuten waren diese Brigaden zusammengestellt. Wir mußten jede zweite Nacht Dienst tun. »Ihr werdet euch von 9 Uhr abends an auf dem Dach aufhalten und beim Abwurf von Brandbomben sofort löschen. Morgen nachmittag wird euch ein Instrukteur noch genauer unterweisen«, wurde uns erklärt.

Das war alles, was wir zu hören bekamen – fast eine Woche nach Kriegsbeginn!

Am nächsten Tag stellte sich uns ein junger Mann als »Instrukteur« vor. »Also, die Sache ist so«, begann er, »ihr müßt zunächst einmal kontrollieren, ob unter dem Dach alles ausgeräumt ist, ob genügend Sandkästen, Schaufeln, Wasserbehälter und Geräte vorhanden sind. Auf dem Dach wird Wache gehalten. Wenn eine Brandbombe einschlägt, nehmt ihr sie mit einer Zange und steckt sie in einen der großen Sandkästen.«

In diesem Stil gab er uns noch einige gute Ratschläge, die er offensichtlich selbst erst am Vortage erhalten hatte. Das war alles.

Immer wieder bemerkte ich, wie wenig Vorbereitungen für den Luftschutz im Kriegsfall getroffen worden waren. Trotz der offensichtlichen Improvisation – oder vielleicht gerade deshalb? – klappte es bei uns aber doch verhältnismäßig gut.

In wenigen Stunden waren die Böden unseres Studentenheimes ausgeräumt und mit Sandkästen, Schaufeln und Wasserbehältern versehen. Große Eisenzangen waren aufgetrieben worden, mit denen wir Brandbomben unschädlich machen sollten. Wenige Tage später wurde auf dem Dach sogar ein kleines Schutzhäuschen errichtet. Dort sollte einer von uns als Beobachter sitzen.

Für den Luftschutz war es wirklich allerhöchste Zeit. Schon zwei Tage später gab es den ersten Luftalarm; dann folgte einer nach

dem anderen. Aber kein einziges deutsches Flugzeug zeigte sich zunächst über Moskau. »In Moskau wird bereits Luftalarm gegeben, wenn in Smolensk deutsche Flugzeuge ausgemacht werden«, wurde erzählt. So kletterten wir beruhigt auf unsere Dächer, übten ein wenig, waren guter Laune und vollkommen sicher, daß es auch in Zukunft keinem deutschen Flugzeug gelingen würde, bis Moskau durchzukommen.
So war es auch – bis zum 22. Juli. An diesem Abend hatte ich keinen Dienst und war etwa 15 Minuten vom Studentenheim entfernt, als es Luftalarm gab.
Zum erstenmal erlebte ich einen Luftalarm draußen. Unaufhörlich strömten die Menschen in die großen Eingänge der Metro. Gleichmütig schloß ich mich der Schlange an, die vor der U-Bahn-Station »Dsershinskaja« stand. Zu Tausenden lagen die Menschen auf den Brettern in den Schächten.
Eine halbe Stunde verging, eine Stunde, zwei Stunden und noch immer keine Entwarnung. Plötzlich verbreitete sich das Gerücht: Diesmal wird's Ernst. Deutsche Flugzeuge sind über Moskau! Wenige Minuten später hörten wir die ersten Einschläge, sehr schwach, weit entfernt, aber doch so deutlich, daß es keinen Zweifel mehr gab: Deutsche Flugzeuge hatten den Sperriegel durchbrochen und die ersten Bomben auf Moskau geworfen.
Plötzlich gab es eine starke Detonation. Sogar hier, tief unter der Erde, spürten wir ein Erzittern. Die Schlafenden erhoben sich ruckartig, Frauen schrien. Im Bruchteil einer Sekunde waren Hunderte von Menschen aufgesprungen, im Begriff, irgendwohin zu laufen. Noch eine starke Detonation und eine Panik wäre ausgebrochen, die hier in dem überfüllten U-Bahn-Schacht mehr Opfer verursacht hätte als selbst die größte Bombe.
»Wohin wollt ihr denn laufen?« rief eine dröhnende, beherzte Männerstimme.
Dann eine andere Stimme, noch lauter: »Bleibt stehen, hier ist der sicherste Platz.«
Die Menschen beruhigten sich wieder und setzten sich. Die Gefahr einer Panik war gebannt...

Es war die erste Prüfung der Bevölkerung Moskaus. In dieser Nacht vom 22. zum 23. Juli war zum erstenmal geschehen, was noch vor einem Monat niemand für möglich gehalten hätte: Bomben auf Moskau.

Der deutsche Vormarsch

Die deutschen Truppen stießen an der ganzen Front vom Eismeer bis zum Schwarzen Meer in großer Geschwindigkeit vor. Die sowjetischen Frontkommuniqués waren in jenen ersten Kriegswochen äußerst unbestimmt gehalten. Ortsnamen wurden nur in den seltensten Fällen genannt. Meist wurde lediglich von »Richtungen« oder »Räumen« gesprochen, in denen sich die Kämpfe abspielten. Karten mit dem genauen Frontverlauf gab es nicht.

Die genannten »Richtungen« und »Räume« zeigten uns jedoch, wie schnell der Vormarsch der deutschen Truppen vor sich ging. Erklärungen für diesen Vormarsch wurden nicht gegeben.

Am 30. Juli, acht Tage nach Kriegsbeginn, wurde ein staatliches Verteidigungskomitee der UdSSR unter dem Vorsitz Stalins geschaffen. Außer Stalin gehörten diesem Organ anfangs nur Molotow, Woroschilow, Malenkow und Berija an. In diesem Verteidigungskomitee konzentrierte sich die gesamte Macht der UdSSR. Alle Einwohner der Sowjetunion, alle Organe der Partei, des Staates und des Komsomol und sämtliche militärischen Dienststellen waren verpflichtet, die Beschlüsse und Anordnungen zur Verteidigung widerspruchslos durchzuführen. Wenige Tage später gab das staatliche Verteidigungskomitee bekannt, daß für den nordwestlichen Frontabschnitt Marschall Woroschilow, für den südwestlichen Marschall Budjonny und für den westlichen Abschnitt der Volkskommissar für Verteidigung, Marschall Timoschenko eingesetzt worden seien.

Diese Bekanntmachungen riefen in der Bevölkerung für kurze Zeit einen Stimmungswechsel hervor. »Bis jetzt mußte ja alles erst vorbereitet und organisiert werden. Jetzt fängt der Krieg erst richtig an. Es wird bestimmt schnell zu einem Umschwung an den Fronten kommen«, hörte ich damals häufig.

Aber der Umschwung kam nicht. Die deutschen Truppen stießen weiter vor.

Am 3. Juli, früh um 6 Uhr, hielt Stalin eine Rundfunkansprache, die erste seit Kriegsbeginn. Ich hatte ihn schon früher mehrmals gehört. Diesmal erkannte ich seine Stimme kaum wieder. Voll Staunen hörte ich den Anfang seiner Rede. Statt der üblichen Anrede »Genossinnen und Genossen« begann er diesmal mit den Worten: »Genossen! Bürger! Brüder und Schwestern! Kämpfer unserer Armee und Flotte! An euch wende ich mich, meine Freunde!« Es klang fast beschwörend. Schon nach diesen wenigen Worten fühlte ich, daß die Situation viel ernster sein mußte, als den Frontkommuniqués entnommen werden konnte.

Für den schnellen Vormarsch der deutschen Truppen gab Stalin die Erklärung, daß der Krieg unter Bedingungen begonnen habe, die für Hitler-Deutschland besonders günstig und für die Sowjetunion besonders ungünstig gewesen seien. Die deutschen Truppen, so erklärte er, waren bereits mobilisiert, befanden sich in voller Bereitschaft und warteten nur auf das Signal zum Vorgehen, während die Sowjettruppen erst mobilisiert und an die Grenzen geworfen werden mußten.

Stalin rief die sowjetische Bevölkerung auf, »mit der sorglosen Gelassenheit und der Stimmung des Aufbaus Schluß zu machen«. Er ermahnte sie, die ganze Arbeit auf den Krieg umzustellen, jeden Fußbreit Sowjetboden zu verteidigen, das Hinterland der Roten Armee zu festigen, die Waffenproduktion zu steigern und »einen schonungslosen Kampf gegen alle Desorganisatoren des Hinterlandes, gegen Deserteure, Panikmacher, Verbreiter von Gerüchten« zu führen.

»Alle, die durch ihre Panikmacherei und ihre Feigheit die Landesverteidigung behindern, müssen ohne Ansehen der Person dem Kriegsgericht übergeben werden«, erklärte Stalin.

Besonders nachdrücklich wies er darauf hin, daß bei einem erzwungenen Rückzug der Armee alles wertvolle Gut ins Hinterland abzutransportieren sei. »Alles wertvolle Gut, darunter Buntmetalle, Getreide und Treibstoff, das nicht abtransportiert werden kann, muß unbedingt vernichtet werden.« Schließlich rief er dazu auf, zur Unterstützung der Roten Armee in jeder Stadt, die vom Feind bedroht werde, eine Volkswehr zu schaffen. Ich wußte, daß Stalin kein mitreißender Redner war, sondern stets langsam, abgewogen, sachlich und ruhig sprach. Als wir diesmal seine Rede hörten, schauten wir uns erschreckt an: So unsicher und stockend hatte Stalin noch nie gesprochen. Mehr als das schnelle Vorrücken der deutschen Truppen, mehr als alle bisherigen Frontkommuniqués hatte uns diese Rede deutlich gemacht, in welcher Situation sich die Sowjetunion Anfang Juli 1941 befand.

Zwei Wochen nach Ausbruch des Krieges war bereits Litauen, fast ganz Lettland und Estland, ein größerer Teil Weißrußlands und der westlichen Ukraine von den deutschen Truppen besetzt. Der Vormarsch war schneller, als selbst die größten Pessimisten am 22. Juni hätten ahnen können.

In Moskau kursierten beunruhigende Gerüchte. Eine Studentin erzählte uns flüsternd:

»Die Deutschen behaupten, Stalins Sohn sei zu ihnen übergegangen. Er soll bei ihnen im Rundfunk gesprochen haben, mit genauen Angaben über Gespräche, die er mit seinem Vater gehabt haben soll. Er hat offen zum Kampf gegen die Diktatur Stalins aufgerufen.«

Sie beeilte sich natürlich, dieses Gerücht zu verurteilen. Aber wir machten uns noch lange Gedanken darüber, nicht, weil wir uns davon beeinflussen ließen – wir waren ja alle für den Sieg der Sowjetunion –, sondern weil wir fürchteten, ein solches Gerücht sei von gefährlicher Wirkung auf »politisch nicht geschulte Menschen«.

Wir waren nicht die einzigen, die diese Besorgnis hegten. Am 7. Juli wurde eine besondere Verfügung des Präsidiums des Obersten Sowjets der UdSSR erlassen:

Es wird bestimmt, daß während der Kriegszeit diejenigen, die unwahre Gerüchte verbreiten und damit Unruhe in der Bevölkerung hervorrufen, durch Urteil von Kriegstribunalen mit einer Gefängnisstrafe von zwei bis fünf Jahren bestraft werden, sofern ihr Vergehen nicht eine härtere Strafe nach sich zieht.

Bis Mitte Juli hatte sich das Moskauer Stadtbild, mit Ausnahme der Tarnung wichtiger Straßen, Plätze und Häuser, des Ausbaus der Luftschutzbunker und der zeppelinförmigen »Aerostati wosduschnogo sagrashdenija«, kaum verändert. In jenen Wochen zogen täglich noch Tausende von Moskauern in den Kulturpark, um sich von ihrer Arbeit zu erholen. Auch die Geschäfte und Restaurants arbeiteten wie im Frieden. Die Hamsterkäufe hatten schon am zweiten oder dritten Tag nach Kriegsbeginn aufgehört, da die Bevölkerung erkannte, daß keine Verknappung eintrat – zumindest keine, die über das übliche Maß hinausging.
Am 14. Juli veränderte sich dieses Bild mit einem Schlag. Wieder war ganz Moskau auf den Beinen. Vor allen Kiosken, Restaurants und Stolowajas standen lange Schlangen von Menschen – fast noch mehr als am ersten Kriegstag.
»Was ist denn los?« fragte ich einen jungen Mann, der am Ende einer wohl dreihundert Meter langen Menschenschlange stand.
»Mußt schnell einkaufen. Ab morgen werden Lebensmittelkarten eingeführt. Hast du's nicht in der Zeitung gelesen?«
Ich zog die *Prawda* aus der Tasche. Kein Wort von Lebensmittelkarten.
»Nein, nicht in der *Prawda*! Das steht nur in den örtlichen Zeitungen.«
Nach einer Stunde »Schlangestehen« gab ich es auf. Wir hatten uns nur ein kleines Stückchen vorwärtsbewegt. Am nächsten Morgen wurden in Moskau Lebensmittelkarten eingeführt, doch ernster als diese Maßnahme erschienen mir damals die Meldungen von den Fronten. Die deutschen Truppen rückten weiter vor.
»Jahrelang haben wir gehungert, auf alles verzichtet und alles

vom Munde abgespart für den Aufbau, für die Verteidigung unseres Landes. Und jetzt, wenige Wochen nach Kriegsbeginn, stoßen die deutschen Truppen schon auf Leningrad, Smolensk und Kiew vor«, sagte mir eine ältere Russin mit Bitterkeit.
»Das ist ein zeitweiliger Rückzug. Die deutschen Truppen waren auf den Krieg vorbereitet. Die Sowjetunion mußte erst mobilisieren«, erklärte ich und gab damit jene Antwort, die zu dieser Zeit alle »bewußten Komsomolzen« gaben. Aber schon am nächsten Tag wurden selbst wir Komsomolzen nachdenklich und besorgt. Am 17. Juli wurden in der Roten Armee die Militärkommissare wieder eingeführt.
In der Schule, im Komsomol und in der Hochschule hatten wir schon viel über die Militärkommissare gehört. Stets war uns erklärt worden, ihr Einsatz sei eine notwendige Übergangsmaßnahme in der Periode des Bürgerkrieges gewesen. Damals habe die Rote Armee noch zu wenig eigene Kommandeure gehabt. Den alten zaristischen Generälen und Offizieren mußten Kommissare zur politischen Leitung und in gewissem Sinne zur Überwachung beigegeben werden. Gegenwärtig sei das jedoch nicht mehr notwendig. Die Rote Armee habe nun eigene zuverlässige Kommandeure.
Drei Wochen nach Kriegsbeginn mußten wieder Kommissare eingesetzt werden. Nachdenklich las ich den ausführlichen Befehl.
Die Militärkommissare wurden in der Verordnung als »Vertreter der Partei und der Regierung in der Roten Armee« bezeichnet, die »gemeinsam mit den Kommandeuren die volle Verantwortung für die Durchführung der gestellten Kampfaufgaben« tragen sollten. Die Kommissare seien verpflichtet, »streng die Verwirklichung aller Befehle der höheren Kommandostellen zu kontrollieren«, rechtzeitig das Oberkommando und die Regierung »über jene Kommandeure zu benachrichtigen«, die »die Ehre der Roten Armee verletzen«. Sie sollten einen »unerbittlichen Kampf führen gegen Feiglinge und Deserteure« und seien verpflichtet, »jeden Verrat mit der Wurzel auszurotten«.

Wieder und wieder las ich diese Sätze. Wir hatten bis dahin nichts Genaueres über die Lage an der Front erfahren, fragten uns aber besorgt, was dort vor sich gehen mochte, wenn die Kommissare ausdrücklichen Befehl erhielten, den Kampf gegen Verrat, Panik und Desertation zu führen.

Am 20. Juli wurden wir durch eine neue Verordnung überrascht: Stalin wurde zum Volkskommissar für die Verteidigung der UdSSR ernannt. Der bisherige Volkskommissar fungierte nun als Stalins Stellvertreter. Noch acht Tage zuvor war Timoschenko als Volkskommissar für Verteidigung ausdrücklich genannt worden.

Aber weder die Einsetzung des Staatskomitees für Verteidigung, die Ernennung der Oberbefehlshaber und die Einführung der Militärkommissare noch die Ernennung Stalins zum Volkskommissar für Verteidigung brachte die Wendung an den Fronten. Die deutschen Truppen stießen weiter vor. Sie näherten sich Smolensk.

Ende Juli begann man in Moskau Kinderheime, Kindergärten, Museen, später auch Industriebetriebe für die Evakuierung vorzubereiten. Immer häufiger sah man Lastwagenkolonnen zum Bahnhof fahren und lange Güterzüge auf der Fahrt gen Osten rollen.

Auch die Einberufung in die *Narodnoje opoltschenije* (Volkswehr) zeigte uns den Ernst der Lage. Die Studenten, ja selbst die Dozenten wurden plötzlich zur Volkswehr einberufen. Für eine moderne Kriegsführung gar nicht oder nur unzulänglich vorbereitet und sehr schlecht ausgerüstet, sollten sie sich Hitlers Panzerkolonnen entgegenstellen. Häufig sah ich in den Straßen Moskaus solche Kolonnen, oft in Zivilkleidung und nur mit Gewehren ausgerüstet. Es wurde gemunkelt, daß sie, so wie sie da waren, an die Front kommen sollten. Es braucht nicht erwähnt zu werden, daß diese Männer der *Narodnoje opoltschenije* die damals weit überlegenen deutschen Truppen genausowenig aufhalten konnten, wie im Frühjahr 1945 der deutsche Volkssturm die alliierten Truppen.

In jenen Wochen standen wir so im Banne des Krieges, daß unsere frühere kritische und oppositionelle Stellungnahme zu einzelnen Fragen völlig in den Hintergrund gedrängt wurde. Für uns alle war der Kampf gegen den Faschismus die wichtigste Aufgabe. Es schien auch keine Zweifel mehr zu geben. Kaum jemand dachte noch an jene tragischen Prozesse und Massenverhaftungen, die sich einige Jahre vorher in der Sowjetunion abgespielt hatten. Von all den mir bekannten Komsomolzen und Studenten wünschte der größte Teil ehrlich den Sieg der Sowjetunion über Hitler, verknüpfte allerdings damit gleichzeitig die Hoffnung, daß das Leben in der UdSSR nach dem Sieg freier und ungezwungener sein möge als vorher. Wir waren viel zu sehr im Geiste des Systems erzogen und vom stalinistischen Gedankengut durchdrungen, um das System als solches grundsätzlich abzulehnen. Was wir wünschten, war nichts weiter, als innerhalb dieses Systems – ein anderes konnte ich mir zu jener Zeit gar nicht vorstellen – etwas freier und ungezwungener leben zu können und stärkeren geistigen Kontakt mit dem Ausland zu haben.
Wie weit wir von der Erfüllung selbst dieser bescheidenen Wünsche entfernt waren, kam mir wenige Tage später zum Bewußtsein. Zusammen mit Hans Hanslitschek, einem österreichischen Jugendlichen und ehemaligen Zögling unseres Kinderheimes Nr. 6, der seit einiger Zeit als Facharbeiter in den Stalin-Autowerken in Moskau beschäftigt war, wurde ich eines Nachmittags zu dem österreichischen Komintern-Funktionär Willi Fink in das Hotel Lux eingeladen. Willi Fink hatte als Mitarbeiter des Komintern die Möglichkeit, die ausländische Presse, darunter auch die Nazi-Zeitungen, regelmäßig zu lesen. Während wir beim Tee zusammensaßen, sprachen wir von den letzten Luftangriffen auf Moskau.
Willi Fink, der in der Komintern auch den *Völkischen Beobachter* las, erzählte uns, daß die Nazi-Presse über »Großbrände in Moskau« berichtet hätte. Wir lachten – denn Großbrände hatte es bei den geringen Angriffen gar nicht gegeben. Besonders Hans freute sich:

»Das muß ich meinen Kollegen im Betrieb erzählen, die werden sich köstlich über diesen Blödsinn amüsieren.«

Dann wandte sich das Gespräch anderen Dingen zu. Willi Fink schien aber unruhig zu sein. Beim Abschied bemerkte er:

»Was ich noch sagen wollte: Von den Behauptungen der Nazi-Presse über Großbrände in Moskau sollt ihr, bitte, keinem etwas erzählen.«

Wir verstanden. Wir wußten, daß auch die Komintern-Funktionäre nicht das Recht hatten, auch nur einen einzigen Satz von dem weiterzugeben, was sie in ausländischen Zeitungen gelesen hatten. Es berührte mich unangenehm: Man durfte also selbst die Dinge nicht aussprechen, die harmlos waren, ja sogar eine prosowjetische Wirkung haben mußten.

Am Abend erfuhr ich, daß in dem Nebenzimmer unseres Studentenheimes ein wolgadeutscher Student verhaftet worden war. Kurz darauf traf ich zwei Berliner Mädchen, Gerda und Käthe, die Töchter des kommunistischen Schriftstellers Albert Hotopp. Sie weinten. Ihr Vater, der Autor des Buches *Fischkutter HF 13*, der in die Sowjetunion emigriert war und sogar die Säuberungen überlebt hatte, war von der NKWD verhaftet worden...

Zwei Wochen später ging ich mit zwei Studentinnen in das Udarnik-Kino. Im Vorraum sahen wir etwas, was noch wenige Monate vorher unvorstellbar gewesen wäre: eine Ausstellung von Bildern aus englischen und amerikanischen Filmen mit kurzen Beschreibungen und den Fotos der Hauptdarsteller. Die ganze Wand des Vorraums des Udarnik-Kinos war damit gefüllt. Wir waren angenehm überrascht und freuten uns über diese Unterbrechung unserer Isolierung – selbst wenn sie noch so bescheiden war.

In der Sowjetunion aufgewachsen und erzogen, hatten wir uns angewöhnt, die kleinsten Veränderungen sofort zu bemerken und oft weitgehende politische Überlegungen daran zu knüpfen. Voller Interesse betrachteten wir die Bilder aus den westlichen Filmen.

»Es ist eigentlich schön, einmal solche Bilder zu sehen«, sagte eine der beiden Studentinnen.
Ich nickte zustimmend: »Vielleicht sind diese Filmfotos nur der Anfang?«
Wir spürten, daß wir beide das gleiche gedacht hatten und begannen vorsichtig etwas offener zu reden.
»Es ist ein Glück für uns, daß wir nicht mehr mit Hitler zusammengehen, sondern gemeinsam mit England und später vielleicht auch mit Amerika den Krieg gegen Hitler führen. Wenn Hitler besiegt ist, dann wird sich vielleicht auch bei uns manches ändern«, flüsterte sie hoffnungsvoll.
»Auch ich hoffe, daß nach dem Kriege...«
Ich kam nicht dazu, mehr zu sagen.
Die andere Studentin, die sich schon bei unseren ersten Worten ängstlich umgesehen hatte, flüsterte uns beschwörend zu: »Tsch sch...« – die russische Variante für das deutsche »Pst« – »bitte, hört auf, redet nicht mehr weiter«.
Wieder kam mir der Zwiespalt unserer Lage zu Bewußtsein: Wir wollten ja den Sieg der Sowjetunion über Hitler; wir waren ja gar nicht gegen das System!
Warum aber konnten sich drei Moskauer Studenten und Komsomolzen nicht einmal darüber unterhalten, ob es nach dem Sieg über Hitler etwas freier werden würde?
Am nächsten Tag, dem 14. August, gab die *Prawda* bekannt: »Vor einigen Tagen haben unsere Truppen Smolensk aufgegeben.« Vor einigen Tagen – das hieß, die deutschen Truppen waren bereits über Smolensk hinaus auf dem Weg nach Moskau.

Abschied von Moskau

Am 1. September 1941 begann wieder der Betrieb an unserer Hochschule. Allerdings waren inzwischen viele von uns, darunter auch Mädchen, zur Armee oder zur Volkswehr eingezogen worden. Der Rest sollte während des Krieges noch mehr als bisher die ganze Kraft für das Studium einsetzen. Es war jedoch nicht so einfach, sich auf englische Philologie und vergleichende Sprachwissenschaft zu konzentrieren, während die deutschen Truppen Leningrad umzingelten und zur gleichen Zeit auf Moskau vorrückten. Ich versuchte dennoch ernsthaft zu studieren.

Am Abend des 14. September stand ein Milizionär vor der Tür unseres Studentenzimmers – was mich nicht beunruhigte. Verhaftungen mit politischem Hintergrund wurden ja ausschließlich von NKWD-Leuten vorgenommen. Etwas unruhig wurde ich allerdings, als er aus seiner Tasche einen Zettel hervorholte und mich streng ansah.

»Sind Sie der Genosse Leonhard, Student der Moskauer Staatlichen Pädagogischen Hochschule für Fremdsprachen?«

Da gab es nichts zu leugnen.

»Sie werden gebeten, morgen nachmittag, um 4 Uhr, auf die Milizstation zu kommen. Unterschreiben Sie bitte diesen Zettel.«

Bei der Miliz sah es fast aus wie in einem Zigeunerlager. Dicht gedrängt standen 100 bis 150 Personen im Vorraum. Nach den Gesichtern zu urteilen, warteten manche bereits Stunden. Es handelte sich zumeist um deutsche Emigranten, die zum Teil mit ihren Frauen und Kindern gekommen waren. Schon bald entdeckte ich viele Bekannte.

Nach und nach wurden die Familien zum Chef der Milizstation gerufen. Da jedoch immer wieder neue in den Vorraum drängten, schien sich die Zahl kaum zu verändern.

Flüsternd wurde erzählt: Alle Deutschen sollten für die Dauer des Krieges nach Kysil-orda umgesiedelt werden, und zwar schon in den nächsten Tagen. Ausnahmen waren nicht vorgesehen.

»Auch Komsomolzen müssen fahren?« erkundigte ich mich.

»Alle«, sagte man mir. »Selbst diejenigen, die inzwischen Mitglieder der russischen Partei geworden sind. Nur einige aus der Komintern sind ausgenommen.«

Großes Rätselraten: »Wo liegt denn dieses Kysil-orda?«

»In der Kasachischen Unionsrepublik.«
»Ja, und wo ist diese Kasachische Unionsrepublik?«
Wir jüngeren, stolz auf unsere frisch erworbenen Geographiekenntnisse, erklärten: »Kasachstan ist die zweitgrößte Unionsrepublik in der Sowjetunion und reicht von der Wolga im Westen bis zur chinesischen Grenze im Osten, von Sibirien im Norden bis zur Kirgisischen und Usbekischen Unionsrepublik im Süden.«
»Ja, aber, was ist denn nun in Kysil-orda?«
Hier verließen uns unsere Kenntnisse.
»Ich weiß nur, daß Kysil-orda zu den vier oder fünf größten Städten Kasachstans gehört. *Kysil-orda* ist ein kasachisches Wort. Auf deutsch heißt es ›Rote Horde‹.«
Der Name war nicht dazu angetan, die Gemüter der älteren Genossen zu beruhigen.
Nach etwa zwei Stunden wurde auch mein Name aufgerufen. Hinter Bergen von Akten saß der Chef, umschwärmt von zwei Gehilfen. Sie hatten sich redlich zu plagen, um diese unerwartete riesige Aussiedlungsarbeit zu bewältigen. Trotzdem war er nicht einmal unfreundlich, als er schnell einige Fragen stellte:
»Seit wann leben Sie in der Sowjetunion?«
»Seit 1935, seit 1936 war ich im Kinderheim für Schutzbundkinder, seit 1940 bin ich Student.«
»Wo studieren Sie?«
»Im Moskauer Staatlichen Pädagogischen Institut für Fremdsprachen.«
»Sie werden jetzt wohl Ihre Studien unterbrechen müssen. Wir haben die Anweisung, alle in Moskau lebenden Deutschen während der Dauer des Krieges nach Kysil-orda umzusiedeln. Es handelt sich um eine notwendige Schutzmaßnahme lediglich für die Dauer des Krieges. Nach Beendigung des Krieges können Sie wieder nach Moskau zurückkehren.«
Unterdessen hatte sein Gehilfe bereits meinen Personalausweis genommen. Als ich ihn zurückerhielt, sah ich in meinem Dokument einen großen roten Stempel:

Der Inhaber dieses Ausweises hat das Recht, ausschließlich im Kysil-orda-Gebiet der Kasachischen Sowjetrepublik zu leben.

Sehr bald stellte sich heraus, daß alle diesen Stempel erhalten hatten. Wir würden uns also bald im Kysil-orda-Gebiet der Kasachischen Sowjetrepublik wiedersehen!
Der Termin für den Abtransport nach Kysil-orda sollte uns rechtzeitig bekanntgegeben werden. Wir hatten das Recht, Mobiliar und Gepäck bis zu 1000 kg mitzunehmen. Jungarbeiter und Studenten lächelten über diesen Hinweis. Wer von uns besaß schon mehr Sachen als in einem, höchstens zwei Koffern unterzubringen waren!
Die Umsiedlung nach Kysil-orda war tagelang das Hauptgesprächsthema der deutschen Emigranten. Schnell tauchten Gerüchte auf, daß die Komintern bzw. die Parteivertretung der KPD in Moskau eine Liste derjenigen Genossen vorbereite, deren Anwesenheit in Moskau absolut notwendig sei.
Auch ich beschloß, mein Glück in dieser Richtung zu versuchen. Von Kominternfunktionäre kannte ich damals nur drei etwas näher: Hans Mahle, der als Redakteur am Moskauer Rundfunk tätig war; den österreichischen Jugendvertreter Willi Fink und Lea Lichter, eine jüngere Kominternfunktionärin, die unter Hitler in der ersten gemeinsamen illegalen Gruppe von Kommunisten und Katholiken im Westen Deutschlands gearbeitet hatte und sich nun in Moskau mit den deutschen Jugendlichen beschäftigte.
Es gelang mir, Lea zu erreichen.
»Du hast Glück. Da du im Moskauer Rundfunk gebraucht werden wirst, stehst du mit auf der Liste derjenigen Genossen, die hier bleiben können. Die Liste ist heute schon unterzeichnet, und du wirst in der nächsten Zeit von der Milizstation darüber hören.« Tatsächlich erhielt ich schon wenige Tage später eine Bescheinigung zugeschickt, und wieder war ich – diesmal freudestrahlend – auf dem Weg zur Miliz.
Der Milizchef las das Schreiben durch, verglich es sorgfältig mit

einer Liste und nahm mir schweigend meinen noch vor wenigen Tagen gestempelten Ausweis wieder ab.
Ich war hocherfreut – der Milizchef schien es nicht zu sein. Er gab aber meinen Personalausweis seinem Gehilfen mit der Anweisung, mir einen neuen, ohne den Ausweisungsbefehl, auszustellen.
Während dieser Prozedur erklärte er mir: »Selbstverständlich lasse ich Ihnen sofort ein neues Dokument ausstellen, mit dem Sie das Recht erhalten, auch während des Krieges in Moskau zu bleiben. An Ihrer Stelle würde ich dieses Recht jedoch nicht in Anspruch nehmen. Es kann sein, daß Sie einige Wochen später unter viel schwierigeren Bedingungen Moskau verlassen müssen. Ich würde Ihnen daher den Vorschlag machen, daß Sie mit Ihrem neuen Dokument – also auf völlig freiwilliger Grundlage – mit demselben Umsiedlungszug fahren, für den Sie an und für sich ja vorgesehen waren. Sie hätten dann die Möglichkeit, nach Eintreffen des Zuges in Kysil-orda Ihr Dokument dem Transportführer zu zeigen und könnten sich dann beliebig einen Ort aussuchen, wo Sie arbeiten oder studieren wollen.«
Der Vorschlag kam mir etwas unerwartet, aber er schien einleuchtend zu sein.
Unterdessen hatte er meine Akten durchgeblättert.
»Sie studieren doch im Moskauer Institut für Fremdsprachen? Wird das nicht auch evakuiert?«
»Ja, ich habe gehört, daß es nach Alma-Ata in Kasachstan kommen soll.«
»Sehen Sie, das trifft sich ja ausgezeichnet. Sie könnten bis Kysil-orda fahren und von dort weiter nach Alma-Ata.«
Seine Argumente leuchteten mir ein. Bevor ich wieder im Studentenheim angekommen war, hatte ich meinen Entschluß gefaßt. Ich hatte jetzt einen Personalausweis ohne die Zwangsumsiedlungsverpflichtung, konnte aber freiwillig mitfahren. Von Kysil-orda würde ich meine Reise fortsetzen und dorthin fahren, wo meine Hochschule inzwischen gelandet war. Niemand würde mich daran hindern, denn ich gehörte ja jetzt schließlich nicht mehr zu den Zwangsumsiedlern.

Alles lag sonnenklar auf der Hand, und an diesem Septembertag des Jahres 1941 glaubte ich fest daran. Ich ahnte nicht, daß ich schon wenige Wochen später bittere Enttäuschungen erleben sollte. Nach einigen Tagen erhielten wir die Nachricht, daß es am 28. September früh »losgehen« würde. Es war ein aufgeregtes Hin und Her, denn aus unserer Hochschule siedelte eine ganze Anzahl von Studenten um. Wieder einmal wurde Abschied gefeiert.

Morgens um 6 Uhr fuhren zwei große Lastwagen vor. Wir schleppten unsere Sachen hinunter. Am Eingang des Studentenheimes hatten sich unsere Freunde versammelt. Mein Zimmerkamerad und Freund, der polnische Spanienkämpfer Benek, umarmte mich. Beide dachten wir etwas bang an die Zukunft und hofften sehr auf ein Wiedersehen. Unsere Hoffnung sollte nicht in Erfüllung gehen. Er wurde bald noch weiter evakuiert als ich – in die äußerste südöstliche Ecke Kirgisiens.

Dann fuhr unser Lastwagen ab. Abschiedsrufe ertönten, langsam entfernten wir uns von dem Studentenheim, das ich im Laufe dieses einen Jahres schon als mein richtiges »Zuhause« betrachtet hatte.

Wir fuhren durch Moskau – zwei Lastwagen, vollbepackt mit Kisten und Koffern, auf denen Deutsche saßen, um nach Kysilorda umgesiedelt zu werden.

Ich nahm an, daß wir zum Bahnhof fahren würden, das erwies sich als Irrtum. Wir erreichten bald die Vororte, und nach einer weiteren Viertelstunde sahen wir einen langen Güterzug mit etwa 80 Wagen. Davor standen oder saßen Hunderte von Menschen, beladen mit Koffern und Rucksäcken. Ein Bahnhofsgebäude gab es nicht, nur einige Gleise, um die in weitem Umkreis ein Holzzaun errichtet war.

An der Einfahrt stand ein Milizsoldat. »Propusk«, fragte er barsch. Ein neben dem Chauffeur sitzender Begleiter zeigte ein Papier. Dann wurden wir durchgelassen.

Kaum waren wir ausgestiegen, da kamen schon einige Uniformierte auf uns zu:

»So, packt eure Sachen schnell aus, dann rein in den Zug. Niemand darf mehr das umstellte Gebiet ohne ausdrückliche Genehmigung verlassen.«
Jetzt erst erkannte ich meine wirkliche Situation: Ich hatte das erschreckende Gefühl, ein Gefangener zu sein.

4 Zwangsumsiedlung nach Karaganda

Der umzäunte und bewachte Güterbahnhof in Moskau glich an diesem 28. September 1941 einem Ameisenhaufen. Alle 10 bis 15 Minuten trafen neue Lastwagen mit Deutschen ein, die ebenfalls umgesiedelt werden sollten. In den schwersten Tagen des Krieges, während des Vormarsches der Wehrmacht auf Moskau, da jeder Eisenbahnwaggon und jeder Lastwagen dringend benötigt wurden, standen für diese Aktion viele Lastautos, Züge und Personal bereit.

Unaufhörlich gingen Uniformierte vor dem Güterzug auf und ab: »Was steht ihr hier herum? Geht in den Zug!«

Wir gingen den Zug entlang, um irgendwo noch ein kleines Plätzchen zu finden. Aber die in den Waggons eng zusammengepreßt sitzenden Menschen riefen uns schon von weitem entgegen: »Mest njet«, es gibt keinen Platz mehr! Wir mußten den Leuten recht geben: Alle Wagen waren voll besetzt.

Die Uniformierten tauchten wieder auf: »Warum seid ihr noch nicht im Zug?«

»Es geht nicht, Genosse Offizier, die Wagen sind alle überfüllt.«

Die Uniformierten ließen sich nicht beeindrucken. »Das werden wir gleich haben.« Sie gingen mit uns den ganzen Zug noch einmal entlang, und da entdeckten wir etwas, was wir vorher übersehen hatten: Nicht nur der Bahnhof, sondern auch der Zug hatte eine Wachmannschaft aus Rotarmisten und einigen Offizieren! Die Uniformierten gaben lediglich kurze Anweisungen.

Die eng zusammengepferchten Deutschen hoben nun nicht mehr abwehrend ihre Hände. Sie stöhnten nur noch leise. In weniger als einer halben Stunde waren wir und viele andere Neuankömmlinge verfrachtet. Wir konnten nicht einmal sitzen, sondern standen und warteten, was noch kommen würde.

Die Fahrt ins Ungewisse

Etwa 50 Menschen befanden sich in unserem kleinen Güterwagen. Alle Altersstufen, alle Berufe und alle sozialen Schichten waren vertreten, vom unqualifizierten Arbeiter bis zu einem Professor, der sich auf dem Gebiet des Fernsehens einen Namen gemacht hatte, von einem fast 80 Jahre alten Mann bis zum dreijährigen Kind. Mit Ausnahme von einigen deutschen Emigranten war niemand von ihnen je in Deutschland gewesen. Die meisten hatten auch nie Deutsch gelernt und waren genauso Russen, wie jeder beliebige Einwohner Moskaus. Zwei oder drei Reisegefährten waren Hausmädchen, die aus der Wolgarepublik stammten und bereits als Kinder nach Moskau gekommen waren.

Allmählich begriff ich, warum all diese Menschen plötzlich als »Deutsche« nach Kysil-orda verfrachtet werden sollten. Im Januar 1939 hatte in der Sowjetunion eine Volkszählung stattgefunden. Neben der Staatsangehörigkeit mußte damals auch die Nationalität vermerkt werden. Dabei konnte man diese nach eigenem Gutdünken angeben, nach Tradition der Vorfahren oder dem Zugehörigkeitsgefühl zu einer bestimmten Kultur usw. Ohne sich viel dabei zu denken, hatten einfach viele Sowjetbürger »Njemez« (Deutscher) oder »njemka« (Deutsche) geschrieben. Sie konnten nicht ahnen, daß dies einmal über ihr Schicksal entscheiden sollte. Nun saßen sie, die nicht einmal Deutsch konnten, hier als »Deutsche« und fuhren einem ungewissen Schicksal entgegen.

Ich schloß mich zunächst einmal an die »richtigen Deutschen« an: deutsche KP-Funktionäre, die in Spanien mit den Internationalen Brigaden gekämpft hatten, 1939 in die Sowjetunion emigriert waren und nun als »unzuverlässige Deutsche« in diesem Zug saßen; die Frau des kommunistischen Schriftstellers Albert Hotopp und ihre beiden Töchter Käthe und Gerda; Irmgard Sickert, die Tochter des deutschen Kommunisten Alfred Sickert, der in den Internationalen Brigaden gekämpft hatte und während des Krieges in der Schweiz interniert war. Sie war 1934

in die Sowjetunion gekommen und studierte später, wie ich, am Institut für Fremdsprachen.
An diesem ersten Abend herrschte eine trübselige Stimmung. Die drei Spanienkämpfer begannen zu singen, lustige, fröhliche Lieder. »Ihr scheint ja trotz allem guter Stimmung zu sein«, rief jemand.
»Alles nur Galgenhumor«, antwortete einer von ihnen.
Ich konnte sie gut verstehen. Sie hatten der Partei jahrzehntelang treu gedient, in Spanien ihr Leben aufs Spiel gesetzt und wurden nun in entlegene Gebiete Mittelasiens verfrachtet.
Ich überdachte meine eigene Situation. Gestern noch Komsomolze und Student, saß ich nun als »unzuverlässiger Ausländer« in einem bewachten Güterwagen, verließ Moskau, verließ meine Freunde und wurde nach Kysil-orda umgesiedelt.
Aber, so eigentümlich dies für einen heutigen Leser klingen mag, ich empfand weder Erbitterung noch Groll, sondern war im Gegenteil bestrebt, diese Zwangsumsiedlung zu rechtfertigen. Gewiß, so sagte ich mir, ist es kein angenehmes Schicksal, als ehrlicher Komsomolze in einem bewachten Güterzug als »unzuverlässig« nach Mittelasien verfrachtet zu werden; gewiß ist es tragisch, insbesondere für jene Genossen, die ihr ganzes Leben lang der Partei gedient hatten und nun als Dank dafür verschickt werden – aber war es denn wirklich möglich, in diesen kritischen Tagen des Vormarsches der Nazi-Truppen genügend Zeit für eine gerechte Klassifizierung zu finden?
Langsam fuhren wir durch die russischen Ebenen. Oft mußten wir lange auf freier Strecke halten. Wir hatten ja Zeit.
Die ersten Städte, die wir passierten, Rjashsk und Morschansk, südöstlich von Moskau, machten noch einen verhältnismäßig friedlichen Eindruck.
Aber das änderte sich bald. Am 6. Tag unserer Reise kamen wir nach Pensa, etwa 550 Kilometer südöstlich von Moskau. Überall, im Bahnhof, auf den Treppen, auf den Straßen und Plätzen, saßen und lagen Tausende von Menschen – Flüchtlinge und Evakuierte aus den Westgebieten Rußlands. Trotz der rigorosen Ein-

quartierungen standen die örtlichen Behörden dem ständigen Strom von Evakuierten völlig machtlos gegenüber. So legten sich die Menschen einfach auf die Straßen und Plätze, in der Hoffnung, einmal einen Zug zu erwischen, der sie irgendwohin weiter nach Osten bringen würde. Aber es war eine vergebliche Hoffnung. Die Züge waren bereits überfüllt, wenn sie in Pensa eintrafen, und so mußten die Menschen Wochen dort verbringen, bis sie dann später auf die Kollektivwirtschaften der umliegenden Ortschaften verteilt wurden.
Am späten Abend ging es weiter – in Richtung Sysran und Kuibyschew. Spät nachts langten wir in Kuibyschew an. Wieder wollte ich hinaus, aber diesmal war unser Zug umstellt.
Die sonst gleichmütigen Wachen liefen aufgeregt hin und her:
»Niemand darf den Zug hier verlassen!«
»Auch nicht zum Wasserholen?«
»Nein, auch nicht zum Wasserholen. Kein Mensch darf bei schwerster Strafe aus den Wagen heraus, solange wir hier auf dieser Station stehen!«
Einige Wochen später, als wir längst in Mittelasien waren, erfuhren wir den Grund für diese Anordnung: Um diese Zeit waren die Vorbereitungen für die Übersiedlung der Regierung, der Ministerien und der ausländischen Gesandtschaften von Moskau nach Kuibyschew im Gange. Nur Angehörige dieser Spitzeninstitutionen und einige privilegierte Personen durften nach Kuibyschew.
Nachdem wir Kuibyschew verlassen hatten, schien sich unsere Fahrt zu beschleunigen, und wir wurden ganz optimistisch. Viele saßen über die Karten gebeugt. Jetzt schien ja alles klar zu sein, denn es gab von Kuibyschew nur eine Möglichkeit, nach Kysil-orda zu kommen: weiter in südöstlicher Richtung, über Tschkalow, Aktjubinsk und Aralsk. Immer häufiger bewegten sich unsere Gespräche um das zukünftige Leben in Kysil-orda.
Östlich von Kuibyschew hielten wir plötzlich mitten auf der Strecke viele Stunden lang. Wir durften wieder hinaus, und ich

ging am Zug entlang, als ich plötzlich auf einem Wagen die Aufschrift »Tscheljabinsk« sah.
Tscheljabinsk? Das liegt ja gar nicht auf der Strecke nach Kysil-orda!
Schnell lief ich in meinen Wagen zurück und berichtete meine Entdeckung. Alle Köpfe waren wieder über die Karten gebeugt. Nach Kysil-orda mußten wir in südöstlicher Richtung fahren, Tscheljabinsk dagegen lag in nordöstlicher Richtung.
Wir fragten unser Begleitpersonal.
»Fahren wir auch ganz bestimmt nach Kysil-orda?«
Der Uniformierte nickte, allerdings ziemlich unbestimmt
»Was bedeutet denn diese Aufschrift, ›Tscheljabinsk‹?«
»Nje snaju, ne mogu skasatj« (Ich weiß nicht, ich kann es nicht sagen), wurde uns in jenem Tonfall geantwortet, der mir nach sechsjährigem Aufenthalt in der Sowjetunion durchaus vertraut war.
Während der Nacht waren wir in nordöstlicher Richtung gefahren und befanden uns nun in Buguruslan in Baschkirien. Mit Kysil-orda war es also nichts!
Wir hatten zwar bisher keine Ahnung, wie es in Kysil-orda aussah, aber wir hatten wenigstens gewußt, wohin es gehen sollte. Jetzt wußten wir nicht einmal das. Nun war es vollends eine Fahrt ins Ungewisse.
Am 17. Tag der Fahrt kam plötzlich wieder Bewegung in unseren langen Güterzug. »Wir sind in Kasachstan!« wurde irgendwo gerufen, und im Nu pflanzte sich der Ruf durch alle 80 Waggons unseres Zuges fort. Auf einer kleinen Station sahen wir unter den russischen Aufschriften auch die kasachischen Bezeichnungen. Wieder kamen die Karten zum Vorschein. Tatsächlich, wir befanden uns zwischen der westsibirischen Stadt Kurgan und der kasachischen Stadt Petropawlowsk.
Am Abend kamen wir in die erste größere Stadt der kasachischen Republik mit dem allerdings urwüchsig russischen Namen Petropawlowsk. Irgend jemand erinnerte daran, daß Petropawlowsk früher einmal Knotenpunkt der Karawanen war, die von

Buchara und Taschkent kamen und hier ihre Waren zum weiteren Transport nach Rußland umschlugen. Aber unser Interesse galt in diesem Augenblick nur der Gegenwart.
Hier sahen wir zum erstenmal Kasachen. Fast alle hatten pechschwarzes Haar, dunkle Augen, einen gelbbraunen Teint und eine Augenform, wie wir sie uns immer bei Mongolen vorgestellt hatten. Auffallend waren für uns noch der eigentümliche Gang und die verhältnismäßig kurzen Beine bei einem längeren Oberkörper.
Von Petropawlowsk fuhren wir nun in südlicher Richtung. Da die Eisenbahnlinie nur bis Balchasch führte, mußte unsere Reise irgendwo zwischen Petropawlowsk und dem Balchasch-See ihr Ende finden.
Es war warm geworden. In Petropawlowsk hatte man noch einige offene Güterwagen voll verrosteter Maschinen angehängt. Wir setzten uns auf die offenen Wagen am Ende des Zuges, ließen uns von der kasachischen Oktobersonne bräunen und schauten uns die Gegend an. Aber es gab nicht viel zu sehen. Wir fuhren nur durch Ebenen. Es war so spiegelglatt wie eine einzige Marmorplatte – nicht ein Hügel, nicht eine Mulde. So ging es Stunden und Tage.
Bei unserer Fahrt durch Nordkasachstan gab es nur eine Abwechslung: große, oft viele Meter hohe Holzgerüste rechts und links von den Eisenbahnschienen – Dutzende von Kilometern lang.
An einem kleineren Ort trafen wir einen Eisenbahnbeamten.
»Wozu sind denn hier diese riesigen Holzgerüste?«
»Das sind Schutzvorrichtungen gegen den Schnee. Vor allem gegen die Schneestürme, gegen den Buran.«
»Gibt's denn hier so viel Schnee?«
»Im Winter haben wir davon 'ne ganze Menge, 8 oder 10 oder sogar 15 Meter hoch liegt der Schnee hier. Manchmal können die Züge sogar trotz der Vorrichtung tagelang nicht durch.«
»Nette Aussichten«, sagte ein junger Student und pfiff dabei durch die Zähne.

Aber wir waren nicht sehr beeindruckt. Kälte und Schneestürme schienen uns so fern zu liegen, jetzt, da wir durch die Ebenen fuhren, die Sonne schien und wir außerdem zum erstenmal genug zu essen hatten.
Am 22. Tag unserer Reise, um 5 Uhr früh, hielt der Zug. Die Posten liefen aufgeregt hin und her. Alle Türen wurden aufgerissen.
»Wir sind angekommen, ihr könnt alle aussteigen!«
Wir stürzten hinaus. Wir sahen kein Haus, keinen Weg, keinen Baum, keinen Strauch. Um uns nur Steppe.
Wir fragten unsere Bewachungssoldaten.
Keine Antwort.
Erst eine Stunde später erfuhren wir, daß wir uns in der Nähe der kleinen Ortschaft Ossokarowka befanden, etwa 120 Kilometer nördlich von Karaganda. Das also war unser Reiseziel.

Dörfer ohne Namen

Unschlüssig standen wir vor unserem Güterzug. Inzwischen war unser Gepäck entladen. Langsam wurde es heller, und jetzt konnten wir in der Ferne die Umrisse von Ossokarowka erkennen.
Bald näherten sich Bauernwagen. Einige waren mit Pferden bespannt, die meisten jedoch mit Ochsen und Kamelen. Ich traute meinen Augen kaum, als ich Kamele vor den Bauernfuhrwerken sah.
Die Offiziere unserer Begleitmannschaft liefen aufgeregt hin und her. Wenige Minuten später kam »unser Wachsoldat« mit einer Liste an.
»Kommt mal alle näher, ich werde jetzt die Einteilung bekanntgeben. Ihr werdet alle auf die umliegenden Ortschaften verteilt.«
Dann begann er die Liste vorzulesen.
Was war denn das? Ich hörte keinen Ortsnamen! Immer nur »Possjolok Nr. 5, Possjolok Nr. 12, Possjolok Nr. 8, Possjolok Nr. 24...«

Possjolok heißt auf deutsch Siedlung. Offenbar gab es hier keine Dörfer, sondern nur Siedlungen ohne Namen. Siedlungen, die lediglich numeriert waren.
Dann hörte ich meinen Namen: »Leonhard, Possjolok Nr. 5!«
Bald war die Aufzählung beendet.
Wieder hatte ich – wie damals bei der Abfahrt – ein unangenehmes Gefühl, aber es galt mehr dem Schicksal meiner Freunde und Reisegefährten als mir selbst. Ich hatte ja schließlich immer noch einen Personalausweis ohne den berüchtigten Ausweisungsstempel.
Vorsichtig nahm ich meinen Ausweis aus der Brieftasche. Er war jetzt das einzige, was mich noch mit der Freiheit verband. Ich hatte schon zu Beginn der Reise mit dem verantwortlichen Transportoffizier gesprochen. Er hatte mir versichert, daß alles in Ordnung kommen werde. Nun wollte ich ihn daran erinnern.
»Genosse Transportoffizier, Sie wissen, daß ich nicht den Ausweisungsstempel besitze und nur auf Vorschlag des Milizchefs in meinem Moskauer Rayon hierher mitgefahren bin. Er hat mir ausdrücklich das Recht zugestanden, von hier aus frei selbst weiterzufahren. Ich möchte jetzt gerne meine Sachen bekommen, damit ich nach Alma-Ata fahren kann.«
Noch nie, so schien mir, hatte mein Schicksal so sehr von der Antwort eines Menschen abgehangen wie jetzt; aber ich war meiner Sache ganz sicher.
Aber dann geschah etwas Unfaßbares.
»Das alles geht mich nichts an. Ich hab' damit nichts zu tun! Wenn Ihre Angaben stimmen, können Sie ja dann an Ort und Stelle Ihre Angelegenheit klären. Vorläufig jedenfalls müssen Sie mit zu der Siedlung fahren, der Sie jetzt zugeteilt worden sind.«
»Genosse Offizier! Sie sehen hier meinen Personalausweis. Er ist in Moskau am 21. September 1941 neu ausgestellt und enthält keinerlei Einschränkungen.«
Er lachte höhnisch:
»Na, man hat wohl in Moskau einfach vergessen, Ihnen den

Stempel zu geben. Das kann man ja hier schnell nachholen, es steht ja schließlich im Dokument, daß Sie Deutscher sind.«
Es hatte keinen Sinn mehr, irgend etwas zu sagen. So fügte ich mich zunächst und beschloß, nach dem Eintreffen in der »Siedlung Nr. 5« noch einmal mein Glück zu versuchen. Aber ich hatte nicht mehr viel Hoffnung.
Inzwischen hatten wir unsere Gepäckstücke auf Kamel- und Ochsenkarren geladen. Frauen und Kranke setzten sich auf den Karren. Wir anderen gingen schweigend neben dem Gefährt her. Es war ein grauenvolles Bild – eine lange Reihe ermüdeter, ausgemergelter Menschen, die nach 22 Tagen in überfüllten Güterzügen sich auf der Landstraße dahinschleppten, um nun in einem Gebiet untergebracht zu werden, das ein Jahrzehnt früher Verbannungsort für Kulaken gewesen war. Auch die Kutscher schwiegen. Sie schienen von uns keine Notiz zu nehmen.
»Wie weit ist es denn bis zur Siedlung Nr. 5?«
»Ach, Söhnchen, das ist nicht so weit. Es wird vielleicht seine 25 Kilometer haben. Bis zum Abend werden wir schon da sein, vielleicht sogar schon am Nachmittag.«
Wir fragten weiter. Unser Kutscher sprach von einer Kollektivwirtschaft.
»Kollektivwirtschaft? Ich denke, hier leben ausgesiedelte Kulaken?«
Er antwortete in der gedehnten Sprechweise der russischen Bauern: »Ja, wir waren Kulaken, und jetzt sind wir so eine Art Kollektivwirtschaft.«
»Wieso eine Art?«
Der Kutscher, selbst ein früherer Kulak, begann zu erzählen, wie in den Jahren 1930 und 1931 die ausgesiedelten und enteigneten Kulaken aus der Ukraine und Mittelrußland in diesem Gebiet angesiedelt worden waren.
Er sprach so gleichgültig und unbeteiligt, als ob es sich um Dinge handelte, die sich vor ewigen Zeiten auf einem weit entfernten Erdteil zugetragen hatten.
»Damals gab es hier überhaupt nichts. Es wurden einfach Pflöcke

in die Erde gerammt mit kleinen Tafeln, Siedlung Nr. 5, Nr. 6 usw. Die Bauern wurden dorthin geführt, und man sagte ihnen, daß sie jetzt sich selbst helfen müßten. Dann haben sie sich Erdlöcher gegraben. In den ersten Jahren starben sehr viele durch Kälte und Hunger. Na, und dann haben sie sich allmählich Lehmhütten gebaut, und dann wurde es besser.«

»Na, und was geschah dann?«

»Och, nichts weiter. Dann haben wir den Befehl bekommen, Kollektivwirtschaften zu gründen.«

»Von wem habt ihr denn den Befehl bekommen? Von den örtlichen Sowjets?«

Der Kutscher schüttelte den Kopf: »Ortssowjets gibt's bei uns gar nicht.«

Unwillkürlich mußte ich lächeln. Der Bauer schien wohl nicht richtig im Kopf zu sein. Er wußte nicht, was er redete. Ortssowjets gibt es doch überall in der Sowjetunion. Aber schon am Abend mußte ich feststellen, daß er doch recht gehabt hatte...

Wir trotteten neben dem Ochsenfahrzeugen einher. Nach 22 Tagen Güterwagenfahrt noch einen ganzen Tag durch die Steppe zu marschieren, war nicht angenehm. Aber die Spannung, was uns erwarten würde, war bei mir stärker als die Müdigkeit.

Am späten Nachmittag sahen wir von Ferne etwas, was menschlichen Behausungen glich.

Bald erkannten wir, daß die kleinen Hütten weder aus Stein noch aus Holz gebaut waren, sondern aus einer braunen Masse. Fenster waren nicht zu sehen. Jeder dieser kleinen »Häuschen« hatte lediglich eine Öffnung, die, wie wir später erfuhren, im Winter einfach verstopft wurde.

Als wir ankamen, wurde uns gesagt, daß wir uns beim »Natschalnik« zu melden hätten. Da wir sehr lange zu warten hatten, schlenderten wir umher und unterhielten uns mit den »Einheimischen«. Fast alle waren Russen, einige Ukrainer oder Tataren, keiner Kasache.

Einige Bauern näherten sich uns.

»Ah, da seid ihr ja, wir haben schon auf euch gewartet. Wir ha-

ben uns gleich gedacht, daß man euch Deutsche auch noch hierher schicken wird.«
Vergeblich versuchten einige von uns – darunter auch ich –, ihnen klarzumachen, daß wir ja Antifaschisten und Gegner Hitlers seien. Die Bauern lachten bloß: »Deutscher bleibt Deutscher.« Hatten sie unsere wirkliche Situation vielleicht besser verstanden als wir selbst?
Es herrschte eine erstaunliche Offenheit. Ich hatte in der Sowjetunion bisher noch nie erlebt, daß Menschen so frei und unverblümt ihre Meinung äußerten. Schon bald waren wir sicher, daß viele der ausgesiedelten Kulaken auch jetzt noch dem Regime feindlich gegenüberstanden.
Unsere Erklärungen nahmen sie nicht ernst. Sie hielten uns offensichtlich für Anhänger Hitlers.
»Na, wie weit ist denn euer Hitler schon vorgedrungen? Was meint ihr, wird er hierherkommen, um uns zu befreien?«
Mir wurde heiß und kalt. So etwas hatte ich in der Sowjetunion noch nie gehört. Wieder versuchten wir, den Bauern unsere Situation zu erklären. Aber sie lachten nur gutmütig, winkten mit der Hand ab und meinten: »Bleibt nur einige Jährchen hier, dann werdet ihr schon sehen.«
Am Nachmittag gingen wir zum Natschalnik. Er bewohnte das einzige größere Gebäude der Siedlung. Wir saßen auf dem Boden und warteten geduldig, bis wir hereingerufen wurden. Die Stimmung war unterschiedlich. Die Wolgadeutschen, die alle auf dem Dorf aufgewachsen waren, nahmen die Sache nicht so tragisch. Dort war ein Kolchos, hier ist auch ein Kolchos. Was ist schon dabei? Schwieriger war es mit den deutschen Emigranten und Spanienkämpfern sowie mit den hochspezialisierten Fachkräften. Der Fernsehingenieur, die Professoren und einige der Emigranten schauten ziemlich trübselig vor sich hin...
In schneller Reihenfolge wurde einer nach dem anderen hereingerufen. Jeder erhielt einen Zettel, auf dem der Name der Bauernfamilie verzeichnet war, bei der er sich zu melden hatte. Die Bauern waren verpflichtet, die Neuankömmlinge aufzunehmen.

Bei der geringsten Schwierigkeit sollte der Kommandant sofort informiert werden. Aber Schwierigkeiten gab es nicht. Widerspruchslos nahmen die Bauern die Neueingewiesenen auf; für sie war klar, auf wessen Veranlassung alles geschah und wer die Aufteilung vorgenommen hatte.

Ich hatte meinen ungestempelten Personalausweis fest in der Hand und wußte, daß hier in diesem Raum, bei diesem Natschalnik meine letzte Chance sein würde. Wenn der Natschalnik sich genauso verhielt wie der Chef der Zugbegleitung, dann war mein Schicksal besiegelt. Aber ich hatte noch Hoffnung. Der Zugbegleiter war natürlich daran interessiert, alle Leute an den befohlenen Ort zu bringen. Aber dem Siedlungs-Natschalnik konnte es eigentlich nur lieb sein, wenn einer weniger dort blieb. Als ich die Sache überdachte, wurde ich wieder etwas hoffnungsvoller.

Endlich wurde ich hereingerufen.

»Genosse Natschalnik, ich möchte Sie gleich darauf aufmerksam machen, daß ich zu diesem Transport gar nicht gehöre, sondern lediglich auf Vorschlag des Moskauer Milizchefs mitgefahren bin. Hier ist mein Personalausweis, in Moskau ausgestellt. Sie sehen selbst, daß der Ausweisungsstempel nicht drin ist. Ich möchte von hier gleich morgen oder spätestens übermorgen nach Alma Ata weiterfahren, wo mein Institut ist, und würde Sie daher bitten, mich nicht hier einzuweisen.«

Er schaute nur halb interessiert hin. »Na gut, dann können wir Sie ja von der Liste streichen. Es sind ohnehin zu viele hier.« So einfach und schnell hatte ich mir die Lösung selbst in meinen kühnsten Erwartungen nicht vorgestellt. Hocherfreut verließ ich das Amtszimmer.

Bis jetzt waren meine ganzen Gedanken darauf gerichtet: Bloß nicht in diese Kulakensiedlung. Nur weg von hier. Jetzt aber, da ich die Möglichkeit hatte, wurden mir die Schwierigkeiten des Unternehmens bewußt: Ich mußte zunächst von hier wegkommen, dann bis Alma Ata noch Tausende von Kilometern fahren, ständig würde ich nach Ausweisen und Dokumenten gefragt werden. Gewiß, ich hatte keinen Ausweisungsstempel in dem

Dokument. Aber das Wort »Deutscher« stand doch klar und deutlich drin. Und dann noch eins: Ich hatte ja kaum das Geld dazu. Als ich aus Moskau losfuhr, hatte ich einige hundert Rubel, für mich als Studenten war das damals viel Geld. Aber nun war es eine geradezu lächerliche Summe.
Aber durch all das ließ ich mich nicht entmutigen. Ich hatte mir nun diese Fahrt einmal fest vorgenommen. Ich war 19½ Jahre alt, gesund, sprach fließend Russisch und war erfüllt von einem, fast möchte ich sagen, leichtsinnigen Optimismus...
Einige Tage blieb ich noch in der Siedlung Nr. 5. Die Nächte verbrachte ich provisorisch mal bei dem einen, mal bei dem anderen Bauern auf dem Boden, in meinen Mantel eingewickelt – ich hatte mich ja schon während der langen Fahrt völlig daran gewöhnt.
Dann ging ich auf die Suche nach einem Käufer für einige meiner Kleidungsstücke. Das einzige, was ich anzubieten hatte, war ein Übergangsmantel und eine Hose.
Nach langem Feilschen wurde ich mit einer tatarischen Bäuerin einig. Ich erhielt nicht viel. Ein Viertel des Betrages mußte ich einem Bauern zahlen, der mich zur Eisenbahnstation Ossokarowka mitnahm.
Klopfenden Herzens ging ich zum Eisenbahnschalter, um mir eine Fahrkarte nach Karaganda zu kaufen. Der Bahnbeamte schaute nur kurz auf meinen Personalausweis und reichte mir anstandslos die Karte. Vier Stunden später war ich in Karaganda.

Ankunft in Karaganda

Das sollte Karaganda sein, eine Stadt mit einer Viertelmillion Einwohner, das neuerrichtete Industriezentrum des ersten Fünfjahrplans? Ein kleines schmutziges, hölzernes Bahnhofsgebäude, nicht viel größer als das der kleinen Station Ossokarowka. Als ich aus dem Bahnhofsgebäude trat, sah ich eine schmutzige, kaum gepflasterte krumme Straße und kleine, baufällige Häuser. Alles war dunkelgrau vom Kohlenstaub. Man konnte kaum atmen. Langsam und niedergeschlagen ging ich die Straße entlang. Gewiß – Armut hatte ich auch in Moskau gesehen; auch eine Reihe von mittleren Industriestädten hatte ich während meines Aufenthaltes in der Sowjetunion bereits kennengelernt, aber so etwas Trostloses war mir bis dahin nicht begegnet. Unwillkürlich erinnerte ich mich an die Schilderungen von Jack London über die improvisierten Siedlungen der Goldgräber zur Zeit des Goldrausches; aber selbst dieser Vergleich war unvollkommen.

Wenige Minuten nachdem ich den Bahnhof verlassen hatte, entdeckte ich die ersten Semljankis, Erdhöhlen, die mit Pappe oder Holz und einer Erdschicht von etwa einem halben Meter bedeckt sind. Das Dach wird durch einige Pfosten gehalten.

Es war ein erschreckender Anblick. Ich beruhigte mich damit, daß es sich um Übergangserscheinungen handele, die bei einer so schnell entwickelten Industriestadt wohl unvermeidlich seien und die man jetzt im Kriege ohnehin nicht beseitigen könne.

Dann fiel mir noch etwas auf: Ich sah viele Menschen, die wie Mongolen aussahen, doch offensichtlich keine Kasachen waren. Ich begann zu zählen und stellte fest, daß vielleicht jeder fünfte dazu gehörte. Später erfuhr ich, daß neben Kasachen und Russen eine große Anzahl von Chinesen und Koreanern in Karaganda leben. Anfang der dreißiger Jahre waren sie aus den fernöstlichen Grenzgebieten nach Karaganda umgesiedelt worden.

Je mehr ich von der Stadt sah, um so geringer schienen mir meine Möglichkeiten zu sein. Keine Hochschule, kein Technikum – nur Semljankis, baufällige Holzhäuser und hier und da mehrstöckige, verhältnismäßig ansehnliche Amtsgebäude. Noch nie war mir der Unterschied zwischen den armseligen Hütten der Einwohner und den in dieser Umgebung prachtvoll wirkenden mehrstöckigen, aus Stein gebauten und verputzten Amtsgebäuden so kraß erschienen. Dann entdeckte ich einen neuen Autobus, der mich inmitten des allgemeinen Elends tief beeindruckte.

Ich rannte hin: »Wohin fahren Sie?«

»Zur neuen Stadt«, und damit gab er das Zeichen zur Abfahrt. Die letzten Semljankis und baufälligen Häuser hatten wir längst

hinter uns gelassen, aber noch immer war nichts von der neuen Stadt zu sehen.
Ich schaute mich im Autobus um. Die Passagiere waren viel besser gekleidet als die Menschen, die ich bisher in Karaganda gesehen hatte.
Nach einer halben Stunde Fahrt sah ich in weiter Entfernung ein Lichtermeer. Als wir näher kamen, kannte mein Erstaunen keine Grenzen. Wir fuhren auf guten Asphaltstraßen an einem schönen Park vorbei, und ich sah moderne vier- bis fünfstöckige Häuser, prächtig erleuchtet...
Vorsichtig fragte ich den Schaffner: »Entschuldigen Sie, können Sie mir nicht einen Rat geben, ob und wo man hier vielleicht übernachten könnte?«
Er lachte: »In einem Hotel natürlich.«
»Im Hotel?« Ich schaute ihn etwas entgeistert an. Nach allem, was ich in den letzten Wochen erlebt hatte, kam mir das Wort »Hotel« sagenhaft vor.
»Natürlich gibt es hier ein Hotel, und falls Sie eine Kommandirowka haben, werden Sie sofort aufgenommen.«
Als ich das Hotel betrat, staunte ich noch mehr. Es war komfortabel eingerichtet: Teppiche, Blumen, gutgekleidete Menschen, die sorgenfrei umhergingen. Zögernd ging ich zur Pförtnerloge.
»Haben Sie eine *Kommandirowka*?«
»Ja, bitte – hier ist sie.«
Ich war schon auf die Frage vorbereitet und zeigte mein Papier vom ZK der MOPR aus Moskau, auf dem geschrieben stand, daß das ZK der MOPR bittet, dem Genossen Leonhard bei seiner Übersiedlung nach Alma Ata behilflich zu sein.
Es war keine sehr »gute« *Kommandirowka*: Die MOPR gehörte keinesfalls zu den »starken« Organisationen, und außerdem lag Karaganda, genaugenommen, nicht auf dem direkten Wege zwischen Moskau und Alma Ata. Aber immerhin – es war eine *Kommandirowka*... »Gut, Sie können ein Bett bekommen.«
Es schien kaum glaubhaft: Nach den Strapazen der letzten vier Wochen nun in einem richtigen Bett in einem richtigen Hotel

schlafen zu können! Aber es sollte noch besser kommen. Wenige Minuten später erfuhr ich, daß es im Speisesaal des Hotels sogar Abendessen gab. Ich lernte ein mir damals sehr elegant erscheinendes Restaurant mit einer kleinen Kapelle und reichhaltiger Speisekarte kennen. Alles war wie im tiefsten Frieden. Der Kontrast zur alten Stadt Karaganda und zu den Lehmhütten der ausgesiedelten Kulaken war einfach unglaublich.

Im Restaurant saßen gutgekleidete Menschen, offensichtlich Funktionäre oder Beamte, die auf Kommandierung hier waren. Fast alles waren Russen. Nur an einem Tisch saßen zwei Kasachen. Hotel und Restaurant waren eingerichtet wie in einer beliebigen russischen Stadt.

Erst als Tee gebracht wurde, bemerkte ich die erste Eigenheit Kasachstans. Der Tee wurde nicht in Tassen gereicht, sondern in Schalen ohne Henkel. Man nannte sie *Pjala* und hielt die Schale beim Trinken mit vier Fingern von unten. Ich lernte es schnell und konnte bald wie ein richtiger Kasache Tee trinken.

Am nächsten Morgen machte ich meinen ersten Spaziergang durch die »Neue Stadt«. Mein erster Eindruck hatte mich nicht getäuscht. Die ganze Stadt bestand aus schönen, modernen vierstöckigen Häusern mit elektrischem Licht und fließendem Wasser. Der Name »Neue Stadt« war allerdings etwas übertrieben. Es war keine Stadt, sondern eher eine große Neubausiedlung, die das Wachstum einer Stadt andeutete. Von einem Ende bis zum anderen konnte man in gut 15 Minuten gehen.

In der Mitte der Stadt befand sich ein Platz, auf dem das größte Haus – das Gebietskomitee der Partei – errichtet war.

Bei meinem ersten Spaziergang entdeckte ich neben dem Gebietskomitee der Partei auch ein modernes Kino, das Haus der NKWD und – allerdings in einem bedeutend kleineren Gebäude – den Gebietssowjet und den Stadtsowjet von Karaganda. Die übrigen Gebäude schienen Wohnhäuser zu sein.

Plötzlich blieb ich vor einem modernen, langgezogenen zweistöckigen Gebäude stehen. Ich hatte ein Schild entdeckt, auf

dem nur drei Worte standen: *Karagandinski utschitelskij Institut* (Lehrerinstitut von Karaganda).
Freudig stürzte ich hinein und hatte bald das Sekretariat gefunden. Ich zeigte mein Studentenbuch aus Moskau.
»Wenn Sie wollen, können Sie gleich morgen mit dem Studium beginnen. Der Unterricht beginnt um neun Uhr. Allerdings gibt es noch eine Kleinigkeit vorher zu regeln; Sie müssen nämlich eine Zuzugsgenehmigung haben.«
Als ich ein besorgtes Gesicht machte – ich hatte mit Beschaffung von Dokumenten schon meine schlimmen Erfahrungen –, wurde ich gleich beruhigt. »Wir werden Ihnen einen Zettel schreiben, daß Sie hier aufgenommen sind und auch in unserem Studentenheim wohnen können, sobald Sie die Bescheinigung haben. Dann wird es gewiß ganz leicht sein.«
Ich machte mich auf den Weg zur Miliz, siegessicher und frohen Mutes. Auf der Milizstation warteten bereits Dutzende Kasachen und Evakuierte, die offensichtlich das gleiche wollten wie ich: eine Zuzugsbescheinigung und einen Anmeldeschein.
Nach mehreren Stunden erhielt ich den Bescheid: »Sie müssen erst eine Zustimmungserklärung des Rayon-Sowjets der ›Neuen Stadt‹ bringen.«
Wieder zurück zur »Neuen Stadt«. Im Rayon-Sowjet warteten ebenfalls bereits Dutzende von Menschen. Endlich kam ich an die Reihe. »Wir können Ihnen diese Bescheinigung leider nicht geben, da wir erst eine Zustimmung vom Stadtsowjet brauchen.«
Also zum Stadtsowjet. Der Beamte schaute sorgfältig meine Dokumente durch: den Personalausweis ohne Ausweisungsstempel, aber mit der Bezeichnung »Deutscher«, die Bescheinigung vom ZK der MOPR, die Dokumente von der Moskauer Hochschule für Fremdsprachen und die Bescheinigung über meine Aufnahme im Lehrerinstitut in Karaganda. »Ja«, sagte er gedehnt, »es wäre doch notwendig, daß wir einen zustimmenden Bescheid vom Gebietskomitee der Partei erhalten ...«
Wenige Minuten später war ich vor dem Gebäude des Gebietskomitees der Partei von Karaganda.

Vom Pförtner erfuhr ich, daß ich mich mit meinem Anliegen an die Abteilung Agitation und Propaganda wenden sollte, da diese für die Angelegenheiten der MOPR und Emigranten zuständig sei. Hier spielte sich alles ganz anders ab, als ich es am selben Tag bei der Miliz und bei den Sowjets erlebt hatte. Zwei Funktionäre hörten aufmerksam zu und waren sehr freundlich; vielleicht weil sie mehr Zeit, mehr Einfluß und weniger Sorgen hatten. Hier und da stellten sie einige Fragen, bis sie alles von mir wußten – wie ich in die Sowjetunion gekommen war, die Jahre im Kinderheim Nr. 6, meinen Eintritt in den Komsomol, mein Studium in Moskau, die Umstände meiner Umsiedlung und meinen Wunsch, in Karaganda zu studieren und dafür meine Anmeldung zu erhalten.

»Seien Sie unbesorgt, das werden wir regeln.«

»Also kann ich von Ihnen jetzt das entsprechende Schreiben bekommen?«

»Ein Schriftstück ist nicht notwendig. Sie können ruhig heute schon in Ihr Lehrerinstitut umziehen und uns in den nächsten Tagen noch einmal besuchen.«

So lernte ich das erstemal nach sechsjährigem Aufenthalt in der Sowjetunion etwas über die Verhältnisse im Parteiapparat und im Staatswesen aus eigener Erfahrung kennen. Ich erfuhr, daß manchmal der hingeworfene Satz eines Funktionärs, dem ein kurzer Telefonanruf folgte, mehr wert war, als vier offizielle Dokumente staatlicher Dienststellen.

Der Funktionär sollte recht behalten.

Als ich in das Lehrerinstitut zurückkam, wurde ich zum Direktor gebeten. »Alles in Ordnung, soeben hat der Genosse vom Gebietskomitee angerufen.«

Im Lehrerinstitut

Dann erhielt ich mein neues Studentenbuch, und die Sekretärin brachte mich in den Schlafraum der Studenten. Auf den ersten Blick erkannte ich, daß die schönen Zeiten des privilegierten

Moskauer Instituts für Fremdsprachen endgültig vorbei waren. Dort hatten wir zu zweit oder zu dritt gewohnt, hier dagegen waren etwa 20 Studenten in einem Saal zusammengepfercht. Schränke gab es nicht. Die Sachen mußte man in einem Koffer oder in einem Paket unter dem Bett verstauen.

Wir studierten nach den offiziellen staatlichen Geschichtslehrbüchern für die Lehrerinstitute, die für die gesamte Sowjetunion galten. In der Bibliothek des Instituts konnte man darüber hinaus noch die sogenannten *Lektionen der Parteihochschule beim Zentralkomitee der KPdSU* erhalten, die zum Teil sogar noch bedeutend ausführlicher waren als die Lehrbücher der Hochschulen. Die Lektionen der Parteihochschule wurden nicht offiziell verkauft, sondern mit der Aufschrift »Als Manuskript gedruckt« lediglich an bestimmte Institutionen der Sowjetunion verschickt.

Die Studenten waren meist Söhne und Töchter der 1930 und 1931 in das Karaganda-Gebiet verbannten Kulaken. Zwölf Jahre waren inzwischen seit der Kollektivierung vergangen, und nun, da längst nicht mehr die Kulaken, sondern die »Trotzkisten« als Hauptfeinde galten, hatte man ihnen die Erlaubnis zum Studium gegeben. Schon in den ersten Tagen freundete ich mich mit einigen Studenten an.

Die meisten waren als kleine Kinder Anfang der dreißiger Jahre mit ihren Eltern hierher verbannt worden. Sie hatten in ihrer Kindheit grauenhafte Dinge erlebt. Aus den Gesprächen erfuhr ich, wie sie mit ihren Eltern von Haus und Hof verjagt, hier in der Einöde ausgesetzt, in den ersten Jahren Hunger und Kälte schutzlos preisgegeben waren, bis sich die Eltern Lehmhütten errichtet hatten. Dazu kam in den ersten Jahren noch die schwere moralische Belastung. Es war Anfang der dreißiger Jahre in der Sowjetunion nicht leicht, als Kind von verbannten Kulaken aufzuwachsen.

In einer offenherzigen Stunde erzählte mir ein Student über das Leben in den ersten Jahren der Verbannung: »Öfter kamen Parteifunktionäre auf Pferden in die Siedlungen geritten, die noch im Bau waren. Es ging noch gut ab, wenn sie uns nur anbrüllten,

verhöhnten und beschimpften. Manchmal kamen sie aber mit Peitschen, und jeder, der ihnen im Weg war, bekam das zu spüren – sogar auf spielende Kinder schlugen sie mit der Peitsche ein. Danach wurden wir vorsichtig. Immer wenn jemand aus der Stadt kam, der uns fremd war, versteckten wir uns zu Hause.«
Er erzählte das ohne jede Bitterkeit, etwa so, als ob es sich um ein Gewitter handelte, das längst abgezogen war. »Du mußt verstehen«, sagte er mir erklärend, »es war in den heißen Tagen des Kampfes um die Kollektivierung, und manche unteren Funktionäre haben sich damals hinreißen lassen. Aber das wurde später von der Partei verurteilt. Bei einer so gewaltigen Umwälzung wie die Kollektivierung kann das ja vorkommen.«
Ich stimmte ihm zu. Nicht einen Augenblick kam mir der Gedanke, wie eigentümlich es war, daß ein junger sowjetischer Mensch seine früheren Peiniger, die ihn mit Peitschen ins Gesicht geschlagen hatten, noch zu rechtfertigen suchte. Hier und da sprachen wir noch über die Kollektivierung, aber unter meinen neuen Studienkameraden, die selbst das Schrecklichste durchgemacht hatten, fand ich nicht einen, der nicht »grundsätzlich« für die Kollektivierung gewesen wäre.
Die meisten meiner Mitstudenten gingen zum Wochenende »nach Hause«, das heißt in eine der Siedlungen, die in der näheren oder weiteren Umgebung Karagandas lagen. Wenn sie zurückkehrten, schimpften sie nicht selten über ihre Eltern: »Die begreifen das immer noch nicht«, hörte ich sie öfter sagen. »Ich habe so oft versucht, ihnen zu erklären, warum die Kollektivierung richtig ist, aber die Alten werden das ja nie verstehen.«
Die Söhne und Töchter von Kulaken, als kleine Kinder hierher verbannt, waren im Laufe der Zeit zu Stalinisten geworden. Gewiß, es ist möglich, daß der eine oder andere seine Ergebenheit und Liebe zum stalinistischen System nur geheuchelt hat. Die meisten Studienkameraden aber werden wohl ähnlich gedacht haben wie viele meiner Moskauer Jugendfreunde und ich, deren Eltern in der Zeit der »Säuberungen« von 1936 bis 1938 verhaftet worden waren: Das Schicksal der eigenen Familie ist zwar tra-

gisch und sicher ungerecht, aber »grundsätzlich« müsse man die Sowjetunion bejahen, und alle Maßnahmen seien daher zu rechtfertigen.

In unserem Institut gab es nicht nur kasachische Studenten und Söhne und Töchter von enteigneten Kulaken, sondern auch Kinder höherer Partei- und Staatsfunktionäre: der Sohn des Prokurors (Staatsanwalts) und die Tochter der Parteisekretärin unseres Instituts. Beide zeigten sehr deutlich, daß sie sich der Stellung ihrer Eltern sehr bewußt waren. Besonders schwer hatte der hervorragende Dozent für Allgemeine Geschichte unter ihnen zu leiden. »Warum sind die beiden eigentlich gegen den Dozenten?« fragte ich einmal einen Studenten.

»Unser Dozent ist auch so etwas Ähnliches wie ein Verbannter«, flüsterte er mir zu.

»Ein Verbannter?«

»Ein ganz richtiger Verbannter ist er ja eigentlich nicht, aber er ist ein Finne. Während des sowjetisch-finnischen Krieges 1939 bis 1940 wurden viele Finnen aus dem Leningrader Gebiet hierher umgesiedelt. So kam auch er nach Karaganda, und jetzt muß er natürlich sehr aufpassen.«

Wenige Tage später konnte ich selbst feststellen, daß es dem finnischen Dozenten wirklich nicht leicht gemacht wurde.

Nach jeder Lektion hatte der Dozent die Aufgabe, die Literatur zu dem betreffenden Thema mitzuteilen, wobei jeweils die Literaturhinweise sorgfältig in zwei Gruppen geteilt werden mußten: die Klassiker des Marxismus-Leninismus und die Quellen-Literatur.

Wie üblich hatte der Dozent das getan, aber vielleicht die Einteilung der zwei Gruppen nicht deutlich genug betont. Er war gerade bei der Aufzählung der zu lesenden Literatur und nannte eine Schrift Plechanows.

Plötzlich wurde er vom Sohn des Prokurors unterbrochen:

»Gehört die Schrift Plechanows zur Rubrik ›Klassiker des Marxismus-Leninismus‹ oder zur Rubrik ›Quellen-Literatur‹?«

Er hatte diesen Satz in der Form einer Frage gestellt, aber sowohl

der Inhalt der Frage als auch der schneidende Ton, in dem sie gestellt wurde, ließ uns alle zusammenfahren.
Der Dozent bekam für eine Sekunde einen roten Kopf, faßte sich aber erstaunlich schnell:
»Selbstverständlich gehört die Schrift Plechanows zur Quellen-Literatur. Ich möchte diese Gelegenheit benutzen, um ausdrücklich zu betonen, daß zur Rubrik ›Klassiker des Marxismus-Leninismus‹ ausschließlich die Werke von Marx, Engels, Lenin, vor allem aber und in erster Linie die Werke des Genossen Stalin gehören. Der Auszug aus einer Schrift Plechanows für diese Vorlesung erfolgt deshalb, weil eine Reihe seiner Schriften nützlich und richtig sind. Dies hat Genosse Stalin in seiner großen Rede am 6. November 1941 deutlich zum Ausdruck gebracht.«
Wir alle atmeten erleichtert auf. Diese gefährliche Klippe hatte der Dozent erstaunlich gut umschifft. Selbst dem übereifrigen Sohn des Prokurors blieb nichts übrig, als zustimmend mit dem Kopf zu nicken, da der Dozent in geschickter Weise seine Antwort mit einem Stalin-Zitat beendet hatte. Aber wie viele solcher Klippen mochte er bereits umschifft haben, und wie viele sollten ihm noch bevorstehen! Es war zweifellos nicht leicht, als »umgesiedelter Dozent« tätig zu sein.

Ich treffe Ulbricht in Karaganda

Nichtsahnend kam ich eines Vormittags aus dem Lektionssaal, als die Direktionssekretärin aufgeregt auf mich zukam.
»Man hat eben von der Miliz angerufen. Sie sollen sofort dorthin kommen.«
Zur Miliz? Etwas beunruhigt, aber mir keiner Schuld bewußt, ging ich nach Michailowka, wo sich die Milizstation befand.
»Sie sollen zum Milizchef persönlich kommen.«
Der Milizchef, ein Kasache, schaute mich böse und drohend an. »Sie sind dieser Deutsche Leonhard?« brummte er. »Ich erkläre Ihnen hiermit, daß Sie innerhalb 24 Stunden Karaganda zu verlassen haben.«

Ich war wie gelähmt. War nicht meine Zuzugsgenehmigung durch die Zusage des Gebietskomitees erledigt? Sollte etwa der Ausweisungsbeschluß, der im September 1941 für Moskau und andere große Städte im westlichen Teil der Sowjetunion herausgegeben worden war, nun auf alle Städte in der Sowjetunion erweitert sein?

»Wohin darf ich denn fahren, wenn ich Karaganda verlassen muß? Habe ich die Erlaubnis, nach Alma Ata zu fahren?«

»Wohin Sie gehen, ist mir ganz egal. Alle Städte sind für Deutsche gesperrt. Sie können einen beliebigen Wohnsitz im Gebiet Karaganda wählen, mit Ausnahme der Stadt selbst. Fahren Sie doch in die Siedlungen bei Ossokarowka, dort sind sowieso schon viele Deutsche.«

»Genosse Natschalnik, ich bin seit mehreren Jahren Komsomolze und habe hier den Genossen der Agitprop-Abteilung des Gebietskomitees der Partei gesprochen. Sie haben meine Anmeldung befürwortet und mir erklärt, daß sich alles regeln würde.«

Das Gesicht des Milizchefs wurde noch wütender. »Das weiß ich. Aber ich habe Ihnen schon gesagt, daß die Ausweisung für alle Deutschen gilt. Wenn Sie sich innerhalb von 24 Stunden noch in Karaganda befinden, haben Sie sich einer Anordnung widersetzt und werden dafür verantwortlich gemacht. Ist das jetzt klar?«

Es war mir klar.

Einen letzten Versuch wollte ich doch noch unternehmen. So ging ich wieder zum Gebietskomitee der Partei, zur Abteilung Agitation und Propaganda, zu jenen freundlichen Funktionären, die mir schon einmal geholfen hatten.

»Mir wurde soeben vom Milizchef mitgeteilt, daß ich Karaganda innerhalb 24 Stunden zu verlassen habe.«

Der Funktionär wurde ernst.

»Ja, Genosse Leonhard, das ist eine generelle Regelung. Da können wir leider gar nichts machen.«

Er war längst nicht mehr so selbstsicher wie bei meinem ersten

Besuch. Das Gebietskomitee der Partei schien doch nicht allmächtig zu sein.
»Lassen Sie den Kopf nicht hängen, Genosse Leonhard. Es ist möglich, ja sogar wahrscheinlich, daß in der nächsten Zeit über den Status der deutschen Polit-Emigranten entschieden wird. Vielleicht werden für Emigranten Ausnahmen gemacht. Sobald Sie sich einen Wohnsitz ausgesucht haben, schicken Sie uns bitte Ihre Adresse. Wir werden Sie gerne sofort benachrichtigen, falls sich irgendwelche Möglichkeiten ergeben sollten. Aber vorläufig können wir leider gar nichts unternehmen.«
Unwiderruflich schien nun die Tatsache festzustehen: Innerhalb der nächsten 24 Stunden – jetzt waren es sogar nur noch 23 – mußte ich Karaganda, mein kleines Lehrerinstitut, meine neugewonnenen Freunde und Schüler verlassen. Ich wußte: Wenn nicht einmal das Gebietskomitee der Partei etwas dagegen tun konnte, hat es gar keinen Sinn, bei irgendeiner anderen Stelle vorstellig zu werden.
Der Autobus in die alte Stadt Karaganda fuhr erst abends. Meine wenigen Sachen zu packen und in die »Alte Stadt« zum Bahnhof zu fahren, dauerte nicht lange. So hatte ich noch einen ganzen Tag Zeit.
Traurig und mutlos wanderte ich durch die »Neue Stadt«.
Ohne irgendeine besondere Absicht betrat ich den »Univermag« – das einzige Kaufhaus. Vor dem Ladentisch stand ein hochgewachsener Mann in Pelzstiefeln, die weit über die Knie reichten, einer Pelzmütze und einem dicken pelzgefütterten Mantel. Er sah fast wie ein Polarforscher aus. Dann hörte ich seine Stimme – sie kam mir irgendwie bekannt vor. Als ich näher kam, hörte ich, daß der eigentümliche »Polarforscher« Russisch mit einem deutschen Akzent sprach.
In diesem Augenblick erkannte ich ihn.
Es war Hans Mahle, ein Funktionär, den ich bei den Schulungskursen in Moskau im November 1940 kennengelernt und der nach Kriegsbeginn im Moskauer Rundfunk mehrmals gesprochen hatte. Ich stürzte auf ihn zu: »Hans, das ist ja herrlich! Wie

kommst du denn hierher?« Auch er freute sich, beantwortete aber meine Frage ausweichend: »Wir sind hier unterwegs zusammen mit einer Reihe von anderen Genossen und werden wohl einige Tage in dieser Gegend bleiben. – Na, und du, erzähl doch mal, was du treibst?«

»Ich bin am 28. September im Umsiedlungszug mitgefahren. Mitte Oktober kamen wir bei Ossokarowka an, hundertzwanzig km nördlich von Karaganda. Wir wurden alle auf die umliegenden Kolchosen verteilt. Aber ich hatte ja keinen Stempel im Ausweis, und so bin ich dann hierher gefahren. Ich studiere hier im Lehrerinstitut.«

»Da ist ja wenigstens bei dir alles in Ordnung.«

»Leider nicht, Hans, gerade heute ist etwas Schreckliches passiert. Ich wurde zur Miliz gerufen, und dort wurde mir gesagt, daß ich innerhalb von 24 Stunden Karaganda verlassen muß. Jetzt weiß ich überhaupt nicht, was ich tun soll.«

»Na ja, da sind wir ja zur richtigen Zeit gekommen. Am besten, du kommst gleich mit. Ich werde dich dem Genossen Ulbricht und den anderen Genossen vorstellen.«

Ulbricht in Karaganda? Was hatte Ulbricht im Dezember 1941 in Karaganda zu suchen? Fragen wollte ich natürlich nicht – ich war lange genug in der Sowjetunion, um zu wissen, daß man über Parteiangelegenheiten keine Fragen stellt und wartet, bis man sie mitgeteilt bekommt.

Wenige Minuten später waren wir im Hotel angekommen, jenem einzigen Hotel, in dem auch ich die ersten Tage in Karaganda verbracht hatte.

Vor dem Gebäude standen etwa 5 bis 6 Personen, die alle so gekleidet waren wie Hans Mahle.

Persönlich kannte ich damals keinen von ihnen, nur Ulbrichts Gesicht war mir von den Lektionen unserer Moskauer Schulung vom Herbst 1940 bis Juni 1941 bekannt.

Hans Mahle führte mich zu Ulbricht, der mir gleichgültig die Hand gab und etwas murmelte, was vielleicht »guten Tag« heißen konnte – gerade so, als ob es die selbstverständlichste Sache der Welt sei, daß sich deutsche Emigranten im Dezember 1941 in Karaganda treffen. Dann wurde ich einer Genossin vorgestellt, die sich Lotte Kühne nannte. Ich hörte damals den Namen zum erstenmal. Erst vier Jahre später erfuhr ich, daß sie Ulbrichts Frau war.

Wir blieben vor dem Hotel stehen. Unterdessen fuhren zwei amerikanische Jeeps vor. Offensichtlich sollten die Funktionäre in wenigen Minuten wegfahren.

Sie stellten einige Fragen über die Emigranten, die hierher umgesiedelt waren. Ich erzählte, so kurz es ging, im Telegrammstil, von den mir bekannten Genossen und ihrem schweren Schicksal. Aber die Funktionäre hörten nicht sehr interessiert zu und stellten keine Fragen.

Das Schicksal der zwangsumgesiedelten deutschen Genossen schien diesen führenden Funktionären der Parteiführung der KPD ziemlich gleichgültig zu sein.

Offensichtlich, so schloß ich daraus, waren sie also nicht der Emigranten wegen hierher gekommen.

»Und du wohnst in Karaganda?«

»Ja, bis heute. Ich studiere hier in der Geschichtsfakultät des Lehrerinstituts. Aber heute habe ich die strikte Anweisung erhalten, Karaganda innerhalb von 24 Stunden zu verlassen.«

Ulbricht winkte nur mit der Hand ab: »Das wird geregelt werden. Wir werden in den nächsten Tagen eine Besprechung aller Genossen im Gebietskomitee der Partei haben, und da wirst du ja auch eingeladen.«

Inzwischen waren die Jeeps fahrbereit, und die Funktionäre stiegen ein.

Mittags wurde ich zum Gebietskomitee gerufen. Der Genosse der Abteilung Agitation und Propaganda strahlte:

»Alles in Ordnung. Sie können ruhig in Karaganda bleiben. In den nächsten Tagen findet hier im Gebietskomitee eine Besprechung mit allen deutschen Emigranten statt, die sich jetzt im Karaganda-Gebiet befinden. Da Sie nun schon in der Stadt selbst wohnen und hier studieren, werden Sie auch hierbleiben können. Aber das alles wird auf der Konferenz besprochen werden.«

»Darf man fragen, wann die Konferenz stattfinden wird?«

»Voraussichtlich am 22. Dezember, sobald Genosse Ulbricht und die anderen Genossen von ihrem Besuch aus dem Kriegsgefangenenlager zurück sind.«

Kriegsgefangenenlager? Das hörte ich zum erstenmal. Also deswegen waren Ulbricht und die anderen Funktionäre gekommen! Ich hatte keine Ahnung gehabt, daß sich in der Nähe von Karaganda überhaupt ein Kriegsgefangenenlager befand. Auch später, während meines zehnmonatigen Lebens in Karaganda, habe ich nie mehr etwas über das Kriegsgefangenenlager erfahren, weder wo es lag noch wie viele Kriegsgefangene dort lebten.

Diese kleine Begebenheit ist nicht außergewöhnlich. In der Sowjetunion geschieht es häufig, daß Menschen, die selbst jahrelang in einer Stadt wohnen, keine Ahnung haben von Institutionen, die sich innerhalb der Stadt oder unmittelbar in der Umgebung befinden, von der Existenz von Lagern oder Gefangenenlagern ganz zu schweigen.

Die Emigrantenkonferenz

Am 22. Dezember 1941 begann die Konferenz der deutschen Emigranten im Gebäude des Karaganda-Gebietskomitees der Partei.

Es gab ein großes Hallo und freudige Szenen des Wiedersehens. Ich traf die drei Spanienkämpfer aus unserem Güterwagen, meine Freundin Irmgard Sickert, die beiden Töchter des kurz nach Kriegsausbruch verhafteten deutschen Schriftstellers Albert Hotopp und andere Emigranten aus unserem Zug, die jetzt alle im Ossokarowka-Distrikt lebten. Aber dann sollte ich noch ein Wiedersehen feiern – mit Freunden aus den schönen Jahren unseres Kinderheimes Nr. 6, die ich schon lange nicht mehr gesehen hatte. Sie weilten schon länger hier, da sie mit dem ersten Transport aus Moskau abgefahren waren.

Nach und nach waren etwa 50 deutsche Emigranten im Vorraum des Gebietskomitee-Gebäudes eingetroffen, und wir wurden in den Sitzungssaal gebeten.
Es war ein eigentümliches Bild: Der schön ausgestattete Sitzungssaal, sonst nur von gut angezogenen russischen und kasachischen Funktionären besucht, war nun das erstemal in der Geschichte der Partei von Karaganda ausschließlich von Deutschen gefüllt. Es war schrecklich anzusehen, wie sehr die deutschen Emigranten sich verändert hatten.
Schon nach den wenigen Wochen Aufenthalt in Karaganda sah man ihnen die Leiden, Entbehrungen und Kümmernisse an. Uns jüngeren machte es nicht soviel aus, aber die älteren Genossen hatten schwer unter der Zwangsevakuierung, dem Hunger und den grauenvollen Lebensverhältnissen in Karaganda zu leiden.
Ein nichtsahnender Beobachter hätte niemals angenommen, daß hier Deutsche saßen. Inzwischen war es im Karaganda-Gebiet sehr kalt geworden, und das Thermometer zeigte schon 40 Grad Kälte. Die Emigranten waren nicht mehr von russischen Verbannten zu unterscheiden. Sie hatten die unmöglichsten Kleidungsstücke eines über das andere angezogen und trugen offensichtlich alles, was sie besaßen, auf dem Leib. Wir konnten nicht ahnen, daß es wenige Wochen später noch viel kälter werden würde.
Inzwischen hatten einige Funktionäre der Abteilung Agitation und Propaganda des Gebietskomitees gemeinsam mit Walter Ulbricht den Sitzungssaal betreten.
Die Konferenz wurde eröffnet. Ein Funktionär des Karaganda-Gebietskomitees erklärte einleitend auf russisch, das Gebietskomitee der Partei habe die deutschen Emigranten – die »Genossen Politemigranten«, wie er sagte – zu einer Sitzung einberufen, um einige politische und auch andere Fragen zu erörtern. Er freue sich, daß der Genosse Ulbricht hier anwesend sei, und erteile ihm hiermit das Wort zu seinem politischen Referat.
Walter Ulbricht betrat das Rednerpodium, ruhig und selbstsicher, gerade so, als habe sich in den letzten Monaten nichts Be-

sonderes ereignet. Unwillkürlich dachte ich an das letztemal, als ich ihn gehört hatte – am 22. Juni 1941 in Moskau bei unserem damaligen Schulungslehrgang. Es waren nicht einmal 6 Monate seitdem vergangen – aber was hatte sich in dieser Zeit alles ereignet! Die deutschen Truppen hatten Estland, Lettland, Litauen, Weißrußland erobert, den größten Teil der Ukraine überrannt, Leningrad umzingelt, Moskau fast zu drei Vierteln eingekreist. Millionen und aber Millionen Menschen waren evakuiert worden, die gesamte Bevölkerung der Wolgadeutschen Republik und alle Deutschen waren zwangsumgesiedelt, und jetzt, nur 6 Monate nach Kriegsbeginn, treffen sich deutsche Emigranten in Karaganda wieder!

Walter Ulbricht brachte in seinem Referat nicht viel Neues. Er beschränkte sich zumeist auf die Wiederholung dessen, was täglich in der Sowjetpresse zu lesen war. Getreu der damals herrschenden These erklärte er, daß die schwere ökonomische Situation in Deutschland, der Mangel an Rohstoffen, vor allem an Brennstoffen, Hitler-Deutschland bald zum Rückzug zwingen würde, und berichtete von der zunehmenden Widerstandsbewegung in den unterdrückten Staaten und der Ausbreitung der Unzufriedenheit in Deutschland selbst. Schließlich wies Ulbricht noch darauf hin, daß durch den Angriff Japans auf Pearl Harbor und den Eintritt der USA in den Krieg gegen die Achsenmächte sich das Kräfteverhältnis grundlegend zuungunsten Hitlers verändert habe – aber auch das wußten wir schon aus der Sowjetpresse. Erst im letzten Teil des Referats sagte er uns etwas, was nicht so bekannt war: Er sprach von der Arbeit in den Kriegsgefangenenlagern, die in den letzten Wochen begonnen hatte. Diese Arbeit würde, so erklärte Ulbricht, in Zukunft verstärkt werden mit dem Ziel, die Kriegsgefangenen umzuschulen und zu Antifaschisten zu machen. Dann zog er ein Manuskript aus der Tasche und rief mit erhobener Stimme: »Das ist hier der Aufruf der 158 deutschen Kriegsgefangenen.« Er las Stellen daraus hervor, bezeichnete es als ein wichtiges richtungweisendes Dokument und erläuterte diesen Aufruf Absatz für Absatz.

Ulbricht hatte sein Referat beendet. Wie üblich folgte Beifall, aber man konnte erkennen, daß viele Emigranten dem Referat nicht ganz gefolgt waren. Übermüdet, hungrig und erschöpft, waren viele nicht mehr so aufnahmefähig für politische Dinge wie unter normalen Verhältnissen.
Anschließend wurde bekanntgegeben, daß nach einem gemeinsamen Mittagessen in einer weiteren Besprechung einige praktische Fragen des Lebens der Emigranten im Karaganda-Gebiet behandelt werden sollten.
Das Zusammentreffen, das Referat, und vor allem die Hoffnung, daß nun in einer zweiten Besprechung alle praktischen Fragen geregelt würden, hatten die Stimmung bereits merklich gebessert.
Wir wurden zu einem guten, reichhaltigen Mittagessen eingeladen. Eine Tafel war hergerichtet worden, und das Mittagessen stand in einem krassen Gegensatz zu unserem üblichen Hungerdasein. Wie schnell die Stimmung umschlug! Schon während der Mahlzeit schienen die schrecklichen Erlebnisse der letzten Wochen, Hunger, Kälte und Demütigungen fast völlig vergessen zu sein. Man erinnerte sich an die Zeit in Moskau oder an lustige Episoden während der Überfahrt. Es war kaum glaublich, daß diese beinahe fröhlich scheinende Gesellschaft noch vor wenigen Stunden gebückt, gedrückt und gedemütigt zum Gebietskomitee gekommen war.
Gespannt warteten wir auf die zweite Besprechung, die, wie wir hofften, unser Leben in Karaganda verändern sollte.
Walter Ulbricht und zwei Funktionäre der Abteilung Agitation und Propaganda, die persönlich sehr freundlich waren, aber, wie ich schon erfahren hatte, nicht allzuviel Einfluß besaßen, und die Gebietssekretärin der MOPR begannen nun mit uns die praktischen Probleme unseres Lebens zu besprechen.
Ein Funktionär des Gebietskomitees wies in einer kurzen Einleitung auf die allgemeine Situation hin, auf die unsagbaren Leiden des Sowjetvolkes und die großen Schwierigkeiten, auf die Notwendigkeit, in dieser Zeit Opfer zu bringen und auch das

schwierigste Leben geduldig und standhaft zu ertragen. Obwohl die Schwierigkeiten sehr groß und die Mittel äußerst begrenzt seien, erklärte er, würde doch das Gebietskomitee in dieser schweren Zeit sein möglichstes tun, um unnötige Härten bei den deutschen politischen Emigranten zu lindern. Es wäre vor allem begrüßenswert, wenn eine ständige Verbindung der politischen Emigranten mit dem Gebietskomitee der MOPR hergestellt würde, und die MOPR werde gewiß den politischen Emigranten nach Möglichkeit helfen.

Aus den Worten des Funktionärs wurde mir sofort klar, daß er persönlich unser Schicksal ehrlich bedauerte, daß es aber kaum in seiner Macht stand, viel zu ändern. Der Hinweis auf die MOPR, die, wie ich wußte, keineswegs eine einflußreiche Organisation war, hatte mir das deutlich gezeigt. Die Betonung des allgemeinen Leids des Sowjetvolkes war in diesem Kreise überflüssig: Keinem Emigranten wäre es in den Sinn gekommen, irgendwelche schwer erfüllbaren Wünsche auszusprechen. Wir alle wußten nur zu gut, wie schwer es die Sowjetbevölkerung in jener Zeit hatte, und es wäre keinem eingefallen, unbescheidene Wünsche vorzutragen.

Ein Genosse nach dem anderen wurde aufgerufen, der jeweils seine Adresse und seine Arbeitsstelle nannte, seine Wünsche vortrug und kurz über seine Schwierigkeiten berichtete.

Erst jetzt merkte ich, wie glimpflich ich davongekommen war. Die Berichte der Genossen waren erschütternd. Sie wurden von Kolchos-Vorsitzenden und Brigadeführern gedemütigt und als Deutsche beschimpft und verhöhnt. Schmähworte wurden ihnen nachgerufen, und manchmal wurden sie auch tätlich angegriffen. In vielen Fällen waren sie absichtlich in der Versorgung niedriger eingestuft. Bei dem Versuch, sich zu beschweren und auf der Durchführung der allgemeinen Versorgungsgesetze zu bestehen, war ihnen geantwortet worden: »Für euch Deutsche gilt das nicht; seid froh, daß ihr überhaupt etwas zu essen bekommt!« Manche der deutschen Emigranten hatten in den Dörfern die schlechtesten Behausungen zugewiesen erhalten, mit Löchern

und Rissen in Decken und Wänden, so daß sie dem eisigen Wind, dem Buran, schutzlos ausgeliefert waren.
Sie berichteten das nüchtern und sachlich, ohne Haß und Erbitterung. Es war erstaunlich, wie diszipliniert sich die Emigranten verhielten, wie ruhig sie ihr Schicksal hinnahmen. Auch die Wünsche waren äußerst bescheiden. Meist baten sie nur um Abhilfe bei den härtesten Ungerechtigkeiten, die ein Telefongespräch oder ein kurzes Schreiben des Gebietskomitees beheben konnte. Hier und da wurde auch um Kleidungsstücke, Decken, Seife und Nahrungsmittel gebeten. Wir alle erhielten damals – von einigen wenigen, die besondere Arbeit leisteten, vielleicht abgesehen – nur 400 Gramm nasses Brot am Tag, das getrocknet kaum 200 bis 300 Gramm wog. Sonst gab es nichts: kein Fett, kein Zucker, kein Fleisch.
Während die Ansässigen längst Verbindungen auf dem Lande, Freunde und Verwandte hatten, waren wir deutschen Emigranten, die wir in eine völlig neue Umgebung gekommen waren, in einer besonders schwierigen Lage.
Diese Bitten hätten für die besonders Bedürftigen unter uns, die Alten und Kranken, sowie die Veteranen des Spanienkrieges trotz der allgemeinen schwierigen Situation durchaus erfüllt werden können. Nicht nur die Funktionäre selbst, sondern auch jeder von uns wußte, daß es in jedem Ort des Karaganda-Gebietes, genau wie überall in der Sowjetunion, »geschlossene Geschäfte«, geschlossene Restaurants, geschlossene Verteiler gab, an die ein bestimmter Personenkreis angeschlossen werden konnte. Jeder wußte, daß auch in dieser für die Sowjetbevölkerung so schweren Zeit in den geschlossenen Restaurants und Geschäften alle Nahrungsmittel in Hülle und Fülle vorhanden waren. Gewiß wäre es möglich gewesen, von dort für die MOPR etwas abzuzweigen, um damit Genossen, die jahrzehntelang in der Arbeiterbewegung gestanden und in Spanien ihr Leben eingesetzt hatten, zumindest das Dasein ein wenig zu erleichtern. Aber die geschlossenen Geschäfte wurden nicht erwähnt. Sie wurden übergangen, als existierten sie überhaupt nicht. Da es sich um eine Sache handelte,

über die man »nicht sprach«, wenn dies nicht selbst von offizieller Seite angeregt wurde, so wurde sie auch von keinem der Emigranten erwähnt.

Die bescheidenen materiellen Wünsche und Hilferufe der Genossen wurden jeweils mit der Bemerkung abgetan, daß die MOPR sich um die besonders Hilfsbedürftigen nach Möglichkeit kümmern werde.

Jeder wußte, daß damit die Angelegenheit abgetan war; denn es war klar, daß eine so schwache Organisation wie die MOPR in einer solchen Zeit nicht über Lebensmittel und Kleider zu verfügen hatte.

Je länger sich die Besprechung hinzog, um so deutlicher wurde, daß sich für die Emigranten eigentlich nichts ändern würde.

Zweifellos war das nicht die Schuld der beiden Gebietsfunktionäre, die uns persönlich gern geholfen hätten, aber es lag offensichtlich nicht in ihrer Hand, denn auch ihre Macht war begrenzt.

Als letzter – vielleicht weil ich der jüngste war – kam ich an die Reihe. Ich brachte in zwei Sätzen meinen Wunsch zum Ausdruck, im Lehrerinstitut weiterzustudieren und in Karaganda wohnen zu dürfen. Dieser Wunsch wurde erfüllt.

»Das geht zu machen. In den nächsten Tagen kannst du in der Miliz deinen Anmeldungsschein erhalten und im Lehrerinstitut weiterstudieren.«

Nach einem kurzen Schlußwort wurde die Zusammenkunft der Emigranten beendet. Allen war klargeworden, daß sie noch geraume Zeit ihr Leben im Karaganda-Gebiet verbringen würden und daß es sich bei der gegenwärtigen Lage der deutschen Emigranten in diesem Raum nicht um örtliche Fehlentscheidungen, sondern um die »offizielle Linie« handelte. Lediglich gewisse Übertretungen sollten künftig vermieden werden. Die großen Hoffnungen, die viele zu Beginn der Tagung gehegt hatten, waren verflogen. Aber wir alle hatten lange genug in der Sowjetunion gelebt, um nicht zu klagen, uns an alles zu gewöhnen und auch in den schwierigsten und unangenehmsten Situationen ir-

gend etwas Positives zu sehen. So glaubten einige, »daß wir jetzt Verbindung mit der Partei hätten« und »gewiß noch öfter zu Besprechungen eingeladen würden«.
Das war aber nicht der Fall. Die Dezemberkonferenz war die einzige Besprechung, die mit den ins Karaganda-Gebiet umgesiedelten Emigranten abgehalten wurde.
Von allen Teilnehmern der Emigrantenkonferenz in Karaganda im Dezember 1941 habe ich, mit Ausnahme von Irmgard Sickert, die 1947 nach Deutschland zurückkehrte, am Mitteldeutschen Rundfunk und später im Außenministerium der DDR-Regierung tätig war, keinen wiedergesehen.
Es ist durchaus möglich, ja sogar wahrscheinlich, daß viele dieser Genossen, die Jahre und Jahrzehnte der Partei dienten, sich noch immer im Karaganda-Gebiet befinden – sofern sie nicht inzwischen an Leiden und Entbehrungen gestorben sind.
Offiziell wurde die Zwangsumsiedlung der deutschen Emigranten in der Sowjetunion nach 1945 in der sowjetischen Besatzungszone Deutschlands nie erwähnt. Lediglich ein einziges Mal berichtete *Neues Deutschland*, das Zentralorgan der SED, am 12. Dezember 1952 über den Tod des deutschen Künstlers Heinrich Vogeler: »Er starb 1942 in Kasachstan, wohin er von Moskau aus fürsorglich evakuiert worden war.«
Wer die Zwangsevakuierung mitgemacht und im Karaganda-Gebiet gelebt hat, weiß jedoch nur allzugut, was es mit dieser »fürsorglichen Evakuierung« auf sich hatte.

Mein Leben in der »Neuen Stadt«

Nach Beendigung der Konferenz sollte nun mein gewöhnliches Leben in Karaganda beginnen. Die Konferenz war ein guter Start gewesen. Obwohl darüber nichts in der Presse erschien – nicht einmal in der örtlichen Zeitung *Sozialistitscheski Karaganda*, waren nicht nur alle Parteifunktionäre in Karaganda informiert, sondern auch die Dozenten des Lehrerinstituts.

Für mich brachte das fühlbare Erleichterungen mit sich. Am Tag nach der Emigrantenkonferenz wurde ich vom Direktor, der Parteisekretärin und einigen Dozenten gefragt, wie mir das Institut gefiele, ob ich mit den Lektionen zufrieden sei und ob ich irgendwelche Vorschläge zu machen habe.
Unmittelbar darauf wurde ich ohne Schwierigkeiten in die örtliche Komsomol-Organisation übernommen, im Institut bestimmte man mich zum verantwortlichen Sekretär der MOPR, und bei einer der üblichen Feiern im Lehrerinstitut wählte man mich sogar in das Präsidium des Lehrerinstituts.
Diese plötzliche Veränderung meiner Lage wurde mir in der nächsten Zeit noch deutlicher.
Wenige Tage nach der Konferenz ging ich in der »Neuen Stadt« spazieren, als ich Pferdegetrappel hörte. Eine Kutsche fuhr langsam die Hauptstraße entlang. Gleichgültig schaute ich hin.
Plötzlich bekam ich einen heillosen Schrecken. Es war der Milizchef, derselbe, der mich vor wenigen Tagen aus Karaganda ausgewiesen hatte. »Wenn Sie in 24 Stunden Karaganda nicht verlassen haben, dann... Ist das jetzt klar?« dröhnte es mir in den Ohren. Was tun? Weglaufen? Das hatte keinen Sinn. Bei einem Milizchef hilft kein Weglaufen.
So blieb ich einfach stehen, voller Angst, was jetzt geschehen würde. Inzwischen war das Gefährt schon ganz nahe an mich herangekommen. Meine Nerven waren zum Zerreißen gespannt. Der Wagen hielt. Der Milizchef stieg aus und kam mir freundlich lächelnd entgegen.
»Genosse Leonhard, gefällt es Ihnen hier in Karaganda? Ich hoffe von ganzem Herzen, daß Sie sich in der ›Neuen Stadt‹ wohl fühlen.«
Mir verschlug es die Sprache. Vor wenigen Tagen hatte er mich angebrüllt, ausgewiesen, und nun erkundigte er sich nach meinem Wohlbefinden!
»Es gefällt mir sehr gut in Karaganda, und ich fühle mich hier wohl.«
»Das freut mich außerordentlich.«

»Hm, sagen Sie, wäre es möglich, daß ich in den nächsten Tagen einmal zu Ihnen kommen könnte, um die Frage der Anmeldung zu besprechen?«

Er wehrte freundlich lächelnd ab. »Aber nein, Genosse Leonhard, es ist doch nicht nötig, daß Sie sich extra zu uns bemühen. Ich werde gleich morgen jemanden mit der Anmeldung zu Ihnen ins Institut schicken.«

Nach kurzer Zeit hatte ich das Schwerste überwunden. Ich wurde zu Veranstaltungen eingeladen, höflich begrüßt und hatte das damals für einen Deutschen seltene Glück, nicht als »feindlicher Ausländer« betrachtet zu werden. In der Tat war mein Fall eine Ausnahme. In anderen Städten und Orten hatte es keine solche Emigrantenkonferenz gegeben, und viele deutsche Emigranten hatten es in dieser Kriegszeit nicht nur materiell, sondern auch moralisch sehr schwer. Es half ihnen nur wenig, wenn sie erzählten, sie seien deutsche Kommunisten, die schon in der Weimarer Republik gegen die Nazis gekämpft und diesen Kampf unter Lebensgefahr in der Illegalität oder in Spanien fortgesetzt hätten. Trotzdem wurden sie nicht selten als Deutsche beschimpft und verhöhnt und für Hitlers Taten verantwortlich gemacht, obwohl sie die Nazis selbst ihr ganzes Leben lang bekämpft hatten.

Eines Tages erhielt ich eine Einladung, jeden Sonntagvormittag um zehn Uhr einen Vortrag im geschlossenen Kreis im Gebietskomitee der Partei anhören zu dürfen.

Das war für mich etwas völlig Neues. Manchmal war mir in Gesprächen mit russischen Parteimitgliedern aufgefallen, daß einige von ihnen mehr zu wissen schienen, als aus den sowjetischen Zeitungen und Zeitschriften zu erfahren war.

Es war mir aber nie klargeworden, woher sie ihr Wissen hatten. Nun glaubte ich, dieses Geheimnis ergründet zu haben, denn in anderen Städten war es sicher ähnlich wie in Karaganda.

Neben den üblichen offiziellen Versammlungen – in Karaganda wie überall in der Sowjetunion –, in denen immer wieder das gesagt wurde, was schon in der Zeitung stand, wurden am Sonn-

tagmorgen im Gebietskomitee wirklich interessante und instruktive Referate für einen ausgewählten Personenkreis gehalten.
Man erhielt jedesmal eine schriftliche Einladung und mußte sie am Eingang vorzeigen. Die Kontrolle war genau.
An diesen Veranstaltungen nahmen regelmäßig 80 der wichtigsten und politisch geschultesten Funktionäre der Stadt teil. Die Referate standen durchweg auf hohem Niveau, es gab keine billigen Gemeinplätze, und nicht selten wurden auch internationale Probleme behandelt – selbst Fragen wie die Situation in Südamerika.
Ich ging gerne hin. Ich war politisch interessiert, und es war ein Privileg, dort eingeladen zu werden und Dinge zu erfahren, die anderen verborgen blieben.
Bisher hatte ich, abgesehen von dem kurzen Schulungslehrgang im Frühjahr 1941, zu der großen Masse der Bevölkerung gehört, die nur das wußte, was in der *Prawda* stand. Nun erfuhr ich schon ein wenig mehr. Später wurde mir klar, daß dies erst die unterste Stufe war und es noch viel höhere gab. Der Personenkreis wurde kleiner, und der Inhalt der Informationen wurde wichtiger.
Wenn ich nachträglich viele Dinge in der Sowjetunion überdenke, scheint mir die stufenweise Einteilung in Unwissende, Mehrwissende und Vielwissende, die genaue Dosierung der Informationen für bestimmte Menschengruppen ein wichtiges Merkmal des stalinistischen Systems zu sein.
Durch diese Stufen der Informiertheit ergab sich eine Art Zugehörigkeitsgefühl, das untrennbar mit dem hierarchischen Aufbau der Sowjetgesellschaft verbunden ist und für das Zusammenhalten bestimmter Kreise von Funktionären zweifellos wichtig ist; zumal in der Sowjetunion die gesamte Presse und der Rundfunk zentral geleitet und gesteuert werden und die große Masse der Menschen nur wenig erfährt, nämlich nur so viel, wie der Partei- und Staatsführung genehm ist.
Damals dachte ich noch nicht an solche Dinge. Ich lauschte begierig den Dozenten, nur ab und zu kam mir der Gedanke: Wo-

her wissen sie eigentlich, was sie uns vortragen und was nicht in den Zeitungen und Zeitschriften steht; aber auf diese Frage sollte ich erst ein Jahr später eine Antwort erhalten.
Vom Herbst 1941 bis zum Frühjahr 1942 fanden in Karaganda, wie überall in der Sowjetunion, große Sammlungen von Kleidern und Schuhen für die an der Front stehenden Rotarmisten statt. Die Sammlung traf die Bevölkerung besonders schwer, weil auch in Karaganda der Winter mit aller Macht eingesetzt hatte. Mitte Dezember sank die Temperatur auf minus 40, Ende Dezember auf minus 50, im Januar auf minus 55 Grad, und einige Tage hatten wir 58 Grad Kälte.
Kasachstan blieb weitgehend vom Krieg verschont und machte selbst 1942 noch einen friedensmäßigen Eindruck. Wegen der großen Entfernung zur Front gab es während des ganzen Krieges keine Verdunklungen – in der »Neuen Stadt« strahlte das Licht wie im Frieden.
Der Krieg machte sich jedoch auf einem anderen Gebiet bemerkbar. Die Ernährungslage war schlechter als alles, was ich bis dahin erlebt hatte.
Vom Dezember 1941 an gab es in den Läden auf Karten nur noch Brot. Zwar hatten die Lebensmittelkarten weiterhin Abschnitte für Zucker, Butter, Fleisch und andere Nahrungsmittel, aber sie wurden nicht geliefert. Wir Studenten erhielten täglich 400 g Brot und zweimal täglich noch eine Suppe, allerdings ohne Fleisch und mit einer winzigen Portion Sonnenblumenöl, das schauderhaft schmeckte.
Die Partei-, Staats- und Wirtschaftsfunktionäre litten in dieser schweren Zeit keinen Mangel. Sie lebten wie im Frieden, da sie alles in den »geschlossenen Geschäften« erhielten. Neben diesen geschlossenen Geschäften für die besonders Privilegierten gab es noch ein Geschäft für Ingenieure, Frauen von Offizieren und andere »mittlere Bevorzugte«, denen man nicht zumuten konnte, so wie die »Masse« zu leben, die aber andererseits auch nicht so hochgestellt waren, daß man sie zu den geschlossenen Geschäften zulassen konnte.

Die übrige Bevölkerung war gezwungen, sich »irgendwie« etwas zu besorgen. Einigen gelang es – durch Bekannte und Freunde in den Dörfern, wo es doch immerhin noch etwas gab. Manche Evakuierte, die mit ihrer ganzen Familie hergekommen waren, konnten es sich sogar leisten, ein Familienmitglied für längere Zeit auszuschicken, um etwas zu »organisieren«, und es gab alleinstehende Evakuierte, die mit großen Geldmitteln nach Karaganda gekommen waren und genug besaßen, um auf dem Schwarzmarkt die hohen Preise zu zahlen, die dort gefordert wurden.
Ich hatte es besonders schwer, da ich natürlich als Neuankömmling völlig ohne Verbindungen dastand und ausschließlich auf die Kartenration angewiesen war. Hier und da steckten mir einige befreundete Familien etwas zu, die bereits länger hier waren und sich »Verbindungen« geschaffen hatten. Aber das konnte meine Situation nicht wesentlich ändern. So sehr ich diese Hilfsbereitschaft anerkannte, die ich immer wieder in Rußland erlebt habe und an die ich mich stets dankbar erinnere, muß ich doch oft mit Grauen an die schreckliche Hungerzeit in Karaganda zurückdenken.

Ein Neger und »Hubert im Wunderland«

Hungrig und bedrückt ging ich eines Vormittags – die Vorlesungen waren gerade beendet – durch die Straßen der »Neuen Stadt«, als ich von ferne einen Neger sah.
Ein Neger? Das konnte nur Weiland Rodd sein. Weiland Rott war nämlich der einzige Neger in der Sowjetunion. Er war, soviel ich weiß, in den dreißiger Jahren aus Amerika in die Sowjetunion emigriert, beseelt von den Hoffnungen und jenem Idealismus, die damals viele Menschen für die Sowjetunion empfanden. Er konnte ausgezeichnet singen und steppen und hatte in dem bekannten sowjetischen Film *Zirkus* und einigen anderen gespielt. Manchmal schrieb er Artikel oder hielt Ansprachen, offensichtlich nach vorgelegten und nicht von ihm selbst verfaßten Manu-

skripten, über die Negerverfolgung in Amerika und über das glückliche Leben in der Sowjetunion. Ich hatte ihn in Moskau kennengelernt und mochte ihn.

»Hallo, was für eine Freude«, sagte er in seinem netten, gebrochenen Russisch. »Ein Neger und ein Deutscher treffen sich ausgerechnet in Karaganda.«

»Was machst du denn in Karaganda?« fragte ich erstaunt, denn ich konnte mir nicht vorstellen, daß auch der Neger zwangsumgesiedelt worden war.

»Oh, ich bin hier auf einer Tournee mit einigen Künstlern, und wir werden in Karaganda ein Konzert geben. Ich werde sie dir gleich vorstellen. Wir wohnen alle im Hotel, und du kannst mit uns zusammen zu Mittag essen.«

»Mitkommen kann ich gern, aber essen kann ich nicht im Hotel, denn seit Anfang Januar ist das Restaurant nur noch für Hotelgäste geöffnet, und sonst wird niemand hineingelassen.«

Er lachte nur. »Das werden wir schon machen.«

Vor dem Eingang des Restaurants standen trotz der Ausweiskontrolle auch jetzt noch immer Menschenschlangen, da manchmal, wenn auch nur selten, die Möglichkeit bestand, nach der Verteilung des Mittagessens für Hotelgäste, hineingelassen zu werden. Die Chancen waren gering, aber dennoch warteten immer viele Menschen, manchmal mehrere Stunden.

Als der Neger mit seinen Kollegen und mir ankam, wurde ihm bereitwilligst die Tür geöffnet. Sofort stürzten einige der Wartenden ihm nach in der Hoffnung, gemeinsam mit diesem Schub hineinzukommen. Aber der Portier rief scharf: »Nur die, die zum Neger gehören.«

Er schlug die Tür vor mir zu. Durch das Türfenster sah ich meinen Negerfreund wild herumgestikulieren. Er rief in seinem eigentümlichen Russisch: »Der junge Genosse gehört zu mir.« Da wurde auch der sonst so strenge Portier weich. Die Tür öffnete sich wieder.

»Der Freund des Negers wird gebeten, in den Speisesaal zu kommen.«

Alle schauten mich achtungsvoll an. Der Portier führte mich in den Speisesaal.
Bewundernd hatte ich den Einfluß meines Freundes gespürt. »Es muß doch eigentlich schön sein, als einziger Neger in der Sowjetunion herumzufahren.«
»Ja, die Menschen sind außerordentlich freundlich zu mir. Häufig brauche ich nicht anzustehen, weil man mich bereitwillig vorläßt, beim Friseur, auf Bahnhöfen oder in Geschäften.«
Doch bald erfuhr ich, daß sein Leben auch Schattenseiten hatte – die von der außenpolitischen Situation beeinflußt waren. In Perioden gespannter Beziehungen zwischen der Sowjetunion und Amerika konnte er sich der Angebote nicht erwehren, überall sollte er singen, tanzen, wurde zu Banketten eingeladen und als Vertreter der unterdrückten Neger in Amerika gefeiert. Wenn sich aber die Beziehungen mit den USA besserten, gut oder freundschaftlich wurden, dann mußte er wieder in der Versenkung verschwinden – genau wie wir deutschen Emigranten beim Abschluß des Paktes mit Hitler-Deutschland verschwinden mußten. Dann begannen für ihn »saure Zeiten« – denn in solchen Perioden wurde die Unterdrückung der Neger genauso hartnäkkig verschwiegen, wie sie in den Zeiten der Feindschaft hervorgehoben wurde. Gerade jetzt hatten die USA der Sowjetunion eine 10-Milliarden-Anleihe gewährt, und die Beziehungen schienen sich ständig zu verbessern. Mein Neger hatte keine leichte Zeit. Unmittelbar nach der Anleihe hatte man ihm erklärt, daß er keine Negerlieder mehr singen dürfe. Dann durfte er überhaupt keine amerikanischen Lieder mehr vortragen. Er sang jetzt nur noch sowjetische Lieder auf russisch, wie jeder andere Sänger. Banketts und Empfänge gehörten der Vergangenheit an.
Das Konzert hatte übrigens in Karaganda einen großen Erfolg, die Zuschauer applaudierten und riefen begeistert nach dem Neger, der wirklich gut tanzte und sang. Offensichtlich war die »neue Linie« in der Negerfrage noch nicht in das Bewußtsein der Zuschauer gedrungen.
Während ich anfangs glaubte, daß ich mich in Karaganda im letz-

ten Winkel der Erde befände, gewann ich allmählich das Gefühl, in einer Weltstadt zu leben. Zuerst tauchte der Generalsekretär der KPD, Walter Ulbricht, auf; dann traf ich den einzigen in der Sowjetunion lebenden Neger, und wenige Tage später traf der berühmte Alexej Stachanow in Karaganda ein. Er war allerdings längst nicht mehr Bergarbeiter, sondern zum Direktor einer der größten Kohlengruben in Karaganda ernannt worden und hatte den Auftrag, einen völligen »Umschwung« im Kohlenbecken herbeizuführen.

Schließlich, als ich an einem Frühlingstag des Jahres 1942 durch die Straßen schlenderte, sah ich plötzlich einen zerlumpten, in Fetzen gehüllten jungen Mann auf mich zukommen. Ich wollte meinen Augen nicht trauen. Sollte das möglich sein? Es war – Hubert im Wunderland.

Die Geschichte von Hubert Lhoste beginnt 1934. Zu jener Zeit war er ein kleiner Junge, der Sohn einer Bergarbeiterfamilie im Saargebiet, der nicht einmal in seinen kühnsten Träumen ahnen konnte, was ihm die nächsten Jahre bringen würden.

Im Januar 1935 sollte sich die Bevölkerung des Saargebietes in einer Volksabstimmung entscheiden: entweder für den Anschluß an Hitler-Deutschland oder für den bestehenden Zustand (Status quo), d.h. weiterhin Mandatsgebiet des Völkerbundes zu bleiben. Um diese Zeit hatte die *Prawda* einen der berühmtesten sowjetischen Journalisten, Michael Kolzow, in das Saargebiet entsandt, der fast täglich in seiner Zeitung über die dortigen Vorgänge berichtete.

Eines Tages hatte Michael Kolzow den Einfall, einen kleinen Jungen zu adoptieren, der aus einer Bergarbeiterfamilie im Saargebiet stammte. Sein Name war Hubert Lhoste.

Die Adoption wurde in der Sowjetunion sofort bekannt. Die Zeitungen brachten Bilder und beschrieben die Lebensverhältnisse des kleinen Hubert bis ins Detail.

Nach der Volksabstimmung reiste Michael Kolzow, der *Prawda*-Korrespondent, in die Sowjetunion zurück – gemeinsam mit seinem neuen Zögling Hubert Lhoste. Bei seinem Eintreffen in der

Sowjetunion wurde dem kleinen saarländischen Arbeiterjungen ein triumphaler Empfang bereitet. Vor großen Festveranstaltungen und Banketten konnte er sich kaum retten. Alle Zeitungen veröffentlichten seine Bilder und brachten lange Artikel über ihn. Wo immer er auftauchte, wurde sein Erscheinen sofort bekanntgegeben. Man reichte ihn von einer Veranstaltung zur anderen, stets saß er am Präsidiumstisch, wo er manchmal vor lauter Blumen kaum zu sehen war. Auch zu Hause ging es ihm nicht schlecht, denn er wohnte bei seinem mächtigen Beschützer Michael Kolzow, der damals nicht nur Rang und Ansehen, sondern auch einen großen Einfluß hatte. Michael Kolzow, seit 1918 Parteimitglied, war bereits seit 1920 Mitarbeiter der *Prawda*, längere Zeit Mitarbeiter des Volkskommissariats für Auswärtige Angelegenheiten und seit 1934 Mitglied des Redaktionskollegiums der *Prawda* und außerdem Redakteur der satirischen Zeitung *Krokodil*. Es war für ihn leicht, dem kleinen Bergarbeiterjungen Hubert Lhoste ein angenehmes Leben zu bereiten, und es war verständlich, daß sich der kleine dreizehnjährige Junge sehr wohl fühlte.

Das sollte jedoch erst der Beginn seiner Karriere sein, denn inzwischen wurden all seine Erlebnisse in der Sowjetunion sorgfältig aufgezeichnet – einschließlich seiner Lobeshymnen und begeisterten Aussprüche, die er freimütig von sich gab. Nachdem seine Erlebnisse und begeisterten Erklärungen über die Sowjetunion gesammelt waren, erschienen sie als Buch unter dem Titel *Hubert im Wunderland (Gubert w stranje tschudeß)*.

Das Buch fand einen reißenden Absatz, und nun wurde Hubert noch populärer. Er wurde in den Kreml eingeladen und von Marschall Budjonny und Marschall Tuchatschewski empfangen. Jugendkinos und Jugendtheater und Schulen erhielten den Namen »Hubert«. Selbst bei Umzügen und Demonstrationen wurden überlebensgroße Bilder des kleinen, rothaarigen, pausbäckigen und sommersprossigen Hubert getragen. Er fühlte sich wirklich wie im Wunderland.

Das glückliche Leben Huberts fand jedoch bald ein jähes Ende.

Sein großer Gönner, Michael Kolzow, wurde plötzlich als »Volksfeind« verhaftet, und damit begann Huberts Abstieg ins Dunkel. Seine Bilder verschwanden, die Jugendtheater wurden wieder umbenannt. Das Buch *Hubert im Wunderland* wurde aus allen Buchhandlungen und Bibliotheken entfernt, und der inzwischen vierzehnjährige Hubert wußte überhaupt nicht, was er jetzt tun sollte. Er hatte sich so an sein Leben als kleiner Volksheld gewöhnt, daß es ihm nun natürlich doppelt schwerfallen mußte, sich wieder in einen gewöhnlichen Jungen zu verwandeln.

Durch Vermittlung einiger Freunde, die noch nicht verhaftet waren, kam er schließlich in unser Kinderheim Nr. 6.

Nun war er zu einem Zögling unseres Heimes geworden. Allmählich fand er sich in sein neues Leben und befreundete sich mit einigen von uns, darunter auch mit mir. Nach 1–2 Jahren hatte er sich damit abgefunden, aus dem »Hubert im Wunderland« zu einem gewöhnlichen Hubert Lhoste geworden zu sein. Kaum hatte er sich jedoch an das Leben in unserem Kinderheim gewöhnt, als ihn im August 1939 ein neuer Schlag traf. Durch den Abschluß des Paktes mit Hitler-Deutschland wurde unser Kinderheim aufgelöst. Das war für uns schon ein Schock, aber viel mehr für Hubert, der nun, kaum daß er sich in eine neue Situation hineingefunden hatte, nun noch weiter zurückgesetzt wurde. Das geschah im August 1939. Jetzt schrieben wir Frühjahr 1942. 2½ Jahre hatte ich ihn nicht gesehen und auch nicht gewußt, was mit ihm geschehen war. Nun stand er vor mir – in abgerissenen, halbzerfetzten Kleidern, ausgehungert. Er sah wie ein kleiner Vagabund aus.

Obwohl ich damals wahrscheinlich auch nicht anders ausschaute, war es für mich erschütternd, den berühmten Hubert so vor mir zu sehen.

Unwillkürlich sprach er russisch zu mir.

»Du brauchst doch nicht russisch zu sprechen, mit mir kannst du ja deutsch sprechen.«

Er lachte, aber es war ein trauriges Lachen. »Ich bin das schon

gar nicht mehr gewohnt. Es ist schon so lange her, daß ich mit jemandem deutsch gesprochen habe.«
Unmittelbar darauf ging er wieder ins Russische über und erzählte seine Geschichte. Auch er war, wie alle Deutschen, im Herbst 1941 zur Miliz geholt und sogar schon mit dem ersten Transport in das Karaganda-Gebiet verfrachtet worden. Während die Deutschen unseres Transportes in ganzen Gruppen angesiedelt wurden, war die Aufteilung im ersten Transport noch krasser: Hubert wurde ganz allein in ein entlegenes Dorf des Karaganda-Gebietes verschickt und war gleich am Tage nach seiner Ankunft in ein Kolchos eingereiht worden.
»Was machst du denn im Kolchos?«
»Ich muß da Vieh hüten.«
Ich schaute ihn an: Dreckig, zerlumpt, russisch fluchend, stand er vor mir – nur seine quicklebendigen Augen und seine Sommersprossen erinnerten an den früheren »Hubert im Wunderland«.
Auch er beschwerte sich nicht über sein Schicksal, genausowenig, wie ich es getan hatte. Es war für uns eine Selbstverständlichkeit, daß man in der Sowjetunion von höchsten Höhen in die Tiefe geschleudert werden konnte, genauso, wie es manchmal auch umgekehrt war.
Ich wollte mich noch etwas ausgiebiger mit ihm unterhalten, aber wir kamen leider nicht dazu.
Hubert griff sich plötzlich an den Kopf: »Um Gottes willen, ich darf mich ja nicht so lange unterhalten. Ich wurde hierhergeschickt, um etwas einzukaufen, und habe nur für wenige Stunden das Recht, das Kolchos zu verlassen. Wenn ich nicht zur rechten Zeit zurückkomme, kann es sehr unangenehm werden.«
Ich verstand. Wir verabschiedeten uns.
Etwas wehmütig schaute ich meinem Freund aus dem Kinderheim Nr. 6, dem ehemaligen Helden der Sowjetunion und dem jetzt zerlumpten Viehhüter nach, der früher im Kreml zu Besuch war und jetzt vor dem Brigadier eines kleinen Kolchos in Nord-Kasachstan Angst hatte.

Ich versuchte noch mehrmals, mit ihm in Verbindung zu kommen, aber es war vergebens. Der berühmte »Hubert im Wunderland« war und blieb verschwunden.

Das geheimnisvolle Telegramm

Ein halbes Jahr blieb ich im Lehrerinstitut in Karaganda, um Ende Mai 1942 meine ursprünglich geplante Reise nach Alma-Ata zu unternehmen und die dorthin evakuierte Hochschule zu besuchen.

Ich wäre kaum gefahren, wenn ich auch nur hätte ahnen können, was mir bevorstand: eine 500 km lange Eisenbahnfahrt durch die »Golodnaja-Stjep«, die Hungersteppe, nach Balchasch, jener neuen Stadt, die in der Nähe des größten Kupferbergwerkes der Sowjetunion entstanden war; eine Schiffahrt auf dem Balchasch-See, bei der wir auf eine Sandbank aufliefen, die Lebensmittelvorräte ausgingen und ich dem Hungertode nahe war, bis wir schließlich nach Karaschagan, einer kleinen Ortschaft am Südostufer des Balchasch-Sees, weiterkonnten; eine Fahrt in sengender Hitze auf einem überfüllten Lastwagen durch die Wüste Sary-Ischik-Otrau nach Lepsy, einer Station an der Turksibbahn, nur hundert Kilometer von der chinesischen Grenze entfernt; bis ich am zehnten Tag meiner Reise in Alma-Ata eintraf, um dort feststellen zu müssen, daß die Hochschule bereits überfüllt war und keinen mehr aufnahm. Wieder folgte die mehrtägige Fahrt von Alma-Ata auf der berühmten »Turksib«, diesmal in nördlicher Richtung nach Nowosibirsk, wo ich zusammengepfercht mit Tausenden von anderen Passagieren auf dem Steinboden des Bahnhofs kampieren mußte. Ich lebte von nur 300 g nassem Brot pro Tag, ehe ich eine Woche später nach Petropawlowsk fahren konnte und von dort aus, 33 Tage nach meiner Abfahrt, wieder in Karaganda eintraf. Mein Ziel hatte ich nicht erreicht. Trotzdem habe ich meine Reise durch Kasachstan und Sibirien mitten im Krieg nie bereut. In diesem Monat habe ich mehr von der Sowjetunion gesehen und gelernt als in mehreren Jahren in Moskau.

Diese Reise hatte mir manche Vermutung bestätigt und manche Erkenntnisse gefestigt. Ich hatte riesige neue Werke gesehen, mit deren Hilfe ein rückständiges Agrarland in ein Industrieland verwandelt wurde, aber ich hatte gleichzeitig gesehen, daß für Menschen in diesen Industriewerken nichts oder nur wenig getan wurde.
Wieder einmal hatte ich die gewaltigen Unterschiede bestätigt gefunden, die zwischen den privilegierten Direktoren, Verwaltern, Ingenieuren und einigen Stachanow-Arbeitern einerseits und der Masse der gewöhnlichen Arbeiter andererseits bestanden.
Ich hatte die »Turksib«, diese riesige Eisenbahnlinie von Turkestan nach Sibirien, bewundert und gleichzeitig auch das unbeschreibliche Elend der Bevölkerung während des Krieges miterlebt.
Die Sowjetpropaganda war und ist stets bemüht, die Entbehrungen der Bevölkerung während des Krieges ausschließlich dem Nazisystem und dem von Hitler entfesselten Krieg in die Schuhe zu schieben, während umgekehrt in manchen Schilderungen von deutschen Kriegsgefangenen das Elend der russischen Bevölkerung ausschließlich dem sowjetischen System zugeschrieben wird, ohne die Kriegsumstände in Rechnung zu stellen.
Mir scheint, daß die Wahrheit etwa in der Mitte liegt; gewiß haben die Kriegsumstände das Elend der Bevölkerung erheblich vergrößert – aber auch davor lebten die Menschen keineswegs so, wie es durchaus im Bereich des Möglichen gelegen hätte, wenn man nur einen geringen Teil der Energien und materiellen Mittel für die arbeitenden Menschen aufgewandt hätte, statt sie ausschließlich für den Bau riesiger Industriebetriebe und für die Privilegien einer kleinen Schicht Bevorzugter zu konzentrieren.
Auf meiner Reise wurde ich immer wieder von der Freundschaft und Hilfsbereitschaft der sowjetischen Bevölkerung überrascht. Gewiß, auch dort gibt es, wie in jedem Land, brutale und egoistische Menschen, aber die Mehrzahl trägt ihr Schicksal tapfer und hilft den noch Bedürftigeren. Während dieser Fahrt lernte ich die in der Sowjetunion lebenden Menschen mehr als zuvor schätzen

und achten. Das zu betonen scheint mir gerade heute notwendig, da leider nicht wenige Menschen im Westen ihre ablehnende Haltung gegenüber dem System in der Sowjetunion völlig unberechtigt auf die sowjetische Bevölkerung übertragen. Das erschüttert mich immer wieder, wenn ich Menschen treffe, die auf »die Russen« herabsehen, nur weil manche von ihnen einigen Errungenschaften der westlichen Zivilisation anfangs etwas hilflos gegenüberstanden.
Offensichtlich vergißt man dabei, daß diese Menschen nicht geringe andere Qualitäten besitzen, die auch Menschen im Westen achten sollten.
Ende Juni 1942 war ich wieder nach Karaganda zurückgekehrt. Wohin sollte ich nun gehen? Zum Lehrerinstitut? Dort hatte ich mich inzwischen schon abgemeldet.
So beschloß ich zunächst, mich bei meinen Freunden im Gebietskomitee MOPR zu melden. Die MOPR-Sekretärin war erstaunt, mich wiederzusehen. »Nun, Genosse Leonhard, scheint nicht geklappt zu haben in Alma-Ata?«
Ich nickte betrübt.
»Wollen Sie jetzt in Karaganda bleiben?«
»Ja, ich glaube, es wird wohl das beste sein.«
»Das trifft sich großartig. Wir haben einen neuen Posten bewilligt bekommen für einen MOPR-Instrukteur des Karaganda-Gebiets, der sich besonders mit den Polit-Emigranten befassen soll. Es wurde schon vorgeschlagen, Sie dafür zu nehmen, aber Sie waren ja leider weg. Jetzt werde ich sofort bei dem Gebietskomitee der Partei den Vorschlag machen, Sie einzusetzen.«
Ich war noch völlig benommen von der Fahrt; vor meinen Augen sah ich Bachasch, die Hungerszenen auf dem Schiff, den nächtlichen Marsch durch die Wüste, Karaschagan, die Fahrt nach Lepsy; die verzweifelten Szenen auf den Ämtern in der schönen Stadt Alma-Ata; die »Turksib«, die Tage auf dem Bahnhof von Nowosibirsk und die grauenhafte Rückfahrt im überfüllten Zug. Ich zögerte mit der Antwort, aber mein Schweigen wurde von der MOPR-Sekretärin offensichtlich mißverstanden. Sie glaubte,

ich hätte Bedenken. »Sie würden hier als Instrukteur mit mir alle Dinge durchsprechen und mich im Falle einer Reise vertreten. Das Gehalt würde 500 Rubel monatlich betragen, und wir würden auch eine Wohngelegenheit für Sie suchen.«
Jetzt erst begriff ich richtig, was mir hier angeboten wurde. Freudig sagte ich zu.
Schon am nächsten Tag erhielt ich die Antwort. »Das Gebietskomitee ist mit Ihrer Einsetzung einverstanden, und auch eine Wohngelegenheit ist für Sie vorhanden.«
Sie führte mich den Leninprospekt entlang, bis wir vor einem schönen neuen vierstöckigen Haus stehenblieben.
»Hier ist es.«
Ich wurde in eine große Küche geführt, die für einen Untermieter gebaut zu sein schien. Neben der eigentlichen Küche befand sich nämlich eine Art Nebenzimmer, in dem genügend Platz war, um ein Bett, einen Stuhl und ein kleines Nachtschränkchen aufzustellen.
Heute würde mir diese Wohngelegenheit dürftig erscheinen. Damals erregte sie freudiges Staunen. Bisher hatte ich in der Sowjetunion niemals ein Zimmer allein bewohnt. Im Moskauer Studentenheim waren wir zu zweit oder zu dritt; im Karagander Lehrerinstitut waren wir etwa 20 in einem Zimmer, und auf meinen Reisen war ich froh, in irgendeinem Massenquartier Platz zu finden. Nun erhielt ich eine ganze Küchennische für mich allein!
Zwei Tage später begann meine Arbeit als »Instrukteur des Karaganda-Gebietskomitees der MOPR«.
»Nun, also, Genosse Leonhard, dort ist Ihr Schreibtisch. Er ist zwar ein bißchen klein, aber es wird wohl reichen. Ich habe Ihnen schon alle Sachen hingelegt. die Sie vielleicht erst einmal durchlesen können.«
Ich war mir noch nicht ganz so sicher. »Worin wird denn nun eigentlich meine Arbeit bestehen?«
»Sie werden sich um die deutschen Polit-Emigranten im Karaganda-Gebiet kümmern.«
Sie übergab mir eine Liste von 58 deutschen Emigranten. In der

Liste waren Alter, Geburtsort und die Adressen der Arbeitsstellen angegeben. Außerdem bekam ich eine Mappe, in der die Durchschläge von ausgefertigten Bescheinigungen und des bisherigen Briefwechsels abgeheftet waren.
»Es wird Ihre Aufgabe sein, mit den deutschen politischen Emigranten in ständigem Briefwechsel zu stehen. Sie müssen auf dem laufenden sein über das, was ihnen fehlt, und Vorschläge machen, wie wir ihnen helfen können. Falls Sie Bescheinigungen brauchen, können Sie diese ausstellen und mir zur Unterschrift vorlegen. Neben dem brieflichen Verkehr würde ich vorschlagen, daß Sie recht bald durch das Karaganda-Gebiet fahren und die Genossen an Ort und Stelle besuchen. Dabei müßten Sie sich allerdings gleichzeitig um die in jedem betreffenden Ort bestehende MOPR-Organisation kümmern. Sobald wir Lebensmittel, Seife oder Textilien erhalten, würden Sie dann die Verteilung an die betreffenden deutschen Emigranten übernehmen, wobei die Bedürftigsten immer zuerst berücksichtigt werden sollen.«
Eifrig stürzte ich mich in meine neue Arbeit, las die Materialien durch und stellte einen Plan auf, in welcher Reihenfolge ich die Genossen besuchen würde. Zu verteilen gab es zunächst leider nichts, aber ich wollte nach meiner Reise eine Liste der allernotwendigsten Dinge für die Polit-Emigranten aufstellen, um den Genossen wenigstens dann die dringendste Hilfe zukommen zu lassen.
Die Tage vergingen im Flug. Immer wieder dachte ich an die Emigrantenkonferenz im Dezember 1941 und war bemüht, alles zu tun, um den Genossen zu helfen. Ich war tief befriedigt, nicht nur irgendeine Arbeit erhalten zu haben, sondern eine Arbeit, die mir dringend notwendig erschien. Wenn ich bis jetzt Karaganda immer als Zwischenstation angesehen hatte, so hoffte ich nun, länger hierzubleiben.
Aber kurze Zeit später sollten Ereignisse eintreten, die meine Pläne erneut völlig umwarfen.
Etwa drei Wochen waren seit meiner Ernennung zum MOPR-

Instrukteur vergangen. Nichtsahnend ging ich an einem strahlenden Sommermorgen zu meiner Arbeitsstelle.

Ich war kaum eingetreten, als die MOPR-Sekretärin mir ein Telegramm überreichte: »Hier, das betrifft Sie.«

Ich las: *»Genosse Leonhard soll unverzüglich nach Ufa kommen. Wilkow.«*

Ufa? Ich wußte, daß Ufa, die Hauptstadt der Baschkirischen Autonomen Sowjetrepublik, etwa 3 000 km westlich von Karaganda liegt, also mußte ich wieder eine lange Reise antreten. Ufa? Das war die Stadt, in der sich die Leitung der Komintern und die Emigrationsführung der KPD befanden.

Wenige Minuten später wurde die MOPR-Sekretärin angerufen. Das Gespräch war nur kurz.

»Sie sollen sich sofort bei der Kaderabteilung des Gebietskomitees der Partei melden.«

Wieder, wie im November 1941, ging ich suchend durch das Gebietskomitee. Diesmal wurde ich an eine Parteisekretärin der Kaderabteilung verwiesen.

»Mein Name ist Wolfgang Leonhard. Ich bin soeben hierher bestellt worden.«

Sie schaute mich kurz und prüfend an.

»Man hat uns aus Ufa telegrafiert. Sie sollen sofort dahin kommen«, sagte die Parteisekretärin in einem strengen Ton.

»Sie werden sich zunächst dort beim Zentralkomitee der MOPR melden. Von dort wird man Sie weiterleiten. Es wäre am besten, Sie würden so schnell wie möglich fahren. Fahrkarten und Reiseproviant werden Sie morgen vormittag von uns erhalten.«

Das war alles.

Auch sie erwähnte mit keinem Wort, warum ich nach Ufa sollte und wer dieser sagenhafte Wilkow war, und ich wußte natürlich, daß man nach solchen Dingen nicht fragt.

Noch vor wenigen Wochen hätte ich mich unglaublich über meine Abberufung nach Ufa gefreut. Auch jetzt freute ich mich, aber meine Freude war gedämpft. Ich hatte eine Arbeit, eine Heimstätte und Freunde gefunden, und all das sollte ich nun aufgeben – gerade jetzt, da ich mich richtig eingelebt hatte. Aber was half es. Ich war in strenger Disziplin erzogen und hatte jetzt nur eine Aufgabe: möglichst schnell nach Ufa zu kommen.

Heute weiß ich, daß sich in jenen Tagen die entscheidende Wende meines Lebens vollzog. Ich sollte nun die Sowjetunion aus einem völlig neuen Blickwinkel kennenlernen. In jenen Tagen wurde ich in die Funktionärswirtschaft aufgenommen.

Damals war mir noch nicht klar, was das bedeutete. Erst später begann ich zu spüren, daß ich nun von all den lästigen Schwierigkeiten und Widerwärtigkeiten befreit war, die ich bisher erlebt hatte, kein Übernachten auf Bahnhöfen, kein Kampf um Zuzugsgenehmigung, kein Herumrennen auf Ämtern und kein Hunger. Aber gleichzeitig sollte ich erkennen, daß ein Funktionärsdasein auch seine Schattenseiten hat – es bedeutet eine ständige Kontrolle und Selbstkontrolle, gegenüber der mein bisheriges Leben als gewöhnlicher Mensch in der Sowjetunion fast als frei zu bezeichnen war.

Am späten Abend fuhr der Zug von Karaganda ab. Wieder ging es durch die Kasachischen Wüsten, die ich nun zum letztenmal sehen sollte. Wir fuhren nach Norden bis Petropawlowsk und von dort nach Westen bis Ufa. Es war dieselbe Strecke, die ich im November 1941 unter Bewachung als Zwangsumgesiedelter zurückgelegt hatte. Jetzt fuhr der Zug in der entgegengesetzten Richtung. Für mich war es mehr als eine geographische Umkehr. Es ging nach Ufa. In Ufa befand sich die Komintern, die Kommunistische Internationale.

5 In der Kominternschule

Im Herbst 1941 war die Komintern nach Ufa evakuiert worden. Ufa, die Hauptstadt der Autonomen Republik Baschkirien, lag etwa 1 200 Kilometer von Moskau entfernt und gehörte keineswegs zu den »Spitzenstädten« der Evakuierung. Die Regierungsinstanzen und diplomatischen Missionen hatten in Kuibyschew an der Wolga Zuflucht gefunden. Nowosibirsk und Tscheljabinsk hatten einen großen Teil der evakuierten Industriewerke aus dem Westen Rußlands aufgenommen und gehörten während des Krieges zu den bedeutendsten Industriezentren. Die wichtigsten wissenschaftlichen Archive, wertvolle Gemälde und Museumsstücke waren zu Beginn des Krieges nach Tomsk gebracht worden. Alma-Ata und Taschkent waren zu Kriegszeiten die Zentren der evakuierten Künstler und Wissenschaftler. Ufa dagegen lag am Rande; vielleicht war gerade das der Grund, warum die Komintern dorthin zog.

In den ersten Monaten des Krieges, als die Armeen der deutschen Wehrmacht bis Leningrad und Moskau vorstießen und den größten Teil der Ukraine besetzten, hatte die Komintern zweifellos viel von ihrer Bedeutung eingebüßt. Anfang des Jahres 1942 änderte sich das jedoch.

Die deutsche Wehrmacht, vor Moskau zurückgeschlagen, vor Leningrad steckengeblieben, mußte der Sowjetunion eine Atempause gewähren, die nicht nur zur Aufstellung neuer Armeeverbände, sondern auch zu einer Offensive auf politischem Gebiet ausgenutzt wurde. Eine große Rolle spielte dabei die politische Arbeit in den Kriegsgefangenenlagern.

Schon seit Ende des Jahres 1941 fanden Konferenzen mit denjenigen Kriegsgefangenen statt, die – zum großen Teil aus ehrlicher Überzeugung, manchmal allerdings auch aus Opportunismus –

sich bereit fanden, Aufrufe und Erklärungen gegen Hitler zu unterzeichnen.*

An der politischen Arbeit in den Kriegsgefangenenlagern hatten Funktionäre der Komintern einen maßgeblichen Anteil. Sie war also keineswegs bereits seit Kriegsbeginn als unnütz abgeschoben, sondern hatte im Gegenteil seit Anfang 1942 neue Aufgabengebiete erhalten.

Viele Emigranten, noch im Herbst 1941 als »unzuverlässige Ausländer« zwangsumgesiedelt, sollten nun wieder zur politischen Arbeit herangezogen werden.

Als ich im Juli 1942 in Ufa eintraf, war mir das noch nicht klar. Die Stadt bot das gleiche Bild wie andere Städte der Sowjetunion während des Krieges: überfüllte Bahnhöfe, Massen übermüdeter, hungriger und armseliger Flüchtlinge.

Ufa, die Stadt der Komintern

In meiner inneren Rocktasche, durch eine Sicherheitsnadel am Herausfallen gehindert, lag das kleine Papier, von dem jetzt alles abhing. Auf diesem Papierschnitzel stand die Adresse des Zentralkomitees der MOPR, jener Instanz, an die ich mich zunächst zu wenden hatte.

* Zu den wichtigsten Aufrufen der Kriegsgefangenen in der UdSSR im Jahre 1942 gehörten die Deklaration der ersten Konferenz von 876 rumänischen Kriegsgefangenen (25. Januar), die Zustimmungserklärung von 176 deutschen Kriegsgefangenen zum »Aufruf der 158« (13. Februar), ein Aufruf von finnischen Kriegsgefangenen an das Volk und die Armee Finnlands (18. Februar), die Erklärung der ersten Konferenz der ungarischen Kriegsgefangenen (22. Februar), ein Aufruf von 86 österreichischen Kriegsgefangenen an das österreichische Volk und die österreichischen Soldaten der deutschen Wehrmacht (27. März) und eine Zustimmungserklärung von 1393 rumänischen Kriegsgefangenen zum »Aufruf der 876« (29. April). Später folgte noch ein »Protest von 115 deutschen Kriegsgefangenen gegen die Greueltaten deutscher Truppen in den besetzten Sowjet-Gebieten« (4.Juni 1942) und ein Aufruf von 61 italienischen Kriegsgefangenen im Lager 99 »An die Soldaten des Expeditionskorps in Rußland und an alle Soldaten der italienischen Armee« (25. Juni 1942).

Nach etwa einer halben Stunde hatte ich das Gebäude mit dem Schild »Zentralkomitee der MOPR« gefunden.
Eine Sekretärin maß mich mit mißtrauischen Blicken. Nach einjährigem Aufenthalt in Kasachstan muß ich nicht sehr vertrauenserweckend ausgesehen haben.
»Ich komme aus Karaganda und bin hierher bestellt worden. Ich soll mich beim Genossen Vorsitzenden melden.«
Die Sekretärinnen wurden sofort liebenswürdig. Offensichtlich war ich nicht der erste, der plötzlich aus Karaganda oder Sibirien wieder zurückgeholt wurde.
»Ja, bitte, Genosse, warten Sie einen Augenblick.«
Eine halbe Stunde später wurde ich vom Vorsitzenden des Zentralkomitees der MOPR empfangen.
Vor ihm auf dem Schreibtisch lagen einige Papiere, vermutlich meine Personalakten und Charakteristiken. Der ZK-Vorsitzende der MOPR schaute bald auf mich, bald auf die vor ihm liegenden Papiere, die – das wußte ich – genaue Angaben über meine Person enthielten.
Trotzdem mußte ich die üblichen Fragen nach Namen, Geburtsort, Geburtstag, Datum des Eintreffens in die Sowjetunion, Komsomolzugehörigkeit und Studium beantworten.
»Wie ist es Ihnen eigentlich in Kasachstan ergangen?« fragte er plötzlich.
Ohne Zögern sagte ich: »Sehr gut. Die ersten Wochen war es noch ein wenig schwierig, aber schon von November an habe ich studiert. Überhaupt ist es in Karaganda sehr interessant, ich habe viel Neues dazugelernt.«
Ich hatte die Wahrheit gesagt. Ich war erzogen worden, mir das Gute in der Sowjetunion zu merken und das Schlechte zu vergessen. Das war mir in Fleisch und Blut übergegangen. Mein Leben in Karaganda kam mir jetzt in der Erinnerung schon angenehm und interessant vor.
Die Antwort schien ihm zu gefallen.
Freundschaftlich sagte er:
»Na, Sie sind mir ja einer. Sonst hören wir oft nur Klagen. Es ist

wirklich einmal schön, wenn einer alles so optimistisch betrachtet.«

Sein Gesicht wurde ernst. Ich fühlte, daß wir jetzt zur Sache kamen.

»Genosse Leonhard, Sie sind von der Komintern hierhergerufen worden. Hier ist lediglich die Empfangsstelle.«

Er nahm ein Stück Papier, schrieb einen Namen und eine Adresse darauf und reichte es mir. Ich las:

ULIZA LENINA 7, Wilkow

»Die Komintern befindet sich im früheren ›Haus der Pioniere‹. Falls Sie es nicht gleich finden, können Sie ja ruhig nach dem ›Haus der Pioniere‹ fragen. Das wird Ihnen jeder in Ufa zeigen können.«

Er erhob sich. Das Gespräch war beendet, und ich machte mich sofort auf den Weg.

Ich war außerordentlich gespannt. Zwar wußte ich immer noch nicht, wer Wilkow war. Aber offensichtlich mußte er sehr einflußreich sein, wenn er über alle Schranken hinweg nach Kasachstan zwangsumgesiedelte deutsche Emigranten sofort zurückholen konnte.

Auf dem Weg von der MOPR zu der »unbekannten Größe« Wilkow gingen mir verschiedene Gedanken durch den Kopf. Sollte ich zu einer politischen Arbeit eingesetzt werden? Vielleicht am Rundfunk oder im Kriegsgefangenenlager? Aber das hätte man mir auch schriftlich mitteilen können. Wahrscheinlich, so dachte ich, mußte es etwas mit einer militärischen Einberufung zu tun haben. Vielleicht wurde eine Art Internationaler Brigade aufgestellt?

Unterdessen war ich bei dem angegebenen Haus angekommen. Es war ein für Ufa verhältnismäßig großer Bau, in jenem überladenen Stil, der für die Anfang der dreißiger Jahre in der Sowjetunion entstandenen Pionierpaläste typisch ist.

Vor dem Haus befand sich ein kleiner Garten. Der Eingang

wurde durch mächtige Säulen flankiert. Die großen Türen waren mit Metall beschlagen. Es gab jedoch kein einziges Schild. Nichts deutete darauf hin, daß sich in diesem Gebäude die Zentrale der Komintern befand.

Zaghaft trat ich ein. Im Vorraum traf ich einen früheren Freund aus unserem Kinderheim Nr. 6. Es war Ernst Apelt, der Sohn eines deutschen KP-Funktionärs.

Ich stürmte auf ihn zu. »Servus, Ernst, was machst denn du hier?«

»Na, das gleiche wollte ich dich fragen.«

Ich erzählte ihm kurz von meiner Zwangsevakuierung nach Karaganda und dem plötzlichen Telegramm Wilkows, nach Ufa zu kommen.

Ernst Apelt schien sich gut auszukennen. Vielleicht konnte ich von ihm etwas erfahren.

»Sag mal, wer ist eigentlich dieser Wilkow?«

Er starrte mich entgeistert an. »Mensch, das weißt du nicht? Wilkow ist doch Kader-Chef der Komintern.«

»Ja, aber was hat denn meine plötzliche Kommandierung nach Ufa zu bedeuten? Sollen wir in besondere Formationen der Armee kommen, oder was kann das sonst sein?«

»Armee? Nein, das glaube ich nicht. Wahrscheinlich wirst du auf eine Schule kommen, hier gibt's 'ne ganze Reihe. Vielleicht kommst du sogar auf die Kominternschule, das wäre das beste.«

Plötzlich ertönte es laut im österreichischen Dialekt:

»Ernesti, kumm, die woartn auf dich.«

Der junge Apelt verabschiedete sich. Ich hätte gern noch mehr von ihm gehört.

Als ich mich bei der Sekretärin Wilkows meldete, fragte sie mich zunächst, ob ich essen wolle. Ich staunte. So etwas hatte man mich schon seit einem Jahr nicht mehr gefragt. Ohne meine Antwort abzuwarten, gab sie mir ein kleines Kärtchen.

Im Erdgeschoß blieb ich erstaunt auf der Schwelle eines schönen Speisesaals stehen. Kaum hatte ich mich hingesetzt, als ein Serviermädchen mir das Kärtchen abnahm und Suppe, weißes Brot,

ein reichhaltiges Fleischgericht und anschließend noch Nachtisch brachte. Es war für mich die erste Mahlzeit mit mehreren Gängen seit Kriegsbeginn. Als ich fertig war, lehnte ich mich im Sessel zurück und war so optimistisch gestimmt wie lange nicht.
Das Serviermädchen kam noch einmal vorbei:
»Wollen Sie noch etwas essen?«
Ich war völlig sprachlos. Mitten im Krieg, nach einer so herrlichen Mahlzeit...
»Geht denn das überhaupt?«
»Ja, natürlich, Sie gehen einfach zur Kassiererin und lassen sich noch einen Abschnitt geben. Ich werde Ihnen inzwischen schon das zweite Essen bringen.«
Die Kassiererin gab mir ohne weiteres eine zweite Marke.
»Sind wohl auch aus Kasachstan gekommen?« fragte sie lächelnd.
Als ich fertig war, ging ich in das Zimmer der Sekretärin und wurde wenige Minuten später von Wilkow, einem großen, ernst aussehenden Mann, empfangen.
Das Gespräch war nur kurz. Zunächst kam das übliche Fragenspiel, zu dem ich die Antworten nur so herunterrasselte. Dabei wußte ich genau, daß er alle Angaben über mich hatte, und er wiederum wußte, daß ich wußte, daß er alles wußte. Dann sagte Wilkow langsam und bestimmt:
»Wir haben daran gedacht, Ihnen die Möglichkeit zu geben, in der Kominternschule zu lernen. In den nächsten Tagen werden einige Genossen dorthin fahren. Wir halten es für richtig, daß Sie sich täglich bei der Sekretärin melden. Sie wird Ihnen dann schon Bescheid geben. In der Zwischenzeit werden Sie einige Tage in Ufa wohnen. Die Sekretärin wird das Nötigste veranlassen.«
In die Kominternschule! Ich konnte es kaum fassen. Erst später fiel mir ein, daß Wilkow mir gar nicht gesagt hatte, wo sie sich eigentlich befand. Daß ich immer jeweils nur das Allernotwendigste erfuhr, hat mich damals im Grunde nur wenig berührt. Mit der Zeit erkannte ich, daß es sich dabei nicht um eine persönliche Eigenart Wilkows handelte, sondern um eine typische Eigenheit der sowjetischen Bürokratie.

»Genosse Leonhard, hier ist die Adresse Ihrer vorläufigen Wohnung. Der Genosse Chauffeur wird Sie hinfahren«, sagte die Sekretärin. »Er wird Sie jeden Tag um 10 Uhr morgens abholen und hierher bringen. Ihren Abfahrtstermin werde ich Ihnen sagen, sobald es soweit ist.«
Als ich die Treppe hinunterging, dachte ich an den langen, hartnäckigen Kampf, den ich in Karaganda um die Anmeldung in der Stadt und um das Recht, im Studentenheim leben zu dürfen, geführt hatte. Wie reibungslos ging dagegen hier alles! Ich war begeistert.
Noch ganz benommen ging ich dem Ausgang zu. Der Wagen stand schon bereit. Und was für ein Wagen! Nicht etwa eine gewöhnliche »Emmotschka« (so wurden in der Sowjetunion die kleineren M-1-Wagen der mittleren Funktionäre genannt), sondern ein schöner großer SIS – der Wagen der höheren Funktionäre. Der Chauffeur öffnete die Wagentür, fragte mich nach der Adresse, und dann brausten wir ab.
Das war ein bißchen viel für einen jungen Menschen, der eben erst aus der Zwangsumsiedlung zurückgerufen worden war!
Etwa zehn Minuten später hielten wir vor einem schönen Neubau. Im ganzen Haus gab es keine Namensschilder, lediglich Nummern. Im zweiten Stock entdeckte ich »meine Wohnung«, klingelte und wollte meinen Augen nicht trauen. Vor mir stand Grete Löberbauer, ein österreichisches Mädchen aus unserem Kinderheim Nr. 6, das ich seit mehr als zwei Jahren nicht gesehen hatte.
»Servus, Grete, ist ja herrlich, dich hier zu treffen!«
»Servus«, sagte sie ganz uninteressiert.
Aber das entging mir bei der Wiedersehensfreude. Ich begann sofort von Kasachstan zu erzählen und von dem, was ich alles schon in den wenigen Stunden in Ufa erlebt hatte.
Unterdessen war noch ein österreichischer Schutzbündler hinzugekommen. Er begrüßte mich, ohne seinen Namen zu nennen, und zeigte mir das Zimmer. Alle Zimmer waren nur mit einem Bett und einem Nachtkästchen möbliert. Die Wohnung schien

eigens dazu da zu sein, durchreisenden Genossen für wenige Tage Quartier zu geben.

Wieder begann ich begeistert zu erzählen. Aber Grete Löberbauer, die ich bis dahin als lebenslustiges junges Mädchen gekannt hatte, schwieg und nickte nur manchmal gleichgültig mit dem Kopf. Jetzt begann mir das doch aufzufallen.

»Na, wie ist es dir denn die ganze Zeit ergangen? Was machst du hier? Was wirst du weiter machen?«

Sie schwieg. »Ich weiß es noch nicht genau«, sagte sie ausweichend. Auch der Schutzbündler war inzwischen wiedergekommen. »Du solltest nicht so viel erzählen«, sagte er bedeutsam, wenn auch in einem freundlichen Ton.

Betroffen schwieg ich. Nach der langen Zeit, die ich in Kasachstan verbracht hatte, war ich froh, wieder alte Freunde getroffen zu haben.

Aber offensichtlich hatte ich in dieser Hinsicht Pech. Der junge Apelt mußte gleich weg, und die einst so lebenslustige Grete verhielt sich kühl und schweigsam.

Es dauerte nicht lange, bis ich verstand, daß die jetzigen Lebensgewohnheiten meiner Freunde sich völlig von meinen bisherigen unterschieden. Gewiß, auch als Student und Komsomolze wußte ich, daß es viele Gebiete gab, über die man »nicht sprach«. Aber immerhin hatte ich über alles sprechen können, was außerhalb dieses Themenkreises lag. Allmählich begriff ich, daß hier andere Maßstäbe galten. Offensichtlich war das Gebiet, über das man »nicht sprach«, viel größer.

Ufa konnte man zu jener Zeit mit Recht als »Stadt der Komintern« bezeichnen. War doch die Komintern die einzige große Organisation, die nach Ufa übergesiedelt war.

Das Hotel »Baschkirija«, das modernste und größte Hotel der Stadt, war für die führenden Kominternfunktionäre requiriert worden. Hier residierten Dolores Ibarruri, die Generalsekretärin der Kommunistischen Partei Spaniens; Wilhelm Pieck und Walter Ulbricht von der Führung der KP Deutschlands; Koplenig, Fürnberg und Fischer von der Führung der KP Österreichs;

André Marty, der damals noch hoch in Ehren stand, und Anna Pauker, zu jener Zeit noch Führerin der KP Rumäniens, sowie Manuilskij und Wilkow von der russischen Partei, die die allgemeine politische und organisatorische Leitung der Komintern in ihren Händen hatten. Dimitroff, der damalige Generalsekretär der Komintern, kam nur selten zu einem kurzen Besuch nach Ufa. Auch die anderen Spitzenfunktionäre der Komintern waren oft unterwegs – das eine Mal nach Kuibyschew, wo sich die Regierungsinstanzen und die Rundfunkstation befanden, das andere Mal zu Parteischulen, die über verschiedene Teile des Landes verstreut waren, und nach Kriegsgefangenenlagern, wo sie Konferenzen vorbereiteten oder abhielten.

Neben dem Hotel »Baschkirija«, dem Wohnsitz der führenden Kominternfunktionäre und dem Pionierpalast, der jetzt als Arbeitsgebäude der Komintern diente, waren noch zwei weitere größere Gebäude in Ufa für die Komintern reserviert worden.

Das ehemalige Geologische Technikum auf der Leninstraße diente als Wohnhaus für die mittleren Funktionäre bzw. für die Familienangehörigen der höheren Funktionäre.

Das Gebäude einer ehemaligen Landwirtschaftsschule an der Stalinstraße, das allerdings lange nicht so schön war wie das Geologische Technikum – vom Hotel »Baschkirija« ganz zu schweigen –, war der Wohnsitz für die unteren Mitarbeiter bzw. für die Familienangehörigen der mittleren Parteifunktionäre. Hier wohnte gewissermaßen das »Kominternproletariat«: kranke Spanienkämpfer, die man nicht mehr für politische Arbeit verwenden konnte, Familienangehörige von solchen Genossen, die inzwischen auf verschiedenen Schulen oder illegal hinter der deutschen Front tätig waren, untere Angestellte und Küchenpersonal des Kominternapparates. Hierhin kamen auch diejenigen, die man zunächst aus Kasachstan oder Sibirien zur politischen Arbeit geholt hatte und die dann aus diesen oder jenen Gründen nicht geeignet schienen. Die meisten der Bewohner dieses Gebäudes hatten weniger mit der Komintern Verbindung, als vielmehr mit der MOPR, von der sie auch Unterstützung bezogen.

So unterschiedlich die Mitarbeiter der Komintern untergebracht waren, so unterschiedlich war auch die Verpflegung, die sie erhielten.
Alle Funktionäre, die direkt in der Komintern beschäftigt waren, erhielten ihr Essen dreimal täglich im Arbeitsgebäude, dem ehemaligen Pionierpalast.
Die allerhöchsten Funktionäre, die Bewohner des schönen Hotels »Baschkirija«, erhielten außerdem noch große Pajokpakete ins Haus gebracht.*
Die übrigen Mitglieder der Komintern wurden von einem geschlossenen Geschäft versorgt, das sich im Parterre des Hotels »Baschkirija« befand, und erhielten dort, neben ihrem Essen, die Rationen einer Stoßarbeiterkarte sowie gelegentlich noch Sonderzuteilungen.
So waren die Mitarbeiter der Komintern, je nach ihrem politischen Nutzwert, in allen Fragen der Wohnung und Verpflegung sorgfältig in ein hierarchisch abgestuftes System eingeteilt.

Die eigentümliche Dampferfahrt

In Ufa blieb ich etwa eine Woche und lebte erstmalig seit langer Zeit völlig sorgenfrei. Früh wurde ich mit dem Auto abgeholt, meldete mich um 10 Uhr bei der Sekretärin, wurde auf den nächsten Tag vertröstet, bekam täglich vorzügliche Mahlzeiten, hatte ein nettes Zimmer und im übrigen nicht das geringste zu tun.
Ab und zu traf ich noch andere Freunde aus dem früheren Schutzbundheim oder von der österreichischen Sektion der Komintern. Sie alle benahmen sich wie Grete. Was sie hier taten, woher sie gekommen waren, was sie weiter tun würden, erwähnten sie mit keinem Wort. Ich versuchte, es ihnen gleichzutun, aber es gelang mir noch nicht. Ich war zu lange Student und hatte in Karaganda so viel erlebt, war so begeistert, alte Freunde zu

* ›Pajoks‹ sind, unabhängig von den allgemeinen Rationen, regelmäßig zugeteilte Lebensmittelpakete.

treffen, gleichzeitig aber noch so neu im »Apparat«, daß ich manchmal, trotz aller guten Vorsätze, zu unbeschwert und redselig war.
Nach etwa einer Woche teilte mir die Sekretärin mit, daß ich am nächsten Morgen mit zwei anderen Genossen zur Schule fahren würde. Ich sollte mich um 10 Uhr bei ihr einfinden.
Pünktlich um 10 Uhr war ich da. Außer mir waren noch zwei andere Genossen im Zimmer, aber sie wandte sich nur an den einen.
»Wir denken, es wäre gut, wenn Sie heute mit den beiden Genossen zur Schule fahren würden, hier sind die Karten.«
Sie übergab mir ein geschlossenes Kuvert. Die beiden anderen reichten mir die Hand, nannten aber keinen Namen. Daher tat ich es auch nicht.
»Das Auto ist da. Sie können fahren. Ich wünsche Ihnen gute Fahrt«, sagte die Sekretärin.
Der ältere führte uns zu einem schönen SIS-Wagen und sagte dem Chauffeur etwas, was mir nach »Pristanj« (Hafen) klang.
Nach etwa einer Viertelstunde waren wir tatsächlich an einem Hafen des Bjelaja-Flusses angelangt.
»Wir werden mit diesem Dampfer fahren«, sagte der ältere Genosse.
Wenige Minuten später fuhr der Dampfer ab. Noch vor 10 Tagen war ich in Kasachstan, und jetzt saß ich hier auf diesem Dampfer mit zwei Menschen, die ich eben erst kennengelernt hatte und von denen ich nicht einmal wußte, wie sie hießen.
Die Zeit verging. Meine beiden Gefährten sprachen nur wenig. Jetzt war ich auch schon gewitzt genug, nicht dauernd lustig drauflos zu schwadronieren.
»Schönes Wetter, nicht?« fragte unser Begleiter.
»Ja«, sagte ich. Das durfte ich ja schließlich noch sagen, dachte ich bei mir. Die meisten Passagiere schienen einfache Bürger zu sein.
Wir saßen etwas abseits.
»Blagoweschtschensk« wurde ausgerufen. Wir waren sicher

schon zwei oder drei Stunden unterwegs. Viele Passagiere stiegen aus. Fragend schaute ich meinen Begleiter an. Er schüttelte mit dem Kopf.
Wir fuhren weiter.
Nach etwa sechs Stunden hielt das Schiff wieder. »Kuschnarenkowo« wurde laut und vernehmlich ausgerufen.
Unser älterer Begleiter runzelte die Stirn. Es gefiel ihm offensichtlich nicht, daß der Ort ausgerufen wurde. Aber daran konnte er wohl nichts ändern.
»Ich glaube, wir können uns fertig machen«, meinte er.
Schweigend nahmen wir unsere Koffer.
Wir stiegen aus, ermüdet von der langen Dampferfahrt, aber doch gespannt, was nun weiter geschehen würde. Was die andern beiden dachten, konnte ich nicht ergründen. Weder sagten sie etwas, noch war etwas aus ihren Gesichtszügen zu lesen.
Ein Auto war diesmal nicht da – vielleicht aus Gründen der Geheimhaltung. Wir gingen mit unseren Koffern nicht zum Ort, sondern in die entgegengesetzte Richtung.
Die kleine Ortschaft Kuschnarenkowo liegt, wie ich später erfuhr, etwa 60 Kilometer nordwestlich von Ufa. Keine Eisenbahn fährt dorthin. Die einzige Verbindung wird im Sommer durch eine Schiffahrtslinie aufrechterhalten, im Winter durch Schlittenverkehr – zweifellos ein idealer Platz für eine politische Schule, die möglichst unbemerkt bleiben und deren Schüler von jeder Verbindung mit der Außenwelt abgeschnitten sein sollen!
Nach etwa einer halben Stunde Fußmarsch standen wir am Fuße einer Anhöhe. »Ich denke, wir werden den Berg hinaufgehen«, meinte unser Begleiter.
Schweigend gingen wir den Berg hinauf.
Vorläufig war noch immer nichts zu erkennen: keine Siedlung, kein Gehöft, kein Haus.

Die Kominternschule in Kuschnarenkowo

Nach einer weiteren Viertelstunde sahen wir ein paar größere, etwas verwahrloste Häuser, offenbar ein früherer Gutshof. Außer dem zentralen Gebäude waren noch zwei oder drei Nebengebäude zu sehen. In der Mitte befand sich ein großer Platz. Das ganze sah ziemlich heruntergekommen aus – irgendwie anders, als ich mir die Kominternschule vorgestellt hatte.

Schon glaubte ich, daß wir noch gar nicht am Ziel wären, als unser Begleiter meinte:

»Ich denke, wir werden dorthin gehen.« Er wies etwas vage in die Richtung des Hauptgebäudes.

Vor dem Eingang hörten wir seine letzte Direktive: »Es wäre nicht schlecht, sich beim Sekretariat anzumelden.«

Schweigend gingen wir zum ersten Stock.

Er ließ uns stehen, ging in das Sekretariat und kam nach einigen Minuten zurück. Dann winkte er dem anderen jungen Genossen. Der ging hinein, und ich wartete draußen.

Nach einigen Minuten kam er heraus und gab mir durch einen Wink zu verstehen, daß ich jetzt an der Reihe sei.

Drinnen wurde ich von der Sekretärin empfangen. Es wiederholte sich das übliche Frage- und Antwort-Spiel.

Nach dieser mir schon zum Überdruß bekannten Einleitung schaute sie mir fest in die Augen:

»Wir haben in dieser Schule einige besondere Regeln. Zunächst einmal dürfen Sie niemals ohne besondere Erlaubnis das Gebiet der Schule verlassen. Ich möchte Sie gleich darauf aufmerksam machen, daß die Nichtbeachtung dieser Regel schwerste Folgen haben kann.

Zweitens ist es selbstverständlich, daß Sie in keinem Brief auch nur die geringste Andeutung machen dürfen, wo Sie sich befinden. Das Wort Kominternschule darf weder in dem Brief noch auf dem Absender stehen.«

Von solchen Sachen hatte ich unschuldiger Student bis dahin noch nie gehört. »Ja, was soll ich denn als Absender angeben?«

»Sie schreiben darauf: Baschkirische ASSR. Kuschnarenkowo. Landwirtschaftliches Technikum Nummer 101. Das genügt völlig.*«
Sie machte eine Pause, schaute mich durchdringend an und fuhr fort:
»Und nun das Wichtigste. Es ist Ihnen nicht gestattet, irgend jemand Ihren wirklichen Namen zu nennen und auch nur das geringste über Ihr bisheriges Leben zu erzählen. Ich möchte Sie darauf aufmerksam machen, daß die Einhaltung dieser Regel unbedingt notwendig ist. Niemand, auch nicht jenen, die Sie vielleicht von früher her kennen sollten, dürfen Sie Ihren wirklichen Namen nennen.«
Wieder eine kleine Pause, dann fragte sie eine Spur freundlicher:
»Nun, für welchen Namen haben Sie sich entschieden?«
»Linden.«
Sie notierte sich den Namen und sagte noch einmal: »Also gut, von heute an sind Sie Linden. Vergessen Sie Ihren richtigen Namen und denken Sie immer daran, daß Sie während der ganzen Schulzeit den Namen Linden tragen. Das wäre für jetzt alles. Sie können jetzt gehen, und nach dem Essen werde ich Ihnen zeigen, wo Sie schlafen werden. Morgen früh wird der Direktor Sie empfangen und alles weitere sagen.«
Als ich in den Speisesaal kam, war niemand mehr dort. Das Essen war sehr gut. Aber ich war schon gar nicht mehr so begeistert. »Wie schnell man sich an alles Gute gewöhnt«, dachte ich gerade, als die Tür aufging und ein alter Freund von mir auf mich zustürzte.
»Herrlich, daß du da bist«, rief er erfreut. Es war Jan Vogeler. Ich war mit Jan in Moskau in dieselbe Klasse der Karl-Liebknecht-Schule gegangen und hatte ihn immer gut leiden mögen. Er war der Sohn des deutschen Malers Heinrich Vogeler aus Worpswede, der in die Sowjetunion emigriert, im Herbst 1941 nach

* Diese Bestimmung wurde noch verschärft. Wenige Wochen später wurde uns verboten, überhaupt Briefe zu schreiben.

Kasachstan zwangsumgesiedelt und Anfang 1942 durch die grauenhaften Strapazen und Entbehrungen gestorben war. Das war schon mehr als ein halbes Jahr her, und sicherlich war Jan über den Tod seines Vaters längst informiert. Aber augenscheinlich hatte diese Tatsache seine politische Einstellung nicht im geringsten verändert – so wie es bei vielen Jugendlichen in der Sowjetunion der Fall war. Jan war ein begeisterter Komsomolze und sprach über die Sowjetunion mit großem Enthusiasmus. Er begann gleich zu erzählen.

»Weißt du, wo ich war? Nein, das kannst du dir nicht vorstellen!«

Ich kam nicht dazu, auch nur ein Wort einzuschalten.

»Bis vor kurzem war ich an der Front. Es gab nur ganz wenige Deutsche, die das durften. Irgendwie muß ich großes Glück gehabt haben. Ich war Dolmetscher. Einmal sogar bei Marschall Shukow. Weißt du, ganz toll, Shukow ist fabelhaft!« Dann erzählte er von der Front, und immer wieder hörte ich »Shukow«, »Shukow«, »Shukow«.

Für mich war das nicht überraschend, denn auch in Kasachstan hatte ich schon wiederholt begeistert von Shukow erzählen hören. Shukow besaß keine gemachte, sondern eine echte Popularität, besonders bei der Armee und bei der Jugend – vielleicht war das auch einer der Gründe, warum er Ende 1946 von Stalin abgesetzt wurde.

Ich hörte Jan interessiert zu, war aber doch darauf bedacht, ihn von diesem Thema abzubringen und etwas über die Schule zu erfahren.

Dazu kam es eher, als ich dachte, denn plötzlich raufte sich Jan verzweifelt die Haare. »Ach herrje, ich darf ja gar nichts über meine Vergangenheit erzählen. Sag bloß niemandem weiter, was ich dir … Übrigens, wie heißt du denn eigentlich hier, damit ich auch keinen Fehler mache.«

»Ich heiße Linden, und du?«

»Danilow, Jan Danilow.«

Eigentümlich – kaum hatte er seinen neuen Parteinamen gesagt,

da war er schon ganz verwandelt. Vorsichtig und ausweichend antwortete er auf meine Fragen.
»Die Schule? Ja, was soll man da viel erzählen. Wir sind in Gruppen nach den Nationalitäten eingeteilt, es gibt gemeinsame Vorlesungen für alle und dann Lektionen und Seminare getrennt für die einzelnen nationalen Gruppen. Die deutsche Sektion wird von Klassner geführt. Er heißt hier Klassner, wer er wirklich ist, weiß ich nicht.«
»Gibt's denn noch mehr hier von unserem Kinderheim oder von der Karl-Liebknecht-Schule?«
»Hm, wie soll ich das sagen. Na, du wirst ja sehen.«
In wenigen Sekunden war aus dem begeisterten Komsomolzen Jan ein Parteifunktionär geworden, der sich vollständig in der Gewalt hatte und bedächtig seine Worte wählte.
Kurze Zeit darauf kam die Sekretärin in das Speisezimmer.
»Genosse Linden, ich werde Ihnen jetzt das Zimmer zeigen, in dem Sie schlafen werden.«
Ich wurde zunächst ins Erdgeschoß geführt, wo sich die Lehrzimmer der einzelnen Sektionen befanden.
Am Ende eines Korridors in der ersten Etage führte eine alte knarrende Holztreppe hinauf. Ein schmaler Gang. Die Sekretärin zeigte auf eine Tür: »Hier ist die Bibliothek und der Lesesaal der Schule.« Vor der letzten Tür blieb sie stehen. »Hier ist es.« Ich sah ein großes Zimmer, in dem etwa 15 Betten standen. Neben jedem Bett befand sich ein kleines graues Nachtkästchen. In der Mitte stand ein größerer Tisch. Es war etwa so wie in dem Studentenwohnraum des Lehrerinstituts in Karaganda, mit dem Unterschied, daß wir dort in einem neuen Gebäude und hier in einem alten Gutshof untergebracht waren. Ich war etwas enttäuscht. Nach den Erlebnissen in Ufa hatte ich mir die Schule anders vorgestellt.
Die Sekretärin führte mich zu einem primitiven Holzbett:
»Hier ist Ihr Platz. Morgen melden Sie sich, bitte, bei mir, und dann werde ich Sie zum Direktor führen.«
Da saß ich nun. Staunend überdachte ich die Ereignisse der letz-

ten Tage, und mit Spannung erwartete ich, was mir die Kominternschule bringen würde. Wenige Minuten später kamen meine ersten Zimmerkameraden in den Schlafraum. Es waren Spanier. Sie nickten mir mit dem Kopf zu. Einer kam sogar auf mich zu und fragte: »Español?«

Ich antwortete: »No, alemán«, aber im selben Augenblick hatte ich schon wieder Angst, vielleicht zuviel gesagt zu haben. Ich freute mich, mit Spaniern zusammenzuwohnen, denn ich hatte in Moskau spanische Freunde gehabt, und die Atmosphäre bei den spanischen Emigranten hatte mir besser gefallen als bei den deutschen.

Die Spanier unterhielten sich laut. Ich hatte gehofft, unter ihnen einen Bekannten zu treffen, der mir von der Schule erzählt hätte. Aber es war keiner dabei, den ich von Moskau her kannte. Nach und nach füllte sich unser Schlafraum.

Plötzlich entdeckte ich meinen guten Freund Mischa Wolf aus Moskau, den ich noch vor wenigen Wochen in Alma-Ata getroffen hatte. Ich wollte gerade auf ihn zustürzen und »Mischa!« rufen, als ich mich darauf besann, daß er hier natürlich einen anderen Namen hatte und man auch früheren Freunden nichts erzählen sollte. Er hatte mich inzwischen auch gesehen und ging langsam auf mein Bett zu.

»Förster«, sagte er, indem er mir betont gleichgültig die Hand gab.

»Linden«, antwortete ich.

»Schön, daß du da bist. Du wirst dich bestimmt bald hier einleben«, meinte er.

»Ja, ich bin sehr froh, auf der Schule zu sein.«

Mehr sagten wir nicht. Wir hielten uns streng an die Regel, obwohl es natürlich lächerlich war, da wir uns seit 1935, also immerhin acht Jahre, gut kannten.

Schweigend zogen wir uns aus.

Zwischen uns war noch ein Bett frei. Ich war neugierig, wer neben mir liegen würde. »Ein Deutscher?« Mischa nickte mit dem Kopf. Ich packte meine Sachen in das Nachtkästchen und hatte

gar nicht gemerkt, daß mein Bettnachbar ganz nahe an mich herangetreten war.
Plötzlich schaute ich auf. Es war Helmut Gennys, den wir im Kinderheim »Helmerl« genannt hatten. Er war mein bester Freund gewesen.
Helmerl stammte aus Ostpreußen, wo seine Eltern KP-Funktionäre gewesen waren. Jahrelang hatten wir im Heim unsere Schulaufgaben gemeinsam am selben Tisch gemacht. Wir hatten etwa die gleichen Bücher gelesen und auf langen ausgedehnten Spaziergängen durch Moskau stundenlang diskutiert. Er kannte meine Liebesgeschichten und ich seine – so wie es bei unzertrennlichen Freunden zwischen 14 und 17 eben ist. Auch für den Eintritt in den Komsomol hatten wir uns gemeinsam vorbereitet und waren ungefähr gleichzeitig aufgenommen worden. In den letzten Jahren hatten wir uns etwas seltener gesehen. Er hatte gerade bei Kriegsbeginn die sowjetische 10-Klassen-Schule beendet.
»Zahl, Peter Zahl«, sagte er bedeutsam.
»Linden, Wolfgang Linden«, war meine Antwort.
Wir schwiegen. Etwas zaghaft begann ich:
»Seit wann bist du denn da?«
»So ... seit einiger Zeit.«
Das Wiedersehen mit meinem Freund »Helmerl«, dem jetzigen »Peter Zahl«, hatte ich mir anders vorgestellt. Aber so war es nun. »Helmerl« hielt sich streng an das Schulritual – er war überhaupt in den letzten Jahren sehr linientreu geworden –, und da blieb mir nichts anderes übrig, als das Ritual ebenfalls einzuhalten.
Ich hätte so gerne schon vorher gewußt, wie es in der Schule sein würde, aber wenn selbst »Helmerl« mir nichts sagte, würde ich es wohl kaum von jemand anderem erfahren.
Am Morgen wurden wir durch ein schrilles Klingeln geweckt. Alle standen schnell auf. »Frühsport«, rief mir »Helmerl« zu. Auf dem großen Hof vor dem Gebäude versammelten sich alle Teilnehmer der Kurse einschließlich der Lehrer, getrennt nach

Nationalitäten. Die Gruppenvorsitzenden gaben kurze, fast militärische Anwesenheitsrapporte. Inzwischen standen wir in militärischer Habtachtstellung. Das war für mich neu. Als Student hatten wir das nur in den wenigen Militärstunden tun müssen. Auf einer Parteischule hatte ich so etwas eigentlich nicht erwartet. Dann ging es im Laufschritt zu einem Sportplatz, der unweit des Hauptgebäudes lag.

Jeder Tag begann nun mit Frühsport, Gymnastik, Reckturnen, Dauerlauf und Springen. Die Ergebnisse wurden genau notiert – offensichtlich wurde auf die sportlichen Leistungen in der Schule sehr viel Wert gelegt.

Nach dem reichhaltigen Frühstück – der Kontrast zwischen dem guten Essen und den primitiven Wohnungsverhältnissen war auffallend – ging ich ins Sekretariat und wurde einige Minuten später zum Direktor gerufen. Ich wußte nur, daß er Michailow hieß – besser gesagt: daß man ihn in der Kominternschule so nennen sollte.

Erst einige Zeit später erfuhr ich, daß Michailow ein Bulgare war, der mehrere Sprachen beherrschte, während des Krieges in Spanien wichtige Funktionen in der Parteischulung, vor allem in der Schulung der politischen Kommissare, innegehabt und die spanische Zeitung *El comisario* redigiert hatte.

Michailow glich in vielem meinen Freunden aus der Agitprop-Abteilung in Karaganda und machte nicht den Eindruck einer Amtsperson oder eines Schuldirektors. Es gab nicht das gewohnte Frage- und Antwortspiel. Das Gespräch glich mehr einer zwanglosen Unterhaltung. Beiläufig befragte er mich über meine Tätigkeit im Komsomol und über meine Studien, ja, er erkundigte sich sogar, ob ich die Fahrt gut überstanden hätte. Erst dann ging er auf das Thema »Kominternschule« ein, wobei er sich vor allem für meine politischen Kenntnisse zu interessieren schien.

»Haben Sie sich schon mit den wichtigsten Werken der Klassiker des Marxismus-Leninismus beschäftigt?«

»Ja, natürlich.«

»Welche Bücher Lenins haben Sie bisher durchgearbeitet?«
»In der Hochschule und aus eigenem Interesse habe ich schon eine Reihe seiner Schriften gelesen: *Was tun?*, *Ein Schritt vorwärts, zwei Schritte zurück*, *Zwei Taktiken der Sozialdemokratie in der demokratischen Revolution* ...«
Er unterbrach mich. In freundlichem Ton wurde mir schnell hintereinander eine Reihe von Fragen über die eben genannten Bücher gestellt.
Mir fiel auf, daß es nicht die »üblichen« Fragen waren, die in den Seminaren der Hochschule gestellt wurden. Sie waren vielmehr so formuliert, daß meine Antworten sofort zeigen mußten, ob ich das Buch lediglich gelesen oder auch verstanden hatte.
Nacheinander beantwortete ich kurz seine Fragen. Er schien zufrieden zu sein. Nur bei der Beantwortung einer einzigen Frage stockte ich.
»Gegen welche ideologische Richtung hat sich Lenin in seiner Schrift *Was tun?* gewandt?«
Es war eine für sowjetische Verhältnisse lächerlich einfache Frage. Aber gerade die Antwort wollte mir plötzlich nicht einfallen.
Er lächelte: »Na, das wissen Sie doch selbst, gegen die Ökonomisten.«
Ich wußte es wirklich und erzählte gleich, worum es ging. Aber er winkte ab.
»Das genügt schon. Sie werden sich hier noch ausführlicher mit diesen Dingen beschäftigen.«
Dann ging er auf ein anderes Thema über.
»Wie Sie wissen werden, ist dies eine Schule der Komintern. Wir bereiten Kader vor für die verschiedenen Länder. Sind Sie bereit, in Deutschland tätig zu sein?«
In Deutschland? Es war alles ein bißchen neu für mich, und ich wußte gar nicht, was er damit meinte. Illegale Arbeit? Arbeit unter den deutschen Kriegsgefangenen? Politische Arbeit nach der Niederlage Hitler-Deutschlands?
»Selbstverständlich«, antwortete ich.

Er schaute mich ernst an:
»Genosse Linden, es ist die Aufgabe eines jeden Schülers, sich hier für die Arbeit in seiner eigenen Heimat vorzubereiten und sich seinem eigenen Volk verpflichtet zu fühlen. Sie müssen wissen, daß Ihre Aufgabe in Deutschland zu lösen sein wird und daß Sie sich in erster Linie mit deutschen Fragen zu beschäftigen haben.«
Das Gespräch war beendet. Er gab mir noch einmal freundschaftlich die Hand und wünschte mir guten Erfolg.
Schon in den nächsten Tagen erfuhr ich, daß die Kominternschule in einzelne Ländersektionen aufgeteilt war. Interessanterweise befanden sich im Jahre 1942 dort nur Funktionäre aus solchen Ländern, mit denen sich die Sowjetunion im Krieg befand, oder die damals von Hitler okkupiert worden waren: Deutsche, Österreicher, Sudetendeutsche, Spanier, Tschechen, Slowaken, Polen, Ungarn, Rumänen, Bulgaren, Franzosen und Italiener.
Jede Gruppe hatte ihre eigenen Lehrer und einen Gruppenvorsitzenden aus den Reihen der Schüler. Die größte Gruppe war die spanische, der etwa 30 bis 40 Studenten angehörten. Die mittleren Gruppen – Deutsche, Österreicher, Sudetendeutsche und Bulgaren – bestanden aus 15 bis 20 Personen, und die anderen Gruppen waren noch kleiner. Engländer und Amerikaner waren auf der Kominternschule nicht vertreten. Außerdem gab es noch einen Jugoslawen, den man der bulgarischen Gruppe angeschlossen hatte, und eine sympathische Argentinierin, die Frau eines argentinischen ZK-Funktionärs, die während des Bürgerkrieges in Spanien gekämpft hatte und auch jetzt gemeinsam mit der spanischen Gruppe studierte.
Der Unterricht fand meist getrennt nach den einzelnen nationalen Gruppen statt. Nur bei besonders wichtigen Themen wurden gemeinsame Vorlesungen für die ganze Schule angesetzt. Auch die drei deutschsprachigen Gruppen – Deutsche, Österreicher und Sudetendeutsche – studierten getrennt. Das getrennte Studium der Österreicher war nicht erstaunlich, denn es war ja schon damals klar, daß Österreich wieder ein unabhängiger Staat

werden sollte. Offensichtlich war aber damals über das Schicksal der Sudetendeutschen in der Tschechoslowakei noch nicht entschieden, denn sonst hätte es kaum in der Kominternschule eine besondere sudetendeutsche Gruppe gegeben.
Erst viele Wochen später erfuhr ich, daß es neben den erwähnten 12 Gruppen noch eine weitere auf der Schule gab. Etwas abseits von den übrigen Gebäuden der Schule stand ein kleineres Gebäude, das besonders abgezäunt war und zu dem niemand von uns hingehen durfte. Infolge der völligen Absperrung wußte von den Schülern zunächst niemand, was in diesem Gebäude vor sich ging, wer dort unterrichtet wurde. Nur eine Information sickerte allmählich durch: In diesem Gebäude wurden koreanische Kommunisten geschult. Sie lebten ganz für sich abgeschlossen und nahmen nicht einmal an unseren gemeinsamen Veranstaltungen teil.
Die Ursache für jene besonderen Sicherungsmaßnahmen ist nicht schwer zu erklären. In der Kominternschule wurden nur Funktionäre aus jenen Ländern ausgebildet, mit denen sich die Sowjetunion im Kriegszustand befand oder die von den faschistischen Achsenmächten okkupiert worden waren. Mit Japan befand sich die Sowjetunion bekanntlich bis 1945 nicht im Kriegszustand, sondern hatte einen Nichtangriffspakt abgeschlossen und unterhielt normale diplomatische Beziehungen. Folglich mußte die Schulung der Koreaner – die ja schließlich für den Kampf gegen die japanische Besetzung herangebildet wurden – ganz besonders geheimgehalten werden.
Nicht nur die Studenten, die in der Schule »Kursanten« genannt wurden, sondern auch die Dozenten trugen Decknamen, so daß ich während des ganzen Studiums an der Kominternschule und noch viele Jahre später nicht wußte, wer die Dozenten gewesen waren.
Nur zwei Dozenten (außerhalb der deutschen Gruppe) erkannte ich nach 1945 auf Fotos wieder, sie hatten inzwischen hohe Staats- und Parteifunktionen erhalten. So stellte sich heraus, daß der Leiter unserer polnischen Gruppe Jakob Berman war – später

Mitglied des Politbüros der Polnischen Vereinigten Arbeiterpartei und Stellvertretender Ministerpräsident der polnischen Volksrepublik. Jakob Berman hatte in seiner Jugend an der Warschauer Universität Jura studiert und war schon früh in der polnischen revolutionären Studentenbewegung hervorgetreten. Bald darauf gehörte er der polnischen Parteiführung an. Nach der Auflösung der Komintern im Frühjahr 1943 war er maßgebend an der Gründung der Vereinigung der polnischen Patrioten in der UdSSR und an der in der Sowjetunion gebildeten polnischen Division Kostjuschko beteiligt. Im Jahre 1944 wurde er Stellvertretender Außenminister in der provisorischen Regierung in Lublin. Auch den österreichischen Sektionsleiter unserer Schule sah ich später auf Fotografien in der Presse wieder. Es war Franz Honner. Er hatte vor 1918 bereits der Sozialistischen Partei Österreichs angehört und war 1920 zur Kommunistischen Partei übergetreten. Nach dem Februaraufstand von 1934 wurde er im Konzentrationslager Wöllersdorf interniert. Es gelang ihm jedoch, in die Sowjetunion zu fliehen. Während des spanischen Krieges war er im österreichischen Bataillon der Internationalen Brigade und kam nach der Niederlage der spanischen Republik im Jahre 1939 wieder in die Sowjetunion. Als im Mai 1943 die Komintern und damit auch unsere Schule aufgelöst wurde, ging er nach Moskau und gehörte später zur Führung des österreichischen Freiheitsbataillons innerhalb der jugoslawischen Partisanenarmee. Nach 1945 war Franz Honner für kurze Zeit Innenminister der provisorischen österreichischen Regierung.
Von den anderen Dozenten – natürlich mit Ausnahme der Dozenten der deutschen Gruppe – habe ich seit dem Verlassen der Schule nie etwas anderes gehört. Sicher ist allerdings nur eins: Die Dozenten waren hochqualifizierte Spitzenfunktionäre der Kommunistischen Parteien der verschiedenen Länder, und sie hatten später alle hohe Funktionen inne – sofern sie nicht inzwischen einer der vielen Säuberungen zum Opfer gefallen waren.

Die deutsche Gruppe

Unser Gruppenleiter und Hauptdozent war ein hochgewachsener 40jähriger Mann mit leicht ergrauten Schläfen und dunklen Augen, der mit süddeutschem Akzent sprach und sich »Klassner« nannte. Klassner war der vollendete Typ des intelligenten Stalinisten. Er besaß ein außerordentlich großes Wissen, nicht nur auf dem Gebiet des Marxismus-Leninismus, der Geschichte der Komintern und der KPD, sondern auch der deutschen Geschichte und Philosophie. Darüber hinaus hatte er sich lange Jahre speziell mit dem Balkan beschäftigt. Nichts vermochte seine kalte Überlegenheit zu erschüttern. Er konnte rücksichtslos seine besten Freunde und Mitarbeiter opfern, wenn die Führung es von ihm verlangte. Er hatte sich ständig unter Kontrolle, und unüberlegte oder ungenaue Formulierungen wären bei ihm unmöglich gewesen. Er wählte seine Worte präzis, und man konnte sicher sein, daß sie mit der offiziellen Linie haargenau übereinstimmten.

Infolge seiner überdurchschnittlichen Intelligenz war er imstande, rechtzeitig die leisesten Andeutungen einer ideologischen Schwenkung zu erkennen und dementsprechend zu handeln. Bei einer Veränderung der Linie war er bereit, von einem Tag auf den anderen seine Meinung zu ändern und mit kristallklarer Logik genau das Gegenteil von dem zu vertreten, was er am Tage vorher gesagt hatte. Er war ein ausgezeichneter Dozent und stellte sein großes theoretisches Wissen rückhaltlos zur Verfügung, um die Direktiven, die ihm von oben gegeben wurden, zu begründen, zu erläutern und zu propagieren.

Ich wußte damals nicht, wie sein richtiger Name lautete; erst einige Zeit später erfuhr ich ihn: Paul Wandel. Er stammte aus Mannheim, hatte die Lenin-Schule in Moskau besucht und anschließend im Apparat der Komintern als Mitarbeiter Wilhelm Piecks gearbeitet, vor allem in der Balkan-Abteilung. Nach 1945 wurde er zunächst Präsident der Zentralverwaltung für Volksbildung und später Volksbildungsminister in der sowjetischen Besatzungszone Deutschlands. 1952 avancierte er zum Leiter der

Koordinierungs- und Kontrollstelle für Unterricht, Wissenschaft und Kunst. Seit Juli 1953 war er Sekretär des SED-Zentralkomitees. Der stellvertretende Leiter der deutschen Sektion in der Kominternschule war Bernard Koenen, ein älterer Arbeiterfunktionär, der sich sein Wissen sicherlich unter schwierigen Bedingungen angeeignet hatte. Er war seit 1907 Mitglied der Sozialdemokratischen Partei und war 1917 zur Unabhängigen Sozialdemokratischen Partei (USPD) übergetreten. Bei Ausbruch der Novemberrevolution 1918 war er Vorsitzender des Betriebsrates der Leuna-Werke.
Bernard Koenen blieb nach 1918 zunächst noch in der USPD, trat aber im Jahre 1920 zur KPD über. An den revolutionären Kämpfen der Zeit 1919–1923, darunter am mitteldeutschen Aufstand 1921 und an der kurzfristigen, sächsischen und thüringischen Arbeiterregierung 1923 hatte er maßgeblichen Anteil.
Im Unterschied zu Klassner spürte man bei ihm den wirklichen Arbeiterrevolutionär, der selbst jetzt noch weit vom Typ des kalten, berechnenden stalinistischen Apparatschiks entfernt war. Es gelang ihm nicht immer, sich bei jeder beliebigen Wendung der Politik ohne eine Regung zu zeigen, der neuen Linie anzupassen, wie Klassner das vermochte.
Unvergeßlich ist mir eine Szene geblieben. Ich war von Klassner beauftragt worden, Bernard Koenen und seiner Frau Frieda (die ebenfalls auf der Kominternschule war) sowie auch einigen anderen älteren Genossen, die wenig Russisch konnten, die wichtigsten Artikel der *Prawda* ins Deutsche zu übersetzen.
Eines Tages hatte ich einen *Prawda*-Artikel zu übersetzen, der von dem gemeinsamen ewigen Kampf der Russen, Polen und anderer slawischer Völker gegen die Deutschen handelte.
Unbeirrt übersetzte ich: »Es handelt sich um eine ewige Waffenbrüderschaft im Kampfe gegen die Deutschen, die ruchlosen Erbfeinde der slawischen Völker!«
Bernard Koenen schaute mich erschreckt an. »Halt, halt, da

hast du was falsch übersetzt! Das kann doch nicht stimmen! Übersetz das noch mal!«
Wieder las ich denselben Satz.
Bernard Koenen war unruhig.
»Steht da nichts vom deutschen Imperialismus oder von den herrschenden Klassen Deutschlands?«
»Nein, Bernard, hier ist einfach von ›den Deutschen‹ die Rede.«
»Das ist doch unmöglich.«
Wortlos zeigte ich ihm die betreffende Stelle der *Prawda* und gleichzeitig noch einige andere Sätze, in denen genauso von »den Deutschen« als ewigen Erbfeinden der Slawen die Rede war.
Bernard Koenen war bleich geworden. Er sagte nichts mehr. Es war gewiß nicht leicht für ihn, den alten Arbeiterrevolutionär, ein stalinistischer Funktionär zu werden, der bedingungslos die sowjetischen Direktiven zu verteidigen hatte.
Während der großen Säuberungen 1936 bis 1938 war Bernard Koenen von der NKWD verhaftet worden. Im Gefängnis hatte er ein Auge eingebüßt. Durch eine Intervention kam er jedoch wieder frei. Danach diente er dem Stalinismus weiter.
Nach 1945 wurde Koenen erster Sekretär der SED-Landesleitung in Sachsen-Anhalt; 1953 ging er als Botschafter der DDR nach Prag, was zweifellos für ihn eine Degradierung bedeutete.
Neben unseren beiden Hauptdozenten Paul Wandel (Klassner) und Bernard Koenen hatten wir noch eine Assistentin, die auf der Schule Lene Ring hieß. Nach 1945 traf ich sie in der Sowjetzone unter dem Namen Lene Berg wieder. Sie war zunächst Lehrerin an der SED-Parteihochschule »Karl Marx« und danach die rechte Hand von Bernard Koenen in der SED-Landesleitung in Halle.
Unsere deutsche Gruppe bestand aus 18 bis 20 Kursanten. Nur einige davon waren ältere Funktionäre, die schon vor 1933 der KPD angehört hatten, darunter »Otto« aus Hamburg und »Willi« aus Berlin (ihre richtigen Namen habe ich nie erfahren), die früher beide im »Roten Frontkämpferbund« (RFB) gewesen waren und gemeinsam in der Internationalen Brigade in Spanien

gekämpft hatten; »Artur« – sein richtiger Name ist Heinz Hoffmann – war in Spanien Politkommissar der 11. Internationalen Brigade. Nach 1945 war er Chef der Kasernierten Volkspolizei und für viele Jahre Verteidigungsminister der DDR, Lene Berner war vor 1933 im illegalen Apparat der KPD und der Komintern tätig gewesen und hatte auch Sonderaufträge – selbst in Japan – auszuführen. Nach 1945 war sie Lehrerin in der SMA-Schule, später in der Gesellschaft für Deutsch-Sowjetische Freundschaft in Ostberlin und danach im Außenministerium der DDR.

Die meisten Angehörigen der deutschen Gruppe in der Kominternschule waren wie ich junge Genossen und Komsomolzen, die in der Sowjetunion erzogen worden waren. Hier traf ich viele meiner alten Freunde aus der Karl-Liebknecht-Schule und dem Kinderheim Nr. 6 wieder. Neben Mischa Wolf, Helmut Gennys und Jan Vogeler – bei denen ich mich stets von neuem daran erinnern mußte, daß sie jetzt »Förster«, »Zahl« und »Danilow« hießen – traf ich überraschend auch Marianne Weinert wieder, die Tochter des bekannten kommunistischen Dichters Erich Weinert, die ich schon als Kind 1932 in Berlin in der Künstlerkolonie am Breitenbachplatz kennengelernt hatte, sowie Emmi und Else Stenzer (Stern), die beiden Töchter eines von den Nazis ermordeten Reichstagsabgeordneten der KPD.

Auch unter den Kursanten der österreichischen Sektion waren viele Freunde aus unserem früheren Kinderheim Nr. 6: Rudi Spirik, der Sohn eines sozialdemokratischen Schutzbundkommandanten, der bei den Februarkämpfen 1934 gefallen war, Toni Schlögl aus St. Pölten, Alice Kloc, die in der Kominternschule nicht ganz mitzukommen schien und später noch eine Parteischule besuchen mußte, und schließlich Hans Scheichenberger, den wir in unserem Kinderheim wegen seines Aussehens scherzend »Neger« genannt hatten. Auch jetzt, auf der Kominternschule, hatte er noch immer etwas von seinem alten Charme.

Außerhalb der deutschen und österreichischen Gruppe kannte ich niemand. Erst am dritten Tag sah ich ein außerordentlich

hübsches spanisches Mädchen, das mir bekannt vorkam. Auch sie schien mich zu erkennen. Es war Amaya Ibarruri, die Tochter von Dolores Ibarruri, der Generalsekretärin der KP Spaniens, die in wenigen Jahren von einer kleinen KP-Funktionärin zur bekanntesten Frau des republikanischen Spaniens, zur *La Passionaria* geworden war. Nach der Niederlage der spanischen Republikaner war sie mit Sohn und Tochter in die Sowjetunion gekommen. Ihr Sohn war bei der Roten Armee und fiel im November 1942 bei Stalingrad. Die Tochter studierte bei uns in der Kominternschule. Hier hieß sie Maya Ruis.
Die Tochter der *Passionaria* war übrigens nicht die einzige prominente Kursantin. In unserem Zimmer fiel mir ein jüngerer Genosse auf, der einen Arm verloren hatte. Er konnte gut Russisch und erzählte einmal – ungeachtet der Disziplinvorschriften – im Schlafsaal, daß er 1941 bereits an der Front gekämpft und dort seinen Arm verloren habe. Er schien auch sonst der einzige, der sich nicht so leicht unterkriegen ließ und alles nicht so ernst nahm. Irgendwie ließ man ihn jedoch gewähren. Das wunderte mich. Schon wenn er hereinkam, war alles fröhlicher und aufgelockerter. Kaum war er im Zimmer, rief alles: »Sharko, was gibt's Neues?« Auch ich machte mich mit ihm bekannt, und es dauerte nicht lange, bis er mir offen sagte, wer er war: der Sohn Titos.

Was wir in der Kominternschule lernten

Ebensowenig wie mir vorher gesagt worden war, wohin ich fahren würde, erfuhr ich nun, was wir eigentlich in der Schule lernen sollten. Es war allgemein so, daß uns lediglich die bevorstehende Vortragsreihe angesagt wurde. Erst am Schluß einer solchen Vortragsserie, die meist zwei bis drei Wochen – manchmal allerdings auch wesentlich länger – dauerte, wurde uns dann das nächste Thema bekanntgegeben. Im Verlaufe der 10 Monate, die ich auf der Schule verbrachte, nahmen wir folgende Themen durch: Geschichte der KPD, Geschichte der KPdSU, Die Weimarer Republik, Der Faschismus, Charakter und Verlauf des Zweiten Weltkrieges, Politische Ökonomie, Dialektischer und historischer Materialismus, Geschichte der Kommunistischen Internationale, Übersicht über die Geschichte Deutschlands.

Jedes Thema bestand aus einer Reihe von Vorlesungen, die meist von Paul Wandel, manchmal auch von Bernard Koenen oder Lene Berg vorgetragen wurden, einige geschichtliche Themen außerdem noch von einer ungarischen Genossin.

Am Ende jeder Vorlesung wurde uns die Literatur angesagt, die wir zur Vorbereitung des Seminars zu lesen hatten. Ähnlich wie in sowjetischen Hochschulen wurde der Lesestoff geteilt in die sogenannte »obligatorische Literatur«, deren Kenntnis für jeden verpflichtend war, und zusätzliche Literatur für die in der Theorie besonders beschlagenen Genossen.

Zur Durcharbeitung der angegebenen Literatur wurde eine bestimmte Stundenanzahl angesetzt. Wir waren verpflichtet, Notizen zu machen, die gelegentlich kontrolliert wurden. Nach dem Selbststudium wurden dann die Seminare, die manchmal drei Stunden, manchmal auch länger dauerten, abgehalten.

Die gemeinsamen Vorlesungen für alle Gruppen fanden meist in der Bibliothek oder im Eßsaal statt, da ein großer Vorlesungssaal nicht vorhanden war. So wurde die Geschichte der Kommunistischen Internationale für alle gemeinsam behandelt. Lektor dieser Vortragsserie war unser Direktor, Genosse Michailow. Die Vorlesungen waren ausgezeichnet. Michailow trug russisch vor, und alle diejenigen, die russisch genausogut wie ihre Muttersprache beherrschten – das waren in der Regel die jüngeren –, setzten sich dann in die vorderen Reihen, während für die älteren Genossen an den anderen Tischen der Vortrag auf spanisch, deutsch, französisch, italienisch, rumänisch, tschechisch, slowakisch, polnisch und ungarisch übersetzt wurde. Da die Teilnehmer jeder nationalen Gruppe an einem Tisch für sich saßen, war das kaum störend, und sehr bald hatte sich das Übersetzungssystem glänzend eingespielt. Die Seminare über dieses Thema hielt dann der Lehrer jeder nationalen Gruppe mit seinen Kursanten gesondert ab.

Von allen acht Fächern war die Geschichte der Kommunistischen Internationale das Interessanteste.
Die Entwicklung der kommunistischen Parteien in den einzelnen Ländern, die Kämpfe und revolutionären Ereignisse von 1919 an wurden uns so eindrucksvoll geschildert, daß wir fast glaubten, wir hätten sie selbst miterlebt. Der Spartakus-Aufstand, die Kämpfe im Ruhrgebiet und in Mitteldeutschland, die revolutionären Ereignisse in Polen, die riesige Streikwelle des Jahres 1920 in Italien, der Machtantritt Mussolinis, die Kämpfe in Bulgarien 1923, die Periode der sogenannten »relativen Stabilisierung« von 1924 bis 1929, die Weltwirtschaftskrise, der Machtantritt Hitlers – diese historischen Geschehnisse wurden uns in Vorlesungen ausführlich geschildert, allerdings – wie ich später feststellen mußte – in stalinistisch verfälschter Darstellung.
Ausführlich wurden auch die revolutionären Bewegungen in Kolonialländern und in Asien behandelt: die kemalistische Revolution in der Türkei, die antikolonialen Bewegungen in Nordafrika, die Gandhi-Bewegung in Indien, die Entwicklung der kommunistischen Parteien in Japan und Indonesien und vor allem natürlich, besonders eingehend, die Entwicklung der chinesischen Revolution.
Nicht alle Vorträge über die Komintern wurden von Michailow selbst gehalten, manchmal sprachen auch Jakob Berman, Honner oder Paul Wandel. Ähnlich wie Michailow hatten auch sie, vor allem Berman, eine außerordentlich ansprechende Art der Darstellung, die sich deutlich abhob von jenen trockenen, eintönigen Referaten, die wir aus den Veranstaltungen »für gewöhnliche Sowjetmenschen« nur allzu gut kannten.
Von den Themen, die wir in der deutschen Gruppe behandelten, interessierte mich am meisten die politische und ideologische Auseinandersetzung mit dem Nazismus. Die anderen Themen – dialektischer und historischer Materialismus, politische Ökonomie usw. – hatte ich bereits in der sowjetischen Hochschule in den Kollegs über »Grundfragen des Marxismus-Leninismus« durchgenommen; die Vorbereitung für die politische Auseinan-

dersetzung mit der Naziideologie war dagegen völlig neu für mich. In einer längeren Vorlesungsreihe wurden uns nun in der Kominternschule die Geschichte der NSDAP, der Hitler-Jugend und der übrigen Naziorganisationen sowie die Biographien der Naziführer vorgetragen. Das Schwergewicht lag hier auf der Analyse des Wesens des Nazismus und der Ursachen der Machtergreifung Hitlers. Bis ins einzelne studierten wir die Ideologie des Nazismus – die Rassenlehre, die Lebensraumtheorie, die nazistische Geschichtsbetrachtung usw. anhand der nazistischen Literatur selbst. Wir haben uns mit diesen Dingen so genau beschäftigt, daß ich nach 1945, als ich einmal richtige Nazis traf, mit Erstaunen feststellen mußte, daß ich viel besser über ihre Theorie Bescheid wußte als sie selbst.

Immer wieder war ich verwundert über die relative Großzügigkeit und Sachlichkeit, mit der wir in der Kominternschule – während eines Krieges, der auf Leben und Tod ging – den Nazismus und die Naziideologie behandelten. Häufig wurde einer von uns beauftragt, vor der Gruppe bestimmte Thesen der Naziideologie vorzutragen, während die anderen die Aufgabe hatten, dagegen zu polemisieren und die Naziargumente zu entkräften. Der betreffende Kursant, der die Naziargumente vorzutragen hatte, wurde angewiesen, sie gut, klar und überzeugend darzustellen, ja sein Auftreten wurde um so positiver bewertet, je besser er die Naziideologie vertrat.

Gelegentlich übernahm Klassner selbst die Rolle des Nazireferenten, und da er die Thesen sehr geschickt vortrug – wahrscheinlich geschickter, als es die meisten Nazis selbst tun konnten –, war es manchmal gar nicht leicht, die Gegenargumente zu finden.

Die Großzügigkeit (wir haben übrigens nicht nur die Naziliteratur zu lesen bekommen, sondern auch Manifeste und Erklärungen bürgerlicher und sozialdemokratischer Parteien verschiedener Länder sowie die Enzykliken des Papstes) hatte jedoch eine Grenze. So gern man uns mit anderen politischen Ideologien vertraut machte (offensichtlich in der Erkenntnis, daß dies für uns

mit keinerlei Gefahr verbunden war, weil niemand auch nur eine Sekunde durch diese Auffassungen beeinflußt werden konnte), so streng wurden wir davor bewahrt, irgend etwas von kommunistischen Oppositionsgruppen zu lesen. An diesem Punkte hörte jede Toleranz auf. Wir hörten zwar die Namen von Brandler, Thalheimer, Ruth Fischer, Maslow, Korsch, Katz und anderen Oppositionellen, die in den zwanziger Jahren gemeinsam mit ihren Anhängern aus der KPD ausgetreten oder ausgeschlossen worden waren und oppositionelle Organisationen gebildet hatten, aber was diese Gruppen und Richtungen eigentlich gewollt hatten – davon hörten wir kein Wort. Das galt auch für die Oppositionsgruppen innerhalb der Bolschewistischen Partei. Weder über die Arbeiteropposition unter Schljapnikow und die Gruppe »demokratischer Zentralismus« unter Ossinski noch über die Trotzkisten und Bucharinisten bekamen wir auch nur eine Zeile der Originalschriften zu lesen. Das fiel mir besonders bei den Lektionen und Seminaren über den Trotzkismus auf.
Unser Dozent Klassner war bei diesem Thema nicht wiederzuerkennen. Seine Stimme war von unbändigem Haß erfüllt. Statt sachliche Argumente vorzutragen, war sein Vortrag eine wüste Beschimpfung (die sonst in den Vorlesungen der Kominternschule völlig fehlte). Dann erhielten wir die Literatur zum Thema Trotzkismus. Es war ein hektographiertes, sorgfältig zusammengestelltes Material, das Äußerungen von Lenin gegen Trotzki (seine viel häufigeren positiven Erklärungen über Trotzki waren natürlich ausgelassen) sowie Auszüge aus den Schriften Stalins enthielt. Keine einzige Zeile von Trotzki oder von seinen Anhängern war dabei! Niemand von uns wußte damals, was Trotzki eigentlich geschrieben hatte, und während die anderen Seminare meist ein beachtliches Niveau aufwiesen, beschränkte sich das Seminar über Trotzkismus auf wütende und agitatorische Verdammung.
Damals konnte ich mir das nicht erklären – obwohl die Ursache eigentlich auf der Hand lag. Die Erklärungen und Meinungen der oppositionellen Organisationen durften wir deshalb nicht erfah-

ren, weil sie Auffassungen enthielten, die dem Stalinismus wirklich gefährlich sind. Die stalinistische Führung war sich wohl bewußt, daß es völlig risikolos war, uns Reden von Hitler und Goebbels, Manifeste bürgerlicher Parteien oder Enzykliken der Päpste in die Hand zu geben, weil von vornherein feststand, daß sie uns nicht im geringsten beeinflussen konnten. Bücher von Trotzki, Manifeste antistalinistischer Organisationen, die vom marxistischen Standpunkt aus das stalinistische System in der Sowjetunion kritisieren und angreifen, hätten uns dagegen zumindest beeindruckt.

»Politische Gegenwartsfragen«

Neben dem politisch-theoretischen Unterricht wurde der Aktualisierung außerordentlich viel Zeit gewidmet. Es war ein ungeschriebenes Gesetz, daß die »Theorie mit der Praxis verbunden werden« müsse. So wurden dann häufig »Politische Gegenwartsfragen« in den Gruppen behandelt, wobei sich jede Gruppe mit der gegenwärtigen Situation und den Aufgaben der Kommunisten in dem betreffenden Land zu beschäftigen hatte.

Die Grundlage für dieses Thema war in unserer deutschen Gruppe das Material über eine sogenannte »Beratung der nationalen Friedenskonferenz« in Deutschland, die angeblich im November 1942 in einer Stadt im Ruhrgebiet stattgefunden hatte. Uns wurde erklärt, auf dieser illegalen Konferenz, an der etwa 30 Personen, darunter Gewerkschaftsvertreter, Angehörige der KPD und der SPD, ein Geistlicher und einige bürgerliche Intellektuelle teilgenommen hätten, sei ein Programm für die Beendigung des Krieges und für den Sturz Hitlers angenommen worden.

Ich selbst hatte damals bereits ernste Zweifel, ob wirklich eine solche Konferenz stattgefunden haben konnte, und ich war wohl nicht der einzige, der diese Zweifel hegte. Die Skepsis war um so berechtigter, als die Erklärung haargenau der »richtigen Linie« entsprach. (Übrigens habe ich nach 1945 erfahren, daß eine sol-

che Konferenz tatsächlich nicht stattgefunden hat. Sie wurde auch später in der Sowjetzone nicht mehr erwähnt.)
Damals jedoch wagte niemand von uns, an der »westdeutschen Beratung« Zweifel zu äußern, und das »angenommene Programm« diente als Grundlage für unsere gesamte Schulung. Wochenlang zogen sich die Seminare hin, in denen wir uns mit dieser »Beratung« und der von ihr angeblich gefaßten Resolution zu beschäftigen hatten.
Die »westdeutsche Beratung« hatte zur Bildung von illegalen »Volksausschüssen« aufgerufen, und so mußten wir jetzt in den Seminaren auch »Volksausschüsse« gründen.
Von allen Fächern der Kominternschule war »Politische Gegenwartsfragen« das schwächste. Fast alle Mitglieder der deutschen Gruppe hatten schon als Kinder Deutschland verlassen müssen. Wir hatten von Deutschland, erst recht aber von der illegalen Arbeit in Deutschland, nicht die geringste Ahnung. Lene Berg hatte zwar noch 1½ Jahre nach Hitlers Machtergreifung in Deutschland gearbeitet, aber auch ihre Berichte konnten uns keine Vorstellung von den Verhältnissen in Deutschland im Jahre 1942 vermitteln. Munter bildeten wir in den verschiedenen deutschen Städten und Landgemeinden also illegale »Volksausschüsse«. Daran sollten unsere organisatorischen Fähigkeiten praktisch erprobt werden. Die ganze Sache war reichlich naiv. Meist wurden uns zunächst über eine bestimmte Stadt in Deutschland die wichtigsten Angaben gemacht, z.B. über die soziale Zusammensetzung und den prozentualen Anteil der Arbeiter, Bauern und Intellektuellen, über die Wahlergebnisse der Stadt von 1932, die religiöse Zusammensetzung, über die Wirtschaft ihrer Umgebung und die Zahl der Bombenangriffe, die die betreffende Stadt bereits durchgemacht hatte.
Nach einer solchen Übersicht sollten wir dann einen Volksausschuß »richtig zusammensetzen«. Das Ganze wirkte etwa wie ein Puzzlespiel. Man mußte genau angeben, wie groß ein solcher »Volksausschuß« sein sollte, wieviel Arbeiter, Angestellte

und Geistliche, und welche Vertreter früherer politischer Parteien ihm anzugehören hatten.
Die Sache war nicht leicht. Wer einen Volksausschuß vorschlug und einen Geistlichen oder einen Rechtsanwalt vergaß, wurde wegen »Sektierertum« und »Unterschätzung der Verbündeten im Kampf gegen Hitler« gerügt. Wenn man aber zuviel Rechtsanwälte und Geistliche in den Volksausschuß hineinnahm, wurde man wegen »Opportunismus« und »Unterschätzung der Rolle der Arbeiterklasse« ebenfalls getadelt.
Eigentümlicherweise brachten es gerade diejenigen, die sich bei ernsten politischen Seminaren nur schwach beteiligen konnten, wie z. B. die junge Emmi Stenzer und der ehemalige RFB-Mann »Otto« aus Hamburg, in der Bildung von »Volksausschüssen« zu einer wahren Meisterschaft. Andere, die die Dinge ernster nahmen, verspürten dagegen gewisse Hemmungen, in einer baufälligen Villa im fernen Baschkirien auf dem Papier illegale Volksausschüsse für Städte des Ruhrgebietes oder Bayerns zusammenzustellen.
Ernster als dieses Puzzlespiel war dagegen unsere Ausbildung im Abfassen von Flugblättern. Wir mußten lernen, innerhalb einer Stunde ein »politisch richtiges« Flugblatt zu jedem gestellten Thema zu verfassen. Dabei wurden keineswegs leichte Themen ausgesucht. Anfang Oktober 1942 las man uns z. B. die Erklärung Görings über eine Erhöhung der Lebensmittelrationen in Deutschland vor. Wir hatten nun die Aufgabe, über diese Frage ein Flugblatt zu verfassen und darin die evtl. unter der Bevölkerung aufkommenden Illusionen zu zerschlagen.
Unsere Flugblätter wurden jeweils in einem besonderen Seminar einzeln vorgelesen und gründlich durchgesprochen. Abschließend folgte dann das kritische Urteil des Lehrers. Da wir solche Übungen häufig machten und sehr genau durchsprachen, waren wir tatsächlich bald in der Lage, schnell aktuelle, flüssig geschriebene Flugblätter zu jedem Thema zu verfassen.
Wir besprachen jedoch nicht nur unsere eigenen Flugblätter, sondern erhielten auch alle von der politischen Abteilung der

Roten Armee herausgegebenen und über den Fronten abgeworfenen Flugblätter. Unsere Aufgabe war, diese Flugblätter der Roten Armee genau zu analysieren und mit Kritik nicht zu sparen. Das war für mich völlig neu. Ich war bis jetzt in der Sowjetunion noch nie aufgefordert worden, meine Meinung über Dinge zu sagen, die von »oben« angeordnet wurden.

Regelmäßig lasen wir nun die sowjetischen Flugblätter durch und diskutierten darüber. Wir sprachen aus, daß sie nach unserer Meinung sehr schwach seien, eine Auffassung, die später, als die Zahl der Kriegsgefangenen zunahm, immer wieder bestätigt wurde und dann auch zu einer völligen Umstellung der sowjetischen Propaganda und zur Gründung des Nationalkomitees »Freies Deutschland« führte.

Begierig lasen wir dagegen die Flugblätter, die von gefangenen oder übergelaufenen deutschen Soldaten oder Offizieren selbst geschrieben worden waren. Das war eine völlig andere Sprache! Besonders fiel uns das bei einer Broschüre auf, die von Hauptmann Dr. Ernst Hadermann unter dem Titel *Das Wort eines deutschen Hauptmanns* erschienen war. Das galt auch für ein Flugblatt, das von Heinrich Graf von Einsiedel, dem Urenkel Bismarcks, verfaßt worden war.

Daß unser erster Eindruck richtig war, wurde uns später bestätigt. Beide, Hauptmann Dr. Ernst Hadermann und Heinrich Graf von Einsiedel, gehörten zu den Gründern des Nationalkomitees »Freies Deutschland«.

Wir lernten jedoch nicht nur Flugblätter schreiben, sondern wurden auch genau unterrichtet, wie man in strengster Illegalität Flugblätter herstellen könne. Innerhalb der sowieso schon geheimen Kominternschule befand sich ein noch geheimeres kleines chemisches Laboratorium. Dieses Kabinett durften wir nur betreten, wenn das Thema »Herstellung illegaler Flugblätter« angesagt war. Der Unterricht fand in russischer Sprache zweimal wöchentlich statt. Wir wurden in alle Herstellungsverfahren illegaler Flugblätter eingeführt, von den primitivsten Methoden (Herstellung einer Lehmmasse, mit der man kaum 100 Exemplare von kurzen Texten in großen Buchstaben anfertigen konnte) bis zu den kompliziertesten fotomechanischen Methoden, die es gestatteten, eine beliebige Anzahl von Flugblättern und Zeitungen, einschließlich Zeichnungen und Karikaturen, in einer ganz kleinen, aber doch deutlich lesbaren Schrift herzustellen.

Jedes Verfahren wurde uns ausführlich erklärt, einschließlich der Möglichkeiten, wie die dazu benötigten Gegenstände zu beschaffen seien, und dann mußte jeder von uns Flugblätter praktisch herstellen. Der Unterricht war sehr gründlich, aber es war uns nicht erlaubt, Notizen zu machen. Wir sollten alles im Gedächtnis behalten. Da meines Wissens niemand von uns nach der Auflösung der Komintern schnell zur illegalen Arbeit entsandt wurde, haben wohl die Absolventen unseres Lehrganges heute nur noch eine blasse Erinnerung an die interessantesten Unterrichtsstunden, in denen wir Dinge lernten, die wir niemals in der Praxis anzuwenden hatten.

Neben dem Unterricht »Politische Gegenwartsfragen«, der uns befähigen sollte, die Situation in Deutschland zu verstehen und uns für zukünftige Aufgaben in Deutschland vorzubereiten, wurden noch je nach Bedarf Unterrichtsstunden in *Tekuschtschaja Politika* (Aktuelle Politik) eingeschaltet, in denen wir uns mit der Sowjetunion zu beschäftigen hatten.

Tekuschtschaja Politika war nicht etwa, wie man annehmen könnte, eine Art Presseschau oder eine allgemeine Übersicht über die Tagesereignisse in der UdSSR, sondern eine genaue Behandlung wichtiger politischer Maßnahmen der Sowjetregierung, die wir zu studieren hatten und zu denen wir anschließend »Stellung nehmen« sollten.

Im Verlaufe der 10 Monate – von August 1942 bis Ende Mai 1943 –, die ich in der Kominternschule verbrachte, wurden unter anderen folgende Themen in *Tekuschtschaja Politika* behandelt:

Die Bildung der sogenannten »Außerordentlichen Staatskommission« zur Untersuchung der Greueltaten der »deutsch-faschistischen Okkupanten« (4. November 1942).

Der Beginn der Gegenoffensive der Roten Armee bei Stalingrad (23. November 1942).
Die »Ferapont-Golowatyj-Bewegung«, die am 18. Dezember 1942 entstand, als ein Kolchosbauer namens Ferapont Golowatyj aus dem Kolchos »Stachanowez« des Bezirks Nowopokrowsk im Gebiet Saratow seine gesamten Ersparnisse – insgesamt 100 000 Rubel – der Roten Armee zur Verfügung stellte, damit man für seinen Sohn, einen Flieger, ein Flugzeug bauen könnte. (Diesen selbstverständlich vorher sorgfältig vorbereiteten Entschluß hatte Golowatyi in einem Brief an Stalin kundgetan, woraufhin er von Stalin ein Dankschreiben erhalten hatte. Danach begann eine Bewegung der Kolchosbauern, die ihre persönlichen Ersparnisse zum Bau von Panzern und Flugzeugen stifteten.)
Die Einführung neuer Uniformen in der Roten Armee (7. Januar 1943) und in der Kriegsflotte (16. Februar 1943) mit Schulterstükken, die nach der Revolution von 1917 abgeschafft worden waren, sowie die Einführung des Marschall-Sterns (28. Februar).
Der Sieg in der Schlacht um Stalingrad (3. Februar 1943). In der deutschen Gruppe hatten wir auch noch das berühmte TASS-Dementi vom 13. Februar besonders zu behandeln. (In diesem Dementi wurden ausländische Meldungen zurückgewiesen, daß die bei Stalingrad gefangenen Generäle wegen Verbrechen in der Ukraine zur Verantwortung gezogen werden sollten. Solche Meldungen würden, wie die TASS erklärte, »offensichtlich von profaschistischen Elementen verbreitet und seien von Anfang bis Ende erlogen«.)
Die Mitteilung über die Erfolge der Roten Armee in der Winteroffensive 1942–1943 (3. April 1943), daß zwischen dem 10. November 1942 und dem 31. März 1943 insgesamt 480 000 qkm sowjetisches Territorium zurückgewonnen wurden, darunter die Städte Wjasma, Gshatsk, Kursk, Woroschilowgrad, Kamensk, Schachty, Rostow sowie die nordkaukasischen Städte Krasnodar, Maikop, Jessentuki, Kislowodsk, Naltschik und Pjatigorsk.
Die sowjetische Note vom 28. April über den Abbruch der Beziehungen der UdSSR zur Emigranten-Regierung Polens (dieses

Thema wurde für so wichtig erachtet, daß neben einer ausführlichen Behandlung in den einzelnen Gruppen auch eine Sondervorlesung von Jakob Berman für die gesamte Schule abgehalten wurde).

Diese und noch viele andere Ereignisse wurden ausführlich in den Stunden der »Aktuellen Politik« behandelt. Es war Pflicht für jeden Kursanten unserer Gruppe, zu jeder Frage »Stellung zu nehmen« – selbst wenn schon von anderen Rednern alles Notwendige zu diesem Thema gesagt worden war.

Durch diese Maßnahme sollte jeder so geschult werden, daß er auf alle Fragen der sowjetischen Politik sofort »politisch richtig« reagieren konnte und – beim Ausbleiben von Direktiven – in der Lage wäre, selbständig die »richtige« Stellungnahme zu vertreten und zu propagieren.

So wurde die »Verbindung zwischen Theorie und Praxis« in doppelter Weise hergestellt. Auf der einen Seite wurden wir dazu angehalten, unsere theoretischen Kenntnisse auf das Land anzuwenden, in dem wir später wirken sollten – auf der anderen Seite sollten wir sowohl durch das Studium der Geschichte der KPdSU als auch durch die Behandlung der wichtigsten Maßnahmen in der Sowjetunion dazu gebracht werden, in Zukunft stets nicht nur die Ereignisse in der Sowjetunion genau zu verfolgen, sondern auch in der Lage sein, an jedem Punkt der Welt Maßnahmen der Sowjetunion zu erläutern, zu popularisieren und gegen Angriffe zu verteidigen.

Die geheimen Informationsbulletins

Etwa ein Drittel unserer Studienzeit war mit Selbststudium ausgefüllt. Die Unterlagen dafür erhielten wir regelmäßig in der Bibliothek, in der die meisten Schriften von Marx, Engels, Lenin und Stalin und die sonstigen Lehrmittel in genügender Zahl vorhanden waren. Die wichtigsten Schriften gab es in allen für unsere Schule notwendigen Übersetzungen. In wenigen Fällen mußten wir uns allerdings mit den russischen Ausgaben begnügen. Einer von den jüngeren Kursanten wurde dann beauftragt, den älteren das Lesematerial zu übersetzen.

In der Bibliothek waren jedoch keineswegs nur die Schriften von Marx, Engels, Lenin und Stalin und die sonstige Parteiliteratur zu finden, sondern auch hektographierte Informationsbulletins, die nicht für die allgemeine Verbreitung bestimmt und mit der Aufschrift »Geheim!« oder »Streng geheim!« versehen waren.

In diesen täglich erscheinenden Informationsbulletins waren, nach Ländern geordnet, die wichtigsten Rundfunkkommentare und Artikel der ausländischen Presse enthalten. Die Informationsbulletins wurden wahrscheinlich in der Komintern in Ufa hergestellt. Jedes Exemplar war mit einer Nummer versehen. Es durfte bei uns nur im Lesesaal eingesehen werden, und jeder Kursant hatte den Erhalt des Bulletins zu bescheinigen.

Als ich das erste Mal ein solches Bulletin las, war ich wie vom Schlag gerührt. Gewiß, ich hatte schon bei den Sonntagsvorlesungen im Gebietskomitee von Karaganda festgestellt, daß die Referenten mehr wußten, als aus der sowjetischen Presse zu erfahren war, aber ich hatte mir nie erklären können, woher ihr Wissen stammte.

Nun wußte ich es.

Allerdings ahnte ich zu dieser Zeit noch nicht, daß dieses Informationsbulletin nur eines von vielen war. Es gab noch eine Reihe anderer, die unter ähnlichen Vorsichtsmaßregeln höheren Partei- und Staatsfunktionären der Sowjetunion zugänglich gemacht wurden. Offensichtlich bestand (und besteht) auch hierin eine genaue Klassifizierung je nach dem Aufgabengebiet des betreffenden Funktionärs und der Höhe seiner Position, so daß man von einer hierarchisch gestuften Informiertheit sprechen kann.

Ich erinnere mich noch genau, was ich empfand, als ich zum erstenmal ein geheimes Informationsbulletin in den Händen hielt: Mich überkam ein Gefühl des Dankes für das Vertrauen und das Gefühl des Stolzes, zu jenen Funktionären zu gehören, die politisch so reif waren, daß man sie getrost mit anderen Auffassungen bekannt machen konnte. Andere junge Funktionäre werden ähnlich gedacht oder gefühlt haben, und vielleicht ist sogar das gestaffelte Privileg der Information für manche Funktionäre ein nicht geringerer Anreiz als Titel, Orden oder materielle Begünstigung.

Das in der Kominternschule ausgegebene Informationsbulletin befaßte sich nur mit dem Ausland, genauer gesagt: mit den alliierten und neutralen Staaten. Es enthielt die Reden führender Staatsmänner dieser Länder, die in der Sowjetpresse nur gekürzt oder gar nicht wiedergegeben wurden, wichtige Artikel der amerikanischen, skandinavischen, englischen und Schweizer Presse, Berichte von Parteitagen der verschiedensten Parteien in den alliierten und neutralen Ländern sowie die wichtigsten Rundfunkkommentare. Besonders gerne las ich die des Schweizer Professors von Salis. Interessant war, daß in diesen Bulletins auch Erklärungen kommunistischer Parteien veröffentlicht wurden, die aus außenpolitischen Gründen in der Sowjetpresse nicht erscheinen konnten, z.B. Resolutionen und Artikel der Kommunistischen Partei der USA, die offiziell aus der Komintern ausgetreten war, Reden und theoretische Aufsätze Mao Tse-tungs in der Partisanenhauptstadt Jenan (die aufgrund der damaligen Beziehungen zu Japan in der Sowjetpresse nicht veröffentlicht werden durften), und schließlich konnte man in den Bulletins auch die Kommuniqués der Partisanen-Armee Titos lesen, die ebenfalls in der Sowjetpresse nicht veröffentlicht wurden, weil die Sowjetunion damals an der Erhaltung guter Beziehungen zur jugoslawischen königlichen Exilregierung in London interessiert war.

Häufig erschienen Sonderausgaben der Bulletins zu bestimmten Ereignissen, in denen das ganze Material über eine Frage außerordentlich klar und übersichtlich angeordnet war. Diese Bulletins enthielten somit alles, was ein verantwortlicher Funktionär wissen mußte, der sich mit internationalen Problemen zu beschäftigen hatte. Da die Bulletins gut zusammengestellt und sehr interessant waren, machte ich es mir zur Gewohnheit, sie regelmäßig zu lesen – selbst dann, wenn mir von der übrigen Pflichtliteratur schon der Kopf rauchte.

Während diese Informationsbulletins allen Kursanten dienten, erhielt unsere deutsche Gruppe, ebenfalls hektographiert und natürlich mit der Aufschrift »Geheim!«, zusätzlich regelmäßig Bulletins mit Auszügen aus Briefen deutscher Soldaten und Offiziere an ihre Angehörigen in der Heimat. Diese Materialien wurden höchstwahrscheinlich von der Glaw PURKKA *(Glawnoje polititscheskoje upawlenije rabotsche-krestjanskoj krasnoj armii)*, der Zentralen Politischen Verwaltung der Roten Armee, zusammengestellt.

Die Bulletins erschienen in zwei Ausgaben:

1. Auszüge aus Briefen deutscher Soldaten und Offiziere an ihre Angehörigen in der Heimat.
2. Auszüge aus Briefen der deutschen Bevölkerung an ihre Angehörigen an der Front.

Sämtliche Briefe, die der Roten Armee beim Vormarsch in die Hände fielen, wurden offensichtlich sorgfältig ausgewertet.

In hektographierten Bulletins waren alle Äußerungen zusammengestellt, die politische Themen betrafen. Hier konnten wir meist folgende Rubriken finden: Äußerungen über den Krieg im allgemeinen, Ernährung, Bombardierungen, ausländische Arbeiter in Deutschland, Verhältnis zu den Kriegsgefangenen, Beziehungen zu den Verbündeten (Italien, Ungarn, Japan usw.), Lage in den besetzten Ländern.

Die Äußerungen waren dabei keineswegs propagandistisch frisiert, und pronazistische Äußerungen wurden genauso sorgfältig verzeichnet wie antinazistische. Im allgemeinen waren jedoch klare eindeutige politische Bekenntnisse in den Briefen selten zu finden. Nur einmal gab es in dieser Hinsicht eine kleine Sensation.

Ein Soldat hatte an seine Frau in die Heimat geschrieben:

»Von diesem Krieg habe ich die Schnauze voll.« Ein Zensor hatte an den Rand des Briefes geschrieben: »Ich auch.«

Bei jedem Auszug wurden der Name des Absenders und des Empfängers sowie Ort und Datum mitgeteilt, so daß wir die Möglichkeit hatten, gewisse, wenn auch vorsichtige Analysen

über die Stimmung in den verschiedenen Teilen Deutschlands vorzunehmen.
Neben den erwähnten allgemeinen Informationsbulletins und den Auszügen aus Briefen erhielten wir noch regelmäßig – ebenfalls in Bulletinform – das gesamte offizielle Material über Hitler-Deutschland, sämtliche Verordnungen der Hitler-Regierung, alle Reden von Hitler, Goebbels, Himmler, Speer, Baldur von Schirach usw., die Goebbels-Artikel im *Reich*, die Rundfunkkommentare von Fritsche und andere wichtige Kommentare aus der Nazipresse sowie alle wesentlichen Artikel der neutralen und der alliierten Presse über die Situation in Hitler-Deutschland.
Offenbar waren wir nicht die einzigen Empfänger dieses Materials, denn als ich später, im Mai 1945 in Berlin, mit einigen höheren sowjetischen Offizieren der politischen Verwaltung zusammenkam, war ich erstaunt, wie gut sie über Deutschland informiert waren – wahrscheinlich hatten sie während des Krieges die gleichen Materialien studiert.

Unser militärischer Unterricht

Kurze Zeit nach meinem Eintreffen auf der Schule wurde bekanntgegeben, daß in Zukunft militärischer Unterricht erteilt würde.
Die Kursanten und Lehrer aller nationalen Gruppen wurden für den militärischen Unterricht in drei Einheiten zusammengefaßt: Die eine bestand aus Spaniern, Franzosen und Italienern, die zweite aus Deutschen, Österreichern und Sudetendeutschen und die dritte aus Bulgaren, Rumänen, Ungarn, Tschechen und Slowaken. Für den militärischen Unterricht wurden besondere Gruppenführer bestimmt, während die Lehrer und Gruppenvorsitzenden für diese Stunden zu einfachen »Soldaten« degradiert waren. Fast alle militärischen Gruppenführer und Kommandeure von Einheiten waren Funktionäre mit Erfahrungen aus dem spanischen Bürgerkrieg.
Unsere Schule erhielt sogar einen »Chef des Generalstabes«,

einen jungen österreichischen Funktionär mit Namen Martin Grünberg, der für uns Felix Falk hieß. Seine Ernennung war recht eigentümlich, denn Martin Grünberg, damals kaum älter als 20 Jahre, verfügte über keinerlei militärische Erfahrung und war auch nicht in Spanien gewesen. Er hatte aber eine, wenn auch kurze, sowjetische militärische Ausbildung hinter sich. Viele andere Kursanten, die in Spanien Soldaten, Offiziere und sogar Generäle gewesen waren, mußten sich nun diesem jungen Funktionär unterordnen. Die militärische Ausbildung bestand damals aus Exerzierübungen, Waffenkunde und »Strategie und Taktik«. In Strategie und Taktik wurden wir von einem Sowjetoffizier am Sandkasten unterrichtet. Alle taktischen Aufgaben wurden ausschließlich vom Standpunkt des Partisanenkrieges gestellt – zumindest so, wie sich der Sowjetoffizier, der uns unterrichtete, den Partisanenkampf vorstellte. Schon nach wenigen Unterrichtsstunden hatte ich den Eindruck, daß unser Sandkastenunterricht genausoweit von der Wirklichkeit entfernt war wie die Bildung der imaginären Volksausschüsse. Ernster als die Sandkastenspielerei war dagegen der Unterricht in Waffenkunde. Hier waren die Anforderungen für viele, die sich mit solchen Dingen noch nie so genau befaßt hatten, außerordentlich hoch. In kürzester Frist mußten wir nicht nur lernen Handgranaten und Minenwerfer zu bedienen, Revolver, Gewehre, leichte und schwere Maschinengewehre blitzschnell auseinanderzunehmen und wieder zusammenzusetzen, wir mußten auch die russische Bezeichnung ebenso beherrschen wie die in der Heimat gebräuchliche Bezeichnung.

Während vieler Wochen mußten wir nun noch neben dem politischen Unterricht abends militärische »Nachhilfestunden« bei den älteren Genossen nehmen. In der deutschen Gruppe erteilte »Otto«, ein Hamburger, diesen Nachhilfeunterricht. »Otto« hatte drei Jahre lang in Spanien gekämpft. In den politischen und theoretischen Fächern war er einer der Schlechtesten, besaß dafür aber ein phänomenales Gedächtnis für die Bezeichnungen der Bestandteile aller nur denkbaren Waffen. Wie alle geistig wenig

Entwickelten nutzte er seine Überlegenheit auf diesem Gebiet weidlich aus, und seine Nachhilfestunden waren für uns alle ein Greuel. Aber wir hatten keine Wahl, denn das Pensum mußte geschafft werden.
Endlich waren wir soweit, daß mit dem Schießunterricht begonnen werden konnte, und bald nahte der Prüfungstag. Wir erhielten scharfe Munition und hatten in allen genannten Waffen die Schießprüfung abzulegen. Im allgemeinen wurde sie überraschend gut bestanden.
Nun begannen militärische Geländeübungen, die viele Stunden, ja manchmal ganze Nachmittage unserer sonst so streng rationierten Studienzeit raubten. Manchmal ertönte sogar nachts um zwei oder drei Uhr die Sirene. Innerhalb von zwei Minuten mußten wir dann zu Geländeübungen bereit sein.
Daß die Sandkastenübungen nicht viel mit der Wirklichkeit zu tun hatten, war mir schon nach kurzer Zeit aufgegangen. Die Geländeübungen nahm ich anfangs noch ernst.
Mein Eifer wurde aber bald gedämpft. Eines Tages erhielt ich den Befehl, mit einem alten versierten Spanienkämpfer als Kundschafter zu wirken. Wir schlichen uns an irgendwelche Gebüsche heran.
»Ist das so richtig, oder worauf kommt es noch an?« fragte ich ihn flüsternd.
»Vor allem kommt es darauf an, daß du recht bald deine militärische Ausbildung, die man dir hier beibringt, vergißt«, flüsterte er zurück.
Ich schaute ihn entgeistert an.
»Du kannst deinen Mund ruhig wieder zumachen. Was wir hier tun, ist völliger Blödsinn. Ich kann dir nur den einen Rat geben: Vergiß den ganzen Mist, denn im Krieg ist das alles ganz anders.«
Die Geländeübungen hatten übrigens bald ein politisches Nachspiel. Beim An- und Abmarsch mußten wir nämlich stets marschieren und singen. Gesungen wurden meist sowjetische oder spanische Kampflieder, aber bei unserer deutschsprachigen Ab-

teilung konnte man auch »Schwarzbraun ist die Haselnuß« und »Lore, Lore, schön sind die Mädchen von 17, 18 Jahr« hören. Eines Tages wurde uns von unserem deutschen Kommandeur erklärt:
»Das Lied ›Lore, Lore, schön sind die Mädchen von 17, 18 Jahr‹ darf nicht mehr gesungen werden, denn es ist ein faschistisches Lied.«
Als disziplinierte Kursanten beschlossen wir, die faschistische Lore nicht mehr zu singen.
Statt dessen wurde nun um so häufiger das Lied »Schwarzbraun ist die Haselnuß« geschmettert. Aber einige von uns, darunter auch ich, waren vorsichtig und sangen nur sehr zaghaft mit, in der Befürchtung, daß es vielleicht auch faschistisch sein könnte. Glücklicherweise stellte sich jedoch heraus, daß die »Schwarzbraune Haselnuß« nicht faschistisch war.

Natürliche Entspannung und »organisierte Geselligkeit«

Bis zu meinem Eintritt in die Kominternschule hatte ich geglaubt, ein guter und pflichteifriger Student zu sein. Schon bald aber erkannte ich, daß selbst das emsigste Studium an einer sowjetischen Hochschule dem Studium in der Kominternschule nicht gleichkam. Vom frühen Morgen bis zum späten Mittag hörten wir Vorlesungen. Nach dem Mittagessen blieb uns eine knappe Stunde Freizeit. Die Zeit bis zum Abendessen war ausgefüllt mit Seminaren oder mit Selbststudium, das meist vom Gruppenvorsitzenden oder vom Klassenleiter kontrolliert wurde.
Nach dem Abendessen war offiziell »freie Zeit«. Aber trotzdem konnte man nicht selten die meisten Kursanten bis halb zwölf Uhr nachts in der Lesehalle arbeiten sehen. Eine halbe Stunde vor Mitternacht war »Abendappell« (der allerdings später auf elf oder halb elf vorverlegt wurde). Nach dem Abendappell war der

offizielle Arbeitstag zu Ende. Die Studenten hatten jedoch das Recht, bei Bedarf auch noch nach dieser Zeit in der Lesehalle weiter zu arbeiten.

Zu Anfang des Lehrganges hatten wir einen Vortrag über Moral zu hören bekommen. Die Grundregeln waren so scharf, daß sogar strenge Pädagogen der alten Schule bedenklich den Kopf geschüttelt hätten.

Zunächst wurde uns bekanntgegeben, daß während des Lehrgangs kein einziger Kursant und Lehrer das Recht habe, auch nur einen einzigen Tropfen Alkohol zu sich zu nehmen. Selbst die Feiertage 1. Mai, 7. November und Neujahr waren nicht davon ausgenommen. Unmißverständlich wurde uns dann erklärt, daß jeder, der versuchen sollte, sich auch nur ein Gläschen Alkohol zu verschaffen, streng bestraft würde. Man beschränkte sich jedoch keineswegs darauf, dieses Verbot einfach bekanntzugeben. Es wurde auch politisch und ideologisch begründet – sowohl durch allgemeine Grundsätze als auch durch Erzählungen abschreckender Beispiele, wie selbst durch geringe Quanten Alkohol illegale Gruppen aufgeflogen und Genossen an das Schafott geliefert worden waren, ja ganze revolutionäre Bewegungen eine Niederlage erlitten hätten. Es wurde uns alles so drastisch geschildert, daß man hätte annehmen können, die Niederlagen der Revolutionen von 1918 bis 1923 in den verschiedenen Ländern Europas seien ausschließlich dadurch zu erklären, daß irgendein Funktionär zu Neujahr einmal ein Glas Wein getrunken hatte.

Fast alle hielten sich während des ganzen Lehrganges an das Verbot. Und in den zwei Fällen, in denen es geringfügig überschritten wurde, verhängte man tatsächlich strenge Strafen.

Aber nicht nur Alkohol wurde uns verboten, sondern zugleich auch jede engere Beziehung zu Vertretern des anderen Geschlechts. Auch das wurde ideologisch begründet. In einem Vortrag wurde uns dargelegt, wie einmal in Italien eine große illegale Gruppe aufflog, weil ihr Leiter sich verliebt hatte. Er sollte um 4 Uhr mit einem Zug und falschem Paß nach Paris fahren und hatte strenge Anweisungen, keinen Menschen vorher zu besuchen.

Trotzdem ging er noch zu seiner Freundin und wurde dabei von der Polizei überrascht. Er selbst erhielt 15 Jahre Zuchthaus. Auch die anderen Mitglieder seiner Gruppe wurden später entdeckt und verhaftet.

Tatsächlich wurden selbst die unschuldigsten Annäherungen, etwa kleine Spaziergänge auf dem Hof vor der Schule, wenn sie sich wiederholten, gemeldet und ausführlich in Kritik und Selbstkritik behandelt.

Es war nicht leicht, diese Vorschriften einzuhalten, vor allem für die jüngeren Genossen und Genossinnen im Alter von 18 bis 25 Jahren – und das war mehr als die Hälfte der Kursanten. Überdies gab es in der italienischen und besonders in der spanischen Gruppe geradezu bezaubernd hübsche Mädchen. Zu allem Überfluß war das zentrale Gebäude unserer Schule von Dutzenden Fliedersträuchern umgeben, deren Duft im Frühjahr durch die geöffneten Fenster drang, so daß es einem schwerfiel, die hübschen Spanierinnen nicht anzusehen.

Ein sympathischer polnischer Kursant verliebte sich in die Argentinierin Raquel, wurde in einer Kritik und Selbstkritik vorgeknöpft und erklärte, sich »bessern« zu wollen. Sharko, der Sohn Titos, der sich in eine bezaubernde Spanierin verliebt hatte, blieb aber standhaft und wurde von der Schule gewiesen.

Wir waren so ausgefüllt vom Studium, daß uns als Freizeit nur noch der Sonnabendnachmittag und der Sonntag blieb.

Am Wochenende durften wir alles tun, was wir wollten außer – trinken, uns verlieben, den Schulbereich verlassen, unsere wirklichen Namen nennen, irgend etwas von unserem früheren Leben erzählen oder irgend etwas über unser jetziges Leben in Briefen schreiben. Abgesehen von diesen »geringfügigen« Einschränkungen war alles erlaubt: Wir konnten schlafen, spazierengehen oder Fußball spielen, uns unterhalten oder gemeinsam singen.

An einem Sonnabendnachmittag waren alle in besonders guter Stimmung. Die jüngeren aus der französischen, spanischen und italienischen und den drei deutschsprachigen Gruppen hatten sich in einem Zimmer zusammengefunden und sangen. Die aus-

gelassene Stimmung brachte es mit sich, daß wir nicht nur, wie sonst meist üblich, revolutionäre Kampflieder sangen, sondern allmählich zu Volksliedern und sogar Schlagern übergingen.
»*Olé,* wer kennt denn noch einen Schlager?« rief eine junge Spanierin impulsiv, ohne zu ahnen, daß sie mit diesem Ausruf ein Orchester gegründet hatte.
»Ich kenne viele«, sagte ein Franzose. Von uns allen wurde er gebeten, etwas zu singen. Er ließ sich nicht lange bitten. Schon stand er auf einem Stuhl und sang französische Chansons und Schlager. Sogleich hatten sich einige Spanier dazugesellt, die den Refrain mitsangen und den Takt klopften. Einer zog eine Mundharmonika hervor, um den französischen Sänger zu begleiten, andere hatten ihre Kämme genommen, um die Begleitung zu verstärken, und wenige Minuten später fanden sich andere Instrumente.
Ehe wir uns recht bewußt wurden, war aus romanischer Spontaneität ein ganzes Orchester entstanden. Dann begannen einige zu tanzen.
Plötzlich trat Michailow ins Zimmer: Sofort war er von Spaniern umringt, die ihm rasend schnell irgend etwas auf spanisch erzählten. Er nickte mit dem Kopf. Ein Hurra-Gebrüll ertönte, und nun erst erfuhren wir anderen, was los war. Es war uns gestattet worden, jeden Sonnabendabend nach der von uns selbst improvisierten Kapelle zu tanzen.
Die Kapelle entwickelte sich. Die Leitung hatte natürlich der Franzose. Sein Vorrat an Schlagern schien unerschöpflich zu sein – später erfuhren wir, daß er früher Chanson-Sänger in einem Pariser Café gewesen war.
Jeden Sonnabend wurden wir mit immer neuen Schlagern aus vielen Ländern überrascht – fast alle wurden auf französisch, spanisch oder katalanisch gesungen, weil wir ja keine Engländer und Amerikaner auf der Schule hatten und unter den Deutschen oder Österreichern offensichtlich nur wenige Schlagertalente vorhanden waren. Um so größer waren die Talente aus den anderen Ländern. Nicht selten geschah es, daß plötz-

lich nach einem Tanz eine Spanierin, Ungarin, Rumänin, Tschechin oder Polin zum Orchester trat und uns mit einem neuen Schlager beglückte.

Außer dem französischen Café-Sänger schien es noch einige »Spezialisten« zu geben, wie Juanita aus Barcelona, die den Tango *Yo te quiero mucho* ganz vorzüglich brachte.

Alle waren zufrieden, wenn sie sang, nur ich nicht, da ich mit ihr gern und oft tanzte – gerade noch so oft, wie es mir gestattet war, ohne zur Kritik und Selbstkritik vorgeladen zu werden.

»Wo hast du denn so ausgezeichnet singen und tanzen gelernt?« fragte ich sie.

»Oh, Linden, weißt du nicht, wo wir uns befinden?« lächelte sie und blieb mir natürlich die Antwort schuldig.

Die Tanzabende an Wochenenden waren für uns eine schöne Entspannung. Es war die einzige Zeit in der Woche, in der wir mit unseren Gedanken nicht bei politischen oder militärischen Themen waren.

Bald wurden die Tanzabende durch »bunte Abende« ergänzt. Dann traten einzelne Kursanten oder Gruppen mit Gedichten, Liedern, Tänzen oder kleinen Theaterstücken auf. Auch hier waren die Spanier die aktivsten. Nach und nach lernten alle anderen die spanischen Lieder, während die nichtspanischen sich nur vereinzelt durchsetzten.

Unsere improvisierte Kapelle und die Initiative der Spanier bei den Tanzveranstaltungen sollte bedeutsame Folgen haben.

Offensichtlich hatte die Schulleitung erkannt, daß ein wenig Fröhlichkeit und Ausgelassenheit notwendig sei, und in dieser Hinsicht einen »Beschluß« gefaßt. Kurz darauf fand für uns bereits eine Gruppenversammlung zum Thema »Entspannung« statt. Klassner hielt eine Ansprache: »... Gefahr der Überlastung durch das Studium ... Unmöglich, daß Genossen bis 2 Uhr nachts im Lesesaal sitzen ... Mit Überanstrengung ist niemandem gedient, auch Freizeit ist notwendig ... Gemeinsame Lieder singen ... Gemütlichkeit organisieren ...«

So wurde denn auch die »Gemütlichkeit organisiert«, und zwar in der Form von »geselligen Abenden« und »gemütlichen Zusammenkünften« der Gruppe.

Es wurde genau festgelegt, wo und wann wir uns zu einem gemütlichen Abend zu treffen und was auf jedem gemütlichen Abend zu geschehen habe: »Es ist bedeutsam und wichtig, daß wir auch außerhalb des Studiums zusammenkommen. Der Kampf in Deutschland erfordert von uns nicht nur politische und organisatorische Kenntnisse, sondern auch Verbundenheit mit den deutschen Menschen, mit ihren Gewohnheiten und Umgangsformen. Zu diesem Zweck werden wir auf unseren gemütlichen Abenden deutsche Volkslieder lernen und gemeinsam singen«, erklärte Klassner.

Die Verwirklichung von Theorie zur Praxis gelang diesmal vorbildlich. Wir trafen uns nun regelmäßig entweder im Seminarraum oder bei schönem Wetter draußen, setzten uns hin und warteten auf die weiteren Instruktionen für den gemütlichen Abend. Wir brauchten nicht lange zu warten, denn unmittelbar nachdem wir uns hingesetzt hatten – schließlich mußte die Zeit für die Gemütlichkeit möglichst rationell ausgenützt werden –, erhielten wir Texte deutscher Volkslieder, die von den älteren Genossen zaghaft vorgesungen wurden und die wir jüngeren, die wir bisher deutsche Volkslieder noch nie gehört hatten, treu und brav nachsingen mußten.

So saßen wir, wenige Minuten, nachdem wir Maschinengewehre auseinandergenommen oder Vorträge über die chinesische Revolution gehört hatten, und sangen:

Wohl auf dem Dachgesims, wohl auf dem Dachgesims,
da hat der Sperling seine Jungen.
Und wenn es Abend wird, und wenn es Abend wird,
da fängt die ganze Horde an zu summen.
Summ, summ, summ, summ,
Julia, mach auf, Julia, mach auf!
Denn ich wart' schon so lang drauf.

Wir sangen diszipliniert und mit jenem Ernst, der von uns ständig verlangt wurde. Aber diesmal schien es nicht richtig zu sein. »Genossen, das Lied muß heiterer und fröhlicher gesungen werden«, hörten wir die Direktive Wandels. Wie bei allen Direktiven, waren wir auch diesmal bestrebt, sie möglichst schnell in die Tat umzusetzen. So fröhlich und heiter wir nur konnten, ertönte nun wieder unser »Summ, summ, summ, summ...«

Schließlich wurde uns noch aufgegeben, die Texte auswendig zu lernen. Die »gemütlichen Abende« der deutschen Gruppe waren ein Greuel; jedesmal wartete ich ungeduldig auf den Schluß und sehnte mich nach Seminaren oder in die Bibliothek zurück.

Nach und nach lernten wir vielleicht ein Dutzend deutscher Volkslieder. Wiederholt wurde uns versichert, daß »unsere Verbundenheit zum deutschen Volk damit gestärkt« würde. Pflichteifrig stürzten wir uns in die neue Aufgabe. Leider mußte ich später feststellen, daß die in Baschkirien so schwer erlernten deutschen Volkslieder mir wenig bei der Verbindung zum deutschen Volk halfen, denn als ich im Mai 1945 in das zerstörte und zerbombte Berlin zurückkehrte, interessierte sich kein Deutscher, mit dem ich zusammenkam, für Volkslieder.

Glücklicherweise wurde bald in der Frage der gemütlichen Abende eine neue taktische Linie proklamiert. Sie sollten nicht nur ausschließlich für das Erlernen deutscher Volkslieder verwandt werden, sondern auch dazu, daß die älteren Genossen uns aus ihren Erfahrungen erzählten.

Da bei diesen Erzählungen, von einigen Ausnahmen abgesehen, persönliche Schilderungen nur einen geringen Teil ausmachten, war das Ganze eigentlich nichts anderes als eine verschleierte Art von Vorlesungen. Obwohl wir ohnehin schon sehr viele Vorlesungen hörten, nahm ich das gerne in Kauf, denn es war immerhin besser als organisiertes Singen von Volksliedern.

Diese Abende wurden bald ein fester Bestandteil des Lebens in Kuschnarenkowo. Meist erzählte Bernard Koenen aus seinem interessanten Leben. Er berichtete uns von der Revolution von 1918, über den mitteldeutschen Aufstand 1921, über das Jahr

1923, über Maifeiern, die er in verschiedenen Ländern erlebt hatte. Es muß ihm manchmal nicht leichtgefallen sein, denn er hatte selbstverständlich seine Erlebnisschilderungen der neuen politischen Linie anzupassen und dabei die Dinge so zu retuschieren, wie die Ereignisse sich angeblich zugetragen haben sollen – was ich allerdings damals noch nicht wußte. Pflichteifrig streute er in seine persönlichen Schilderungen abfällige Bemerkungen über Brandler und die Trotzkisten ein, genau wie das in den Lektionen vorgeschrieben war.

Manchmal wurden neben unseren Dozenten auch die älteren Kursanten beauftragt, von ihren Erlebnissen zu berichten. Unvergessen blieb mir die Erzählung eines älteren Genossen, der erst Ende 1940, kurz vor Ausbruch des Krieges, in die Sowjetunion gekommen war. Er hatte der Partei offiziell nicht angehört, sondern offenbar Sonderaufträge auszuführen gehabt. Drei Stunden lang berichtete er uns, wie er während der deutschen Besetzung sich 1940 allein, ohne Unterstützung der illegalen Parteiorganisation, mit der er ja nicht in Berührung kommen durfte, durchgeschlagen hatte.

Er war übrigens der einzige unserer Gruppe, der manchmal kritische Äußerungen über gewisse Dinge in der Kominternschule wagte, z.B. über den militärischen Unterricht und über Martin Grünberg, »der sich hier als Stabschef aufspielt, ohne von den Dingen überhaupt eine Ahnung zu haben«. Er schien sich sicher zu fühlen, vielleicht weil er glaubte, mächtige Beschützer zu haben. Aber er irrte sich.

Wenige Tage später wurde er von der Schule entfernt. Hatte er sich in seinen Erzählungen nicht an die Direktiven gehalten und uns vielleicht Sachen erzählt, die er nicht erwähnen durfte? Waren seine kritischen Äußerungen daran schuld? War mit seinen Beschützern irgend etwas geschehen?

Wir wußten es nicht.

Kurz und knapp wurde uns von Klassner mitgeteilt, er sei aus der Schule entlassen worden. Er sei im übrigen niemals richtig mit der Partei verbunden und schon immer ein zweifelhaftes Element gewesen. Ein halbes Jahr später traf ich ihn in Ufa wieder und erkannte mit Grauen, was es bedeutete, in der Sowjetunion von der Partei »abgehängt« worden zu sein.

Meine erste Selbstkritik

Schon im Sommer 1942 in Ufa hatte ich den Unterschied zwischen dem Leben eines privilegierten Funktionärs und dem eines gewöhnlichen Menschen deutlich gespürt. Mir war klargeworden, daß vieles, was ich als sowjetischer Student und Komsomolze tun und sagen konnte, in meiner jetzigen Umgebung nicht zulässig war. Bei der Ankunft in Kuschnarenkowo hatte ich mir vorgenommen, mich an die neue Lebensweise zu gewöhnen. Es ging keineswegs nur darum, nichts aus meiner Vergangenheit und niemals meinen richtigen Namen zu sagen. Das zu erfüllen, erwies sich nicht einmal als schwer.

Viel schwerer war etwas anderes, was man mir nicht gesagt hatte, was ich aber jetzt erkennen sollte:

Jedes Wort wird politisch gewertet.

Dieser Satz ist nicht einfach hingeschrieben, sondern hat seine tiefe Bedeutung:

Jedes Wort wird politisch gewertet.

Das war mir bis dahin völlig neu.

Als Student und Komsomolze in der Sowjetunion genügte es während »normaler Zeiten« – die Jahre der Säuberungen von 1936 bis 1938 natürlich ausgenommen –, wenn man auf politischem Gebiet immer die »richtige Linie« hatte, sich über nichts äußerte, was in der *Prawda* noch nicht behandelt worden war, und politische Auffassungen so darlegte, daß selbst der dümmste oder übelwollendste Zuhörer sie nicht in eine antisowjetische Äußerung verdrehen konnte. Dagegen gab es völlig unpolitische Gebiete, über die man mehr oder weniger sagen konnte, was man wollte. Den Unterschied zwischen meinem bisherigen Leben und dem, was mir jetzt bevorstand, hatte ich in den ersten Wochen auf der Schule noch nicht voll begriffen; ich erzählte über

»freie Gebiete« ruhig und munter alles, was mir in den Kopf kam. Das taten übrigens auch die anderen jüngeren Genossen unserer Gruppe. Wir alle waren im wesentlichen mit dem System einverstanden, aber das hinderte uns jüngere Schüler nicht, hier und da gewisse Erscheinungen zu kritisieren und uns sogar über einzelne Dinge lustig zu machen; vor allem hinderte es uns nicht, auf unpolitischen Gebieten völlig frei und ungezwungen zu sein, so, wie das zwanzigjährige Menschen überall in der Welt sind. Gerade das war aber verpönt, und gerade hier setzte die Kritik und Selbstkritik ein, deren erstes Opfer ich wurde.
Öfter wurden wir zu körperlichen Arbeiten herangezogen. Meist handelte es sich dabei um Arbeiten, die im Bereich der Schule zu verrichten waren; gelegentlich wurden wir auch zu landwirtschaftlichen oder anderen Arbeiten außerhalb des Schulgebietes eingesetzt.
So wurden wir eines Mittags wieder zusammengerufen:
»Der heutige Nachmittagsunterricht wird verschoben, da unsere Gruppe zum Abladen eines Frachtdampfers eingesetzt wird.«
Eine halbe Stunde später waren wir am Schiff, wo wir große Mehlsäcke auszuladen hatten. Der bärenstarke »Otto« aus Hamburg ließ es sich nicht nehmen, uns jüngere zu hänseln, weil wir nur einen Sack, er aber spielend leicht zwei Säcke auf einmal tragen konnte.
Unter seinem Spott hatte ein kleiner, schwächlicher und kurzsichtiger junger Genosse unserer Gruppe namens Stefan besonders zu leiden. Stefan war aber immerhin mutig genug, sich gegen Otto aufzulehnen. Es kam zu einem Streit, wobei der bärenstarke Otto dem kleinen schwächlichen Stefan mit Fäusten ins Gesicht schlug. Ich stand daneben. Wutentbrannt machte ich meiner Empörung Luft.
Am Nachmittag des nächsten Tages wurde uns dreien bekanntgegeben, daß wir uns abends um 7 Uhr beim Direktor einzufinden hätten.

Sorglos erschien ich beim Direktor in der Annahme, daß man Otto ordentlich den Kopf waschen und ich lediglich als Zeuge gehört würde. Es kam jedoch ganz anders.
Als ich in das Direktorzimmer trat, stutzte ich: Es waren zwei große Quertische aufgebaut worden. Neben dem Direktor Michailow saß der Kaderchef, den wir selten gesehen und noch seltener sprechen gehört hatten; außerdem eine Funktionärin, von der es hieß, sie gehöre zum Sekretariat Dimitroffs, Paul Wandel und – was mich am meisten erstaunte – Emmi Stenzer, das neunzehnjährige Mädchen mit den blauen Augen, das von Fragen der politischen Theorie keine Ahnung hatte, aber dafür ausgezeichnet Volksausschüsse zusammensetzen konnte.
Es herrschte eine ernste und feierliche Stille – wie bei einer Untersuchung der Inquisition.
An der Wand standen eine Couch und drei Stühle.
»Ich könnt euch auf diese Stühle setzen«, wurde uns mit kalter, fast flüsternder Stimme gesagt.
Dann war es still – mehrere Minuten lang. Es geschah überhaupt nichts. Ein beklemmendes Gefühl erfaßte mich, obwohl ich annahm, daß die Besprechung mich nicht betreffen würde.
Erst nach einiger Zeit sagte Michailow mit einer Stimme, die ich noch nicht an ihm kannte:
»Ich glaube, wir können jetzt beginnen.«
Als erster sprach Paul Wandel. Er rekonstruierte noch einmal den ganzen »Fall«, und mit Überraschung mußte ich feststellen, daß es sich bei der Mehlsack-Episode um ein schwerwiegendes politisches Ereignis handelte. Meine Überraschung wurde jedoch noch größer, als sich in dem Bericht von Klassner die Schuld immer mehr vom Angreifer Otto auf den angegriffenen Stefan verschob. Ihm wurde vorgeworfen, daß er »provoziert« hätte.
»Es scheint notwendig, daß man überhaupt die Angewohnheiten unserer jüngeren Genossen einmal gründlich bespricht«, hörte ich Paul Wandel (Klassner) sagen. Immer häufiger wurde dabei mein Name genannt.
Der Ton wurde immer schärfer – aber es war kein Aufbrausen,

kein Schreien; es war ein kaltes, sachliches Sprechen mit klaren, scharfen Formulierungen.
Nacheinander sprachen auch die anderen. Aber ich hatte Mühe, den Worten zu folgen. Immer wieder hörte ich die Worte »unbolschewistisches Verhalten«, »mangelnder Ernst«, »Überheblichkeit«.
Ich saß wie gelähmt. So etwas hatte ich noch nie erlebt. Das schlimmste war die völlige Ruhe, in der sich alles abwickelte, die Pausen, in denen nichts gesprochen wurde, ohne daß der in diesem Zimmer herrschende Alpdruck auch nur eine Sekunde lang verschwand.
Ich konnte keinen Gedanken fassen. Was sollte das alles? Wohin sollte das führen? Warum hatte man mir vorher noch niemals etwas gesagt? Was würde jetzt noch kommen?
Seit dem Beginn mochte vielleicht schon eine Stunde vergangen sein, aber noch immer war nichts Konkretes darüber gesagt, was ich nun eigentlich getan hätte. Trotzdem fühlte ich mich bereits schuldig. Ich fühlte, daß ich irgend etwas verbrochen haben mußte; aber gerade die Tatsache, daß ich nicht wußte, was es war, machte mich besonders hilflos.
Damals wußte ich noch nicht, daß das erst die Einleitung war. Nach einer kleinen Pause, einer jener grauenvollen Minuten des Schweigens, hörte ich die Worte: »Ich glaube, Genossin Emmi Stern möchte noch etwas sagen.«
Das Mädchen stand auf, aber sie war nicht mehr so hilflos wie in den Seminaren, wenn sie politische Fragen nicht beantworten konnte, sondern sie erhob sich sicher, ruhig, im Vollgefühl ihrer Macht. Unwillkürlich ahmte sie den streng sachlichen und kalten Ton nach, den die anderen vor ihr gebraucht hatten.
Sie hatte einen Zettel mit Notizen vor sich. Ab und zu nahm sie den Zettel, um dann weiterzusprechen. Es waren die Anklagepunkte gegen mich.
Ich war so erregt, daß ich gar nicht alles mitbekommen konnte. Nur eins blieb mir bis auf den heutigen Tag unvergessen – die Genauigkeit, mit der die Anklagen vorgebracht wurden. Alles,

was ich seit dem ersten Tag meiner Ankunft auf der Schule irgendwann oder irgendwo einmal geäußert hatte, war sorgfältig aufgezeichnet worden. Das wurde nun präsentiert.

»Am 23. September, vormittags um ½11 Uhr, als wir aus dem Seminarzimmer kamen, sagte Linden...«

»Am 27. September, nachmittags um 6 Uhr, als wir zum gemeinsamen Volksliedersingen weggingen, erklärte Linden...«

All das war so belanglos, daß es bei jedem, der nicht die Atmosphäre in einer solchen Schule kennt, nur ein Lachen hervorrufen würde. Mit Politik hatten die Sachen nicht das geringste zu tun.

Plötzlich hob Emmi ihre Stimme. »Als das Referat über Alexander Newski angekündigt wurde, sagte uns Linden, daß ihn diese Frage sehr interessiere und er im Geschichtsinstitut in Karaganda sich eingehend damit beschäftigt hätte. Er sei gespannt, ob der Referent irgend etwas Neues bringen würde.«

Die Ankläger hatten ein ernstes Gesicht und machten sich eifrig Notizen. Die am Tisch sitzende Frau schüttelte bedenklich den Kopf. Offensichtlich war diese Äußerung besonders schwerwiegend.

Es folgten weitere Erklärungen von mir, und ich versuchte krampfhaft, die Anklagepunkte zu behalten, aber die ganze Atmosphäre hatte schon so auf mich gewirkt, daß es mir nicht gelang.

Die Anklagen schienen kein Ende zu nehmen.

»Als wir am 6. Oktober, um ½7 Uhr abends, vom Holzfällen zurückkamen, gingen einige Genossen der spanischen Gruppe an uns vorbei. Linden sagte dabei zu Förster, daß es hier sehr hübsche Spanierinnen gäbe.«

Wieder wurde an den Tischen geschrieben, und der Eifer, mit dem sich die am Tisch sitzenden Ankläger Notizen machten, zeigte mir, daß auch diese Äußerung besonders schwer wog.

Die Anklagen waren beendet. Otto machte es sich auf dem Stuhl bereits bequem. Für ihn schien alles überstanden zu sein. Stefan, der neben mir saß, schaute ab und zu mit ängstlichen Augen zu mir herüber, obwohl er jetzt nur noch selten erwähnt wurde.

Nacheinander sprachen nun die Frau aus dem Sekretariat der Komintern, der Kaderchef und Michailow. Die von Emmi Stenzer vorgebrachten Anklagepunkte wurden in den Reden nur beiläufig erwähnt; sie dienten nur als Ausgangspunkte für die Anklagen.

Heute, auf diesen ersten Kritik- und Selbstkritik-Abend zurückschauend, fällt es mir nicht mehr schwer, das System zu erkennen. Harmlose, nebensächliche, völlig unpolitische Aussprüche wurden ins Riesenhafte vergrößert und verzerrt, so daß charakterliche Eigenschaften und politische Konzeptionen erkennbar schienen. Danach wurden diese (nie formulierten) politischen Konzeptionen mit (ebenfalls nie ausgeführten) politischen Handlungen gleichgesetzt und schließlich die grauenhaften Konsequenzen vor Augen geführt. Das vollzog sich etwa folgendermaßen:

»Genosse Linden sagt, er hätte die Frage Alexander Newski in Karaganda schon studiert. Er sagt, er wäre gespannt, was der Redner Neues bringen werde.

Was bedeutet das? Es bedeutet, daß er glaubt, schon alles zu wissen, daß er es nicht nötig hat, etwas zu lernen. Darin kommt jene Überheblichkeit zum Ausdruck, die in der Partei schon viele Funktionäre zu Fall gebracht hat.«

Dann folgten Beispiele, tragische und grauenhafte Beispiele aus dem illegalen Kampf, wie Funktionäre aus Überheblichkeit Sicherungsmaßnahmen unterlassen hatten und bewährte Genossen in die Hände des Feindes fielen; wie durch Überheblichkeit Schwierigkeiten unterschätzt wurden und große Aufgaben nicht erfüllt werden konnten, ja sogar daß, »wenn man konsequent die Dinge zu Ende denkt, solche Funktionäre, objektiv gesprochen, an der Ermordung bewährter Genossen mitschuldig sind und dadurch dem Feinde dienen«.

Ähnlich war es mit dem Satz über die hübschen spanischen Mädchen in der Schule.

»Man stelle sich nur vor: Mitten im Krieg, da der Kampf gegen den verbrecherischen Faschismus um Leben und Tod geht, das ganze Sowjetvolk das Letzte hergibt, um den Kampf für Freiheit und Unabhängigkeit des Landes siegreich bestehen zu können, gibt die Partei dem Genossen Linden die Möglichkeit, unter vorbildlichen Bedingungen zu studieren und sich für den bevorstehenden Kampf vorzubereiten. Mit Recht mußte die Partei erwarten, daß das ganze Streben Lindens darauf gerichtet ist, alle seine Kräfte auf dieses Ziel zu lenken, jede Minute für das Studium auszunutzen, alle seine Gedanken auf den zukünftigen Kampf zu konzentrieren. Aber woran denkt Linden? Er denkt an hübsche spanische Mädchen und setzt damit das Interesse seines eigenen Ichs über die Interessen der Partei. Auch das hat es schon in der Vergangenheit gegeben.«

Wieder folgten Beispiele, eins grauenhafter, tragischer und aufrüttelnder als das andere, wie illegale Funktionäre durch ein Liebesabenteuer ihre Aufgaben vergaßen und damit nicht nur sich selbst, sondern auch die ganze illegale Gruppe dem Feind in die Hände gespielt hatten. Beispiele aus Italien, aus Hitler-Deutschland, aus Franco-Spanien und aus Horthy-Ungarn lösten einander ab.

Stets wurde am Ende resümiert, daß dies die Konsequenz von überheblichen und individualistischen Äußerungen sei. Es schien alles so logisch, daß ich mich bereits schuldig fühlte, ähnliche Dinge begangen zu haben.

Der Eindruck war um so stärker, als ich bisher noch nie ähnliches erlebt hatte. In der Sowjetschule war ich stets ein vorbildlicher Schüler gewesen und hatte zweimal die *Pochwalnaja gramota*, die Ehrenurkunde für ausgezeichnete Schüler, erhalten. Als Student konnte ich stets Examensnoten nachweisen, die mir ein Stipendium eintrugen.

Da ich bisher noch nie eine Kritik und Selbstkritik erlebt hatte und selbst hier auf der Schule noch keine einzige kritische Bemerkung über mein Verhalten gefallen war, traf mich diese massive Anklage geradezu niederschmetternd.

Endlich hatte Michailow, der als letzter Redner sprach, geendet.

»Das Wort hat Genosse Linden«, hörte ich plötzlich sagen.

Ich erinnere mich, wie ich etwas zusammenhanglos äußerte, daß ich die Kritik für berechtigt halte und versuchen würde, mich zu bessern. Es war mehr ein Stammeln als ein zusammenhängendes Reden.
Dann wurde das Schlußwort – wieder von mehreren – gesprochen. Der Grundtenor war der gleiche: Die Erklärung von Linden ist ein Ausweichen gewesen. Linden hat den Kern des Problems gar nicht erfaßt. Die Erklärung zeigt seine Oberflächlichkeit. Wenn Linden bereits jetzt, am selben Abend, eine solche Erklärung abgibt, dürfte es verfrüht sein, das zu glauben. Dann folgten wieder Beispiele, Beispiele von Funktionären, die wegen irgendwelchen Fehlern angeklagt, ihr Vergehen schnell und leicht eingestanden, sich aber nicht wirklich gewandelt und ihren verderblichen Weg weiter fortgesetzt hätten.
Plötzlich, für mich völlig unerwartet, hörte ich die Stimme Michailows: »Ich glaube, wir können jetzt schließen.«
Es wurde kein Beschluß gefaßt, keine Resolution, keine Maßnahme. Ich erhielt auch gar keinen Hinweis, was ich nun zu tun hätte. Die grauenhafte, stundenlange Sitzung hatte ebenso unerwartet aufgehört, wie sie begonnen hatte.
Es war Nacht geworden. Im Haus herrschte völlige Ruhe. Alle waren schon schlafen gegangen. Langsam stieg ich die knarrenden Stufen zum Schlafzimmer hinauf. Stundenlang konnte ich nicht einschlafen. Ich wußte nicht, was das Ganze zu bedeuten hatte. Sollte ich aus der Schule entfernt werden? Aus dem Komsomol ausgeschlossen werden? Würde man mich wieder nach Karaganda zurückschicken?
Viel mehr als mein unmittelbares persönliches Schicksal erregte mich das tiefe Schuldbewußtsein und die scheinbare Ausweglosigkeit, in der ich mich jetzt befand. Ich war ehrlich bereit, meine Fehler einzugestehen, aber nun hatte ich es getan – und das war auch falsch. Unruhig wälzte ich mich im Bett hin und her. Was sollte ich bloß tun? Noch nie, selbst nicht in den Wüsten Kasachstans, hatte ich mich so hilflos gefühlt wie in dieser Nacht in der Kominternschule.

Am nächsten Tag war wieder gewöhnlicher Unterricht. Nichts schien sich in der Schule verändert zu haben. Niemand schien etwas von dem gestrigen Abend der Kritik und Selbstkritik im Zimmer des Direktors zu wissen. Es war schwer, dem Unterricht zu folgen. Aber ich wußte, daß mein Verhalten nach dem Abend der Kritik und Selbstkritik sicher noch genauer beobachtet würde als vorher. So schrieb ich die Lektionen mit, aber es war ein rein mechanisches Mitschreiben. Meine Gedanken waren bei dem vorherigen Abend und bei dem, was mir noch bevorstehen würde. Ich war mir klar darüber, daß die Angelegenheit damit noch nicht beendet war.
Links vor mir saß Emmi, die von allem völlig unberührt schien. Ich ertappte mich plötzlich bei dem Gedanken, daß ihre Handlungsweise, alles genau mitzunotieren, etwas Verabscheuungswürdiges hatte. Ohne daß ich wollte, gingen meine Gedanken weiter. War das überhaupt der richtige Weg? Mußte man wirklich mit solchen Methoden Genossen zu Funktionären heranziehen? Gewiß, so dachte ich, habe ich viele Fehler, und natürlich hat die Partei auf der Schule nicht nur das Recht, sondern sogar die Pflicht, mir bei der Überwindung meiner Fehler und Schwächen zu helfen. Aber mußte das auf solche Art vor sich gehen? In einer Atmosphäre, die grausamer war als bei einer Urteilsverkündung? Wäre es nicht möglich gewesen, das auf andere Weise zu tun und mir hier und da freundschaftliche Ratschläge zu geben?
Ich erschrak vor meinen eigenen Gedanken, aber sie waren nun nicht mehr zu unterdrücken. Ist das ganze Verhältnis auf der Schule überhaupt so, wie es unter Genossen sein sollte? Dann kamen Erinnerungen an andere kritische Gedanken, die ich früher in der Periode der Säuberung gehabt hatte. Kritische Gespräche tauchten wieder in der Erinnerung auf. Ich erschrak vor mir selbst. Wenn ich erst diese kritischen Gedanken geäußert hätte, was würde dann wohl sein?
Ich nahm mir vor, in Zukunft viel vorsichtiger in meinen Äußerungen zu sein und nur das Allernotwendigste zu sagen. Ich

würde jeden Satz, jedes Wort vorher überlegen. Aber wieder kamen Zweifel:
Mußte das so sein? War das eigentlich ehrlich? Aber was sollte man denn tun? Wie konnte man ehrlich sein, wenn jedes unschuldige Wort, »objektiv gesehen«, als eine feindliche Äußerung gewertet wurde?
Wieder erschrak ich vor meinen ketzerischen Gedanken. Noch am Abend zuvor war mein Schuldbekenntnis vollkommen ehrlich gewesen. Ich war an dem Abend davon überzeugt, daß die scharfe Kritik an mir völlig berechtigt war. Ich war wirklich willens gewesen, mich zu bessern, aber meine ehrlich gestammelte Erklärung war abgelehnt worden.
Wäre der Selbstkritik-Abend ein wenig anders verlaufen, wäre mit meiner Erklärung alles bereinigt gewesen, vielleicht wären mir nie oder erst viel später so »ketzerische« Gedanken gekommen. Vielleicht hätte dieser Abend, wie bei so vielen russischen und nichtrussischen Funktionären, dazu beigetragen, mich zu einem willenlosen und gefügigen Werkzeug der stalinistischen Parteiführung zu machen. So aber hatte der Abend das Gegenteil erreicht.
Gewiß, ich war immer noch völlig mit dem System verwachsen; nichts wünschte ich sehnlicher als den Sieg der sowjetischen Waffen. Ich glaubte noch fest daran, daß in der Sowjetunion der Sozialismus verwirklicht worden sei und alle Erscheinungen, die mir unangenehm aufgefallen waren, nicht das Ergebnis des Systems wären, sondern damit zu erklären seien, daß die sozialistische Ordnung in einem so rückständigen Lande wie Rußland errichtet worden war. Ich sah diese Fehler und Mängel damals bereits ziemlich deutlich, aber noch wußte ich nicht, daß sie in einem logischen Zusammenhang standen. Noch waren sie für mich Entgleisungen örtlicher Funktionäre, Kinderkrankheiten einer neuen Gesellschaft, Maßnahmen, die aufgrund der Rückständigkeit getroffen werden mußten, Erscheinungen vorübergehenden Charakters.
Wenn der Selbstkritik-Abend mir damals meinen Glauben an die

Sowjetunion auch noch nicht genommen hatte, so hat er doch dazu beigetragen, meine kritische Einstellung zu stärken.
Vor allem aber führte dieser Abend dazu, daß ich in Zukunft jeden Satz und jedes Wort tatsächlich vorher überlegte, also ganz bewußt meine Gedanken über manche Fragen verschwieg, meine wahren Gefühle und Auffassungen verbarg.
Damals aber wog meine Bejahung des Stalinismus viel schwerer als meine Kritik. Was würde jedoch sein, wenn sich mir weitere kritische Auffassungen aufdrängten, die ich bei mir behielt, und weislich verschwieg? Heute glaube ich, daß damals ein Weg begann, der sieben Jahre später, nach schweren inneren Kämpfen, dazu geführt hat, daß ich mit dem Stalinismus brach und aus der sowjetischen Zone Deutschlands flüchtete.
Die Überlegungen des Vormittags hatten mich ruhiger und sicherer gemacht. Nachmittags wurde angekündigt, daß am Abend eine Kritik und Selbstkritik in unserer deutschen Gruppe stattfinden würde. Es wurde jedoch nicht gesagt, worum es sich handelte. Es herrschte eine ähnlich feierliche Stimmung wie am Tag vorher im Zimmer des Direktors. Wieder gelang es, die Spannung und Nervosität aller Anwesenden bis zum äußersten zu steigern.
Dann begann Wandel zu sprechen.
Es wiederholte sich alles: die Schilderung des Vorfalls auf dem Dampfer, die Verlegung des Schwergewichts der Schuld auf Stefan und mich; schließlich wurde das Hauptfeuer der Kritik wieder gegen mich gerichtet.
Obwohl ich alles schon zum zweitenmal hörte, wurde ich wieder gefesselt. Die kritischen Gedanken des Vormittags wurden mit jeder Minute mehr und mehr zurückgedrängt, und bald fühlte ich mich wieder so hilflos und schuldbewußt wie am Abend vorher. Aber ganz dasselbe war es doch nicht. Schon gab es Minuten, in denen mich die Dinge nicht mehr so gefangennahmen, da ich nicht mehr den Kopf verlor, ja sogar die ketzerischen Gedanken wieder auftauchten.
Wandel sprach vielleicht eine Stunde. Er erklärte, der Fragen-

komplex sei so bedeutsam, daß man ihn im Rahmen der Gruppe noch einmal ernst besprechen müsse. Wieder folgte die Gleichsetzung nebensächlicher und unbedeutender Äußerungen mit politischen Konzeptionen und Handlungen.
Am Ende seiner Rede erwähnte er, Linden habe gestern abend eine völlig unbefriedigende Erklärung abgegeben, und nun sei es die Pflicht aller anwesenden Genossen, »Stellung zu nehmen«.
Nacheinander sprachen alle Mitglieder unserer Gruppe. Alles verlief ganz planmäßig. Selbst meine besten Freunde mußten mich nun verdammen – und sie taten es. Der Inhalt war durch die Rede Wandels genau vorgezeichnet worden, und alle Angehörigen der Gruppe hielten sich daran. Nur der Tenor war etwas unterschiedlich. Einige wollten sich dadurch reinwaschen, daß sie mich noch schärfer verdammten, als Wandel selbst es getan hatte; andere dadurch, daß sie die Anklagen gegen mich mit einer Selbstkritik verbanden, wobei sie, ohne dazu aufgefordert zu sein, sich selbst bezichtigten, ähnliche Fehler zu haben. Einer der Studenten, der mich aus Freundschaft schonen wollte, erwähnte mich nicht, sondern versuchte die Angelegenheit »theoretisch« zu behandeln und begann mit einer allgemeinen Betrachtung über die Gefährlichkeit schlechter Charaktereigenschaften. Aber es half ihm nichts. Er wurde von Wandel scharf unterbrochen und beschuldigt, den heute zur Debatte stehenden Fragen auszuweichen. So blieb auch diese Möglichkeit verschlossen.
Viele Stunden vergingen.
Endlich kam der Zeitpunkt, da ich mich zu äußern hatte.
Diesmal sprach ich ruhiger und sachlicher, gab wiederum meine Fehler zu, erklärte jedoch gleichzeitig, daß ich mir alles noch genauer und ernst überlegen werde.
Das erste war ehrlich, das zweite dagegen ein taktischer Zug, zu dem ich mich gezwungen fühlte. Schließlich wußte ich ja durch den vorherigen Abend, daß ein sofortiges Eingeständnis der Fehler nicht gern gesehen war. Mit einer Erklärung und einigen abschließenden Worten von Paul Wandel wurde der Abend beendet.

Auch diesmal wurde kein Beschluß gefaßt. Immer noch wußte ich nicht, ob damit alles beendet sei oder weitere Maßnahmen folgen würden.
Bald zeigte sich jedoch, daß wirklich alles beendet war. Es war die erste Kritik und Selbstkritik in unserer Gruppe. In den nächsten Wochen und Monaten haben wir dieses Schauspiel in unserer Gruppe noch häufiger erlebt, bis schließlich fast alle Schüler durch die Mühle der »Kritik und Selbstkritik« gegangen waren.
Die erste Selbstkritik hatte nicht nur mich, sondern auch die anderen Schüler unserer Gruppe verändert. Wir waren ernster und vor allem vorsichtiger in unseren Äußerungen geworden. Die stürmischen Begrüßungen, freien Erzählungen, jubelnden Ausrufe unterblieben. Wir Jüngeren, die wir damals zwischen 19 und 22 Jahre alt waren, benahmen uns wie gesetzte, alte Parteifunktionäre, die ihre Worte ruhig und überlegt wählten. Wahrscheinlich benahm ich mich jetzt ähnlich wie jene Funktionäre, die ich in Ufa kennengelernt hatte und deren Verhalten mir noch vor wenigen Wochen unerklärlich vorgekommen war.

Der Kampf gegen das »Sektierertum«

Ende Oktober 1942 wurde in allen Gruppen angekündigt, daß wir in den nächsten Tagen hohen Besuch erhalten würden – ein Mitglied des Zentralkomitees der KPdSU würde einen Vortrag über die internationale Lage halten.
Der Lesesaal, in dem gemeinsame Vorlesungen meist stattfanden, war bis auf den letzten Platz besetzt. Wie üblich saßen an den hinteren Tischen die Übersetzer und in den vorderen Reihen alle diejenigen, die Russisch so gut beherrschten wie ihre Heimatsprache. Die Atmosphäre ließ uns spüren, daß etwas sehr Wichtiges geschehen würde. Wir sollten nicht enttäuscht werden.
Uns allen fiel bei diesem Referat auf, wie immer wieder das ge-

meinsame feste, unverbrüchliche Bündnis Englands, der USA und der Sowjetunion hervorgehoben und das »Sektierertum« verurteilt wurde. Wir waren politisch genug geschult, zu erkennen, daß es sich hier um eine neue politische Linie, um einen richtungweisenden Vortrag für den gesamten weiteren Unterricht auf der Schule handelte.

Wir sollten uns nicht geirrt haben. Von diesem Tag an wurde in allen Vorlesungen und allen Seminaren immer wieder auf die schlimmste Gefahr hingewiesen: das Sektierertum.

Für den Leser, der mit der stalinistischen Ideologie nur wenig vertraut ist, möchte ich vorausschicken, daß dies selbstverständlich nichts mit religiösen oder anderen Sekten zu tun hat. Für den Begriff Sektierertum wurde vielmehr in der Kominternschule folgende Definition gegeben:

»Sektierertum ist eine politisch-ideologisch schädliche Auffassung in der Arbeiterbewegung, die die Notwendigkeit der Bündnispolitik der Arbeiterklasse mit den anderen Schichten leugnet und die Partei von den Massen zu isolieren versucht.«

Anfang November 1942 waren die Alliierten in Nordafrika gelandet; Mitte November begann die Offensive der Roten Armee bei Stalingrad, die die Wende des Krieges einleiten sollte. Seit diesen Ereignissen, insbesondere aber seit Anfang des Jahres 1943, gab es auf der Schule keinen Tag, an dem nicht gegen das »Sektierertum« gewettert wurde.

Das Bündnis zwischen der Sowjetunion und den westlichen Alliierten wurde auf der Schule nicht nur immer wieder hervorgehoben und als Grundlage der Politik hingestellt, sondern es wurde auch stets die Notwendigkeit unterstrichen, in jedem Land ein Bündnis aller politischen Kräfte gegen Hitler zu schaffen. Es käme in der gegenwärtigen Etappe nicht darauf an, so wurde uns gelehrt, die eigenen politischen Ziele zu vertreten, sondern zunächst alle nur denkbaren politischen und militärischen Kräfte im Kampf gegen den Hitler-Faschismus zu mobilisieren. Gerade dadurch, daß die Partei ihre eigenen Ziele hintanstelle, sich aber als aktivste Kraft im Kampf gegen Hitler zeige, werde sie auch später einen entscheidenden Einfluß erringen. Nichts, so wurde uns immer und immer wieder eingetrichtert, sei gefährlicher als die Aufstellung zu weit gehender Forderungen, als die Abkapselung von möglichen Verbündeten.

Selbst die schwierigsten Situationen, selbst Vorgänge, die sich bereits vor langer Zeit zugetragen hatten, wurden herangezogen, um uns zum Kampf gegen das »Sektierertum« zu befähigen.

Unvergessen blieb mir unser Seminar über das Thema »Geschichte der chinesischen Revolution 1925–27«. Wir hatten einen sehr interessanten Vortrag gehört und waren nun dabei, dieses Thema seminaristisch zu bearbeiten. Es hagelte Fragen: über die Kuomintang und ihre Zusammensetzung; ihre politische Zielsetzung; die sozialen Kräfte; die Beziehungen zwischen der Kommunistischen Partei Chinas und der Kuomintang und die Rolle Tschiang Kai-scheks.

Während des Seminars kam Michailow ins Zimmer, setzte sich neben Wandel und hospitierte. Jeder andere Zuhörer hätte wohl gefunden, daß wir das Thema beherrschten, denn die schwierigen Fragen Wandels wurden meist gut und ausführlich beantwortet; Michailow schien jedoch unzufrieden zu sein.

Nervös wandte er sich an Wandel:

»Entschuldigen Sie, dürfte ich hier auch einmal eingreifen und eine Frage stellen?«

»Aber selbstverständlich«, sagte Wandel.

»Genossen, es kommt nicht nur darauf an, daß ihr über alle diese Dinge Bescheid wißt; natürlich ist das auch wichtig. Noch viel wichtiger ist aber etwas anderes. Die Ereignisse in China von 1925 bis 1927 geben uns sehr viele Lehren. Die Lehren wird man jedoch nur dann richtig verstehen, wenn man sich in die damalige Situation hineinversetzt, damit man selbst lernt, in ähnlichen Situationen richtige Entscheidungen zu treffen.«

Wir nickten mit dem Kopf, wußten aber noch nicht, worauf er hinauswollte.

»Ihr alle kennt die damalige allgemeine Situation. Formell ist die KP Chinas noch mit der Kuomintang verbündet, aber es ist offensichtlich, daß die Tage dieses Bündnisses gezählt sind. Jeder Tag kann den Bruch bringen.
Ich möchte euch eine Teilfrage der damaligen Situation schildern. Damals hatte die Kommunistische Partei in Shanghai einen sehr großen Einfluß auf die Arbeiter. Noch mehr, die Arbeiter hatten Waffen. Die Partei stellte also in gewissem Sinne eine bewaffnete Macht dar. Unterdessen nähern sich die Armeen Tschiang Kai-scheks der Stadt. Jeden Tag können sie eintreffen.
Was hätte der Vorsitzende der KP von Shanghai tun sollen? Sollte er die Armeen Tschiang Kai-scheks als Verbündete begrüßen? Begrüßungsreden halten und Begrüßungsflugblätter herausgeben lassen? Oder sollte er die Arbeiter der Stadt aufrufen, sich den Armeen Tschiang Kai-scheks zu widersetzen und damit von sich aus das Bündnis sprengen, das ohnedies schon kurz vor dem Bruch steht? Das, was ich erzähle, ist keine Phantasie. Es hat sich wirklich abgespielt. Die ganze Nacht haben damals die Genossen in Shanghai diskutiert.«
Michailow war unterdessen aufgestanden. Er machte eine kurze Pause, um uns plötzlich mit der Frage zu überfallen:
»Und ihr, was hättet ihr getan?«
Fast eine Minute herrschte völlige Stille.
Er hatte die Situation so anschaulich dargestellt, daß man fast annehmen konnte, er sei dabeigewesen (was übrigens durchaus möglich ist).
Jeder von uns überlegte fieberhaft. Es war wirklich eine sehr komplizierte Frage. Schließlich meldete sich einer:
»Ich glaube, es wäre richtig, das Bündnis, solange man sicher war, daß es sich um ein echtes Bündnis handele, korrekt einzuhalten. In diesen Tagen aber, als man genau wußte, daß Tschiang Kai-schek jeden Moment die gemeinsame Sache verraten kann und schon zum Sieg ausholt, mußte man die Partei und die mit der Partei sympathisierenden Arbeiter schützen. Man durfte auf keinen Fall die Shanghaier Arbeiter und Kommunisten an

Tschiang Kai-schek ausliefern, um so weniger, als sie ja Waffen hatten und sich wehren konnten.«
Fragend schaute der Kursant auf Michailow. Michailow sagte kein Wort; er verzog nicht einmal eine Miene. Dann fragte er: »Sind alle dieser Meinung?«
Schon hatte sich ein anderer gemeldet:
»Ich bin nicht ganz sicher, aber ich glaube, daß trotz allem der Vorsitzende der KP Shanghais die Truppen Tschiang Kai-scheks freundlich und brüderlich hätte empfangen sollen – selbst auf die Gefahr hin, daß das Bündnis von Tschiang Kai-schek gebrochen wird und man dabei Tschiang Kai-schek sogar noch geholfen hätte, eine Riesenstadt zu erobern. Man mußte das Bündnis halten, damit es für jeden Menschen in China eindeutig wurde, daß nicht die Kommunisten, sondern Tschiang Kai-schek das Bündnis gebrochen und Verrat an der Revolution geübt hat. Das hätte zwar momentan für die Partei große Schwierigkeiten gebracht und sogar viele Opfer kosten können, aber auf lange Sicht wäre vielleicht eine solche Politik trotz allem die richtige gewesen.«
Den meisten von uns erschien das doch zu weitgehend. Gespannt schauten wir auf Michailow – aber auch diesmal sagte er nichts. Er wartete. Schließlich meldete sich Emmi, das Mädchen, das so gut Volksausschüsse zusammensetzen konnte. Sie lächelte verschmitzt:
»Ich glaube, man braucht sich weder für die eine noch für die andere Lösung zu entscheiden. Man hätte ja folgendes machen können: auf der einen Seite eine offizielle Regierungsproklamation herausgeben und die einrückenden Kuomintang-Truppen freundlich begrüßen, gleichzeitig aber Flugblätter an die Arbeiter herausgeben, in denen man sie vor einem bevorstehenden Verrat Tschiang Kai-scheks warnt, ihnen rät, auf der Hut zu sein, die Waffen keinesfalls aus der Hand zu geben, weil man sie für eine bevorstehende Abrechnung vielleicht brauchen würde.«
Michailow schaute ernst drein. Dann sagte er langsam abwägend, aber für seinen sonstigen Tonfall verhältnismäßig scharf:
»Der letzte Vorschlag ist unannehmbar. Es handelt sich bei die-

sem geschilderten Vorfall nicht um eine Frage der Taktik, sondern um eine Frage der strategischen Orientierung, und Genossin Stern müßte den Unterschied ja kennen.«*

Die Diskussion war damit noch nicht beendet. Nacheinander traten fast alle Studenten unserer Gruppe auf. Aber sie brachten nichts wesentlich Neues mehr vor. Lediglich Varianten der ersten beiden unterschiedlichen Auffassungen wurden zum besten gegeben.

Kurze Zeit später stand Michailow auf:

»Ich habe euch das Beispiel nicht so sehr um seiner selbst willen gegeben als vielmehr, um euch zu zeigen, wie schwer es manchmal sein kann, politische Entscheidungen zu treffen. Vielleicht wird der eine oder andere von euch später einmal selbständige politische Entscheidungen zu treffen haben. Geschichte ist nicht nur Geschichte. Wenn ihr Geschichte lernt, versucht euch in die Situation hineinzudenken, entwickelt eure Fähigkeit, Entscheidungen zu treffen.«

Dann kam er endlich auf das zu sprechen, was wir mit Spannung erwarteten – welche Auffassung die richtige sei. Zur Überraschung der meisten von uns erklärte er:

»Genossen, der zweite Sprecher hatte im wesentlichen recht. Das gemeinsame politische Bündnis steht über dem Schicksal einzelner Entscheidungen. Selbst dann, wenn ein Bündnis in Gefahr ist, darf man es niemals und unter keinen Umständen zuerst brechen. Selbst auf die Gefahr von Teilniederlagen und Opfern darf das strategische Ziel der Einheit niemals außer acht gelassen werden, denn auf die Dauer wird es sich auch auf die Partei stets

* Auf das Einfachste reduziert liegt der Unterschied in folgendem: Die Strategie befaßt sich mit den Hauptkräften der Revolution und ihren Reserven. Sie ändert sich zwar mit dem Übergang der Revolution von einer Etappe zur anderen, bleibt jedoch während der ganzen Zeitdauer der gegebenen Etappe im wesentlichen unverändert. Die Taktik dagegen befaßt sich mit den notwendigen Kampf- und Organisationsformen. Es handelt sich hierbei um die Festlegung der politischen Linie für eine verhältnismäßig kurze Periode, die sich innerhalb einer gegebenen Etappe oder Revolution, mehrere Male ändern kann.

politisch positiv auswirken, wenn nicht wir, sondern die anderen von einer bestehenden Einheitsfront abfallen.«

So lautete die Antwort Michailows Ende 1942 – entsprechend der damals proklamierten strategischen Linie. Ich bin allerdings nicht ganz sicher, ob sie wenige Jahre später noch genauso ausgefallen wäre.

Der Kampf gegen das »Sektierertum« vollzog sich jedoch nicht nur in Seminarstunden über das ferne China und das Jahr 1927, sondern sollte bereits wenige Wochen später in einer akuten Gegenwartsfrage neu auftauchen.

Unerwartet wurde eine Sondervorlesung für die gesamte Schule angesetzt, was stets auf bedeutsame Ereignisse schließen ließ. Michailow hielt eine Vorlesung gegen das »Sektierertum«. Obwohl dieses Thema uns wahrhaftig nicht mehr neu war, spürten wir doch das Besondere. Wir wurden nicht lange auf die Folter gespannt. Plötzlich hob Michailow die Stimme:

»Ich betone das deshalb, weil wir auch hier in unserer Schule erst vor wenigen Tagen einen Fall gehabt haben, der uns zeigt, daß das ›Sektierertum‹ noch keineswegs überwunden ist, ein Fall, der so ernst ist, daß wir ihn vor der ganzen Schule behandeln sollten.«

Allgemeine Spannung. Jeder wußte, daß nun entscheidende Sätze kommen würden. Michailow wartete, bis der letzte Übersetzer am letzten Tisch seine Arbeit getan hatte.

Dann fuhr er fort.

»Das ›Sektierertum‹ ging in der italienischen Gruppe so weit, daß es zu ernsten politischen Fehlern gekommen ist. Bei einem Seminar erklärte ein Mitglied der italienischen Gruppe, es käme schon jetzt darauf an, den italienischen Partisanen Anweisung zu geben, für die Waffen sichere Verstecke zu finden, damit im Falle der Befreiung Italiens durch die anglo-amerikanischen Truppen die Waffen der italienischen Partisanen nicht in die Hände der Engländer und Amerikaner fallen.«

Die meisten von uns waren erstaunt, weil eine solche Diskussion uns damals noch als ferne Zukunftsmusik erschien. Noch stan-

den die Sowjettruppen bei Stalingrad; alliierte Truppen waren gerade erst in einem Teil Nordafrikas gelandet, und der italienische Partisanenkampf hatte kaum begonnen.
Der Vorfall in der italienischen Gruppe wurde jedoch von Michailow sehr ernst genommen:
»Die größte Gefahr, die jetzt vor uns steht, ist das ›Sektierertum‹, die Abkapselung von den patriotischen Kräften, die Gefahr der Isolierung der Partei.
Aus diesem Grunde müssen solche Auffassungen aufs schärfste verurteilt werden, denn sie treiben einen Keil in eine einheitliche antifaschistische Kampffront. Sie schwächen den antifaschistischen Kampf und bedeuten objektiv eine Hilfeleistung für den Faschismus. Wer die Auffassung vertritt, daß die italienischen Partisanen ihre Waffen vor den Verbündeten der Sowjetunion zu verstecken haben, leistet nichts anderes als Hilfsdienste für Hitler.« Das Ereignis in der italienischen Gruppe wurde zum Anlaß genommen, eine großangelegte Kampagne gegen das »Sektierertum« in allen nationalen Sektionen der Schule zu starten.
Etwa fünf Jahre später wurde jedoch dem damals als »profaschistisch« angeklagten Genossen von höchster Stelle recht gegeben. Im September 1947, auf der Gründungskonferenz des Kommunistischen Informationsbüros, wurde die italienische Partei gerade deswegen getadelt, weil sie die Waffen nicht versteckt, sondern die Moskauer Befehle ausgeführt hatte.

Die politische Neujahrsfeier

Mit Auseinandernehmen und Zusammensetzen von Maschinengewehren, mit organisiertem Studium deutscher Volkslieder, mit Nachwirkungen von »Kritik und Selbstkritik« und mit Kampf gegen das »Sektierertum« war das Jahr 1942 für uns zu Ende gegangen.
Nur noch wenige Tage trennten uns von der Jahreswende. Es war bekanntgegeben worden, daß der Silvesterabend in den einzelnen Gruppen gefeiert werden sollte. Als ich außerdem noch

zufällig hörte, wie Paul Wandel einem unserer älteren Genossen etwas von »Neujahrs-Abend organisieren« sagte, war es nicht mehr schwer, sich unsere »Silvesterfeier« vorzustellen.
Meine Vorstellungskraft sollte allerdings nicht ausreichen.
Am Silvesterabend trafen wir uns pünktlich in unserem nüchternen und kalten Seminarzimmer. Es ging genauso zu wie bei einem Seminar. Zur Feier des Tages waren lediglich die Tische etwas anders gestellt und mit Tischtüchern bedeckt worden. Außerdem bekamen wir einen Kürbis, der nun unter den Gruppenangehörigen aufgeteilt wurde. Die Mädchen hatten Tee gekocht; Alkoholgenuß war uns ja strengstens verboten.
Trotz des nüchternen Seminarzimmers und der etwas ungewöhnlichen »Feier« mit Kürbis und Tee kam bald eine fröhliche Stimmung auf, die allerdings unorganisiert war und daher nicht lange anhalten durfte.
»Ich glaube, wir können jetzt mit unserem gemütlichen Abend beginnen. Die Genossen können sich an den Tisch setzen.«
Gehorsam setzten wir uns, wobei wir uns fast wie bei einem Seminar fühlten.
Der organisierte Silvesterabend verlief planmäßig.
Wandel gab einem älteren Genossen ein Zeichen, worauf dieser aufstand und ein (übrigens nicht einmal sehr gutes) revolutionäres Kampfgedicht vortrug. Dann setzte er sich.
Wandel gab erneut ein Zeichen. Der zweite Genosse begann einen Auszug aus einem Buch vorzulesen.
Nun herrschte bereits nicht mehr die Atmosphäre eines Seminars, sondern die Stille wie bei einer Vorlesung. Man fühlte sich schon versucht, Notizen zu machen, und mußte fast mit Bedauern feststellen, daß weder Papier noch Bleistifte da waren.
Nachdem der zweite geendet hatte, stand ein dritter auf – diesmal wieder mit einem Gedicht.
Plötzlich trat etwas völlig Unvorhergesehenes ein: Die Tür ging auf. Der Genosse mit dem Gedicht stockte.
Wir trauten unseren Augen nicht. Unser Schuldirektor Michailow tanzte singend in das Zimmer. Verwundert schaute er auf

uns Ölgötzen, die ernst um einen Tisch herum saßen. Wir wiederum starrten fassungslos den hüpfenden, singenden Schuldirektor an. Der erste, der sich faßte, war Michailow. Als er die Bescherung sah, machte er ein ernstes Gesicht (wie es offensichtlich am Silvesterabend für die deutsche Gruppe notwendig war), setzte sich an den Tisch und harrte schweigend der Dinge, die nun kommen würden.

Inzwischen hatte sich der deklamierende Genosse von seinem Schreck erholt und rezitierte wieder. Obwohl wir alle schon sehr diszipliniert waren, gelang es uns doch nicht ganz, dem Vortrag zu folgen. Glücklicherweise war er bald zu Ende.

Nun wußte erst recht niemand, wie die Sache weitergehen sollte. Wahrscheinlich hatte Wandel noch einige weitere Stehaufmännchen mobilisiert, und alles war geplant worden – bloß das Eintreffen des Direktors nicht.

Fragende Blicke zwischen Wandel und Michailow.

Die Linientreue von Wandel war offensichtlich selbst für Michailow zuviel. Als er sah, daß in der deutschen Gruppe auch am Silvesterabend keine freie Stimmung aufkam, paßte er sich an und sprach zu uns, aber so frei, so »anders« und irgendwie menschlicher, wie ich es weder vorher noch nachher je im Osten gehört habe.

Er sprach von den Gefahren und der Schönheit eines revolutionären Lebens.

Am Ende seiner kurzen Ansprache nahm er eine Streichholzschachtel heraus: »Vielleicht«, sagte er, »kann ich die Gedanken und Gefühle, die ich jetzt habe, leichter durch ein Beispiel erklären.«

Dabei hatte er schon ein Streichholz herausgenommen und es angezündet. In wenigen Sekunden war das Streichholz verbrannt, und nur ein wenig Asche war übriggeblieben.

Michailow schaute uns freundlich, ein wenig nachdenklich an.

»Ist das nicht wie das Leben eines gewöhnlichen Menschen? Es brennt erst klein, dann wird es größer, und schließlich verbrennt es. Ein bißchen wertlose Asche bleibt übrig. Ein Mensch lebt,

arbeitet, gründet eine Familie, bringt Kinder zur Welt, stirbt, wird betrauert, im besten Fall von seinen Familienangehörigen und einigen wenigen Bekannten. Ein nutzloses und überflüssiges Leben.
Wenn wir dagegen unser Leben betrachten – ein Leben voller Erlebnisse, Gefahren, Reisen, Gefängnisse, verantwortlichen Funktionen, inmitten der Riesenfamilie, die wir Partei nennen, mit einem klaren festen Ziel als Baustein für eine neue Welt, im Tod betrauert von der großen Zahl der Genossen – ist das nicht etwas ganz, ganz anderes als das wertlose Streichholz?«
Wir alle waren ergriffen. Noch nie hatte man auf der Schule so zu uns gesprochen.
Michailow sah uns aufmerksam an, jeden einzelnen von uns.
»Denkt vielleicht hier und da an meine Worte, vor allem, wenn ihr in Schwierigkeiten sein solltet. Es hilft. Aber jetzt, am Abend vor Neujahr, sollt ihr euch einmal richtig amüsieren. Ihr werdet mich gewiß entschuldigen, wenn ich nun auch die anderen Gruppen mal besuche.«
Mit dem Amüsieren wurde es allerdings nichts mehr. Einige von uns wurden noch beauftragt, zu den anderen Gruppen zu gehen und ihnen unsere Grüße zu übermitteln; ich sollte die bulgarische Gruppe besuchen. Auch dort, mußte ich feststellen, herrschte keine ungezwungene Stimmung.
Als ich zur deutschen Gruppe zurückkehrte, war es gerade erst elf, aber unser »gemütlicher Silvesterabend« war schon zu Ende. Eigentlich war ich nicht einmal traurig darüber. Ich ging noch ein wenig spazieren und suchte nach einer Antwort auf die Frage, warum die »gemütlichen Abende« in der Schule so steif und unpersönlich waren.
Damals glaubte ich noch, das sei lediglich eine isolierte Erscheinung in unserer Kominternschule, die außerordentlichen Bedingungen unserer Schule ließen Freundschaft und Gemütlichkeit nicht aufkommen.
Erst später stellte ich fest, daß diese Erscheinungen keineswegs auf unsere Schule beschränkt waren. Andere »gemütliche

Abende« bei höheren Funktionären – vor allem, wenn sie viele Jahre in der Sowjetunion gewesen waren – verliefen nicht viel anders.

Erst als ich mit dem Stalinismus gebrochen hatte, erkannte ich, daß dies eine notwendige Folgeerscheinung des Systems selbst ist, eine Folgeerscheinung der Kritik und Selbstkritik, die jeden Funktionär zwingt, jedes Wort abzuwägen und zu überlegen; der bedingungslosen Unterordnung unter die Führung; des Verbotes freier Diskussion; der völligen Abgeschlossenheit von den gewöhnlichen Menschen und der »Säuberung«, die alles Menschliche im Menschen vernichtet.

Die Neujahrsfeier hatte übrigens für einige von uns ein ernstes Nachspiel. Schon wenige Tage später wurde die gesamte Schule wieder zusammengerufen.

Es stellte sich heraus, daß vier spanische Jugendliche sich zum Silvesterabend ein wenig Alkohol beschafft hatten und zu viert darangingen, das kleine Fläschchen auszutrinken. Sie wurden jedoch schon bei Beginn ihres Vorhabens überrascht. Zwei von ihnen hatten bereits ein Gläschen ausgetrunken, einer ein halbes Gläschen und einer überhaupt nichts.

Die ganze Angelegenheit war bereits auf zwei Kritik- und Selbstkritikabenden der spanischen Gruppe behandelt worden. Dort wurde der Beschluß gefaßt, die vier spanischen Jugendlichen aus dem Komsomol – denn alle vier waren Komsomolzen – auszuschließen.

Nun wurde der Fall vor die ganze Schule gebracht, um als Mahnung und Warnung für die anderen zu dienen. Wieder gab es Anklagen und die Aufzählungen von Beispielen, die mir nun schon zur Genüge bekannt waren.

Gleichzeitig wurde den Spaniern immer wieder das »leuchtende Vorbild« der sowjetischen Komsomolzen vorgehalten – obwohl sicher alle Anwesenden genau wußten, daß Tausende von sowjetischen Komsomolzen jeden Tag mehr Alkohol tranken, als die vier angeklagten spanischen Jugendlichen zusammen am Neujahrstag überhaupt trinken wollten.

Der Ausschluß unserer vier spanischen »Alkoholiker« wurde offiziell bestätigt; sie wurden nach 3½ Monaten wieder in den Komsomol aufgenommen, weil sie sich inzwischen vorbildlich verhalten hatten.
Aber nicht immer gingen Maßregelungen so glücklich aus. Schon kurze Zeit später erlebte ich einen Fall, der sich für immer tief in mein Gedächtnis eingeprägt hat.

Der Ausschluß des Genossen Willy

In unserer Gruppe gab es einen etwa 35jährigen Genossen, der auf der Schule »Willy« hieß. Willy stammte aus einer Berliner Arbeiterfamilie – ich glaube sogar aus dem Wedding –, war schon mit jungen Jahren in den Kommunistischen Jugendverband eingetreten, hatte dort eine Reihe von mittleren Funktionen innegehabt und war auch im Roten Frontkämpferbund gewesen. Willy war nach 1933 in die Sowjetunion emigriert.
Nach Ausbruch des spanischen Bürgerkrieges hatte er eine militärische Ausbildungsschule in der Nähe von Rjasan besucht – dies war, soweit mir bekannt ist, die größte Militärschule zur Ausbildung der in der Sowjetunion lebenden ausländischen Antifaschisten für den Kampf in Spanien – und hatte dann in der Internationalen Brigade in Spanien gekämpft
Willy hatte in unserer Gruppe eine gute Position – auf der einen Seite besaß er schon die Erfahrungen der älteren Genossen, hatte aber gleichzeitig auch die schnelle Aufnahmefähigkeit der jüngeren Menschen. Er war sehr aufgeweckt und interessiert, nahm aktiv an den Seminaren teil und war wahrscheinlich der Beliebteste in unserer Gruppe – er stand sowohl mit den älteren als auch mit den jüngeren auf gutem Fuß.
Eines Nachmittags hatten wir wieder Unterricht in aktuellen Gegenwartsfragen.
Diesmal galt es jedoch nicht, imaginäre illegale »Volksaus-

schüsse« zu gründen, sondern es wurde ein noch delikateres Thema behandelt: die illegale antifaschistische Arbeit in der deutschen Wehrmacht.

Wir jüngeren schwitzten Blut und Wasser. Wir waren noch niemals in irgendeiner Armee gewesen. Deutschland hatten wir bereits im Kindesalter verlassen. Wir kannten also weder Deutschland noch eine Armee, von der deutschen Hitler-Armee ganz zu schweigen. Aber nichts half uns. Die Fragen prasselten auf uns nieder, und wir mußten illegale Organisationen in der Hitler-Armee genau am laufenden Band produzieren wie bis dahin illegale Volksausschüsse in Städten und Dörfern.

Die Sache war nicht nur deshalb so schwierig, weil wir von der Situation in der deutschen Wehrmacht – abgesehen von Informationen durch die Bulletins mit den Soldatenbriefen – keine Ahnung hatten, sondern vor allem, weil wir uns bei diesen Themen in einem unheilvollen Zwiespalt befanden:

Immer wieder war uns eingeschärft worden, daß die Konspiration unbedingt zu wahren sei und die Angehörigen einer illegalen Gruppe sich niemals zu erkennen geben dürfen, gleichzeitig aber mußten unsere auf dem Papier stehenden illegalen Gruppen wahre Wunder von Aktivität entwickeln.

Dabei wurden ständig Beispiele konstruiert, wobei wir stets den Leiter einer solchen illegalen Gruppe spielen mußten und von Wandel mit einer Flut von »Was machst du, wenn ...«-Fragen überschüttet wurden.

Diesmal schien die Serie von »Was machst du, wenn ...«-Fragen überhaupt kein Ende zu nehmen.

Es war irgendeine verzwickte konstruierte Angelegenheit:

In einem Truppenteil, der im besetzten Gebiet der Sowjetunion steht, ist eine illegale antifaschistische Organisation tätig. Eine kleinere Einheit dieses Truppenteils, in der sich ein Angehöriger der illegalen Organisation befindet, bekommt plötzlich den Befehl, Häuser anzustecken und russische Frauen und Kinder zu erschießen.

Es wurde mir heiß und kalt, als nun Wandel die Frage stellte:

»Was machst du in einem solchen Fall als Führer dieser illegalen Gruppe?«
Wandel schaute sich um und rief Willy auf.
»Von der Konspiration würde ich auf keinen Fall und unter keinen Umständen abweichen. Wir haben ja gelernt, daß die illegalen Organisationen der Armee das Allerwichtigste sind und daß wir die Konspiration, besonders solcher Gruppen, niemals aufgeben dürfen.«
»Auch dann nicht, wenn von Soldaten desselben Truppenteils Schandtaten gegen die sowjetische Bevölkerung verübt werden?«
Willy wurde verwirrt.
»Ja, ich weiß nicht, aber ich glaube ... daß man selbst in dieser schwierigen Lage ... wahrscheinlich ... vielleicht doch, daß man selbst bei diesem schweren Fall die illegale Gruppe nicht auffliegen lassen dürfte.«
Viele, darunter auch ich, schwiegen. Hier in Baschkirien sitzend, wußten wir beim besten Willen nicht, was man in einem solchen Fall tun muß. Irgendwie spürten wir, daß wir es schon wissen würden, wenn wir einmal in eine solche Situation gestellt würden, aber die ganze Sache war so theoretisch konstruiert, daß viele beschlossen, zu schweigen.
Wandel selbst hatte sich nicht geäußert, und das Seminar ging weiter. Drei oder vier hatten noch zu anderen Themen gesprochen, als Wandel sich plötzlich erhob. Völlige Stille. Er schaute uns entsetzt und empört an.
»Ich habe den Eindruck, daß bisher niemand in der Gruppe gemerkt hat, daß hier etwas Unglaubliches, Unfaßbares geschehen ist!«
Er machte eine bedeutsame Pause. Wir schwiegen. Ich hatte bisher geglaubt, in politischen Fragen schon einiges Fingerspitzengefühl zu besitzen, aber nun merkte ich, wie weit ich noch davon entfernt war. Ich wußte gar nicht, was er meinte. Dann erst fiel mir die Äußerung von Willy ein. War es das, was Wandel meinte? Diesen Gedanken verwarf ich sogleich. Schließlich hatte Willy ja gesagt, daß er es nicht

genau wisse, und außerdem war es wirklich eine sehr komplizierte Frage.
Inzwischen fuhr Wandel in seiner Rede fort. Noch war sie ganz allgemein gehalten. Er sprach vom heroischen Kampf des Sowjetvolkes, von den grausamen Bestialitäten der Naziarmee, und plötzlich, wie ein Blitz aus heiterem Himmel, kam die direkte Anklage:
»... und in einer solchen Situation, in der es die heiligste Pflicht der deutschen Antifaschisten ist, den Kampf gegen den Faschismus zu führen, erklärt Willy schamlos, daß er bei den Greueltaten der Nazis gegen die Sowjetbevölkerung passiv beiseite stehen würde. Das ist kein politischer Fehler. Das ist mehr. Das ist Verrat, Verrat am heiligen Kampfe der Antifaschisten, Verrat an der deutschen Arbeiterbewegung, Verrat an der Partei, Verrat am ersten Land des Sozialismus, der Sowjetunion.
Diesen unerhörten Vorfall werden wir in den nächsten Tagen mit allem Ernst behandeln. Ich erwarte jedoch bereits jetzt von jedem, zu den Ausführungen Willys Stellung zu nehmen.«
Wieder herrschte einige Sekunden lang Todesstille. Wir waren schon vieles gewohnt und hatten bereits mehrere Abende der Kritik und Selbstkritik hinter uns. Aber so scharf war noch nie gesprochen worden.
Plötzlich fiel mir ein, daß Wandel unseren Mitschüler nicht einmal mehr mit dem Wort »Genosse« bezeichnet hatte. War das Zufall? Sollte Willy vielleicht irgendwelche Maßnahmen zu erwarten haben?
Aber diesen Gedanken verwarf ich bald. So weit konnte es doch nicht gehen.
Inzwischen hatten mehrere die Hände erhoben. Ich wartete.
Einer nach dem anderen sprach jetzt sein Verdammungsurteil gegen Willy. Es war schauerlich.
Ganz hinten saß mein Freund Jan, der immer so begeistert von Marschall Shukow gesprochen hatte. Er war der einzige der jüngeren, der das Leben in der Armee etwas kannte. Er war ja selbst mehrere Monate in der Roten Armee gewesen. Für schwierige

Fälle hatte er eine Schwäche, und außerdem war er noch einer der Mutigsten von allen.
Er meldete sich:
»Ich war selbst in der Armee und hatte auch mit Abteilungen zu tun, die solche Dinge organisierten. Unter gewissen, ganz seltenen, besonderen Umständen kann es doch der Fall sein, wenn es z. B. darum geht, daß ...«
Wandel unterbrach ihn scharf: »Wir sind nicht hier, um irgendwelche Spintisierereien zu erzählen, sondern um zu den verräterischen Äußerungen von Willy Stellung zu nehmen.«
Aber der junge mutige Jan war von seiner Idee ganz begeistert: »Genosse Klassner, ich möchte doch bloß einen Fall ... einen Fall, den ich selbst in der Armee erlebt habe ...«
Aber Jan konnte nicht zu Ende sprechen.
»Schluß jetzt, ich entziehe dir hiermit das Wort.«
Jan schwieg betroffen. Ich war ihm in diesen Sekunden ganz besonders zugetan. Er hatte Willy nicht offen verteidigt, aber doch versucht, ihm eine Brücke zu bauen.
Nach und nach hatten fast alle unserer Gruppe »Stellung genommen«. Zweimal sah ich den Blick Wandels auf mir ruhen, aber noch schwieg ich. Schließlich, als nur noch ein Genosse vor mir hätte sprechen können, nannte Wandel meinen Namen.
»Genossen«, sagte ich, »niemand von uns wird die Tragweite und Konsequenzen der gefährlichen Äußerungen Willys unterschätzen wollen. Bei allem Ernst, den man diesen Ausführungen beimessen muß, sollte auf der anderen Seite jedoch nicht die Schwierigkeit der Fragestellung unterschätzt werden. Wir alle kennen den Genossen Willy, und wir alle wissen, daß Willy stets vorbildlich ...« Ich konnte nicht weitersprechen. Wandel hatte mich unterbrochen: »Keine Versuche der Vertuschung hier. Es geht um prinzipielle politische Fragen. Wir brauchen keine opportunistischen Verkleisterungen.«
Ich schwieg. Ich konnte ihn einfach nicht öffentlich verurteilen – obwohl ich genau wußte, daß mich das wieder eine Kritik und Selbstkritik kosten würde.

Wandel wartete, aber ich schwieg. Mehrere aus unserer Gruppe schauten mich erstaunt und mißbilligend an. Dann, als letzter, erhielt Sepp, unser Gruppenvorsitzender, das Wort. Er hatte zusammen mit Willy in Spanien gekämpft und war seit vielen Jahren mit ihm eng befreundet. Jetzt verdammte er ihn.
Nach einem kurzen Schlußwort von Wandel wurde das Seminar über die illegale Arbeit in der Armee beendet.
Am nächsten Abend wurde die ganze Gruppe in das Direktionszimmer gebeten. Wir wußten, daß es sich um den Fall Willy handeln würde.
Mit Schrecken dachte ich daran, daß wir jetzt noch einmal alle sprechen müßten. Aber glücklicherweise kam es nicht dazu. Es waren so viele von der Leitung der Schule erschienen, wie ich es nie zuvor erlebt hatte. Mehrere Lehrer aus anderen nationalen Gruppen waren anwesend.
Fast alle von ihnen sprachen. Wir, die Schüler der deutschen Gruppe, waren diesmal nur Gäste.
Wieder erlebte ich das gleiche wie bei der ersten Kritik und Selbstkritik – aber alles war noch viel schärfer.
Der arme Willy. Sein ganzes Leben hatte er der Partei gewidmet und fast drei Jahre unter den schwierigsten Bedingungen in Spanien gekämpft. Nun wurde er aufgrund seiner wenigen Sätze im Seminar der »Beihilfe zum Faschismus«, der »Propagierung der Passivität im Kampfe gegen Hitler« und ähnlicher Verbrechen angeklagt. Ein Redner verglich ihn sogar mit Franco.
Hier und da wurden auch Jan und ich erwähnt – Jan wurde seine »Spintisiererei« vorgeworfen, mir die »opportunistische Verkleisterung«, aber es war klar, daß wir diesmal nur völlig bedeutungslose Nebenfiguren waren. Die geballte Wucht der Kritik und Selbstkritik richtete sich gegen Willy.
Unterdessen saß Willy mit starrem Blick abseits auf einem Stuhl und sagte kein Wort.
Stunden waren schon vergangen. Die Anklagen wiederholten sich, aber vielleicht wurde gerade durch die ständige Wieder-

holung jene unbeschreibliche Atmosphäre geschaffen, die in solchen Kritik- und Selbstkritik-Abenden herrscht.
Plötzlich, als wir schon glaubten, der Abend sei zu Ende, wurde der Ton noch verschärft. Ein Redner sprach von »notwendigen Konsequenzen«, die aus dem Verhalten Willys zu ziehen seien, da dieser Fall alles übertreffe, was es bisher in der Schule gegeben habe. Mit aller Schärfe müsse die Frage des weiteren Verbleibens eines solchen Menschen wie Willy in der Kominternschule gestellt werden. Der Redner beschränkte sich nicht darauf, die »Frage zu stellen«, sondern gab auch gleich eine Antwort.
»Für Personen«, das Wort Genosse wurde auch hier nicht mehr gebraucht – »die bei der Ermordung von Sowjetbürgern tatenlos zusehen wollen und solche Auffassungen verbreiten, für Personen, die objektiv eine Hilfestellung gegenüber dem Faschismus einnehmen, kann in der Kominternschule kein Platz sein.«
Diese Ansicht wiederholte auch Michailow in seiner Schlußansprache.
Dieser Abend traf mich wie ein schwerer Schlag – fast noch schwerer als die Kritik und Selbstkritik, die gegen mich gerichtet war.
Ich empörte mich nicht nur über die Kälte und Herzlosigkeit, sondern auch über die Verstellung derjenigen, die Willy anklagten und seinen Ausschluß aus der Schule forderten. Jeder von ihnen wußte genau, daß Willy ein treuer, ehrlicher Funktionär war und es auch in Zukunft bleiben würde. Was er auf die Seminarfrage geantwortet hatte – auch das wußte jeder –, war lediglich ein Ausdruck der Ratlosigkeit in der Beantwortung einer abstrakt konstruierten Frage gewesen. Dabei glaubte sich Willy genötigt, jenen Grundsatz anzuwenden, den man uns immer in allen Lektionen über illegale Arbeit als höchste und wichtigste Aufgabe dargelegt hatte – nämlich die Konspiration zu wahren.
Die wenigen Worte in einem Seminar mußte Willy jetzt nicht nur mit dem Ausschluß aus der Kominternschule, sondern fast sicher auch mit dem Ausschluß aus der Partei und dem Verzicht auf jede weitere politische Arbeit bezahlen. Dies aber bedeutet auto-

matisch den Rückfall in die untersten Schichten der Sowjetbevölkerung, in das Leben eines von der Partei abgehängten, verdächtigen Ausländers in irgendeiner weit entfernten Kollektivwirtschaft oder als Schwerarbeiter in einer entlegenen sowjetischen Fabrik. Meist war selbst das nur ein Übergang zum Gefängnis oder in ein Lager. Das war uns allen klar, obwohl es weder auf der Versammlung noch in der Gruppe ausgesprochen wurde.

Ein offizieller Beschluß wurde nicht gefaßt; aber jeder von uns wußte natürlich, was dieser Abend bedeutete.

Willy selbst sprach kein Wort. Er ging ins Schlafzimmer und packte seine Sachen. Am nächsten Tag war er verschwunden. Es gelang mir, ihn noch einmal kurz zu sprechen. Ich sagte ihm einige tröstende Worte, aber er antwortete nicht. Kein Wort kam von seinen Lippen.

Seit jenem Tag hörten wir offiziell nichts mehr von Willy. Später flüsterte mir ein Mitschüler zu, man habe ihn nach Karaganda geschickt. Aber ich konnte natürlich nicht feststellen, ob das stimmte.

Willys Name wurde weder von Wandel noch von irgendeinem anderen Lehrer je wieder erwähnt. Es war so, als habe er niemals gelebt. Aber ich konnte ihn nicht vergessen. Immer wieder gingen meine Gedanken zu jenem Berliner Arbeiterjungen, der den größten Teil seines Lebens, selbst unter schwierigsten Bedingungen, der Partei geopfert hatte, aber wegen einiger Worte in einem Seminar wie ein altes Stück Eisen weggeworfen worden war.

»Die Komintern ist aufgelöst!«

Seit meinem Eintritt in die Kominternschule waren nun schon 9 Monate vergangen. Mitte August 1942 hatte der Kurs begonnen. Jetzt schrieben wir Mai 1943.

Keiner von uns wußte, wie lange das Studium dauern würde, da nach Beendigung eines Themas immer nur das nächste Thema

angesagt wurde. Das geschah vielleicht deshalb, um in dringenden Fällen einzelnen Kursanten oder ganzen Gruppen die Möglichkeit zu geben, das Studium abbrechen zu können.
In unserem Lehrgang geschah das jedoch nur einmal: Im Februar 1943 wurde unerwartet die slowakische Gruppe von der Kominternschule entfernt. In diesem Falle war es jedoch keine Folge von Kritik und Selbstkritik. Es handelte sich um ihren politischen Einsatz.
Schon aus Andeutungen in unseren Vorlesungen und aus Gesprächen hatten wir gehört, daß von allen mit der Achse verbundenen Staaten die Slowakei für illegale Arbeit relativ am günstigsten sei. Nicht nur, daß man von der Bevölkerung Unterstützung erwarten könne, es wurde sogar erzählt, daß selbst hier und da Polizeibeamte beide Augen zudrückten, wenn sie auf Menschen trafen, die gegen Hitler tätig waren.
So überraschte es uns nicht, als wir im Februar 1943 unsere slowakischen Genossen vor dem Schulgebäude trafen, wo eine Reihe von Schlitten wartete, mit denen sie nach Ufa gebracht werden sollten. Selbstverständlich wurde nicht gesagt, wohin sie fuhren. Es war jedoch jedem klar, daß es sich um einen aktiven Einsatz in der Slowakei handelte.
Später, als im Frühjahr 1944 der große antifaschistische Aufstand in der östlichen Slowakei ausbrach, erfuhren wir, daß alle unsere Mitschüler sich aktiv daran beteiligt hatten. Nach 1945 wurden die Teilnehmer des Slowakischen Aufstandes in der neuen Tschechoslowakei hoch geehrt. Aber das sollte nicht lange dauern. Je mehr die »führende Rolle der Sowjetunion« hervorgehoben werden mußte – insbesondere nach 1948 –, um so mehr wurde die Erinnerung an den Slowakischen Aufstand, an die eigene antifaschistische Bewegung in der Tschechoslowakei zurückgedrängt. Schließlich, beginnend mit dem Jahre 1950, wurden die Führer des Slowakischen Aufstandes, Husak und Nowomjeski, und Hunderte von aktiven Teilnehmern verschiedener »Abweichungen« bezichtigt und verhaftet.
So zeigte sich am Beispiel des Slowakischen Aufstands erneut,

daß der Stalinismus nichts so fürchtet wie eigene, selbständige revolutionäre Bewegungen. Wohl ist der Stalinismus nicht abgeneigt, hier und da revolutionäre Aktionen für die eigene Zielsetzung auszunutzen, aber sobald sich die stalinistische Herrschaft gefestigt hat, werden die Teilnehmer selbständiger revolutionärer Bewegungen verleumdet, in die Gefängnisse geworfen, sogar hingerichtet. Selbst die Erinnerung an die eigenen revolutionären Bewegungen darf im Volke nicht weiterleben; sie wird umgefälscht oder totgeschwiegen, um nachträglich Raum zu schaffen für die »befreiende Rolle der Sowjetarmee«, für die »führende Rolle der Sowjetunion«, der sich alles unterzuordnen hat.
Dies alles konnten wir damals im Februar 1943 noch nicht ahnen. Wir verabschiedeten uns freundschaftlich von den slowakischen Genossen, wünschten ihnen alles Gute und viel Erfolg und vertieften uns wieder in unser Studium, allerdings ohne zu wissen, wie lange wir noch auf der Kominternschule bleiben würden.
In dieser Hinsicht hatten wir nur einen einzigen Anhaltspunkt: die Vorlesungsreihe über die Geschichte der Kommunistischen Internationale. Dieses Thema wurde nämlich nicht hintereinander durchgepeitscht, sondern parallel neben dem gewöhnlichen Unterricht durchgenommen. Es sollte offensichtlich erst mit dem Abschluß des Kurses beendet werden.
Mitte Mai hatten wir die Geschichte der Komintern bis zum Jahre 1934 durchgenommen. Es war nicht schwer, sich auszurechnen, daß wir also mindestens noch 3–4 Monate in der Schule bleiben würden. Von einigen Kursanten hatten wir gehört, daß der Kursus in der Kominternschule während des Krieges auf ein Jahr reduziert worden war. So hatten wir uns innerlich auch darauf vorbereitet, bis zum August oder September 1943 in Kuschnarenkowo zu bleiben. Das war sicherlich auch der Plan der Schulleitung, die aber unerwartet durch »höhere Gewalt« vollkommen durcheinandergebracht wurde.
Es war am 16. Mai 1943. Ich wollte gerade nach einem Seminar auf den Hof, als ich im Vorraum der Schule Dutzende von Mitschülern versammelt sah. Ich wußte, daß gelegentlich kurze An-

kündigungen an das Schwarze Brett angeschlagen wurden. Aber noch nie hatte ich so viele Kursanten davor stehen sehen.
Interessiert trat ich näher.
An der Tafel waren diesmal nicht kurze Notizen zu sehen, sondern ein vier Seiten langer, mit Schreibmaschine geschriebener Text, der von allen aufmerksam und schweigend gelesen wurde. Ich entdeckte meinen Freund Peter Zahl, der mich erschreckt ansah.
»Was ist denn los?«
»Die Komintern ist aufgelöst.«
Ich war sprachlos. Zunächst konnte ich es überhaupt nicht fassen.
»Das ist doch unmöglich.«
»Doch, lies mal.«
Inzwischen hatten einige den Text zu Ende gelesen. Sie entfernten sich, ohne ein Wort zu sagen.
Nun ließ man mich und einige der Neuhinzugekommenen vor. Hier, am Schwarzen Brett, im Vorraum des Gebäudes der Kominternschule, las ich den Beschluß über die Auflösung der Komintern. Die entscheidende Stelle des bedeutsamen Beschlusses lautete:
Der gesamte Verlauf der Ereignisse im letzten Vierteljahrhundert und die gesammelten Erfahrungen der Kommunistischen Internationale haben überzeugend bewiesen, daß die Organisationsform für den Zusammenschluß der Arbeiter, wie sie vom 1. Kongreß der Kommunistischen Internationale gewählt wurde und den Bedürfnissen der Anfangsperiode der Wiedergeburt der Arbeiterklasse entsprach, sich mehr und mehr im Verhältnis zum Anwachsen dieser Bewegung und zu der wachsenden Kompliziertheit der Probleme in jedem Land überlebte. Diese Form wurde sogar ein Hindernis für die weitere Stärkung der nationalen Arbeiterparteien.
Der von den Nazis entfesselte Weltkrieg verschärfte die Unterschiede in den Verhältnissen der verschiedenen Länder noch weiter, indem er eine tiefe Trennungslinie zwischen den Ländern, die

Träger der Nazityrannei wurden, und den freiheitliebenden Völkern aufzeigte, die in der starken Anti-Hitler-Koalition zusammengefaßt sind.
Ausgehend von den oben angeführten Betrachtungen und unter Berücksichtigung des Wachstums und der politischen Reife der Kommunistischen Parteien und ihrer führenden Kader in den einzelnen Ländern und unter Berücksichtigung der Tatsache, daß während des augenblicklichen Krieges eine Anzahl von Sektionen die Frage der Auflösung der Kommunistischen Internationale als führendes Zentrum der internationalen Arbeiterbewegung gestellt hat, gestattet sich das Präsidium des Exekutivkomitees der Kommunistischen Internationale, da es infolge der Bedingungen des Weltkrieges nicht in der Lage ist, für die Billigung durch die Sektionen der Kommunistischen Internationale einen Kongreß der Kommunistischen Internationale einzuberufen, folgenden Vorschlag einzureichen:
Die Kommunistische Internationale wird als führendes Zentrum der internationalen Arbeiterbewegung aufgelöst, die Sektionen der Kommunistischen Internationale werden von den Verpflichtungen befreit, die sich aus dem Statut und den Beschlüssen der Kongresse der Kommunistischen Internationale ergeben.
Das Präsidium des Exekutivkomitees der Kommunistischen Internationale ruft alle Anhänger der Kommunistischen Internationale auf, ihre Kräfte auf eine allseitige Unterstützung und aktive Mitwirkung im Befreiungskrieg der Völker und Staaten der Anti-Hitler-Koalition zu konzentrieren, um die Zerstörung des Todfeindes des werktätigen Volkes, des deutschen Faschismus und seiner Verbündeten und Vasallen, zu beschleunigen.
Unterzeichnet von den Mitgliedern des Präsidiums des Exekutivkomitees der Kommunistischen Internationale:
Gottwald, Dimitroff, Shdanow, Kolarow, Koplenig, Kuusinen, Manuilskij, Marty, Pieck, Thorez, Florin, Ercoli.

So wie alle andern wußte auch ich nicht, was ich dazu sagen sollte.

Die Kommunistische Internationale – das war doch bis vor wenigen Minuten noch unser höchstes Organ!

Der Beschluß über die Auflösung der Komintern wurde in den sowjetischen Tageszeitungen nicht veröffentlicht.

Die Unterzeichner vertraten die Kommunistischen Parteien aus acht Ländern: Sowjetunion (Shdanow, Manuilskij); Deutschland (Pieck, Florin); Frankreich (Thorez, Marty); Bulgarien (Dimitroff, Kolarow); Österreich (Koplenig); Tschechoslowakei (Gottwald); Finnland (Kuusinen) und Italien (Ercoli – das war der Parteiname Palmiro Togliattis in der Sowjetunion).

Selbst die in Ufa bzw. in Kuibyschew anwesenden Parteiführer anderer kommunistischer Parteien, wie etwa der KP Spaniens (Dolores Ibarruri), Rumäniens (Anna Pauker) und Ungarns (Rakosi), waren nicht zur Unterzeichnung hinzugezogen worden, weil die 12 Unterzeichner nicht als Vertreter der Kommunistischen Parteien ihrer Länder fungierten, sondern als Mitglieder des auf dem letzten Kominternkongreß gewählten Präsidiums des Exekutivkomitees.

Offenbar mußte der Beschluß so schnell und überraschend gefaßt werden, daß nicht einmal die Führungen der anderen Kommunistischen Parteien informiert und zumindest formal um die Zustimmung gebeten werden konnten.

Das Ereignis hatte sich natürlich schnell in der ganzen Schule herumgesprochen, und viele liefen aufgeregt umher.

Erst mittags wurde bekannt, daß Michailow, unser Direktor, nach Ufa gereist sei und in den nächsten Tagen zurückkehren werde. Inzwischen ging der Unterricht noch weiter, aber wir waren nur noch mit halbem Herzen dabei.

Drei Tage später kehrte Michailow aus Ufa zurück. Sofort wurde eine allgemeine Schulversammlung einberufen mit dem Thema »Die Auflösung der Komintern«.

Wir hatten schon oft Sondervorlesungen erlebt und wußten, daß sie stets bedeutsame Eröffnungen brachten, aber noch nie war die Spannung so groß gewesen wie an diesem Vormittag.

Michailow begann mit der Bemerkung, daß man »gegen zwei fal-

sche Auffassungen in der Frage der Auflösung der Komintern« auftreten müsse.
Erstens gegen die von den Nazis vertretene Annahme, die Auflösung der Komintern sei lediglich ein Trick, ein Manöver, und in Wirklichkeit werde die Arbeit der Komintern weitergehen.
»Die Auflösung der Komintern ist kein Trick und kein Manöver, sondern eine grundsätzliche Entscheidung, deren Verwirklichung unmittelbar in Angriff genommen wird. Jeder von euch wird sich davon überzeugen können, da selbstverständlich auch die Kominternschule aufgelöst wird, genau wie sämtliche andere Institutionen des bisherigen Komintern-Apparates«, sagte Michailow. »Die zweite falsche Theorie über die Auflösung der Komintern, die von gewissen westlichen Kreisen verbreitet wird, behauptet, die Auflösung sei ein Zugeständnis der Sowjetunion an ihre westlichen Verbündeten. Auch diese Behauptung hat mit der Wirklichkeit nichts zu tun. Solche Fragen, wie die Auflösung der Komintern, hängt nicht von zeitbedingten außenpolitischen Erwägungen ab, sondern ist vielmehr grundsätzlicher Natur.«
Anschließend ging Michailow dazu über, uns die offizielle Begründung für die Auflösung der Komintern zu erläutern.
Der wahre Grund, führte Michailow aus, liege vielmehr darin, daß sich die Form der bisherigen Kommunistischen Internationale überlebt habe. Sie behindere den Kampf der Kommunistischen Parteien in der allgemeinen antifaschistischen Front und werde den unterschiedlichen Aufgaben, die die Kommunisten in den verschiedenen Ländern hätten, nicht mehr gerecht.
»In den ersten Jahren nach der Gründung der Komintern«, erklärte Michailow, »waren, von einigen nationalen Besonderheiten abgesehen, die Aufgaben der Kommunisten in anderen Ländern im großen und ganzen die gleichen. Wenn wir das mit der heutigen Situation vergleichen, erkennen wir den fundamentalen Unterschied. Die Kommunisten Englands und Amerikas haben heute die Aufgabe, die Kriegsanstrengungen ihrer Länder zu unterstützen. Die Kommunisten Deutschlands und Italiens müssen dagegen alles tun, um die Niederlage des Faschismus herbeizu-

führen. Die Kommunisten der besetzten Länder haben wiederum die Aufgabe, an der Spitze einer allgemeinen patriotischen, antifaschistischen Front zu stehen und ihre Länder von der faschistischen Unterdrückung zu befreien. Schon allein diese kurze Betrachtung zeigt, wie unterschiedlich die Aufgaben heute geworden sind.«

Michailow erklärte, die Entwicklung, die jetzt zur Auflösung der Komintern geführt habe, sei die folgerichtige Fortführung der Politik, die schon auf dem VII. Kongreß der Komintern im Jahre 1935 beschlossen worden sei. Nach dem VII. Weltkongreß habe es sich an einer Reihe von Beispielen gezeigt, daß eine allumfassende Organisation wie die Komintern mehr und mehr zum Hemmschuh werden müsse, der es den Kommunisten erschwere, neue politische Formen zu finden.

»Wie ihr wißt, ist die Kommunistische Partei der USA im November 1940 aus der Kommunistischen Internationale ausgetreten, weil laut Gesetz in Amerika die Existenz von Organisationen, deren Zentrale sich im Ausland befindet, nicht geduldet wird. Zweifellos hat die Kommunistische Partei der USA richtig gehandelt, als sie austrat. Damit hat sie sich die Möglichkeit einer weiteren politischen Arbeit gesichert.«

Bisher hatte Michailow, mit Ausnahme seiner Erklärung über die zwei falschen Auffassungen, noch wenig gesagt, was über den Text des Beschlusses hinausging. Auch das Ausscheiden der KP der USA war als Beispiel in dem Beschluß erwähnt worden. Schon glaubten wir, daß sich Michailows Erklärungen auf eine Wiederholung der in dem Beschluß enthaltenen Argumente beschränken werde, als wir plötzlich etwas hörten, was in dem Beschluß nicht erwähnt war.

»Genossen, das Beispiel der KP Amerikas ist nur ein Hinweis auf den Widerspruch zwischen neuen Aufgaben und der veralteten Organisationsform der Komintern. Schon viel früher hat es ein ähnliches, ja sogar noch bedeutenderes Beispiel gegeben.

Ihr alle kennt die Entstehungsgeschichte der Sozialistischen Einheitspartei Kataloniens, der Partido Socialista Unificada, die im

Jahre 1936 aus der Verschmelzung der Sozialistischen und Kommunistischen Partei und einer Reihe anderer marxistischer Gruppen entstanden ist und die im Verlaufe des spanischen Bürgerkrieges eine so hervorragende Rolle gespielt hat. Naturgemäß tauchte nach der Gründung der PSU bald die Frage auf, ob sich diese neue Partei der zweiten oder der dritten Internationale anschließen solle. Diese Frage konnte jedoch einfach deswegen nicht gelöst werden, weil die Entstehung solcher neuartiger Parteien im Rahmen der beiden Internationalen nicht vorgesehen war. Dies ist ein deutliches Beispiel dafür, daß das Bestehen der Komintern der neuen Entwicklung nicht gerecht wird.«

Dann sprach Michailow von den Wünschen einiger Parteiführungen, die Bindung zur Komintern zu lockern bzw. die Komintern sogar aufzulösen.

Gespannt warteten wir auf einen Hinweis, von welcher Partei dieser Vorschlag wohl ausgegangen wäre. Im Beschluß selbst war keine bestimmte genannt worden.

Zur allgemeinen Überraschung erklärte Michailow: »In der Periode nach dem VII. Kongreß im Jahre 1935 haben einige Parteiführungen die Lockerung der Bindungen und sogar die Auflösung der Komintern vorgeschlagen. Dies geschah besonders ausführlich in einem Memorandum der Parteiführung der Kommunistischen Partei Schwedens.«

Wir hatten auf die verschiedensten Parteien getippt – auf die schwedische Partei war jedoch niemand gekommen. Interessanterweise wurde das Memorandum der KP Schwedens in den vielen anschließenden Seminaren über das Thema »Auflösung der Komintern« nie mehr erwähnt. Wir verstanden den Wink und erwähnten es auch nicht mehr wobei mir bis heute allerdings noch nicht klar ist, warum das schwedische Memorandum im ersten Vortrag genannt, später aber wieder verschwiegen werden sollte. Das spanische Beispiel und die Erwähnung des Memorandums der KP Schwedens zeigten uns, daß wir uns bei der Behandlung des Themas Auflösung der Komintern keines-

wegs nur auf die Beispiele und Argumente des Auflösungsbeschlusses beschränken würden.
Das wurde uns schon wenige Minuten später deutlich, als Michailow wieder auf Ereignisse zu sprechen kam, die im Auflösungsbeschluß nicht enthalten waren:
»Schließlich möchte ich noch das klarste und einleuchtendste Beispiel erwähnen, das gerade in den letzten Wochen akut geworden ist und deutlich zeigt, wie die Tätigkeit der kommunistischen Parteien in den einzelnen Ländern durch ihre Bindung an die Komintern gehindert wird.
Ihr alle habt gewiß mit großem Interesse den Aufnahmeantrag der Kommunistischen Partei Englands in die Labour-Party verfolgt. Ihr wißt, daß gerade jetzt diese Frage im politischen Leben der englischen Arbeiterbewegung eine außerordentliche Rolle spielt. Die Aufnahme der KP Englands in die Labour-Party würde zweifellos die Isolierung der englischen Kommunisten beenden und die Verbindung mit den Massen der britischen Werktätigen fördern. Große Teile der Labour-Party haben sich für die Aufnahme ausgesprochen, andere sind jedoch dagegen. Eines der wesentlichsten Argumente gegen die Aufnahme ist die Tatsache, daß die KP Englands an die Kommunistische Internationale gebunden ist.
Wir brauchen nicht daran zu zweifeln, daß die Auflösung der Kommunistischen Internationale für die KP Englands, wie für alle anderen kommunistischen Parteien, eine Erleichterung mit sich bringen wird.«
Nach diesem Beispiel gab Michailow eine historische Analyse des Schicksals von internationalen Vereinigungen innerhalb der Arbeiterbewegung, wobei er besonders auf die 1. Internationale hinwies. Die Geschichte der Arbeiterbewegung habe gezeigt, daß internationale Organisationen auf bestimmten Stufen der Entwicklung eine unbedingte Notwendigkeit seien, sich aber in anderen Perioden als Hemmschuh für die Entwicklung der Arbeiterparteien in den einzelnen Ländern erweisen könnten.
»Die Schaffung der ersten Internationale von 1864 war ein großer

Fortschritt. Im Laufe eines Jahrzehnts hatte sich ihre Aufgabe erfüllt. Es galt, die einzelnen Sektionen zu mächtigen Arbeiterparteien in den betreffenden Ländern zu entwickeln. Die organisatorische Zusammenfassung in der I. Internationale erwies sich als eine Fessel, die gesprengt werden mußte, um diese Aufgabe zu ermöglichen. Auch die Gründung der III. Internationale im Jahre 1919, die internationale Zusammenfassung aller revolutionären, auf dem Boden des Marxismus stehenden Gruppierungen, ist damals eines der bedeutsamsten Ereignisse in der internationalen Arbeiterbewegung gewesen. Heute, 24 Jahre später, da in fast allen Ländern der Welt mächtige kommunistische Parteien bestehen und diese für ihren Kampf immer größere Selbständigkeit benötigen, hat die Komintern ihre Aufgabe erfüllt, ihre Beibehaltung wäre lediglich eine Fessel für die weitere Entwicklung der kommunistischen Parteien.«

Gleichzeitig warnte uns Michailow jedoch davor, die Bedeutung der Kommunistischen Internationale zu unterschätzen oder zu verringern. Die Kommunistische Internationale habe hervorragende Arbeit geleistet. Ihre Auflösung bedeute nicht, daß etwa ihre Gründung oder ihre gesamte Tätigkeit falsch gewesen sei, sondern lediglich, daß in der gegenwärtigen Periode neue Formen der kommunistischen Bewegung in allen Ländern gefunden werden müßten.

Abschließend wies Michailow darauf hin, die Auflösung stelle keinerlei Absage an den Geist des Internationalismus dar, der nach wie vor ein untrennbarer Bestandteil im Kampf der kommunistischen Parteien sein müsse. »Die Auflösung der Kommunistischen Internationale wird den kommunistischen Parteien aller Länder neue Möglichkeiten, neue Perspektiven eröffnen, im eigenen Lande die Aufgaben erfolgreicher zu lösen und den großen patriotischen antifaschistischen Kampf zu führen.«

Als der Beifall sich gelegt hatte, gab Michailow bekannt, daß er gerne bereit sei, Fragen zu beantworten und Unklarheiten zu beseitigen.

Ein junger Spanier meldete sich zum Wort:

»Was wird mit der Kommunistischen Jugend-Internationale? Wird die Jugend-Internationale auch aufgelöst oder wird sie vielleicht weiterbestehen?«
Michailow antwortete sofort:
»Ein offizieller Beschluß über die Auflösung der Kommunistischen Jugend-Internationale liegt zwar noch nicht vor, aber man kann mit Sicherheit annehmen, daß auch sie ihre Tätigkeit einstellen wird. Jene Gründe, die für eine Auflösung der Komintern sprachen, sind naturgemäß auch für die Kommunistische Jugend-Internationale gültig. Ich brauche gerade den spanischen Genossen nicht daran zu erinnern, daß die erfolgreiche Jugendorganisation, die JSU, *Juventud Socialista Unificada*, die Vereinigte Sozialistische Jugend Spaniens, ebenfalls keine kommunistische Jugend im üblichen Sinne des Wortes ist, sondern eine neue Form der Jugendorganisation darstellt.
Es dürfte keinem Zweifel unterliegen, daß im Zuge des Kampfes gegen den Faschismus in den besetzten oder der Achse angeschlossenen Ländern wie in Polen, Frankreich der Tschechoslowakei, Österreich, Ungarn, Rumänien, Bulgarien usw. und wahrscheinlich auch in Italien und Deutschland, sich neue Jugendorganisationen bilden werden, die etwa dem Typ der Vereinigten Sozialistischen Jugend Spaniens entsprechen, wahrscheinlich aber noch breiter sein und alle fortschrittlichen antifaschistischen Jugendlichen vereinigen werden. Daher würde die Beibehaltung der Kommunistischen Jugend-Internationale ein großes Hemmnis sein. Im übrigen ist ja durch die Gründung des antifaschistischen Jugendkomitees in Moskau bereits ein Schritt in einer neuen Richtung getan.«
»Genosse Michailow, was wird aus der Zeitschrift *Kommunistische Internationale*? Wird sie eingestellt? Wird es eine andere internationale Zeitschrift geben?« meldete sich ein älterer Genosse.
Michailow gab zur Antwort, daß die Zeitschrift *Kommunistische Internationale* selbstverständlich ihr Erscheinen einstellen werde. Ob eine neue internationale Zeitschrift entstehen würde, könne er noch nicht sagen, er halte dies jedoch für wahrschein-

lich, obwohl sie sicher einen anderen Charakter tragen würde. Michailow sollte recht behalten. Schon wenige Wochen später erschien in Moskau auf russisch und englisch die Zeitschrift *Wojna i rabotschij klass* (Der Krieg und die Arbeiterklasse). Sie wurde später in *Neue Zeit* umbenannt, und die fremdsprachigen Ausgaben werden ständig erweitert. »Gibt es schon irgendwelche Richtlinien, wie sich die Auflösung der Komintern organisatorisch vollziehen wird und wann wir mit der Auflösung unserer Schule zu rechnen haben?« war die letzte Frage.

»Mit der Auflösung der Institutionen der Komintern ist bereits unmittelbar nach der Durchgabe der Erklärung begonnen worden. Es ist jedoch damit zu rechnen, daß die technische Abwicklung noch einige Wochen in Anspruch nehmen wird. Gleichzeitig damit werden bereits die vorbereitenden Maßnahmen zur Auflösung der Kominternschule getroffen. Auch das wird wahrscheinlich noch einige Wochen in Anspruch nehmen. Bis dahin wird der Unterricht weitergeführt. Dabei ist das Thema ›Die Auflösung der Komintern‹ in den Mittelpunkt aller Fragen zu stellen. Anschließend werden dann noch die Prüfungen stattfinden. Die zukünftige Arbeit wird unseren Kursanten nicht mehr von der Komintern, sondern bereits von der Führung der Partei des betreffenden Landes zugewiesen werden.«

Die letzten Tage der Kominternschule

Die Auflösung der Komintern wurde in unserer Schule unterschiedlich aufgenommen. Selbstverständlich gab es niemanden, der sich auch nur in indirekter Weise etwa gegen die Auflösung der Komintern ausgesprochen hätte. Andererseits jedoch war es in den ersten Tagen nach der Auflösung, sogar während des Vortrages von Michailow, unverkennbar, wie verschieden die älteren und jüngeren Kursanten auf dieses Ereignis reagierten.

Die älteren Genossen, die seit vielen Jahren, sogar Jahrzehnten, Parteimitglieder oder Funktionäre waren, saßen mit ernsten Gesichtern da. Noch bis vor wenigen Stunden war die Kommunistische Internationale das Höchste gewesen, was es in ihrem Leben gab. Vielleicht erinnerten sie sich in diesem Augenblick an die Worte Dimitroffs im Reichstagsbrand-Prozeß, daß für jeden Kommunisten »das höchste Gesetz das Programm der Kommunistischen Internationale ist und das höchste Gericht die Kontrollkommission der Kommunistischen Internationale«, und an das Schlußwort, in dem Dimitroff erklärte, das Rad der Geschichte, »getrieben durch das Proletariat unter Führung der Kommunistischen Internationale«, könne nicht angehalten werden. Sie erinnerten sich aber auch sicherlich an den Schwur Stalins am Grabe Lenins:

»Wir schwören dir, Genosse Lenin, daß wir unser Leben nicht schonen werden, um den Bund der Werktätigen der ganzen Welt, die Kommunistische Internationale, zu festigen und zu erweitern!«

Von einem Tag auf den anderen sollte es nun keine Kommunistische Internationale mehr geben.

Uns jüngere, die mehr als die Hälfte der Lehrgangsteilnehmer stellten, traf das Ereignis jedoch nicht so schwer. Wir waren in einer Zeit aufgewachsen, als die Kommunistische Internationale schon längst nicht mehr das Ansehen, die Bedeutung und den Einfluß hatte wie etwa in den zwanziger Jahren.

Die Auflösung der Kommunistischen Internationale schien uns die logische Weiterführung dessen, was wir in der Kominternschule gelernt hatten. Noch mehr: Unter uns jungen gab es einige – auch ich gehörte zu ihnen –, die in gewissem Sinne die Auflösung der Komintern als etwas Positives betrachteten. Mit innerer Anteilnahme und sogar Begeisterung las ich immer wieder die im Auflösungsbeschluß enthaltene Bestätigung der These, daß die Partei jedes einzelnen Landes jetzt eigene Wege zu beschreiten habe:

»Der tiefe Unterschied in den historischen Entwicklungswegen eines jeden Landes der Welt, der unterschiedliche Charakter und sogar der Widerspruch in ihren Gesellschaftsordnungen, der Un-

terschied in Niveau und Grad ihrer gesellschaftlichen und politischen Entwicklung und schließlich der Unterschied im Grad des Bewußtseins und der Organisation der Arbeiter bedingen auch eine unterschiedliche Lösung der Probleme, denen die Arbeiterklasse eines jeden einzelnen Landes gegenübersteht.«
Befriedigt lasen wir Jüngeren, daß der Sieg über den Faschismus »am besten und fruchtbarsten von der Vorhut der Arbeiterbewegung eines jeden Landes im Rahmen ihres Staates ermöglicht werden kann« und daß die Partei jedes einzelnen Landes »bei der Entscheidung über jede Frage von der konkreten Lage und den spezifischen Verhältnissen auszugehen hat, die in jedem einzelnen Lande herrschen«.
Die Formulierungen erweckten in mir die Hoffnung, daß nach einem Sieg über den Faschismus auch die Kommunistische Partei Deutschlands nicht mehr so an die UdSSR gebunden sein würde und in vielen Fragen einen eigenen Weg einschlagen könnte.
Ich glaube, daß die jüngeren Genossen in manchen anderen Gruppen ähnlich dachten. Auch sie waren zwar, grundsätzlich gesehen, mit dem System in der Sowjetunion einverstanden, hegten aber sicher den Wunsch, später einmal in ihrem eigenen Lande manche Dinge anders und besser zu machen. Sosehr ich auch von der Richtigkeit des Beschlusses überzeugt war – ich ahnte damals nicht, daß nur wenige Jahre später die Herrschaft Moskaus über die kommunistischen Parteien viel strenger und unmittelbarer sein würde –, sosehr zweifelte ich doch daran, ob wirklich nur die angegebenen Gründe zum Auflösungsbeschluß geführt hatten. Die Kominternschule war nur 60 km von Ufa entfernt. Die Schulleitung stand täglich in engstem Kontakt mit der Komintern. Es war nicht schwer zu erkennen, daß dieser Beschluß buchstäblich über Nacht gefaßt worden sein mußte. Andernfalls hätte man uns in der Kominternschule bestimmt, zumindest indirekt, auf diesen Schritt vorbereitet. Selbst an jenem Tage, als der Auflösungsbeschluß über den Rundfunk bekanntgegeben wurde, war bei uns eine Vorlesung über die Geschichte der Komintern angesetzt worden. Noch wenige Tage vorher

hatte man ausführlich über die große Bedeutung der Komintern im Kampf gegen Hitler gesprochen.
Es war also ganz sicher, daß es sich bei der Auflösung der Komintern um einen plötzlichen Beschluß gehandelt hatte, der wahrscheinlich von Stalin selbst ausging und weniger von historischen Erfahrungen als vielmehr von Erwägungen der sowjetischen Außenpolitik bestimmt war.
Zwei Tage später ging ich mit einem Mitschüler spazieren. Er war einer der wenigen, bei denen ich spürte, daß sie nicht zu den »Hundertfünfzigprozentigen« gehörten.
»Eigentlich interessant diese Auflösung der Komintern, nicht?« meinte er und zwinkerte mir ein wenig zu.
»Ja, vor allem, wie plötzlich und überraschend dieser Beschluß gekommen ist«, antwortete ich und baute damit eine Brücke zu einem weiteren, nicht ganz linientreuen Gespräch.
»Weißt du, Linden, man kann reden, soviel man will, aber ich bin doch davon überzeugt, daß dies ein Zugeständnis an England und Amerika ist. Vielleicht wurde dieser Beschluß sogar auf Wunsch dieser Länder gefaßt.«
Offenbar befürchtete man, daß ähnliche Auffassungen insgeheim viele Schüler unseres Lehrgangs hegen könnten. Das mag auch der Grund gewesen sein, nun wochenlang das Thema »Die Auflösung der Komintern« in unzähligen Seminaren durchkauen zu lassen.
Alle in dem Auflösungsbeschluß und in der Rede Michailows erwähnten Argumente wurden bis ins einzelne durchgenommen – in einer Art, wie man es sich wohl in nicht-sowjetischen Ländern kaum vorstellen kann. Jede einzelne Formulierung wurde erklärt und erläutert, die Beispiele der letzten Jahre noch einmal ausführlich behandelt und dargelegt, warum sich auch die 1. Internationale vor 70 Jahren trotz der außerordentlichen positiven Bedeutung nach gewisser Zeit als Hemmschuh erwies.
Aber wir behandelten das Thema nicht nur von der aktuellpolitischen und historischen Seite, sondern auch vom philosophischen Standpunkt aus.

Michailow hatte in seinem Referat zum Ausdruck gebracht, daß die bestehende *Form* der Kommunistischen Internationale gegenüber dem neuen *Inhalt* in der Tätigkeit der kommunistischen Parteien der einzelnen Länder zurückgeblieben sei und sich damit ein Widerspruch zwischen Form und Inhalt herausgebildet hatte. Das wurde nun zum Anlaß genommen, um noch einmal die dialektische Beziehung zwischen Form und Inhalt zu behandeln.
Dem dialektischen Materialismus zufolge besteht zwischen Form und Inhalt eine dialektische Einheit, wobei der Inhalt das Primäre darstellt und diesem als bestimmendem Element der Vorrang zukommt. Die Form ist zwar vom Inhalt abhängig, stellt jedoch nichts Passives dar, sondern kann auch wieder auf den Inhalt zurückwirken.
Inhalt und Form sind somit im Entwicklungsprozeß zu betrachten. Bis zu einer bestimmten Entwicklungsstufe kann sich der Inhalt im Rahmen der gegebenen Form unbehindert weiterentwickeln. Dann aber wird ein Punkt erreicht, von dem an die alte Form zur Fessel für die Weiterentwicklung des Inhalts wird; der Widerspruch zwischen beiden tritt damit zutage und drängt zur Auflösung, die sich schließlich in der Weise ergibt, daß die alte Form abgeworfen wird und einer neuen Platz macht.
Wir hatten dies natürlich wiederholt ausführlich behandelt und bezeichneten es der Einfachheit halber als den 15. Grundsatz der Dialektik, da Lenin bekanntlich in seinen *Philosophischen Heften*, in denen er 16 Elemente der Dialektik aufzählt, die Beziehung zwischen Inhalt und Form an 15. Stelle definiert hatte: »Kampf des Inhalts mit der Form und umgekehrt; Abwerfen der Form, Umgestaltung des Inhalts«.
Da wir wußten, daß wir, soweit irgend möglich, niemals Lenin allein zitieren sollten, griffen wir im Seminar auch auf das Stalin-Zitat zurück, wonach »die bestehende Form niemals vollständig dem bestehenden Inhalt entspricht: Die erste bleibt hinter der zweiten zurück, der neue Inhalt kleidet sich in einem gewissen Maße stets in die alte Form, so daß zwischen der alten Form und dem neuen Inhalt immer ein Konflikt besteht.«

Nun wurde dieser dialektische Grundsatz auf den Auflösungsbeschluß der Komintern angewandt. Auch hierbei, so wurde uns gesagt, handele es sich um einen Widerspruch zwischen einer veralteten Form und einem neuen Inhalt, der durch die Sprengung der veralteten Form – in diesem Fall der Organisationsform der Kommunistischen Internationale – gelöst werden muß. Mir allerdings schien es doch ein wenig fragwürdig, ob man die Auflösung der Komintern als Beispiel für eine erfolgreiche Überwindung des Widerspruchs zwischen Form und Inhalt anführen könne.

Damals war es nur ein Zweifel. Erst viel später erkannte ich, daß es ein Wesenszug des Stalinismus ist, den dialektischen Materialismus seines eigentlichen Sinnes zu berauben, da die Stalinisten die Gesetze der Dialektik nicht anwenden, um die Prozesse innerhalb der Gesellschaft zu erklären und daraus bestimmte Schlußfolgerungen zu ziehen, sondern dazu degradieren, nachträglich politische Entscheidungen oder Beschlüsse zu rechtfertigen.

Schon glaubten wir, das Problem der Auflösung der Komintern nun tatsächlich von allen Seiten behandelt zu haben, als am 30. Mai die *Prawda* mit dem Stalin-Interview über die Auflösung der Komintern erschien. Der Moskauer Korrespondent der englischen Reuter-Agentur hatte Stalin über die sowjetische Auffassung zur Auflösung der Komintern befragt und über den Einfluß, den die Auflösung der Komintern auf die zukünftigen internationalen Beziehungen haben würde.

Stalin gab folgende Antwort:

Die Auflösung der Kommunistischen Internationale ist richtig, und sie erfolgt zeitgemäß, weil sie die Organisierung eines allgemeinen Vorstoßes aller freiheitsliebenden Völker gegen den gemeinsamen Feind, den Hitlerismus, erleichtert.

Die Auflösung der Kommunistischen Internationale ist richtig, denn

a. sie entlarvt die Lüge der Hitler Leute, wonach angeblich »Moskau« bestrebt ist, sich in das Leben anderer Staaten einzu-

mischen und diese zu »bolschewisieren«. Dieser Lüge wird jetzt ein Ende gesetzt;
b. sie entlarvt die Verleumdung der Gegner des Kommunismus in der Arbeiterbewegung, wonach angeblich die kommunistischen Parteien der verschiedenen Länder in ihrer Tätigkeit nicht von den Interessen ihres eigenen Volkes ausgehen, sondern aufgrund von Befehlen von außen. Dieser Verleumdung wird jetzt ebenfalls ein Ende bereitet;
c. sie erleichtert den Patrioten der freiheitsliebenden Länder in der Vereinigung der fortschrittlichen Kräfte jedes Landes, unabhängig von Parteizugehörigkeit und religiösen Überzeugungen, in einem einheitlichen Lager der nationalen Befreiung zur Entfaltung des Kampfes gegen den Faschismus;
d. sie erleichtert die Tätigkeit der Patrioten aller Länder in der Vereinigung aller freiheitsliebenden Völker in einem einheitlichen Lager zum Kampfe gegen die Gefahr einer Weltherrschaft des Hitlerismus und ebnet dadurch den Weg zur Organisierung einer zukünftigen Zusammenarbeit der Völker auf der Grundlage ihrer Gleichberechtigung.
Ich denke, daß alle diese Dinge zusammengenommen zu einer weiteren Festigung der einheitlichen Front der Verbündeten und anderer vereinigter Nationen in ihrem Kampfe zum Sieg über die Hitler-Tyrannei führen werden.
Ich bin der Meinung, daß die Auflösung der Kommunistischen Internationale völlig zur richtigen Zeit erfolgt, weil gerade jetzt, da das faschistische Raubtier seine letzten Kräfte anspannt, es notwendig ist, den allgemeinen Vorstoß aller freiheitsliebenden Völker zu organisieren, um dieses Raubtier endgültig zu erledigen und die Völker von der faschistischen Unterdrückung zu befreien.
28. Mai 1943 *J. Stalin*

Obwohl nun dieses Interview uns nicht viel Neues brachte, wurde es wieder in einer Reihe von Seminaren behandelt. Diesmal handelte es sich ja nicht um einen Beschluß des Präsidiums des Exekutivkomitees, sondern um Äußerungen von Stalin!

Drei Wochen waren bereits seit der Auflösung der Komintern vergangen. Wir hatten dieses einzige Thema immer wieder und von allen Seiten behandelt. Endlich kam der Tag, auf den viele von uns schon sehnsüchtig gewartet hatten.
Auf einer allgemeinen Versammlung der Kominternschule wurde bekanntgegeben: »Der Unterricht ist jetzt beendet. Alle Genossen in allen Gruppen haben nunmehr die Aufgabe, sich für die Prüfungen vorzubereiten, die in der nächsten Zeit stattfinden werden.«
Erstmalig hatten wir in der Kominternschule so etwas wie »freie Zeit«. Zwar erhielten wir für die Prüfung ganze Themenlisten, nach denen wir uns vorzubereiten hatten. Wie wir das taten, war uns jedoch freigestellt worden. Ich war bereits so an ein Leben gewöhnt, in dem jede Minute ausgefüllt war, daß mir die letzten Wochen der Prüfungsvorbereitung, die gleichzeitig die letzten Wochen der Kominternschule waren, wie ein Gipfelpunkt der Freiheit erschienen. Wir hatten das Recht, in den schönen, warmen Junitagen im Freien zu studieren.
Endlich, Mitte Juni 1943, war es soweit! Täglich fanden in den verschiedenen Gruppen Prüfungen statt. Unsere deutsche Gruppe kam als eine der ersten dran.
Am Tisch in unserem Seminarraum saßen die Dozenten und Seminarleiter unserer deutschen Gruppe – Paul Wandel (Klassner), Bernard Koenen, Lene Berg (Ring) und außerdem noch Michailow sowie ein oder zwei Dozenten anderer Gruppen, die Deutsch konnten.
Nacheinander wurden die Kursanten aufgerufen. Jeder mußte zum Tisch vorgehen, einen Zettel mit den Prüfungsfragen ziehen. Auf jedem Zettel befanden sich vier oder fünf Fragen. Eine dieser Fragen gehörte zum Themenbereich, den wir inzwischen in der Schule behandelt hatten:
1. Philosophie (d. h. dialektischer und historischer Materialismus), Politische Ökonomie oder andere theoretische Fragen des Marxismus-Leninismus;
2. Geschichte der KPdSU bzw. Geschichte der Komintern;

3. Geschichte der deutschen Arbeiterbewegung bzw. aktuelle Fragen des gegenwärtigen antifaschistischen Kampfes;
4 Allgemeine Politik (d. h. in erster Linie Faschismus und Situation in Hitler-Deutschland) bzw. grundsätzliche politische Fragen des Kampfes gegen Hitler (z.B. Widerlegung der Naziideologie, Strategie und Taktik, Einheitsfront, Volksfront usw.).

Die Prüfung war nicht sonderlich streng. Aber vielleicht hatte auch die Auflösung der Komintern einen Einfluß auf unsere Prüfung. Aber es zeigte sich auch, wieviel uns in der verhältnismäßig kurzen Frist von 11 Monaten eingepaukt worden war.
In unserer Gruppe verlief die Prüfung ohne einen größeren Zwischenfall.
Nur Otto kam bei der Definition der Unterschiede zwischen Einheitsfront-, Volksfront-, Arbeiterregierung und Arbeiter-und-Bauern-Regierung völlig durcheinander, was Michailow aber weniger zu ärgern als zu belustigen schien.
Nach etwa 8 Stunden war das Examen beendet. Erstmalig nach fast einem Jahr hatten wir überhaupt nichts zu tun und genossen nun die auf einmal in Überfluß gewährte Freizeit in vollen Zügen. Nun warteten Dozenten und Kursanten aller Gruppen nur noch auf eins: auf die Direktive der endgültigen Auflösung der Kominternschule und den Einsatz zur weiteren politischen Arbeit.

Sonderauftrag nach UFA

An einer dieser ungewohnten Ferientage geschah etwas, was ich noch wenige Wochen vorher kaum für möglich gehalten hätte: »Morgen findet ein gemeinsamer Ausflug der gesamten Schule statt. Wir werden uns den ganzen Tag über in der Sonne am Bjelajafluß ausruhen und baden«, wurde uns erklärt.
Es war das erste Mal – wenn man von drei Arbeitseinsätzen absieht –, daß wir den Bereich der Schule verlassen durften.
Wir lagen also am Strand, badeten, ließen uns von der Sonne

bräunen und waren froh, einen so herrlichen Tag zu verbringen. Der Tag an der Bjelaja ist mir jedoch noch aus einem anderen Grunde in Erinnerung geblieben.
Ich lag mit einem Freund ein klein wenig abseits von der Gruppe. Da sahen wir plötzlich eine Bäuerin auf uns zukommen, und ehe wir uns noch recht überlegt hatten, was wir tun sollten, falls sie uns anspräche, war sie schon bei uns.
»Na, ihr seid wohl von der Schule, was?«
Wir murmelten etwas Unverständliches.
»Na ja, ihr dürft natürlich nichts sagen, und doch weiß ich, daß ihr von dieser Ausländerschule seid. Die Sowjetmacht ist ja blöd. Euch Ausländern gibt sie alles, und wir müssen hungern. Dabei hilft's denen da oben sowieso nichts. Wenn ihr 'rauskommt, werd' ihr sowieso nicht dafür sein.«
Wir beide schauten uns an, sagten aber kein Wort. Die Bäuerin war gleichmütig, aber doch recht schnellen Schrittes weitergegangen. Mir brachten ihre kühnen Worte zu Bewußtsein, daß ich 11 Monate in einer völlig anderen Welt gelebt hatte, vollkommen getrennt von dem Leben der »gewöhnlichen« Menschen. Heute erscheint mir die völlige Isolierung der verantwortlichen Funktionärsschicht ein wichtiges Merkmal des stalinistischen Systems zu sein. Diese Isolierung macht manche Erscheinung der Denk- und Handlungsweise der stalinistischen Funktionäre verständlich. Wenige Tage später lag ich in der Nähe des Schulgebäudes auf einer Wiese und las, als ich plötzlich meinen Namen rufen hörte. »Linden, Linden.«
»Was ist denn los?«
»Du sollst sofort zum Direktor kommen.«
Etwas beunruhigt machte ich mich auf den Weg. War wieder eine Kritik und Selbstkritik fällig? Hatte mein Mitschüler das kurze Gespräch über die Auflösung der Komintern gemeldet? Aber er hatte sich selbst doch noch weiter vorgewagt als ich!
Als ich bei Michailow eintrat, saßen dort bereits sieben Genossen, alle aus verschiedenen Gruppen.
»Wir müssen noch auf zwei Genossen warten«, sagte Michailow.

Wenige Minuten später kamen die beiden an. Die Sache sah doch nicht nach Selbstkritik aus.
Neben Michailow saß ein Funktionär, den ich noch nie auf der Schule gesehen hatte.
Michailow begann ohne Umschweife:
»Genossen, wir haben euch hierher gebeten, weil wir euch für eine besondere Arbeit ausersehen haben.
Infolge der Auflösung der Komintern ist es notwendig, das Archiv der Komintern, das sich infolge der Evakuierung in einem ziemlich trostlosen Zustand befindet, in Ordnung zu bringen. Wir haben euch für diese Arbeit ausgesucht, weil wir der Meinung sind, daß ihr sowohl die politischen Fähigkeiten für die Arbeit im Archiv besitzt als auch jeder von euch die Fremdsprachen beherrscht, die für diese Arbeit notwendig sind. Ich brauche wohl nicht darauf hinzuweisen, daß über diesen Auftrag nicht gesprochen werden soll. Ihr werdet zusammen mit diesem Genossen nach Ufa fahren. Ich denke, daß dies bereits morgen geschehen kann.«
Tatsächlich kam am nächsten Morgen ein Lastwagen, der uns zehn Kursanten, den Funktionär und zwei Stenotypistinnen nach Ufa bringen sollte. Alle anderen blieben in der Schule zurück. Ich wußte nicht, ob ich die Schule jemals wiedersehen und was mit uns nach der Erfüllung dieses Auftrages geschehen würde.
Als wir abfuhren, sah ich noch einmal auf jene Schule zurück, in der ich viel Interessantes gelernt, aber auch die fürchterlichen Stunden der Kritik und Selbstkritik durchgemacht hatte. Innerhalb von 11 Monaten hatten sie dort aus mir, einem lebenslustigen, aufgeschlossenen Studenten und Komsomolzen, einen jedes Wort abwägenden Parteifunktionär gemacht.
Wenige Minuten später lag die Schule bereits in weiter Ferne. Wir fuhren einer Aufgabe entgegen, die ich mit Spannung erwartete. Es war mein erster Parteiauftrag.
Schon nach etwa einer Stunde konnten wir nicht weiter. Quer über die Straße war eine Schranke errichtet worden. Hinter der

Sperre standen etwa 50 Menschen, die unseren Lastwagen hoffnungsvoll anstarrten.
»Was ist hier los?« fragte unser Begleiter streng.
Ein junger Mann kam auf unseren Wagen zu: »Aufgrund einer Verfügung der Baschkirischen Republik wird jeder Wagen hier angehalten, um Reisenden mit Sonderkommandierungen die Möglichkeit zu geben, ihre Kommandierungsstelle zu erreichen. Jeder Platz muß ausgenutzt werden. Wir fordern Sie daher auf, noch einige Reisende in Ihrem Lastwagen aufzunehmen.«
Unser Begleiter antwortete nicht. Ruhig und gelassen zeigte er lediglich ein Schriftstück vor.
Unterdessen waren wir schon von Reisenden umringt, die ihre Ausweise schwenkten – genauso, wie ich es ein Jahr vorher auf meiner Reise nach Kasachstan getan hatte. Der Mann in der Lederjacke hatte das Dokument unseres Begleiters gelesen.
»Ach so, das ist natürlich etwas anderes«, sagte er fast entschuldigend.
Scharf und schneidend ertönte seine Stimme: »Zurück! Freie Fahrt für den Wagen!«
Die Schranke wurde hochgelassen, und wir konnten passieren. Zurückblickend sahen wir die wartenden Menschen mit enttäuschten Gesichtern.
Das wiederholte sich auf dem Weg nach Ufa noch vier- oder fünfmal. Immer genügte das Papier unseres Begleiters, um uns sofort freie Fahrt zu verschaffen. Es war ein eigentümliches Gefühl für mich, wenn ich daran dachte, wie es mir selbst noch vor einem Jahr ergangen war.
In Ufa wurden wir nicht zum Gebäude der Komintern gefahren. Statt dessen hielten wir vor dem Hotel Baschkirija, jenem Hotel, wo die führenden Männer der Komintern gewohnt hatten. Sie alle waren jedoch schon nicht mehr in Ufa.
Das »Baschkirija« war das schönste Hotel der Stadt – ein neues, für baschkirische Verhältnisse märchenhaft gut eingerichtetes Gebäude.

Unser Begleiter führte uns hinauf. Die Zimmer für uns waren reserviert worden.
Mit ruhiger Selbstverständlichkeit, gerade so, als ob er selbst der Hoteldirektor wäre, schloß unser Begleiter die Tür zum Speisezimmer auf und bat uns hinein.
»Hier werden Sie Ihre Mahlzeiten einnehmen«, sagte er, und schon kam ein sauber gekleidetes Mädchen in das Zimmer und begann zu servieren.
Gewiß, auch in der Kominternschule hatten wir gutes Essen erhalten, aber was uns jetzt geboten wurde, überstieg alle Erwartungen.
Nach dem Essen erhielten wir gute Zigaretten und machten es uns bequem.
»So, jetzt könnten wir vielleicht, wenn die Genossen nichts dagegen haben, über die Arbeit sprechen«, meinte unser Begleiter.
Wir hatten nichts dagegen.
»Sie werden jeden Morgen nach dem Frühstück mit dem Wagen in das Archiv der Komintern gebracht werden. Das Archiv befindet sich im 4. Stock einer Schule. Es ist selbstverständlich streng bewacht. Sie können es nur gemeinsam betreten und verlassen, und auch das nur mit diesem Ausweis.«
Jeder von uns erhielt einen Ausweis, der schon vorbereitet worden war.
Unser Begleiter gab sich weiter höflich.
»Ich denke, es wäre nicht schlecht, jetzt zum Archiv zu fahren. Dort kann ich Ihnen die Arbeit genau erklären. Morgen früh würden Sie dann mit der Arbeit beginnen. Gibt es noch irgendwelche Fragen?«
Natürlich hätten mich viele Sachen interessiert – aber natürlich gab es keine Fragen.
»Dann wäre ja alles in Ordnung«, sagte er.
Drei Personenwagen standen bereit. Wir fuhren quer durch die Stadt, bis wir vor einem neuen vierstöckigen Schulgebäude hielten. Als wir das vierte Stockwerk erreicht hatten, trat uns ein Posten entgegen. Wir zeigten unsere Ausweise und wurden

in einen riesigen Saal geführt, in dem eine Unmenge von Säkken lag.
Die Säcke waren etwa eineinhalb Meter lang und mehr als einen halben Meter breit. Es sah aus, als ob sie mit Ordnern oder Mappen gefüllt wären. Bald stellte sich heraus, daß auch zwei kleine Zimmer ebenfalls mit Säcken angefüllt waren.
Wir wurden von unserem Begleiter in eine Ecke gebeten.
»Bei der Evakuierung von Moskau war nicht genügend Zeit, das Kominternarchiv sorgfältig zu ordnen. Die Ordner und Mappen des Archivs der kommunistischen Parteien der einzelnen Länder sind einfach in Säcke verpackt worden. Die Säcke wurden provisorisch numeriert, so daß wir zwar wissen, in welchen sich das Archivmaterial der betreffenden Partei befindet. Es ist jedoch nicht bekannt, was in jedem einzelnen Sack enthalten ist. Ihre Aufgabe besteht darin, die Säcke zu öffnen, durchzuschauen, die Mappen anschließend nach ihrem Inhalt zu numerieren und für jeden Sack ein Inhaltsverzeichnis anzufertigen, das Sie dann der Stenotypistin diktieren. Auf diese Weise wird zumindest ein gewisser Überblick über den Inhalt des Archivs ermöglicht. Bei einer zukünftigen Durchsicht der Materialien könnten wir uns dann aufgrund Ihrer Listen zurechtfinden.«
Etwas zweifelnd schaute ich auf die vielen Säcke, die in dem riesigen Saal aufgestapelt waren. Eine gewaltige Arbeit stand uns bevor.
»Wir haben daran gedacht, das gesamte Archiv nach Ländern aufzuteilen. Jeder von Ihnen erhält die Materialien einer Partei, die er zu bearbeiten hat. Die Aufteilung, die ich Ihnen vorschlagen möchte, lautet folgendermaßen ...«
Der Begleiter nahm einen Zettel aus seiner Tasche und las unsere Parteinamen vor sowie die Länder und Nummern der Säcke, die jeder von uns zu bearbeiten hatte.
»Genosse Linden – KP der USA und die Hälfte der Archivmaterialien der KP Großbritanniens.«
Nun freute ich mich schon auf die Arbeit. Es mußte sehr in-

teressant sein, die Archivmaterialien der kommunistischen Parteien zu lesen!
Hatte der Begleiter diese Gedanken erraten?
»Ich muß mit Nachdruck darauf hinweisen, daß niemand, der diese Arbeit hier durchführt, irgend etwas darüber verlauten läßt! Ich möchte ferner darauf hinweisen, daß jedes auch noch so unwichtig erscheinende Papier in den Sack hineingetan werden muß, aus dem es entnommen wurde. Selbstverständlich darf auch nicht das kleinste Stück Papier aus diesem Saal mitgenommen werden.
Schließlich möchte ich Sie darauf hinweisen, daß Ihre Arbeit nicht darin besteht, Archivmaterialien zu *lesen*, sondern lediglich zu *sortieren*. Niemand von Ihnen hat das Recht, irgend etwas von diesen Archivmaterialien zu lesen.«
Selbst die strengste Schulung hatte es nicht zu verhindern vermocht, daß ich mir Gedanken darüber machte, wie man den Inhalt ganzer Säcke voller Dokumente feststellen soll, wenn man diese Dokumente nicht lesen darf. Aber ich hütete mich, etwas zu sagen.

Unsere Arbeit im Komintern-Archiv

Ausgeruht begannen wir am nächsten Tag unsere Arbeit im Komintern-Archiv. Jeder suchte sich zunächst die Säcke »seiner Partei« zusammen.
Schon nach Durchsicht der ersten Säcke mußte ich mit Sorge feststellen, daß die Aufgabe noch schwerer war, als ich gedacht hatte. Es herrschte ein grauenhaftes Durcheinander.
Ob es bei den anderen ebenso war?
Trotz strenger Konspiration zeigten wir uns natürlich gegenseitig, wie es um die einzelnen Materialien bestellt war. Einstimmig wurde festgestellt, daß ich von allen am schlechtesten dran war. Der Unordnung und dem Chaos der KP der USA mußte der erste Platz zugebilligt werden!
In den Säcken meiner amerikanischen Genossen befanden sich

nicht nur ganze Stöße von Parteidokumenten, die einfach hineingeschmissen worden waren, ohne auch nur mit einem Aktendekkel bedacht zu sein, sondern auch Fetzen von Kino-Reklamen, alte Nummern der *New York Times*, zerbrochene Bleistifte und sonstiges Gerümpel, das mit einem Archiv nicht das geringste zu tun hatte.

»Die amerikanischen Genossen müssen ja verflucht wenig Zeit gehabt haben, wenn sie ihr Archiv so nach Moskau schicken«, sagte ein Genosse lächelnd.

Bei der englischen Partei herrschte nicht diese fürchterliche Unordnung. Hier waren wenigstens alle Materialien in Mappen zusammengelegt worden; wenn auch auf den Mappen nicht draufstand, was sie enthielten, so sahen alle doch verhältnismäßig ordentlich aus. Aber das war nichts im Vergleich mit dem Archivmaterial der Kommunistischen Partei Deutschlands. So etwas hatten wir überhaupt nicht für möglich gehalten! Die Materialien waren nicht nur in Mappen geordnet, sondern jeder Mappe war eine genaue Inhaltsangabe beigeheftet.

Ganz besonders staunten wir, als wir die Mappen der KPD mit Flugblättern von 1932 sahen. Die Flugblätter waren geordnet nach den Bezirksleitungen, die sie herausgegeben hatten. Vor jedem Flugblatt war ein Papier eingelegt, auf dem mitgeteilt wurde, aus welchem Anlaß und wann es herausgegeben worden war.

»Na, du Glücklicher hast ja wahrhaftig wenig zu tun«, sagte einer von uns zu dem Auserwählten, der die Materialien der KPD zu sortieren hatte. Aber der stöhnte nur; er hatte zwar schön geordnete Säcke, aber dafür dreimal soviel wie wir von den anderen Parteien. Keine Partei hatte soviel Archivmaterial nach Moskau gesandt wie die Kommunistische Partei Deutschlands!

Betrübt ging ich zu den Säcken meiner amerikanischen Genossen zurück und versuchte krampfhaft, in das Durcheinander von Parteidokumenten, abgebrochenen Scheren, alten Zeitungen, Radiergummis und Tintenstiften ein wenig Ordnung zu bringen. Aber das Chaos hatte auch seine gute Seite, ich hatte doch wenigstens Gelegenheit, ein bißchen selbständige Arbeit zu leisten. Ich mußte alles erst herauslegen, die Materialien zumindest nach dem betreffenden Jahr und den betreffenden Hauptgebieten sortieren und dann erst wieder in Mappen legen.

Unser Begleiter beobachtete uns dabei. Als er bei mir vorbeikam und die traurige Situation sah, in die mich die amerikanischen Genossen gebracht hatten, schüttelte er bedenklich den Kopf: »So werden Sie wohl nie fertig. Ich glaube, wir beschränken uns in diesem Fall nur auf vage Angaben. Die Hauptsache ist, daß die Dinge schnell in Mappen kommen, damit wenigstens ein bißchen Ordnung herrscht. Wenn es nicht sofort klar ist, worum sich die Sache handelt, können Sie ruhig ›Verschiedenes‹ auf die Mappen schreiben, denn wir müssen die ganze Arbeit in einigen Tagen schaffen.«

Ich befolgte seinen Rat und hatte schon nach wenigen Stunden eine ziemliche Fertigkeit erlangt.

Mehrere Stunden hatte ich schon emsig gearbeitet, hatte so schnell wie nur irgend möglich die Parteimaterialien nach ihren Überschriften in Mappen gelegt, die Mappen beschriftet und sie wieder in die Säcke hineingetan, als ich das strenge Verbot, etwas zu lesen, übertrat.

Unter den verschiedenen amerikanischen Zeitungen entdeckte ich plötzlich eine Zeitung, die sich *The Militant* nannte. Ich hielt sie für eine bürgerliche Zeitung und wollte sie schon achtlos wieder in den Sack stecken, wurde aber plötzlich stutzig: Auf der Titelseite der Zeitung hatte ich das Hammer und Sichel-Zeichen und die Losung *Proletarier aller Länder, vereinigt euch* gesehen. Sollte das eine Parteizeitung sein? Aber wir hatten doch in der Geschichte der Komintern bei der Behandlung der amerikanischen Partei eine solche Zeitung nie erwähnt! Obwohl ich wußte, wie kostbar jede Minute war, warf ich doch schnell einen Blick hinein – es kam etwas vor vom Klassenkampf, von internationaler Solidarität, von der Befreiung der Neger.

Schon glaubte ich, daß es sich doch um eine Parteizeitung handeln müsse, als ich auf der 3. Seite eine große Überschrift fand:

Rakowski's surrender – by Leon Trotzki. Ich wollte meinen Augen nicht trauen: Ein Artikel von Trotzki! Das mußte also eine trotzkistische Zeitung sein! Ein Paket Dynamit hätte mich kaum mehr aufregen können.

Schnell schaute ich mich um, es war niemand in meiner Nähe. Begierig überflog ich den Artikel Trotzkis. Man kann sich kaum vorstellen, wie aufgeregt ich dabei war.

Rakowskij? Ich hatte den Namen gelegentlich in Lenins Schriften gefunden und wußte, daß er im Frühjahr 1938 verurteilt worden war. Natürlich hatte ich schon seit langem bezweifelt, daß die Opfer der Säuberung von 1936 bis 1938 »Konterrevolutionäre« gewesen seien, aber es war eben doch nur eine instinktive Annahme. Genaueres hatte ich nicht erfahren können. Jetzt las ich von dem Schicksal dieses Revolutionärs, von den politischen Kämpfen der Opposition gegen die Stalin-Gruppe (schon diese Bezeichnung allein war für mich völlig neuartig!), aber noch immer verstand ich nicht, wieso Trotzki von einer Kapitulation sprach. Dann las ich, Rakowskij habe seine »Irrtümer« eingestanden und sich wieder zur KPdSU bekannt.

In meinem bisherigen Wortschatz war so etwas als Selbstkritik und als Anerkennung der Richtigkeit der Politik der Partei bezeichnet worden. Es war geradezu eine Entdeckung, diesen Vorgang als Kapitulation bezeichnet zu finden. Aber hatte Trotzki in diesem Fall nicht recht? War es nicht wirklich eine Kapitulation? Ich hatte inzwischen fast eine Viertelstunde mit dem Lesen der amerikanischen Trotzkistenzeitung verloren und mußte jetzt aufholen. Ich arbeitete noch schneller als vorher, hoffte aber gleichzeitig daß mir wieder eine *Militant* in die Hände fallen würde. Noch im gleichen Sack fand ich eine zweite. Wieder las ich schnell die wichtigsten Aufsätze. Dann wurde es bei mir zur Regel, ohne jede Pause zu arbeiten und nur beim Auftauchen eines *Militant* drei bis vier Minuten zum Lesen einzuschalten. Wahrscheinlich war ich nicht der einzige, der die trotzkistischen Publikationen im Archiv las.

Eine Erklärung für dieses Interesse ist einfach: Die bürgerlichen

Zeitungen, die ich während des Sortierens des Kominternarchivs in Händen hielt (genauso wie die Auszüge aus der bürgerlichen Presse in den Bulletins, die wir in der Schule gelesen hatten), konnten uns nicht wesentlich interessieren. Sie befaßten sich mit Dingen, die so fernab von unserem Leben und von unseren Problemen standen, benutzten Begriffe, mit denen wir gar nichts anzufangen wußten, so daß wir kaum Interesse dafür aufbringen konnten. Die Trotzkisten dagegen schrieben in unserer Sprache, unserer Terminologie, sie griffen genau die Dinge auf, bei denen auch ich immer Zweifel gehabt hatte, so daß meine Aufregung und mein Interesse damals völlig verständlich waren.

Mit jedem Tag, mit jeder Stunde bedauerte ich es mehr und mehr, daß alles so rasend schnell zu gehen hatte. So oft gab es Dinge, die ich gerne gelesen hätte – Protokolle über Sitzungen des Zentralkomitees, Fraktionskämpfe, Begründungen für Ausschlüsse führender Parteifunktionäre –, aber leider bestand dazu nicht die geringste Möglichkeit. In einem wahren Stachanow-Tempo mußte ich die Säcke öffnen, die Materialien in Mappen tun und mit Aufschriften wie »Gewerkschaften«, »Verschiedenes«, oder »Partei 1921–1923« beschriften. Jeden Tag wurden wir mehr und mehr dazu angehalten, nicht so sehr auf Genauigkeit als vielmehr auf Schnelligkeit zu sehen. Aus den Listen sollte lediglich hervorgehen, was sich in jedem Sack befindet, auf eine genaue Darstellung käme es dabei gar nicht an.

Am fünften Tag, als ich wieder einen ganzen Packen Dokumente in eine Mappe tun wolle, fiel ein etwa 24seitiges Manuskript heraus, und ich sah plötzlich eine handgeschriebene Unterschrift Stalins. Ich kannte diese Signatur, denn das Faksimile war bereits Dutzende Male veröffentlicht worden – aber ein von Stalin handschriftlich gezeichnetes Dokument hatte ich natürlich noch nie in Händen gehabt.

Interessiert schaute ich mir die Sache genauer an.

Es handelte sich um ein Kapitel aus einem Buch von Anna

Louise Strong, in dem die Autorin ihr Gespräch mit Stalin schildert. Das Kapitel war auf englisch geschrieben und mit einem Begleitschreiben des Direktors einer sowjetischen Verlagsanstalt versehen. In dem Schreiben wurde ausgeführt, die amerikanische Schriftstellerin Anna Louise Strong schildere in ihrem Buch ausführlich ein Gespräch mit Stalin; der Verlag möchte jedoch vor der Drucklegung die Anfrage an Stalin richten, ob die Veröffentlichung dieses Kapitels möglich sei bzw. welche Änderungen und Bemerkungen vorgeschlagen würden. Der Verlag gestatte es sich, dieses Kapitel nicht nur in der englischen Originalfassung zu übersenden, sondern auch eine wortgetreue russische Übersetzung beizufügen. Der Brief des Verlages stammte, wenn ich mich recht entsinne, aus dem Jahre 1931.
Der Antwortbrief Stalins an den Verlag war nur wenige Zeilen lang. Er lautete:
Gegen den Text habe ich nichts einzuwenden. Das Kapitel kann in der vorhandenen Form veröffentlicht werden oder auch mit den Abänderungen, die der Autor selbst noch vorzunehmen wünscht. *J. Stalin*

Es war für mich damals, im Jahre 1943, als der Stalinkult kurz vor seinem Höhepunkt stand, ein fast unheimliches Gefühl, einen Brief Stalins in den Händen zu halten. Selbstverständlich überflog ich das Kapitel, und ich weiß noch, wie eigentümlich es mir erschien, daß es kein schriftlich fixiertes Interview gab und daß eine ausländische kommunistische Publizistin ein Gespräch mit Stalin frei schildern durfte.
Im Jahre 1943 wäre das kaum möglich gewesen.*
Schon nach etwa 14 Tagen war der größte Teil des Archivs, wenn

* Anna Louise Strong wurde im Februar 1949 wegen angeblicher Spionagetätigkeit verhaftet und danach aus der UdSSR ausgewiesen. Am 5. März 1955 berichtete die *Prawda*, ihre Verhaftung sei zu Unrecht erfolgt und die Beschuldigungen seien aufgehoben. Für die zu Unrecht erfolgte Verhaftung wurde »die ehemalige Leitung des Ministeriums für Staatssicherheit mit Berija und Abakumow an der Spitze« verantwortlich gemacht.

auch sehr oberflächlich, katalogisiert. Dann wurde uns mitgeteilt, daß wir außer unserem bisherigen Pensum noch weitere Archivmaterialien übernehmen sollten.
Wieder stand unser Begleiter vor uns mit einer Liste.
»Genosse Linden – Die Archivmaterialien über Albanien, Burma und Java.«
Schüchtern wagte ich einen Einspruch: »Aber ich kann ja gar nicht Albanisch, Burmesisch und ... was spricht man eigentlich auf Java?«
Der Begleiter winkte lächelnd ab:
»Das weiß ich auch nicht, aber Sie werden sich schon irgendwie zurechtfinden.«
Auch die anderen hatten ähnliche Aufträge erhalten, und wir waren nun in der seltsamen Lage, Archive zu katalogisieren, ohne überhaupt die betreffende Sprache zu kennen. Das einzige, was uns half, waren Jahreszahlen, Namen von Funktionären, die uns aus der Geschichte der Komintern bekannt waren, oder Hinweise auf Städte und Ereignisse, die ebenfalls in der Schule genannt worden waren. Hier und da tauchten auch noch einige Dokumente auf englisch oder russisch auf. Mit diesen Hinweisen mußte man sich also zu helfen suchen. Die Aufgabe glich einem Kreuzworträtsel.
Es waren noch nicht drei Wochen vergangen, da war unsere Arbeit trotz aller Schwierigkeiten beendet.
Unser Begleiter dankte uns. Gespannt warteten wir darauf, was nun mit uns geschehen würde.
»Genossen, wir haben gedacht, daß ihr vorläufig noch einige Tage in Ufa bleibt und euch etwas ausruht. Ihr werdet weiter im Hotel Baschkirija wohnen und auch dort verpflegt werden. Sobald noch einige andere Dinge geregelt sind, werde ich dann gemeinsam mit euch nach Moskau fahren, und ihr werdet eurer Partei zur Verfügung stehen.«

Ein Seitenblick ins »gewöhnliche« Leben

Nach Moskau! Ich freute mich unbändig darauf, nach diesen ereignisreichen zwei Jahren wieder in die Hauptstadt zurückkehren zu können. Aber jetzt hatten wir noch einige Tage Zeit.

Ufa hatte sich in diesem Jahre wieder verändert. Die verantwortlichen Funktionäre mit ihren engsten Mitarbeitern waren inzwischen schon in Moskau. Im Juli 1943 hielten sich in Ufa nur noch der »Mittelstand« und das »Proletariat« der Komintern auf. Alle warteten sehnsüchtig darauf, wieder nach Moskau zurückfahren zu dürfen.

Mein erster Weg führte mich zu meiner Freundin Erika, die im Gebäude des »Komintern-Proletariats« in der Stalinstraße 101 wohnte. Sie hatte ein schweres Jahr hinter sich, allerdings nicht wegen »Kritik und Selbstkritik«, sondern wegen der in der Sowjetunion »normalen« Schwierigkeiten. Meine unerwartete Karriere schien Erika nicht sonderlich zu freuen. »Na, jetzt gehörst du wohl auch zu den Klugen«, meinte sie spöttisch. Dabei kam mir wieder deutlich zum Bewußtsein, wie weit ich mich inzwischen schon vom Denken »gewöhnlicher« Menschen entfernt hatte.

Noch krasser lernte ich die »andere Seite des Lebens« am nächsten Nachmittag kennen.

Auf dem Rückweg zum Hotel Baschkirija entdeckte ich etwas, was mir einem Markt ähnlich schien. Neugierig ging ich etwas näher.

Ein schauerlicher Anblick bot sich mir. Dutzende von Menschen, oft nur in Fetzen gekleidet, waren gekommen, um einen Teil ihrer kärglichen Ration gegen andere Dinge einzutauschen. Eine alte Frau, die sich vor Hunger kaum auf den Füßen halten konnte, hielt in zittrigen Händen ein Stück Schwarzbrot zum Tausch, ein alter Mann wollte zwei Stück Zucker gegen Brot tauschen. Wieder ein anderer bot zwei Zigaretten – für 6 Rubel das Stück – zum Kauf an.

Die grenzenlose Armut, die ich auf dem Markt in Ufa sah, brachte mir blitzartig zum Bewußtsein, wie unglaublich gut es mir die ganze Zeit über ergangen war. In den wenigen Monaten hatte ich fast völlig vergessen, daß es solche Armut gab. Die Erinnerung an Karaganda, an die Zeit, da ich selbst genauso schlecht gelebt hatte, waren verblaßt.

Tief beeindruckt und nachdenklich, fast schuldbewußt, weil es mir materiell so gut ging, hatte ich mich langsam vom Markt entfernt, als ich eine Studentin traf, die ich von Moskau her kannte.

Sie hatte inzwischen einen medizinischen Kursus absolviert, war dann nach Ufa evakuiert worden und arbeite jetzt in einem Hospital.

Nach wenigen Begrüßungsworten begann sie mir Dinge zu berichten, die sie täglich im Hospital sah, von jungen Menschen, die der Krieg zu Krüppeln gemacht hatte. Je länger sie sprach, um so heftiger wurde ihre Empörung. »An allem sind nur die Staatsmänner und Politiker schuld, die einen wie die andern, und die armen Menschen müssen darunter leiden.«

Unbekümmert schimpfte sie auf alle: auf Hitler-Deutschland, auf die eigenen »Hohen«, auf Politiker und Generäle, »von welcher Seite sie auch sind«, auch auf den Komsomol, dem sie selbst angehörte.

Immer wieder kam jedoch das Mitgefühl für die Leiden der Sowjetmenschen zum Ausdruck, »die alle an dem Ganzen völlig unschuldig sind«.

Wenige Tage später hatte ich in Ufa abermals eine erschütternde Begegnung.

Ich verließ das Hotel nach einem reichhaltigen Mittagessen, als ein ärmlich aussehender, älterer Mann in abgerissenen Kleidern auf mich zutrat. Ich hatte schon meine Hand in die Tasche gesteckt, um nach Geld zu langen.

Da sprach er mich an: »Guten Tag, Linden.«

Ich bekam einen Schreck. Woher wußte dieser Unbekannte meinen Parteinamen?

Dann schaute ich ihn näher an: Es war der Kursant aus unserer Gruppe, der uns eines Nachmittags so ausführlich über seine illegale Tätigkeit während der Besatzungszeit in Frankreich erzählt hatte und der dann plötzlich, ohne irgendwelche Erklärung, von der Schule entfernt worden war. Das war nun schon mehr als ein halbes Jahr her – und seinem Aussehen nach mußte es ihm in dieser Zeit schrecklich ergangen sein.

»Sag mal, hast du nicht etwas Brot für mich?«

Er schaute mich flehend an.

»Nein, augenblicklich nicht. Wenn ich vom Abendessen zurückkomme, werde ich dir etwas mitbringen. Ich werde versuchen, dir so viel Brot mitzugeben, wie es geht, ohne daß es auffällt, denn es ist uns nicht erlaubt..., aber du mußt mich schon entschuldigen..., andere Sachen als Brot werde ich wohl kaum mitnehmen können.«

Er winkte ab. »Aber Linden, du brauchst dich doch nicht zu entschuldigen. Die anderen geben mir ja nicht mal Brot. Sie sprechen nicht einmal mehr mit mir, und die meisten wenden sich ab und grüßen nicht, wenn sie mich auf der Straße sehen.

Wenn du mir etwas Brot geben könnest, werde ich dir das nie vergessen und dir ewig dankbar sein.«

Nun nahm ich stets Brot mit, um es ihm abends an irgendeiner abgelegenen Stelle zuzustecken. Er dankte mir jedesmal, war aber äußerst wortkarg. Ich erfuhr lediglich, daß er nach seinem Ausschluß aus der Parteischule von keiner Stelle mehr Hilfe erhalten hatte. Dieser Genosse, der so viele Jahre hindurch Sonderaufträge für die Partei ausgeführt hatte, war nun »abgehängt« und seinem Schicksal überlassen – ein Beispiel für die eiserne Konsequenz und Grausamkeit des Stalinismus jedem Menschen gegenüber, den er nicht mehr gebrauchen kann.

Aber noch immer, trotz der Erlebnisse in Ufa, war ich weit davon entfernt, das System als ganzes zu verurteilen. Immer noch glaubte ich, daß es sich um Fehler einzelner Dienststellen und um Überbleibsel aus der russischen Vergangenheit handele.

Zu stark war ich noch in der stalinistischen Ideologie verwurzelt, als daß solche Erlebnisse und der unvorstellbare Unterschied zwischen dem Leben der Funktionäre und jenem der gewöhnlichen Menschen, der mir jetzt in Ufa besonders deutlich vor Augen trat, mich hätte schwankend machen können.

Die Juli-Woche des Jahres 1943, die wir in Ufa verbrachten, brachten aufregende Ereignisse. Mussolini war gestürzt worden. Italien befand sich am Vorabend des Ausscheidens aus dem Krieg. Alles hoffte, daß sich der Krieg nun bald dem Ende näherte.

Am 21. Juli sollten wir durch ein neues Ereignis überrascht werden. Auf der 3. Seite der *Prawda* war in großer Aufmachung das Manifest des Nationalkomitees »Freies Deutschland« an die Wehrmacht und an das deutsche Volk veröffentlicht worden. Staunend erfuhren wir, daß am 12. und 13. Juli in der Nähe von Moskau eine Konferenz kriegsgefangener deutscher Soldaten und Offiziere, gemeinsam mit deutschen Emigranten, stattgefunden hatte. Auf dieser Konferenz war ein Nationalkomitee »Freies Deutschland« gewählt worden, an dessen Spitze der mir gut bekannte Erich Weinert stand und dessen Vizepräsident Major Karl Hetz und Leutnant Heinrich Graf von Einsiedel waren.

Mit brennendem Interesse las ich den Aufruf und stellte sofort fest, daß er noch »breiter« war als der Aufruf der sogenannten westdeutschen Friedenskonferenz, den wir in der Schule so ausführlich durchgenommen hatten. Freiherr vom Stein, Ernst Moritz Arndt, Clausewitz und Yorck wurden in diesem Aufruf als Vorbilder hingestellt, sozialistische Forderungen waren nicht einmal andeutungsweise enthalten, und die Existenz von deutschen Kommunisten wurde überhaupt nicht erwähnt. Selbst bei den Seminaren über das Thema »Kampf gegen das Sektierertum« waren wir auf der Schule nicht so weit gegangen. Es war nicht schwer zu erkennen, daß mit der Auflösung der Komintern und dem Manifest des Nationalkomitees sich nicht nur eine taktische Schwenkung vollzogen hatte, sondern daß es sich um einen Wechsel der strategischen Orientierung handeln mußte.

Das schien mir besonders auch aus den Forderungen des Manifestes hervorzugehen. Sie waren so »breit« formuliert, wie es mir

damals überhaupt möglich schien – offensichtlich mit dem Ziel, alle Anti-Hitler-Kräfte anzusprechen. Die Ziele des Manifestes für das nach Hitlers Sturz zu schaffende Deutschland beschränkten sich auf die Forderung nach einer starken demokratischen Staatsmacht (die nichts gemein hat mit der Ohnmacht des Weimarer Systems), der restlosen Beseitigung aller auf Völker- und Rassenhaß beruhenden Gesetze, der Wiederherstellung und Erweiterung der politischen Rechte und sozialen Errungenschaften, der Freiheit der Wirtschaft und des Handels (einschließlich der Sicherung des »rechtmäßig erworbenen Eigentums«), der sofortigen Befreiung und Entschädigung der Opfer des Hitler-Regimes und schließlich die Forderung eines gerechten und schonungslosen Gerichts über die Kriegsverbrecher und die für den Krieg Verantwortlichen, die jedoch mit einer Amnestie verbunden werden sollte »für alle Hitler-Anhänger, die sich rechtzeitig durch ihre Taten von Hitler lossagen und der Bewegung für ein freies Deutschland anschließen«.
Noch konnte ich mir wenig unter diesem Nationalkomitee vorstellen, noch wußte ich nicht, daß man die schwarzweißroten Farben als Symbol gewählt hatte, da dies aus dem Faksimile der *Prawda* nicht zu ersehen war. Aber es war nur natürlich, daß ich mich brennend für das Nationalkomitee »Freies Deutschland« interessierte und mir nichts sehnlicher wünschte, als dort mitarbeiten zu können.
Mein Wunsch sollte schneller erfüllt werden, als ich es an diesem 21. Juli für möglich gehalten hätte.
Am gleichen Nachmittag wurden wir zusammengerufen. »Heute abend fahren wir nach Moskau«, wurde uns erklärt.
Karaganda, die Kominternschule und die Arbeit im Komintern-Archiv lagen hinter mir. Gespannt wartete ich darauf, was mir nun bevorstehen würde.
Am nächsten Tag trafen wir in Moskau ein.

6 Nationalkomitee »Freies Deutschland«

Endlich wieder in Moskau! Wie oft hatte ich in Karaganda und in Kuschnarenkowo an Moskau zurückgedacht!
Ich hatte die Stadt im September 1941 im bewachten Zug der Zwangsumgesiedelten verlassen. Nun, im Juli 1943, kehrte ich als Absolvent der Kominternschule zurück, einsatzbereit für die politische Arbeit.
Am Bahnhof standen Autos für unsere Gruppe bereit. Wohin sie uns bringen würden, wußten wir nicht. Erst als wir quer durch Moskau fuhren, erklärte unser Begleiter: »Wir werden zum Hotel ›Lux‹ fahren, und Sie werden vorläufig dort wohnen. In den nächsten Tagen werden Sie dann von Ihren Parteivertretern alles Weitere über Ihren zukünftigen Einsatz erfahren.«
In das Hotel »Lux«! Das berühmte Hotel »Lux« auf der Gorkistraße, der früheren Twerskaja, beherbergte schon seit 25 Jahren die Funktionäre und Mitarbeiter der Komintern. Wenn ich 1940 oder Anfang 1941 jemand im Hotel »Lux« besuchen wollte, mußte ich stets eine Prozedur von Kontrollen über mich ergehen lassen. Jeder Besuch war für mich damals ein großes Ereignis – und nun sollte ich selbst dort wohnen.

Moskau, Hotel »Lux«

Im Hotelbüro wurden uns die Dokumente abgenommen, »um für Sie die Moskauer Anmeldung zu regeln«. Man sagte das mit selbstverständlicher Gleichgültigkeit – obwohl jeder von uns wußte, daß Tausende und Zehntausende von Menschen viele Monate lang einen erbitterten Kampf führten, um wieder nach Moskau zurückkehren zu dürfen.
Jeder von uns erhielt im »Lux« einen mit Lichtbild versehenen

Ausweis, einen sogenannten Propusk, den man beim Betreten des Hauses stets vorweisen mußte.

Dieses »Hotel« war eine Welt für sich. Alles war so eingerichtet, daß seine Bewohner kaum mit anderen Institutionen in Berührung zu kommen brauchten. Neben dem »geschlossenen« eigenen Speisesaal gab es eine eigene Wäscherei, eigene Kleider- und Schuhmacherwerkstätten und eine eigene Poliklinik (Ambulatorium) – alles war nur den Bewohnern des »Lux« zugänglich. Wir waren auch alle an ein bevorzugtes, in unmittelbarer Nähe gelegenes Geschäft angeschlossen. Mit eigenen Autobussen wurden die im Hotel »Lux« wohnenden Mitarbeiter der Komintern – nach der Auflösung »die Vertreter der ausländischen kommunistischen Parteien« – gemeinsam zur Arbeitsstätte gebracht und auch wieder zurückgefahren, so daß öffentliche Verkehrsmittel nur in den seltensten Fällen benutzt wurden. Im Hotel befand sich auch eine besondere Zweigstelle der Miliz und des Militärs, die alle Fragen der Anmeldung und Abmeldung regelte und bei einer Einberufung zur Armee, ohne daß sich der Betreffende selbst darum zu kümmern brauchte, sofort alle Schritte unternahm, um eine Befreiung zu erwirken.

Als ich im Juli 1943 in das »Lux« kam, waren die meisten führenden Funktionäre bereits wieder aus der Evakuierung zurückgekehrt. Häufiger sah ich nun Wilhelm Pieck, Walter Ulbricht und Anton Ackermann, die damalige rumänische Parteivorsitzende Anna Pauker, den Lehrer unserer Kominternschule und polnischen Spitzenfunktionär Jakob Berman, das ungarische Politbüromitglied Ernö Gerö und die österreichischen Spitzenfunktionäre Koplenig, Fürnberg, Ernst Fischer, Zucker-Schilling und Franz Honner.

Beim Frühstück und Mittagessen im »geschlossenen Restaurant« mußte ich feststellen, daß die Funktionäre der verschiedenen Nationalitäten voneinander getrennt saßen. Wer sich an einen Tisch mit polnischen, rumänischen oder italienischen Funktionären setzte, wurde erstaunt gemustert. Besonders eigentümlich war es, daß auch die österreichischen und deutschen Funktionäre sich

meist voneinander absonderten und dies offensichtlich für naturnotwendig und richtig hielten. Nur wir Jüngeren, die mit dem Apparat noch nicht so verwachsen waren, durchbrachen dieses System. Im Hotel »Lux« wohnten nämlich um diese Zeit neben den Angehörigen des alten Kominternapparates auch eine ganze Reihe jüngerer Funktionäre. Es waren meist Söhne und Töchter von Funktionären oder Emigranten, die, ebenso wie ich, in der Sowjetunion aufgewachsen waren und die man später an die politische Arbeit heranführte. So bewohnten zu jener Zeit auch einige junge Spanier das Hotel. Sie waren während des spanischen Bürgerkrieges in die UdSSR gekommen, in spanischen Kinderheimen aufgewachsen und hatten später die Kominternschule oder andere politische Schulen besucht. Einige junge Deutsche traf ich ebenfalls dort, darunter Peter Florin (der Sohn des 1944 verstorbenen KP-Führers Wilhelm Florin), zwei junge Kanadierinnen und schließlich noch mehrere jüngere Funktionäre anderer Nationalitäten, die meist im Internationalen Jugendheim in Iwanowo aufgewachsen waren.
Die meisten Bewohner des Hotels waren im sogenannten Institut Nr. 205 beschäftigt, einer Art Nachfolge-Organisation der Komintern, die sich in einem riesigen modernen, von außen hermetisch abgeschlossenen Gebäudekomplex in Rostokino, in der Nähe der Landwirtschaftlichen Ausstellung, befand. Es war dasselbe Gebäude, in dem von 1940 bis 1941 die Komintern ihren Sitz gehabt hatte. Allerdings hatte sich nach der Auflösung der Komintern die Arbeit verändert. Hier wurden jetzt nur noch die redaktionellen Arbeiten für die Rundfunksendungen der verschiedenen sogenannten »illegalen« Sender vorbereitet, von denen es damals eine ganze Reihe gab. Der »Deutsche Volkssender«, der Sender »Freies Österreich«, ein spanischer Anti-Franco-Sender und Sendungen für die von Hitler besetzten Staaten gehörten z.B. dazu. Ein Teil der Bewohner des »Lux« arbeitete nicht im Institut Nr. 205, sondern als Redakteure, Autoren, Rundfunksprecher und Abhör-Kon-

trolleure im Moskauer Rundfunk oder als Lektoren und Instrukteure in Kriegsgefangenenlagern, vor allem in den Antifa-Schulen.
Hatte sich das »Lux« Ende 1941 durch die Evakuierung fast geleert, so war es nun wieder voll besetzt. Vorsorglich waren bereits Nebengebäude im Hof geräumt und den ausländischen Funktionären zur Verfügung gestellt worden. Diese Nebengebäude waren nicht so komfortabel eingerichtet und für die »nicht ganz so wichtigen« Mitarbeiter bestimmt. Hier gab es keine Einzelräume. Man lebte zu dritt, viert oder fünft in einem Zimmer.
Auch ich kam in eines der Nebengebäude. Trotz der Auflösung der Komintern war unser Zimmer ganz »international«. Ich wohnte zusammen mit einem Türken, einem Spanier, einem Deutschen und einem quicklebendigen Portugiesen, Ferreira. Er war zu jener Zeit der einzige Portugiese in der UdSSR und arbeitete die portugiesischen Sendungen im Moskauer Rundfunk aus.
Während alle meine Zimmerkameraden bereits emsig bei der Arbeit waren, hatte ich nichts zu tun. Offensichtlich wartete man in der deutschen Parteivertretung, bis alle Teilnehmer der deutschen Gruppe der Kominternschule in Moskau waren.
Im »Lux« traf ich Hans Mahle wieder, der, wie stets, guter Laune war und mich freudig begrüßte.
»Na also, wieder in Moskau. Karaganda-Zeit ist vorüber, nicht?«
»Ja, ich bin vor etwa einer Woche hierhergekommen und soll jetzt eingesetzt werden. Weißt du vielleicht etwas Genaueres darüber?«
»Entschuldigen Sie bitte, mein Herr, es ist etwas ungewöhnlich für mich, mit ›du‹ angesprochen zu werden. Sie dürfen nicht vergessen, daß wir im Nationalkomitee ›Freies Deutschland‹ solchen Ton nicht gewohnt sind!«
Er hatte so ernst und feierlich gesprochen, daß ich erschrak und irgendeine Entschuldigung stammelte. Er lachte nur.
»Ich habe doch bloß Spaß gemacht. Wenn wir uns hier treffen, können wir ruhig die alten bleiben. Willst du mal die erste Nummer im Original sehen?«

Natürlich wollte ich. Von allen politischen Dingen interessierte mich das Nationalkomitee damals am meisten. Er gab mir die erste Nummer der Zeitung *Freies Deutschland*, und mit Staunen sah ich, daß die Titelseite oben und unten schwarzweißrote Streifen trug.
Ich war maßlos verblüfft. »Sag mal, Hans, ist das Schwarz-Weiß-Rot zufällig oder soll das etwa als Symbol gelten?«
Bei allem »Kampf gegen das Sektierertum« hatte ich doch nicht erwartet, daß in Moskau einmal die Farben Schwarz-Weiß-Rot übernommen werden könnten.
»Nein, das ist kein Zufall. Die Bewegung ›Freies Deutschland‹ ist keine Fortsetzung einer antifaschistischen Bewegung im üblichen Sinne, sondern hat, wie du vielleicht schon aus dem Aufruf erkannt hast, das Ziel, alle Kräfte gegen Hitler zu vereinigen, einschließlich der Deutschnationalen, der Konservativen und selbst der Nationalsozialisten, zumindest derjenigen, die in gewisser Opposition zu Hitler stehen.«
Mein Interesse verleitete ihn wohl dazu, etwas mehr zu sagen.
»Vor der Gründung des Nationalkomitees fanden eine Reihe wichtiger Besprechungen statt. Zunächst war für die Bewegung ›Freies Deutschland‹ eine schwarzrotgoldene Fahne vorgesehen. Aber die sowjetischen Freunde hatten Bedenken. Vor allem sprach sich Manuilskij dagegen aus. Die schwarzrotgoldene Fahne, so meinte er, erinnere an die Weimarer Republik, an die Zeit der Schwäche, an Krise und Massenarbeitslosigkeit und würde die Bewegung einengen. Die schwarzweißrote Fahne sei viel besser, da sie im Offizierskorps der Wehrmacht beliebter sei und somit dazu beitrage, eine wirklich breite nationale Bewegung zu schaffen.«
Als ich mich verabschieden wollte, hielt mich Hans Mahle zurück.
»Bald wird die Frage deiner weiteren Tätigkeit entschieden. Übermorgen kommt der Dampfer aus Ufa, und dann werden wir eine Sitzung mit allen Kursanten der deutschen Gruppe der Kominternschule einberufen.«

Der »Dampfer aus Ufa« war nun eines der Hauptgesprächsthemen im Hotel »Lux«. Jeder wußte, was damit gemeint war: Es handelte sich um die Rückkehr der letzten seinerzeit nach Ufa evakuierten Funktionäre und Mitarbeiter der Komintern und der Absolventen der Kominternschule in Kuschnarenkowo.

Einige von uns gingen zu der Dampferanlegestelle. Zur allgemeinen Verwunderung traf der Dampfer pünktlich ein. Es gab eine großes Wiedersehen. An der Reling stand Bernard Koenen. Er winkte mir freundlich zu.

»Nun, was gibt's denn Neues in Moskau?«

»Die erste Nummer der Zeitung *Freies Deutschland* ist schon erschienen. Übrigens hat die Bewegung auch eine Fahne.«

»Was denn für eine?«

»Na, Bernard, rate mal!« – Gespannt wartete ich auf eine Antwort.

Er überlegte ein wenig.

»Eine rote Fahne wird es wohl nicht sein. Wahrscheinlich wird das Nationalkomitee sich für eine schwarzrotgoldene Fahne entschieden haben.«

»Falsch geraten«, sagte ich lachend. »Das Nationalkomitee hat eine schwarzweißrote Fahne.«

Bernard wurde ernst: »Das ist doch Unsinn. So etwas gibt's ja gar nicht. Über solche Sachen macht man keine Witze.«

»Doch, Bernard, ganz bestimmt. Das Nationalkomitee hat tatsächlich eine schwarzweißrote Fahne.«

Jetzt wurde Bernard ernstlich böse. Er glaubte, daß sich sein Zögling aus der Kominternschule einen schlechten Scherz erlaubte. Mit bösem Gesicht wandte er sich ab. Ich weiß nicht, was er gesagt oder gedacht hat, als er erfuhr, daß *Freies Deutschland* wirklich die Farben des wilhelminischen Kaiserreichs führte.

Wenige Tage später wurden die deutschen Absolventen der Kominternschule in ein Zimmer des »Lux« gebeten. Die Besprechung leitete Hans Mahle, der damals für die jüngeren Funktionäre verantwortlich war. Wir wußten, daß auf dieser Besprechung unser Einsatz beschlossen werden sollte, und saßen daher

sehr gespannt um Mahle herum. Er wollte gerade mit einer politischen Einleitung beginnen, als sein Blick auf mich fiel:
»Du brauchst an dieser Sitzung gar nicht teilzunehmen. Dein Fall ist schon entschieden. Du wirst im Nationalkomitee ›Freies Deutschland‹ arbeiten.«
Ich war sehr erfreut. Genau das hatte ich mir gewünscht! Hans Mahle schob mir ein Stück Papier zu. »Filippowskipereulok« stand darauf.
»Hier ist die Adresse«, sagte er, »du wirst dich dort bei Major Pieck melden.«
Ich hatte bis dahin von der Existenz eines »Major Pieck« keine Ahnung, aber ich hatte gelernt, keine Fragen zu stellen. Ich verabschiedete mich von den Absolventen der deutschen Gruppe, und wenige Minuten später war ich auf dem Weg zu meiner neuen Arbeitsstelle: dem Nationalkomitee »Freies Deutschland«.

Institut Nr. 99

Nach einer sorgfältigen politischen und propagandistischen Vorbereitung und nach der Veröffentlichung eines Aufrufes in der damaligen Zeitung für deutsche Kriegsgefangene in der UdSSR, *Freies Wort*, war am 12. und 13. Juli 1943 im Saal des Krasnogorsker Stadtsowjets das Nationalkomitee »Freies Deutschland« gegründet worden.
Die sowjetische Presse hatte diesem Ereignis außerordentlich breiten Raum gewidmet – eine ganze Seite der *Prawda* war zur Verfügung gestellt worden, um den Aufruf in russischer Übersetzung zu veröffentlichen.
Man erzählte sich damals in Emigrantenkreisen des Hotels »Lux«, ursprünglich habe man gehofft, daß einige höhere Offiziere bei der Gründung des Nationalkomitees anwesend sein und diesem auch angehören würden. Als jedoch am 5. Juli 1943 die deutsche Gegenoffensive bei Kursk begonnen hatte, seien einige von ihnen schwankend geworden und hätten ihre Bereitschaft zurückgezogen. So waren nur einige Offiziere dem Nationalko-

mitee beigetreten, unter ihnen Major Homann, der Sohn eines bekannten Hamburger Reeders; Hauptmann Hadermann, der Begründer der ersten antifaschistischen Offiziersgruppe in Jelabuga im Winter 1941/42; Major Hetz, ein Ingenieur aus Königsberg; und Leutnant Heinrich Graf von Einsiedel.
Von seiten der Emigranten gehörten dem Nationalkomitee die Mitglieder der Emigrationsführung der KPD, Wilhelm Pieck, Walter Ulbricht, der im Juli 1944 verstorbene Wilhelm Florin, Hermann Matern, Anton Ackermann, Edwin Hörnle und Martha Arendsee an. Auch einige der in die Sowjetunion emigrierten antifaschistischen Schriftsteller – Johannes R. Becher, Willy Bredel, Theodor Plievier, Gustav von Wangenheim und Friedrich Wolf – waren in das Nationalkomitee delegiert worden. Erich Weinert – für viele unter uns war das anfangs überraschend – trat als Präsident des Nationalkomitees in Erscheinung.
Die Gründungszeremonie des Nationalkomitees war sogar gefilmt worden. Ausschnitte davon wurden in der sowjetischen Wochenschau, dem »Sojuskinoshurnal«, in allen Lichtspielhäusern Moskaus gezeigt. Auch ich hatte sie mir angesehen und deutlich die Verwunderung des sowjetischen Publikums gespürt, das in der Wochenschau Soldaten und Offiziere der deutschen Wehrmacht mit Orden und Ehrenzeichen sah, die nunmehr Freunde sein sollten. Kurz nach der Gründung, Mitte August 1943, zog das Nationalkomitee von Krasnogorsk nach Ljunowo (etwa 35 Kilometer von Moskau entfernt) in ein früheres Erholungsheim der Eisenbahnergewerkschaft.
Während meiner eineinhalbjährigen Tätigkeit im Nationalkomitee war ich nie in Ljunowo und habe, abgesehen von ganz flüchtigen Begegnungen, kein Mitglied des Nationalkomitees kennengelernt, das zu der Gruppe der Kriegsgefangenen gehörte. Ich lebte und arbeitete ausschließlich mit den deutschen Emigranten, von denen zwölf dem Nationalkomitee angehörten.
Schon in den ersten Tagen meiner neuen Tätigkeit konnte ich feststellen, daß es tatsächlich zwei »Nationalkomitees« gab: das »offizielle« mit dem Sitz in Ljunowo und das »inoffizielle«, aus

einigen Emigranten bestehend, das in einer Nebengasse des Arbatplatzes in Moskau residierte.
Das Haus machte einen verlassenen Eindruck. Kein Schild wies den Weg.
Sollte wirklich hier das so groß angekündigte Nationalkomitee »Freies Deutschland« sein?
Zweifelnd stieg ich die Treppe hinauf. Nirgends ein Hinweis – weder Namensschilder von Bewohnern noch von Dienststellen.
In der vierten Etage stand eine Tür weit offen. Unmittelbar hinter dem Eingang saß ein junger sowjetischer Offizier an einem Tisch.
»Wohin wollen Sie, Genosse?« fragte er mich auf russisch.
Ich stockte etwas. »Eigentlich suche ich das Nationalkomitee ›Freies Deutschland‹«, sagte ich zögernd.
»Kommen Sie nur herein, das ist hier.«
Verblüfft betrat ich den Vorraum. Ein sowjetischer Offizier in Majorsuniform kam mir entgegen.
»Major Pieck«, stellte er sich vor.
»Wolfgang Leonhard«, antwortete ich, da der Name Linden nunmehr der Vergangenheit angehörte.
Der sowjetische Major Pieck – erst später erfuhr ich, daß es der Sohn Wilhelm Piecks war – sprach deutsch. Ich war sehr verdutzt, denn ich hatte bis dahin noch nie einen Deutschen in sowjetischer Armeeuniform gesehen.
»Ich habe von dir gehört. Freue mich, dich hier zu sehen. Ich werde dich gleich dem Genossen Karl Maron vorstellen.«
Major Pieck führte mich durch einen Korridor, an dem sich rechts und links acht bis zehn Zimmer befanden. Die meisten standen leer. Offensichtlich befand sich die Institution erst im Aufbau.
Im letzten Zimmer fanden sich einige Tische und Stühle. Hinter einem Berg von Manuskripten, mehrere Packungen Zigaretten vor sich, saß ein gutmütig aussehender, etwas korpulenter Mann von etwa 40 Jahren. Es war Karl Maron. Wenn mir damals jemand gesagt hätte, daß Maron wenige Jahre später Chef der

Volkspolizei der sowjetischen Zone Deutschlands sein würde, hätte ich laut gelacht – so wenig paßte eine solche Vorstellung auf ihn.
Er las eine Zeitung, bot mir eine Zigarette an und schien sich durch nichts aus der Ruhe bringen zu lassen.
»Was du hier tun sollst, weiß ich nicht«, meinte Major Pieck. »Ich habe lediglich die Aufgabe, die organisatorischen Vorbereitungen für die Einrichtung des Nationalkomitees zu leiten. Sonst nichts. Halte dich ruhig an Karl Maron.«
Karl Maron lachte: »Ich weiß auch nichts. In wenigen Tagen wird hier wohl alles eingerichtet sein, und dann wirst du eingesetzt. Komm vorläufig jeden Tag um zehn Uhr her. Bring dir was zum Lesen mit, denn es gibt noch nichts zu tun.«
Das ließ ich mir nicht zweimal sagen, brachte mir jeden Tag ein Buch mit, las mit Begeisterung Werfels *Vierzig Tage des Musadagh* und harrte der Dinge, die da kommen würden. Ich brauchte nicht allzulange zu warten.
Für sowjetische Verhältnisse in erstaunlich kurzer Zeit hatte sich die leere Etage in ein modern eingerichtetes Büro verwandelt. Wieder einmal mußte ich mich davon überzeugen, daß die sowjetische Organisation sehr gut funktionieren konnte, und zwar dann, wenn eine sehr mächtige Kraft dahintersteckt. Das war offensichtlich hier der Fall.
Major Pieck verschwand, und an seine Stelle trat ein gutmütig dreinblickender Mann, der sich »Koslow« nannte und jedem bescheiden erklärte, daß er gerne bereit sei, alle Bitten und Wünsche, sofern sie technischer oder organisatorischer Natur seien, entgegenzunehmen. Es stellte sich bald heraus, daß Koslow gar nicht so unwichtig war, wie er tat. Als höherer Parteifunktionär war er vom ZK der Bolschewistischen Partei beauftragt worden, die organisatorische Leitung zu übernehmen und die Verbindung mit den sowjetischen Institutionen aufrechtzuerhalten.
Eines Tages traf noch ein Russe ein, ein junger blonder, schweigsamer Mann, der sich nicht vorstellte und wenig sprach. Es war also nicht schwer zu erkennen, daß es sich um den Personalchef

handelte. Bald sprach es sich herum, daß er Worobjow hieß (oder sich wenigstens bei uns so nannte). Viel mehr erfuhr man von ihm nicht, da er sich, wie die meisten sowjetischen Personalchefs, selten sehen ließ und es vorzog, die Personalangelegenheiten in einem verschlossenen Zimmer zu regeln.

Inzwischen waren auch die Räume belegt worden. Fast täglich trafen Emigranten ein. Schreibmaschinen klapperten, Berichte wurden geschrieben, Archive angelegt, und ein unaufhörliches Kommen und Gehen zeigte an, daß sich hier eine neue wichtige Institution entwickelte.

Die Räume waren aufgeteilt. Zwei Zimmer blieben für die führenden Männer des Nationalkomitees reserviert: In dem einen residierte Erich Weinert und in dem anderen Walter Ulbricht. In den übrigen Zimmern befanden sich die Redaktion der Zeitung *Freies Deutschland*, die Redaktion des Rundfunksenders sowie das Sekretariat des »eigentlichen« Nationalkomitees.

Aufbau und Einrichtung boten keine Schwierigkeiten, von einem kleinen Zwischenfall abgesehen. Eines Tages hörte man aus dem Nebenzimmer lautes Schimpfen.

»Was ist denn da los?«

Karl Maron, die Zigarette noch im Munde, sagte gleichmütig: »Das ist Walter Ulbricht.«

Als ich auf den Korridor trat, sah ich die Bescherung: Es handelte sich um einen Schreibtisch. Genauer gesagt, der Tisch war Ulbricht nicht groß genug. Der Zwischenfall wurde jedoch bald behoben. Der dienstbeflissene Koslow war schon hinzugetreten: »Entschuldigen Sie, Genosse Ulbricht, es ist bloß ein technisches Versehen.« Mir schien, als ob er ironisch lächelte. Am gleichen Nachmittag stand bereits ein größerer Schreibtisch für Ulbricht da.

Zwei weitere Zimmer waren für die Redaktion der italienischen, ungarischen und rumänischen Kriegsgefangenen-Zeitungen reserviert. Die Zimmer waren kleiner und wirkten gegenüber denen des Nationalkomitees wie die armen Verwandten. Die italienische Zeitung wurde von Longo redigiert, einem Absolventen

der Kominternschule, dem Sohn eines der höchsten Funktionäre der KP Italiens.
Wenige Tage später wurden wir einzeln zu Worobjow gerufen. Jeder von uns erhielt einen gedruckten Ausweis, auf dem außer dem Namen lediglich in großen Lettern die Worte standen: *UdSSR – Institut Nr. 99.* »Dies ist für den Verkehr mit den sowjetischen Dienststellen und Behörden. Falls Sie von sowjetischen Stellen über Ihren Arbeitsplatz gefragt werden, nennen Sie nicht das Nationalkomitee, sondern stets Institut Nr. 99.«
Für die sowjetischen Behörden waren wir also das »Institut Nr. 99«. Wie aber gestaltete sich das Verhältnis zum eigentlichen Nationalkomitee? Als nach etwa einer Woche die Arbeit begann, hatte ich endlich ein klares Bild: In Ljunowo, dem offiziellen Sitz des Nationalkomitee »Freies Deutschland«, befanden sich die deutschen Soldaten und Offiziere, die sich dem Nationalkomitee angeschlossen hatten bzw. Mitglieder waren. Sie hatten dort unter anderem auch eine Redaktion der Zeitung und des Senders. Hier aber – es hatte sich bald eingebürgert, unsere Arbeitsstelle »Stadtredaktion« oder »Stadtkomitee« – zu nennen waren ausschließlich deutsche Emigranten tätig.
Die meisten Mitglieder des Nationalkomitees in Ljunowo wußten wahrscheinlich von der Existenz des »Stadtkomitees«, waren aber über seine Tätigkeit nicht informiert.
Es dauerte nicht lange, bis ich erkannte, daß die eigentliche politische Redaktionsarbeit mehr in diesen Räumen als am offiziellen Sitz des Nationalkomitees geleistet wurde.

Die Zeitungsredaktion »Freies Deutschland«

»Du wirst in der Zeitungsredaktion mitarbeiten. Morgen wird der Chefredakteur hier sein. Du wirst dich gleich bei ihm melden«, meinte Maron leichthin.
»Wer ist der Chefredakteur?«
»Rudolf Herrnstadt.«

Rudolf Herrnstadt? Diesen Namen hatte ich bis dahin noch nie gehört. Da ich die wichtigsten Parteidokumente kannte, wußte ich, daß er noch nie einen Parteiaufruf unterzeichnet hatte. Noch mehr: Sein Name stand nicht einmal unter dem Aufruf an das deutsche Volk vom 30. Januar 1942, den alle prominenten Emigranten unterschrieben hatten. Auch unter den Unterschriften des Gründungsaufrufes des Nationalkomitees war sein Name nicht zu finden.

Am nächsten Morgen klopfte ich an die Tür des Chefredakteurs. Hinter dem Schreibtisch saß ein außerordentlich gut angezogener Mann. Mit einer Handbewegung forderte er mich auf, Platz zu nehmen.

»Sie sind also Wolfgang Leonhard«, begann er die Unterhaltung. Unwillkürlich zuckte ich zusammen. Es war das erstemal, daß ich von deutschen Emigranten in der Sowjetunion mit »Sie« angesprochen wurde.

»Haben Sie schon jemals früher bei einer Zeitung gearbeitet?« Er stellte die Frage mit höflicher Überlegenheit und ironischem Unterton.

»Nein, ich habe vor kurzem hier eine politische Schule absolviert, auf der wir nur wenig journalistische Ausbildung erhielten.«

Ich hatte den Ausdruck »politische Schule« gewählt, weil ich nicht wußte, ob ich diesem anscheinend »bürgerlichen Mann« gegenüber die Kominternschule erwähnen durfte. Es war alles höchst eigentümlich.

»Politische Schulen interessieren mich nicht. Ich habe Sie nach der Arbeit an einer Zeitung gefragt.«

»Nein, an einer Zeitung war ich bisher nicht.«

»Sie werden viel zu lernen haben, denn die Arbeit an einer Zeitung ist sehr schwer und verantwortungsvoll. Ich nehme an, Sie sind sich darüber im klaren, daß Sie ganz von unten anfangen müssen?« Herrnstadt war höflich und kühl.

Die ganze Zeit hindurch blieb er beim »Sie«. Er sprach weder vom »Kampf für die Befreiung der deutschen Arbeiterklasse«

noch von der Partei. Er benahm sich genauso, wie ich mir den Chefredakteur einer kapitalistischen Zeitung vorgestellt hatte. Ich war völlig verwirrt.

Endlich kam Herrnstadt auf meine Arbeit zu sprechen.

»Sie werden die Verbindung mit der Druckerei aufrechterhalten, die Korrekturen lesen, den russischen Metteuren beim Umbruch helfen, vor allem aber alle bei uns einlaufenden Informationsbulletins bearbeiten.«

Täglich liefen ganze Stapel von Materialien des Radio-Abhördienstes beim Institut Nr. 205, der Nachfolgeorganisation der Komintern, ein, die alle Meldungen und Kommentare der Rundfunksender sowohl des Hitler-Blocks als auch der Anti-Hitler-Koalition enthielten. Es waren die Spezialbulletins, die ich schon von der Kominternschule her kannte, darunter auch das *Rote Bulletin* mit den Rundfunksendungen Hitler-Deutschlands. Selbstverständlich durfte ich mit keinem Wort jemandem gegenüber erwähnen, was in diesen Informationsbulletins stand.

Kurz nach meinem Arbeitsantritt ließ mich Herrnstadt kommen: »Wir brauchen zu bestimmten Wirtschaftsfragen in Deutschland ausführliches Material, und ich möchte Sie bitten, uns dieses Material zu beschaffen. Aus der beiliegenden Liste werden Sie ersehen, um welche Themen es sich handelt.«

Ich war zunächst ratlos, denn es handelte sich um detaillierte Spezialthemen.

»Seien Sie unbesorgt. Über all diese Themen ist ausreichendes Material im Institut Nr. 205 vorhanden. Sie brauchen sich nur bei Frau Gertrud Keller zu melden, die Ihnen die notwendigen Hinweise geben wird.«

Schon hatte Herrnstadt telefonisch den damaligen Chef des Instituts Nr. 205, Geminder, von meinem Kommen benachrichtigt. Damals gehörte Geminder zu den höchsten Spitzenfunktionären. Niemand konnte ohne einen von ihm gezeichneten Passierschein und ohne seine Erlaubnis das Institut Nr. 205 betreten oder verlassen. Selbst der größte Pessimist konnte

nicht ahnen, daß Geminder 9 Jahre später, im Oktober 1952, in der Tschechoslowakei gemeinsam mit Slansky als »Volksfeind« erschossen werden sollte.
Als ich am nächsten Tag, einen Passierschein mit Geminders Unterschrift in der Hand, das Institut Nr. 205 betrat, um zu Gertrud Keller vorzudringen, war ich immer noch voll Zweifel, ob ich in der kurzen Zeit das gesamte Material erhalten würde. Meine Skepsis erwies sich jedoch als unbegründet. In riesigen Sälen befand sich, sorgfältig nach Ländern und Themen geordnet, eine außerordentlich reichhaltige Bibliothek aller wichtigen politischen und wirtschaftlichen Schriften, die außerhalb der Sowjetunion erschienen waren. Ein weiterer Saal war mit Ordnern angefüllt, die Zeitungsausschnitte enthielten, die nach Ländern und Themen gesammelt waren.
Gertrud Keller hatte einen ganzen Stab von Mitarbeitern, die für einzelne Länder und Gebiete verantwortlich waren. Darunter waren auch einige Absolventen der Kominternschule. Ununterbrochen läutete das Telefon. Parteifunktionäre der verschiedensten Länder, Redakteure der sogenannten illegalen Rundfunksender oder sonstige Mitarbeiter des Instituts Nr. 205 baten um Auskünfte oder um Materialien. Meist wurden sie ihnen wenige Minuten später durch Boten zugeschickt. Meine Themenliste schien sie gar nicht zu beeindrucken.
»Bitte setzen Sie sich drüben in den Lesesaal. Sie werden vom Deutschland-Mitarbeiter sofort alle Zeitungsausschnitte aus der deutschen, alliierten und neutralen Presse zu den von Ihnen gewünschten Themen erhalten.«
Tatsächlich war ich nach wenigen Minuten mit allem versorgt. Ich konnte nur staunen über die Reichhaltigkeit des Materials, über die Präzision und Vollständigkeit, mit der es gesammelt worden war, über die glänzende Organisation und über die Schnelligkeit, mit der es den Interessenten zugestellt wurde.
Offensichtlich standen finanzielle Mittel und Fachkräfte unbegrenzt zur Verfügung. Dieser Eindruck wurde durch die vielen

Besuche, die ich im Laufe des Jahres dem Institut Nr. 205 abstattete, immer wieder bestätigt.*

Fast jede Woche mußte ich nun dorthin fahren, um für unsere Zeitung das entsprechende Material ausfindig zu machen und zusammenzustellen. Für mich war das die interessanteste Tätigkeit, denn auf diese Weise konnte ich mir ein Bild von Deutschland machen, das weit zutreffender war als alles, was in der offiziellen Sowjetpresse mitgeteilt wurde. Auch gefiel mir die Atmosphäre im Institut Nr. 205 besser als in der Zeitungsredaktion *Freies Deutschland*, im Institut Nr. 99, die in den ersten Monaten nur aus vier Redakteuren bestand. Bald lernte ich sie näher kennen.

Lothar Bolz schrieb die Artikel über Deutschland, die meist ungezeichnet erschienen. Er war sehr emsig bei der Arbeit, las aufmerksam alle Bulletins mit Auszügen aus der Hitler-Presse durch und stellte danach seine Artikel zusammen. Er schien Herrnstadt schon von früher her zu kennen, denn von allen Redakteuren hatte er die besten Beziehungen zu ihm. Wie alle, die lange in der Sowjetunion waren, sprach er nur wenig von sich selbst. Aus seinen kargen Erzählungen ging aber doch hervor, daß er früher Rechtsanwalt in Oberschlesien gewesen war und bereits viele Jahre in der Sowjetunion lebte. Er hatte als Redakteur der deutschsprachigen *Roten Zeitung* in Leningrad, der *Deutschen Zentral-Zeitung* in Moskau und als Lehrer für deutsche Sprache und Literatur in Nowosibirsk gearbeitet. In offiziellen Parteierklärungen war sein Name jedoch nicht zu finden. Die Tatsache, daß seine Artikel ungezeichnet in der Zeitung erschienen, ließ schon damals darauf schließen, daß er nicht exponiert werden sollte. Zu jener Zeit war allerdings nicht vorauszusehen, daß er später in der Sowjetzone die »National-Demokratische Partei« führen und Außenminister der DDR werden sollte.

* Ich habe bisher in Westdeutschland noch kein Institut gesehen, das nur annähernd so viel Material über die Sowjetunion und die Ostblockstaaten besäße und so ausgerüstet und organisiert wäre, wie das sowjetische Institut Nr. 205, das die Materialien über die nichtsowjetischen Länder sammelt und auswertet.

Der zweite Mann der Redaktion war *Alfred Kurella*. Er war nicht ständig bei uns, sondern kam meist nur bei »schwierigen Sachen«. Selbst schrieb er wenig. Offensichtlich bestand seine Hauptaufgabe im Redigieren der Artikel von Offizieren des Nationalkomitees aus Ljunowo, der Gestaltung der Zeitung und der Herausarbeitung der politischen Linie, die meist im Zimmer von Rudolf Herrnstadt, häufig sogar unter Ausschluß der anderen Redakteure, besprochen wurde.

Klar umgesetzt war dagegen das Tätigkeitsgebiet von *Karl Maron*. Er schrieb die militärischen Kommentare der Zeitung, die stets mit seinem Namen gezeichnet wurden. Die uns gewährte verhältnismäßig weitgehende Freiheit kam besonders in diesen Kommentaren zum Ausdruck. Sie wichen weitgehend von den offiziellen stereotypen sowjetischen Analysen ab, enthielten nicht selten Prognosen und gehörten zu den wertvollsten Beiträgen der Zeitung.

Als letzter muß *Ernst Held* erwähnt werden. Er war früher einmal Theaterregisseur gewesen, dann in die Sowjetunion emigriert und hatte den Aufruf an das deutsche Volk vom 30. Januar 1942 als »Vertreter der deutschen Intelligenz« unterzeichnet. In der Zeitung sollte er das Ressort Kultur und die Meldungen übernehmen. Er war ein netter Mensch und vielleicht auch ein guter Regisseur, aber für die Arbeit an der Zeitung völlig ungeeignet. Um eine Meldung zu formulieren, brauchte er so viel Zeit, wie Karl Maron für zwei militärische Kommentare oder Lothar Bolz für eine ganze Deutschland-Seite. Aber er sprach gerne darüber, wie unglücklich er sei, nicht genügend helfen zu können.

Obwohl Maron, Bolz und Kurella ihren Aufgaben durchaus gewachsen waren, stellte die Redaktion kein Kollektiv dar. Es war unverkennbar, daß Herrnstadt allein die Fäden in der Hand hielt. Jeder Mitarbeiter mußte wie ein Schuljunge seinen Aufsatz zu ihm bringen und erhielt ihn dann ohne eine Erklärung mit Streichungen oder Änderungen zurück. Die Verbindung wurde durch Herrnstadts Privatsekretärin Gordejewa hergestellt, einer

Österreicherin, die in Rußland geheiratet hatte und von Herrnstadt sichtlich bevorzugt wurde.
Rudolf Herrnstadt erzählte wenig von sich selbst. Als ich seine ersten Artikel las, war ich begeistert. Sie waren irgendwie »ganz anders«. Als ich meiner Begeisterung Ausdruck gab, lächelten die anderen Redakteure und erzählten, daß er früher Auslandskorrespondent des *Berliner Tageblattes* in Warschau gewesen sei. Was er aber in der Sowjetunion tat, lag wohl nicht nur für mich, sondern auch für die anderen Redakteure völlig im dunkeln. Ich wußte nur, daß er mit Walja, einer hübschen Russin, verheiratet war, die, wie ich, in der Moskauer Staatlichen Hochschule für Fremdsprachen studiert hatte. Im Unterschied zu den anderen Redakteuren wohnte er nicht im Hotel »Lux« und schien weniger Verbindung zur Emigrationsführung der KPD als vielmehr direkt zu sowjetischen Stellen zu haben.
Im Verlauf der vielen Jahre, die ich bis dahin in der Sowjetunion verbracht hatte, war mir schon manchmal der Typ des unpersönlichen Funktionärs begegnet. Das waren in der Regel Menschen, denen man schon auf den ersten Blick ansah, daß sie ihre hohe Stellung durch Brutalität errungen hatten. Sie zeichneten sich auch nie durch ein hohes Bildungsniveau oder besondere Intelligenz aus. Was mich bei Herrnstadt immer wieder verblüffte, war die Mischung von westlichem Aussehen, westlicher Kleidung, westlichem Stil in seinen Artikeln, außerordentlicher Intelligenz, gepaart mit jener eiskalten Härte, die durch seine übertrieben höflichen Umgangsformen nur schwach verdeckt wurde.
Zunächst hatte ich den Eindruck, daß unsere Zeitung keiner Zensur unterlag, eine Tatsache, die mir damals unfaßbar erschien. Wir hatten eine für sowjetische Verhältnisse relativ weitreichende Freiheit, aber ohne Zensur ging es doch nicht.
Anfang September 1943 ließ mich Herrnstadt zu sich kommen: »Ich würde Sie bitten, diese Abzüge in das Hotel ›Lux‹ zu bringen und dort durchsehen zu lassen.«
Er nannte mir eine Zimmernummer.
»Von wem soll ich sie denn durchsehen lassen?«

»Fragen Sie nach *Ernö Gerö.*«
Nichts hätte mich mehr überraschen können. Ich hatte vermutet, daß unsere Zeitung entweder von der VII. Abteilung der Politischen Hauptverwaltung der Roten Armee (die sich mit der Propaganda in der deutschen Wehrmacht befaßte) oder von einem Vertreter der Auslandsabteilung des ZK der Bolschewistischen Partei zensiert würde. Jetzt stellte sich heraus, daß ein Mitglied des engsten Führungskerns der ungarischen Partei in Moskau über die letzten Formulierungen in der Zeitung des deutschen Nationalkomitees zu entscheiden hatte!
Mit Ernö Gerö, der damals 45 Jahre war, sollte ich nun noch häufiger zusammenkommen. Gelegentlich stattete er auch unserer Redaktion einen Besuch ab, und die Art und Weise, wie Herrnstadt sich ihm gegenüber verhielt, zeigte mir, daß Ernö Gerö damals einen außerordentlichen Einfluß besaß. Er hatte die Angewohnheit, im leichten Plauderton wichtige politische Hinweise zu geben, oft in einem Nebensatz versteckt und nur durch eine leichte Betonung angedeutet. Wie er die Korrekturabzüge unserer Zeitung in die Hand nahm, meist ganze Blätter achtlos beiseite legte, sofort die wichtigsten politischen Stellen fand, manchmal lächelnd ein Wort durchstrich, um es durch ein anderes, eine winzige Nuance schärferes oder abschwächenderes zu ersetzen, frappierte mich immer wieder. Die kurzen Gespräche, die wir miteinander führten, seine außerordentliche Kenntnis der deutschen Probleme, sein Einfühlungsvermögen und politisches Fingerspitzengefühl, wie ich stets bei seiner Zensur der Zeitung beobachten konnte, sind mir noch heute gut in Erinnerung.
Ernö Gerö lebte seit 1923 in der Sowjetunion, wo er eine führende Rolle im Apparat der Komintern spielte. Während des Bürgerkrieges war er in Spanien, kehrte anschließend in die Sowjetunion zurück und war während des Krieges neben seiner Tätigkeit in der ungarischen Parteiführung nicht nur als politischer Ratgeber des Nationalkomitees »Freies Deutschland« tätig, sondern hatte sicherlich auch bei der Festlegung der Politik der kommunistischen Parteien anderer Länder ein gewichtiges Wort

mitzusprechen. Seit 1945 gehörte er bis 1956 dem engsten Führungskern der ungarischen Parteiführung an und hatte verschiedene wichtige Ministerposten in der Regierung inne. Es ist durchaus wahrscheinlich, daß Ernö Gerö, der zu den fähigsten politischen Köpfen des Ostblocks gehört, auch damals seine Tätigkeit nicht nur auf Ungarn beschränkte.

Während seiner Abwesenheit hatten wir einen anderen Zensor, der das personifizierte Gegenteil Gerös darstellte. Er nannte sich *Stumpf* und machte seinem Namen alle Ehre. Im Unterschied zu der höflichen, selbstsicheren und etwas lässigen Art, mit der Gerö unsere Zeitung überflog, um an einigen wichtigen Stellen seine kleinen Änderungen einzufügen, nahm Zensor Stumpf, der übrigens nicht im Hotel »Lux«, sondern in einer kleinen Privatwohnung in der Nähe des Nikitskij-Tors wohnte, die Abzüge mit zitternden Händen entgegen, setzte sich umständlich hin und las ängstlich schnaufend die Zeitung von der ersten bis zur letzten Zeile aufmerksam durch. Er war offensichtlich nicht gewohnt, Dinge zu lesen und zu zensieren, die sich so weit von den amtlichen Äußerungen der *Prawda* unterschieden. Alle Formulierungen, die nach seiner Auffassung zu weit von der offiziellen Lesart abwichen, wurden von ihm unterstrichen und am Rand mit einem Fragezeichen versehen. Selbst Auszüge aus Herrnstadts Artikeln fielen seiner Zensur zum Opfer, und er ersetzte sie durch typische *Prawda*-Formulierungen. Stumpf war der Typ des ängstlichen Bürokraten, dem alle komplizierten Dinge Kopfschmerzen bereiteten und dem die Idee des Nationalkomitees mit deutschen Offizieren und Generälen und schwarzweißroten Farben aufs tiefste zuwider war. Dieser überängstliche Bürokrat hatte aber in unserem Falle nicht viel zu sagen. Nicht selten machte Herrnstadt alle von Stumpf mit großer Anstrengung vorgenommenen Änderungen wieder rückgängig.

Bald konnte ich feststellen, daß unsere Zeitung von noch höheren Kreisen genau verfolgt wurde. Mehrmals wurde der Name *Manuilskij* erwähnt. Das war nicht erstaunlich, denn Manuilskij war schon jahrelang an führender Stelle der Komintern tätig und

hatte auch während des Krieges in Ufa stets die letzten Entscheidungen zu treffen. Aber wahrscheinlich war selbst Manuilskij nicht unser höchster »Ratgeber«. Eines Tages, als es eine besonders schwierige Frage in dem Artikel eines deutschen Generals zu lösen gab und Gerö gerade bei uns zu Besuch weilte, schüttelte er lächelnd den Kopf: »Eine knifflige Angelegenheit«, wobei er im weiteren Gespräch einen Namen erwähnte, der damals zu den allerhöchsten Kreisen gehörte: *Schtscherbakow*.
Generaloberst Alexander Schtscherbakow, der 1938 als Nachfolger Chruschtschows an die Spitze der Moskauer Parteiorganisation rückte, wurde bereits drei Jahre später, auf der 18. Parteikonferenz im Frühjahr 1941, gemeinsam mit Malenkow, zum Kandidaten des Politbüros ernannt. Damit gehörte er zum höchsten Kreis der sowjetischen Parteiführung. Mit einiger Sicherheit ist anzunehmen, daß er sich bereits in jener Zeit mit außenpolitischen Fragen befaßte. Während des Krieges war er Chef der politischen Hauptverwaltung der Roten Armee (Glaw PURKKA) und gleichzeitig Chef des sowjetischen Informationsbüros, das täglich die Frontkommuniqués herausgab. Er starb am 11. Mai 1945, zwei Tage nach Kriegsende. Offiziell wurde bekanntgegeben, er sei einem Herzleiden erlegen. Acht Jahre nach seinem Tod, am 13. Januar 1953, hieß es, Schtscherbakow sei von einigen Kreml-Ärzten durch falsche Behandlung und besondere Medikamente umgebracht worden. Diese Behauptung wurde wenige Wochen später, am 4. April 1953, zurückgenommen und die verhafteten Kreml-Ärzte wieder befreit.
So unklar die Ursachen seines Todes auch sind, so unzweifelhaft ist die Tatsache, daß Schtscherbakow während des Krieges eine überragende Stellung innehatte. Als Chef der politischen Hauptverwaltung der Roten Armee hatte er selbstverständlich bei der Entscheidung über die wesentlichsten außenpolitischen Fragen ein wichtiges Wort mitzureden. Wenn auch bei uns in der Redaktion sein Name nur selten fiel, so ist doch sicher, daß die wichtigsten politischen Fragen des Nationalkomitees letzten Endes von ihm entschieden wurden.

Das zurückgezogene Waffenstillstandsangebot

Die schwarzweißrot umrandete Zeitung *Freies Deutschland*, in der so oft von Tauroggen, Yorck, Clausewitz und dem Freiherrn vom Stein die Rede war, wurde in einer Druckerei hergestellt, die sich gegenüber unserem Gebäude befand und den Namen *Iskra revoluzii* (Funke der Revolution) trug. Hier wurden während des Krieges auch Flugblätter an die Wehrmacht, die Zeitungen der Kriegsgefangenen in ungarischer, rumänischer und italienischer Sprache und schließlich – das allerdings rangierte in jener Zeit an letzter Stelle – die von Johannes R. Becher herausgegebene deutsche Zeitschrift *Internationale Literatur* gedruckt.

Schon in den ersten Tagen erkannte ich, daß meine Funktion als »Verbindungsmann zur Druckerei« mir Einblick in einen interessanten und wenig bekannten Teil der Tätigkeit des Nationalkomitees vermittelte. Ich konnte feststellen, welche Veränderungen Herrnstadt an den Artikeln vornahm. Mehrmals war ich Zeuge weitreichender Textänderungen, die meist erst in letzter Minute und offensichtlich auf Veranlassung von höchster Stelle vorgenommen wurden. Gleich in den ersten Wochen nach der Gründung des Nationalkomitees handelte es sich um bedeutsame Vorgänge. Ende August 1943, in einer der ersten Nummern der Zeitung, sollten auf der Titelseite in großer Aufmachung Begrüßungen aus verschiedenen Kriegsgefangenenlagern an das Nationalkomitee abgedruckt werden. Selbstverständlich handelte es sich hierbei nicht um spontane Erklärungen, sondern um Texte, die von höchster Stelle aus genau durchdacht und formuliert worden waren. Dann erst wurden sie von den »Aktivs« in den Kriegsgefangenenlagern übermittelt, um von dort als »Begrüßungsschreiben an das Nationalkomitee« abgeschickt zu werden.

Mit Staunen bemerkte ich, daß in allen Begrüßungsschreiben das Nationalkomitee als *Kern einer zukünftigen neuen deutschen Regierung* bezeichnet wurde. Obwohl ich schon gemerkt hatte, daß das Nationalkomitee von höchster Stelle aus unter-

stützt wurde, war ich doch über diese sehr weitgehenden Formulierungen erstaunt.
Die Zeitung stand unmittelbar vor der Drucklegung, als Herrnstadt mich kommen ließ: »Veranlassen Sie bitte in der Druckerei, daß mit dem Druck noch nicht begonnen wird, und lassen Sie sich die letzten Abzüge geben. Es sind noch ein paar kleine Änderungen zu machen«, sagte er mit gleichgültiger Stimme. Sie war ein wenig zu gleichgültig.
Eine halbe Stunde später trug ich die Abzüge wieder in die Drukkerei zurück. Die »kleinen Änderungen« erwiesen sich als sehr bedeutsam: Alle Hinweise, in denen das Nationalkomitee als Kern einer zukünftigen deutschen Regierung bezeichnet worden war, hatte Herrnstadt gestrichen. Während die russischen Setzer und Metteure über die in letzter Minute erfolgte Umstellung fluchten, überlegte ich mir, welches Geschehnis wohl Ende August 1943 eine plötzliche Degradierung des Nationalkomitees bewirkt haben könnte.
Das war nicht das einzige Eigentümliche während der ersten Wochen des Nationalkomitees. In der zweiten Augusthälfte sprach man bei uns im Institut Nr. 99 davon, daß am 1. September 1943, zum 4. Jahrestag des Kriegsbeginns, ein »Bund deutscher Offiziere« gegründet werden sollte, vor allem aus denjenigen mittleren und höheren Offizieren und sogar Generälen, die im Juli 1943 noch nicht bereit gewesen waren, dem Nationalkomitee beizutreten, und denen, wie wir es damals ausdrückten, die Zielsetzung »zu weitgehend« war. Alles war schon für die Gründung am 1. September vorbereitet. Unerwartet wurde jedoch die Gründung verschoben: Vom »Bund Deutscher Offiziere« wurde nicht mehr gesprochen. Für diese Verschiebung gab es keine Erklärungen. Zehn Tage später wurde das Steuer erneut herumgeworfen, und am 11. bis 12. September erfolgte dann plötzlich doch noch, fast überstürzt, die Gründung des »Bundes Deutscher Offiziere« unter dem Vorsitz des Generals von Seydlitz.
Zunächst glaubte ich, die Verschiebung des Gründungstermins

sei aus technischen Gründen erfolgt, aber zur gleichen Zeit trat ein drittes Ereignis ein, das mich stutzig machte.

Es war in der ersten Septemberhälfte 1943. Ich erhielt von Herrnstadt einen Artikel mit dem Titel *Waffenstillstand – das Gebot der Stunde*. Waffenstillstand? Unwillkürlich prallte ich zurück. Die offizielle Parole des Nationalkomitees hieß damals »Sturz Hitlers und Rückführung der deutschen Wehrmacht an die Reichsgrenzen«. Von einem Waffenstillstand war bisher nie die Rede gewesen.

Mit großem Interesse las ich den Artikel sorgfältig durch. Das Wort »Waffenstillstand« kam in ihm noch zweimal vor, und überhaupt schlug dieser Artikel einen völlig anderen Ton an als sonst bei uns üblich. Er wandte sich nicht in erster Linie an die gegen Hitler eingestellten Generäle und Offiziere, sondern war, wenn auch in indirekter Form, faktisch ein Waffenstillstandsangebot an die offiziellen Stellen der Hitler-Regierung. Es war klar, daß ein solcher Leitartikel nur von allerhöchster Stelle »angeregt« worden sein konnte. Gespannt harrte ich der weiteren Dinge.

Der Artikel blieb jedoch unverändert und ging durch beide Korrekturlesungen Herrnstadts hindurch. Der Umbruch war beendet, und in der Nacht sollte mit dem Druck begonnen werden. Gegen 12 Uhr nachts kam plötzlich Herrnstadt in die Druckerei. Wenige Minuten vor dem Druck nahm er sich den Abzug der ersten Seite vor und murmelte etwas von einer »kleinen Änderung«.

Als er das Blatt zurückgab, war der Titel des Leitartikels verändert.

Alle Andeutungen auf einen Waffenstillstand hatte Herrnstadt entfernt und durch neue, völlig andere Formulierungen ersetzt. Die ganze Nacht, während ich zusammen mit Karl Maron den Umbruch fertigstellte und die ersten fertigen Exemplare erwartete, dachte ich über diese eigentümlichen Veränderungen nach. Sollten tatsächlich Möglichkeiten eines Waffenstillstandes mit Hitler-Deutschland bestanden haben? Diesen Gedanken verwarf ich jedoch damals als zu fantastisch.

Erst viele Jahre später wurde mir bekannt, daß in der ersten Septemberhälfte 1943 in Stockholm Besprechungen zwischen Vertretern der Sowjetunion und Hitler-Deutschland über einen Waffenstillstand geführt worden waren.
Nach der Schilderung von Kleist in seinem Buch *Zwischen Hitler und Stalin*, die mir durchaus glaubwürdig erscheint, hegten die maßgebenden Führer der UdSSR damals gegenüber den westlichen Verbündeten ein starkes Mißtrauen und standen einem Waffenstillstand oder sogar Separatfrieden mit Hitler-Deutschland keineswegs ablehnend gegenüber.
Die sorgfältig vorbereitete Verbindung wurde allerdings, wie Kleist berichtet, auf Befehl Hitlers abgebrochen.
Die für Stockholm Anfang September 1943 vorgesehene Fühlungnahme dürfte somit auch die politische Linie des Nationalkomitees beeinflußt haben. Es ist sehr wahrscheinlich, daß in dieser Situation das Nationalkomitee nicht als Kern einer zukünftigen deutschen Regierung hingestellt werden durfte und daher alle Hinweise in dieser Richtung gestrichen werden mußten. Auch die Verschiebung der Gründung des »Bundes Deutscher Offiziere« dürfte damit im Zusammenhang stehen.
Der von Herrnstadt vorbereitete Artikel in der Zeitung *Freies Deutschland* sollte offensichtlich das Waffenstillstandsangebot der Sowjetunion noch einmal bekräftigen und unterstreichen, und wahrscheinlich ist Herrnstadt sofort nach dem Abbruch der Gespräche informiert worden, seinen Artikel zurückzuziehen und zu verändern. Vielleicht war Herrnstadt, der zu den wenigen Emigranten gehörte, die Beziehungen zu höheren sowjetischen Dienststellen unterhielten, sogar über diese Friedensfühler – zumindest teilweise – informiert worden.
Den Abzug des ursprünglichen Artikels nahm Herrnstadt an sich. So verschwand das einzige gedruckte Beweisstück, das die heute nur aus Memoiren bekannten Sondierungen in Stockholm über einen Waffenstillstand zwischen Hitler-Deutschland und der Sowjetunion im Herbst 1943 hätte bestätigen können.

Die ersten Monate des Nationalkomitees

Zurückschauend scheint mir die Bedeutung des Nationalkomitees in den ersten Monaten – etwa bis zur Konferenz in Teheran, Ende November 1943 – am größten gewesen zu sein.

Mit der Gründung des »Bundes Deutscher Offiziere« am 11. und 12. September 1943 hatte sich eine Reihe von Generälen und höheren Offizieren der Zielsetzung des Nationalkomitees genähert. Allerdings war der »Bund Deutscher Offiziere«, zumindest am Anfang, keineswegs nur ein Anhängsel des Nationalkomitees, sondern besaß eine gewisse Selbständigkeit und hatte auch einen eigenen Vorstand. Im Unterschied zum Nationalkomitee »Freies Deutschland«, das an der Spitze einer Bewegung stehen sollte, konnte man dem »Bund Deutscher Offiziere« als eingeschriebenes Mitglied beitreten.

Am 14. September 1943 wurde auf einer Vollsitzung des Nationalkomitees die Tätigkeit koordiniert. Das Präsidium des Nationalkomitees wurde durch die führenden Köpfe des »Bundes Deutscher Offiziere« erweitert. Der Präsident des »Bundes Deutscher Offiziere«, General Walther von Seydlitz, und Generalleutnant Edler von Daniels wurden Vizepräsidenten des Nationalkomitees. Generalmajor Dr. Korfes, Generalmajor Martin Lattmann und die Obersten Luitpold Steidle und van Hooven wurden als Vertreter des »Bundes Deutscher Offiziere« in das Nationalkomitee aufgenommen, das nun über 50 Mitglieder zählte.

Durch den Beitritt von ehemaligen deutschen Generälen und der damit verbundenen Vergrößerung des Nationalkomitees stieg die Bedeutung des Komitees weiter. An den häufigen Besuchen von Ernö Gerö spürte ich das Interesse der sowjetischen Seite. Die wachsende Bedeutung zeigte sich auch in Begrüßungsschreiben aus dem alliierten und neutralen Ausland.

In den ersten Monaten bestand zwischen der Propaganda des Nationalkomitees »Freies Deutschland« und der des »Bundes Deutscher Offiziere« auf der einen Seite und der von der VII. Abteilung der politischen Hauptverwaltung der Roten Armee betriebenen Propaganda auf der anderen Seite ein wesentlicher Unterschied. Während die VII. Abteilung die deutschen Soldaten und Offiziere zur Einstellung der Kampfhandlungen aufforderte, gab es nichts dergleichen in der Propaganda des Nationalkomitees. Im Gegenteil: Der Leitgedanke des Nationalkomitees war damals: Sturz Hitlers und organisierte Rückführung der deutschen Truppen an die Reichsgrenze, um einen günstigen Ausgangspunkt für den Friedensschluß mit den Alliierten zu ermöglichen.

Vom 28. November bis 1. Dezember 1943 fand die Teheraner Konferenz der »Großen Drei« statt, die zu engeren Beziehungen zwischen der Sowjetunion und den Westmächten führte. Wir konnten aus der Sowjetpresse und der innenpolitischen Propaganda bald spüren, daß sich nach der Teheraner Konferenz die Beziehungen zu den westlichen Verbündeten enger gestaltet hatten, und dies wirkte sich auch auf die politische Linie und Tätigkeit des Nationalkomitees aus.

Bereits im Dezember 1943 wurde in der Stadtredaktion und im Hotel »Lux« wiederholt davon gesprochen, daß die bisherige politische Linie des Nationalkomitees sich als unwirksam erwiesen hätte und der gegenwärtigen Situation nicht mehr entspräche. Am 5. Januar 1944 beschloß dann das Plenum des offiziellen Nationalkomitees die Wendung der politischen Linie.

Präsident Weinert erklärte:

»Wir treten in die zweite Etappe ein. Sie verlangt, daß wir den Kampf der Soldaten und des Volkes und der Heimat auf breitester Basis organisieren ... Die Lage ändert sich, unsere Parolen müssen zeitgemäß sein. Im Augenblick ist die Arbeit an der Front am vordringlichsten.«

Anschließend gab Wilhelm Pieck die neue politische Linie bekannt:

»Es ist sinnlos zu warten, bis sich in Deutschland ein General oder Wirtschaftsführer findet, um Hitler im letzten Augenblick an der Vollendung seines Verbrechens zu hindern. Es ist äußerst zweifelhaft, ob einer der verantwortlichen Männer der Wehr-

macht oder der Wirtschaft dazu die Kraft findet. Sie haben Hitler schon zuviel gestattet. Wir müssen daher die Kräfte, die Deutschland retten können, aus dem Volke schaffen, aus den Arbeitern, Bauern, Intellektuellen. Wir müssen einen organisierten Kampf des deutschen Volkes entfesseln ... Der Appell, den wir an die Frontsoldaten richten müssen, lautet: Einstellung der Kampfhandlungen, Übergehen zum Nationalkomitee.«
Damit hatte sich Sinn und Ziel des Nationalkomitees stark verändert. Bis zur Teheraner Konferenz war es ein Organ, das sich die Aufgabe stellte, durch Aufrufe oder direkte Briefe an Heerführer diese zu veranlassen, ihre Truppen an die Reichsgrenze zurückzuziehen und damit die Möglichkeit eines ehrenvollen Friedens für Deutschland zu schaffen. Mit der neuen, Anfang Januar 1944 angenommenen politischen Linie lag nun das Schwergewicht auf der Propagierung einer »Volkserhebung gegen Hitler« im Hinterland und im Übergehen auf die Seite des Nationalkomitees an der Front. Das Nationalkomitee beschränkte sich von nun an auf den Nachweis, die militärische Lage Hitler-Deutschlands sei aussichtslos, und rief dazu auf, die Kampfhandlungen einzustellen. Das bedeutete praktisch für den einzelnen in die Gefangenschaft gehen, um sich sein Leben für den Aufbau eines neuen Deutschlands zu erhalten.
An führender Stelle der Zeitung wurden nun ständig Übertritte auf die Seite des Nationalkomitees gemeldet – allerdings handelte es sich in dieser Zeit meist nur um Übertritte einzelner oder kleinerer Gruppen, wie etwa bei Krasno-Armejsk und nördlich Swenigorodka.
Wenige Wochen später traten jedoch Ereignisse an der Front ein, durch die das Nationalkomitee vor große Aufgaben gestellt wurde.
Es handelte sich um den Kessel Korsum-Schewtschenkowskoje, in deutschen Frontberichten »Kessel westlich Tscherkassy« genannt. Ende 1943 war die Dnjepr-Linie, auf die das Führerhauptquartier so große Hoffnungen gesetzt hatte, in breitester Front von den sowjetischen Armeen überschritten worden, die schon

an vielen Stellen tief nach Westen vordrangen. Trotzdem klammerten sich auf Befehl Hitlers 10 Divisionen am Westufer des Dnjepr fest. Es war nicht schwer vorauszusehen, daß diese Truppenteile außerordentlich leicht eingekesselt werden konnten. Dies erfolgte in den letzten Januar-Tagen, als sich die Stoßkeile der südlich vorgehenden 2. Ukrainischen Front mit den Stoßkeilen der nördlich operierenden Front vereinigten.
Damit wurden im Raum der Stadt Korsun-Schewtschenkowskoje, westlich von Tscherkassy – nach den Angaben, die damals in der Sowjetunion veröffentlicht wurden etwa 70 000 bis 80 000 Soldaten und Offiziere der Wehrmacht eingekesselt. Auf allerhöchste Anweisung fuhren die Generäle von Seydlitz und Dr. Korfes mit einer Reihe anderer deutscher Offiziere des Nationalkomitees gemeinsam mit einem sowjetischen General in einem Sonderzug an die Front, um dort den Lauf der Dinge beeinflussen zu können. General von Seydlitz richtete an General Lieb ein persönliches Schreiben, und die eingekesselten Truppen wurden mit Flugblättern und Aufrufen überschwemmt. Die Propaganda des Nationalkomitees und des »Bundes Deutscher Offiziere« hatte jedoch nur eine geringe Wirkung. Allerdings waren die Bedingungen auch nicht günstig, weil eine deutsche Entsatzarmee sich bis auf wenige Kilometer durchgekämpft hatte und damit die Chance des Ausbruchs bestand. Tatsächlich gelang es – wie ich erst später durch einen Frontbevollmächtigten erfuhr – dem größten Teil der eingekesselten Truppen, sich wieder herauszukämpfen. Die offizielle Sowjetpropaganda verschwieg jedoch den Ausbruch und erklärte, 55 000 deutsche Soldaten seien gefallen, während 18 000 sich in Gefangenschaft begeben hätten. Auch die Zeitung *Freies Deutschland* übernahm – wenn auch in anderer Formulierung – die sowjetische Version. Zusätzlich wurde berichtet, daß von denjenigen, die in Gefangenschaft gekommen waren, sich etwa die Hälfte – nach der Gefangennahme – für die Bewegung »Freies Deutschland« erklärt hätten. Aber selbst das wurde mir von einem Frontbevollmächtigten in Privatge-

sprächen als übertrieben bezeichnet. Es ließ sich nicht darüber hinwegtäuschen, daß trotz der direkten Teilnahme hoher Mitglieder des Nationalkomitees und des »Bundes Deutscher Offiziere«, trotz Rundfunksendungen, Zeitungen, Flugblätter und direkter Frontpropaganda die Bewegung »Freies Deutschland« einen Mißerfolg erlitten hatte.

Darüber konnten auch einzelne kleinere Ereignisse, die von der Zeitung *Freies Deutschland* groß aufgemacht und als Erfolge hingestellt wurden, nicht hinwegtäuschen. Die Erfolgsmeldungen beschränkten sich im Frühjahr 1944 auf den Überflug des Unteroffiziers Heinz Müller aus Braunschweig, der am 5. Januar 1944 auf einem sowjetischen Flugplatz gelandet war und dort erklärte, daß er gemeinsam mit seinen Kameraden den Sender »Freies Deutschland« gehört hätte. »Ich kam zu dem Entschluß«, erklärte Heinz Müller, »bei der nächsten günstigen Gelegenheit auf die Seite des Nationalkomitees ›Freies Deutschland‹ überzufliegen.« Dem Braunschweiger Bordmechaniker Müller wurde sofort darauf ein mehrspaltiger Artikel *Mit der JU 52* zum Nationalkomitee gewidmet.

Als im März 1944 in einem kleinen Kessel an der Südfront in Snigirewka-Beresnowatoje 1.800 Soldaten und Offiziere die Waffen streckten, wurde in unserer Redaktion berichtet, daß man im Unterschied zum Kessel Korsun-Schewtschenkowskoje in diesen Einheiten vom Nationalkomitee bereits viel mehr wußte.

Alles in allem stand jedoch diese Wirkung in keinem Verhältnis zu den Erwartungen, die in Moskau bei der Gründung des Nationalkomitees gehegt worden waren. Erst im Sommer 1944 sollte das Komitee wieder größere Bedeutung erlangen – aber das erlebte ich nicht mehr in der Redaktion der Zeitung.

Rundfunksprecher am Sender »Freies Deutschland«

Im Laufe der Zeit waren die Aufgaben des »Stadtkomitees« bzw. des Instituts Nr. 99 so erweitert worden, daß die Büros zu eng wurden. Koslow, unser Verbindungsmann zu den russischen

Dienststellen, hatte den Ehrgeiz, »seine« Institution – obwohl er an der eigentlichen Arbeit nicht teilnahm – möglichst umfangreich zu machen. »Ich werde schon etwas tun«, beruhigte er uns.

Schon in Friedenszeiten war es in Moskau unglaublich schwierig, auch nur einige kleine zusätzliche Büroräume zu erhalten. Viele wichtige Institutionen mußten oft jahrelang auf Büroräume warten. Jetzt, mitten im Krieg, neue zusätzliche Arbeitsräume zu bekommen, schien vollkommen unmöglich zu sein. Aber ich hatte mich getäuscht.

Nach wenigen Tagen kam Koslow freudestrahlend zurück. »Wir haben etwas Herrliches gefunden«, verkündete er triumphierend. Wir wurden gleich zu einer Besichtigung eingeladen und standen eine Viertelstunde später staunend vor einem imposanten Gebäude: Obuchastraße 3.

Auch dieses Haus liegt mitten im Stadtzentrum, unweit des A-Boulevards. Offensichtlich war es früher einmal die Villa eines Kaufmanns oder hohen Beamten gewesen; es hatte sehr geräumige Zimmer mit großen Fenstern und war von einem Garten umgeben. Eine für Moskauer Verhältnisse imposante Auffahrt führte zum Eingang des Gebäudes. Ich kannte es schon von früher. Dieses Haus hatte bis zu Kriegsbeginn 1941 als »Emigrantenheim« gedient. Viele Jahre hindurch hatten in diesem Gebäude, allerdings recht eng zusammengepfercht, deutsche und österreichische Emigranten gewohnt. Da sie nun teils nach Kasachstan zwangsumgesiedelt, teils nach Tomsk evakuiert worden waren, stand das Gebäude fast leer.

Für unsere Zwecke schien es uns allerdings doch zu groß zu sein.

»Ist das ganze Haus für das Institut Nr. 99 vorgesehen?«

»Nein, nicht das ganze. Die Hälfte. In der anderen Hälfte befindet sich eine andere Institution.«

»Was für eine?«

Koslow kratzte sich verlegen den Kopf: »Das polnische Komitee der nationalen Befreiung.«

Seine Verlegenheit war verständlich. Ein solches »Zusammenwohnen« schien politisch nicht gerade klug zu sein. Schon im Frühjahr 1944 wurde andeutungsweise von einer zukünftigen deutsch-polnischen Grenze gesprochen, die für Deutschland nicht besonders günstig verlaufen sollte. Koslow, der sich bei diesem Gedanken nicht gerade wohl fühlte, beruhigte uns. »Die beiden Institutionen sind und bleiben natürlich ganz getrennt. Das Haus hat zwei getrennte Eingänge, so daß Sie völlig ungestört arbeiten können und mit dem polnischen Komitee gar nicht in Berührung kommen.«

Wir waren übrigens kaum einige Wochen in dem neuen Gebäude, als wir in einer Nazizeitung lasen, daß in Moskau das polnische und das deutsche Nationalkomitee in einem gemeinsamen Gebäude untergebracht seien. Es gab eine ziemliche Aufregung. Uns allen war unerklärlich, wie diese Tatsache mitten im Krieg den Nazis so schnell bekannt geworden war.

In der Redaktion gab es kurz nach dem Umzug einige Veränderungen. Wir erhielten zwei neue Redaktionsmitglieder: Willi Eildermann und Peter Florin.

Willi Eildermann war kurz vorher aus Nordafrika gekommen. Er hatte in Spanien gekämpft, war dann in Nordafrika interniert, nach der Landung der Alliierten befreit worden und in die englische Armee eingetreten, der er einige Zeit angehörte. Aufgrund eines Abkommens kam er dann mit einigen anderen über Teheran nach Moskau. Später traf ich ihn als SED-Funktionär in Berlin wieder – eine Zeitlang gehörte er auch der Redaktion der SED-Zeitschrift *Einheit* an.

Peter Florin, der Sohn des ehemaligen KPD-Politbüromitglieds Wilhelm Florin, kannte ich schon von früher, da wir gemeinsam die Karl-Liebknecht-Schule besuchten und zeitweilig sogar befreundet gewesen waren. Nach 1945 traf ich ihn in der Sowjetzone als Chefredakteur des SED-Organs *Freiheit* in Halle. Später avancierte er zum Vorsitzenden des außenpolitischen Ausschusses der Volkskammer, zum DDR-Vertreter bei der UN in New York und zum stellvertretenden Außenminister.

Durch die allgemeine Erweiterung der Redaktionsarbeit wurde

auch ich neben meiner bisherigen Tätigkeit gelegentlich zu kleineren redaktionellen Arbeiten herangezogen. Trotzdem war ich keineswegs befriedigt, weil sich an der Arbeitsweise der Redaktion und an der autokratischen Herrschaft Herrnstadts nichts geändert hatte. So war ich außerordentlich erfreut, als sich im Mai 1944 meine Tätigkeit unerwartet veränderte.
Mitte Mai 1944 traf ich Anton Ackermann, den damaligen Leiter der Rundfunkredaktion. »Wir haben uns gedacht, du könntest zu uns in die Rundfunkredaktion kommen und als Sprecher tätig sein. Die Arbeit wird bestimmt interessanter für dich sein als das, was du jetzt in der Zeitung machst.«
»Ich würde natürlich sehr gerne kommen, aber ich weiß ja nicht, ob Herrnstadt es gestatten wird.«
Anton Ackermann lächelte: »Falls du einverstanden bist, kannst du ruhig kommen. Ich habe schon mit Herrnstadt über dich gesprochen.«
»An mir soll es nicht liegen. Von mir aus würde ich lieber heute als morgen zu euch in den Rundfunk kommen.«
»Gut, dann komm gleich mit. Wir fahren mit dem Wagen zur Rundfunkstation, und du kannst dir das Ganze einmal ansehen.«
Ich hatte angenommen, wir würden zum Moskauer Radiokomitee fahren. Statt dessen ging es in die entgegengesetzte Richtung. Nach einer Viertelstunde hielt der Wagen vor einem neuen Haus in der Schablowkastraße 34. Auch dieses Gebäude war mit einem Garten umgeben, umzäunt und bewacht. Im Pförtnerhäuschen wurden unsere Papiere kontrolliert, und nun erst erfuhr ich, wo wir uns befanden: im ersten Fernsehstudio der Sowjetunion. Es war, soviel ich weiß, im Jahre 1938/39 fertiggestellt worden, und von hier wurden seit dieser Zeit Fernsehsendungen unternommen, damals allerdings noch in sehr bescheidenem Umfang. Zu Beginn des Krieges wurden sie jedoch eingestellt. Jetzt wurde hier für das Nationalkomitee »Freies Deutschland« gesendet. Später hörte ich, daß von einem anderen Studio im gleichen Gebäude auch die berühmten »Zwischenrufsendungen« ausgingen. Durch eine besondere Vorrichtung, so wurde erzählt, seien diese

Sendungen auf die deutschen Wellen eingestellt, so daß die Zwischenrufe leicht eingeblendet werden konnten. Mehrfach hörte ich, daß der Zwischenrufer – an den sich gewiß viele Rundfunkhörer in Deutschland noch erinnern – niemand anders als Paul Wandel sei, mein früherer Lehrer an der Kominternschule.
In einem riesigen Raum, der mit komplizierten Fernsehapparaten vollgestopft war, begrüßten uns der Techniker und seine Mitarbeiter.
Anton Ackermann und unser Rundfunksprecher, Fritz Heilmann, ein ehemaliger Landtagsabgeordneter der KPD aus Thüringen, führten mich in die Arbeit ein.
»Die Sache ist ganz einfach«, meinte Anton Ackermann, »du hörst jetzt mal genau zu, wie Heilmann die Sendungen liest, und nachher machen wir mit dir ein oder zwei Sprechproben.«
Das geschah auch. Ich hatte erwartet, noch einige Wochen Ausbildung zu bekommen, aber man drückte mir gleich einige Manuskripte der nächsten Sendung in die Hand. »Nun, Wolfgang, willst du's nicht gleich mal versuchen?« fragte mich Ackermann.
Wie, gleich in den Äther?«
Kurz vor der nächsten Sendung setzte ich mich in das Studio neben Fritz Heilmann. Der gab mir noch in aller Eile einige wichtige Hinweise. Wenige Minuten später flammte ein rotes Lämpchen auf. Ich hörte die Melodie von »Der Gott, der Eisen wachsen ließ«. Damit wurden unsere Sendungen stets eingeleitet.
Dann kam die klare Stimme von Fritz Heilmann:
»Achtung, Achtung, hier spricht der Sender des Nationalkomitees Freies Deutschland! *Wir sprechen im Namen des deutschen Volkes! Wir rufen zur Rettung des Reiches!*«
Nachdem Heilmann die Nachrichten gesprochen hatte, las ich den militärischen Kommentar.
Hinterher lächelte mir Ackermann freundlich zu. »Na, siehst du, es geht ausgezeichnet. Du hast eine richtige Rundfunkstimme. Wenn du willst, kannst du morgen anfangen. Die erste Zeit wirst du gemeinsam mit Fritz Heilmann lesen, und sobald du alle Kniffe kennst, werdet ihr euch in die Sendungen teilen.«

So wurde ich Rundfunksprecher des Senders *Freies Deutschland*. Es war eine sehr anstrengende Arbeit, aber dafür wurden wir auch außerordentlich gut versorgt: Rundfunksprecher – vor allem, wenn sie auch Nachtsendungen haben – gehören in der Sowjetunion zu den bestbezahlten Leuten. Für jeden von uns stand ein besonderes »Ausruhzimmer« im Rundfunkgebäude zur Verfügung, und zweimal wöchentlich erhielten wir – neben unseren allgemeinen Rationen von der Verpflegung im Hotel »Lux« – besondere Lebensmittelpakete, die man *Pajoks* nannte.

Rundfunksprecher in der Sowjetunion zu sein, hat jedoch auch seine Schattenseiten: Kontrolle und Abhördienst sind außerordentlich genau. Die geringsten Sprechfehler werden streng geahndet. Glücklicherweise hatte der Sender *Freies Deutschland* als einziger in der UdSSR eine Sonderstellung: Wir waren nicht den üblichen Kontrollorganen und Abhördiensten angeschlossen.

Unser Rundfunkkontrolleur war *Bruno Schramm*, ein KP-Funktionär aus Berlin-Neukölln, der nach 1933 in die UdSSR emigriert war und auch in Spanien gekämpft hatte. Seine Aufgabe bestand darin, technische Störungen und Sprechfehler von uns in ein besonderes Buch einzuschreiben, das dann Anton Ackermann vorgelegt und von diesem abgezeichnet wurde.

Im Laufe eines ganzen Jahres unterliefen Fritz Heilmann und mir nur wenige unbedeutende Sprechfehler. Ein wirkliches Malheur passierte in unserem Sender nur einmal. Li Weinert, die Frau des Präsidenten des Nationalkomitees, sprang manchmal ein, wenn einer von uns beiden erkrankt oder sonst irgendwie verhindert war. Es kam öfter vor, daß wir kurz vor Beginn der Sendung noch angerufen wurden, um gewisse Veränderungen am Text vorzunehmen. Eines Abends wurde Li Weinert kurz vor Beginn der Sendung gebeten, das Wort »Faschismus« auf der ersten Seite in das Wort »Nationalsozialismus« umzuändern. Unmittelbar darauf blinkte das Lämpchen auf, und Li Weinert trompetete in die Welt hinaus »Hier spricht der Sender des Nationalsozialismus«. Es war eine fürchterliche Situation, und ihr Schicksal wäre besiegelt gewesen, wenn sie im Moskauer Rundfunk gearbeitet

hätte. Glücklicherweise hatte die Angelegenheit in unserem Sender keine schwerwiegenden Folgen.
Vor Beginn der Sendung war es üblich, Proben zu sprechen, um die technischen Leitungen zu überprüfen. Es war erlaubt, jeden Text durchzusprechen, da er ja sowieso nicht in den Äther hinausging. Als wieder einmal eine Probe war, machte ich mir den Spaß, unsere Ankündigung auf englisch zu sprechen: *Attention, attention, here is the radio station of the National Committee ›Free Germany‹. We speak on behalf of the German people. We call to the salvation of the German empire.* Als ich wieder aus dem Studio herauskam, sah ich die Technikerin mit bleichem Gesicht; der Sprechversuch war in den Äther hinausgegangen.
»Was wird denn jetzt bloß werden?« flüsterte sie ganz aufgeregt. Auch mir war zunächst etwas ungemütlich zumute. Wie alle Redakteure war ich der Auffassung – wahrscheinlich zu Recht –, daß unsere Sendungen bei den westlichen Alliierten in London und New York auf das genaueste abgehört wurden. Was wird sich der Abhördienst in London und New York wohl gedacht haben, als plötzlich unsere Sendung in englischer Sprache begann. Die peinlichsten Minuten meiner Rundfunkzeit sollte ich jedoch erst einige Wochen später erleben. Bequem saß ich in dem kleinen Studio. Schon blinkte das rote Lichtzeichen auf, als sich plötzlich eine Maus neben das Mikrofon setzte. »Achtung, Achtung, hier spricht der Sender des Nationalkomitees ›Freies Deutschland‹«, begann ich. Die Maus blickte mich interessiert an. Sie war kaum 40 cm entfernt, auf der gleichen Höhe mit meinem Mund und konnte mir jeden Moment direkt hineinspringen. Während ich die Nachrichten las, saß die Maus ruhig da. Langsam schob ich eine Hand bis zum Schalter, mit dem ich die Sendung hätte abschalten können. Endlich, jetzt war's geschafft! Wenn sich die Maus nur ein wenig rühren würde, konnte ich sofort die Sendung abschalten.
Endlich war die Sendung beendet!
»Mysch! (Maus)« rief ich und rannte aus dem Studio. Die beiden Technikerinnen sprangen auf und gemeinsam versuchten wir, die

Maus mit einem Besen zu vertreiben. Unterdessen liefen die Ausführungen eines Generals über die Aussichtslosigkeit des Hitler-Krieges. Unsere Einfangversuche mit der Maus verliefen genauso aussichtslos, aber endlich hatten wir sie mit einem Besen aus dem Studio vertrieben.

Die Arbeit am Rundfunksender machte mir viel Freude. Sie bot in mancher Hinsicht große Vorteile: In der Rundfunkstation konnte ich zwischen den Sendungen beliebig oft ausländische Rundfunksender hören – ein Privileg, das damals in der Sowjetunion nur sehr wenige Menschen genossen. Zu Anfang des Krieges waren alle Rundfunkgeräte beschlagnahmt worden. Kaum hatte ich eine Sendung beendet, als ich mich schon auf den Apparat stürzte, um ausländische Stationen zu hören. Die Nazisender interessierten mich nicht; meist stellte ich den Londoner Rundfunk ein. Bald hatte ich auch einen alliierten Sender entdeckt, dem ich dann ständig treu blieb – den *Soldatensender West*, jene in England stationierte Rundfunkstation, die in äußerst geschickter Weise Tanzmusik mit Anti-Hitler-Propaganda verband und deren Kommentare »Hier spricht ein Kamerad zur Lage« mich immer wieder frappierten und die ich schon damals für ein Vorbild wirksamer Rundfunkpropaganda hielt.

Anton Ackermann und die Rundfunkredaktion

Mein neuer Chef, Anton Ackermann, war aus ganz anderem Holz geschnitzt als Rudolf Herrnstadt. Er erkundigte sich oft freundschaftlich, wie mir die neue Arbeit gefalle, und lud mich bald zur Mitarbeit in der Redaktion ein.

»Wenn du willst, kannst du auch gern an den Redaktionssitzungen teilnehmen. Du bekommst dann ein gutes Bild und kannst vielleicht bald selbst Artikel und Kommentare schreiben.«

Ich sagte natürlich zu und nahm seitdem bis Kriegsende ständig an den Sitzungen teil.

Im Unterschied zu Herrnstadts autokratischer Leitung in der Zeitungsredaktion bestand im Rundfunk ein richtiges Arbeitskollektiv.

Anton Ackermann, der die Leitung der Redaktion hatte und die wichtigsten Kommentare selbst schrieb, kehrte niemals den Chef heraus, besaß dafür aber echte Autorität. Es stand für jeden außer Frage, daß seine Fähigkeiten weit über die aller anderen Mitarbeiter hinausragten.

Ackermann war damals noch nicht einmal vierzig Jahre alt. Im Dezember 1905 in Thalheim (Erzgebirge) geboren, war er zunächst in der Jugendbewegung tätig gewesen und 1926 in die KPD eingetreten. Kurz darauf arbeitete er schon in der Unterbezirksleitung Plauen/Zwickau und wurde 1928 aufgrund seiner offensichtlichen Fähigkeiten zur politischen Weiterbildung nach Moskau geschickt. Im Oktober 1935, auf der sogenannten Brüsseler Konferenz, wurde er ins Zentralkomitee und ins Politbüro gewählt. Während des Bürgerkrieges war er in Spanien und kehrte 1940 in die Sowjetunion zurück. Er hatte die Aufrufe der KPD, die Erklärung an das deutsche Volk und den Gründungsaufruf des Nationalkomitees mit unterzeichnet und war unmittelbar nach der Gründung mit der Leitung der Rundfunkredaktion beauftragt worden.

Die täglichen militärischen Kurzkommentare wurden von *Kurt Fischer* verfaßt. Kurt Fischer, der in seiner Jugend der KPD beigetreten war, hatte den größten Teil seines Lebens in der Sowjetunion verbracht. Er gehörte nicht der offiziellen Parteiführung an und schien lange Jahre hindurch mit der deutschen Partei nur wenig Verbindung gehabt zu haben. Auch zur Zeit seiner Mitarbeit im Nationalkomitee lebte er nicht im »Lux«. Er hatte in der Sowjetunion eine militärische Laufbahn eingeschlagen; man sprach davon, daß er sogar die Generalstabsakademie der Roten Armee absolviert hätte und oft Sonderaufträge, auch in China, ausgeführt haben soll. Er tat gern geheimnisvoll und war leicht erregbar. Man merkte, wie es ihm manchmal schwerfiel, sich zurückzuhalten und sich Ackermann unterzuordnen. Wenn Fischer einmal Macht in die Hände bekommt, möchte ich ihm nicht unterstellt sein, dachte ich damals oft. Meine Vermutungen sollten sich bestätigen. Nach 1945 wurde Fischer Innenminister von Sachsen und hat diese Position nicht nur zu rücksichtslosen Verfolgungen Andersdenkender ausgenutzt, sondern auch zur persönlichen Bereicherung und zur Eliminierung persönlicher Gegner, die ihm gefährlich schienen.

Die meisten Kurzkommentare zu anderen Themen verfaßte *Fritz Erpenbeck*, ein begabter und sehr vielseitiger Journalist, von dem in der Sowjetunion eine Novelle aus dem Ersten Weltkrieg *... aber ich wollte nicht feige sein* und sein viel beachteter Roman *Die Gründer* erschienen waren. Erpenbeck arbeitete nach 1945 als freier Journalist an verschiedenen Zeitungen und Zeitschriften und wurde später zum Leiter der Hauptabteilung »Darstellende Kunst und Musik« in der Kunstkommission der Sowjetzone ernannt.

Während Fischer und Erpenbeck sich vorwiegend auf die Redaktionsarbeit in unserer »Stadtredaktion« konzentrierten, hatten *Max Keilson*, der spätere Chefredakteur der Berliner SED-Zeitung *Vorwärts*, und *Gustav von Wangenheim*, nach 1945 zeitweilig Intendant des Deutschen Theaters, die Verbindung zur Rundfunkredaktion des offiziellen Nationalkomitees in Ljunowo zu pflegen. Schließlich gehörte zur Redaktion noch *Lore Pieck*, die Tochter Wilhelm Piecks, die in der ersten Zeit für die Zusammenstellung der Sendungen zu sorgen hatte und später auch an der redaktionellen Arbeit selbst teilnahm, sowie *Hans Mahle*, der mit seinem Aufnahmegerät die in Ljunowo verfaßten Sendungen auf Platten aufnahm. Für die Verbindungen zwischen dem Nationalkomitee in Ljunowo und der Sendestation Schablowka standen uns zwei amerikanische Jeeps zur Verfügung.

Das aktuelle Material – Nachrichten und Tageskommentare wurde meist in unserer Stadtredaktion in der Obuchastraße 3 verfaßt, während die größeren Sendungen – Aufrufe, Erklärungen, Wochenkommentare – in Zusammenarbeit mit den Mit-

gliedern des Nationalkomitees und des »Bundes Deutscher Offiziere« in Ljunowo entstanden.
Die Arbeitsweise unserer Mitarbeiter in Ljunowo war unterschiedlich. Einige verfaßten die Beiträge aus eigener Initiative, andere baten um Vorschläge für Themen, die vorher mit unseren Mitarbeitern durchgesprochen wurden. Im allgemeinen schien – soweit ich dies aus unserer Zusammenarbeit zwischen der »Stadtredaktion« des Senders und der Ljunowo-Redaktion und den Redaktionsbesprechungen feststellen konnte – die Zusammenarbeit freundschaftlich und fruchtbar zu sein. In jener Zeit, von 1943 bis 1945, legten alle unsere Redakteure, vor allem auch Ackermann selbst, auf eine ehrliche, freundschaftliche Zusammenarbeit außerordentlichen Wert.
Nur in den allerseltensten Fällen wurden bei Rundfunkkommentaren, die von Generälen und Offizieren des Nationalkomitees verfaßt waren, von unserer Rundfunkredaktion Veränderungen vorgeschlagen, und mir ist kein einziger Fall aus dieser Zeit bekannt, daß unsere Redakteure auf irgendeiner Änderung bestanden hätten, wenn die Autoren damit nicht einverstanden waren. Das traf auch auf die Predigten zu, die jeden Sonntag in unserem Sender, abwechselnd von dem katholischen Wehrmachtspfarrer Kayser und dem evangelischen Wehrmachtspfarrer Schröder, gehalten wurden. Später kamen neben anderen noch von katholischer Seite Dr. Ludwig hinzu, von evangelischer Seite Oberkonsistorialrat D. Krummacher.
Mit dem Vordringen der sowjetischen Truppen und der ständig größer werdenden Zahl an Generälen und Offizieren, die sich zum Nationalkomitee bekannten, wuchs die Zahl derer, die an den Sendungen teilnahmen. Zu den ständigen Teilnehmern an unseren Rundfunksendungen gehörten u.a. Generalmajor Dr. Otto Korfes, Generalmajor Martin Lattmann, Oberst Hans-Günther van Hooven, Major Egbert von Frankenberg u. Proschlitz, Major Heinrich Homann, Oberleutnant Fritz Rücker, Oberleutnant Friedrich Reyher und Gefreiter Dr. Günther Kertschner. Sowohl bei Ackermann als auch bei anderen Redakteuren

an der Rundfunkredaktion war deutlich das Bestreben zu bemerken, unseren neuen Kameraden von Ljunowo nicht die Auffassungen der Emigranten zu oktroyieren, sondern von jenen zu lernen, die das Hitler-System aus eigener Anschauung kannten, und dann von gemeinsamer Plattform aus den Kampf gegen Hitler zu führen. Vielleicht wäre die Zusammenarbeit noch enger und besser gewesen, wenn Ackermann und die Mitglieder der Stadtredaktion völlige Entscheidungsfreiheit gehabt hätten. Wie alle Artikel für die Zeitung, so unterstanden jedoch auch alle Rundfunkbeiträge der sowjetischen Zensur. Die Zensur war längst nicht so streng wie bei den offiziellen Sendungen des Moskauer Rundfunks oder des von deutschen Mitarbeitern des Instituts Nr. 205 geleiteten »Deutschen Volkssenders« (der zu jener Zeit der Sender der Emigrationsführung der KPD war), aber immerhin durfte auch in unserem Falle keine Zeile in den Äther gesandt werden, die nicht vorher durch eine Zensur gegangen war.

Nach Redaktionsschluß mußte der Rundfunksprecher das gesamte Rundfunkmaterial der Zensur vorlegen. So erhielt ich nun jeden zweiten Tag die Manuskripte in die Hand gedrückt, fuhr mit unserem amerikanischen Jeep zur »Glaw PURKKA«, der politischen Hauptverwaltung der Roten Armee, die sich während des Krieges in einem großen Gebäude am Arbatplatz befand. Dort wurde das Material dann von *Oberst Braginsky* durchgesehen. Der damalige Chef der VII. Abteilung (diese Abteilung leitete die Propaganda in den Sprachen der Achsenmächte) war vor dem Krieg Professor für orientalische Sprachen gewesen, beherrschte aber darüber hinaus alle westeuropäischen Sprachen fließend und war einer der gebildetsten sowjetischen Menschen, die ich je kennengelernt habe. Ähnlich wie Ernö Gerö besaß er ein außerordentliches Fingerspitzengefühl, fand sofort die wichtigsten Stellen, und die ganze Prozedur war in wenigen Minuten beendet.

In den seltenen Fällen, in denen Oberst Braginsky nicht anwesend war, wurde seine Arbeit von Frieda Rubiner übernommen, einer alten Kommunistin, die bereits Anfang der 20er Jahre (woran sie sich später wohl nur ungern erinnerte) Bücher von Trotzki, Bucharin und Radek ins Deutsche übersetzt hatte und sehr lange Zeit in der Sowjetunion lebte. Während des Krieges gehörte sie zu den wenigen Deutschen, die in der Politischen Hauptverwaltung der Roten Armee tätig waren. Sie verfaßte Flugblätter und Aufrufe und die damals in Kriegsgefangenenlagern weit verbreitete Broschüre *Die Wahrheit über Sowjetrußland*, die unter dem Pseudonym F. Lang erschien.

Es kam nur selten vor, daß Oberst Braginsky oder Frieda Rubiner Änderungen vorschlugen. Wenn es sich um Artikel handelte, die wir selbst in der Stadtredaktion verfaßt hatten, war dies kein Problem; ich las sie einfach in der von der Zensur geänderten Fassung vor. Schwierig wurde es dagegen, wenn Veränderungen in den Kommentaren, die von Generälen und Offizieren aus Ljunowo verfaßt und inzwischen schon auf Platten aufgenommen waren, gefordert wurden.

In solchen Fällen hatten wir einen Weg gefunden, der in der modernen Rundfunkgeschichte wohl einmalig sein dürfte: In der Rundfunkstation angekommen, spielten wir probeweise die Platte bis zu jener Stelle, die gestrichen werden mußte. Die Technikerin hackte dann mit einem spitzen Gegenstand ein kleines Stückchen aus der Platte heraus, so daß statt der beanstandeten Worte nur ein zischendes Geräusch zu vernehmen war.

Später entwickelten wir dann unsere »Technik«: Die Rundfunktechnikerin merkte sich die entsprechende Stelle, gab mir während der Sendung ein Zeichen, und ich schaltete schnell auf eine oder zwei Sekunden aus, so daß das entsprechende Wort oder der entsprechende halbe Satz nicht durch den Äther kam. Ein Rundfunkhörer hätte zweifellos angenommen, es handele sich um eine momentane Störung.

Von allen Rundfunkstationen zur damaligen Zeit war unsere wohl die primitivste. Ein kleines Aufnahmegerät und recht einfache Platten waren neben dem Studio das einzige, was wir zur Sendung besaßen. Wenn es trotzdem gelang, Sendungen herauszubringen, die bedeutend interessanter und lebendiger waren als die offiziellen Moskauer Sendungen, ja in mancher Hinsicht sogar fast an die alliierten Rundfunksendungen des Westens heranreichten, so lag dies wohl vor allem an der Tatsache, daß unter der Leitung Ackermanns sich ein gutes Arbeitskollektiv herausgebildet hatte und eine enge, freundschaftliche Zusammenarbeit mit den Mitgliedern der Rundfunkredaktion in Ljunowo bestand. Damals glaubte ich fest daran, daß die gute Zusammenarbeit mit unseren neuen Kameraden aus dem Nationalkomitee nach der Niederschlagung des Hitler-Systems nicht nur andauern, sondern sich noch mehr festigen würde. Meine Hoffnungen sollten sich jedoch als Illusion erweisen – wie so vieles, woran ich im Jahre 1944 glaubte.

Hoffnungen der Komsomolzen

Neben meinen neuen Freunden im Hotel »Lux« bekam ich auch bald in Moskau wieder Kontakt mit den sowjetischen Komsomolzen. In Moskau hatte ich Jan Vogeler wiedergetroffen. Er wohnte im »Dom Prawitelstwa« (Haus der Regierung), einem riesigen Wohnhaus für Funktionäre am Moskwa-Ufer. Bei Jan trafen sich häufig russische und ausländische Komsomolzen. Meist waren es Studenten, die sich für Literatur, Philosophie und Politik interessierten, darunter auch Studenten des berühmten »IFLI« (Institut für Philosophie, Literatur und Geschichte), einer Hochschule, die von den sowjetischen Jugendlichen besonders begehrt war, aber in die man nur nach ganz besonders strengem Examen aufgenommen wurde. Manchmal waren auch Studenten pädagogischer und juristischer Fakultäten bei Jan zu Gast oder Komsomolzen, die für Sonderaufträge (zum Beispiel als Partisanen im Hinterland) ausgebildet wurden.
Unsere Diskussionen dauerten manchmal die ganze Nacht und waren außerordentlich interessant. Wir alle hegten damals die große Hoffnung, daß mit dem Sieg über den Faschismus in Westeuropa etwas »ganz Neues« entstehen, sich eine gewaltige gesell-

schaftliche Umwälzung vollziehen würde. Wir glaubten an einen großen Aufschwung, an eine Neugeburt – einige von uns gebrauchten sogar das Wort Renaissance –, an die Herausbildung neuer sozialistischer Bewegungen und an die Entstehung neuer sozialistischer Staaten, die in vieler Hinsicht »anders« sein würden als die Sowjetunion. Das letzte wurde allerdings manchmal etwas umschrieben ausgedrückt.

Nachdem Anfang August 1943 erstmalig der Sieg der Roten Armee bei Kursk und Orel durch Salutschüsse und Feuerwerk bekanntgemacht worden war, wurde es üblich, Siege der Roten Armee durch Sondermeldungen, Salutschüsse und Feuerwerk bekanntzugeben. Bei besonders bedeutenden Siegen waren Tausende auf der Straße, freudig erregt jubelnd, in der Hoffnung, daß nun bald die größte Gefahr überwunden sei. Bald hatten die Menschen sich daran gewöhnt und werteten es als Bestätigung dafür, daß nun der Krieg in seine letzte Phase eingetreten sei.

Anfang April 1944 hatten die sowjetischen Truppen den Pruthfluß und damit die sowjetische Grenze erreicht. Wenn das zunächst auch nur an einem Punkt geschah und sonst große Teile der UdSSR besetzt blieben, so war doch die Freude groß.

Anläßlich des Überschreitens der sowjetisch-rumänischen Grenze veröffentlichte die *Prawda* eine Erklärung, wonach die Sowjetregierung »nicht das Ziel verfolgt, einen Teil des rumänischen Territoriums an sich zu reißen oder das bestehende gesellschaftliche System Rumäniens zu verändern«. Der Einmarsch sowjetischer Truppen in Rumänien werde »ausschließlich von der militärischen Notwendigkeit und dem fortdauernden Widerstand der Truppen des Gegners diktiert«.

Bei uns Komsomolzen gab es große Diskussionen. Wie wird sich das entwickeln? Rumänien ist eine Monarchie, es herrscht ein kapitalistisches Regime und feudaler Großgrundbesitz. Nun kommt die sowjetische Armee mit der Erklärung, sie verfolge nicht das Ziel, »das bestehende gesellschaftliche System Rumäniens zu verändern«!

Die Meinungen waren geteilt. »Das ist doch nur eine formelle

Erklärung. Nach dem Einmarsch der Roten Armee wird sich sowieso alles verändern. Die Erklärung braucht man nicht wörtlich zu nehmen«, meinte einer.
Andere widersprachen. »Man soll die Erklärung doch wörtlich nehmen. Schon bei der Auflösung der Komintern ist ja gesagt worden, daß die Bedingungen des Kampfes sich nach den Besonderheiten jedes Landes zu richten haben. Wenn die rumänischen Arbeiter und Bauern nicht selbst handeln, dann wird es beim alten bleiben.«
War in den ersten beiden Kriegsjahren die Lage an der Front das Hauptgesprächsthema, so wurde das mit dem Vordringen der Roten Armee anders. Mehr und mehr regte sich das Interesse der Menschen für politische Veränderungen, die schon eingetreten waren, und für solche Veränderungen, die man nach dem Kriege erhoffte.
Auch über China machten wir uns schon damals Gedanken.
Eines Abends traf ich inmitten einer Gruppe jüngerer Genossen im »Lux« ein etwa 20jähriges chinesisches Mädchen. Sie erzählte gerade vom Leben in der damaligen chinesischen Partisanen-Hauptstadt Jenan, in der sie längere Zeit gelebt hatte.
»Man sagt, sie ist die Tochter von Tschou En-lai«, flüsterte mir ein Genosse zu.
Inzwischen erzählte sie, wie ungezwungen jeder mit Mao Tse-tung und Tschu-de sprechen könne, wie sie in einfachen Uniformen, ohne große Repräsentation, umhergingen und gemeinsam mit den Partisanen Sport trieben.
»In der Freizeit spielen wir oft Volleyball, ein Spiel, das ja auch hier in Rußland bekannt ist. Manchmal, wenn sie Zeit haben, spielen Mao Tse-tung und Tschu-de auch mit. Sie sind nicht schlecht!«
Niemand ließ es sich anmerken, aber alle zogen wohl heimlich Vergleiche zwischen den sowjetischen und den chinesischen Führern und stellten sich vor, wie es wohl aussehen würde, wenn Stalin oder Molotow mit einfachen Soldaten Volleyball spielen würden. Uns allen gefiel sie. Unwillkürlich kam mir der Ge-

danke, das Leben in der Partisanen-Hauptstadt müsse trotz der Schwierigkeiten schöner, ungezwungener und natürlicher sein als in Moskau.
Die junge Chinesin mußte leider bald wieder fort. Ich habe sie seitdem nicht mehr wiedergesehen. Vielleicht ist sie schon damals nach China zurückgekehrt.
Würde sich nicht aber auch das Leben in der Sowjetunion nach dem Sieg verändern? Immer wieder kamen wir in unseren Diskussionen darauf zurück. Diese Hoffnungen waren inzwischen viel stärker geworden, als ich sie erstmals im Herbst 1941 im Kino »Udarnik« gehört hatte. Gewisse Lockerungen im System waren offensichtlich. Im Verlauf des Krieges waren verhaftete und verschickte Generäle und Offiziere wieder freigelassen worden und hatten z. T. wieder hohe Pensionen bekommen. In Gesprächen wurden die Jahre der »Säuberung« nicht mehr wie früher blind verteidigt. Die Zensur in Kunst und Literatur war gemildert worden.
Damals war ein sowjetischer Film gezeigt worden, der ein sehr interessantes Detail enthielt. Eine Szene des Films brachte das Gespräch zwischen einem Parteilosen und einem sowjetischen Parteifunktionär. Das Gespräch drehte sich um das Grauen des Krieges, und der Parteilose sagte, wie schön es wäre, wenn man recht bald wieder den Vorkriegszustand hätte. Der Parteifunktionär antwortete darauf:
»Ja, gewiß, es kann aber kein einfaches Zurück mehr geben. Auch wir haben gelernt. Wir waren oft zu streng in der Vorkriegszeit.« Als ich den Film sah – der Titel ist mir leider entfallen –, spürte ich sofort, wie stark diese kleine Szene die Zuschauer beeindruckte.
Ein weiteres Symptom schien uns die relativ große Zahl ausländischer Filme zu sein, die wir nun in Moskau sehen konnten. Darunter waren *Der Dieb von Bagdad* und der amerikanische Spielfilm *Sun Valley Serenade* (Serenade des sonnigen Tals) sowie einige amerikanische Filme, die das Leben der Sowjetunion zum Inhalt hatten, wie *Mission nach Moskau*, *Nordstern*, der das Le-

ben in einer sowjetischen Kollektivwirtschaft schilderte, und ein Dokumentarfilm *Der Feldzug in Rußland*, hergestellt von einer amerikanischen Militär-Propagandastelle.

Dieser Dokumentarfilm war ausschließlich aus sowjetischem Filmmaterial zusammengestellt worden. Aber die Amerikaner hatten das langatmige Material so gestrafft und gekürzt, und das Ganze lief in einem so atemberaubenden Tempo, daß wir begeistert waren. Die Filme *Mission nach Moskau* und *Nordstern* dagegen erweckten in den Filmtheatern vielfach Heiterkeit – manchmal konnte man sogar ein herzerfrischendes Lachen hören –, weil selbst die parteitreuesten Stalinisten zugeben mußten, daß das Leben in einem sowjetischen Kolchos nun doch nicht ganz so schön war, wie es der amerikanische Film dargestellt hatte. Die Tatsache, daß man nunmehr ausländische Filme sehen und frei auf der Straße die in russischer Sprache erscheinenden Zeitschriften *Amerika* und *Der britische Verbündete* (letztere schien mir übrigens mehr der sowjetischen Mentalität angepaßt zu sein) kaufen konnte, war für uns ein Zeichen, daß sich vieles ändern und nach dem Krieg das Leben in der Sowjetunion sicher freier werden würde.

Dann, Anfang Juni 1944, kam die Invasion der westlichen Verbündeten. An diesem Tag hatte ich gerade keinen Rundfunkdienst und war im Institut 205. Alles lief aufgeregt und freudig durcheinander. Überall waren die westlichen Rundfunksender eingeschaltet. Viele Zimmertüren wurden geöffnet, und in den Korridoren konnte man die letzten Meldungen über den Erfolg der Invasion hören. In der *Prawda* wurden die Berichte über die Invasion sehr groß gebracht – selten war wohl ein Ereignis, das sich außerhalb der Sowjetunion abspielte, so hervorgehoben worden wie dieses. Als ich vom Institut 205 in die Stadt zurückkehrte, war die Invasion überall das Hauptgesprächsthema. Englische und amerikanische Offiziere, die damals in Moskau waren, wurden auf den Straßen beglückwünscht. und in diesen Tagen konnte man sogar jenes berühmte »Victory-Zeichen« sehen, das Churchill im Westen populär gemacht hatte.

Zwei Tage später veröffentlichte die *Prawda* ein Interview mit Stalin. Darin nannte er die Invasion in Frankreich einen »glänzenden Erfolg unserer Verbündeten« und erklärte: »Man muß anerkennen, daß die Kriegsgeschichte kein Unternehmen kennt, das diesem in der Gewaltigkeit des Plans, der Großartigkeit der Maßstäbe und der Meisterschaft der Durchführung gleichkäme.« In diesen Tagen waren die Sowjetzeitungen voller Lob über die westlichen Alliierten, und am 11. Juni 1944 wurde in der Sowjetpresse ein Dokument veröffentlicht, das seitdem nie wieder erwähnt worden ist: die Zusammenstellung über die Waffenlieferungen der westlichen Verbündeten an die Sowjetunion vom 1. Oktober 1941 bis 30. April 1944. Staunend lasen wir, was allein Amerika an die Sowjetunion geliefert hatte. Darunter waren 6430 Flugzeuge, 3734 Panzer, 82 Torpedoschiffe und kleine U-Boot-Jäger, 206771 Autos, 22,4 Millionen Geschosse, 87900 Tonnen Pulver, 245000 Telefonapparate, 5,5 Millionen Armeestiefel und über 2 Millionen Tonnen Lebensmittel. Das waren nur einige der riesigen Lieferungen, die die Sowjetunion von den USA, von England und Kanada erhalten hatte. Überall hörte man, daß nunmehr nach dieser Veröffentlichung und nach der Bildung der zweiten Front die Beziehungen zu den westlichen Alliierten sich endgültig stabilisiert hätten und eine gemeinsame Nachkriegspolitik nach dem Sturz Hitlers gesichert sei.

Das nahe Ende des Krieges, die Regierungserklärung, wonach die Rote Armee bei ihrem Vordringen in andere Länder nicht das innere System des betreffenden Landes verändern wolle, die Landung der Alliierten im Westen, das Stalin-Interview über die Invasion, die Mitteilung über große materielle Hilfeleistungen der westlichen Verbündeten, das Erscheinen der Zeitschriften *Amerika* und *Der britische Verbündete* in russischer Sprache, die laufenden Vorführungen ausländischer Filme, die Milderung der Zensur, die neue Einstellung zur »Säuberung von 1936–1938«, die Rehabilitierung einiger früherer »Volksfeinde« – all dies hatte in weiten Kreisen der sowjetischen Bevölkerung eine Welle der Hoffnung ausgelöst. Es war die Hoffnung, daß es nach dem schrecklichen Krieg irgendwie »anders« werde.

Moskau und der 20. Juli 1944

Ich war gerade von einer Sendung aus dem Studio gekommen, als das Telefon läutete. Kurt Fischer war am Apparat. Aufgeregt schrie er ins Telefon:

»Soeben sind Meldungen von einem Attentat auf Hitler eingetroffen. Bereite dich auf eine vollständige Umstellung der Sendungen bis morgen mittag vor. Die Artikel werden laufend eintreffen.«

Attentat auf Hitler!

Ich wollte noch Fragen stellen, aber Fischer hatte schon aufgehängt.

Selbst der Kriegsbeginn am 22. Juni 1941 hatte mich kaum so erregt wie diese Meldung. Endlich! dachte ich. Nun ist in Deutschland selbst der Kampf gegen Hitler offen ausgebrochen. Der Krieg wird beendet werden, und Deutschland bleibt von einer Besetzung verschont. Die Zielsetzung des Nationalkomitees war also doch richtig, und unrecht hatten diejenigen in der Sowjetunion, die à la Ehrenburg die Nazis mit den Deutschen gleichsetzten.

Auch die russische Technikerin, im allgemeinen politisch nicht sehr interessiert, war diesmal ganz aufgeregt. Sie entnahm der Nachricht nur eins: »Der Krieg wird nun zu Ende sein! Wie schön wird das werden!«

Wir stellten unseren Rundfunkapparat an, um die Meldungen aus allen Teilen der Welt zu hören.

Noch wußte ich nichts Genaues. Ich wußte nichts vom Fehlschlag des Attentats.

Inzwischen war die Redaktion wieder zusammengetrommelt worden. Schon eine Stunde später – für sowjetische Verhältnisse eine unglaubliche Geschwindigkeit – trafen die ersten Kommentare im Rundfunkstudio ein.

Besonders erinnere ich mich an einen ausgezeichneten Artikel von Fritz Erpenbeck, in dem die Notwendigkeit einer einheitlichen Aktion aller Hitler-Gegner in sehr anschaulicher Weise geschildert wurde. Sozialdemokraten und Kommunisten wurden in dem Artikel aufgerufen, alle Bedenken gegenüber preußischen Generälen beiseite zu stellen und mit ihnen gemeinsam aufzutreten; die Generäle wurden beschworen, in ihrem Kampf nicht auf jene Kräfte zu verzichten, die bereit seien, sie zu unterstützen.
Es waren die aufregendsten Stunden und Tage, die das Nationalkomitee erlebte. Selbstverständlich wünschten wir alle von ganzem Herzen den Männern des 20. Juli Erfolg. Vielleicht noch deutlicher als die Hitler-Gegner in Deutschland erkannten wir, daß nur eine Beseitigung des Hitler-Regimes durch deutsche Kräfte die Chance bot, ein einheitliches unabhängiges Deutschland zu erhalten. Auch die offizielle sowjetische Presse veröffentlichte ausführliche Meldungen über den 20. Juli. Die große Aufmachung der Nachrichten führte jedoch dazu, daß sich die Menschen in Moskau übertriebenen Hoffnungen hingaben.
Zufällig hatten wir gerade am Abend jenes Tages, als die Nachrichten über den 20. Juli veröffentlicht wurden, eine Komsomolversammlung. Diesmal sollte eine »Neue« aufgenommen werden. Wie immer wurden von den Mitgliedern der Komsomolgruppe der »Neuen« Fragen gestellt, um prüfen zu können, ob ihre politischen Kenntnisse für die Aufnahme in den Komsomol ausreichend seien. Die ersten, allgemeinen politischen Fragen beantwortete sie stockend und unsicher.
Plötzlich fragte jemand:
»Was weißt du über die letzten politischen Ereignisse in Deutschland?«
Mit großer Begeisterung erzählte sie in wenigen Worten, was in der *Prawda* über den 20. Juli gestanden hatte. Sie kam immer mehr in Fahrt und nahm sogar schon jene Meldungen, die in der *Prawda* als »Vermutung ausländischer Kreise« berichtet worden waren, als feststehende Tatsachen:
»In Deutschland hat eine Gegenregierung aus oppositionellen

Generälen und Antifaschisten die Macht übernommen, und in Kürze werden Friedensverhandlungen zwischen der neuen Regierung und der Anti-Hitler-Koalition stattfinden.«
Auch bei ihr war, wie damals bei vielen Menschen in Moskau, der Wunsch der Vater des Gedankens.
In den nächsten Tagen stellte es sich dann heraus, wie die Dinge wirklich lagen – zumindest soweit man es damals überhaupt wissen konnte. Als bekannt wurde, das Attentat sei mißlungen, die Teilnehmer und Anhänger der Aktion seien verhaftet und erschossen worden, war die Enttäuschung um so größer.
Nach der Niederlage wurde die Verschwörung des 20. Juli in der Sowjetpresse nicht mehr erwähnt. In den Sendungen und der Zeitung *Freies Deutschland* dagegen wurde die Bewegung in mehreren Beiträgen einer Analyse unterzogen.
In allen Beiträgen wurden die Männer des 20. Juli als Vorbild für mutiges, entschlossenes Handeln dargestellt und ihnen großes Lob gezollt. Die kritischen Bemerkungen beschränkten sich damals auf den Hinweis, die Männer des 20. Juli hätten es verabsäumt, »feste Verbindungen mit den zahlreichen zur Mitwirkung an einem Umsturz bereiten Truppenführern« zu schaffen. Das Schwergewicht sei auf das Ersatzheer gelegt worden. Bei der Fronttruppe habe man sich darauf beschränkt, die Meinung und Stimmung der höheren Truppenführer vorsichtig zu sondieren. Die Zurückhaltung gegenüber der Fronttruppe habe ihre Ursache darin, daß es im Kreis der Generalsopposition Meinungsverschiedenheiten oder jedenfalls Unklarheiten in der Frage des »Wie« der Kriegsbeendigung gegeben habe. Die Fronttruppen sollten absichtlich nicht sogleich in die Aktion mit einbezogen werden, um sie nicht als Machtmittel bei den beabsichtigten Friedensverhandlungen zu verlieren.
Diese Taktik – so wurde vom Nationalkomitee betont – müsse rückblickend als verfehlt bezeichnet werden. Wären sofort feste Verbindungen mit den zahlreichen zur Mitwirkung an einem Umsturz bereiten Truppenführern geschaffen worden, so hätten die Aktionen vom 20. Juli auch bei dem Scheitern des Kernstücks

des Attentats im Führerhauptquartier noch zum Erfolg führen können. Außerdem sei es ein Fehler gewesen, »die Verbindung mit der Zivilbevölkerung auf die Spitzen der Verwaltung, des Handels und der verarbeitenden Industrie zu beschränken«, denn »ohne Mitwirkung wenigstens starker Gruppen von Arbeitern und Angestellten der Schlüsselstellungen in Industrie und Transportwesen ist ein gesicherter Erfolg undenkbar«.
So wurde die Bewegung des 20. Juli damals in Moskau beurteilt. Zehn Jahre später dagegen, im Juli 1954, wurden die Männer des 20. Juli von der Presse der Sowjetzone verleumdet und beschimpft. Die SED-Zeitschrift *Einheit* vom Juli 1954 behauptete, »die Männer des 20. Juli wollten vom deutschen Militarismus und Imperialismus retten, was noch zu retten war«. Ihre Verbündeten wären »bereits damals die reaktionären Kreise des amerikanischen Imperialismus«, und ihr Ziel sei es angeblich gewesen, »daß das reaktionäre deutsche Monopolkapital im Bündnis mit der reaktionären Generalität vielmehr die Möglichkeit erhält, gemeinsam mit den reaktionären Kräften des englischen und amerikanischen Imperialismus den Krieg gegen die Sowjetunion, die erste Arbeiter-und-Bauern-Macht, weiterzuführen«.
»Die Männer des 20. Juli«, schrieb das SED-Zentralorgan am 20. Juli 1954, »waren ausnahmslos keine prinzipiellen Gegner des Faschismus. Sie waren Blut vom Blute und Fleisch vom Fleische des deutschen Imperialismus. Der Versuch, die Verschwörer des 20. Juli und sich selbst als Kämpfer gegen den Faschismus zu verherrlichen, kann nicht darüber hinwegtäuschen, daß ihre Ziele – damals wie heute – volksfeindlich, antinational waren und sind.« So hat sich die Moskauer Einschätzung der Bewegung des 20. Juli gewandelt!

Invasion der Generäle

Die Geschehnisse um den 20. Juli waren nicht das einzige Ereignis, das uns damals in Atem hielt.
Mit der Invasion im Juni war eine große Bresche in die Westfront

geschlagen worden, im Süden gingen die Alliierten in Italien vor, und Anfang Juli 1944 startete die sowjetische Großoffensive, die in wenigen Wochen zum völligen Zusammenbruch der deutschen Mittelfront führte und die angrenzenden Frontabschnitte weit aufriß.
Am 8. Juli 1944 kam es zu einem bis dahin noch nie dagewesenen Ereignis.
Wir hörten, Vincenz Müller, der damalige stellvertretende Armeeführer des 12. Armeekorps an der Mittelfront, hätte ein Ultimatum der Roten Armee angenommen und von sich aus einen Kapitulationsbefehl für seine im Ostkessel bei Minsk eingekesselten Verbände erlassen:

Unsere Lage ist nach wochenlangen schweren Kämpfen aussichtslos geworden. Schluß mit dem aussichtslosen Blutvergießen! Ich befehle daher, daß ab sofort der Kampf eingestellt wird. Es sind örtlich jeweils Gruppen von hundert und mehr zusammenzufassen, unter Führung von Offizieren oder älteren Unteroffizieren. Die Verwundeten sind im Anschluß daran zu sammeln.

Dieser Befehl wurde in der Zeitung *Freies Deutschland* abgedruckt und mehrmals im Sender verlesen.
Sowohl bei uns als auch in Ljunowo war alles in hellster Aufregung. General von Seydlitz erklärte in einem Kommentar:

General Müller hat als erster deutscher General bewußt gegen den eindeutigen und kategorischen Befehl Hitlers gehandelt und das Leben Tausender deutscher Soldaten für den Wiederaufbau und die Zukunft Deutschlands gerettet. Wir begrüßen die wegweisende, wahrhaft vaterländische Tat dieses deutschen Generals.

Erst später erfuhr ich von einem Frontbevollmächtigten des Nationalkomitees, daß sowohl wir als auch General von Seydlitz falsch informiert worden waren.

»Die Sache mit der Kapitulation und dem berühmten Befehl von Vincenz Müller stimmt gar nicht. Vincenz Müller wurde genauso wie alle anderen Generäle gefangengenommen und hat erst nach seiner Gefangennahme diesen berühmt gewordenen Befehl verfaßt, der dann durch die Russen in der allgemeinen Verwirrung unter den eingekesselten Verbänden verbreitet wurde.«
»Ja, aber war Vincenz Müller damit einverstanden?«
»Natürlich. Das war doch für ihn die große politische Chance! Er hat sie sofort ausgenutzt. Nachdem er sah, wie sehr er dadurch in der Achtung gestiegen war, hat er selbst noch andere Generäle für Aufrufe gegen Hitler geworben und überredet und so schnell umgeschaltet, daß selbst den langjährigen Antifaschisten Hören und Sehen verging. Noch im Oktober 1944 hat er als Katholik bei einem Wehrmachtspfarrer gebeichtet, im November meldete er sich schon zu einem Antifa-Lehrgang, und als er im Dezember wieder nach Ljunowo kam, war er bereits völlig linientreu.«
Im Unterschied zu manchen anderen Generälen, die sich erst nach langen, schweren inneren Kämpfen, dafür aber viel ehrlicher, für den Beitritt zur Bewegung »Freies Deutschland« entschieden (und dabei keineswegs nur als »Puppen der Russen« fungierten), hat Vincenz Müller sich zweifellos ganz bewußt und berechnend in den Dienst der Sowjetunion gestellt.
Der schnelle Gesinnungswechsel und seine Linientreue blieben nicht unbeachtet. Bald nach seiner Rückkehr (Herbst 1948) wurde er mit dem Posten eines stellvertretenden Vorsitzenden der »National-Demokratischen Partei« und dem Generalsrang der Volkspolizei belohnt.
Die Ereignisse um den 20. Juli, die Erschießungen und der Terror, haben dazu geführt, daß manche Generäle und Offiziere, die sich bisher gegenüber dem Nationalkomitee ablehnend oder neutral verhalten hatten, nunmehr beschlossen, aus ihrer Reserve herauszutreten und sich aktiv am Kampf gegen Hitler zu beteiligen. Für viele war das der letzte Tropfen, der das Faß zum Überlaufen brachte, um so mehr, als eine Reihe der sich in sowjeti-

scher Gefangenschaft befindenden Generäle unter den Opfern des 20. Juli enge Freunde und Bekannte zu beklagen hatte.
Durch den Zusammenbruch der deutschen Mittelfront im Juli 1944 waren im Verlaufe von weniger als drei Wochen weitere zwanzig deutsche Generäle in sowjetische Kriegsgefangenschaft geraten. Siebzehn davon unterzeichneten bereits am 22. Juli einen Aufruf an das deutsche Ostheer.
Ende Juli sprach man im »Lux« davon, daß nun auch Paulus »mitmachen« würde. Endlich, am 8. August 1944, am gleichen Tage, an dem in Berlin Feldmarschall von Witzleben hingerichtet wurde, bekam ich in das Rundfunkstudio eine Erklärung von Paulus. Es fiel mir auf, daß das endgültige Datum seiner Erklärung offensichtlich erst in letzter Minute eingefügt worden war. Der Termin »August 44« war mit Schreibmaschine geschrieben, das Datum »8. August« dagegen nachträglich von Paulus handschriftlich eingefügt worden. An diesem Abend konnte ich nun die Paulus-Erklärung, die – wie die Reden aller Generäle und Offiziere aus Ljunowo – auf Platten aufgenommen worden war, im Rundfunk ankündigen:

Achtung, Achtung! Es spricht Generalfeldmarschall Paulus, der ehemalige Oberbefehlshaber der 6. Armee. Sie hören Generalfeldmarschall Paulus.

Es war eine kurze Erklärung mit folgendem Wortlaut:

Bei Stalingrad hat die 6. Armee unter meiner Führung, dem Befehl Adolf Hitlers folgend, bis zum Äußersten gekämpft, in der Hoffnung durch ihre Opfer der Obersten Führung die Möglichkeit zu schaffen, den Krieg zu einem für Deutschland nicht allzu ungünstigen Ende zu führen. Diese Hoffnung hat sich nicht erfüllt.
Die Ereignisse der letzten Zeit haben die Fortsetzung des Krieges für Deutschland zu einem sinnlosen Opfer gemacht. Die Rote Armee geht auf breiter Front vor und hat die Reichsgrenze in Ost-

preußen erreicht. Im Westen haben Amerikaner und Engländer die deutsche Abwehr am Westflügel durchbrochen und gehen in dem offenen französischen Raum vor. Weder im Osten noch im Westen verfügt Deutschland über Reserven, die die Lage wiederherstellen könnten. Die feindliche Überlegenheit in der Luft und zur See ist so erdrückend, daß die Lage dadurch noch aussichtsloser wird. Der Krieg ist für Deutschland verloren.
In diese Lage ist Deutschland trotz des Heldentums seiner Wehrmacht und des ganzen Volkes durch die Staats- und Kriegführung Adolf Hitlers geraten.
Dazu kommt, daß die Art, wie ein Teil seiner Beauftragten im besetzten Gebiet gegen die Bevölkerung vorgegangen ist, jeden wirklichen Soldaten und jeden wirklichen Deutschen mit Abscheu erfüllt und uns in der ganzen Welt schwerste Vorwürfe zuziehen muß. Wenn sich das deutsche Volk nicht selbst von diesen Handlungen lossagt, wird es die volle Verantwortung für sie tragen müssen.
Unter diesen Umständen halte ich es für meine Pflicht, vor meinen kriegsgefangenen Kameraden und vor dem ganzen deutschen Volk zu erklären:
Deutschland muß sich von Adolf Hitler lossagen und sich eine neue Staatsführung geben, die den Krieg beendet und Verhältnisse herbeiführt, die es unserem Volke ermöglichen, weiterzuleben und mit unseren jetzigen Gegnern in friedliche, ja freundschaftliche Beziehungen zu treten.

Ich war noch stark beeindruckt von dieser Erklärung, als ich am nächsten Tag im Restaurant des Hotels »Lux« saß. Schließlich hätte ich vor einem Jahr kaum geglaubt, daß der ehemalige Oberbefehlshaber bei Stalingrad sich zu einer Erklärung gegen Hitler entschließen würde. Die Paulus-Erklärung war natürlich Hauptgesprächsthema im »Lux«, aber meine Begeisterung sollte bald gedämpft werden. »Es hat ja schließlich lange genug gedauert, bis sich Paulus zu seiner Erklärung entschloß. Immerhin ist es jetzt schon August 1944, und in einigen Wochen können die Truppen

der Roten Armee schon an der deutschen Grenze stehen«, war der Haupttenor der Gespräche, die an diesem Tage im Hotel »Lux« geführt wurden.
Die Invasion, der 20. Juli, der Zusammenbruch der Mittelfront und die Paulus-Erklärung hatten den Stein ins Rollen gebracht. Die sowjetische Offensive ging im Herbst 1944 unaufhaltsam weiter. Immer neue deutsche Generäle gerieten in Gefangenschaft, und im Unterschied zu früher brauchten sie nicht mehr lange politisch bearbeitet zu werden: Die meisten von ihnen hatten die Aussichtslosigkeit der Situation Hitler-Deutschlands erkannt und waren oft schon wenige Tage nach der Gefangennahme bereit, Aufrufe zu unterzeichnen und sich der Bewegung »Freies Deutschland« anzuschließen.*
Es schrieben schon so viele Generäle in der Zeitung *Freies Deutschland*, daß die Kriegsgefangenen in den Lagern das Organ des Nationalkomitees *General-Anzeiger* nannten. Immer mehr Generäle traten auch der Bewegung »Freies Deutschland« bei.

* Unter den Generälen, die bis Ende 1944 der Bewegung »Freies Deutschland« beitraten bzw. Aufrufe unterzeichneten, befanden sich unter anderem Völckers (27. A. K.), Gollwitzer (LIII. A. K.), Hofmeister (41. Pz.-Korps), Freiherr von Lützow (35. A. K.), Müller (XIII. A. K.), Traut (78. St. Div.), Engel (45. I. D.), Klammt (260. I. D.), Hitter (206. I. D.), Böhme (73. I. D.), Heine (6. I. D.), Trowitz (57. I. D.), Michaelis (95. I. D.), Conrady (36. I. D.), von Steinkeller (Pz. Gren. Div. »Feldherrnhalle«), Strecker (XI. A. K.), Hell (VII. A. K.), Schlömer (XIV. Pz.-Korps), Postel (XXX. A. K.), Edler von Daniels (376. I. D.), Ludwig Müller (XLIV. A. K.), Bayer (153. Feldausbildungsdivision), Buschenhagen (III. A. K.), von Kurowski (110. I. D.), Arno von Lenski (24. Pz.-Div.), Leyser (29. I. D.), Korfes (295. I. D.), Lattmann (14. Pz.-Div.), Nedtwig (454. S. Div.), von Drebber (297. I. D.), Weinknecht (79. I. D.), Teschner (LS-Brig. I), von Erdmannsdorff (Kdt. d. Festen Platzes Mogilew), von Dewitz gen. von Krebs (K. Kdt. von Kischineff), Brandt (Bevollm. Offz. im Rum. Ölgeb.), von Bogen (302. I. D.), von Arenstorff (60. I. D. mot.), Mueller-Bülow (246. I. D.), Graf von Hülsen (370. I. D.), Frenking (282. I. D.), Lindemann (361. I. D.), Gihr (707. I. D.), Stingl (K. Kdt. Jassy), Tronnier (62. I. D.), von Lilienthal (Generalintendant), Busch (WO Rumänien), Debol (44. Div.), Wulz (IV. A. K.), Dr. Raess (Deutsche Heeresmission Rumänien), Gebb (9. I. D.).

Ein Aufruf folgte dem anderen – und fast alle Aufrufe waren jetzt von Generälen unterzeichnet.
Am 27. August trat die Bewegung »Freies Deutschland« noch einmal mit einem Aufruf hervor, doch trotz aller Anstrengung des Nationalkomitees, die Entwicklung in Deutschland zu beeinflussen, wurde der unheilvolle Krieg fortgesetzt.
Die Folgen blieben nicht aus. Am 1. Oktober 1944 brachte die Zeitung *Freies Deutschland* die alliierten Beschlüsse einer zukünftigen Besetzung Deutschlands. Der Kommentar dazu war kurz:

Daß diese Aufgaben erst von den Besatzungstruppen gelöst werden müssen, ist für unser Volk nicht schmeichelhaft. Aber noch ist es nicht zu spät, wenigstens einen Teil von dem wiedergutzumachen, was unser Volk so lange versäumt hat. Noch können die Waffen in seiner Hand Deutschland einen guten Dienst erweisen, wenn sie alle gegen das Schandregime Hitlers gerichtet werden. Die Freiheiten, die unserem Volke auch unter der Besetzung gewährt werden, werden um so größer sein, je früher und energischer das Volk den Verbündeten bei der Vernichtung des Hitler-Regimes zuvorkommt. Es ist nicht mehr viel Zeit!

Schließlich wurde am 8. Dezember 1944 der berühmte »Aufruf der 50 Generäle an Volk und Wehrmacht« veröffentlicht. Rund 80 deutsche Generäle befanden sich zu diesem Zeitpunkt in sowjetischer Kriegsgefangenschaft. Von ihnen waren 50 dem »Bund Deutscher Offiziere« (der zu jener Zeit 4000 eingeschriebene Mitglieder zählte) und damit der Bewegung »Freies Deutschland« beigetreten. Sie alle unterzeichneten die letzte Mahnung, den unheilvollen Krieg zu beenden:

Deutsche! Aus tiefer Sorge um die Zukunft unseres Volkes wenden wir deutschen Generäle zusammen mit vielen hunderttausenden Soldaten und Offizieren aus russischer Kriegsgefangenschaft um in letzter Stunde an euch, ihr deutschen Männer und Frauen. Die Stunde des Zusammenbruchs unter der erdrücken-

den Übermacht der vereinigten Gegner rückt immer näher. Der Krieg ist verloren! Trotzdem will Hitler den Krieg fortsetzen. Unser Volk aber darf nicht untergehen! Deshalb muß dieser Krieg sofort beendet werden!
Deutsches Volk, steh auf zur rettenden Tat gegen Hitler! Deutsche, stellt durch eure mutige Tat die Ehre des deutschen Namen vor der Welt wieder her und tut damit den ersten Schritt in eine bessere Zukunft!

Dieser Aufruf der 50 Generäle wurde in Millionen von Exemplaren an der Front abgeworfen. Mehrere Wochen hindurch brachten wir ihn im Sender immer und immer wieder, hier und da ergänzt durch einzelne kurze Erklärungen der Unterzeichner, warum sie sich für den Sturz Hitlers und die Beendigung des Krieges erklärten und sich der Bewegung »Freies Deutschland« angeschlossen hatten.
Eine weitere Steigerung schien unmöglich zu sein. 50 Generäle, die zum Sturz Hitlers und zur Beendigung des Krieges aufriefen – das war gleichzeitig der Höhepunkt und das Ende der Bewegung »Freies Deutschland«.
Hitlers Krieg wurde fortgesetzt. Im Januar 1945 wurde Ostpreußen eingekreist, Oberschlesien abgeschnürt, Gleiwitz, Hindenburg, Allenstein, Marienburg von der Roten Armee eingenommen. Kämpfe um Breslau, Posen, Königsberg waren im Gange. Die Rote Armee stand 200 km vor Berlin.
Am 8. Februar 1945 begann die Jalta-Konferenz. Ostpreußen war bereits abgeschnitten. Ostwärts Berlin stand die Rote Armee bei Küstrin und Frankfurt. Die Oder beiderseits Breslau war von sowjetischen Truppen auf 300 km breiter Front überschritten. Im Westen standen die Alliierten am Rhein. Die endgültige Niederlage Hitler-Deutschlands stand unmittelbar bevor.
Als am 12. Februar 1945 die Beschlüsse der Jalta-Konferenz bekanntgegeben wurden, blieb dem Nationalkomitee nichts mehr übrig, als zu erklären: »Es bleibt uns die Hoffnung, daß die im Zuge befindliche, maßlose, verdiente Niederlage Hitler-

Deutschlands im deutschen Volk die Kräfte wecken wird, die ihm durch mitleidlose Säuberung des eigenen Hauses und leidenschaftliche Wiedergutmachung eine würdige Existenz und seinen Platz in der Gemeinschaft der Nationen erkämpfen.«
Nach dem Aufruf der 50 Generäle gab es keine wichtigen politischen Erklärungen mehr. Ich konnte deutlich spüren, daß die Arbeit in der Zeitung und im Sender nur noch routinemäßig weitergeführt wurde, während die wichtigen politischen Entscheidungen nunmehr auf einer anderen Ebene getroffen wurden.

Unsere Direktiven für Deutschland

»In den nächsten Tagen wird ein Schulungskursus über unsere zukünftigen politischen Aufgaben in Deutschland beginnen.«
Natürlich hatten wir oft darüber gesprochen, wie es sein würde, wenn wir einmal nach Deutschland zurückkehren können – aber bisher waren das reine Wunschträume gewesen. Die Aussicht auf Schulung für unsere zukünftigen Aufgaben aber riß auch mich in das »Deutschland-Fieber« hinein.
Das »Deutschland-Fieber« war im wesentlichen auf die älteren Emigranten beschränkt. Unter den jüngeren gab es manche, die abwinkten, wenn man von Deutschland sprach. »Ach, Deutschland! Ich bliebe lieber hier«, sagten sie. Bei einigen war der Russifizierungs-Prozeß so weit vorgeschritten, daß sie auch unter sich stets russisch sprachen und längst die Sowjetunion als ihre eigentliche Heimat betrachteten.
Ich gehörte nicht zu ihnen. Ich brannte darauf, möglichst bald nach Deutschland zurückkehren zu können und in Deutschland politisch tätig zu sein. So wartete ich gespannt auf den Beginn des Schulungskurses, der sich mit der unmittelbar bevorstehenden Arbeit in Deutschland und den dafür notwendigen Direktiven beschäftigen würde.
Wenige Tage später saßen im Gebäude des Moskauer Komitees der Partei etwa 150 deutsche Emigranten zusammen. Hier traf ich nun auch Absolventen der Kominternschule wieder: Mischa

Wolf, Jan Vogeler, Emmi Stenzer, Helmut Gennys, Marianne Weinert, Heinz Hoffmann und noch eine Reihe von Emigranten, die mir unbekannt waren. An den Vorlesungen nahmen auch einige Mitarbeiter der Zeitung und der Rundfunkredaktion »Freies Deutschland« teil.

Die Einleitungsrede hielt Wilhelm Pieck: »Wir werden uns einmal in der Woche zu einem Vortrag mit anschließender Diskussion zusammenfinden, um noch einmal alle politischen Probleme zu besprechen, die für unsere zukünftige politische Arbeit in Deutschland wichtig sind.«

Auf den ersten beiden Schulungsabenden hörten wir Referate von Wilhelm Pieck über die allgemeinen Aufgaben und von Walter Ulbricht über die »Zielsetzung der antifaschistisch-demokratischen Kräfte«. An weiteren Schulungsabenden sprachen Hermann Matern über die Lehren aus dem Kampf der KPD in der Periode der Weimarer Republik, Anton Ackermann über den Kampf gegen den Hitler-Faschismus in den Jahren 1933–1945 und die sich daraus ergebenden Schlußfolgerungen. Edwin Hörnle hielt einen Vortrag über Landwirtschaftsprobleme, Rudolf Lindau (der in der Sowjetunion Paul Grätz hieß) sprach über die Lehren aus der November-Revolution 1918, und ein weiterer Vortrag beschäftigte sich mit den zukünftigen Aufgaben der Gewerkschaften.

Der Grundtenor dieser Schulung war folgender:

Der Sieg über den Hitlerfaschismus sei nicht durch eine innere Erhebung des deutschen Volkes, sondern durch die Armeen der Anti-Hitler-Koalition errungen worden. Während in den von Hitler okkupierten Ländern mehr oder minder starke Widerstandsbewegungen einen aktiven Kampf geführt hätten, sei dies in Deutschland nicht der Fall gewesen. Das deutsche Volk habe sich, objektiv gesehen, an den Verbrechen Hitler-Deutschlands mit schuldig gemacht. Daraus ergäbe sich nun als logische Konsequenz die Besetzung Deutschlands durch die Mächte der Anti-Hitler-Koalition.

Die antifaschistisch-demokratischen Kräfte hätten die Aufgabe,

die Tätigkeit der Besatzungsmächte im Kampf für die Vernichtung des Nazismus und Militarismus, für die Umerziehung des deutschen Volkes und für die Durchführung demokratischer Reformen zu unterstützen. Das Unterpfand des Sieges über Hitler sei die Einheit der Anti-Hitler-Koalition, in erster Linie getragen durch die USA, Großbritannien und die Sowjetunion.
Die Nazis würden zweifellos versuchen, die Einheit der drei Großmächte zu unterminieren und zwischen ihnen Mißtrauen zu säen. Gegen solche Versuche müßte rücksichtslos vorgegangen werden.
Auf den Sieg würde voraussichtlich eine lange Periode der Besetzung folgen. Es könnte unter Umständen sogar Jahre dauern, bis wieder deutsche politische Parteien zugelassen würden. Die Aufgabe der antifaschistisch-demokratischen Kräfte sei es daher, in den örtlichen deutschen Verwaltungen, die dann auf Weisungen der Alliierten ihre Tätigkeit ausübten, aktiv mitzuarbeiten.
Die politische Aufgabe bestehe nicht darin, in Deutschland den Sozialismus zu verwirklichen oder eine sozialistische Entwicklung herbeiführen zu wollen. Dies müsse im Gegenteil als schädliche Tendenz verurteilt und bekämpft werden. Deutschland stehe vor einer bürgerlich-demokratischen Umgestaltung, die ihrem Inhalt und Wesen nach eine Vollendung der bürgerlich-demokratischen Revolution von 1848 sei. Es komme darauf an, aktiv für diese Vollendung einzutreten, sich aber jeglichen sozialistischen Losungen zu widersetzen, da diese unter den gegenwärtigen Bedingungen reinste Demagogie seien; unter solchen Umständen würde die Idee des Sozialismus nur diskreditiert.
Interessanterweise wurden wir auf diesem Lehrgang besonders ausführlich unterrichtet, wie wir auf zukünftige Kritiken, die »von links« kämen, zu antworten hätten. In einer Reihe von Ländern habe sich gezeigt, daß solche Stimmungen besonders in der Arbeiterklasse vorhanden seien. Namentlich in Bulgarien sei es zu weitgehenden »linken Abweichungen« gekommen, die erst durch das direkte Eingreifen Dimitroffs überwunden worden seien. Es sei wahrscheinlich, wurde uns erklärt, daß wir auch in

Deutschland auf Stimmungen und Auffassungen stoßen würden, wonach man »nun endlich den Sozialismus einführen« solle. Man werde vielleicht auch Vorwürfen begegnen, daß wir im Nationalkomitee mit ehemaligen Nazi-Generälen eine Einheitsfront gebildet hätten. Darauf sei unsere Antwort: »Es kommt nicht darauf an, mit wem man zusammengeht, sondern zu welchem Zweck man zusammengeht.«

Wenn man uns vorwerfe, unsere Zusammenarbeit sei doch dasselbe wie die Politik der rechten sozialdemokratischen Führer nach 1918, dann müßten wir antworten: »Die rechten sozialdemokratischen Führer haben zusammen mit General von Epp gegen die Arbeiter gekämpft. Wir haben zusammen mit General von Seydlitz gegen Hitler gekämpft. Das ist der Unterschied.«

Die Ansprüche der von Hitler unterdrückten Völker seien durchaus berechtigt. Man müsse den Mut haben, die Tatsachen nüchtern zu betrachten. Nach allem, was geschehen sei, müßten die mißhandelten und unterdrückten Völker Garantien gegen eine Wiederholung solcher Greuel fordern. Es sei daher die Aufgabe der deutschen Antifaschisten und Demokraten, für die von den unterdrückten Völkern geforderten Grenzen, einschließlich der Oder-Neiße-Linie, sowie für die von ihnen geforderten Reparationen einzutreten und diese als Ehrenschuld des deutschen Volkes zu betrachten.

Die Besatzungsmächte kämen nach Deutschland, um den Faschismus und Militarismus auszurotten und die notwendigen Maßnahmen für eine demokratische Wiedergeburt des deutschen Volkes zu treffen. Die zukünftigen Maßnahmen der Besatzungsmächte seien im einzelnen noch nicht bekannt, aber man könne mit Sicherheit annehmen, daß neben der Aburteilung der Kriegsverbrecher auch Maßnahmen gegen den Monopolkapitalismus und eine Boden- und Schulreform geplant seien. Es käme darauf an, unter peinlichster Beachtung der alliierten Vorschriften bei diesen Reformen aktiv mitzuarbeiten und für ihre konsequente Durchführung zu sorgen. Die Bodenreform werde eine der bedeutendsten Aufgaben sein, die wir in Deutschland durchzufüh-

ren hätten, aber sie könne frühestens Anfang 1946 beginnen. In diesem Sommer dürften keinerlei strukturelle Veränderungen in der Landwirtschaft durchgeführt werden, da sie die Versorgung der Bevölkerung gefährden könnten. Im Sommer 1945 sei alles zu tun, um die Einbringung der Ernte zu gewährleisten und eine Hungerkatastrophe zu verhindern.
Sobald deutsche Organisationen zugelassen würden, wäre es angebracht, eine breite antifaschistisch-demokratische Massenorganisation unter dem Namen »Block der kämpferischen Demokratie« zu schaffen.
Dies war die politische Linie, die wir im Frühjahr 1945 auf diesem letzten Lehrgang vor unserer Abfahrt nach Deutschland erhielten.
Interessant erschien mir besonders, daß die Neugründung der KPD in Deutschland für eine längere Periode nicht ins Auge gefaßt wurde. Es wurde damals stets nur von dem »Block der kämpferischen Demokratie« gesprochen, einer breiten antifaschistisch-demokratischen Massenorganisation. Aber auch dieser Gedanke traf uns nicht unvorbereitet.
Zu jener Zeit hörte und las man in Moskau außerordentlich wenig von den kommunistischen Parteien in den osteuropäischen Ländern, dafür aber um so mehr von antifaschistischen »Blocks«: von der »Vaterländischen Front« in Bulgarien, dem »Nationaldemokratischen Block« in Rumänien, der »Nationalen Front« in der Tschechoslowakei und dem »Demokratischen Block« in Polen. Die Schaffung eines »Blocks der kämpferischen Demokratie« für das zukünftige Nachkriegsdeutschland schien mir daher eine logische Folge der Ereignisse in den anderen von Hitler befreiten Ländern zu sein.
Immer wieder wurden wir jedoch gleichzeitig auf die Unterschiede gegenüber diesen Ländern aufmerksam gemacht. Während es in anderen Ländern starke Widerstandsbewegungen gegeben habe, wäre dies in Deutschland nicht der Fall gewesen. Daher sei es logisch, daß die politische Entwicklung in Deutschland, wie wir uns damals ausdrückten, »nachhinken« würde, eine

kommunistische Partei für absehbare Zeit nicht in Erscheinung treten könne und selbst die Schaffung eines »Blocks der kämpferischen Demokratie« noch nicht unmittelbar bevorstehe.
Der Unterschied zwischen Deutschland und den anderen Ländern kam mir besonders kraß zum Bewußtsein, als ich um jene Zeit in Moskau im Kino *Nowosti dnja* (Neuigkeiten des Tages), das etwa einem Aktualitätenkino in Deutschland entspricht, Kurzfilme über die Befreiung von Sofia, Bukarest und Prag sah. Anschließend folgte ein Film über die Eroberung deutscher Städte. Der Unterschied wirkte auf den Zuschauer frappierend – und das war zweifellos auch beabsichtigt. In Sofia, Bukarest und Prag sah man Jubel, Fahnen, Blumen, begeisterte Menschenmengen, die den Rotarmisten zuwinkten und auf der Straße vor Freude tanzten, Verbrüderungsszenen zwischen Rotarmisten, Partisanen und der Bevölkerung, Glück, Freude und Begeisterung. Dann kam die Wochenschau über Deutschland. Sie war so gezeigt, als ob man in Deutschland um jedes Haus kämpfen müßte, die gesamte Bevölkerung hinter der SS stünde und es keinen einzigen Hitler-Gegner gebe.
So schienen die Direktiven, die wir im Frühjahr 1945 in Moskau erhielten, logisch und konsequent an die bisherige Politik anzuknüpfen. Um so größer war natürlich mein Erstaunen, als nur einige Wochen später in Berlin Maßnahmen ergriffen wurden, die unseren Direktiven direkt widersprachen.
Mehr und mehr kreisten alle Gespräche um die Rückkehr und die zukünftige Arbeit in Deutschland. Die Vorbereitungsarbeiten wurden beschleunigt. Im Nationalkomitee selbst und in den Antifaschulen wurden Memoranden, vor allem auf dem Gebiet der Volksbildung fertiggestellt. Es gab sogar schon völlig fertige Manuskripte für Geschichtsbücher, die später in Deutschland nach dem Siege über Hitler gedruckt werden sollten.
Unaufhaltsam ging der Vormarsch weiter. Die täglichen Frontberichte meldeten die Eroberung deutscher Städte, wobei in vielen Fällen die alten slawischen Namen und erst danach die deutschen Städtebezeichnungen bekanntgegeben wurden. Es waren

Tage, da die Siegesmeldungen und die jeweils aus diesem Anlaß abgefeuerten Salutschüsse und das Feuerwerk über Moskau einander so schnell ablösten, daß man in wöchentlichen Kommentaren kaum noch nachkommen konnte.
Überall spürte man die Hoffnung auf ein nahes Kriegsende. Für die deutschen Emigranten aber waren es die Tage der Hoffnung auf eine baldige Rückkehr nach Deutschland. Für die älteren unter uns bedeutete das eine Rückkehr in die Heimat, die sie vor 13 Jahren verlassen hatten und die in ihren Gedanken, trotz aller inzwischen gelesenen Bücher und gehaltenen Vorträge, wohl noch immer den Erinnerungen entsprach, die sie von Deutschland vor 1933 hatten. Für uns jüngere aber, die wir Deutschland als Kinder verlassen hatten, waren die Erinnerungen fast völlig verblaßt. Es war die Fahrt in ein Land, zu dem wir gehörten, das für uns aber völlig Neues, Ungeahntes und Unbekanntes in sich barg.

Abschiedsfeier bei Wilhelm Pieck

»Ich gratuliere, Wolfgang, du wirst mit der ersten Gruppe nach Deutschland zurückfahren«, sagte mir Anton Ackermann Mitte April 1945 nach einer Redaktionsbesprechung.
Schon seit Anfang des Monats waren viele der Redakteure nur noch mit halbem Herzen bei der gewohnten Arbeit. Alle Gespräche drehten sich um die Rückkehr nach Deutschland. In unserer Redaktionsarbeit mußten wir improvisieren, da fast täglich ein oder zwei Redakteure fehlten. »Der Genosse ist bei einer Besprechung«, erklärte dann Ackermann. Es ging um die letzten Vorbereitungen für die Abfahrt nach Deutschland! Die technischen Einzelheiten der Rückkehr wurden beraten. Wahrscheinlich gab es einige, denen schon die Einzelheiten bekannt waren. Aber sie mußten wohl Anweisung bekommen haben, nichts zu erzählen. Auch die Rückfahrt nach Deutschland wurde mit jener Geheimniskrämerei umgeben, wie ich sie in der Sowjetunion schon zur Genüge kannte.

Erst in der zweiten Aprilhälfte sollten wir Genaueres erfahren. Drei Flugzeuge sollten mit den ersten deutschen kommunistischen Emigranten in das sowjetisch besetzte Gebiet Deutschlands fliegen. Eine Gruppe, unter Führung von Ulbricht, sollte im Gebiet der Heeresgruppe Marschall Shukows tätig sein, und zwar im Raum Berlin, eine zweite Gruppe, unter Leitung von Anton Ackermann, im Raum Sachsen, eine dritte Gruppe unter Leitung von Gustav Sobottka in Mecklenburg.
Die genaue Zusammensetzung der drei Gruppen war jedoch noch nicht bekannt.
Einige Tage später berichtete mir Anton Ackermann, ich sei für die »Gruppe Ulbricht« bestimmt worden. »Ihr werdet 10 Genossen sein und Ende April in Richtung Berlin abfliegen. Wir werden wahrscheinlich einen Tag später von hier aus in das Gebiet von Konjew fahren. Man wird dir schon in den nächsten Tagen sagen, wo du dich zu melden hast, um alle Formalitäten zu erledigen.« Ich war natürlich sehr froh, zu den Mitgliedern des ersten Flugzeuges zu gehören, gleichzeitig aber auch etwas traurig darüber, nicht mit Anton Ackermann, den ich hoch schätzte, fliegen zu können. Ulbricht kannte ich wenig, zudem war er mir nicht sonderlich sympathisch.
Nun begann eine unruhige Zeit. Wie immer mußte ich jeden zweiten Tag vom Mittag des einen Tages bis zum nächsten die Rundfunksendungen sprechen; die übrige Zeit aber war ausgefüllt mit der Erledigung aller Formalitäten und Besprechungen. Schon zwei Tage später wurden wir, die »Gruppe Ulbricht«, wie sie nun genannt wurde, zu Ulbricht bestellt.
Ulbricht schien überhaupt nicht beeindruckt oder erfreut zu sein – zumindest ließ er sich nichts anmerken. Er sprach zu uns, als ob es sich um die selbstverständlichste Sache der Welt handeln würde, nach so vielen Jahren nach Deutschland zurückzukehren. »Zwei Dinge muß jeder gleich in den nächsten Tagen regeln: Eure sowjetischen Dokumente müssen beim entsprechenden Kaderchef abgegeben werden und jeder hat sich die notwendigen Anzüge und Kleidungsstücke für Deutschland zu besorgen.«

Ich war damals noch immer so unerfahren, zu glauben, wir müßten uns neue Anzüge in sowjetischen Geschäften kaufen. Etwas unsicher wandte ich mich an einen Genossen: »Wie ist denn das mit der Bekleidung? Wo soll man sich denn die beschaffen?«
Dieser konnte sich ein Lächeln nicht verkneifen: »Mach dir doch keine Sorgen. Das bekommst du noch alles im Institut Nr. 205.«
Meine »Apparat-Unkenntnis« hatte ein anderer Genosse bemerkt. »Ich muß mir morgen meine Sachen holen. Wenn du willst, kannst du zu mir kommen – ich arbeite im Institut Nr. 205. Wir können gemeinsam in die Wirtschaftsabteilung gehen.«
»Wo soll ich dich denn im Institut finden?«
»Ich bin Gustav Gundelach*.
Du findest mich in der Redaktion des deutschen Volkssenders.«
So fuhr ich am nächsten Tag wieder hinaus zum Institut 205. Eine halbe Stunde später stand ich staunend mit Gundelach in der Wirtschaftsabteilung. Sie glich einem Warenhaus. Stoffe, Schuhe, Anzüge, Kleider, Mäntel, Unterwäsche, Strümpfe – alles, was es in Geschäften zur Kriegszeit nicht gab, war vorhanden und von außerordentlich guter Qualität. Ich wurde von Kopf bis Fuß neu eingekleidet. Dann mußte ich unzählige Male unterschreiben, für jedes Stück einzeln und eine gesamte Liste mit einigen Durchschlägen.
Der erste Teil der Reisevorbereitungen war damit beendet.
Jetzt, so dachte ich mir, kommt der zweite, feierliche Teil: Die Abgabe der Dokumente. Mit klopfendem Herzen begab ich mich am nächsten Tag in das Zimmer des russischen Kaderchefs Worobjow. Ich erwartete, daß jetzt noch einmal das berühmte Frage-und-Antwort-Spiel und ernste politische Erklärungen kommen würden. Es war alles ganz anders. Es gab weder politische Referate noch ein Frage-und-Antwort-Spiel; es war nicht einmal besonders feierlich.
»Nun, Genosse Leonhard, haben Sie alle Ihre sowjetischen Papiere mitgebracht?«

* Abgeordneter der KPD im ersten deutschen Bundestag (1949 – 1953).

»Selbstverständlich. Ich habe alle bei mir.«
Dabei hatte ich alle Papiere schon aus meiner Rocktasche geholt und sie auf den Tisch gelegt: das Mitgliedsbuch des Komsomol, den sowjetischen Personalausweis, meinen früheren Studentenausweis, mein Examensbuch von der Hochschule, die Mitgliedsbücher der MOPR und der OSOAVIACHIM.
»Ist das alles?« fragte der Kaderchef gleichmütig. Schon hatte er mir die Mitgliedsbücher der sonst als so wichtig bezeichneten Organisationen mit einer Bewegung zurückgegeben, als ob sie nicht einmal das Papier wert seien, auf dem sie gedruckt waren. Nur meine beiden Studentenausweise und das Komsomolbuch lagen noch vor ihm. Er machte seine Schublade auf und legte die Studentenausweise und das Komsomolbuch hinein.
»Nun, dann ist ja alles klar, und ich wünsche Ihnen viel Erfolg für Ihre weitere Tätigkeit.«
Am 27. April wurden wir noch einmal zu einer kurzen Besprechung zu Ulbricht bestellt.
»Alle bereit, alles fertig?« fragte Ulbricht. Zum erstenmal erlebte ich Ulbricht lächelnd und freundlich.
»Voraussichtlich werden wir am 29. oder 30. April fliegen. Vorher werden wir noch bei Wilhelm eine Abschiedsfeier haben. Nun noch eine praktische Angelegenheit.« Er öffnete seine Mappe und nahm Bündel Banknoten heraus, die unter uns aufgeteilt wurden. »Das sind noch 1000 Rubel für jeden, für kleinere Anschaffungen.« (Eine Summe, die immerhin den damaligen Monatslohn eines Arbeiters weit übertraf.) Die Geldverteilung war jedoch noch nicht zu Ende.
»Und jetzt erhält jeder von euch noch 2000 Deutsche Reichsmark für die ersten Ausgaben in Deutschland.«
Wieder erhielten wir gebündelte, neu gedruckte Scheine – diesmal alliierte Besatzungsmark, die von den Amerikanern hergestellt wurde. Wir hatten schon von dem Besatzungsgeld gehört, aber jetzt sahen wir es zum erstenmal.
Nur eines war uns noch unklar: Handelte er sich bei unserer bevorstehenden Fahrt um einen kurzen Besuch, eine kurze Kom-

mandierung, oder würde sie »für immer« sein? Schon wollte ich fragen, als ich mich daran erinnerte, daß es gerade jetzt mehr denn je darauf ankam, ein »unparteimäßiges« Verhalten zu vermeiden. Ich fragte nicht, glaubte aber, daß es sich um eine kurze Kommandierung handelte und wir in wenigen Wochen wieder in Moskau sein würden.

Am 29. April wurden wir zum letztenmal zu Ulbricht gerufen. Auch diese Besprechung war nur ganz kurz. »Es ist alles klar. Wir werden morgen um 7 Uhr früh abfliegen. Wir treffen uns vor dem Nebeneingang des Hotels ›Lux‹ um 6 Uhr und fahren dann mit einem Autobus zum Flugplatz. Jeder nimmt nur ein kleines Köfferchen mit den allerdringendsten Sachen mit sich. Heute abend sind wir noch bei Wilhelm eingeladen«, sagte uns Ulbricht. An diesem Abend des 29. April 1945, dem letzten Abend, den ich in der Sowjetunion verbringen sollte, saßen wir, die ersten 10 deutschen Emigranten, die nach Deutschland zurückflogen, bei Wilhelm Pieck.

Die Wohnung Piecks war ähnlich eingerichtet wie alle anderen im Hotel »Lux«. Der einzige Unterschied bestand darin, daß er nicht ein, sondern mehrere Zimmer zur Verfügung hatte. Im Verhältnis zu den Wohnbedingungen gewöhnlicher Sowjetbürger und vieler deutscher Emigranten war sie allerdings komfortabel, ja fast luxuriös zu nennen. Mit westlichen Augen gesehen, glich sie etwa der Wohnung eines qualifizierten Arbeiters in Westdeutschland. Bescheiden und sogar armselig wirkte sie vor allem im Vergleich zu der Villa, die Wilhelm Pieck nach 1945 in Berlin-Niederschönhausen bewohnte.

Im Wohnzimmer stand ein runder Tisch, an dem wir Platz nahmen. Vor jedem Platz stand ein Wodka-Gläschen bereit. Ich hatte befürchtet, es würde sehr offiziell werden. Innerlich war ich auf ein politisches Referat oder auf eine »organisierte Geselligkeit« wie in der Kominternschule gefaßt. Diesmal wurde ich angenehm überrascht. Es war gemütlich, freundlich und inoffiziell. Offensichtlich befanden wir uns nun in der hierarchischen Gliederung des Funktionärskörpers auf einer Stufe, wo man auch ohne offizielle Erklärungen und Deklamationen zusammen sein konnte. Im Laufe des Abends wurde zwar hier und da auch über die zukünftige Arbeit gesprochen, aber nicht in dem parteioffiziellen Direktiven-Stil, sondern frei, mit eigenen Worten. Dann wurde uns zur Feier des Tages Wodka eingeschenkt.

»Auf die zukünftige Arbeit in Deutschland«, sagte Wilhelm Pieck jovial und freundlich.

»Auf daß du, Wilhelm Pieck, recht bald auch nach Deutschland kommst«, antwortete einer von uns. Er lachte. »Jaja, ich werde schon bald nachkommen.« Wir saßen noch ein bißchen zusammen, scherzten, und einer erzählte sogar eine Anekdote.

»Kennt ihr den neuesten Witz von der Verhaftung Hitlers durch die Engländer?« sagte Richard Gyptner unvermittelt.

»Nein, erzähle!« wurde von allen Seiten gerufen.

»Er ist aber ein bißchen scharf«, meinte er plötzlich zweifelnd – offensichtlich war es ihm zu Bewußtsein gekommen, daß zu jener Zeit selbst die leiseste Kritik an den westlichen Alliierten, selbst harmlose Witze, als politische Fehler gewertet werden könnten.

»Ach was, erzähl doch«, warf Wilhelm Pieck aufmunternd ein.

»Also: Die britischen Truppen dringen weiter vor und umzingeln das Führerhauptquartier. Immer näher dringen sie zum Zimmer Hitlers vor, bis sie endlich vor seiner Tür stehen. Die Tür wird aufgerissen. Die britischen Soldaten, vorneweg ein Major, gehen mit vorgehaltener Pistole auf Hitler zu: ›Im Namen der alliierten Nationen, Sie sind verhaftet!‹ Atemberaubende Spannung. Hitler zieht jedoch bloß schmunzelnd ein Dokument aus der Tasche: ›Sehr erfreut, Ihre Bekanntschaft zu machen. Ich bin Agent Nr. 2015 des britischen Intelligence Service. Auftrag erfüllt. Deutschland liegt am Boden.‹«

Alle lachten. »Bißchen frech, aber nett ist er doch«, meinte Wilhelm Pieck, und selbst Ulbricht schmunzelte.

Nach etwa einer Stunde verabschiedeten wir uns. Wilhelm Pieck schüttelte jedem von uns die Hand: »Auf baldiges Wiedersehen in Deutschland.«

Ulbricht ermahnte uns noch einmal, pünktlich früh um 6 Uhr vor dem Nebeneingang des »Lux« zu stehen.
Noch ganz benommen ging ich in mein Zimmer. Lange konnte ich nicht einschlafen. Es war mein letzter Abend in der Sowjetunion.

7 Mit Ulbricht nach Berlin

Am Morgen des 30. April 1945, um 6 Uhr früh, hielt ein Autobus in einer kleinen Seitengasse der Gorkistraße vor dem Nebeneingang des Hotels »Lux«. Er sollte uns, die zehn Mitglieder der »Gruppe Ulbricht«, zum Flughafen bringen.

Schweigend stiegen wir ein.

Die kleine Abschiedsfeier bei Wilhelm Pieck ausgenommen, hatte es keine Feierlichkeiten gegeben, weil kaum jemand von unserer Abreise wußte. Wir hatten natürlich auch nichts gesagt – eine Angewohnheit, die uns schon in Fleisch und Blut übergegangen war.

Ein Fremder wäre bei unserem Anblick gewiß nicht auf den Gedanken gekommen, daß hier eine Gruppe von deutschen Emigranten nach einem Jahrzehnt oder noch längerer Zeit wieder in die Heimat zurückfuhr.

Die Straßen waren noch leer. Wir fuhren die Uliza Gorkowo über den Puschkinplatz hinaus in Richtung Flugplatz. Es war ein schöner Frühlingsmorgen. Die ganze Stadt war schon für den 1. Mai mit Losungen, Transparenten und Blumen geschmückt. Bei aller Freude über die Fahrt nach Deutschland stimmte es mich doch ein wenig traurig, Moskau nun zu verlassen.

Mit dieser Stadt verbanden mich unauslöschliche Erinnerungen: an die Schule, an unser Kinderheim, die Hochschule, an meine ausländischen und russischen Freunde, an meine Jugendfreundin Erika und an eine russische Studentin, die ich sehr gern mochte, an die schönen Spaziergänge auf dem A-Boulevard und der Gorkistraße, dem Kreml-Park und dem Moskwa-Ufer.

Jetzt war jedoch nicht die richtige Zeit, sich Erinnerungen hinzugeben. In unserem Autobus hatte ein Gespräch begonnen. »Ich habe die gestrige *Prawda* bei mir mit den ausführlichen Angaben über die Entwicklung der sowjetischen Volkswirtschaft. Das

kann sehr wichtig sein für unsere Propaganda in Deutschland«, sagte einer, und Ulbricht nickte zustimmend. Die Menschen in Deutschland werden bestimmt andere Sorgen haben, dachte ich.
Eine Viertelstunde später stand unser Autobus vor dem Gebäude des Moskauer Flughafens »Aeroport«.
Wie üblich mußten wir vor einem Tor anhalten.
»Propusk«, ertönte die scharfe Stimme des Postens.
Ulbricht reichte ein Papier.
»In Ordnung«, antwortete der Posten und ließ uns durch.
Höflich wurden wir zu einem etwas abseits stehenden Transportflugzeug geleitet. Es war eine amerikanische »Douglas«, und wir machten es uns so bequem wie möglich. Wenige Minuten später startete die Maschine.
Mit Ausnahme von Ulbricht wußte niemand genau, wo wir landen würden. Wir wußten nur, der Flug geht in Richtung Deutschland und wird in einem Gebiet enden, das dem Oberbefehl Marschall Shukows untersteht. Auch die Einzelheiten unserer Arbeit waren uns nicht klar. Nur soviel war uns bekannt: Gemäß unserer Direktiven hatten wir eine politische Arbeit zu leisten, die sich gegen den Faschismus und seine Überreste richten und im Interesse einer demokratischen Umgestaltung Deutschlands liegen sollte.

Die »Gruppe Ulbricht«

Von den Mitgliedern der »Gruppe Ulbricht« hatte ich die meisten erst in den letzten Tagen kennengelernt.
Ich weiß nicht, von wem und nach welchem System die zehn Funktionäre ausgesucht worden waren, die als erste nach Deutschland zurückkehren durften. Wenn ich aber heute an diese Gruppe zurückdenke, so scheint es mir, daß eine recht bezeichnende Auswahl getroffen worden war. Sie war ein getreues Spiegelbild der herrschenden Funktionärstypen des Stalinismus.
Walter Ulbricht, der Chef unserer Gruppe, war damals 51 Jahre alt. In Leipzig geboren, von Beruf Tischler, behauptet er heute,

mit 19 Jahren, im Jahre 1912, der Sozialdemokratischen Partei beigetreten zu sein und seit 1916 an der Tätigkeit des Spartakus-Bundes in Sachsen teilgenommen zu haben. Von 1928 bis 1933 war Ulbricht KP-Abgeordneter im Deutschen Reichstag, seit 1929 Bezirkssekretär der KPD von Groß-Berlin und Brandenburg, floh 1933 nach Frankreich, gehörte nach 1933 zur Emigrationsführung der KP in Prag und Paris und war während des Bürgerkrieges in Spanien, wo er – was ich allerdings erst später erfahren habe – durch die Liquidierung revolutionärer antistalinistischer Kämpfer in der spanisch-republikanischen Armee berüchtigt war. Nach der Niederlage der spanischen Republik kam Ulbricht nach Frankreich und nach dem Zusammenbruch Frankreichs im Jahre 1940 nach Moskau.

Seine Hauptstärke war sein organisatorisches Talent, sein phänomenales Namensgedächtnis, seine Fähigkeit, jeweilige Kurswechsel vorauszuahnen, und seine unermüdliche Arbeitskraft. Selbst nach den arbeitsreichsten Tagen schien er nicht erschöpft zu sein. Unbelastet von theoretischen Überlegungen und persönlichen Gefühlen – ich habe ihn selten lachen hören und erinnere mich nicht, jemals bei ihm eine persönliche Gefühlsregung bemerkt zu haben –, gelang es ihm meines Wissens immer, die ihm von sowjetischer Seite übermittelten Direktiven mit List und Rücksichtslosigkeit durchzusetzen.

Nach 1945 wurde Ulbricht, der Apparatschik *par excellence*, der zwar Funktionären Direktiven übermitteln, aber niemals Massen für umwälzende Maßnahmen begeistern kann, zunächst stets hinter Pieck und Grotewohl genannt. Seine Stellung festigte sich jedoch zusehends, als die sozialen Umwälzungen (wie die Bodenreform, die Verstaatlichung der Betriebe und die Schulreform), für die zumindest die passive Unterstützung weiter Bevölkerungsschichten erforderlich war, in den Hintergrund traten und der Apparat zum beherrschenden Instrument wurde.

Der in Hamburg geborene Funktionär *Richard Gyptner* war ihm in seiner pedantischen Art ein geeigneter Helfer. Seine mangelnde Vitalität prädestinierte ihn mehr zum Parteibeamten als zum Parteifunktionär. Er war völlig humorlos; seine hervorstechendsten Eigenschaften sind Pedanterie am Schreibtisch und Sorgfalt in der Kleidung. Stärkerer Gefühlsregungen schien er nicht fähig zu sein. Ich habe ihn nie in enthusiastischer Begeisterung und nie in wütender Empörung erlebt. So war es ihm leicht, die jeweiligen Schwenkungen der Parteilinie ohne Schwierigkeiten aufzunehmen und weiterzugeben, ein Vorgang, der ihm nicht mehr Mühe bereitete, als das sorgfältige Abheften der entsprechenden Parteidokumente.

Er sprach nur wenig von sich selbst, aber wir wußten, daß er viele Jahre der Leitung der Kommunistischen Jugendinternationale angehört hatte und in Moskau lange Zeit im Komintern-Apparat und später im Institut 205 tätig gewesen war. Richard Gyptner wurde 1946 Sekretär des Zentralsekretariats der SED, erhielt anschließend eine höhere Stellung in der Volkspolizei und leitete später die Hauptabteilung »Kapitalistisches Ausland« im Außenministerium der »DDR«.

Otto Winzer, in Moskau unter dem Pseudonym »Lorenz« bekannt, ähnelt in manchen Zügen Richard Gyptner. Er unterscheidet sich von diesem durch einen schärferen Intellekt, der es ihm ermöglicht, nicht nur Direktiven weiterzugeben, sondern sie auch scharf und offensiv zu vertreten, sie ohne persönliche Rücksichtnahme durchzupeitschen und mitunter – wenn auch keineswegs tief – ideologisch zu begründen. Mehr als alle anderen Mitglieder der Gruppe Ulbricht repräsentierte Winzer den Typ des »scharfen«, eiskalten, jede Direktive bedingungslos durchführenden stalinistischen Funktionärs, der durch seine lange Tätigkeit im »Apparat« jede Beziehung zur lebendigen Arbeiterbewegung und zu den Idealen des Sozialismus und der Völkerverbrüderung verloren hatte.

Nach 1945 erklomm Winzer die höchsten Stufen einer östlichen Karriere. Im Mai 1945 übernahm er die Abteilung für Kultur und Volksbildung im Berliner Magistrat, war in den Jahren 1946–1950 als Chef der Presse- und Rundfunkabteilung im Zentralsekretariat der SED und zeitweilig außerhalb noch als stell-

vertretender Chefredakteur der Zeitung *Neues Deutschland* tätig. Im Oktober 1949 avancierte er zum Chef der Privatkanzlei des Präsidenten der »DDR«, Wilhelm Pieck.
Anders als die bisher Genannten hatte sich der damals 33jährige *Hans Mahle* trotz langer Tätigkeit im Apparat noch eine lebhafte Natürlichkeit bewahrt. Er konnte noch lachen, fröhlich sein, sich mit »gewöhnlichen Menschen« unterhalten und fand neben dem Parteijargon noch Worte, die von eigenem Denken und Fühlen zeugten.
Von allen Mitgliedern unserer Gruppe war er mir am sympathischsten, da er in seiner Arbeit nicht erstarrt und menschlich nicht verkrampft war. Er reagierte auf Ereignisse und Personen stets spontan und blieb darum – wenn auch natürlich im gegebenen Rahmen – eigener Initiative und Gedanken fähig. Im Sommer 1945 wurde er zum Intendanten des Ostberliner Rundfunks und später zum Generalintendanten aller Rundfunksender der sowjetischen Besatzungszone ernannt; Anfang 1951 endete seine Karriere mit einem jähen Sturz, und erst später tauchte er auf dem verhältnismäßig untergeordneten Posten des Chefredakteurs der *Schweriner Volkszeitung* wieder auf.
Auch *Gustav Gundelach* stammte aus Hamburg. Mit 58 Jahren war er das älteste Mitglied unserer Gruppe. Er wirkte wie ein ehrlicher Arbeiterfunktionär, der sich sein Wissen mühsam erworben hat. Nur selten sah ich ihn so fröhlich wie etwa Hans Mahle. Er war schweigsam, fast verschlossen, aber deshalb doch nicht unfreundlich. Seine Ruhe war weder phlegmatisch-pedantisch wie bei Gyptner noch kalt und bedrohlich wie bei Winzer. Er war fleißig, arbeitsam und zuverlässig.
Im Sommer 1945 wurde Gundelach zum Präsidenten der Zentralverwaltung für Arbeit und Sozialfürsorge der sowjetischen Besatzungszone ernannt, jedoch im April 1946 zur Unterstützung der KP Westdeutschlands in seine Heimatstadt Hamburg entsandt, wo er bald darauf Abgeordneter in der Bürgerschaft wurde. Später fiel ihm eine führende Funktion in der west-

deutschen KP zu. Am 14. August 1949 zog er als KP-Abgeordneter in den ersten deutschen Bundestag ein.

Karl Maron, damals 44 Jahre alt, war mir von der Redaktion der Zeitung *Freies Deutschland* her bekannt; wir hatten uns recht gut verstanden.

Karl Maron, mit der Zeit etwas behäbig geworden, war nur selten aus der Ruhe zu bringen. Er fand sich schnell in veränderte Situationen und in die verschiedensten Arbeitsgebiete und hatte einen praktischen Blick für das Wesentliche. Er war umgänglich und verfügte über einen trockenen Humor, konnte allerdings auch aufbrausen, war aber wieder leicht zu besänftigen. Diese Eigenschaften verhalfen ihm zu einer gewissen Beliebtheit.

Seine Vielseitigkeit war erstaunlich. Nach jahrelanger Tätigkeit in der Sportbewegung hatte er im Organ des Nationalkomitees die militärischen Kommentare geschrieben; im Juni 1945 wurde er zunächst stellvertretender Oberbürgermeister von Berlin, später Vorsitzender der SED-Fraktion der Berliner Stadtverordnetenversammlung, im November 1948 Stadtrat für Wirtschaft im Berliner Ostsektor, im November 1949 stellvertretender Chefredakteur des SED-Zentralorgans *Neues Deutschland* und anschließend Generalinspektor und Chef der Hauptverwaltung der deutschen Volkspolizei. Es ist durchaus möglich, ja sogar wahrscheinlich, daß Karl Maron während dieser steil aufsteigenden Karriere sich zu jenem Typ entwickelte, der in Ulbricht, Gyptner und Winzer seine prägnantesten Vertreter hat.

Eine gewisse Sonderstellung nahm der kleine, untersetzte, glatzköpfige, damals 53jährige *Walter Köppe* ein. Er stammte aus Berlin und sprach noch immer den unverfälschten Berliner Dialekt. Für seine Figur und sein Alter war er erstaunlich lebendig, hatte aber von politischen oder gar theoretischen Fragen nur wenig Ahnung. Im Juni 1945 wurde der persönlich nicht unsympathische, politisch schwache Walter Köppe zunächst zweiter Vorsitzender der KPD von Berlin, wo er offiziell als Organisationssekretär fungierte; von diesem Posten wurde er aber bald abgelöst. Während der Arbeitszeit hatte er allzulang und ausführlich mit den Berliner Funktionären über frühere Erlebnisse gesprochen, statt Direktiven für die unmittelbare Arbeit zu erteilen. Er wurde 1947 als Wirtschaftsleiter der SED-Parteihochschule »Karl Marx« eingesetzt, ein Posten, für den sich der praktisch denkende und organisatorisch begabte Walter Köppe gut eignete. Drei Jahre später wurde er Wirtschaftsleiter der Verwaltungsakademie Forst-Zinna.

Der kommunistische Journalist und Schriftsteller *Fritz Erpenbeck* aus Mainz, damals 48 Jahre alt, war der einzige von uns allen, der zunächst nach 1945 nicht »fest eingeordnet« wurde und keine bestimmte Funktion ausübte. Erpenbeck schrieb eifrig und viel und war »überall dabei«, bei Redaktionskonferenzen von Zeitungen und Zeitschriften, beim Kulturbund und im Theaterwesen, bei Besprechungen über Filme und über bildende Kunst. Lebendig, aufgeschlossen, interessiert, gebildet, fühlte er sich in dieser ungebundenen Stellung sicher besonders wohl. Je mehr sich jedoch das System in der Sowjetzone festigte, um so schwieriger wurde es, dieses ungebundene Leben weiterzuführen.

Schließlich muß ich noch mich selbst erwähnen.

Von den Mitgliedern der »Gruppe Ulbricht« war ich der jüngste, nämlich 23 Jahre alt. Ich hatte als einziger keine langjährige Parteitätigkeit aufzuweisen. Wahrscheinlich war ich für die »Gruppe Ulbricht« ausgesucht worden, weil ich in der Sowjetunion aufgewachsen war und als Vertreter der Jugend galt, die – weit mehr als im Westen – oft kühn gefördert und schon in jungen Jahren in entscheidende Positionen gestellt wird. Offensichtlich suchte man für die deutsche Partei dringend Nachwuchs – schon die verhältnismäßig große Anzahl junger Genossen in der Kominternschule hatte das gezeigt. Vielleicht hatte man mich auch gewählt, weil ich immerhin schon mehr als 5 Jahre Mitglied des Komsomol war und die Kominternschule absolviert hatte. Politisch war ich sehr interessiert, stets bestrebt – wie es in der Sowjetunion hieß –, »meine politische Bildung zu heben«. Außerdem sprach ich zu jener Zeit fließend Russisch

ohne jeden Akzent. Die anderen Mitglieder der Gruppe verstanden zwar Russisch, sprachen es aber keineswegs fehlerfrei und mühelos.
Schließlich gehörte zu unserer Gruppe, nicht als politisches Mitglied, sondern als technischer Sekretär, noch ein jüngerer Deutscher. Er war ruhig und schweigsam (fast wie ein Kaderchef), beteiligte sich nur selten an unseren Gesprächen, leistete aber gute Arbeit. Ich traf ihn später als Bürovorsteher in der Landesverwaltung Potsdam wieder.
Diese zehn Mitglieder der »Gruppe Ulbricht« waren als erste deutsche Emigranten in das sowjetisch besetzte Gebiet Deutschlands zurückgekehrt und sollten nun die politischen Vorbereitungsarbeiten für die weitere Entwicklung leisten.

Im Flugzeug nach Deutschland

Die erste Stunde unseres Fluges verlief schweigsam. Die Direktiven waren uns so ausführlich dargelegt worden, daß Ulbricht es nicht für nötig hielt, sie zu wiederholen. An Ulbricht Fragen über unsere zukünftige Arbeit und unser zukünftiges Schicksal zu stellen, kam uns nicht in den Sinn. Er hätte sie nicht beantwortet, und außerdem wußten wir alle, daß man solche Fragen nicht stellt.
Als ich an jenem 30. April 1945 nach Deutschland flog, war ich ehrlich gewillt, alles zu tun, was in meinen Kräften stand, um die mir gestellten Parteiaufgaben vorbildlich zu erfüllen.
Ich glaubte daran, daß die Sowjetunion den deutschen Antifaschisten und Demokraten nach der Zerschlagung der Hitler-Armee selbstlos helfen würde, ein neues demokratisches Deutschland aufzubauen. Hatte sie nicht, so sagte ich mir, durch die Unterstützung des Nationalkomitees bewiesen, daß es in ihrem Interesse lag, wenn die deutschen Kräfte selbst ein unabhängiges Deutschland errichteten? Schien nicht auch unsere Entsendung – noch vor Beendigung der Feindseligkeiten! – ein Beweis dafür zu sein, daß die Sowjetunion nicht als Eroberer auftreten wollte,

sondern als Macht, die den deutschen Antifaschisten im Kampf gegen den Nazismus zu helfen bereit war? Hatte nicht Stalin selbst wiederholt einen Unterschied zwischen dem deutschen Volk und dem Hitler-Staat gemacht?

So war ich damals weit davon entfernt, bewußt oppositionell zu sein. Dennoch gehörte ich auch nicht zu jenen 100prozentigen stalinistischen Funktionären, die auf jedes selbständige Denken verzichten und ausschließlich davon ausgehen, daß alles, was der Sowjetunion dient, richtig und notwendig sei. Ich war zwar damals bereit, alle Direktiven zu erfüllen, aber ich machte mir doch über politische Ereignisse, über plötzliche Wendungen der Linie meine eigenen Gedanken.

Während meines zehnjährigen Aufenthaltes in der Sowjetunion hatte ich viel gesehen und erlebt. Es gab Entscheidungen und Verhältnisse, die mir gefielen und die mit der marxistischen Theorie in Einklang zu stehen schienen, aber es gab auch Maßnahmen, die ich ablehnte und bei denen ich das Gefühl nicht loswerden konnte, daß sie eigentlich im Widerspruch zum Marxismus stünden. Es gab manches, was mir unerklärlich schien und mich beunruhigte, und schließlich auch manches, was ich verabscheute und ablehnte. Ich machte mir oft ernste Gedanken über die riesige Verhaftungswelle von 1936 bis 1938 und über den allmächtigen Apparat des sowjetischen Geheimdienstes, ich hatte manchmal meine Zweifel an der Berechtigung des Paktes mit Hitler-Deutschland und an der »Notwendigkeit« des finnischen Krieges; ich erinnerte mich gelegentlich mit einem recht unangenehmen Gefühl daran, wie nach der Besetzung Ostpolens 1939 und der baltischen Staaten 1940 lange Eisenbahnzüge mit Beutegut nach Moskau rollten, noch mehr an die arbeiterfeindlichen Gesetze von 1940, an die Unterdrückung jeder selbständigen Meinungsäußerung und die grauenvollen Formen der Kritik und Selbstkritik.

Immer wieder war ich jedoch bestrebt, solche Dinge vor mir selbst zu rechtfertigen. Schließlich hatte die sozialistische Revolution in einem sehr rückständigen Land gesiegt, und alle diese

Mängel und Schwächen sind weniger dem System zuzuschreiben als vielmehr der Tatsache, daß die Nachwirkungen der allgemeinen Rückständigkeit des alten Rußland immer noch eine freiere Entwicklung unmöglich machten.
Damals, als ich die Sowjetunion verließ, erfüllt von einer neuen wichtigen Aufgabe, war ich wohl am »fortgeschrittensten« in dieser Rechtfertigung. Ich war erfüllt von der Hoffnung auf eine relative Selbständigkeit in der politischen Entwicklung Deutschlands, auf das Recht, gewisse Dinge anders machen zu können und zu dürfen als in der Sowjetunion; außerdem glaubte ich, daß nach Kriegsende auch in der Sowjetunion eine Wandlung des Systems in einer freiheitlicheren Richtung bevorstehe.
So war ich, trotz aller kritischen Gedanken, gerade zu jener Zeit besonders optimistisch und hoffnungsvoll und konnte den Beginn der neuen politischen Arbeit kaum erwarten.
Nach etwa einer Stunde Flug landeten wir in Minsk, der Hauptstadt der weißrussischen Sowjetrepublik. Diese Stadt gehörte damals zu den am meisten zerstörten der Sowjetunion. Vom Flugplatz aus waren fast nur Ruinen zu sehen. Es war ein erschütterndes, grauenerregendes Bild.
Unmittelbar nach der Landung ging ein zweites Flugzeug neben uns nieder. Auch aus diesem stiegen 10 Passagiere aus, die ähnlich gekleidet waren wie wir und interessiert zu uns herüberschauten. »Das sind ehemalige Kriegsgefangene, Absolventen der Antifa-Schule. Sie fliegen auch nach Deutschland in das Gebiet Marschall Shukows«, sagte einer von uns, der offenbar mehr wußte als ich. Sie standen vor ihrem, wir vor unserem Flugzeug.
»Können wir sie nicht begrüßen?«
»Besser nicht. Ulbricht hat gesagt, daß wir unter uns bleiben sollen.«
Ich schwieg – aber schon kamen mir ketzerische Gedanken über die Zwiespältigkeit dieser Situation. Entweder, so sagte ich mir, betrachtet man sie weiterhin als Kriegsgefangene, dann schickt man sie nicht neu eingekleidet für politische Sonderaufgaben nach Deutschland, oder man betrachtet sie inzwischen als Ge-

nossen, dann sollte man sie auch als Genossen behandeln. Damals hielt ich das für die taktische Unklugheit irgendeiner Dienststelle. In Wirklichkeit kam jedoch darin wieder jene hierarchische Gliederung zum Ausdruck, die für den Stalinismus so typisch ist.
Von den zehn Mitgliedern dieses »zweiten Flugzeuges« sollte ich später übrigens zwei kennenlernen: *Paul Markgraf*, einen ehemaligen Obersten und Ritterkreuzträger, der nach seiner Umschulung in der Antifa-Schule und seiner Rückkehr nach Berlin von den sowjetischen Behörden zum Berliner Polizeipräsidenten ernannt wurde, und *Matthäus Klein*, einen ehemaligen Pfarrer, der dem Nationalkomitee »Freies Deutschland« angehörte und dort zunächst im »Arbeitskreis für kirchliche Fragen« tätig war, sich aber später von seinem Glauben lossagte und Stalinist wurde. Nach 1945 wurde er Personalchef im Ostberliner Rundfunk, anschließend Assistent für Philosophie an der Parteihochschule »Karl Marx« und später Dozent für Gesellschaftswissenschaften an der Universität Jena.
Wenige Minuten später flogen wir weiter. Noch immer wußten wir nicht, wo wir eigentlich landen würden. Meine Spannung wuchs mit jeder Minute.
Nach etwa eineinhalb Stunden Flugzeit setzte die Maschine zur Landung an. Wir landeten auf einem kleinen behelfsmäßigen Militärflugplatz in der Nähe von Calau (polnisch: Kalawa).
Weit und breit war nichts zu sehen – keine Stadt, kein Gebäude, nichts, was nur im entferntesten nach menschlichen Behausungen aussah.
»Wir sind in der Nähe der neuen deutsch-polnischen Grenze, zwischen Frankfurt an der Oder und Küstrin«, erklärte Ulbricht.
Wir standen unentschlossen herum; keiner wußte, was geschehen sollte. Wenige Minuten später kam aber ein Wagen auf uns zu. Ein sowjetischer Offizier stieg aus und begrüßte Ulbricht freundlich. Er schien ihn zu kennen. »Es ist alles in Ordnung. Sie werden bald weiterfahren«, erklärte er uns.
»Ich bin gerade aus Berlin gekommen und fahre auch gleich wie-

der zurück«, sagte er und begann mit einem Stock in den Sand Umrisse Berlins und der Bezirke einzuzeichnen, die sich schon in den Händen der sowjetischen Truppen befanden. Es war für mich wie ein Traum – in wenigen Tagen würde ich wieder in Berlin sein, das ich vor 12 Jahren als Kind verlassen hatte!
Ein Lastwagen kam angefahren. Der Sowjetoffizier wurde etwas verlegen: »Sie müssen vielmals entschuldigen, werte Genossen, daß wir nur einen Lastwagen zur Verfügung stellen können. Es ist nur für die ersten Stunden. Von dem nächsten Halteplatz aus bekommen Sie alle Personenwagen.«
Menschen sahen wir in den ersten Dörfern überhaupt nicht. Entweder waren die Häuser völlig verlassen, oder aber die Bewohner wagten nicht herauszukommen. An einigen Häusern wehten rotweiße polnische Fahnen – wahrscheinlich waren dort Verbindungsstellen der polnischen Behörden. Wir befanden uns ja noch in unmittelbarer Nähe der Oder-Neiße-Linie.
Nach etwa zwei Stunden Fahrt hielten wir in einer kleineren Ortschaft vor der sowjetischen Kommandantur. Zwei jüngere Offiziere begrüßten uns und luden uns zum Mittagessen ein. Es war alles sehr schön hergerichtet. Sie hatten offensichtlich Freude daran, Gäste aufzunehmen. Man merkte auch ihr Bestreben, mit uns ins Gespräch zu kommen. »Hoffentlich schmeckt es Ihnen auch gut, meine verehrten Gäste«, meinte ein Offizier freundlich, fast ein bißchen hochachtungsvoll. »Wir freuen uns stets über ausländische Gäste; in den letzten Tagen bewirteten wir polnische Offiziere, und jetzt freuen wir uns außerordentlich, Sie begrüßen zu können, da wir gehört haben, daß Sie die Mitglieder der neuen deutschen Regierung sind.«
Ich verschluckte mich fast. Was hatte er da gesagt? Neue deutsche Regierung? Neben mir saß Hans Mahle, und wir schauten uns verlegen an. Was sollten wir jetzt bloß tun? Wir konnten ihn schließlich nicht in dem Glauben lassen, wir seien die neue deutsche Regierung, doch waren wir auch nicht dazu ermächtigt, ihm zu sagen, daß wir die »Gruppe Ulbricht« seien.
So wehrte einer von uns bloß höflich mit den Händen ab und gab

zu verstehen, daß wir nicht die »neue deutsche Regierung« seien. Das bestärkte den Offizier noch mehr in seinem Glauben, und er behandelte uns noch höflicher und zuvorkommender. Als wir aus der Kommandantur heraustraten, erwarteten uns amerikanische und deutsche Limousinen. Die Wagen waren mit kleinen roten Fähnchen und sowjetischen Armeezeichen versehen, auch die Chauffeure trugen sowjetische Uniformen.

Bald waren wir in Küstrin angekommen, einer Stadt, die man schon damals in den sowjetischen Kommuniqués mit dem slawischen Namen »Kostrzyn« bezeichnete. Küstrin war eine einzige Steinwüste. Solche Zerstörung hatte ich bis jetzt nur auf Bildern oder in der Wochenschau, niemals aber in Wirklichkeit gesehen. Es war ein erschütternder Anblick.

Ein kurzer Aufenthalt. Ulbricht wechselte einige Worte mit den sowjetischen Begleitoffizieren, die unseren Chauffeuren etwas mitteilten, und dann ging die Fahrt weiter.

»Wohin geht es denn nun?« fragte ich den Chauffeur.

»Pojedem na sapad, na Berlin« (Wir fahren nach dem Westen, nach Berlin), sagte er lachend.

Was würden mir die nächsten Tage bringen? Ich konnte es gar nicht erwarten, mit »richtigen deutschen Menschen« zu sprechen, die hier die ganze Zeit gelebt hatten, mir Berlin wieder anzusehen, die Orte aufzusuchen, wo ich meine Kindheit verbracht hatte, die Graf-Haeseler-Straße in Reinickendorf-West, mein Gymnasium in Reinickendorf-Ost, die Karl-Marx-Schule in Neukölln und vor allem die Künstlerkolonie am Laubenheimer Platz in Wilmersdorf.

Ich wurde aber bald aus meinen Gedanken gerissen. »Wir sind da«, sagte mir der Chauffeur. Wir befanden uns in einer schmukken deutschen Kleinstadt, etwa 30 Kilometer östlich von Berlin. Es war Bruchmühle.

Bruchmühle, das politische Zentrum der Shukow-Armee

Bruchmühle befand sich in jenen Tagen in einer ganz besonderen Lage. Hier war der politische Stab der Armee Marschall Shukows stationiert. Dieser Stab stand unter der Leitung von General Galadshijew, zu jener Zeit der Chef der politischen Verwaltung der Armee des Marschalls Shukow.

Der Ort war von allen anderen Truppen geräumt worden. Die Bevölkerung der kleinen Ortschaft hatte zwar auch die ersten Schrecken des Einmarsches miterleben müssen, befand sich aber nun, zumindest für einige Wochen, in einer bevorzugten Situation. In dem kleinen Städtchen gab es fast keine einfachen Soldaten; häufig sah man dagegen die Offiziere vom Stab Galadshijews, die fast alle deutsch sprachen und ihre Hauptaufgabe darin sahen, einen guten Kontakt mit der Bevölkerung herzustellen. Hier befand sich auch eine Redaktion, in der Flugblätter in deutscher Sprache verfaßt wurden.

Vor allem liefen von hier aus die Direktiven der neuen politischen Linie, die nach der öffentlichen Verurteilung Ehrenburgs in der *Prawda* jetzt von den politischen Funktionären aller Armee-Einheiten durchgeführt werden sollte.

Die nächsten Wochen zeigten mir jedoch, daß die »neue Linie« meist zu spät kam. Den politischen Funktionären General Galadshijews war es fast überall unmöglich, sich gegenüber den seit vielen Jahren mit »Ehrenburg-Propaganda« überschütteten Armeestellen durchzusetzen.

Kurz nach unserer Ankunft wurden wir von den Mitarbeitern General Galadshijews empfangen. Da es inzwischen schon Abend geworden war, beschloß man, die Besprechungen auf den nächsten Tag zu verschieben. Wir wurden in ein neues Haus einquartiert, das vollständig geräumt worden war.

Am nächsten Morgen – es war der 1. Mai 1945, ein schöner Frühlingstag – war ich so froh wie nie zuvor. Endlich wieder in Deutschland! Noch gab es nichts, was mich bedrückte. Noch wußte ich nichts von all dem, was sich in diesen Tagen und Stunden in Deutschland abspielte. Ich war in Deutschland und gleichzeitig auch nicht. Von Deutschland hatte ich bis zu diesem Morgen nur schöne Straßen, schmucke Häuser und befreite Ausländer und eine gastfreundliche Kommandantur gesehen. Sonst nichts.

Gleich am Morgen wurden wir zusammengerufen. Ein Offizier händigte jedem ein Schreiben aus. Schon der erste Blick überzeugte mich, daß es ein gewichtiges und wertvolles Dokument war. Unterzeichnet vom Chef der politischen Verwaltung, der Armee Shukows, General Galadshijew, besagte es, daß Wolfgang Leonhard in den von den Armeen der 1. Bjelorussischen Front* besetzten Gebieten für die politische Hauptverwaltung tätig ist.

Dann wurden wir in das Offizierskasino der politischen Hauptverwaltung eingeladen. Auf den uns ausgehändigten Talons erkannte ich, daß wir die Verpflegung eines Sowjetmajors erhielten. Gleichzeitig bekam jeder von uns ein großes Paket mit Zigaretten, und ein Offizier stellte sich freundlich als Beauftragter des politischen Stabes für die Erfüllung unserer praktischen Wünsche vor. »Genosse Ulbricht ist nach einer gestrigen Abendbesprechung mit General Galadshijew bereits heute früh nach Berlin gefahren und wird erst gegen Abend zurückkehren. Einige der engsten Mitarbeiter von General Galadhshijew möchten sich jedoch gerne noch mit Ihnen unterhalten und würden sich freuen, Sie heute um 4 Uhr sprechen zu können«, wurde uns gesagt.

So blieb uns der Vormittag zur freien Verfügung. Vom Frühstück zurückkommend, ging ich in mein neues Zimmer. Kurz darauf klopfte es. Schüchtern und etwas verängstigt trat eine ungefähr 30jährige Frau ein. »Ich soll hier alles sauber und in Ordnung halten. Darf ich jetzt bei Ihnen aufräumen?« fragte sie.

»Recht schönen Dank, aber das ist wirklich nicht nötig. Ich bin gewohnt, alles allein zu machen.«

* Dies war die offizielle Bezeichnung für die unter dem Oberkommando Marschall Shukows stehenden Armeen.

Als sie hörte, daß ich fließend Deutsch sprach, schaute sie mich erstaunt an.
»Setzen Sie sich doch ein wenig, ruhen Sie sich aus«, lud ich sie ein, in der Hoffnung, nun endlich in ein Gespräch mit einer »richtigen Deutschen« zu kommen.
Sie schien nicht zu begreifen, was in der Welt vor sich ging: Da kommen Deutsche plötzlich in Autos an, werden von sowjetischen Offizieren freundlich empfangen und im sowjetischen Offizierssaal verpflegt und wohnen in einem von der Sowjetarmee requirierten Hause.
Mein Angebot schien sie erschreckt zu haben. Überhaupt machte sie einen verängstigten Eindruck und verließ sofort mein Zimmer. Und unwillkürlich erinnerte sie mich an die Menschen in Moskau zur Zeit der Säuberung von 1936 bis 1938.
Ich begriff nicht ganz. Warum ist sie so verängstigt? Der Krieg ist bald zu Ende, und die schweren Zeiten sind vorbei. Sie müßte sich doch freuen, dachte ich. Von Plünderungen, Vergewaltigungen und anderen Dingen hatte ich noch nichts gehört.
An diesem ersten Vormittag in Deutschland ging ich mit Hans Mahle und Fritz Erpenbeck spazieren. Leider trafen wir fast ausschließlich sowjetische Offiziere. Plötzlich entdeckten wir jedoch unsere »Haushälterin« wieder, und diesmal gelang es uns, ins Gespräch zu kommen. Bald waren wir schon bei den Fragen angelangt, die uns alle so brennend interessierten: die Nazis, der Krieg, das Kriegsende, die gegenwärtige Lage, die Russen und die Zukunft.
Von den Nazis und dem Krieg schien sie nichts zu halten. Sie war froh, erklärte sie, daß nun bald wieder Frieden sein würde. »Bloß, Sie müssen doch wissen, schließlich«, sie begann etwas zu stocken, »haben wir ja in den letzten Wochen sehr viel Schreckliches durchgemacht...«
»Was haben denn die Nazis hier getan?« fragte einer von uns.
»Aber ... ich meine jetzt gar nicht die Nazis ... Sie müssen sich vorstellen, als die Russen hier einzogen...«

Dann begann ihre Schilderung. Schilderungen, wie ich sie in den nächsten Tagen und Wochen zu Dutzenden und Hunderten in allen Variationen und Abwandlungen immer und immer wieder hören sollte.
Inzwischen waren auch Maron und Winzer hinzugekommen, da offensichtlich auch sie auf der Suche nach »richtigen Deutschen« waren.
Sie fuhr mit ihrer Schilderung fort, und als sie von Vergewaltigungen zu sprechen begann, lief es mir kalt über den Rücken. Sollten wirklich solche Fälle vorgekommen sein? Ich war erschüttert, glaubte aber fest daran, daß es sich um eine bedauerliche Einzelerscheinung gehandelt haben müsse.
Bald hatte sich das Gespräch zu einer politischen Diskussion entwickelt. Es war eine eigentümliche Situation, als sich nun der spätere Generalintendant aller Rundfunksender der Sowjetzone, der zukünftige Generalinspekteur und Chef der Volkspolizei sowie der Chef der Präsidialkanzlei des Präsidenten trotz bester Argumente vergeblich darum bemühten, eine einfache deutsche Frau von der Richtigkeit unserer politischen Auffassungen zu überzeugen. Sie hörte sich alles geduldig an – es war der einzige Fall, daß solche Intensität der politischen Bearbeitung einer einzigen deutschen Hausfrau gewidmet wurde –, aber sie war nun einmal von ihren Gedanken, die aus ihren eigenen Erlebnissen resultierten, nicht abzubringen.
»Sie brauchen mir doch nichts zu erzählen«, sagte sie schon fast böse. »Daß die Nazis schlecht sind, weiß ich doch selbst. Aber, wissen Sie, mit den Russen, das ist auch nicht das richtige. Sie werden es schon noch merken.«
Einige von uns schmunzelten.
Beim Rückweg zum Mittagessen diskutierten wir über ihre Schilderung. Die Meinungen waren unterschiedlich. »Reine Nazi-Propaganda. Sie ist bestimmt eine aktive Faschistin, wahrscheinlich gehört sie sogar der Naziuntergrundbewegung an«, meinte einer von unseren Hundertfünfzigprozentigen. »Vielleicht ist sie nicht eine aktive Faschistin, sondern einfach eine dumme Haus-

frau, die der faschistischen Greuelpropaganda erlegen ist«, schwächte ein anderer von unserer Gruppe ab.
Mich stimmte das Gespräch sehr nachdenklich. Ich glaubte ihr und hatte mich innerlich damit abgefunden, daß sie tatsächlich die Wahrheit gesprochen hatte. Es ist immerhin möglich, so versuchte ich mich zu beruhigen, daß nach all den Erlebnissen dieses grauenvollen Krieges einzelne Rotarmisten in einzelnen Truppenteilen sich so benommen haben.
Am Nachmittag waren wir bei einigen hohen Offizieren der politischen Hauptverwaltung eingeladen. Das Gespräch bewegte sich auf einer hohen politischen Ebene. Die politischen Offiziere waren zweifellos in Moskau für ihre Aufgabe sorgfältig ausgebildet worden. Sie kannten die deutsche Geschichte besser als viele Deutsche. Vor allem waren sie über die jüngste Vergangenheit genau unterrichtet: über die Parteien der Weimarer Republik, die Zusammensetzung der Parlamente, die Fraktionsstärke der Parteien, die Wahlergebnisse seit 1918 und, natürlich, die Geschichte der KPD. Aber kannten sie die jetzige Stimmung der Deutschen? Wußten sie, wie die deutsche Bevölkerung dachte und fühlte? Ich weiß es nicht – denn davon wurde in unserer stundenlangen Unterhaltung nicht gesprochen. Wir sprachen über die Politik der Partei in der Vergangenheit, über die Brüsseler und Berner Konferenz der KPD, über das Nationalkomitee und – vor allem – über die Notwendigkeit, die »bürgerlich-demokratische Revolution von 1948 zu vollenden«, und die voraussichtliche zukünftige Entwicklung Deutschlands.
Mir kam jedoch der Gedanke, daß unsere Diskussionen sich oft im luftleeren Raum bewegten und mit der Wirklichkeit nur wenig oder gar nichts zu tun hatten.
Abends kam Ulbricht zurück. Er hatte den ganzen Tag in Berlin verbracht, aber er erzählte nur wenig. »Ihr werdet es ja selbst sehen«, meinte er.
Als wir anschließend zusammensaßen, erklärte Ulbricht uns endgültig unser Vorhaben: »Es wird unsere Aufgabe sein, die deutschen Selbstverwaltungsorgane in Berlin aufzubauen. Wir wer-

den in die verschiedenen Berliner Bezirke fahren und dort aus den antifaschistisch-demokratischen Kräften jene heraussuchen, die sich für den Aufbau der neuen deutschen Verwaltung eignen. Es wird das beste sein, wenn wir uns verteilen und jeder einen bestimmten Berliner Bezirk übernimmt. Abends werden wir dann zusammenkommen, wobei jeder über seinen Bezirk Bericht erstattet.«

»Wann sollen wir mit dieser Arbeit beginnen?«

»Morgen«, antwortete Ulbricht kurz und knapp.

Morgen – das war der 2. Mai 1945.

An diesem Tag kapitulierte die Wehrmacht in Berlin.

Am gleichen Tag begann die Tätigkeit der »Gruppe Ulbricht«.

Erstes Zusammentreffen mit Berliner Kommunisten

Am Morgen des 2. Mai fuhr eine Kolonne von Personenwagen aus Bruchmühle über Kaulsdorf, Biesdorf und Friedrichsfelde in das Stadtzentrum Berlins. Darin saßen die Mitglieder der »Gruppe Ulbricht« und einige sowjetische Politoffiziere des Stabes von General Galadshijew.

Langsam bahnten sich unsere Wagen den Weg durch Friedrichsfelde in Richtung Lichtenberg. Es war ein infernalisches Bild. Brände, Trümmer, umherirrende hungrige Menschen in zerfetzten Kleidern. Ratlose deutsche Soldaten, die nicht mehr zu begreifen schienen, was vor sich ging. Singende, jubelnde und oft auch betrunkene Rotarmisten. Gruppen von Frauen, die unter Aufsicht von Rotarmisten Aufräumungsarbeiten leisteten. Lange Reihen von Menschen, die geduldig vor Pumpen standen, um einen Eimer Wasser zu erhalten. Alle sahen schrecklich müde, hungrig, abgespannt und zerfetzt aus. Es war ein sehr starker Kontrast zu dem, was ich in den kleineren Ortschaften östlich Berlins gesehen hatte. Viele Menschen trugen weiße Armbinden als Zeichen der Kapitulation oder rote als Begrüßung für die Rote Armee. Es gab auch einige, die besonders vorsichtig waren: Sie hatten am Arm sowohl eine weiße als auch eine rote Binde.

Aus den Fenstern wehten gleichermaßen die weißen Fahnen der Kapitulation oder rote, denen man ansah, daß sie kurz zuvor aus Hakenkreuzfahnen entstanden waren.
Unsere Begleitoffiziere wiesen uns den Weg zur Kommandantur von Lichtenberg, die sich in den ersten Tagen in einem Mietshaus befand. Eine kurze Begrüßung. Der Kommandant hatte alle Hände voll zu tun. Offiziere kamen und gingen und berichteten kurz und knapp, im Telegrammstil, was sich im Bezirk abspielte. Als wir ins Zimmer traten, war da gerade ein sowjetischer Offizier, der wütend und empört über das Benehmen sowjetischer Soldaten schimpfte. So hörte ich die erste Klage über das Verhalten der Rotarmisten in Berlin – von sowjetischer Seite.
Der Kommandant war über die »Gruppe Ulbricht« im Bilde und sichtlich erfreut, Hilfe für den Aufbau der deutschen Verwaltung zu finden.
»Eine deutsche Verwaltung? Nein, die haben wir noch nicht. Aber wir möchten Sie bitten, morgen oder übermorgen zu kommen, um uns bei ihrer Zusammenstellung zu helfen.«
Ulbricht sagte zu.
Kurz darauf fuhren wir weiter. Ulbricht bestimmte, daß jeweils zwei Mitglieder unserer Gruppe zusammen arbeiten sollten. Sie fuhren ab nach Kreuzberg, Treptow, Tempelhof und anderen Bezirken. Nur ich blieb zurück. »Wohin soll ich denn fahren?«
»Du bleibst bei mir, wir fahren nach Neukölln«, sagte Ulbricht. Eine halbe Stunde später hielten wir vor einem großen Gebäude. Ruhig und gelassen stieg Ulbricht die Treppen hinauf, so, als ob es ganz selbstverständlich wäre, nach zwölfjähriger Abwesenheit am 2. Mai 1945 die erste deutsche Verwaltung zu besuchen. Ich hatte diese Sicherheit nicht.
Von der ganzen Neuköllner Verwaltung war nur einer anwesend. »Pagel«, stellte er sich vor und berichtete kurz, was bisher getan worden war. Die neuen deutschen Verwaltungsorgane befanden sich in einer verzweifelten Situation. Es ging um Krankenhäuser und Wasser, um Licht und Kohle, um Straßenaufräu-

mungsarbeiten und um Bescheinigungen, »Propuske«, vor allem aber immer wieder um eins: um Lebensmittel für die hungernden Berliner.

Ulbricht und ich machten uns Notizen. Nach einer halben Stunde ging das Gespräch langsam auf politische Themen über. Jetzt wurde Pagel hellhörig. »Entschuldigen Sie bitte, wer sind Sie eigentlich?«

»Walter Ulbricht, ehemaliger Reichstagsabgeordneter der Weimarer Republik, gegenwärtig am Aufbau der Berliner Verwaltung tätig.«

Pagel, der sich als Sozialdemokrat vorstellte, zeigte uns eine Liste von Neuköllner Antifaschisten, Sozialdemokraten und Kommunisten, die schon zur Unterstützung der Verwaltung herangezogen wurden.

»Das wird Sie wahrscheinlich interessieren – hier ist eine Aufstellung der aktivsten Kommunisten Neuköllns«, sagte Pagel und gab Ulbricht die Liste. Ulbricht schaute sie nur ganz flüchtig an und meinte lässig: »Nein, ich interessiere mich nur für die Verwaltung.« Wir verabschiedeten uns freundlich.

Der Wagen fuhr ab. Ulbricht hatte eine Adresse genannt. »Wohin geht's denn jetzt?«

Ulbricht grinste. »Na, zu den Genossen natürlich. Ich habe mir doch schnell zwei Adressen aus der Liste gemerkt.«

Ich staunte – auf diesem Gebiet war ich wirklich noch ein Laie.

Während der kurzen Fahrt versuchte ich mir auszumalen, wie wohl Kommunisten auftreten würden, die hier in Deutschland jahrelang illegal gearbeitet hatten. Über ihren Kampf wußte ich nur aus antifaschistischen Romanen und aus den Berichten der Genossen. Nun konnte ich den Augenblick kaum erwarten, mit »richtigen deutschen Genossen« zusammenzukommen.

Ulbricht ließ vor der offenen Tür eines beschädigten Neuköllner Mietshauses halten. Schon vom Flur aus konnte man laute Gespräche und Diskussionen hören. Wir klopften und traten ein. Einige waren so in die Diskussion vertieft, daß sie uns gar nicht bemerkt hatten.

Plötzlich sprangen einige Männer auf, riefen »Ulbricht«. Im Nu war er umringt. Überraschung und Freude spiegelten sich in den Gesichtern der Genossen. Ulbricht dagegen blieb auch jetzt streng sachlich. Er begrüßte sie – mir schien seine Begrüßung recht kühl –, stellte mich als seinen Mitarbeiter vor, und nach ein oder zwei Minuten ging die Diskussion weiter, jetzt allerdings von Ulbricht geleitet.

Nun hatte ich Gelegenheit, mich umzuschauen: Wir waren in einem einfachen Zimmer einer Arbeiterwohnung; auf dem Tisch stand eine Petroleumlampe – elektrisches Licht gab es in diesen Tagen natürlich nicht –, und auf den Stühlen, auf dem Boden, auf dem Sofa saßen zwölf Neuköllner Genossen.

Die ganze Atmosphäre war völlig anders als auf sowjetischen Komsomol- oder Parteiversammlungen. Es herrschte eine Stimmung, wie ich mir die Versammlungen aus der Zeit der Oktoberrevolution und des Bürgerkrieges in Rußland vorgestellt und eigentlich Parteiversammlungen immer gewünscht hatte.

Echte Begeisterung, verbunden mit einem gesunden Realismus, war hier zu spüren. Ohne auf Direktiven zu warten, hatten die Genossen sofort klar verstanden, daß es jetzt darauf ankam, die Lebensmittel- und Wasserversorgung zu organisieren, die dringendsten Nöte der Bevölkerung zu lindern, funktionierende Verwaltungen aufzubauen, um aus dem Chaos und Hunger herauszukommen.

Von allen Seiten kamen klare, kurze Vorschläge, die dann besprochen, manchmal auch durch Gegenvorschläge ergänzt und zu Beschlüssen zusammengefaßt wurden. Irgend jemand notierte die Einzelheiten: Namen von Genossen, die man aufsuchen wollte, um sie heranzuziehen; Mobilisierung von Arbeitskräften für das Abladen von Lebensmitteln und ihre Verteilung, Verbindung zu Ingenieuren und Technikern, um die Versorgung mit Licht, Wasser und Gas in Gang zu bringen; Leitung der Aufräumungsarbeiten; Ausschreiben von Ausweisen. Ohne Tagesordnung, ohne Pathos, ohne Phrasen wurde in einer halben Stunde mehr getan als in endlosen Versammlungen in Rußland.

Nur das Verhalten Ulbrichts fiel mir unangenehm auf, die Art und Weise, wie er sich gegenüber diesen Genossen benahm. Während mich schon die ersten Minuten dieser improvisierten Parteizusammenkunft davon überzeugt hatten, wie außerordentlich viel gerade wir, die wir aus Moskau kamen und all diese Dinge nicht kannten, zu lernen hatten, benahm sich Ulbricht wie ein Vorgesetzter.

Unmerklich waren wir von den dringenden aktuellen Aufgaben auf politische Fragen gekommen, auf den Kampf der Genossen während der Nazizeit, auf die allgemeine politische Linie der Gegenwart und Zukunft.

Als es um das Verhalten der Genossen ging, wurde Ulbricht lebendig. Eine Frage jagte die andere. »Wie hat sich der verhalten, wie der, wo war der..., was hat der getan...« Unaufhörlich prasselten Namen, die Ulbricht alle im Kopf hatte. (Später sollte ich mich noch mehr über sein phänomenales Namensgedächtnis wundern.) Er stellte Fragen, zwar nicht wie bei einem Polizeiverhör, aber doch keineswegs in einem Ton, den ich von einem Emigranten erwartet hätte, der nach zwölf Jahren die überlebenden Genossen wiedertrifft, die jahrelang unter dem Hitler-Terror gelebt hatten. Als er dann schließlich die jetzige politische »Linie« darlegte, tat er es in einem Ton, der keinen Widerspruch zuließ, in einer Art, die jeden Zweifel darüber ausschloß, daß er und nicht die Berliner Kommunisten, die unter so schweren Bedingungen illegal gearbeitet hatten, die Politik der Partei bestimmte.

Auf der Rückfahrt dachte ich über dieses erste Zusammentreffen mit deutschen Kommunisten nach. Gab es nicht eigentlich zwei Arten von Kommunisten? Bisher hatte ich meist mit Funktionären zu tun gehabt, die sich, von einigen Ausnahmen abgesehen, durch eine harte, unpersönliche Art und ständiges Wiederholen von Parteiphrasen auszeichneten. Wie anders erschienen mir dagegen die lebendigen, mit der Wirklichkeit und den »gewöhnlichen« Menschen verbundenen, aufopferungsvollen und begeisterten Kommunisten, die ich an diesem ersten Abend in Berlin kennengelernt hatte!

Abends, als die Mitglieder der »Gruppe Ulbricht« nach Bruchmühle zurückgekehrt waren, fand die erste Besprechung statt. Jeder berichtete kurz von seinen Erlebnissen, und unser technischer Sekretär bekam seinen ersten Auftrag: von diesen Besprechungen in mehreren Exemplaren Protokolle zu verfassen, damit über jeden Berliner Bezirk von Beginn an ein lückenloser Bericht vorlag.

Diese erste Besprechung war noch in einer verhältnismäßig lokkeren Form gehalten. Aber vom nächsten Tag an sollte die organisierte Arbeit beginnen. Jeder zu bearbeitende Berliner Bezirk sollte von einem oder zwei Genossen besucht werden. Nach einigen Tagen sollten wir jeweils ausgewechselt werden. Wir hatten zunächst die allgemeine Situation zu klären, in den verschiedenen Berliner Bezirken aktive Kommunisten, Sozialdemokraten und parteilose Antifaschisten ausfindig zu machen, uns über sie zu informieren, um dann dem betreffenden Bezirkskommandanten eine Vorschlagsliste für die Verwaltung einzureichen. Auch der Bezirksbürgermeister und sein Stellvertreter sollten von uns ausgesucht und vorgeschlagen werden.

Mit großem Eifer stürzten wir uns in die Arbeit, um die Antifaschisten zu finden, die für eine Verwaltung notwendig waren. Wir konnten uns dabei auf zweierlei stützen: auf die Funktionäre, die Ulbricht und einige andere aus unserer Gruppe von früher her kannten, und auf Namenslisten, die uns täglich von den Politoffizieren bei den Bezirkskommandanten zugingen.

»Hier hast du deine Liste«, sagte Ulbricht noch am selben Abend zu mir. »Besuch mal die Leute und stelle fest, wer davon brauchbar ist.« Ich sah mir die Liste an. An erster Stelle stand:

Wolfgang Harich, Berlin-Dahlem, Podbielskiallee 1. Dieser Name ist wohl für immer in meinem Gedächtnis haftengeblieben.

Am nächsten Morgen fuhr ich nach Berlin. Gestern hatte ich nur die Ostbezirke Berlins kennengelernt. Nun kam ich nach Westberlin, in jenen Teil, der mir von meiner Kindheit her noch in Erinnerung war. Als wir dem Breitenbachplatz entgegenfuhren,

sah ich von ferne die Künstlerkolonie am Laubenheimer Platz. Also, das mußte ich einfach sehen – trotz aller Parteiaufträge!
»Können Sie nicht mal hier links reinfahren?«
»Aber gerne.« Wir blieben vor der Bonner Straße 12 stehen, vor dem Haus, in dem ich als Kind gewohnt hatte. Ich fühlte mich fast schuldig: Schließlich war ich ja nicht hierhergekommen, um Erinnerungen aufzufrischen. Das Haus war nur wenig zerstört. Der Chauffeur lächelte:
»Sie haben wohl hier gewohnt?«
»Ja, als Kind, 1931 und 1932. Dort im 3. Stock rechts.«
»Gehen Sie doch rauf. Wir können eine kleine Pause machen, und Sie schauen sich Ihre frühere Wohnung an.«
Aber ich erinnerte mich an meine Liste, an den Parteiauftrag und lehnte den freundlichen Vorschlag ab.
Wenige Minuten später hielten wir vor einer schönen, unzerstörten Villa in der Podbielskiallee 1. Aus zwei Fenstern hingen mir unbekannte Fahnen eines ausländischen Staates. Die Villa war offensichtlich ein Botschaftsgebäude. Irgendwie hatte ich mir mein erstes selbständiges Zusammentreffen mit einem deutschen Antifaschisten anders vorgestellt. Wie alle Menschen, die lange in der Sowjetunion gelebt haben, war auch ich von einer geradezu panischen Furcht vor Botschaftsgebäuden besessen. Unschlüssig ging ich um das Gebäude herum. Bald entdeckte ich ein Schild in deutscher, englischer und russischer Sprache, auf dem zu lesen stand, dies hier sei das Botschaftsgebäude von Thailand (Siam), einem neutralen Staat.
Den ersten deutschen Antifaschisten mußte ich ausgerechnet in einer siamesischen Botschaft aufsuchen! Sollte ich nun hinein oder nicht? Unruhig ging ich auf und ab, als das Fenster geöffnet wurde.
»Wollen Sie zu uns?«
»Man hat mir gesagt, daß hier Herr Wolfgang Harich wohnt.«
»Ja, das stimmt. Kommen Sie nur herein.«
Die elegante Villa, die ich nun betrat, stand in scharfem Kontrast zu den Verhältnissen, die ich noch kurz vorher in der Frankfur-

ter Allee gesehen hatte. Es war wirklich so, wie in sowjetischen Filmen ausländische Botschaften gezeigt werden.

Freundlich und zuvorkommend wurde ich in den ersten Stock geführt, wo ich Wolfgang Harich, einem jungen, gut angezogenen Mann, vorgestellt wurde.

»Was wünschen Sie?«

Ich sprach kurz von der Lage in Berlin, von den Schwierigkeiten, von der Notwendigkeit, daß jetzt Antifaschisten aktiv hervortreten. Es sei meine Aufgabe, aktive Antifaschisten zur Mitarbeit an den neu zu bildenden Verwaltungen heranzuziehen.

Aber Wolfgang Harich war zunächst ein wenig mißtrauisch.

»Es kommen jetzt auf einmal so viele Menschen, die mit mir Kontakt suchen, die ich aber vor dem Zusammenbruch nie gesehen habe. Sie können sich vorstellen, daß ich mich in erster Linie an diejenigen halte, die während der Nazizeit bereits in unserem antifaschistischen Sinne gewirkt haben.«

Trotz des anfänglichen Mißtrauens begann er dann doch zu erzählen: von illegalen Gruppen in Berliner Studentenkreisen, von Deserteuren, die man mit Dokumenten versorgt hatte. Begierig lauschte ich und konnte bald feststellen, daß es sich hier um eine Tätigkeit handelte, die nicht von der KPD, sondern von anders eingestellten antifaschistischen Kreisen durchgeführt wurde. Das verstärkte mein Interesse noch mehr.

Aber vielleicht war es mein deutlich gezeigtes Interesse, das ihn wieder vorsichtig werden ließ.

»Entschuldigen Sie bitte, daß ich Sie so direkt frage. Wer sind Sie eigentlich und ... kommen Sie in irgendwelchem Auftrag?«

»Ich war während des Krieges der Rundfunksprecher des Senders ›Freies Deutschland‹ in Moskau und bin jetzt in Berlin, um mit antifaschistischen Kreisen Verbindung aufzunehmen und diese für die Mitarbeit an den jetzt zu bildenden Verwaltungen zu gewinnen.«

Jetzt war er genauso brennend interessiert wie ich wenige Minuten vorher. Ich hatte große Mühe, die vielen, übrigens sehr klug gestellten Fragen über die Sowjetunion abzuwehren. Schließlich

war es nicht meine Aufgabe, in der siamesischen Botschaft über theoretische Probleme der Sowjetunion zu diskutieren, sondern möglichst schnell Antifaschisten für die Verwaltung zu finden.
»Nein, dafür hätte ich wohl kaum Interesse«, meinte Wolfgang Harich, als ich ihn danach fragte, »aber ich bin gerne bereit, auf kulturellem Gebiet, in der Presse oder bei Studentenorganisationen mitzuwirken.«
Wir verabschiedeten uns, und am gleichen Abend befand sich auf unseren Listen der Hinweis: »Wolfgang Harich, antifaschistischer Student, gebildet, interessiert an Mitarbeit bei Kulturorganisationen, Presse oder Studentenbewegung.«
Sein Wunsch ging übrigens genau in Erfüllung: Auf der Gründungsversammlung des Kulturbundes, Anfang Juli 1945, sprach Wolfgang Harich als Vertreter der studentischen Jugend.
Er kam später in die Kulturredaktion der *Täglichen Rundschau*, besuchte 1948 den Dozentenlehrgang der Parteihochschule und war bis zu seiner Inhaftierung (November 1956) Dozent an der Ostberliner Humboldt-Universität.
Noch am gleichen Tage lernte ich mehrere andere Berliner Antifaschisten kennen, und zur gleichen Zeit waren die anderen Mitglieder in ähnlicher Weise tätig.
Schon nach wenigen Tagen hatten wir in jedem Berliner Bezirk eine Art »Aktiv«, zum großen Teil aus ehemaligen Mitgliedern und Funktionären der KPD, zusammengestellt, die ihrerseits wieder andere Antifaschisten heranzogen.
Mit jedem Tag ging die Arbeit schneller voran. Immer größer wurde die Zahl der Antifaschisten, die sich zur Verfügung stellten und auf die wir uns bei der Zusammenstellung der Bezirksverwaltungen stützen konnten.

Wir setzen Bürgermeister und Bezirksverwaltungen ein

In den ersten Maitagen hatten die russischen Kommandanten von sich aus Bürgermeister und Bezirksverwaltungen eingesetzt. Ihre Zusammensetzung war nicht selten völlig willkürlich. Die

Kommandanten, oft der deutschen Sprache nicht mächtig, waren in einer schwierigen Situation. Wie sollten sie vorgehen? Sie lösten die Probleme auf ihre Weise (und dies soll keineswegs als Vorwurf gemeint sein): Sie setzten einfach diejenigen ein, die erklärt hatten, sie seien »Antifaschisten«, »KZ-Häftlinge« oder »alte Kommunisten«.

Ein Kommandant war nach Eintreffen des Befehls, Bezirksbürgermeistereien zu bilden, einfach auf die Straße gegangen. Einen zufällig vorübergehenden Mann, der ihm aus irgendeinem Grunde sympathisch erschien, zupfte er am Ärmel und erklärte: »Komm her, du jetzt Bürgermeister.« Er hatte zufällig einen guten Griff getan. Es handelte sich um einen durchaus fähigen Mann.

Leider war es nicht überall so. Manchmal entpuppten sich schon nach wenigen Tagen die sogenannten »Antifaschisten«, »KZ-Häftlinge« oder »alten Kommunisten« als Karrieristen, unfähige Menschen, zweifelhafte Existenzen, in einigen Fällen sogar als ehemalige aktive Nazis.

Es war nun unsere Aufgabe, die Mängel in den zufällig entstandenen Verwaltungen abzustellen und fähige Antifaschisten einzusetzen.

Ulbricht gab uns neue Direktiven. Jede Bezirksverwaltung sollte von einem Bürgermeister und zwei Stellvertretern (wobei der erste Stellvertreter gleichzeitig der Dezernent für Personalfragen sein sollte) geleitet werden und aus einer Reihe von Dezernaten bestehen: Ernährung, Wirtschaft und Soziales, Gesundheitswesen, Verkehr, Arbeitseinsatz, Volksbildung, Finanzen, einem Beirat für Kirchenfragen u. a.

Schon die einfache Besetzung dieser Stellen – in zwanzig Berliner Bezirken! – war eine sehr schwierige Aufgabe, um so mehr, als Ulbricht uns dauernd antrieb und erklärte, die Arbeit müsse »spätestens in zwei Wochen« zu Ende sein. Aber es handelte sich nicht nur um eine »einfache Besetzung«.

Ulbricht erklärte uns:

»Die Bezirksverwaltungen müssen politisch richtig zusammengestellt werden. Kommunisten als Bürgermeister können wir nicht brauchen, höchstens im Wedding oder in Friedrichshain. Die Bürgermeister sollen in den Arbeiterbezirken in der Regel Sozialdemokraten sein. In den bürgerlichen Vierteln – Zehlendorf, Wilmersdorf, Charlottenburg usw. – müssen wir an die Spitze einen bürgerlichen Mann stellen, einen, der früher dem Zentrum, der Demokratischen oder Deutschen Volkspartei angehört hat. Am besten, wenn er ein Doktor ist; er muß aber gleichzeitig auch Antifaschist sein und ein Mann, mit dem wir gut zusammenarbeiten können.«

»Und die anderen Posten?« warf einer ein.

»Nicht so voreilig, kommt gleich dran. Die müssen der politischen Struktur der Berliner Bezirke angepaßt sein. In Zehlendorf kann es nicht so sein wie im Wedding oder Friedrichshain. In den Arbeitervierteln müssen wir vor allem viele Sozialdemokraten heranziehen oder parteilose Antifaschisten aus der Arbeiterklasse, die mit uns eng zusammenarbeiten. In den bürgerlichen Vierteln müssen wir möglichst viele Bürgerliche finden.

Für den stellvertretenden Bürgermeister, für Ernährung, für Wirtschaft und Soziales sowie für Verkehr nehmen wir am besten Sozialdemokraten, die verstehen was von Kommunalpolitik. Für Gesundheitswesen antifaschistisch eingestellte Ärzte, für Post und Verbindungswesen parteilose Spezialisten, die etwas davon verstehen. Jedenfalls müssen zahlenmäßig mindestens die Hälfte aller Funktionen mit Bürgerlichen oder Sozialdemokraten besetzt werden.«

Wir machten lange Gesichter, denn bisher hatten wir fast ausschließlich Kommunisten kennengelernt und wußten gar nicht, woher wir so schnell die Bürgerlichen und Sozialdemokraten nehmen sollten.

Ulbricht fuhr fort: »Ihr kennt jetzt schon genug Leute. Gleich morgen kann man mit der Zusammensetzung der Verwaltungen beginnen. Sucht euch zunächst einmal den Bürgermeister. Wenn ihr erst einen Bürgerlichen oder Sozialdemokraten habt, dann werdet ihr schon auch an andere herankommen.

Und nun zu unseren Genossen. Der erste stellvertretende Bürgermeister, der Dezernent für Personalfragen und der Dezernent für Volksbildung – das müssen unsere Leute sein. Dann müßt ihr noch einen ganz zuverlässigen Genossen in jedem Bezirk ausfindig machen, den wir für den Aufbau der Polizei brauchen.
Das gilt für alle Bezirke. In manchen Bezirken werden wir uns nur auf die Besetzung dieser Funktionen beschränken. In den Arbeitervierteln Wedding, Friedrichshain, Neukölln und Lichtenberg können wir vielleicht von unseren Leuten einen oder zwei mehr einsetzen.«
»Und der Beirat für Kirchenfragen?«
»Da müßt ihr eben antifaschistische Geistliche finden. Mit denen muß man gut zusammen arbeiten; das ist jetzt sehr wichtig.« Ich bekam den Eindruck, daß ich den Kursus in der Kominternschule nicht umsonst besucht hatte, denn nun spielte sich haargenau das ab, was ich vor zweieinhalb Jahren in Baschkirien in den Seminaren üben mußte – Volksausschüsse »richtig« zusammenzusetzen, mit dem einen Unterschied allerdings, daß es sich hier nicht um Volksausschüsse, sondern um Bezirksverwaltungen handelte.
Über Ulbrichts Direktiven wurde noch hin und her diskutiert; vor allem über die Frage, wie man plötzlich soviel Bürgerliche und nun auch noch Geistliche finden sollte. Aber etwa nach einer halben Stunde brach Ulbricht die Diskussion ab. Im klassischen Sächsisch gab er uns die letzte abschließende Direktive: »Es ist doch ganz klar: Es muß demokratisch aussehen, aber wir müssen alles in der Hand haben.«
Nun war wirklich alles klar.
Wieder erfolgte eine Aufteilung der Berliner Bezirke. Insgeheim hoffte ich, einen Bezirk zu bekommen, in dem man einen Sozialdemokraten zum Bürgermeister machen sollte, denn immerhin war es in jenen Maitagen noch leichter, einen Sozialdemokraten als einen »Bürgerlichen« aufzutreiben. Aber das Schicksal war mir nicht wohlgesonnen. Ich bekam ausgerech-

net – Wilmersdorf, einen Bezirk, »wo wir unbedingt einen Bürgerlichen an der Spitze haben müssen«.
So stand ich dann am nächsten Morgen etwas ratlos vor der Kommandantur in der Berliner Straße. In Wilmersdorf kannten wir schon eine Reihe von Genossen. Ich war gerade dabei, zu überlegen, ob ich sie nicht aufsuchen sollte, um mit ihrer Hilfe einen bürgerlichen Bezirksbürgermeister zu finden. Da kam mir ein Zufall zu Hilfe.
Vor der Kommandantur war ein riesiges Gedränge. Ein Parterrefenster stand offen. Im Zimmer saß der Kommandant, auf der Straße, direkt vor dem Fenster, stand ein junges Sowjetmädchen in Uniform.
Die Leute wollten vom Kommandanten die verschiedensten Fragen beantwortet haben. Seine Antworten aber waren oft unklar, die Übersetzung des Mädchen noch unklarer. Bei der ganzen Sache kam nicht viel heraus. Kurz entschlossen stellte ich mich neben die Übersetzerin, um ihr zu helfen. Wenige Minuten später war ich nun selbst umringt von Wilmersdorfern.
Ein etwa 45jähriger Mann trat auf mich zu: »Könnte ich Sie für einen Augenblick einmal allein sprechen?«
Wir stellten uns etwas abseits.
»Entschuldigen Sie, daß ich mich an Sie wende. Ich habe bemerkt, daß Sie über die Dinge orientiert sind und außerdem fließend Russisch sprechen. Es handelt sich um folgendes: Im Zusammenhang mit der Verschwörung des 20. Juli wurde ich verhaftet und bin bis vor wenigen Tagen in einem KZ gewesen...«
Er zeigte mir seine Papiere, und nach einigen Fragen stellte es sich heraus, daß er früher Mitglied der Demokratischen Partei gewesen war und in der Hitlerzeit einem Oppositionskreis angehört hatte. Es war offensichtlich ein »bürgerlicher« Oppositionskreis – genau das, was ich suchte!
Er stellte noch ein paar praktische Fragen, die ich ihm gleich beantwortete, und er wollte sich schon dankend verabschieden.
»Nun werden Sie mich entschuldigen, daß ich mich so direkt an

Sie wende«, sagte ich hastig, »wären Sie bereit, an führender Stelle in der neuen Bezirksverwaltung tätig zu sein? Wir suchen befähigte Antifaschisten, und aus unserem kurzen Gespräch habe ich den Eindruck gewonnen, daß Sie sich sicher dafür eignen werden.«
Er lächelte freundlich, hob aber abwehrend die Hände.
»Nein, ich glaube, das paßt nicht für mich. Für Verwaltungssachen werde ich kaum taugen. Aber wenn Ihnen an Verwaltungskräften gelegen ist – ich habe einen guten Freund, einen ehemaligen Oberregierungsrat, früheres Mitglied der Deutschen Volkspartei, mit großen Verwaltungskenntnissen. Er war ein erbitterter Gegner des Krieges und wurde nach dem 20. Juli verhaftet. Er würde sich bestimmt dafür interessieren.«
»Wo wohnt er?«
»Nicht weit von hier. Es sind vielleicht fünfzehn Minuten.«
Ich zeigte auf den mir zur Verfügung stehenden Wagen.
»Würde es Ihnen etwas ausmachen, mit mir gleich hinzufahren?«
So fuhren wir – auf der Jagd nach einem Bürgermeister für Berlin-Wilmersdorf. Die kleine Villa, vor der wir hielten, machte einen etwas vernachlässigten Anblick.
Ein alter, freundlich aussehender Herr, der gewiß bessere Tage gesehen hatte, öffnete uns die Tür. »Dr. Willenbücher«, stellte er sich vor.
Wir kamen bald ins Gespräch, und nach zehn Minuten hatte ich im stillen schon den Entschluß gefaßt: »Dr. Willenbücher wird Bürgermeister von Wilmersdorf«. Er war mir vom ersten Augenblick an sympathisch – und außerdem entsprach er haargenau der Direktive Ulbrichts: Er stammte aus einem bürgerlichen Milieu, war Mitglied einer bürgerlichen Partei, Antifaschist, hatte den Doktortitel und, was bei den Direktiven zwar nicht ausdrücklich erwähnt wurde, aber immerhin wichtig war, als Oberregierungsrat a.D. langjährige Erfahrung in Verwaltungsfragen.
»Würden Sie bereit sein, den Posten des Bezirksbürgermeisters von Wilmersdorf anzunehmen, wenn die Besatzungsbehörde einverstanden ist?«

Er streckte sich und schien einige Zentimeter größer zu werden. »Es wird mir eine Ehre sein, meine bescheidenen Verwaltungskenntnisse in den Dienst der Öffentlichkeit stellen zu dürfen.«
Mir fiel das Groteske an der Situation auf: Ein in der Sowjetunion aufgewachsener 23jähriger Kommunist, seit drei Tagen in Deutschland, setzt ehemalige Regierungsräte als Bürgermeister ein!
Nun galt es die andere Seite – den russischen Kommandanten – zu bearbeiten. Aber das ging leicht. Er war heilfroh, daß ihn jemand von der unangenehmen Aufgabe befreite, mitten in dem ganzen Durcheinander noch einen deutschen Bürgermeister zu suchen.
»Bringen Sie Ihren Bürgermeister gleich her. Wir werden mit ihm eins trinken und ihn gleich ernennen«, sagte er.
Wenige Minuten später war ich wieder bei Dr. Willenbücher. Diesmal sah er schon anders aus. Er hatte seinen besten schwarzen Anzug angezogen, ging nicht mehr so gekrümmt, sondern schon etwas würdevoll. Seine Augenbrauen hoben sich in angenehmer Überraschung, als er in ein Auto gebeten wurde.
Der Kommandant, dem ich schon vorher gesagt hatte, daß es sich um einen bürgerlichen Mann handele, der etwas auf Formen hielt, versuchte sein Bestes.
»Es freut mich, Herr Dr. Willenbücher, Sie hier begrüßen zu dürfen.«
»Die Freude liegt ganz auf meiner Seite«, gab Willenbücher bescheiden zur Antwort.
Wir setzten uns in den für die Maitage 1945 relativ behaglichen Raum, und der Kommandant stellte pro forma noch einige Fragen. Nach wenigen Minuten erklärte er in etwas feierlichem Ton, daß er hiermit »Dr. Willenbücher zum Bezirksbürgermeister von Berlin-Wilmersdorf« ernenne. Ein Adjutant hatte inzwischen Gläser und Wodka gebracht, und in einer bereits ganz freundlichen Atmosphäre hob der Kommandant das Glas und trank »auf die erfolgreiche Tätigkeit der neuen deutschen Bezirksverwaltung von Berlin-Wilmersdorf«.

Wir waren alle zufrieden: der Kommandant, weil er eine schwere Aufgabe auf leichte Art gelöst hatte; Dr. Willenbücher, weil er Bürgermeister wurde, und ich, weil in Wilmersdorf die Direktive Ulbrichts nicht nur wortgetreu erfüllt worden war, sondern weil ich auch glaubte, mit meinem ersten Bürgermeister eine gute Wahl getroffen zu haben.

Noch am gleichen Tage hatte ich die Vorschlagsliste für die wichtigsten Funktionen des Wilmersdorfer Magistrats getreu nach den Direktiven zusammenzustellen. Der stellvertretende Bürgermeister und der Dezernent für Volksbildung waren Kommunisten. Ein zuverlässiger ehemaliger KPD-Funktionär übernahm die Leitung der Polizei.

Einige weitere Dezernenten waren Parteilose, Sozialdemokraten oder Bürgerliche.

»In Ordnung – und recht vielen Dank«, sagte der Kommandant.

Die Bezirksverwaltung von Wilmersdorf ging an ihre Arbeit.

So wurden in den ersten zehn Maitagen in allen übrigen zwanzig Bezirken Berlins durch uns und durch die mit uns zusammenarbeitenden aktiven Genossen die Bezirksverwaltungen in ähnlicher Weise eingesetzt. Bei den Kommandanten gab es nicht die geringsten Schwierigkeiten. Im Gegenteil: Bereitwilligst unterzeichneten sie alle von uns vorgeschlagenen Listen, wobei wir zum Essen eingeladen und so viel zum Trinken genötigt wurden, daß bei uns schon das Scherzwort aufkam: »Einen Bürgermeister einzusetzen ist ja noch leicht, aber wie schafft man es, sich vor Trinkgelagen der Kommandanten zu drücken?«

Der Kreuzberger Kommandant und die russischen Emigranten

Nach wenigen Tagen war in 19 von 20 Berliner Bezirken die Aufgabe gelöst. Nur in einem einzigen Bezirk wollte es uns nicht gelingen – Kreuzberg.

Wieder saßen wir eines Abends zusammen, wieder wurden die

Bezirke aufgeteilt. Ich bat, noch einmal nach Wilmersdorf fahren zu dürfen, um die Zusammenstellung zu beenden und noch bei einigen aufkommenden Fragen behilflich zu sein. Aber mein Bitten half nichts.

»Wilmersdorf? Das wird schon werden! Am wichtigsten ist jetzt Kreuzberg. Dort will die Sache nicht klappen. Am besten, ihr fahrt beide zusammen hin«, schlug Ulbricht vor und zeigte dabei auf Fritz Erpenbeck und mich.

»Wo ist denn diese Bezirksverwaltung?«

»Das ist es ja eben, wir haben nicht einmal die Adresse«, meinte Ulbricht ärgerlich.

So ging es am nächsten Tag nach Kreuzberg. Was dort »nicht klappen wollte«, wußten wir nicht. Auf jeden Fall schien uns allerhand bevorzustehen.

Zunächst konnte uns in Kreuzberg niemand sagen, wo die Bezirksverwaltung überhaupt war. Sobald wir danach fragten, zeigte man uns den Weg zur Kommandantur.

»Aber wir meinen ja gar nicht die Kommandantur«, entgegneten wir. »Wir wollen zur deutschen Bezirksverwaltung.«

»Ist denn das nicht dasselbe?« wurde uns mehrmals geantwortet. Es schien wirklich etwas nicht zu stimmen.

Also gingen wir zur Kommandantur. Sie befand sich im 2. Stock eines großen Hauses. Als wir hinaufgingen, sahen wir im 1. Stock eine Aufschrift »Bezirksverwaltung Kreuzberg«.

Wir schüttelten die Köpfe. Wie unklug! Die deutsche Bezirksverwaltung und die Kommandantur in einem Hause!

Wir gingen hinein, um diese Bezirksverwaltung kennenzulernen. Um einen Tisch herum saßen etwa zwölf Männer, die offensichtlich eine Art Sitzung abhielten. Da es damals stets üblich war, daß Menschen kamen und gingen, nahm man von uns keine Notiz. Wir setzten uns in eine Ecke und hörten zu. Schon nach den ersten Worten stutzten wir. Sie sprachen russisch!

Wir waren verblüfft. Ist das vielleicht doch die Kommandantur? Aber wieso tragen die Leute dann Zivil? Was sind das überhaupt für Männer?

Wir beschlossen, zunächst einmal weiter zuzuhören. Da wir beide ja fließend Russisch konnten, fiel es uns nicht schwer, zu folgen. Krankenhäuser..., Straßensäuberung ..., Lebensmittelversorgung..., Wasser – kein Zweifel war möglich. Es handelte sich um die Besprechung der Aufgaben, die eine deutsche Bezirksverwaltung zu lösen hatte.
Kurze Zeit darauf wurde eine Pause eingelegt. Nachdem wir uns vorgestellt hatten, versuchten wir das Rätsel Kreuzberg zu lösen. »Entschuldigen Sie bitte unsere Frage. Sind Sie vielleicht Angestellte der Kommandantur? Oder vielleicht ein beratendes Organ?« fragten wir auf russisch.
Der Mann am Ende des Tisches, offensichtlich der Vorsitzende, gab uns bereitwillig Auskunft: »Nein, wir sind die deutsche Selbstverwaltung«, sagte er höflich und zuvorkommend – auf russisch! »Dürfte ich Ihnen die anderen Herren auch einmal vorstellen?«
Es waren alles Russen; kein einziger Deutscher war unter ihnen! Aus der Unterhaltung ergab sich, daß es sich durchweg um Emigranten aus Sowjetrußland handelte. Sie schienen sehr selbstbewußt zu sein – offensichtlich besaßen sie die Unterstützung des sowjetischen Kommandanten.
Auf unsere vorsichtig formulierte Bemerkung, daß es sich ja hier eigentlich um eine deutsche Verwaltung handeln solle und es doch nicht gut möglich sei, eine deutsche Bezirksverwaltung aus Russen zusammenzusetzen, wurde uns höflich aber entschieden geantwortet:
»Wir sind hier vom sowjetischen Kommandanten eingesetzt. Die sowjetische Kommandantur hat doch das Recht der Einsetzung, nicht wahr?«
Dem mußten wir allerdings zustimmen. Die »Gruppe Ulbricht« konnte offiziell nur Vorschläge für die Besetzung der deutschen Verwaltung einreichen. In der Praxis hatte es sich jedoch durchgesetzt, daß die sowjetischen Kommandanten unsere Vorschläge sofort unterzeichneten. So waren wir guten Mutes. Wir würden einfach dem sowjetischen Kommandanten die Lage schildern,

eine neue deutsche Verwaltung zusammenstellen und die sofortige Absetzung der russischen vorschlagen.
Wir stellten uns dem Kommandanten als Vertreter der »Gruppe Ulbricht« vor, wurden aber nicht, wie das sonst bisher immer üblich war, zum Sitzen eingeladen, freundschaftlich begrüßt und bewirtet, sondern mit der kühlen Frage überrascht: »Was wünschen Sie hier?«
»Entschuldigen Sie, aber wir haben Ihnen schon erklärt, daß wir Mitglieder der ›Gruppe Ulbricht‹ sind, die auf Anordnung des Generals Galadshijew die sowjetischen Kommandanten bei der Zusammensetzung deutscher Verwaltungsorgane unterstützen sollen. Ist Ihnen die Existenz der ›Gruppe Ulbricht‹ bekannt?«
»Ja, sie ist mir bekannt, aber wir haben bereits eine Verwaltung und benötigen Ihre Hilfe nicht.«
Wir standen noch immer. Das schien ein hartnäckiger Kommandant zu sein!
Wir taten, was man in solchen Fällen meist tut – wir zündeten uns eine Zigarette an.
»Ich habe Ihnen nicht die Erlaubnis zum Rauchen gegeben. In der Armee ist es üblich, den rangältesten Offizier vorher um Erlaubnis zu bitten!«
Solch einen Ton hatte ich schon seit vielen Jahren nicht mehr gehört – seit Karaganda nicht mehr. In diesem Augenblick ließ sich tatsächlich nichts machen – er befand sich, formell gesehen, im Recht.
Wütend machten wir unsere Zigaretten wieder aus und konzentrierten uns auf unser Anliegen.
»Sehen Sie, Genosse Kommandant, wir mußten feststellen, daß die Kreuzberger Verwaltung ausschließlich aus Russen besteht, während die Aufgabe darin liegt, Berliner Verwaltungen aus deutschen Antifaschisten und Demokraten zusammenzustellen.«
Unsere Ausführungen machten auf den Kommandanten nicht den geringsten Eindruck.
»Ich arbeite mit dieser Verwaltung glänzend zusammen. Sie verstehen mich, und ich verstehe sie. Die Leute sprechen wenigstens

nicht diese deutsche Hundesprache, die kein Mensch versteht. Was ihre Vergangenheit anbelangt, da finde ich mich schon selbst zurecht und passe schon auf.«
Wir gaben nicht auf und wiederholten unseren Einspruch, aber es half nichts.
»Sie haben die Aufgabe, bei der Bildung von Verwaltungen zu helfen«, sagte er, jetzt schon in ganz schroffem Ton. In Kreuzberg haben wir eine Verwaltung, die ihre Aufgabe außerordentlich gut löst. Sie ist von mir eingesetzt, und ich kann gut mit ihr zusammenarbeiten. Ich glaube, daß damit die Frage endgültig geklärt und Ihre Hilfe nicht mehr notwendig ist.«
Auch jetzt ließen wir uns nicht beirren. Wir legten unsere Ausweise von General Galadshijew auf den Tisch, die er aufmerksam durchlas.
»Gut, ich bin bereit, Ihnen ein Zugeständnis zu machen«, erklärte er nun in einem etwas konzilianteren Ton. »In wenigen Minuten findet eine Besprechung zwischen der Bezirksverwaltung und mir statt. Sie können dieser Sitzung beiwohnen und sich selbst von der guten Arbeit der Bezirksverwaltung überzeugen.«
Wir nahmen die Einladung an und hatten nun die seltene Gelegenheit, der Sitzung einer deutschen Selbstverwaltung beizuwohnen, in der ausschließlich russisch gesprochen wurde.
Schon nach einer halben Stunde stellten wir fest, daß die Bezirksverwaltung wirklich gute Arbeit leistete. Kurz und knapp berichteten die Dezernenten über die Maßnahmen zur Enttrümmerung, die Verteilung von Lebensmitteln, den Zustand der Schulen, die Wiederinstandsetzung von Krankenhäusern – die letzte Frage sollte für uns übrigens besonders interessant werden.
Der Gesundheitsdezernent hatte seinen Bericht gerade beendet, als er sich etwas zögernd an den Kommandanten wandte:
»Ich möchte noch einen privaten Vorschlag machen, aber er berührt eine etwas heikle Frage«, sagte er.
»Es gibt keine heiklen Fragen. Sie können alles klar und offen aussprechen, was Ihnen auf dem Herzen liegt. Wir sind hier, um

in dieser schwierigen Situation die Maßnahmen zur Normalisierung des Lebens zu ergreifen. Bitte, sprechen Sie.«

»Es handelt sich um die, sagen wir, Beziehungen, die sich zwischen sowjetischen Soldaten und Berliner Frauen angebahnt haben. Diese Erscheinungen nehmen erschreckende Ausmaße an. Wir hatten ja auf der vorigen Sitzung schon darüber gesprochen.«

»Warum noch einmal diese Frage? Ich habe Ihnen bereits zugesagt, daß ich alles unternehmen werde, um hier Einhalt zu gebieten. Sie wissen, daß ich, wenn mir sofort Meldung gemacht wurde, stets jemanden hingeschickt habe. Soweit die Schuldigen gefaßt werden konnten, sind sie bestraft worden. Aber Sie sehen doch selbst, daß ich mit den wenigen Kräften der Kommandantur gar nicht in der Lage bin, diesen Vorkommnissen in wenigen Tagen Einhalt zu gebieten.«

»Herr Kommandant, meinen erneuten Hinweis auf diese Frage möchte ich nicht als Vorwurf aufgefaßt wissen. Da ich jedoch als Arzt und Dezernent für Gesundheitswesen in meinem Bezirk mit der Verbreitung von Krankheiten rechnen muß, möchte ich den Vorschlag machen, diese Dinge in kontrollierte Bahnen zu lenken.«

»Wie meinen Sie das?« Der Kommandant schaute erstaunt auf.

»Wir könnten von der Leitung des Gesundheitsdezernats aus Stellen einrichten, die unter strenger ärztlicher Kontrolle stehen – wir haben bereits genügend Kräfte für diese Aufgabe zur Verfügung –, und damit die Gefahr für den Gesundheitszustand unseres Bezirkes abwenden.«

»Also eine Art Freudenhäuser unter Leitung des Gesundheitsdezernats?« rief der Kommandant empört aus. Der Dezernent versuchte noch irgend etwas zu erklären – aber es war umsonst.

»Die Sowjetarmee kennt keine Freudenhäuser und wird auch niemals welche einführen. Wenn ich Sie nicht als pflichteifrigen Mitarbeiter schätzte, müßte ich Ihren Vorschlag als Provokation, als Beleidigung für die Ehre der sowjetischen Armee an-

sehen. Ich betrachte diese Frage als abgeschlossen und will sie nicht mehr erwähnt haben. Wir gehen zum nächsten Punkt über.«
Die Sitzung zog sich noch etwa zwei Stunden hin. Wir beide, Fritz Erpenbeck und ich, überlegten inzwischen, was wir tun konnten, um der russischen Zivilverwaltung in Kreuzberg ein Ende zu bereiten.
Abends, in Bruchmühle, berichteten wir über unsere Erlebnisse. Der sowjetische Verbindungsoffizier, der stets an unseren Besprechungen teilnahm, notierte sich alles. »Wir werden auf den Kommandanten einwirken«, versprach er uns. Aber der Militärkommandant von Kreuzberg blieb hart und ließ sich nicht in seine Arbeit hineinreden – auch nicht von der Politischen Hauptverwaltung, die damals, in jenen Maitagen des Jahres 1945, nicht sehr mächtig war.
Es sollte noch Wochen dauern, bis Kreuzberg eine deutsche Verwaltung erhielt. Ich weiß nicht, wer es fertigbrachte, die »Nuß Kreuzberg« zu knacken. Aber am Beispiel Kreuzberg erkannte ich erstmalig nicht nur die Ohnmacht der Kommandanten gegenüber den Massen von betrunkenen, randalierenden, sich jeglicher Kontrolle entziehenden sowjetischen Soldaten, sondern auch die Ohnmacht der Politischen Hauptverwaltung sowohl gegenüber den disziplinlosen Rotarmisten als auch gegenüber selbstherrlichen Kommandanten.

Spalinger, der falsche Kommandant

Kreuzberg war nicht die einzige harte Nuß, die wir zu knacken hatten. Viel aufregender war ein zweiter Fall, der abwechselnd Lachsalven und Verzweiflungsstimmungen verursachte.
Es war der »Fall Spalinger«.
Der »Fall Spalinger« wurde eingeleitet durch ein zunächst ganz unscheinbar anmutendes Ereignis am zweiten Tag unserer Tätigkeit in Berlin. Die ernste Stimmung des Abendberichts wurde diesmal durch Hans Mahle aufgelockert. Er gab ein Erlebnis aus Reinickendorf zum besten.

»Stellt euch vor: Die Russen haben die Irrenanstalt Wittenau geleert! Bei meiner Rundfahrt kam ich zufällig auch an der Irrenanstalt vorbei; davor standen einige Rotarmisten, die die Tore öffneten und den Irren begeistert zuriefen: ›Hitler kaputt, Krieg fertig, ihr frei!‹
Die Irren rührten sich nicht und schauten finster drein. Weitere Rotarmisten kommen hinzu: ›Krieg fertig, Freiheit‹, rufen sie erneut. Die Irren rührten sich noch immer nicht. Da wurde es den Russen zu bunt. Sie trieben die Irren aus der Anstalt heraus, verschlossen die Eingangspforte und stellten einen Posten davor. Nachmittags mußte ich noch einmal dort vorbei. Vor der geschlossenen Irrenanstalt stand ein sowjetischer Posten mit aufgepflanztem Bajonett. Er war umringt von Irren, die verzweifelt riefen: ›Wir wollen rein.‹ Aber immer wieder werden sie mit den Rufen ›Jetzt frei, Hitler kaputt‹ von den Rotarmisten weggetrieben.«
Wenige Tage später hatten wir in den verschiedenen Bezirken uns völlig unverständliche Erlebnisse. Wiederholt wurden wir nämlich gefragt, ob wir von Spalinger eine Order hätten.
»Spalinger? Wer ist denn dieser Spalinger?« fragte Ulbricht, als darüber berichtet wurde.
Der Name Spalinger, anfangs nur in den nördlichen Bezirken bekannt, war schon nach wenigen Tagen in die verschiedensten Berliner Bezirke gedrungen. Man sprach in Treptow von ihm, in Reinickendorf, in Lichtenberg, ja sogar in Zehlendorf war der Name Spalinger bekannt.
Wir standen vor einem Rätsel.
Alle Listen von Antifaschisten wurden durchgesehen. Der Name Spalinger war nicht zu finden.
Unsere älteren Genossen wurden aufgefordert, sich genau zu überlegen, ob sie jemals etwas von einem Genossen Spalinger gehört hätten. Niemand konnte sich erinnern.
»Wenn ihr morgen in die Bezirke geht, kümmert ihr euch mal um diesen Spalinger. Sobald jemand anfängt, von ihm zu erzählen, geht ihr der Sache nach«, erklärte Ulbricht.

In dieser Hinsicht hatte ich Pech – bis zu »meinem« Bezirk war der Name Spalinger noch nicht gedrungen. Um so gespannter wartete ich daher auf den Berichtsabend.

»Nun, was habt ihr über Spalinger gehört?« fragte Ulbricht, als wir abends zusammensaßen.

»Es ist ganz eigentümlich«, erzählte Gyptner stockend, »als ich nach ihm fragte, sagte man mir, Spalinger sei der Kommandant von Berlin.«

Kaum hatte Gyptner das ausgesprochen, als von allen Seiten Rufe ertönten:

»Bei mir war es genauso!«

»Ich hab' das auch erlebt!«

Unser Sekretär und der russische Verbindungsmann schrieben sich die Sache auf, und wir schauten verdutzt drein. Was war das nun wieder? Spalinger – der Kommandant von Berlin? Wir alle wußten natürlich, daß der Kommandant von Berlin General Bersarin war.

Es blieb uns nichts übrig, als weiter nachzuforschen. Wir hatten nun eine doppelte Aufgabe: in den Bezirken demokratische Verwaltungsorgane aufzubauen und nebenbei noch einen zweiten »Kommandanten« namens Spalinger aufzufinden.

Am nächsten Tag nahm die Spalinger-Affäre eine neue unvorhergesehene Wendung. In den Verwaltungen einiger Bezirke tauchten nämlich gedruckte Befehle auf, die etwa – ich zitiere aus dem Gedächtnis – folgenden Wortlaut hatten:

»An die Bevölkerung Berlins!
Im Namen des Arbeiter- und Soldatenrates von Berlin übernehme ich die Macht.
Ich befehle:

1. *Alle Mitglieder der Nationalsozialistischen Partei und ihrer Gliederungen sind sofort zu verhaften.*
2. *Über die Verhaftung ist mir laufend persönlich Bericht zu erstatten.*
3. *Die Straßen sind zu säubern, Licht-, Gas- und Wasserversor-*

gung sind sofort in Gang zu setzen, die Verteilung der Lebensmittel ist nach meinen Anordnungen durchzuführen.
Bei Nichtausführung meiner Befehle werden Zuwiderhandelnde mit schweren Strafen zu rechnen haben.
Der Kommandant von Berlin
gez. Spalinger«

Die Suche nach dem geheimnisvollen Gegenkommandanten wurde nun fieberhaft.
Seine »Befehle« hatten bereits eine katastrophale Wirkung. Den neuen Verwaltungen war jetzt nicht mehr klar, ob sie unsere oder Spalingers Anweisungen auszuführen hatten. Wir sagten ihnen, sie sollten sich mit den dringenden Nöten der Bevölkerung beschäftigen, Straßen säubern, Elektrizitätswerke in Ordnung bringen und Wasserleitungen reparieren lassen, vor allem aber die Lebensmittelversorgung organisieren. Spalinger dagegen hatte als Wichtigstes die Verhaftung von Nazis »befohlen«.
Manchen neuen Selbstverwaltungen schien diese Anweisung Spalingers besser zu gefallen als unsere Direktiven. Schon entstanden die ersten »Sonderabteilungen«, und mit Begeisterung wurden Namen von Nazis gesammelt, eine Beschäftigung, die manche so in Anspruch nahm, daß sie für andere Dinge kaum mehr Zeit hatten. Unaufhörlich klapperten die Schreibmaschinen. Die Listen wurden immer länger.
Spalingers Wirken sollte jedoch nicht mehr lange andauern. Wenige Tage später kam einer von uns erregt zurück: »Spalinger ist gefunden!«
»Wo? Wer ist es?« riefen wir von allen Seiten.
Der Spalinger-Entdecker konnte vor Lachen kaum berichten: »Er ist aus Wittenau.«
»Aus Wittenau? Was hat er denn für eine Funktion?«
»Gar keine! Spalinger war in der Irrenanstalt von Wittenau und gehört zu jenen, die von den Rotarmisten herausgetrieben worden sind.«
»Aber wie ist das mit den gedruckten Befehlen?«

»Ganz einfach! Als Spalinger mit den Irren aus der Anstalt getrieben wurde, schnüffelten sie in der Umgebung herum. Unweit der Anstalt entdeckten sie zufällig die einzige völlig unzerstörte Druckerei Berlins. Spalinger ging hinein und diktierte dort, offenbar in Erinnerung an die Situation von 1918, seine Befehle, die sofort gedruckt und verbreitet wurden.«
Wir lachten herzlich über die verblüffende Lösung des Rätsels, waren aber so sehr mit Arbeit überhäuft, daß wir uns um Spalinger nicht mehr kümmern konnten. Erst später hörten wir gerüchtweise – man kann bloß hoffen, daß dieses Gerücht nicht stimmt –, Spalinger sei von den Russen verhaftet worden, dann an die Engländer übergeben, die für kurze Zeit Reinickendorf besetzt hatten, und schließlich, nachdem der Bezirk Reinickendorf den Franzosen zugesprochen wurde, in einem französischen Gefängnis gelandet.

Hauptquartier Prinzenallee 80

Am 8. Mai 1945 hatten wir eines Morgens die Anweisung: »Fahrt abends mit euren Wagen nicht mehr nach Bruchmühle zurück, sondern nach Berlin-Lichtenberg, Prinzenallee 80. Dort haben wir ein Haus zur Verfügung gestellt bekommen.«
Unser neues Hauptquartier lag etwa auf halbem Wege zwischen den U-Bahnhöfen Lichtenberg und Friedrichsfelde. Es war ein größerer Neubau, bedeutend geräumiger als unser Haus in Bruchmühle.
Jeder von uns erhielt ein Zimmer; in den Parterrewohnungen wurden Büroräume eingerichtet. Die Arbeit nahm nun organisierte Formen an. Es kamen Stenotypistinnen und Sekretärinnen, da sich unsere Aufgaben mit jedem Tag erweiterten.
Wiederholt mußte ich abends noch mit Ulbricht nach Karlshorst fahren. Vertreter des Stabes von Marschall Shukow sprachen mit uns die Einzelheiten unserer Arbeit durch. Obwohl Ulbricht – im Unterschied zu Wilhelm Pieck – gut Russisch konnte, mußte ich für ihn übersetzen. Wahrscheinlich konnten die sowjetischen

Offiziere auch gut Deutsch, so daß die Übersetzung den Gesprächspartnern wohl nur dazu diente, über mehr Zeit zur Formulierung der Antworten zu verfügen.
Nach einer Unterredung mit einem sowjetischen General wurden wir in einen großen Saal geführt.
»Marschall Shukow möchte mit Ihnen sprechen«, wurde uns gesagt.
Marschall Shukow und Ulbricht grüßten sich in einer Weise, die mir zeigte, daß sie sich nicht zum erstenmal trafen. Ulbricht stellte mich als Mitarbeiter vor, und wir wurden zum Sitzen eingeladen.
Ich hatte ein politisches Gespräch erwartet. Aber von Politik wurde bei dieser Begegnung nur wenig gesprochen. Der Marschall erkundigte sich nach dem Befinden Ulbrichts, fragte ihn, ob seine Frau noch in Moskau sei und wann sie in Berlin eintreffen würde. Auch die weitere Unterhaltung bewegte sich meist in privater Sphäre. Erst nach etwa einer Viertelstunde ging Shukow auf ein anderes Thema über.
»Es haben sich in der letzten Zeit einige Fälle in Berlin ereignet, die auf eine gewisse, wenn auch nicht starke Aktivität von Nazis hindeuten. Ich glaube, die deutschen Genossen sollten in dieser Hinsicht etwas mehr aufpassen.«
Ulbricht verteidigte sie.
»Genosse Shukow, es gibt nicht wenige Fälle, da unsere Genossen den Kommandanten aktivistische Nazis gemeldet hatten, aber die Kommandanten haben die Betreffenden sofort wieder freigelassen.«
»Das ist ja interessant«, sagte Shukow, »ich werde mich mal gleich erkundigen.« Er nahm den Hörer und rief General Sserow an, der damals für die Sicherheitsfragen in Berlin verantwortlich war und später Vorsitzender des Komitees für Staatssicherheit in der UdSSR wurde.
»Bei mir ist gerade Genosse Ulbricht«, begann er das Gespräch, und dann schilderte er, was Ulbricht ihm mitgeteilt hatte.
»Ach so, jaja, ich verstehe gut«, sagte Shukow nach einer Weile

in den Hörer. Das Gespräch war beendet – aber Shukow sagte Ulbricht nicht, was Sserow erwidert hatte; doch stellte er eine Frage, die ich in diesem Moment am wenigsten erwartet hatte: »Wie ist das eigentlich mit der Schulreform? Sind die Pläne schon fertig? Haben Sie schon irgendwelche Vorarbeiten in Angriff genommen?«

Ulbricht schien verblüfft. Seine Antwort zeigte mir, daß außer den Vorarbeiten in Moskau noch nichts auf diesem Gebiet geschehen war.

»Ich glaube, diese Frage ist sehr wichtig. Es wäre nicht schlecht, wenn die deutschen Genossen gerade auf diesem Gebiet bald mit der Arbeit beginnen würden«, meinte Shukow.

Der Hinweis Marschall Shukows blieb nicht unbeachtet. Die Ernennung Otto Winzers – der zweifellos von Ulbricht als eines der stärksten Mitglieder unserer Gruppe betrachtet wurde – zum Dezernenten für Volksbildung des Berliner Magistrats dürfte unter anderem auf diese Bemerkung zurückzuführen sein.

Die »Guppe Ulbricht« hatte inzwischen Zuwachs bekommen, und zwar durch KP-Funktionäre, die Ulbricht aus seiner früheren Tätigkeit kannte.

In Berlin-Britz stießen wir auf den damals 47jährigen *Roman Chwalek*, einen Gewerkschaftler, von 1930 bis 1933 Reichstagsabgeordneter der KPD, der schon kurz darauf in dem neu gegründeten Freien Deutschen Gewerkschaftsbund eine wichtige Rolle spielte. Aus Westdeutschland meldete sich *Hans Jendretzky*, der spätere langjährige Vorsitzende des FDGB und Erster Sekretär der SED Groß-Berlin, der sich zu uns durchgeschlagen hatte. Auch der 63jährige KP-Funktionär *Ottomar Geschke*, von 1918 bis 1932 KP-Abgeordneter im Deutschen Reichstag und während der Hitler-Zeit zwölf Jahre im KZ, wurde begeistert begrüßt.

Am 10. Mai traf ein Lastwagen mit überlebenden Kommunisten aus dem Nazi-Zuchthaus Brandenburg ein. Einer von ihnen, *Waldemar Schmidt*, wurde bald der Leiter der KP Berlins und später stellvertretender Oberbürgermeister. Wir wohnten in den

ersten Nachkriegsjahren gemeinsam in einer Wohnung in Berlin-Pankow. Ein anderer unter den Brandenburgern war der damals 33jährige *Erich Honecker*, der sich bei uns meldete und nach einem kurzen Wiedersehen mit Walter Ulbricht von diesem als Jugendsekretär der KPD eingesetzt und später bei der Gründung der FDJ, Pfingsten 1946 in Brandenburg, der langjährige Vorsitzende der Freien Deutschen Jugend (FDJ) wurde.
Unsere »Neuen«, die eben aus Zuchthäusern oder KZ nach jahrelanger Haft kamen, stellten sich sofort – ohne auch nur einen Tag auszuspannen – zur Verfügung.
Wir steckten so tief in unserer Arbeit, daß wir die Kapitulation Hitler-Deutschlands und die Siegesfeiern der sowjetischen Truppen kaum bemerkten. Gerade an diesem Tag war uns von Ulbricht eine neue Aufgabe gestellt worden.
»Die Bezirksverwaltungen können vorläufig zurückstehen. Wir müssen eine Stadtverwaltung für ganz Berlin zusammenstellen. Das hat jetzt den Vorrang. Wenn es notwendig ist, werden wir sogar Leute aus den Bezirken wegnehmen und für die Arbeit der Stadtverwaltung einsetzen.«
»Sollen alle an dieser neuen Arbeit teilnehmen?« wurde gefragt.
»Nein, das wird nicht nötig sein. Es genügt, wenn sich Maron, Gyptner und Winzer darauf konzentrieren; falls es aber notwendig sein sollte, werden auch noch andere hinzugezogen.«
Schon nahmen wir an, daß unsere bisherige Tätigkeit unverändert weitergeführt würde, als Ulbricht uns eine neue Direktive mitgab: »Wir werden unsere Arbeit zur Unterstützung der Bezirksverwaltungen jetzt ändern. Wir müssen uns ausschließlich auf die Bezirke im Nordwesten, Südwesten und Westen Berlins beschränken. In etwa einem Monat ist mit dem Eintreffen der westlichen Alliierten zu rechnen. Bis dahin müssen die Bezirksverwaltungen in ihren Bezirken einwandfrei funktionieren.«
»Kann ich wenigstens noch einige Tage in östliche Bezirke fahren? Es ist sehr dringend«, bat einer von uns, der offensichtlich seine bisherigen Bezirke besonders liebgewonnen hatte.
»Nein, das kommt gar nicht in Frage, von heute ab fährt nie-

mand mehr in den Osten Berlins. Dazu haben wir später noch Zeit.«
So fuhren wir nun nur noch in jene Bezirke, die bald von Amerikanern, Engländern und Franzosen besetzt werden sollten. Überall konnten wir uns nun schon auf gute »Aktivs« stützen. Unsere Arbeit bestand jetzt darin, bereits bestehende Bezirksverwaltungen zu unterstützen, auftretende Komplikationen für die Verwaltungen bei den Kommandanten zu klären und hier und da Umbesetzungen vorzunehmen, schwächere Kräfte durch stärkere zu ersetzen.
Ich war tagaus, tagein unterwegs. Dutzende von Menschen lernte ich kennen, und mein Notizbuch war voll mit Adressen von Antifaschisten der verschiedenen Richtungen, aber auch mit den Namen von Verwaltungsfachleuten, von Technikern und Ingenieuren.
Neben den laufenden Arbeiten war nun ein Teil unserer Gruppe mit den Vorbereitungen zur Bildung der Berliner Stadtverwaltung beschäftigt. Mehrmals hielt Ulbricht darüber Sonderbesprechungen mit Maron, Winzer und Gyptner ab.
Auch Mahle und Matthäus Klein, der inzwischen in die »Gruppe Ulbricht« eingezogen war, hatten sich von der Arbeit in den Bezirksverwaltungen zurückgezogen. Eines Tages berichteten sie, in Tegel seien sie auf einen Rundfunksender und in Charlottenburg, Masuren-Allee, auf die Zentrale des Berliner Rundfunks gestoßen, »mit der man sich doch einmal beschäftigen müßte«. Auf unseren Besprechungen stürmte so viel auf uns ein, daß ihr Hinweis mit der kurzen Bemerkung Ulbrichts »Gut, macht man los«, abgetan wurde.
Mahle und Klein faßten das als »Vollmacht« auf. Wenige Tage später stürzte Erpenbeck morgens in mein Zimmer:
»Heute mittag geht's los.«
»Was denn?« fragte ich noch ganz schlaftrunken.
»Der Rundfunk natürlich.«
Erpenbeck war zur »Rundfunkfraktion« von Mahle und Klein übergegangen.

»Was habe ich denn damit zu tun?«
»Texte für die erste Rundfunksendung sollst du schreiben! Mahle und Klein sind so mit den Rundfunkleuten in der Masuren-Allee beschäftigt, daß sie sich nicht um Texte kümmern können. Wir beide sollen inzwischen etwas vorbereiten und um 11 Uhr in das Funkhaus schicken.«
So diktierten Erpenbeck und ich unseren neuen Stenotypistinnen die ersten Texte für den Berliner Rundfunk. Vor uns lagen die letzten Nummern der *Prawda* – etwas anderes gab es ja damals nicht –, aus der wir Nachrichten entnahmen, die ich in »antifaschistisch-demokratischem Stil« übersetzte.
Mittags hörten wir die erste Sendung des Berliner Rundfunks. Schon vom nächsten Tag an brauchten wir die Rundfunktexte nicht mehr selbst zu schreiben. Mahle und Klein berichteten, die Mitarbeiter des Rundfunks seien alle noch da und gerne bereit, in Zukunft die Sendungen gemäß den »neuen Erfordernissen« zu gestalten.
Fast eine Woche blieb die Wiederaufnahme der Sendungen durch Mahle und Klein unbemerkt, bis plötzlich Ulbricht losdonnerte: »Was ist denn das schon wieder? Die sowjetischen Freunde übergaben mir heute eine Meldung des Londoner Rundfunks, die vom Abhördienst aufgenommen wurde. Der Londoner Rundfunk behauptet, der Berliner Rundfunk sei bereits seit einigen Tagen wieder in Betrieb.»
»Aber ich habe dir doch davon erzählt«, verteidigte sich Mahle.
»Na, ist ja schon gut«, meinte Ulbricht jetzt etwas konzilianter. »Nach der Londoner Meldung zu urteilen, scheint die Sache ja bisher richtig verlaufen zu sein. Es wurde gesagt, der Berliner Rundfunk verzichte auf jede kommunistische Propaganda und führe die Sendung im antifaschistischen Sinne durch. Aber ihr müßt euch doch bald mit den sowjetischen Freunden in Verbindung setzen.«
Mahle und Klein versprachen es. Der Rundfunk war nun gewissermaßen »legalisiert«, und beide waren für unsere Verwaltungsaufgaben endgültig verloren. Sie blieben im Funkhaus, und es

war für uns keine Überraschung, als wenig später Hans Mahle zum Intendanten und Matthäus Klein zum Personalchef des Berliner Senders ernannt wurden.
Außer den täglichen Besprechungen fanden seit etwa Mitte Mai jeden Sonntag vormittag größere Konferenzen statt, an denen 80 bis 100 aktive KP-Funktionäre teilnahmen, die zum größten Teil in den Verwaltungen tätig waren.
So wurde uns jeden Sonntag ein genaues Bild über die Lage in Berlin vermittelt. Nach den Berichten der Genossen aus den Bezirken gab Ulbricht dann stets seine Direktiven.
Auf diesen Konferenzen ging es im allgemeinen ernst und sachlich zu. Einmal wurde unsere Sonntag-Vormittag-Konferenz allerdings durch schallendes Gelächter unterbrochen. Ein alter Weddinger KP-Funktionär, der noch im unverfälschten Parteijargon der zwanziger Jahre sprach, berichtete über die Arbeit der Bezirksverwaltung. Nur seine eigene Tätigkeit erwähnte er mit keinem Wort.
»Was machst denn du? Du sprichst dauernd von anderen. Welche Funktion übst denn du aus?« fragte Ulbricht.
»Ich bin Dezernent für Kirchenfragen.«
Allgemeines Erstaunen.
»Wie kommst du denn dazu?«
»Det is doch janz klar, Genosse Ulbricht. Als wir de Posten aufgeteilt haben, hab ick mir natürlich den jenommen. Es muß ja schließlich jemand da sein, der den Pfaffen uff de Finger schaut. Da sind nämlich manchmal janz gewiefte Burschen dabei.«
Schallendes Gelächter. Aber Ulbricht war wütend:
»Du wirst sofort zurücktreten. Auf diese Stelle gehört doch ein Pfarrer. Wir müssen jetzt mit den fortschrittlichen Kräften der Kirche zusammenarbeiten. Wir werden dir nicht gestatten, unsere Kirchenpolitik durcheinanderzubringen.«
Durch die scharfen Worte Ulbrichts war das Lachen erstarrt. Der Weddinger Genosse schaute sich hilflos und fragend um. Man merkte ihm an, daß er nicht mehr verstand, was vor sich

ging, und mit dem Begriff »fortschrittliche Kräfte der Kirche« nicht das geringste anfangen konnte.
Ulbricht hielt es jedoch nicht für notwendig, dem Weddinger Arbeiterfunktionär wenigstens kurz die politische Linie klarzulegen und beschränkte sich auf den Anschnauzer.
Ernster war ein anderer Zwischenfall. Es kam einmal zu einem direkten, offen ausgedrückten Widerstand mehrerer Berliner Funktionäre gegen eine Direktive Ulbrichts.
Die Sonntagsbesprechung näherte sich ihrem Ende. Die laufenden Berichte und Direktiven für die Arbeit in den Verwaltungen waren erteilt.
»Gibt es noch Fragen?«
»Ja, hier!« sagte ein Genosse aus der hintersten Ecke des Saales. »Antifaschistisch eingestellte Ärzte haben bei uns die Frage aufgeworfen, wie sie sich verhalten sollen, wenn vergewaltigte Frauen zu ihnen kommen und Abtreibung wünschen. Ich habe den Ärzten eine Antwort versprochen. Von unserer Seite aus ist eine klare Stellungnahme zur Frage der Abtreibung in solchen Fällen notwendig.«
Der Genosse wurde sofort von einem anderen unterstützt. »Diese Frage ist sehr dringend. Überall wird davon gesprochen. Wir müssen den Gesundheitsdezernenten eine klare Richtlinie geben. Meiner Meinung nach muß in all diesen Fällen die Abtreibung offiziell gestattet werden.«
Aus dem Raum hörte man zustimmende Rufe.
Ulbricht unterbrach die Diskussion: »Das kommt überhaupt nicht in Frage. Ich betrachte die Diskussion als abgeschlossen«, rief er mit scharfer Stimme.
Die Berliner Kommunisten vom Mai 1945 waren jedoch noch keine willenlosen Untergebenen. Sie betrachteten die Diskussion keineswegs als abgeschlossen.
Zum erstenmal in meinem Leben erlebte ich, was ich bis dahin kaum für möglich gehalten hatte: offene Protestrufe gegen den höchsten Parteifunktionär.
»Das geht nicht so, wir müssen darüber sprechen!«

»Wir sind verpflichtet, zu dieser Frage Stellung zu nehmen!«
»Wir müssen den Arbeiterfrauen das Recht auf Abtreibung geben!«
»Wir können uns nicht dauernd um alle unangenehmen Fragen herumdrücken!«
Ulbricht stand vorn mit verkniffenem Gesicht.
Einer nach dem anderen sprach. Es ging längst nicht mehr allein um die Zulassung der Abtreibung. Es wurde verlangt, daß man grundsätzlich zu den Übergriffen der sowjetischen Soldaten offen und klar Stellung nehmen müsse. Man dürfe sich nicht mehr darum herumdrücken, sondern gerade als deutscher Kommunist müsse man sich von diesen Vorkommnissen zumindest distanzieren und, falls notwendig, sie auch offen verurteilen.
Endlich – als sich die Empörung etwas gelegt hatte – nahm Ulbricht das Wort.
»Ich wiederhole«, erklärte er scharf, »die Diskussion über dieses Thema betrachte ich als abgeschlossen. Eine Stellungnahme von unserer Seite, Abtreibungen als Folge der Zwischenfälle zu gestatten, ist vollkommen ausgeschlossen. Diejenigen, die sich heute über diese Vorkommnisse aufregen, hätten sich lieber aufregen sollen, als Hitler seinen Krieg begann. Ein Zurückweichen vor solchen Stimmungen kommt für uns überhaupt nicht in Frage. Ich betrachte diese Frage als beendet und werde eine erneute Erörterung nicht mehr zulassen. Die Besprechung ist beendet.«
Murrend und wütend gingen die Teilnehmer der Konferenz auseinander. Die anwesenden Berliner Kommunisten, Jahre und Jahrzehnte in strikter Parteidisziplin erzogen, waren zwar mutig genug gewesen zu widersprechen, aber nicht stark genug, sich gegen eine Parteidirektive durchzusetzen. Die heikle Frage wurde auf keiner Sitzung mehr erwähnt.

»Sonderaufträge«

»Du mußt heute unbedingt nach Reinickendorf fahren, laß alles andere stehn und liegen«, wurde mir eines Morgens gesagt.

»Was ist denn los?«

»Ich weiß es nicht. Geh schnell runter ins Büro zu Ulbricht und zum sowjetischen Verbindungsoffizier, die werden es dir schon sagen.«

»Es handelt sich um folgendes«, erklärte mir der sowjetische Verbindungsoffizier. »In Reinickendorf sollen Trotzkisten und bei den Reinickendorfer Kommunisten trotzkistische Tendenzen aufgetreten sein.«

Ich war maßlos verblüfft. Jetzt, im Mai 1945, wenige Wochen nach der Niederschlagung des Hitler-Faschismus, da wir die minimale Existenzgrundlage der Bevölkerung zu sichern hatten, sollte ich ausgerechnet irgendwelche Trotzkisten suchen. Ich wollte gerade fragen, ob man mit den Trotzkisten nicht bis morgen warten könne, als der sowjetische Verbindungsoffizier erklärte: »Die Angelegenheit ist äußerst wichtig. Man interessiert sich für diese Frage an höchster Stelle. Ich soll bereits heute nachmittag darüber berichten.«

Wenige Minuten später saß ich mit dem sowjetischen Verbindungsoffizier im Wagen und war auf dem Weg nach Reinickendorf. Mich begeisterte diese Aufgabe keineswegs. Wenn schon stöbern, dann hätte ich lieber Naziführer als Trotzkisten aufgestöbert. So machte ich mir unterwegs wenigstens schon einen Plan, wie ich die Angelegenheit möglichst schnell und schmerzlos lösen könnte.

»Es wäre vielleicht gut, wenn ich zunächst allein mit den Genossen der Bezirksverwaltung sprechen könnte.«

Der Sowjetoffizier war einverstanden.

In der Reinickendorfer Verwaltung angelangt, ging ich sofort zum stellvertretenden Bürgermeister, da in diesen Posten stets der aktivste Genosse eingesetzt worden war. Da es mir wirklich zu dumm schien, nur nach Reinickendorf zu kommen, um mich nach Trotzkisten zu erkundigen, begann ich erst ein allgemeines

Gespräch über die Situation. »Übrigens ist da noch eine Sache«, sagte ich schließlich. »Die sowjetischen Freunde haben gehört, hier in Reinickendorf seien einige Trotzkisten. Sie interessieren sich dafür, ob das stimmt oder nicht. Mir selbst scheint die Sache sowieso zweifelhaft, aber ich wollte mich doch danach erkundigen.«

»Ach so, die Sache«, meinte der Genosse lächelnd, »ja, das ist jetzt schon fast eine Woche her. Da waren ein paar Genossen zusammengekommen, und in der Diskussion hat einer von ihnen Trotzki erwähnt, aber alle am Gespräch Beteiligten haben sich sofort gegen Trotzki ausgesprochen.«

»Also kann ich in dieser Frage mitteilen, daß es hier keine trotzkistische Organisation oder sonst so etwas Ähnliches gibt und die Sache offensichtlich auf einem Mißverständnis beruht.«

»Natürlich, es war ein völlig belangloses Ereignis.«

Wir verabschiedeten uns. Auch der Sowjetoffizier schien erfreut zu sein, daß sich alles geklärt hatte. »Ich werde die Sache also in meinem Bericht so darstellen, wie Sie sie mir geschildert haben.« Ich stimmte sofort zu. Aber auf der Rückfahrt machte ich mir doch noch einige Gedanken. Da hatten sich also einige Genossen privat unterhalten, und dabei war der Name Trotzki gefallen. Diese Tatsache war umgehend bis zu den höchsten sowjetischen Stellen gedrungen. Dort erregte sie ein solches Interesse, daß der Verbindungsoffizier zur »Gruppe Ulbricht« – also ein hoher politischer Funktionär – sich sofort damit zu befassen hatte!

Der nächste »Sonderauftrag« wurde als so wichtig empfunden, daß man mich nicht allein schickte. Wieder war es der sowjetische Verbindungsoffizier, der in dieser Frage das Wort ergriff.

»Es handelt sich um eine besonders wichtige und dringende Angelegenheit, Genossen«, sagte er ernst. »Es ist in Erfahrung gebracht worden, daß sich im Berliner Rundfunk einige Tonaufnahmen befinden, die mit den Besprechungen Molotows in Berlin im Herbst 1940 im Zusammenhang stehen. Diese Aufnahmen sollen gegenwärtig in einer geheimen Archivabteilung des Rundfunkgebäudes in der Masuren-Allee in Charlottenburg liegen. Charlottenburg wird voraussichtlich von den Engländern besetzt werden. Ich brauche Ihnen nicht zu sagen, wie außerordentlich wichtig es ist, daß diese Aufnahmen nicht in die Hände der westlichen Alliierten fallen.«

Von diesem »Sonderauftrag« waren wir wirklich beeindruckt, und unwillkürlich hielt jeder den Atem an.

Der Verbindungsoffizier fuhr fort:

»Ich würde aber den Vorschlag machen, daß sofort zwei Genossen der ›Gruppe Ulbricht‹ mit mir zusammen in das Rundfunkgebäude fahren und dort gemeinsam mit Hans Mahle feststellen, wo sich diese Bänder befinden. Die Sicherstellung des Materials ist dann nicht mehr ihre Aufgabe. Es kommt zunächst nur darauf an, es zu finden.«

Ulbricht bestimmte darauf Gyptner und mich für diese Aufgabe, und eine halbe Stunde später waren wir schon gemeinsam mit dem Verbindungsoffizier im Rundfunkgebäude in der Masuren-Allee. Als wir zur Archiv-Abteilung vordringen wollten, wurden wir von sowjetischen Uniformierten aufgehalten.

»Sie können diese Abteilung nicht betreten«, wurde uns auf russisch mitgeteilt. Unserem Begleitoffizier gelang es inzwischen durch Überredung und Vorweisung seiner Dokumente, den »Natschalnik« der besonderen Wache zu sprechen. Es war ein Offizier, der, wenn ich mich recht erinnere, die blaue Mütze der NKWD, des sowjetischen Sicherheitsdienstes, trug. Er war unerbittlich. »Ich habe die Anweisung, niemanden hineinzulassen.«

Unser Begleitoffizier flüsterte ihm etwas zu, und sie entfernten sich für einige Minuten.

»Es ist alles in Ordnung, wir können zurückfahren«, sagte unser Begleitoffizier. »Entschuldigen Sie, daß ich Sie mit dieser Aufgabe belästigt habe, aber sie war mir von meiner Dienststelle als besonders dringend nahegelegt worden. Die Sache hat sich bereits erledigt. Die Aufnahmen sind schon vor einigen Tagen von einer anderen Instanz gefunden und sichergestellt worden.«

Es war nicht schwer zu erraten, um welche »andere Instanz« es sich handelte. Auf jeden Fall hatte sie schnell gearbeitet – offensichtlich schneller als die Politische Hauptverwaltung der Roten Armee.

Berlins Stadtverwaltung wird geboren

»Das sind die Lebensmittelsätze, die ab 15. Mai zur Verteilung kommen werden. Die Lebensmittelkarten werden jetzt gerade gedruckt«, erklärte uns Ulbricht und gab jedem eine Liste.
Wir stellten fest, daß die neue Lebensmittelrationierung im wesentlichen der sowjetischen gleichen würde. Auch hier bestanden große Unterschiede zwischen den Rationen der Schwerarbeiter, Arbeiter, der Angestellten und »Sonstigen«. Die Tagesrationen schwankten bei Brot zwischen 300 und 600 Gramm, bei Fleisch zwischen 20 und 100, bei Fett zwischen 7 und 30, bei Zucker zwischen 15 und 25 Gramm. Lediglich die Kartoffelrationen (400 Gramm täglich) und die Monatsrationen für Kaffee-Ersatz (100 Gramm), Tee (20 Gramm) und Salz (400 Gramm) waren für alle Berliner Einwohner gleich.
Die neue Rationierung und Verteilung hatte eine zentrale Berliner Verwaltung zur Voraussetzung, wenn sie funktionieren sollte. Ulbricht erklärte auch am nächsten Tag: »Jetzt müssen wir endlich die Zusammensetzung des Berliner Magistrats festlegen. Wir kennen ja schon genug Leute.«
Diese Besprechung war so improvisiert, daß ich noch davon überzeugt war, es handele sich um eine Zwischenlösung.
»Also zunächst der Oberbürgermeister. Ihr wart doch bei dem Dr. Werner. Wie wär's mit dem?« sagte Ulbricht.
Maron, Gyptner und Winzer schienen nicht begeistert zu sein. »Ich weiß nicht, Walter, Dr. Werner scheint doch nicht ganz der richtige Mann zu sein. Er ist auch schon zu alt«, wurde eingeworfen.
»Ich habe gehört, er soll manchmal nicht ganz richtig im Kopf sein«, meinte einer von unseren »Stadtverwaltungsleuten«.
»Das macht nichts«, erklärte Ulbricht. »Wir haben ja unseren

Stellvertreter.« Womit der Oberbürgermeister von Berlin bestimmt war. (Glücklicherweise erwiesen sich die Bedenken gegen Dr. Werner als unbegründet, da es sich um einen rüstigen Mann handelte.)

»Na, und jetzt das Wichtigste: den ersten Stellvertreter. Am besten machst du es, Karl«, wandte sich Ulbricht an Maron.

Maron machte ein erstauntes Gesicht. Er war keineswegs erfreut darüber. »Ich habe so was noch nie gemacht«, lautete seine Stellungnahme.

»Aber du wirst es schon schaffen«, redete ihm Ulbricht zu.

»Einverstanden«, sagte Maron, »aber nur, wenn der Wolfgang mit reinkommt.«

»Nein, den Wolfgang können wir dir für die Berliner Verwaltung nicht mitgeben, der bleibt vorläufig noch hier für die laufenden Sachen.«

So war auch der stellvertretende Oberbürgermeister festgelegt.

Aus dem weiteren Verlauf der Besprechung wurde klar, daß die Berliner Stadtverwaltung nach dem gleichen Schema zusammengesetzt werden sollte wie die Bezirksverwaltungen, vielleicht mit dem Unterschied, daß »unsere Leute« (wie Ulbricht sich gerne ausdrückte) in der Stadtverwaltung etwas stärker vertreten waren. Ein Name folgte nach dem anderen, und unsere Liste wurde immer länger. Nach etwa einer Stunde hatte sich jeder von uns auf dem vor ihm liegenden Blatt Papier die Zusammensetzung des zukünftigen Magistrats von Berlin notiert.

Die drei wichtigsten Posten waren von »unseren Leuten« besetzt, wobei in diesem Falle nicht einfach KP-Funktionäre gemeint waren, sondern solche KP-Funktionäre, die in der sowjetischen Emigration waren: Karl Maron als 1. Stellvertreter des Oberbürgermeisters, Arthur Pieck als Personalchef und »Lorenz« (Otto Winzer) als Dezernent für Volksbildungswesen.

Zu den drei Moskauer Funktionären, die die wirklichen Schlüsselstellungen innehatten, kamen noch zwei deutsche KP-Funktionäre: Ottomar Geschke und Hans Jendretzki, die viele Jahre im KZ verbracht hatten. Bezeichnenderweise wurden beide nur

auf relativ untergeordneten Positionen gestellt (Arbeitseinsatz bzw. Sozialfürsorge), womit die unterschiedliche Bewertung zwischen den Moskauer KP-Funktionären und den in Deutschland verbliebenen deutlich zutage trat.
Der 3. stellvertretende Oberbürgermeister und Leiter der Planabteilung, Paul Schwenk, kam ebenfalls aus der Moskauer Emigration. Als er von Ulbricht eingesetzt wurde, befand er sich sogar noch in Moskau und war, wie später erzählt wurde, von seiner Ernennung sehr überrascht. Wenige Tage später traf er mit dem Flugzeug in Berlin ein.
Der 4. stellvertretende Bürgermeister, Karl Schulze, und der Dezernent für Handel, Joseph Orlopp, wurden bei uns als Sozialdemokraten geführt. Oberbürgermeister Dr. Werner, der zweite Stellvertreter und Ernährungsdezernent Dr. Hermes, der Gesundheitsdezernent Prof. Sauerbruch, der Baudezernent Scharoun und der Wirtschaftsdezernent Dr. Landwehr sowie Pfarrer Buchholz galten als »Bürgerliche«.
Zu Leitern der noch nicht besetzten Dezernate – es handelte sich um das Dezernat »Nachrichten- und Verbindungswesen« und um das Dezernat »Kommunalbetriebe« wurden »Parteilose« ernannt. Dem Magistrat gehörten somit 7 »Bürgerliche«, 6 KP-Funktionäre und je zwei Sozialdemokraten und Parteilose an. Im Unterschied zu manchen späteren »überparteilichen« Instanzen und Organisationen sah jedoch der Berliner Magistrat im Mai 1945 keineswegs nur demokratisch aus, er war es tatsächlich, denn die »Bürgerlichen« und Sozialdemokraten im Magistrat waren, wie ich aus Bemerkungen Marons und Winzers entnehmen konnte, nicht Strohmänner, sondern größtenteils Persönlichkeiten mit hervorragenden Fachkenntnissen, die selbstbewußt auftraten und weitgehend selbständig handelten.
Am 17. Mai wurde in der *Täglichen Rundschau* und in der *Berliner Zeitung*, den einzigen damals erscheinenden Zeitungen Berlins, die Bildung des Magistrats bekanntgegeben.
Bei der feierlichen Amtseinführung des neuen Berliner Magistrats, in dem teilweise wiederhergestellten Gebäude in der Paro-

chialstraße, war der Saal mit der Losung »Die antifaschistische Einheit, das Unterpfand für die Neugeburt des deutschen Volkes« geschmückt. Der damalige Kommandant von Berlin, Generaloberst Bersarin, forderte den Berliner Magistrat auf, »so schnell und so gut wie möglich das normale Leben der Stadt Berlin wiederherzustellen«.

In seiner Antwortrede erklärte der neue Oberbürgermeister Dr. Werner:

»Es gibt heute kaum einen Zweig des wirtschaftlichen und sozialen Lebens, der nicht ganz neu aufgebaut werden muß. Hitler hat Berlin zu einer Stadt der Zerstörung gemacht – wir werden Berlin zu einer Stadt des Fortschritts machen.« Seine Ansprache beendete Dr. Werner mit den Worten: »Wir danken den antifaschistischen Kameraden, die sich schon während der Naziherrschaft für unsere Ideen eingesetzt und für sie gekämpft haben. Ein Geist ehrlicher Liebe und Eintracht wird und muß wieder durch das Deutsche Reich wehen. Unsere antifaschistische Einheit hat uns zu den ersten sichtbaren Erfolgen geführt, sie ist das Unterpfand des neugeborenen deutschen Volkes.«

Die Worte Dr. Werners entsprachen zweifellos den Hoffnungen, die damals von allen Antifaschisten gehegt wurden. Auch ich war ergriffen, als ich sie hörte. Aber schon in den nächsten Tagen traten Ereignisse ein, die zu den hoffnungsvollen Worten Dr. Werners über die antifaschistische Einheit im krassen Gegensatz standen.

Die Auflösung der antifaschistischen Komitees

»In den letzten Tagen sind verschiedene Büros, Komitees und Organisationen entstanden, die sich Antifaschistische Komitees, Anti-Nazi-Gruppen, Sozialistische Büros, Nationalkomitees oder sonstwie bezeichnen«, erklärte Ulbricht auf einer der üblichen Besprechungen.

Diese Büros hatte auch ich auf meiner Fahrt durch Berlin wiederholt gesehen. Ich war davon überzeugt, daß wir von Ulbricht den

Auftrag bekommen würden, mit ihnen in Verbindung zu treten, um ihre Arbeit zu unterstützen.
»Es wurde in Erfahrung gebracht« – Ulbricht sagte nicht durch wen und wie –, »daß diese Büros von Nazis aufgezogen worden sind. Es sind also Tarnorganisationen, deren Ziel es ist, die demokratische Entwicklung zu stören. Wir müssen alles daransetzen, sie aufzulösen. Dies ist jetzt die wichtigste Aufgabe. Jeder soll in seinem Bezirk unbedingt herausbekommen, wo sich solche Komitees befinden und ihre sofortige Auflösung bewirken.«
Diese Erklärung Ulbrichts erschien mir seltsam, aber ich nahm an, daß er einwandfreie Berichte habe. Außerdem war eine solche Taktik der Nazis nicht ausgeschlossen. Hatte nicht die Komintern auf dem VII. Weltkongreß im Sommer 1935 die deutschen Kommunisten aufgefordert, in die Naziorganisationen einzutreten, um von innen her diese Organisation zu zersetzen? Vielleicht, so dachte ich mir, versuchen die Nazis (deren Einfluß wir von der »Gruppe Ulbricht« damals sehr überschätzten) nunmehr dasselbe. Doch schon meine ersten direkten Begegnungen mit Mitgliedern dieser spontan entstandenen Antifaschistischen Komitees zeigten mir, daß dort keineswegs Nazis saßen, sondern Genossen, die illegal in Deutschland gearbeitet hatten. Es stand für mich bald außer Zweifel, daß es sich bei ihnen nicht um »getarnte Nazis«, sondern um ehrliche Genossen und Antifaschisten handelte.
Offenbar hatten die anderen ähnliche Eindrücke empfangen, denn alle Berichte stimmten in diesem Punkt überein. Ulbricht ließ sich jedoch dadurch nicht im geringsten beeinflussen, und alle Versuche, für die Komitees ein gutes Wort einzulegen, wurden von ihm zurückgewiesen: »Sie müssen aufgelöst werden, und zwar sofort«, erklärte er in schroffem Ton. »Wir werden nicht zulassen, daß hier in Berlin die Fehler der griechischen Partei wiederholt werden. Dort haben sich die Genossen auch in irgendwelchen Komitees zusammengeschlossen, und inzwischen haben die Gegner die Staatsverwaltung aufgebaut.«
Da ich zu jenen Funktionären gehörte, die sich über politische

Entscheidungen eigene Gedanken machten, konnte ich nicht umhin, den Widerspruch in Ulbrichts Argumentation festzustellen: Zuerst sollten die Komitees aufgelöst werden, weil sie angeblich Tarnorganisationen der Nazis waren, jetzt aber, weil dadurch gute Genossen von der Arbeit in den Verwaltungen abgehalten würden und man die Fehler der griechischen Partei vermeiden wollte. Während der ganzen Kampagne gegen die Antifaschistischen Komitees wurde von Ulbricht mal das eine und mal das andere Argument verwandt. Unverändert blieb eines: die Härte und Entschlossenheit in seiner Direktive, die Antifaschistischen Komitees aufzulösen und alle ähnlichen Neugründungen im Keime zu ersticken.

Ich hielt diese Direktive bereits damals für falsch, war aber noch diszipliniert genug, sie gegen meine innere Überzeugung auszuführen. Dabei war ich allerdings stets bestrebt, die Auflösung möglichst behutsam vorzunehmen und möglichst viele Genossen in die Verwaltungen einzubauen.

Besonders leid tat mir die Auflösung eines glänzend arbeitenden Antifaschistischen Komitees in Berlin-Charlottenburg, dessen Geschäftsstelle damals auf dem Kurfürstendamm in der Nähe des U-Bahnhofs »Uhlandstraße« untergebracht war. Am Hauseingang hing ein Schild: »Nationalkomitee Freies Deutschland«, in der gleichen Schrift, die für den Zeitungskopf unserer in Moskau hergestellten Zeitung gedient hatte. Auch die schwarzweißrote Unterstreichung fehlte nicht. Dieses Schild konnten nur Menschen gemalt haben, die unsere Zeitung *Freies Deutschland* gelesen hatten.

Das »Nationalkomitee« hatte eine ganze Etage des Hauses für sich reserviert. Überall hörte man Schreibmaschinengeklapper, und Mitarbeiter liefen hin und her. An den Zimmertüren sah man neben den obligaten Aufschriften »Nationalkomitee Freies Deutschland« solche Schilder wie:

»Abteilung Wasserversorgung«

»Abteilung Straßeninstandsetzung«

»Abteilung Elektrizität und Gas«

An einer Tür entdeckte ich sogar die im Mai 1945 immerhin etwas ungewöhnliche Aufschrift »Abteilung Bergbau«.
Das Ganze machte den Eindruck einer sehr gut funktionierenden Verwaltung, die offensichtlich ihre Kompetenzen nicht auf Charlottenburg beschränkte.
»Zu welcher Abteilung möchten Sie bitte und in welcher Angelegenheit?« wurde ich höflich gefragt.
»Ich mochte gerne Ihren Vorsitzenden sprechen.«
Der Mann zuckte mit den Achseln. »Das wird kaum möglich sein. Er ist, wie Sie sich vorstellen können, außerordentlich beschäftigt.« Hier hatte es keinen Sinn, Ausflüchte zu machen oder Versteck zu spielen.
»Ich komme von der ›Gruppe Ulbricht‹. Bis vor kurzem war ich im Nationalkomitee ›Freies Deutschland‹ in Moskau tätig.«
Nun wurde ich freudig begrüßt. »Das ist ja wunderbar!«
Ich wurde sofort von dem Vorsitzenden, der einen außerordentlich guten Eindruck machte, empfangen. Es sprach sich wohl schnell herum, daß jemand aus dem Nationalkomitee aus Moskau gekommen war. Bald hatten sich die wichtigsten Mitarbeiter versammelt.
Wir haben ständig den Sender ›Freies Deutschland‹ abgehört, die wichtigsten Beiträge mitgeschrieben und vervielfältigt«, erklärte der Vorsitzende, und im Laufe einer kurzen Unterhaltung konnte ich feststellen, daß dies nicht – wie damals häufig – eine Erfindung war, sondern den Tatsachen entsprach. Alle Anwesenden kannten nicht nur die Namen der Mitglieder des Nationalkomitees, sondern konnten sich an manche Rundfunksendung noch sehr gut erinnern.
»Unser Nationalkomitee hat, ausgehend von den allgemeinen Aufrufen und Erklärungen eures Komitees, diese jeweils auf die Bedingungen Berlins konkretisiert. Allerdings« – so fügte er fast entschuldigend hinzu – »Generäle waren nicht dabei. Aber dafür hatten wir Verbindung mit anderen Kreisen des 20. Juli.«
Es stellte sich heraus, daß die in diesem Nationalkomitee zusammengeschlossenen Antifaschisten die Grundgedanken – die

breite Einheitsfront aller Antifaschisten gegen Hitler – vorbildlich verwirklicht hatten: In der Leitung arbeiteten ehemalige Mitglieder der KPD und SPD sowie bürgerlicher und kirchlicher Kreise einträchtig zusammen. Der Vorsitzende war ein ehemaliger Funktionär der Sozialistischen Arbeiterpartei (SAP), einer kleinen, im Jahre 1931 entstandenen aktiven Partei, die sich schon vor Hitlers Machtantritt besonders um die Herstellung einer antifaschistischen Einheitsfront bemüht hatte.
Unmittelbar nach der Kapitulation der Wehrmacht in Berlin hatte die Organisation, ohne auf Direktiven zu warten – nicht einmal auf unsere –, sofort mit den dringendsten Arbeiten begonnen. Ingenieure, Techniker und Facharbeiter waren herangezogen worden, um die Versorgung mit Gas, Wasser und Strom zu gewährleisten, die Enttrümmerung der Straßen wurde organisiert. Krankenhäuser und Schulen instand gesetzt – kurz, es wurden alle die Dinge getan, die zu tun in diesen Tagen notwendig waren.
Unter der energischen und sachkundigen Leitung war die Tätigkeit des Komitees bald über den Charlottenburger Bezirk hinausgewachsen. Seine Verbindungen reichten nicht nur über ganz Berlin, sondern sogar schon in andere Städte. Mit einigen Professoren Technischer Hochschulen und wissenschaftlichen Kapazitäten wurden bereits Vorarbeiten zur Instandsetzung industrieller Anlagen und Bergwerke geleistet. Auch die politischen Fragen wurden nicht vergessen. Das Charlottenburger Nationalkomitee hatte schon – Mitte Mai 1945! – eine Archivabteilung geschaffen. Hier kamen regelmäßig Teilnehmer des 20. Juli zusammen, um ihre Schilderungen niederzuschreiben, mit dem Ziel, in möglichst kurzer Zeit eine Arbeit über den 20. Juli zu veröffentlichen.
Für mich war es eine unvergeßliche Begegnung, und mir graute schon vor dem Gedanken, daß vielleicht Ulbricht auch diese lebendige, vorbildliche Organisation zerschlagen würde. Ich werde alles tun, um das zu verhindern, dachte ich bei mir.
Meinen neuen Freunden sagte ich noch nichts von den Direktiven Ulbrichts.
Abends, in der Prinzenallee, gab ich einen Bericht, wobei ich die

außerordentlich positiven Seiten des Komitees hervorhob. Aber es half nichts. »Der Laden am Kurfürstendamm muß aufgelöst werden«, sagte Ulbricht. Ich legte mich noch einmal für meine antifaschistischen Freunde ins Zeug, aber es war umsonst. »Du fährst morgen noch einmal dahin und wirst ihnen sagen, daß sie ihre Tätigkeit einstellen sollen. Wir brauchen keine Komitees. Wenn du unbedingt glaubst, daß gute Leute dabei sind, können wir ja einige von ihnen in die Charlottenburger Verwaltung nehmen«, sagte Ulbricht.
So fuhr ich am nächsten Tag wieder nach Charlottenburg.
Der Vorsitzende des Komitees hatte inzwischen alle aktiven Mitglieder und einen Kreis der Männer vom 20. Juli eingeladen. Etwa 40 Personen waren anwesend. Alle warteten gespannt, was der Vertreter des Nationalkomitees aus Moskau zu sagen hatte. Unglücklicherweise wurde ich noch feierlich angekündigt und in der Einführung hervorgehoben, daß der Referent über die Grundlagen der weiteren Tätigkeit der Bewegung »Freies Deutschland« sprechen werde.
Es war eine fatale Situation. Innerlich war ich fest davon überzeugt, daß diese antifaschistische Organisation nicht nur das Recht haben sollte, ihre Tätigkeit weiter auszuüben, sondern noch unterstützt werden müßte, während wir Emigranten uns anzuschließen hätten. Demgegenüber stand aber die strikte Direktive Ulbrichts, keinerlei Organisationen zuzulassen und alle bestehenden Organisationen aufzulösen. Noch war ich viel zu sowjetisch erzogen, um auf den Gedanken zu kommen, die Direktive nicht auszuführen und nach meiner eigenen Überzeugung und meinem Gewissen zu handeln.
Ich beschloß aber, die Direktive Ulbrichts möglichst behutsam und vorsichtig durchzuführen, die Antifaschisten des Komitees nicht vor den Kopf zu stoßen und zu versuchen, möglichst viele von ihnen in den Verwaltungen unterzubringen.
Ich berichtete von der Gründung des Nationalkomitees, von der Tätigkeit des Senders »Freies Deutschland«, von unserer Zielsetzung, um schließlich auf das eigentliche Thema überzugehen:

»Trotz größter Anstrengung ist unser Ziel, unsere ureigenste Aufgabe, der Sturz Hitlers aus eigener Kraft, nicht in Erfüllung gegangen. Unser Ziel ist durch die Armeen der Alliierten erreicht worden. Diese Tatsache konnte nicht ohne Wirkung bleiben. Eine der Folgen besteht darin, daß die Besatzungsmächte, in diesem Falle die sowjetischen Behörden gegenwärtig in Berlin keinerlei Organisationen gestatten, sondern nur die Erlaubnis gegeben haben, örtliche deutsche Verwaltungen aufzubauen. Es tut mir daher außerordentlich leid, Ihnen sagen zu müssen, daß eine Weiterführung der Tätigkeit des von Ihnen gegründeten Nationalkomitees in der gegenwärtigen Form nicht möglich sein dürfte.«
»Soll das heißen, daß unser Nationalkomitee aufgelöst werden muß?« fragte ein älterer Herr, der mir als Professor vorgestellt worden war. Er fragte in ruhigem Ton, aber man merkte, wie sehr er ein »Ja« fürchtete.
»Es ist für mich wirklich nicht leicht, Ihnen das sagen zu müssen, da ich mich gerade von der hervorragenden Arbeit der Organisation überzeugt habe. Aber die Bestimmungen gestatten nicht die Existenz irgendwelcher Organisationen.«
»Aber wir sind doch nicht irgendeine Organisation, sondern eine antifaschistische Vereinigung, die sich gerade das Ziel stellt, von deutscher Seite aus sowohl bei der Lösung der dringendsten Tagesfragen als auch bei der politischen und geistigen Umerziehung im demokratischen Sinne aktiv mitzuwirken. Wir wollen ja letzten Endes die von den Alliierten dargelegten Prinzipien des Kampfes gegen den Faschismus und der demokratischen Umerziehung unseres Volkes unterstützen«, meinte ein anderer, diesmal in etwas gereiztem Ton.
Ich konnte ihn gut verstehen. Freuen müßten wir uns über solche Organisationen, sie begrüßen, sie unterstützen, an ihrer Arbeit teilnehmen, dachte ich bei mir.
»Ich verstehe Ihre Gedankengänge durchaus, aber ich möchte noch einmal darauf hinweisen, daß gerade wir Antifaschisten die Pflicht haben, den Anordnungen der Besatzungsmächte Folge zu

leisten. Ich möchte dabei betonen, daß die Auflösung Ihrer Organisation keineswegs die Einstellung der Tätigkeit jedes einzelnen von Ihnen bedeutet. Ihre Arbeit müßte lediglich in einem anderen Rahmen erfolgen.
Sie wissen, daß jetzt überall neue antifaschistische Verwaltungsorgane entstehen; es fehlt allerdings immer noch an fähigen Antifaschisten. Es wäre daher durchaus möglich, daß Sie alle in die neuen Verwaltungen eingegliedert werden könnten.«
Jetzt sah ich wieder enttäuschte Gesichter und konnte es ihnen nachfühlen. Diese Menschen wollten keine Verwaltungsbeamten werden. Sie hatten sich, über alle früheren Weltanschauungen hinweg, im gemeinsamen Kampf gegen Hitler zusammengefunden und zu einer engen Gemeinschaft zusammengeschlossen. Nun, nach dem Sturz des Faschismus, wollten sie auch gemeinsam in einer lebendigen antifaschistischen Organisation für ein neues Deutschland tätig sein. Gerade in diesem Augenblick, da das erste Ziel, die Vernichtung des Faschismus erreicht war, sollte ihre Organisation aufgelöst werden! Ihre Enttäuschung war groß. Meine auch.
Anschließend wurde beschlossen, die Auflösung des Komitees schrittweise vorzunehmen. Diejenigen, die sich für die Arbeit in den Verwaltungen bereit erklärten, sollten eingegliedert werden. Die Auflösung und Umstellung sollte in zwei bis drei Wochen vollzogen werden. »Ich hoffe, daß uns wenigstens noch so viel Zeit gelassen wird«, sagte mir der Vorsitzende mit trauriger Stimme beim Abschied.
Schweren Herzens fuhr ich zurück in die Prinzenallee. Die Sitzung begann gerade.
»Na, was ist da mit diesem komischen Laden in Charlottenburg? Hast du ihn heute aufgelöst?« fragte Ulbricht. In dieser Frage war die ganze Verachtung Ulbrichts gegenüber einer selbständigen Initiative von unten zu spüren.
Ich berichtete über den Verlauf, wies darauf hin, daß sie sich mit der Auflösung einverstanden erklärt hätten und zwei bis drei Wochen dazu brauchten.

»Zwei bis drei Wochen? Die sind ja verrückt!« schnaufte Ulbricht. »Morgen werden wir einen anderen Genossen hinschikken.« Ulbricht schickte einen von den sturen »Apparatschiks«, und es war nicht schwer, sich auszumalen, was nun geschah. Wenige Tage später war das »Werk« vollbracht. Das Komitee war aufgelöst. Die Mehrzahl seiner Mitglieder zog sich enttäuscht ins Privatleben zurück. Einige traf ich später wieder. Sie waren in der Verwaltung tätig und taten pflichtgemäß ihre Arbeit, aber das Feuer, die Begeisterung, die Initiative waren bei ihnen nicht mehr zu spüren. Das Schicksal des Charlottenburger Komitees war nur ein Beispiel. Zur gleichen Zeit wurden damals in Berlin Dutzende ähnlicher von unten entstandener Ausschüsse, Initiativgruppen, Komitees aufgelöst. Das geschah nicht nur in Berlin, sondern, sobald sich die Verwaltungen gefestigt hatten, in allen größeren Städten der sowjetischen Zone und später auch im Gebiet der westlichen Besatzungsmächte.

Nie werde ich eine kurze Begegnung aus diesen Tagen zwischen Ulbricht und einem Genossen aus Brandenburg vergessen.

»Na, wie geht's dort bei euch mit der Verwaltung?« wandte sich Ulbricht interessiert, aber etwas von oben herab an den Genossen. Der Genosse berichtete kurz über die Tätigkeit der Verwaltung. »Außerdem haben wir eine antifaschistische Organisation gegründet«, meinte er mit einem gewissen Stolz.

»Wieso, was habt ihr denn gemacht?« fragte Ulbricht ärgerlich.

Der Genosse zeigte gedruckte Mitgliedsbücher einer »Antifaschistischen Aktion« mit programmatischen Forderungen, die etwa denen des Nationalkomitees entsprachen.

Ulbricht war wütend. »Wer hat euch das gestattet? Wie kommt ihr dazu, so etwas zu tun? Eure ›Antifaschistische Aktion‹ muß sofort aufgelöst und die Mitgliedsbücher müssen vernichtet werden! Ihr habt abzuwarten, bis dazu Anweisungen von der Zentrale kommen.«

Der Genosse, erschrocken über die Heftigkeit Ulbrichts, versuchte sich zu rechtfertigen. »Aber Genosse Ulbricht, wir wollten ja gar nicht den zentralen Direktiven vorgreifen.« Er zeigte auf die Mitgliedskarten. »Wir haben ja ausdrücklich vor unseren Forderungen das Wort ›provisorisch‹ eingesetzt. Auch die Mitgliedsbücher werden als ›zeitweilige Mitgliedskarten‹ bezeichnet.«

»Ob provisorisch oder nicht, euer Laden muß aufgelöst werden, und zwar sofort.«

Später erfuhr ich von ähnlichen Vorgängen in Thüringen und Sachsen. In Thüringen hatten ehemalige KZ-Häftlinge sofort nach ihrer Befreiung eine einheitliche sozialistische Partei unter dem Namen »Partei der Werktätigen« (PdW) geschaffen. Auch sie wurde aufgelöst. Als Mitte Juni dann von oben die SPD und KPD neu gegründet wurden, meldete sich nur die Hälfte der ehemaligen PdW-Mitglieder. Viele andere, selbst jene, die aktiv an der PdW mitgearbeitet hatten, blieben abseits, da sie nicht mehr zu den alten Parteien zurückkehren wollten.

In Dresden war eine Organisation unter dem Namen »Antifaschistischer Volksausschuß« entstanden, dem zwischen 20 000 und 30 000 Mitglieder angehörten. Nach der Neugründung der Parteien schlossen sich 7 000 der KPD und 3 000 der SPD an. Alle anderen, die gerne bereit waren, an einem antifaschistischen Volksausschuß mitzuwirken, sich aber nicht für eine bestimmte Partei entscheiden wollten kehrten enttäuscht in ihr Privatleben zurück. Sicher gab es ähnliche Beispiele noch in vielen anderen Orten.

So wurde von Anfang Mai bis Mitte Juni alle Initiative von unten im Keim erstickt. Ich hielt das damals für einen Fehler in einer Teilfrage und versuchte, ihn genauso zu rechtfertigen, wie ich schon früher negative Tendenzen in der Sowjetunion als »zeitweilige Fehler« zu rechtfertigen versucht hatte. Erst bei meinem Bruch mit dem Stalinismus wurde mir der Sinn der damaligen Direktive gegen die spontan entstandenen Antifaschistischen Komitees klar: Es war nicht ein Fehler in einer Teilfrage, sondern ein Wesenszug der stalinistischen Politik. Der Stalinismus kann nicht zulassen, daß durch selbständige Initiative von unten antifaschistische, sozialistische und kommunistische Bewegungen oder Organisationen entstehen, denn er liefe stets Gefahr, daß sie sich seiner Kontrolle zu entziehen und sich gegen Direktiven von oben zu stellen versuchten. Die Auflösung der Antifaschistischen Komitees war daher nichts anderes als die Zertrümmerung erster Ansätze einer vielleicht machtvollen, selbständigen, antifaschistischen und sozialistischen Bewegung. Es war der erste Sieg des Apparates über die selbständigen Regungen der antifaschistischen, links eingestellten Schichten Deutschlands.

Zu dieser grundsätzlichen Einstellung des Stalinismus trat in diesem Fall noch eine taktische Überlegung. Offenbar hatte Ulbricht schon in der zweiten Maihälfte die neuen Direktiven aus Moskau erhalten, eine Neugründung der Kommunistischen Partei Deutschlands vorzubereiten. Die Antifaschistischen Komitees und Volksausschüsse spiegelten jedoch den damals bei Antifaschisten vorherrschenden Wunsch nach einer neuen einheitlichen sozialistischen Partei wider. Vor allem herrschte dieser Wunsch bei jenen, die illegal gekämpft hatten oder im KZ gewesen waren. Über die neuen Moskauer Direktiven sollten wir erst in den darauffolgenden Tagen Genaueres erfahren.

Wilhelm Pieck und die »neue Linie«

Wir waren so in der Arbeit versunken, daß manche von uns – zumindest ich – überhaupt nicht merkten, daß Walter Ulbricht Anfang Juni 1945 einige Tage nicht bei uns in der Prinzenallee war. Erst viel später erfuhr ich Genaueres. In der Nacht vom 3. zum 4. Juni kam Anton Ackermann aus Chemnitz, der dort die »Gruppe Ackermann« leitete, nach Berlin. Zur gleichen Zeit traf auch Gustav Sobottka aus Schwerin ein. Anschließend flogen Ulbricht, Ackermann und Sobottka mit einer Militärmaschine nach Moskau. Dort wurden sie am 4. Juni von Wilhelm Pieck zu einer längeren Aussprache empfangen. Am selben Abend fand ein Gespräch mit J.W. Stalin und weiteren Mitgliedern des sowjetischen Politbüros statt, auf der die Neubegründung der KPD beschlossen wurde. In der Nacht vom 5. zum 6. Juni schrieb Anton Ackermann den Entwurf eines Gründungsaufrufs der Kommunistischen Partei. Es folgten erneut Gespräche mit Mitgliedern des sowjetischen Politbüros (diesmal ohne Stalin) sowie mit Dimitroff. Nach ihrer Rückkehr aus Moskau wurden uns neue Direktiven mitgeteilt:

»Es wird keine einheitliche sozialistische Partei geben. Sowohl die KPD als auch die SPD werden als selbständige Parteien neu entstehen.

Die Kommunistische Partei Deutschlands soll sofort gegründet werden.

Vorarbeiten für die Herausgabe einer eigenen Parteizeitung müssen sofort beginnen.

Die Bildung bürgerlicher Parteien soll gefördert werden. Sie müssen der früheren Demokratischen Partei und dem früheren Zentrum entsprechen.

Danach muß man einen antifaschistischen demokratischen Block der neuen Parteien bilden.

Alle Kräfte müssen zuerst für die Gründung der Kommunistischen Partei eingesetzt werden. Unmittelbar nach der Gründung muß mit der Schulungsarbeit begonnen werden.

Anschließend haben alle Vorbereitungen für die Bodenreform einzusetzen. Sie soll schon im Sommer 1945 eingeleitet werden.«

Unser Haus in der Prinzenallee 80, in dem schon früher ein reges Leben herrschte, glich nun einem Bienenstock. Eine Besprechung löste die andere ab; neue Wagen kamen, um die Verbindung der Spitzenfunktionäre mit aktiven Funktionären in den verschiedenen Orten sicherzustellen. Fred Oelßner diktierte – zwei Tage nach seiner Ankunft! – bereits das erste Schulungsheft für die Mitglieder der noch gar nicht gegründeten Kommunistischen Partei Deutschlands. Sofort nach der Gründung sollten alle Mitglieder mit der neuen Linie bekanntgemacht werden.

»Das Wichtigste ist jetzt die Schulung«, sagte Oelßner, »wir müssen mehr schulen, als wir es jemals früher getan haben. Es ist bereits festgelegt worden, daß einmal in der Woche Mitgliedsversammlungen stattfinden werden, die ausschließlich der Schulung

dienen. Man muß die Genossen zur Lösung der neuen Aufgaben heranbilden, die völlig anders sind als vor 1933.«
Am folgenden Tag fand eine Besprechung statt, an der einige der aktivsten Funktionäre Berlins, Brandenburgs, Potsdams und anderer Städte teilnahmen.
»Hauptaufgabe ist jetzt die Vorbereitung für die Gründung der Partei. In wenigen Tagen wird ein Befehl Marschall Shukows erscheinen, wonach antifaschistisch-demokratische Parteien zugelassen werden. Bis dahin müssen wir schon den Grundstein gelegt haben. Jeder Tag ist kostbar. Unmittelbar nach der Zulassung werden wir mit einem Gründungsaufruf der KPD an die Öffentlichkeit treten«, wurde auf dieser Besprechung mitgeteilt.
Der Aufbau einer selbständigen Kommunistischen und einer Sozialdemokratischen Partei stand nicht nur im Widerspruch zu den Direktiven, die wir im März und April 1945 in Moskau erhalten hatten, sondern auch in direktem Gegensatz zur Resolution der Berner Konferenz der KPD Anfang 1939. In dieser letzten offiziellen Resolution des Zentralkomitees wurde ausdrücklich erklärt, daß eine »einheitliche revolutionäre Partei der deutschen Arbeiterklasse geschaffen werden muß«. Kommunisten und Sozialdemokraten waren damals aufgerufen worden, »einheitliche Organisationen der zukünftigen Einheitspartei der deutschen Arbeiterklasse zu schaffen«.
Es entging mir nicht, daß auch in anderen Fragen die neuen Direktiven, die Ulbricht jetzt mitgebracht hatte, jenen entgegengesetzt waren, die wir im Frühjahr 1945 erhalten hatten.
Damals war uns gesagt worden, eine politische Betätigung des deutschen Volkes könnte sich zunächst nur im Rahmen einer großen, allgemeinen antifaschistischen Bewegung, dem »Block der kämpferischen Demokratie«, entfalten. Jetzt dagegen wurde von der Gründung politischer Parteien gesprochen.
Damals war gesagt worden, eine Bodenreform könne frühestens Anfang 1946 begonnen werden. Jetzt sollten wir die Bodenreform unmittelbar nach der Gründung der Partei im Sommer 1945 durchführen.

Selbst Anfang Mai, nach unserer Ankunft in Berlin, war uns noch gesagt worden, in der ersten Periode könnten nur überparteiliche antifaschistische Zeitungen zugelassen werden. Jetzt dagegen wurde uns die Direktive gegeben, eine Parteizeitung vorzubereiten.

Mit dem Eintreffen der führenden Genossen aus Moskau und mit der bevorstehenden Neugründung der KPD war die Vorbereitungsarbeit der »Gruppe Ulbricht« beendet. Sie hatte schon vorher durch den Abgang einiger Genossen in die Berliner Verwaltung und durch das Hinzukommen anderer ihr Gesicht verändert.

Auf einer Sitzung im engeren Kreis wurden schnell die neuen Aufgaben bekanntgegeben. Jeder von uns erhielt sein Arbeitsgebiet zugeteilt. Die »Gruppe Ulbricht« bestand nicht mehr. Sie hatte ihre Aufgabe erfüllt.

Die Mitglieder der »Gruppe Ulbricht« erhielten fast alle nach Auflösung der Gruppe hohe Funktionen im Partei- und Staatsapparat der Sowjetzone – aber in ihren Biographien wurde die Arbeit in der »Gruppe Ulbricht« nicht erwähnt.

Viele Jahre hindurch wurde der Eindruck aufrechterhalten, die KPD habe sich, genau wie die anderen Parteien, erst nach dem Befehl Marschall Shukows vom 10. Juni 1945 gebildet. Es schien nicht ratsam – zumindest in der ersten Zeit nach 1945 –, über die Tätigkeit der »Gruppe Ulbricht« zu sprechen, da die enge Verbindung zu Moskauer Emigranten allzu deutlich geworden wäre.

Erst sieben Jahre später, im Jahre 1953, als Ulbrichts gesammelte Reden und Aufsätze unter dem Titel *Geschichte der deutschen Arbeiterbewegung* erschienen, wurde dieses Schweigen gebrochen: Im zweiten Band der dreibändigen Ausgabe befindet sich ein Brief Walter Ulbrichts an Dimitroff vom 9. Mai 1945, in dem über die Tätigkeit der »Gruppe Ulbricht« in Berlin folgendes zu lesen ist:

Aus einem Brief an Genossen Dimitroff:

9. Mai 1945

Wir haben unsere Arbeit in erster Linie auf die Auswahl von Antifaschisten für die Kreisverwaltungen und für die Stadtverwaltung von Berlin konzentriert. In vielen Kreisen waren die aus der Illegalität hervorgetretenen Kommunisten anfangs von den sich organisierenden Kreisverwaltungen isoliert. Die spontan geschaffenen KPD-Büros, die Volksausschüsse, die Komitees der »Bewegung Freies Deutschland« und die Ausschüsse der Leute des 20. Juli, die vorher illegal arbeiteten, treten jetzt offen auf. Wir haben diese Büros geschlossen und den Genossen klargemacht, daß jetzt alle Kräfte auf die Arbeit in den Stadtverwaltungen konzentriert werden müssen. Die Mitglieder der Ausschüsse müssen ebenfalls zur Arbeit in die Stadtteilverwaltungen übergeführt und die Ausschüsse selbst liquidiert werden. Im Zusammenhang mit der Bildung der Verwaltungsorgane gelingt es, einen breiten Zusammenschluß der antifaschistisch-demokratischen Kräfte herbeizuführen.

In einer Reihe von Kreisen ist noch die Abgeschlossenheit der Illegalität spürbar. Die Kommunisten haben dort noch wenig Verbindung zu den Menschen der anderen Schichten und politischen Richtungen. Da es weder Zeitungen noch politische Schulungen gibt, ist für die genügende Orientierung der Genossen längere Zeit erforderlich.

Wir denken, ungefähr zwei Wochen nach der Organisierung der Stadtverwaltung mit der Herausgabe einer antifaschistisch-demokratischen Zeitung zu beginnen. Eine Reihe leitender Genossen sind aus dem Gefängnis gekommen. *W.U.*

Das ist das erste Dokument, das in der Sowjetzone offiziell von der »Gruppe Ulbricht« veröffentlicht worden ist.

Die Neugründung der KPD

Die Spitzenfunktionäre aus Moskau hatten nicht nur Direktiven, sondern auch schon den Gründungsaufruf der neuen KPD mitgebracht. Zwei Tage nach ihrer Ankunft fand in dem nahe liegenden Lokal »Rose« – wenn ich mich recht entsinne, war es an der Prinzenallee, Ecke Hohenlohestraße – die erste große Zusammenkunft mit dem Parteiaktiv statt. Anwesend waren etwa 80 Genossen, die wir in den vergangenen vier Wochen zu unserer Arbeit herangezogen hatten.

Es herrschte eine außerordentliche Spannung, denn es hatte sich schon herumgesprochen, daß an diesem Tage die Neugründung der KPD besprochen werden sollte.

Nach einer kurzen Einleitung las Ulbricht den Gründungsaufruf vor, mit dem die KPD in den nächsten Tagen an die Öffentlichkeit treten sollte. Der Aufruf begann mit einer Darstellung der Folgen des Hitler-Regimes und Hitler-Krieges, stellte die Frage der Schuld und Verantwortung und kam zu der Schlußfolgerung, von den Anwesenden mit deutlichen Zeichen der Zustimmung aufgenommen, »daß sich die faschistische Pest in Deutschland nur ausbreiten konnte, weil 1918 die Kriegsschuldigen und Kriegsverbrecher ungestraft blieben, weil nicht der Kampf um eine wirkliche Demokratie geführt wurde, weil die Weimarer Republik der Reaktion freies Spiel gewährte«. Nun komme es darauf an, die Fehler von 1918 nicht mehr zu wiederholen, die Spaltung des schaffenden Volkes zu überwinden und gegenüber dem Nazismus und der Reaktion keinerlei Nachsicht zu üben. Die entscheidenden Sätze des Gründungsaufrufes lauteten:

Mit der Vernichtung der Hitlerismus gilt es gleichzeitig, die Sache der Demokratisierung Deutschlands, die Sache der bürgerlich-demokratischen Umbildung, die 1848 begonnen wurde, zu Ende zu führen, die feudalen Überreste völlig zu beseitigen und den reaktionären altpreußischen Militarismus mit allen seinen ökonomischen und politischen Ablegern zu vernichten.

Wir sind der Auffassung, daß der Weg, Deutschland das Sowjet-

system aufzuzwingen, falsch wäre, denn dieser Weg entspricht nicht den gegenwärtigen Entwicklungsbedingungen in Deutschland.
Wir sind vielmehr der Auffassung, daß die entscheidenden Interessen der deutschen Völker in der gegenwärtigen Lage für Deutschland einen anderen Weg vorschreiben, und zwar den Weg der Aufrichtung eines antifaschistischen, demokratischen Regimes, einer parlamentarisch-demokratischen Republik mit allen demokratischen Rechten und Freiheiten für das Volk.

Dann begann Ulbricht die Forderungen der KPD zu verlesen, die in 10 Punkten zusammengefaßt waren. Sie gingen nicht über ein allgemein antifaschistisch-demokratisches Programm hinaus. Marx und Engels wurden nicht erwähnt, ja, nicht einmal der Begriff Sozialismus kam in diesem Gründungsaufruf der Kommunistischen Partei vor.
An der Spitze stand die Forderung nach vollständiger Beseitigung der Überreste des Hitler-Regimes, der Säuberung der Ämter von aktiven Nazis und der Bestrafung aller großen Kriegsverbrecher, der Kampf gegen Hunger, Arbeitslosigkeit, Obdachlosigkeit, der Übergang zu einem normalen Leben und die Wiederherstellung der Produktion.
Es gab einige Überraschungen, als Ulbricht den Satz verlas:
Völlig ungehinderte Entfaltung des freien Handels und der privaten Unternehmerinitiative auf der Grundlage des Privateigentums.

In drei weiteren Forderungen wurden die Wiederherstellung der demokratischen Freiheiten, der Wiedererrichtung demokratischer Selbstverwaltungsorgane und demokratische Wahlen der Betriebsvertretungen der Arbeiter, Angestellten und Beamten sowie die tarifliche Regelung der Lohn- und Arbeitsbedingungen verlangt. Außerdem wurde die Enteignung des gesamten Vermögens der Nazi- und Kriegsverbrecher, die Übergabe dieser Vermögen in die Hände der Selbstverwaltungsorgane, eine Bodenre-

form und die Übergabe aller Betriebe, die von ihren Besitzern verlassen wurden, in die Hände der Selbstverwaltungsorgane gefordert.
Die beiden letzten Punkte des Gründungsaufrufes bezogen sich auf ein gutnachbarliches Zusammenleben mit anderen Völkern und die Anerkennung der Pflicht zur Wiedergutmachung. Die sich daraus ergebenden Lasten sollten gerecht verteilt werden, so daß die Reicheren auch die größere Last zu tragen hätten.
Der Aufruf schloß mit dem Bekenntnis, daß dieses Aktionsprogramm als Grundlage zur Schaffung eines Blocks der antifaschistisch-demokratischen Parteien dienen könne.
Als Ulbricht den Aufruf verlesen hatte, war es zunächst still im Saal. Man konnte deutlich spüren, daß vor allem jene Genossen, die während der Nazizeit in Deutschland gelebt hatten – und sie waren in diesem Gremium die Mehrheit –, mehr von dem Aufruf erwartet hatten.
Zu jener Zeit gab es noch freie Diskussionen unter den Kommunisten in Deutschland. Die Genossen sagten unverblümt ihre Meinung. Ein Funktionär aus Wedding meldete sich:
»Genosse Ulbricht, so richtig und notwendig dieses Programm ist – darüber sind wir hier wohl alle einer Meinung –, so ist mir doch eines unklar: Worin unterscheidet es sich von dem Programm irgendeiner beliebigen demokratischen Partei?«
Ulbricht grinste:
»Das wirst du schon bald merken, Genosse! Wart nur mal ein bißchen ab!« rief er in seinem klassischen Sächsisch.
Nach diesen mit Augenzwinkern gesprochenen Worten wurden die Direktiven gegeben: Sofort einen festen Stamm von Funktionären in den einzelnen Stadtteilen und Bezirken zusammenfassen; alles vorbereiten, damit sofort bei Erscheinen des Gründungsaufrufes Parteiversammlungen einberufen werden können; die Versammlungen gut vorbereiten und die Leitung bestimmen, die den Versammlungen jeweils vorzuschlagen ist. All das sollte aber getan werden, »ohne viel Aufhebens davon zu machen«, solange nicht der Befehl der sowjetischen Besatzungsmacht über

die Zulassung der antifaschistisch-demokratischen Parteien erschienen war.

»Wie lange haben wir noch Zeit? Wann werden die Parteien offiziell zugelassen werden?« wurde gerufen.

»Wir rechnen damit, daß der Befehl am 10. Juni erscheinen wird. Einen Tag darauf werden wir mit unserem Gründungsaufruf herauskommen, und am 13. Juni wird voraussichtlich die erste Nummer der *Deutschen Volkszeitung*, unseres Zentralorgans, erscheinen!«

Bis dahin waren nur noch drei bis vier Tage Zeit. Die Genossen verabschiedeten sich und fuhren in die einzelnen Stadtbezirke, um alles vorzubereiten. Wir waren damals alle eingesetzt, um auf den ersten Parteiversammlungen zu sprechen. Unvergeßlich blieb mir die Gründungsversammlung in einem Charlottenburger Stadtteil, auf der ich das Referat hielt. Es waren etwa 120 Genossen anwesend, denen man die Befriedigung, den Stolz und die Freude darüber ansah, endlich wieder in der Kommunistischen Partei zu sein.

Nach Beendigung meines Referates entspann sich die Diskussion, und bald wurden auch Übergriffe der Roten Armee erwähnt, die damals den Berliner Kommunisten so schwere Sorgen bereiteten. In diesem Augenblick meldete sich ein Genosse aus der hinteren Ecke. Erregt sprach er über die Dinge, die er selbst erlebt und gesehen hatte, über den Schaden, den das Benehmen der Roten Armee den deutschen Kommunisten zufügte, und über die »notwendigen Konsequenzen«, die deutsche Kommunisten aus diesem Verhalten ziehen müßten.

Solche Worte waren in der Diskussion noch nicht gefallen. Im Saal herrschte eine erregte Spannung. Vielleicht war es diese Atmosphäre, die den Genossen dazu verleitete, aus innerster Überzeugung seine geheimen Gedanken in den Saal zu rufen: »... und ich sage euch, wir müssen in Deutschland den Sozialismus aufbauen, ohne die Rote Armee, und wenn es notwendig sein sollte, sogar gegen die Rote Armee.«

Einige Sekunden saßen alle wie versteinert da. Dann hörte man

von verschiedenen Seiten einzelne zaghafte und auch schärfere Protestrufe.
Der Vorsitzende würgte eine Diskussion über dieses Thema sofort ab. »Das Wort hat Genosse Leonhard.«
In diesen Sekunden war ich noch ganz parteitreu:
»Ich hoffe, daß die Ausführungen des Genossen nicht die Meinung der hier Anwesenden darstellt. Es ist nicht unsere Aufgabe, über das Verhalten der Truppen einer Besatzungsmacht, sondern über unsere eigenen praktischen Aufgaben zu sprechen.«
Die Mehrzahl spendete starken Beifall und die Diskussion wandte sich den Parteiaufgaben im Bezirk zu.
Erst auf dem Nachhauseweg fiel mir der Satz des Genossen wieder ein: »Wir müssen den Sozialismus aufbauen ohne die Rote Armee und, wenn notwendig, sogar gegen die Rote Armee.«
»Gegen die Rote Armee«, so dachte ich an diesem Abend, war natürlich falsch; das hatte der Genosse in seiner Erregung gesprochen. Aber ohne die Rote Armee? Warum eigentlich nicht? Hatte ich nicht auch gehofft, daß die Entwicklung zum Sozialismus in Westeuropa anders vor sich gehen würde als in der Sowjetunion? War das nicht schon im Frühjahr 1943 meine Auffassung gewesen, als die Komintern aufgelöst wurde? Aber ich hatte wenig Zeit, darüber nachzudenken, denn die nächsten Tage stellten alles in den Schatten, was wir in den ohnehin schon so ereignisreichen Wochen der »Gruppe Ulbricht« erlebt hatten.
Als am 10. Juni durch einen Erlaß Marschall Shukows die antifaschistisch-demokratischen Parteien zugelassen wurden, war der Gründungsaufruf schon gesetzt und konnte jeden Augenblick in Druck gehen. Ulbricht wandte sich an Erpenbeck und mich:
»Am besten haltet ihr beide euch mal für unser neues Zentralorgan bereit, so lange, bis wir euch ersetzen können. Aber, Wolfgang, bleib bloß nicht zu lange bei der Zeitung. Für dich ist noch etwas anderes in der Partei vorgesehen!« Wir fuhren gleich in die Druckerei, die in einem recht zerstörten Gebäude in der Innenstadt lag, um alles vorzubereiten. Ganz kurz vor der unmittelbaren Drucklegung kam Ackermann zu uns:

»Dahlem wird in den nächsten Tagen nach Berlin kommen. Seine Unterschrift muß noch unter den Gründungsaufruf gesetzt werden.«
»An welcher Stelle?« Wir hatten lange genug in der Sowjetunion gelebt, um zu wissen, daß die Reihenfolge nicht unbedeutend war.
»An dritter Stelle, direkt hinter Ulbricht und vor mir.«
Von den 16 Unterzeichnern des Aufrufes hatten 13 die Hitler-Zeit in der sowjetischen Emigration verbracht. An ihrer Spitze standen Wilhelm Pieck, Walter Ulbricht und Anton Ackermann. Zu den aus der Moskauer Emigration zurückgekehrten ehemaligen ZK-Mitgliedern gehörten auch Hermann Matern, ein KP-Landtagsabgeordneter aus Ostpreußen; Gustav Sobottka, ein ehemaliger KP-Landtagsabgeordneter aus dem Ruhrgebiet; Edwin Hörnle, ein KP-Reichstagsabgeordneter aus Stuttgart, der sich vor allem mit Bauernfragen befaßte; der Dichter Johannes R. Becher; Elli Schmidt, die damalige Frau Anton Ackermanns, die den Aufruf noch mit ihrem Moskauer Pseudonym »Irene Gärtner« unterzeichnete; Martha Arendsee, eine sympathische alte Kampfgefährtin Clara Zetkins, sowie Bernard Koenen, mein früherer Lehrer aus der Kominternschule. Von unserer »Gruppe Ulbricht« traten außer Ulbricht nur zwei als Unterzeichner des Gründungsaufrufes in Erscheinung: Otto Winzer und Hans Mahle.
Neben den 13 Emigranten hatten drei ZK-Funktionäre unterzeichnet, die in Deutschland illegal tätig, bzw. im KZ gewesen waren. Zwei davon – Ottomar Geschke und Hans Jendretzky – waren schon seit den ersten Maitagen in der »Gruppe Ulbricht« tätig gewesen, Franz Dahlem, von den Amerikanern aus dem KZ befreit, sollte in den nächsten Tagen eintreffen.
Die weitere Entwicklung zeigte, daß eine Reihe der Unterzeichner des Aufrufes, wie etwa Sobottka, Edwin Hörnle, Michael Niederkirchner und Martha Arendsee, hauptsächlich wohl deshalb zunächst genannt wurden, weil sie unter den Kommunisten in Deutschland noch aus der Zeit vor 1933 bekannt waren. In der weiteren Entwicklung der Partei spielten sie jedoch keine nennenswerte Rolle mehr.

Das Gründungsmanifest war kaum in Druck, als wir die nächste Aufgabe anpackten: die Herausgabe der *Deutschen Volkszeitung.* Als die Druckmaschinen anliefen, fuhren Paul Wandel, Fritz Erpenbeck und ich weg. Vor einem zerstörten Gebäude in der Innenstadt hielt der Wagen – wenn ich mich nicht irre, war es in der Mauerstraße.

»Hier soll unsere Redaktion sein?« Sie sah nicht gerade festlich aus. Notdürftig hatte man irgendwelche Tische und Stühle in die kahlen Räume gestellt. Fenster gab es noch nicht.

Wir hatten kaum die Räume angesehen, als uns ein Genosse begrüßte, dem wenige Tage vorher die Aufgabe zugeteilt worden war, technische Probleme der neuen Zeitung zu lösen. Er erwies sich als ziemlich tüchtig, denn schon am gleichen Tag wurden mit unserer Hilfe die Räume einigermaßen eingerichtet, sogar Bücherregale und Schreibmaschinen waren plötzlich in ausreichender Menge vorhanden. Eine weitere Stunde verging – da trafen zwei Stenotypistinnen ein, wahrscheinlich vom stillen, aber eifrigen »Sekretär für technische Fragen« herbei »organisiert«.

Die Arbeit konnte beginnen. Wir wurden uns schnell einig was jeder zu schreiben hatte. Ich bekam den Auftrag »mal den letzten Jahrgang der Zeitung *Freies Deutschland* durchzulesen und irgend etwas daraus zu entnehmen, was für uns brauchbar ist«. Schon eine Stunde später zeigte das Klappern der Schreibmaschine an, daß die Redaktion des Zentralorgans der KPD in Schwung gekommen war.

In der ersten Nummer der *Deutschen Volkszeitung* erschien, wie vorgesehen, der Gründungsaufruf der KPD. Am gleichen Tage erhielt ich auch den ersten größeren Redaktionsauftrag: »Wir müssen unbedingt morgen oder übermorgen Stimmen zum Aufruf der KPD bringen. Fahr doch in Berlin herum und notiere dir Äußerungen, die über den Aufruf gemacht werden. Bring aber keine Erklärungen von unseren Genossen. Interviewe einfach Menschen auf der Straße. Unten steht ein Wagen, den kannst du nehmen.«

»Es ist bestimmt leichter, Menschen auf der Straße zu interviewen, als Bürgermeister einzusetzen«, sagte ich mir und fuhr los. Erst als ich ein Stück gefahren war, dämpfte sich mein Optimismus. Wie sollte ich das eigentlich machen? Sollte ich einfach Menschen mit der Frage überfallen? Ich war schließlich noch nie in meinem Leben Reporter gewesen – aber Parteiauftrag ist Parteiauftrag! Wo immer ich nun Menschen stehen sah, hielt ich an, überwand tapfer meine Scheu und fragte, was sie zu dem Gründungsaufruf der Kommunistischen Partei zu sagen hätten.

Die Antworten waren katastrophal.

»Was für einen Aufruf, was für eine Partei?«

»Nie von so 'nem Uffruf jehört!«

»Wat, schon wieder 'ne Partei? Ich hab' noch von der vorigen die Neese voll!«

»Ihr Uffruf in'ressiert mich janich, schaun Se lieba, dat wa mehr Katoffeln kriejn!«

»Habense denn jar keene andern Sorjen, junger Mann?«

Sobald ich im Wagen war, notierte ich alle Antworten; brauchen konnte ich sie allerdings nicht. Nachdem ich schon drei Stunden vergeblich in sechs Berliner Bezirken brauchbare »Äußerungen des Volkes zum Aufruf der KPD« gesucht hatte, ließ ich erschöpft und mutlos vor dem Charlottenburger Rathaus halten.

Ich traf einen der von mir eingesetzten Funktionäre der Bezirksverwaltung und erzählte ihm mein Mißgeschick.

»Stimmen aus dem Volk mit Namen und Adressen willst du haben? Keine Genossen, sondern Menschen aus dem Volk?«

»Ja, es sollen möglichst auch Leute aus dem Mittelstand dabei sein.«

»Geht in Ordnung, ich schicke die Sachen nachher rüber!«

Bald trafen die von ihm gesammelten Antworten ein. Er hatte meinen Vorschlag betreffs Mittelstand zu wörtlich genommen, und nun saß ich in der Redaktion besorgt vor einem Haufen zustimmender Erklärungen von Schlächtermeistern, Kleingewerbetreibender und Handwerkern – ausgerechnet aus der Gegend des Kurfürstendammes! –, die mit Begeisterung vom Aufruf der KPD sprachen. Bedrückt schrieb ich einen langen Vorspann und

ein langes Nachwort, in denen alles stand, was die Leute nicht erklärt hatten, aber hätten erklären sollen. Der Artikel erschien mit einer bombastischen Überschrift – ich aber faßte den Entschluß, nie wieder Reporter zu spielen.
Die offizielle Verkündung des Gründungsaufrufes der KPD erfolgte am 12. Juni 1945 im großen Saal des Berliner Magistrats. Etwa 200 Personen waren aus diesem Anlaß erschienen – fast alle Mitglieder des Magistrats und eine ganze Reihe andere antifaschistische Funktionäre. Es war die erste offizielle politische Veranstaltung in Berlin nach Kriegsende. Als Redner waren Walter Ulbricht und Gustav Dahrendorf angekündigt. Walter Ulbricht hielt eine kurze Rede, in der er die Zulassung antifaschistisch-demokratischer Parteien begrüßte und die 10 Punkte des KPD-Aufrufes als Aktionsprogramm für einen gemeinsamen Block der antifaschistisch-demokratischen Parteien vorschlug. Dann wurde Gustav Dahrendorf als Vertreter der zukünftigen SPD angekündigt. In seiner kurzen und lebendigen Art sprach Dahrendorf den Wunsch der meisten aktiven Antifaschisten aus: die Bildung einer einheitlichen sozialistischen Partei. Leider, so führte er weiter aus, sei dies jedoch nicht möglich, da die Vertreter der Kommunistischen Partei abgelehnt hätten und erst eine Periode der politischen Klärung wünschten, bevor man die Frage einer Vereinigung stellen könne. Aus diesem Grunde werde die SPD sich als selbständige Partei formieren und in den nächsten Tagen mit einem Gründungsaufruf an die Öffentlichkeit treten.
Danach gab es eine Diskussion. Alle Diskussionsredner traten für die Bildung einer einheitlichen sozialistischen Partei ein.
Als ich in die Redaktion zurückgekehrt war, schrieb ich meinen Bericht für die *Deutsche Volkszeitung*. Alle Hinweise der Diskussionsredner auf die Notwendigkeit einer einheitlichen sozialistischen Partei wurden jedoch gestrichen.
Die erste offizielle Funktionärskonferenz der KPD – unsere Zusammenkünfte in der Prinzenallee mit KP-Funktionären von Anfang Mai bis Mitte Juni waren ja intern gewesen – fand am 25. Juni im Gebäude des Metropoltheaters in Berlin statt. Sie war als

Funktionärskonferenz der KPD Berlins einberufen, aber mehr als ein Drittel der an dieser Konferenz teilnehmenden Genossen waren aus der Provinz Brandenburg gekommen.
Schon eine Stunde vor Beginn gab es überall freudige Wiedersehensszenen. Genossen, die sich jahrelang nicht gesehen hatten, schlossen sich erfreut in die Arme. Hier traf ich alle meine neuen Freunde, die ich in den unzähligen Begegnungen und Besprechungen seit den ersten Maitagen 1945 kennengelernt hatte. Nach Platz suchend, ging ich durch den großen Saal. Roman Chwalek winkte mir. Ich setzte mich zu ihm.
Diese erste Funktionärskonferenz der KPD begann mit klassischer Musik, die von dem Orchester eines Theaters gespielt wurde. Das war ganz bewußt so organisiert worden und sollte den anwesenden Genossen als Beispiel für zukünftige Konferenzen und Kundgebungen der Partei dienen. Damit sollte der zuweilen etwas rabaukenhafte Charakter der KPD-Versammlungen aus der Zeit vor 1933 beseitigt und die neue, seriöse Linie von 1945 unterstrichen werden.
Als Ottomar Geschke in bewegten Worten die erste Funktionärskonferenz der KPD Großberlins nach 1933 als eröffnet erklärte, kamen dem neben mir sitzenden Roman Chwalek die Tränen. Nur mit Mühe konnte er sein Schluchzen unterdrücken. Einigen anderen, vor allem jenen, die während der Nazizeit im KZ gesessen hatten, erging es ebenso. Ulbricht dagegen zeigte sich völlig unberührt; der trockene Ton seiner Rede schien mir im schroffen Gegensatz zu den Gefühlen der meisten Genossen zu stehen. Er sprach über die Voraussetzungen des Sieges der Sowjetunion im Kampf gegen Hitler-Deutschland, erklärte, die Sowjetunion sei politisch, ökonomisch und militärisch der fortschrittlichste Staat. Nachdrücklich betonte er, die Erkenntnis der Mitschuld und Mitverantwortung sei die Voraussetzung dafür, daß das deutsche Volk mit der reaktionären Vergangenheit breche und einen neuen Weg gehe. Unverblümt wies er auf die Abtretung der Gebiete östlich der Oder-Neiße hin und forderte »die Festigung der Zusammenarbeit mit den alliierten Besat-

zungsmächten«. Als »grundlegende Orientierung« der Partei bezeichnete Ulbricht – getreu unseren Direktiven, die wir bereits in Moskau erhalten hatten – die Vollendung der bürgerlich-demokratischen Revolution von 1848 und die Aufrichtung eines antifaschistisch-demokratischen Regimes, wobei er sich gegen die Stimmung jener Arbeiter wandte, sie »sofort den Sozialismus errichten« wollen.

Ulbricht sprach vom »ernsten Willen, ein neues vertrauensvolles Verhältnis zwischen der Kommunistischen und der Sozialdemokratischen Partei zu schaffen«, erklärte sich aber gegen die sofortige Bildung einer einheitlichen sozialistischen Partei. Dafür seien einige Voraussetzungen notwendig, vor allem »die wissenschaftliche Erkenntnis der fortgeschrittensten Kräfte der Arbeiterklasse und des werktätigen Volkes über den Sozialismus in der Sowjetunion und über die Weltanschauung des Marxismus-Leninismus«.

Anschließend gab Ulbricht eine neue Definition der Kommunistischen Partei, die, wie ich wußte, von Fred Oelßner ausgearbeitet worden war. Statt der alten Formulierungen aus der Zeit vor 1933 von der Partei des revolutionären Proletariats wurde jetzt die Parole von der nationalen Partei, der Partei des Volkes und der Partei des Friedens ausgegeben. Der Partei sollten die »besten Männer und Frauen aus allen Schichten des schaffenden Volkes« und »alle ehrlichen Kämpfer gegen den Faschismus« angehören. Ulbricht wandte sich dagegen, daß in manchen Orten nur wenig neue Parteimitglieder aufgenommen worden seien und manche Parteileitungen »unzulässige Vorbedingungen für die Aufnahme in die Partei« stellen. Dies sei ein ernster Fehler.

Man hörte ernste Rufe des Erstaunens, als Ulbricht in den Saal rief:

»Bei der Aufnahme in die Partei darf es keine Rolle spielen, ob die betreffenden Antifaschisten katholischen, evangelischen oder jüdischen Religionsgemeinschaften angehören.«

Als Ulbricht seine Rede beendet hatte und die »Internationale« gesungen wurde, hoben viele die Faust zum alten Rot-Front-

Gruß, mit dem sich Parteimitglieder vor 1933 begrüßt hatten. Ulbricht, die Mitglieder des Präsidiums und diejenigen im Saal, die schon mit der »neuen Linie« vertraut waren, taten es nicht. Darauf ließen auch viele andere wieder ihre Faust sinken. Es war ein kleines, aber typisches Beispiel für die Veränderung, die in der KPD seit 1933 vor sich gegangen war. Von einer revolutionären Oppositionspartei, mit dem Kampfziel der Diktatur des Proletariats, wandelte sie sich zur staatstragenden Partei, die für eine antifaschistische Demokratie, für ein parlamentarisch-demokratisches System eintreten sollte.

Die Antifaschistische-Demokratische Einheitsfront

Der erste Teil der Direktiven, die Wilhelm Pieck und andere Spitzenfunktionäre Anfang Juni aus Moskau gebracht hatten, war erfüllt. Schwieriger war es mit dem zweiten Teil; der Gründung anderer antifaschistisch-demokratischer Parteien und der Bildung einer antifaschistisch-demokratischen Einheitsfront.

Am 17. Juni 1945 erschien der Gründungsaufruf der SPD, der einige Nuancen weiter links war als der unsrige und in dem auch der Begriff Sozialismus vorkam. Auch die SPD kam nun mit einem eigenen Zentralorgan heraus.

Es hieß *Das Volk* und war sowohl im Format als auch in der Auflage kleiner als die *Deutsche Volkszeitung*.

Wenige Tage nach der Neugründung der SPD wurde eine Vereinbarung zwischen den Führungsgremien beider Parteien abgeschlossen. Es sollte ein gemeinsamer Arbeitsausschuß aus je fünf Vertretern der beiden Zentralstellen gebildet werden. Seine Aufgabe war es, eine enge Zusammenarbeit im Kampf gegen die Überreste des Nazismus und um den Aufbau einer antifaschistischen, demokratischen, parlamentarischen Republik sowie die Durchführung gemeinsamer Veranstaltungen und gemeinsamer Beratungen zur Klärung ideologischer Fragen zu gewährleisten. Die Vereinbarungen waren für die SPD von

Erich W. Gniffke, Otto Grotewohl, Gustav Dahrendorf und Helmut Lehmann unterzeichnet (die alle während der Nazizeit in Deutschland gewesen waren), für die KPD von Walter Ulbricht, Anton Ackermann, Ottomar Geschke und Otto Winzer (also von drei Moskauer Emigranten und einem Mitglied der illegalen Widerstandsbewegung).

Nach der Gründung der KPD und SPD und der Bildung einer Arbeitsgemeinschaft zwischen beiden Parteien wurde die Frage der anderen antifaschistisch-demokratischen Parteien akut. Wir waren fest davon überzeugt, daß die frühere »Demokratische Partei« und das »Zentrum« wieder unter altem Namen in Erscheinung treten würden. Unsere Genossen wurden angewiesen, in den einzelnen Bezirken eine Einheitsfront mit den Vertretern dieser beiden Parteien zu organisieren. Das geschah auch in verschiedenen Teilen Berlins, und wir berichteten in der *Deutschen Volkszeitung* schon von Einheitskundgebungen mit Vertretern der »Demokratischen Partei« und des »Zentrums«, obwohl diese im großen noch gar nicht bestanden.

Zwei weitere Wochen vergingen, aber noch immer fehlten uns die bürgerlichen Parteien, mit denen eine antifaschistisch-demokratische Einheitsfront geschaffen werden sollte. Hier stießen wir auf Kräfte, die sich leider nicht so genau einplanen ließen. Während der wenigen Stunden, die ich nicht in der Redaktion, sondern in unserem Parteihaus in der Prinzenallee verbrachte, waren die bürgerlichen Parteien das Hauptgesprächsthema. Ulbricht schien nervös zu sein.

»Wir müssen aufpassen, der Hermes zieht die Sache hinaus; er will nicht das ›Zentrum‹, sondern eine einheitliche bürgerliche Partei organisieren.«

Mitglieder der früheren »Gruppe Ulbricht«, die nicht wie Maron und Winzer in den Magistrat, wie Mahle in den Rundfunk oder wie ich an die Zeitung entsandt worden waren, bekamen nun eine für sie völlig neue Aufgabe: Sie sollten sich bei der Gründung bürgerlicher Parteien »einschalten«. Mitunter war die Situation grotesk: Der typische stalinistische Apparatschik Gypt-

ner erhielt ausgerechnet die Aufgabe, sich mit »liberalen Kreisen« in Verbindung zu setzen.
Am 25. Juni trat die Christlich-Demokratische Union mit ihrem Gründungsaufruf an die Öffentlichkeit. Die neue Partei ließ ihre Zeitung *Neue Zeit* im gleichen Format erscheinen wie wir. Es kam bald zu Protesten der Sozialdemokraten, die sich nicht mehr mit ihrem kleinen Format zufriedengeben wollten. Aber die Streitfrage wurde rasch gelöst. Nicht *Das Volk* erhielt das große, sondern die *Neue Zeit* mußte auf das kleinere Format übergehen. Nur wir behielten unser großes Format.
Der Gründungsaufruf der CDU stellte uns nun gebieterisch die Frage nach der »zweiten bürgerlichen Partei«.
»Na, Richard, wie steht es denn nun mit deinen Liberalen?« wollte Ulbricht von Gyptner wissen.
»Ja, Walter, was kann ich tun? Ich war schon mehrmals bei ihnen; die reden da herum, aber eine Partei gründen wollen sie noch nicht so recht.«
»Na, Richard, red ihnen gut zu«, spornte ihn Ulbricht an.
Ob Gyptners Zureden Erfolg hatte oder nicht, entzieht sich meiner Kenntnis. Auf jeden Fall wurde am 5. Juli endlich auch die Gründung der Liberal-Demokratischen Partei bekanntgegeben.
Eine Woche später, am 14. Juli, wurde bereits das Kommuniqué über die Bildung der antifaschistisch-demokratischen Einheitsfront zwischen KPD, SPD, CDU, LDP veröffentlicht.
Auch hier sollte ein gemeinsamer Ausschuß gebildet werden, in den die vier Parteien je fünf Vertreter ihrer Führung zu entsenden hatten.
Die Parteiführungen beschlossen, den Kampf zur Säuberung Deutschlands von den Resten des Hitlerismus gemeinsam zu führen und den Aufbau des Landes auf antifaschistisch-demokratischer Grundlage zu fördern und gemeinsam für den möglichst raschen Wiederaufbau der Wirtschaft, für ein auf gegenseitiger Achtung beruhendes Verhältnis zu anderen Völkern und für die Durchführung der Maßnahmen der Besatzungsmächte einzutreten. Gleichzeitig verpflichteten sich die vier Parteien zur

»Herstellung voller Rechtssicherheit auf der Grundlage eines demokratischen Rechtsstaates« und zur »Sicherung der Freiheit des Geistes und des Gewissens sowie zur Achtung vor jeder religiösen Überzeugung und sittlichen Weltanschauung«.

Die Bildung der antifaschistisch-demokratischen Einheitsfront wurde mit einer großen Schlagzeile auf der Titelseite der *Deutschen Volkszeitung* bekanntgegeben. Damit waren schon zweieinhalb Monate nach dem Eintreffen Walter Ulbrichts die vorgesehenen Parteien und auch die vorgesehene Zusammenarbeit von oben zentral geschaffen worden.

Das galt allerdings zunächst nur für Berlin.

Auf dem Lande bestand zuerst in vielen Orten nur die KPD, während die SPD erst Wochen später, die beiden bürgerlichen Parteien oft erst viele Monate danach die entsprechenden Ortsgruppen gründeten. Den sowjetischen Kommandanten war von der Politischen Hauptverwaltung über das Bestehen der vier Parteien und die Bildung einer Einheitsfront berichtet worden. Es wurde ihnen auch empfohlen, sie zu unterstützen.

Mitunter kam es zu grotesken Situationen. So erzählte ein Genosse aus einem etwas abgelegenen Brandenburger Bezirk, wie ihn der Kommandant nach der Bildung der Einheitsfront der vier Parteien holen ließ:

»Haben bekommen wichtige Mitteilung aus Berlin. Sind gegründet worden vier antifaschistisch-demokratische Parteien und haben gebildet Einheitsfront. Muß jetzt wissen, wie es bei uns im Bezirk steht. Gibt es bei uns Kommunistische Partei?«

»Ja.«

»Gibt es bei uns Sozialdemokratische Partei?«

»Nein, noch nicht, Genosse Kommandant.«

»Sähr schlecht. Müssen haben Sozialdemokratische Partei! Gibt es bei uns Christlich-Demokratische Union?«

»Nein, Genosse Kommandant.«

»Warum nicht? Steht hier geschrieben: Christlich-Demokratische Union. Gibt es bei uns Liberal-Demokratische Partei?«

»Nein, Genosse Kommandant.«
Der Kommandant war sichtlich ungehalten:
»Auch nicht? Schlecht! Müssen haben Liberal-Demokratische Partei. Du bekommen Auftrag, gründen alle Parteien, wie hier geschrieben.«
»Aber das geht doch nicht, Genosse Kommandant, ich bin doch der Sekretär der KPD-Ortsgruppe und kann doch nicht die anderen Parteien gründen!«
Das schien dem Kommandanten einzuleuchten. »Du kennen Sozialdemokraten?«
»Ja, Genosse Kommandant, aber die sind jetzt in die KPD eingetreten.«
»Nitschewo! Müssen wieder austreten und gründen SPD, wie hier steht geschrieben.«
So geschah es auch. Schließlich wurden auch noch zwei Bürgerliche gefunden, die Ortsgruppen der anderen beiden Parteien organisierten.
Der Kommandant rieb sich erfreut die Hände:
»Jetzt gutt«, rief er lachend und lud den Sekretär zu einem Glas Wodka ein, »nun kann berichten, daß alle vier Parteien haben, wie steht geschrieben in Direktive aus Berlin. Jetzt müssen noch schnell Einheitsfront gründen!«
Selbstverständlich war dies ein besonders krasser Fall. Aber es ist, wie mir scheint, nicht zu bezweifeln, daß die vier Parteien von oben, von der Zentrale aus, gegründet wurden. Im Juli 1945, nachdem man das Verhalten der Sowjettruppen erlebt hatte, war längst nicht mehr die spontane Aktivität zu finden wie im Mai 1945, als die antifaschistischen Einheitskomitees wie Pilze aus der Erde schossen. Das war eine echte Bewegung von unten gewesen. Sie war im Keime erstickt worden. Die später gebildeten Parteiführungen, die nun begannen, sich ihre Mitglieder zu suchen, konnten sich wohl vielfach auf ehrliche Unterstützung und aktive Bereitschaft stützen – aber von der großen Hoffnung der Antifaschisten, jener ersten gewaltigen Aktivität und Initiative war nun nicht mehr viel zu spüren.

Äußerlich betrachtet, lief dagegen alles nach dem vorgesehenen Plan. Zwar gab es die kleine Verzögerung bei der Gründung der bürgerlichen Parteien, auch waren ihre Namen anders, als von uns vorgesehen, aber was die »Linie« anbetraf, so entsprach die Entwicklung zunächst genau den Direktiven, die Wilhelm Pieck aus Moskau mitgebracht hatte.

8 Funktionär im Zentralsekretariat der SED

An einem sonnigen Vormittag im Juli 1945 standen vor der Prinzenallee 80 zwölf große Lastwagen, um die nötigsten Möbel für die Einrichtung des neuen Parteigebäudes zu transportieren. Ursprünglich war daran gedacht worden, das frühere Karl-Liebknecht-Haus als zentrales Parteigebäude der KPD wieder einzurichten. Das erwies sich jedoch als unmöglich, und so entschied man sich für ein größeres Gebäude in der Wallstraße 76–79, im Zentrum Berlins.

Tag und Nacht wurde daran gearbeitet, um es zu renovieren. Schon nach kurzer Zeit konnte mit der Einrichtung begonnen werden.

In der ersten Etage des neuen Parteihauses sollten die vier Spitzenfunktionäre: Wilhelm Pieck, Walter Ulbricht, Franz Dahlem und Anton Ackermann, ihre Arbeitszimmer erhalten. Die Schreiner arbeiteten noch. Wilhelm Pieck, ein ehemaliger Schreiner und damals noch nicht Präsident, sondern ein Funktionär, der sich sichtlich freute, wieder in Berlin zu sein, hatte sich einen Arbeitsanzug angezogen und half selbst mit. Ich habe ihn selten so fröhlich gesehen wie in diesen Tagen.

Eine Woche später war der Umzug der zentralen Parteiführung aus der Prinzenallee 80 in unser neues Parteihaus beendet. Zur selben Zeit bezogen Waldemar Schmidt und ich eine Privatwohnung in der Forchheimer Straße in Pankow.

Mit Waldemar, der während der Nazizeit zwölf Jahre im KZ gesessen hatte und nun als 1. Vorsitzender der Berliner KPD vorstand, war ich seit den ersten Maitagen befreundet. Er hatte sich die Wohnung besorgt und mir vorgeschlagen, zu ihm zu ziehen. Auch die anderen Funktionäre hatten sich – meist in Pankow – Privatwohnungen gesucht. Nur die ganz »Linientreuen« blieben

im Haus der Prinzenallee 80, das nunmehr als »Wohngebäude der Mitarbeiter des Zentralkomitees« bezeichnet wurde.
Mit dem Umzug war die hektische Übergangsperiode beendet. Es begann ein normaleres Leben. Ich wohnte gemeinsam mit dem Berliner Parteivorsitzenden, und meine Arbeitsstelle hieß: Zentralkomitee der KPD, Wallstraße 76–79.
Der Umzug lag kaum hinter uns, als die Arbeitsteilung vorgenommen wurde. Sie richtete sich nach den »großen Vier«: Wilhelm Pieck war für die Gesamtleitung und die allgemeine Politik verantwortlich; Walter Ulbricht für Wirtschaft, Landwirtschaft, Gewerkschaft und den Staatsapparat; Franz Dahlem für Parteiorganisation und Anton Ackermann für Kultur, Presse, Erziehung, Volksbildung und Parteischulung.
Bisher war Ulbricht mein Chef gewesen. Aber schon meine »Kommandierung« in die Redaktion des Zentralorgans hatte mir gezeigt, daß ich bald ständig auf dem Gebiet der Presse und Agitation tätig sein würde. So kam es auch. Unser Haus war noch nicht vollständig eingerichtet, als Anton Ackermann mich kommen ließ:
»Wir haben vorgesehen, daß du stellvertretender Leiter der Pressestelle des Zentralkomitees wirst. Zufrieden?«
»Natürlich, sehr sogar! Wer ist denn der Leiter der Presseabteilung?«
»Den haben wir noch nicht, vorläufig bist du ganz alleine da.«
Schon bald gab es viel Arbeit. In wenigen Tagen füllten sich die Bücherregale und Zeitschriftenschränke. Auch alle Berichte und Schriftstücke, die nicht unmittelbar zu jenen Fragen Stellung nahmen, die die bestimmten Abteilungen berührten, wurden einfach in meine Abteilung gesandt. Ebenso verfuhr man mit den Besuchern. Ich gewann den Eindruck, eine Abteilung zu leiten, die sich mit all dem zu beschäftigen hatte, was die anderen Abteilungen nicht erledigen wollten. Es bürgerte sich auch ein, sowjetische Vertreter, die eine »allgemeine Übersicht« wünschten – und das waren nicht wenige –, zu mir zu senden. Geduldig mußte ich mehrmals am Tage die Besucher über die Bedeutung

des Gründungsaufrufes, die antifaschistisch-demokratische Einheitsfront und ihre Ziele, den Neuaufbau der Gewerkschaften und über die »allgemeine Linie« unterrichten. Hinzu kam die Verbindung zur *Deutschen Volkszeitung*. Außerdem mußte ich an Besprechungen teilnehmen, Sonderarbeiten erledigen, mit Ulbricht oder Ackermann reisen, interne Schriftstücke aus dem Russischen übersetzen, Berichte für das Zentralorgan oder Entwürfe für Reden abfassen und einmal, zum November, auch eine offizielle Erklärung des Zentralkomitees schreiben.
So war mein Arbeitstag völlig ausgefüllt – und es war ein langer Arbeitstag! Zu jener Zeit war im Zentralkomitee der KPD der 10-Stunden-Tag die Regel, eine offizielle Arbeitszeit von 9 Uhr früh bis 7 Uhr abends – aber auch die wurden oft überschritten und selbst in den späten Abendstunden konnte man häufig noch viele Funktionäre im Parteihaus treffen.

»Sonderauftrag« Bodenreform

Eines Nachmittags ließ mich Ulbricht kommen:
»Richte deine Arbeit so ein, daß du morgen ganz frei sein kannst. Du fährst mit mir in die Provinz Brandenburg.«
Als ich am nächsten Morgen ins ZK-Haus kam, war Ulbricht schon reisefertig. Er machte mich kurz mit zwei höheren sowjetischen Wirtschaftsfunktionären bekannt:
»Wir fahren zusammen mit diesen beiden Genossen.«
Wenige Minuten später fuhren wir ab – in den beiden elegantesten Limousinen, die dem ZK zur Verfügung standen. Unterwegs erzählte mir Ulbricht kurz, worum es ging.
»Wir müssen einige Fragen des Ablieferungssolls überprüfen und die Bodenreform vorbereiten.«
In den verschiedenen Orten der Provinz Brandenburg – besonders ausführlich in Kyritz – unterhielten wir uns mit den Kommandanten, mit Bürgermeistern, mit landwirtschaftlichen Sachverständigen. Ich wunderte mich, wie genau Ulbricht über die kleinsten Einzelfragen der Ablieferungspflicht aus der Nazizeit

informiert war. Noch erstaunter aber war ich, als auch die beiden sowjetischen Begleiter – die übrigens fließend Deutsch sprachen – ihre Aktentaschen öffneten und Bündel von Formularen, Anweisungen und Dokumenten der Nazi-Ablieferungspflicht auf den Tisch legten. Besonders angeregt war die Unterhaltung mit zwei Spezialisten aus dem früheren »Reichsnährstand«. Ulbricht war genau über alle Einzelheiten informiert, eine Frage folgte der anderen, und die ehemaligen Reichsnährstandsfunktionäre antworteten kurz und knapp. Ulbricht schien ganz in seinem Element zu sein, wie immer, wenn es sich um praktisch-organisatorische Dinge handelte.

Von der ganzen Sache verstand ich nicht viel – denn so genau hatten wir das in der Kominternschule doch nicht gelernt. Aber soweit ich ersehen konnte, ging es darum, wie man die Ablieferungspflicht modifizieren könnte, damit sie den neuen Bedingungen gerecht würde. Besonders ausführlich wurde die Frage eines Anreizes diskutiert. Ich glaube, an diesem Tag wurden die »freien Spitzen« beschlossen. So wurden schon wenige Wochen später die (meist sehr geringen) Überschüsse bezeichnet, die den Bauern nach Erfüllung des Ablieferungssolls blieben.

Der ganze Tag war mit Spezialverhandlungen im Telegrammstil über praktische Fragen der Ablieferungspflicht angefüllt gewesen. Die Bodenreform dagegen, die mich so brennend interessierte, war noch nicht zur Sprache gekommen. Vor der Abfahrt aus Kyritz fand die letzte kurze Besprechung zwischen den beiden Offizieren und Ulbricht statt:

»Die Dinge liegen jetzt klar. Wir können die entsprechenden Vorschläge unterbreiten«, sagten die beiden Offiziere. »Vielleicht wäre es nicht schlecht, in irgendeinem kleinen Ort zu halten und mit einigen Bauern über die Bodenreform zu sprechen.«

Auf dem Weg von Kyritz nach Berlin hielten wir in einem kleinen Dorf. Der Gemeindevorsteher war über die hohen Gäste sehr erstaunt.

»Können wir alle Bauern des Dorfes zusammenholen?« fragte Ulbricht.

»Selbstverständlich.«
»Wie lange würde das ungefähr dauern?«
»Unser Dorf ist nicht groß, In einer Viertelstunde werden die Bauern wohl hier sein.«
Inzwischen hatten sich schon einige vor dem Häuschen des Gemeindevorstehers versammelt. »Geht mal schnell und holt alle Leute zusammen. Sagt ihnen, es ist wichtig.«
Unterdessen horchte Ulbricht in seiner kurzen Art den Gemeindevorsteher über die allgemeine Situation des Dorfes aus – über die durchschnittliche Größe der Landfläche, die Ertragsfähigkeit des Bodens und andere landwirtschaftliche Dinge. In 15 bis 20 Minuten hatten sich die Bauern versammelt. Einige murmelten etwas, was wie »Guten Tag« klang; die meisten schauten uns mißtrauisch an.
Ulbricht stellte einige Fragen nach der Ernte und über die Ablieferungspflicht, aber nur zwei oder drei der Anwesenden gaben nach längerem Zögern recht einsilbige Antworten. Manche blickten zweifelnd auf die beiden sowjetischen Offiziere, die in einer Ecke des Zimmers standen. Erst als diese freundlich lächelten, in fließendem Deutsch einige Fragen stellten und die Bauern inzwischen auch noch mit Zigaretten versorgt hatten, nahmen sie mehr und mehr an dem allgemeinen Gespräch teil. Allmählich begannen die Bauern von sich aus über die Ertragsfähigkeit des Bodens zu sprechen. Jetzt steuerte auch Ulbricht auf das eigentliche Ziel des Gesprächs zu: die Bodenreform. Ulbricht sprach von der Aufteilung des Großgrundbesitzes und sagte, daß die Bauern auch mehr Land bekommen würden.
»Nun sagt doch mal, was ihr dazu meint!«
Sie schauten uns wieder skeptisch an. Zunächst herrschte Stillschweigen. Endlich machte einer der Bauern den Anfang:
»Ja, es wär' nicht schlecht, wenn wir mehr Boden bekämen«, meinte er.
Nachdem der Gemeindevorsteher die Sache noch einmal erklärt hatte, äußerten auch einige andere Bauern ihre Zustim-

mung. Die Schweigsameren gaben durch Kopfnicken zu verstehen, daß auch sie einverstanden waren.
Es war zwar nicht gerade so, wie ich mir eine begeisterte Zustimmung der Bauern zu einer Bodenreform vorgestellt hatte, aber alle Anwesenden hatten in der einen oder andern Form ihr Einverständnis geäußert.
Ich wäre gerne noch etwas länger bei den Bauern geblieben, aber Ulbricht schaute auf die Uhr, und auch die beiden sowjetischen Offiziere schlugen vor, abzufahren.
Ich hatte erwartet, wir würden in anderen Dörfern noch weitere Stichproben machen. Ulbricht und die beiden hohen Sowjetoffiziere hielten das jedoch nicht für notwendig.
Abends trafen wir in Berlin ein. Einige Tage später wurde mir klar, daß als Ergebnis dieser Fahrt nicht nur die neuen Formen der Ablieferungspflicht mit den »freien Spitzen«, sondern auch die Einleitung der Bodenreform in der sowjetischen Besatzungszone Deutschlands beschlossen worden war*.
»Heute müssen wir länger arbeiten«, sagte mir Ackermann einige Tage später, »sorge dafür, daß zwei Stenotypistinnen hierbleiben. Wir müssen eine wichtige Übersetzung machen.«
Ich erhielt einen russischen Schreibmaschinentext zum Übersetzen. Ackermann bat mich, ihm jede fertige Seite sofort bringen zu lassen. Es war der Gesetzentwurf für die Bodenreform!
Nach diesem Entwurf sollte der gesamte Großgrundbesitz von über 100 Hektar mit allen Bauten, lebendem und totem Inventar sowie der Grundbesitz von Kriegsverbrechern und aktiven Verfechtern der Nazipartei enteignet werden. Auch der dem Staat gehörende Grundbesitz sollte in die Bodenreform einbezogen werden, sofern es sich nicht um landwirtschaftliche Forschungsinstitute, Versuchs- und Lehranstalten handelte.

* Selbstverständlich hatte die Zustimmung der Bauern in dem kleinen Dorf zwischen Kyritz und Berlin in Wirklichkeit keinerlei Einfluß auf die Bodenreform, die grundsätzlich schon beschlossen war. Es gehört jedoch zum stalinistischen Ritual, vor der Durchführung von bereits festgelegten Maßnahmen in der einen oder anderen Form »die Stimme des Volkes« zu hören.

Landflächen, die den Stadtverwaltungen gehörten und die für die Versorgung der Stadtbevölkerung benötigt wurden, sowie Gemeindeland und Grundbesitz von Genossenschaften und landwirtschaftlichen Schulen, ferner auch der Landbesitz kirchlicher Institutionen wurden von der Bodenreform nicht berührt.

Die Verwirklichung der Bodenreform sollte in den Händen von Gemeindekommissionen liegen, die auf allgemeinen Versammlungen der Landarbeiter, landlosen Bauern und armen Bauern zu wählen seien. In den Kreisen sollten Kreiskommissionen mit dem Landrat oder seinem Stellvertreter an der Spitze gebildet werden. Die Bodenreform habe unmittelbar nach Verkündigung des Gesetzes zu beginnen und sei bis Ende Oktober 1945 durchzuführen.

Beim Übersetzen des Gesetzentwurfs fiel mir auf, daß die Bestimmungen relativ »zahm« waren. Da ich seit den ersten Juniwochen wußte, daß die Bodenreform schon 1945 beginnen sollte, hatte ich alles verfügbare Material über die Bodenreform in Polen, Ungarn, Rumänien, Jugoslawien usw. gesammelt und mehrere Artikel über dieses Thema für die *Deutsche Volkszeitung*, das KPD-Zentralorgan, geschrieben. In Polen und Rumänien lag die Höchstgrenze für Landbesitz bei 50 ha, in Bulgarien und Jugoslawien sogar bei 35 ha. Diese Unterschiede schienen mir ein Zeichen dafür zu sein, daß wir nicht nach einem Moskauer Schema handeln mußten, sondern eine Politik führen konnten, die sich auf die Bedingungen des eigenen Landes gründete. Auch die Tatsache, daß ich dieses Gesetz über eine Bodenreform in Deutschland aus dem Russischen übersetzen mußte, konnte meine Meinung nicht ändern. Ich nahm damals an – heute allerdings nicht mehr –, das Gesetz sei von unseren deutschen Genossen ausgearbeitet, der Besatzungsmacht zur Prüfung übergeben, dort ins Russische übersetzt worden und ich hätte eine Rückübersetzung vorzunehmen.

Am 4. September fand ich meine Übersetzung wieder – es war das Gesetz unter dem Titel *Verordnung über die Bodenreform*

der Provinz Sachsen. Die entsprechenden Gesetze für die anderen Länder der sowjetischen Zone folgten kurz darauf.
Etwa zwei Wochen nach der Verkündung der Bodenreform fand eine erweiterte Sitzung des Zentralkomitees statt, zu der auch ich eingeladen wurde. Damals war der Apparat noch so klein, und es ging alles recht formlos zu. Im Sitzungssaal des ZK saßen 25 bis 30 Funktionäre um die in der Mitte aufgestellten Tische. Im Zentrum nahmen Wilhelm Pieck und Walter Ulbricht Platz. Aus Sachsen-Anhalt war Bernhard Koenen gekommen, aus Mecklenburg Gustav Sobottka, aus Sachsen Hermann Matern. Von den führenden Funktionären, die inzwischen in den Zentralverwaltungen tätig waren, nahmen nur Edwin Hörnle und Paul Wandel teil. Das Hauptthema der Sitzung war die Bodenreform. Nacheinander gaben die Funktionäre Berichte über die Situation in den einzelnen Ländern. In diesem Kreis wurde damals noch ganz offen gesprochen. Man erhielt ein ungeschminktes Bild – sowohl über jene Gebiete, in denen die Bodenreform erfolgreich durchgeführt wurde als auch über alle auftretenden Mängel, Schwächen und Fehler.
Nach etwa zwei Stunden kam es zu einem Wortwechsel. Bernard Koenen, mein früherer Lehrer aus der Kominternschule, um diese Zeit Parteivorsitzender von Sachsen-Anhalt, hatte seinen Bericht über die Bodenreform beendet.
»Ich möchte zum Abschluß noch eine wichtige Bitte vortragen, die unmittelbar mit der Durchführung der Bodenreform zusammenhängt. In den Leuna-Werken sollen auch zwei Anlagen demontiert werden, die für die Herstellung von Düngemitteln außerordentlich wichtig sind. Ich möchte die Frage stellen, ob es nicht möglich ist, darauf hinzuwirken, daß diese beiden Hallen von der Demontage ausgenommen werden.«
»Mit Fragen der Demontage haben wir uns hier nicht zu beschäftigen«, unterbrach ihn Ulbricht.
»Aber ich möchte bloß auf die Wichtigkeit dieser Produktion für die Bodenreform hinweisen. Es sind sämtliche Vorkehrungen getroffen, daß nichts produziert werden kann, was auch nur indi-

rekt mit der Kriegsproduktion zusammenhängt. Auf Versammlungen haben sich die Arbeiter von sich aus verpflichtet...«
»Ich habe schon gesagt, daß diese Frage nicht hierhergehört!« sagte Ulbricht, diesmal schon mit durchdringender scharfer Stimme.
Bernard Koenen ließ sich jedoch noch immer nicht abbringen: »Das geht nicht. Wir müssen hier in dieser Frage zu einer Lösung kommen. Ich habe den Arbeitern feierlich versprochen, mich dafür einzusetzen, daß diese beiden Werkhallen, die mit Kriegsproduktion nichts zu tun haben und ausschließlich zur Düngemittelherstellung...«
Aber Ulbricht ließ ihn nicht ausreden:
»Ich wünsche nichts mehr davon zu hören. Wir werden uns sonst auf anderer Basis unterhalten«, rief er drohend.
Bernard Koenen schwieg. Die Drohung hatte gewirkt. Über die beiden Hallen des Leuna-Werkes wurde nicht mehr gesprochen. Die Sitzung ging weiter, aber dieser Wortwechsel grub sich tief in mein Gedächtnis ein. Wie 1942 bei der Selbstkritik und dem Ausschluß des Genossen Willi aus der Kominternschule und im Mai 1945 bei dem Zusammentreffen zwischen Ulbricht und den Berliner Kommunisten, so stand ich auch diesmal auf der Seite des Funktionärs, der sich mit dem Leben der Arbeiter verbunden fühlte, und nicht auf der des Apparatschiks, der lediglich die Befehle von oben ausführte.
Die Bodenreform war im Herbst 1945 in den Mittelpunkt unserer Tätigkeit gerückt. Seit Mitte August fanden fast täglich Besprechungen zu diesem Thema statt. Nachdem unsere Funktionäre oder – wie wir sagten – »Kader« instruiert worden waren, fanden in allen Dörfern und kleineren Orten der Sowjetzone Versammlungen von Landarbeitern und Kleinbauern statt. »Junkerland in Bauernhand« war die erste Losung, und selbst Goethes Worte »Auf freiem Grund mit freiem Volke stehn« wurden für die Bodenreform »mobilisiert«. Jeden Tag liefen bei uns Resolutionen ein, in denen die Aufteilung des Großgrundbesitzes gefordert wurde.

Ende August erreichte die Versammlungswelle ihren Höhepunkt, und nachdem Anfang September 1945 die Verordnungen über die Durchführung der Bodenreform bekanntgegeben worden waren, trat die Aktion in eine neue Phase. Es ging nun nicht darum, die Idee zu propagieren, sondern sie zu verwirklichen. Für die Abteilung Agitation und Propaganda (Agitprop) war die Aufgabe damit im wesentlichen erfüllt. Die Verwirklichung der Bodenreform war nun in erster Linie Aufgabe der Landwirtschafts- und Organisationsabteilung der Partei.
In erstaunlich kurzer Zeit wurde die große Umgestaltung vollzogen, und am 5. Dezember 1945 gab Edwin Hörnle im Namen der deutschen Verwaltung für Land- und Forstwirtschaft bekannt, daß die Aufteilung des Großgrundbesitzes im wesentlichen abgeschlossen sei.
Eines Tages – leider ist mir das genaue Datum entfallen – ließ mich Ulbricht kommen:
»Morgen findet eine Besprechung in Karlshorst statt, an der die Ministerpräsidenten der Länder und die Präsidenten der Zentralverwaltungen teilnehmen. Ich würde dich bitten hinzugehen, dir Notizen zu machen und mir dann abends einen möglichst genauen Bericht zu geben.« Ulbricht gab mir einen Ausweis, und ich wurde dem sowjetischen Verbindungsoffizier vorgestellt.
»Morgen früh um neun Uhr fahren wir von hier nach Karlshorst!«
Nachdem wir die verschiedensten Kontrollen und Sperren passiert hatten, führte mich ein sowjetischer Offizier in den Sitzungssaal. Die Besprechung hatte schon begonnen. Am Präsidiumstisch saß Marschall Shukow, umgeben von fünf oder sechs sowjetischen Generälen, die, wie sich im Verlaufe der Besprechung herausstellte, die sowjetischen Bevollmächtigten für die einzelnen Länder und Provinzen waren. An der Zusammenkunft nahmen 30 bis 40 Personen teil, darunter der damalige Ministerpräsident Sachsens, Dr. Friedrichs, der seinen Bericht ruhig, klar und mit größter Sachkenntnis vortrug, der damalige thüringische Ministerpräsident Dr. Paul, der 1947 in den Westen floh, und der

damalige Berliner Oberbürgermeister Dr. Werner. Von den Präsidenten der Zentralverwaltungen kannte ich Paul Wandel, der für Volksbildung, und Edwin Hörnle, der für Landwirtschaft verantwortlich war.

Wenige Minuten nachdem ich den Saal betreten hatte, erhob sich der Ministerpräsident eines der Länder zu seinem Referat:

»Ich möchte meinen Bericht nicht beginnen, ohne vorher den ausdrücklichsten Dank an die ruhmreiche sowjetische Armee ...«

Er wurde von Marschall Shukow unterbrochen

»Lassen Sie das bitte. Wir sind hier nicht auf einer Versammlung. Bitte, beschränken Sie sich darauf, über Ihren Aufgabenbereich zu berichten, damit wir die Dinge klären können.«

Der Ministerpräsident schluckte und hielt inne. Auch ich war erstaunt. Ich war bis dahin noch nie in einem Kreis gewesen, in dem unterbrochen wurde, wenn man von der heldenhaften Roten Armee sprach. Der Ministerpräsident hatte sich bald gefaßt und verzichtete auf weitere Lobeshymnen. Shukow und die anderen Generäle hörten aufmerksam zu. Gelegentlich stellte Shukow Zwischenfragen.

Am häufigsten fragte er: »Was stellen Sie sich konkret vor, um dieses Übel abzustellen?«

Nachdem die Ministerpräsidenten der Länder ihre Berichte gegeben hatten, wurden die Präsidenten der Zentralverwaltungen gebeten, sich zu äußern.

»Es wäre angebracht, wenn Sie auch über die Mängel sprächen, die in den Berichten der Ministerpräsidenten zum Ausdruck gebracht wurden.«

Besonders ausführlich wurde natürlich über die Bodenreform gesprochen. Hier stellte Marschall Shukow zum erstenmal eine politische Zwischenfrage:

»Können Sie mir ungefähr mitteilen, wie die Kommissionen zur Durchführung der Bodenreform zusammengesetzt sind, welche Parteien am aktivsten und welche Parteien am wenigsten aktiv die Bodenreform unterstützen?«

Die Antwort lautete wie erwartet: »In den Bodenreformkommissionen sind die Kommunisten am stärksten vertreten, dann die Sozialdemokraten; ferner die Parteilosen, während die Christlichen Demokraten und Liberal-Demokraten nur wenig vertreten sind und sich in vielen Gegenden nicht aktiv beteiligen.«
Einige Sekunden Stille.
»Gut, Sie können fortfahren«, sagte Marschall Shukow lächelnd.
In einem Bericht sprach der Präsident einer Zentralverwaltung davon, daß in seinem Apparat eine Reihe von Berufsbeamten tätig seien, die zwar über viel Fachwissen verfügten, aber schlecht improvisieren könnten.
Marschall Shukow machte lächelnd eine ironische, aber keineswegs gehässige Bemerkung über die preußischen Beamten.
Als nächster wurde Ferdinand Friedensburg, damals Präsident der Zentralverwaltung für Brennstoffindustrie, angekündigt. Er ging sicheren Schritts zur Rednertribüne und begann: »Obwohl ich zu jener Partei gehöre, die, wie vorhin erwähnt, bei der Bodenreform nicht so aktiv ist wie die Kommunistische, und trotz der ironischen Bemerkung über die preußischen Beamten, möchte ich als ehemaliger preußischer Beamter darauf hinweisen...«
Marschall Shukow schaute erstaunt auf. Dr. Friedensburg hatte diese Sätze ruhig und sachlich gesprochen. Obwohl ich die Meinung Marschall Shukows über die CDU und über die preußischen Berufsbeamten damals teilte, war ich von dem Mut Dr. Friedensburgs beeindruckt. Er imponierte mir mehr als jene Menschen – leider gab es nicht wenige –, die sich damals gar nicht genug bei den sowjetischen Behörden anbiedern konnten, während sie sich heute in Haßausdrücken überschlagen.
Dr. Friedensburg gab einen sachlichen Bericht über die Situation der Brennstoffindustrie.
»Ich möchte Sie, Herr Marschall, noch auf eine Schwierigkeit aufmerksam machen, die unsere Arbeit behindert«, sagte er am Ende seines Berichtes. »Die Produktion der Brennstoffindustrie

wird dadurch beeinträchtigt, daß die Kommandanten bestehende Anweisungen nicht durchführen und von sich aus andere Anweisungen geben.«

»Welche Kommandanten? Meinen Sie die Bezirkskommandanten?« fragte Marschall Shukow.

»Nein, ich meine sowjetische Militärbeauftragte im Betrieb, die sich als Kommandanten bezeichnen und als Kommandanten auftreten.«

»Sie können die Versicherung mitnehmen, Herr Friedensburg, daß wir alles tun werden, um Störungen von sowjetischen Dienststellen in Ihrem Arbeitsgebiet zu unterbinden, damit eine planmäßige Entwicklung der Brennstoffindustrie gewährleistet wird. Ich werde mich genauestens erkundigen, was es mit den Betriebskommandanten auf sich hat.«

Als ich dies hörte, wurde ich nachdenklich. Ich zweifelte gar nicht an seinem ehrlichen Willen, kannte allerdings die sowjetische Struktur schon gut genug, um zu wissen, daß es auch Dienststellen gab, die nicht dem Befehlbereich Marschall Shukows, sondern den entsprechenden Wirtschaftsbehörden in Moskau unmittelbar unterstellt waren, und ich wußte auch von dem Gegensatz der sowjetischen Dienststellen untereinander.

Erst wenige Tage vorher war ich im Auto mit einem Offizier der Politischen Hauptverwaltung der Roten Armee durch den Sowjetsektor Berlins gefahren.

»Dort wohnen unsere Feinde!« sagte er, indem er mit der Hand auf einige Siedlungshäuser zeigte.

»Wer? Nazis?«

»Nein, schlimmer – unsere Reparationsbrigaden!«

Schulungshefte am laufenden Band

In der zweiten Oktoberhälfte 1945 wurde ich zu Franz Dahlem gerufen:

»Fred Oelßner hat mir erklärt, daß sich unsere Abteilung Parteischulung in einer schwierigen Situation befindet. Zur Ausarbeitung des wöchentlichen Schulungsmaterials haben sie da einen Genossen, der offensichtlich der Sache nicht gewachsen ist. In sechs Tagen muß aber das nächste Heft fertig sein. Könntest du es nicht ausnahmsweise schreiben?«

»Welches Thema?«

»Das Thema lautet: *Zum 28. Jahrestag der Oktoberrevolution.*«

»Gut, ich werde das erledigen.«

Ohne die Konsequenzen dieser »Aushilfsarbeit« zu ahnen, schrieb ich das gewünschte Schulungsheft und hielt das Instruktionsreferat für die Schulungsreferenten der Berliner Parteiorganisation.

Nachdem ich beides zur Zufriedenheit erledigt hatte, war meine weitere Parteilaufbahn vorläufig entschieden: Von diesem Tag an gab ich meine Stellung als stellvertretender Leiter der Presseabteilung des ZK auf und wurde zum verantwortlichen Redakteur der Schulungsmaterialien der Partei ernannt.

Die Leitung der gesamten Parteischulungsarbeit lag in den Händen von Fred Oelßner, der Anfang Juli 1945 mit Wilhelm Pieck nach Berlin gekommen war. Ich hatte Oelßner schon in Moskau getroffen. Damals hieß er »Larew« und war Chefredakteur der deutschen Sendungen des Moskauer Rundfunks. Ähnlich wie Ackermann, hatte auch Fred Oelßner in Moskau die Lenin-Schule besucht.

Ab Juni erschienen die *Vortragsdispositionen* – in Parteikreisen *Schulungshefte* genannt – unter Oelßners Oberhoheit mit einer Präzision, die angesichts der damaligen Situation bewundernswert war. Was auch immer geschah – die Schulungshefte waren pünktlich in den Händen der Parteiorganisationen. Jeden Dienstagabend waren alle Parteiorganisationen in der ganzen sowjetischen Zone verpflichtet, aufgrund dieser Dispositionen Schulungsabende zu veranstalten.

Ehe die Potsdamer Konferenz stattfand, längst bevor sich die westlichen Alliierten überhaupt einigermaßen darüber klargeworden waren, was denn nun in Deutschland zu tun sei, wurden in der Sowjetzone Hunderttausende von Parteimitgliedern einmal wöchentlich in bestimmten politischen Fragen geschult oder – wie es bei uns damals hieß – auf die »richtige Linie« gebracht.

Die Besprechung mit Fred Oelßner über meine Arbeit war nur kurz.

»Deine Arbeit besteht darin, dafür zu sorgen, daß pünktlich jede Woche das Manuskript des Schulungsheftes vorliegt.«

»Wann erfahre ich die Themen?«

»Die werden auf einer gemeinsamen Sitzung mit Ackermann festgelegt, an der du auch teilnehmen wirst – etwa zehn Tage bevor das Schulungsheft in Satz geht.«

Jede Woche mußte ich mich nun mit einem neuen Schulungsthema befassen. In bunter Abwechslung schrieb ich über die Arbeit der Partei auf dem Lande, über die Konsumgenossenschaften, die Ernährungspolitik, die Gleichberechtigung der Frau, die Schulreform, über den Organisationsaufbau der Partei und den Kampf gegen Militarismus und reaktionäres Preußentum.

Nach wenigen Wochen hatte ich die Arbeit rationalisiert. Alle von der Partei herausgegebenen Bücher, Broschüren, Materialien und Zeitungen wurden nach allen Themen, die vielleicht einmal in einem Schulungsheft behandelt werden könnten, ausgewertet und katalogisiert. Nach einem ähnlichen System wurden wichtige Zitate aus Werken von Marx, Engels, Lenin, Stalin, Wilhelm Liebknecht, August Bebel, Karl Liebknecht und Rosa Luxemburg über alle für ein Schulungsheft bedeutungsvollen Fragen zusammengestellt, so daß ich in jedem Heft die entsprechenden Zitate der Klassiker des Marxismus-Leninismus zu dem behandelten Thema anführen konnte.

Ich hatte mich bald so eingearbeitet, daß die Schulungshefte mit nur geringfügigen oder ohne Veränderungen in Druck gegeben wurden. Nur einmal gab es ein kleines Intermezzo, und zwar nicht wegen meines Textes, sondern wegen einer Feststellung von Karl Marx. Es war beim Thema *Die Gleichberechtigung der Frau*. Den aktuellen Teil hatte ich schon geschrieben und war

nun auf der Suche nach einer Möglichkeit, Karl Marx zitieren zu können. Bald fand ich einen Satz aus einem Brief von Marx an Kugelmann vom Dezember 1868:
Der gesellschaftliche Fortschritt läßt sich exakt messen an der gesellschaftlichen Stellung des schönen Geschlechts, die Häßlichen mit eingeschlossen.

Am nächsten Tag war das Schulungsheft fertig, ich saß bei Oelßner.
»Klingt ein bißchen unernst«, meinte er und runzelte die Stirn.
»Das ist doch von Karl Marx, das können wir nicht ändern.«
Meine Verteidigung von Marx half nichts. Oelßner hatte schon den Federhalter genommen und »die Häßlichen mit eingeschlossen« gestrichen.
Bald bekam ich einen neuen »Zensor«: Anton Ackermann. Von jeder Zensur, die ich bis dahin erlebt hatte, war diese die angenehmste. Da die Schulungshefte jeden Montag früh in Druck gingen, hatte es sich bald eingebürgert, daß ich Sonntag abends Ackermann in seiner Villa in Niederschönhausen besuchte, um mit ihm zusammen zu Abend zu essen. Er sah das Schulungsheft durch, das dann mit seinem Zeichen »A. A.« zum Druck freigegeben wurde.
Jeden Montagmorgen besuchte mich ein Vertreter des Dietz Verlages, der mir das neue Manuskript fast aus der Hand riß, es oft schon in meinem Beisein drucktechnisch auszeichnete und links oben die Ziffer »120 000« hinschrieb – die Auflage, in der die Schulungshefte damals erschienen.
Neben den wöchentlichen Schulungsabenden wurden schon im Herbst 1945 die ersten Landesschulen der Partei in Mecklenburg, Brandenburg, Sachsen-Anhalt, Sachsen, Thüringen und Berlin, die meist in Schlössern früherer Großgrundbesitzer untergebracht worden waren, eingerichtet.
In diesen Landesschulen wurden in vierwöchigen Lehrgängen 60 bis 80 Teilnehmer herangebildet.
Wenn man in jenen Tagen Anton Ackermann in seinem Arbeits-

zimmer besuchte, so konnte man ihn oft über eine große Karte der Sowjetzone gebeugt sehen, auf der sich einige Dutzend rote Kreuze befanden. Es ging darum, ein geeignetes Gebäude für die geplante zentrale Parteihochschule zu finden. Alle Landesorganisationen der Partei hatten die Anweisung erhalten, Schlösser oder sonstige Gebäude, die sich für diesen Zweck eignen würden, dem ZK zu melden. Endlich fanden wir in Liebenwalde, etwa 35 Kilometer nordöstlich von Berlin, ein annehmbares Gebäude, und damit konnte – bereits Ende 1945 – auch die Parteihochschule ihre Arbeit aufnehmen.

Neben unseren Schulen richtete die sowjetische Militärverwaltung in Königswusterhausen eine große politische Schule ein. Lektoren und Seminarleiter waren sowjetische Offiziere. Außerdem hatte man noch Lene Berner, mit der ich 1942 in der Kominternschule gewesen war, als Lehrerin hinzugezogen. Diese Schule trat nicht offiziell für die Partei ein. Unter den Teilnehmern befanden sich viele junge CDU- und LDP-Funktionäre. Es war offensichtlich der Wunsch der sowjetischen Leitung, einen festen Stamm für die Block-Politik heranzubilden, gleichzeitig aber die CDU- und LDP-Funktionäre indirekt im gewünschten Sinne zu beeinflussen.

Die wöchentlichen Schulungsabende und die Parteischulen auf Internatsbasis hatten zwar unterschiedliche Aufgaben, bildeten jedoch eine untrennbare Einheit: Durch die politischen Schulungsabende wurden die älteren Mitglieder der KPD, die nach 1945 wieder zu ihrer Partei zurückgekehrt waren, auf die »neue Linie« und die neuen Aufgaben »umgeschult« und die neu in die KP einströmenden jugendlichen Kräfte mit dem Gedankengut der Partei vertraut gemacht. Die immer größer werdende Zahl von Parteischulen auf Internatsbasis diente dagegen der Heranbildung der neuen Funktionäre.

Ackermanns rettende These

Als ich eines Sonntag abends wieder bei Anton Ackermann in Niederschönhausen war, spürte ich, daß er während der Durchsicht des Schulungsheftes nicht ganz bei der Sache war. Er schien freudig erregt und mit seinen Gedanken ganz woanders zu sein. Nachdem er das Manuskript zum Druck freigegeben hatte, begann er sofort von dem zu sprechen, was ihn damals – und wohl nicht nur damals – vollkommen ausfüllte.

»Wir stehen vor wichtigen Neuformulierungen einiger unserer Grundthesen.« Er sprach von der neuen Situation nach dem Zweiten Weltkrieg, von der Möglichkeit, neue Wege zum Sozialismus zu beschreiten und aufgrund der neuen Bedingungen eigene Wege zum Sozialismus zu finden, andere als die nach der Oktoberrevolution in Rußland.

Schon im Februar 1945 hatte Ackermann in Moskau für den Sender »Freies Deutschland« einen Beitrag unter dem Titel »Acht Länder – eine Lehre« verfaßt, der später auch in der Zeitung des Nationalkomitees veröffentlicht wurde. In diesem Artikel hatte Ackermann geschrieben:

Der Bolschewismus ist das innenpolitische System der Sowjetunion. Man kann über dieses Gesellschaftssystem verschiedener Meinung sein . . .,

und dann im Hinblick auf die ost- und südosteuropäischen Länder:

Die Entwicklung ist im einzelnen in den verschiedenen Ländern sehr unterschiedlich, aber gerade das beweist, daß nicht eine landfremde Gewalt bestimmend wirkt.

Jetzt, im November 1945, war Anton Ackermann dabei, die damaligen Andeutungen zu einer grundsätzlichen These der Partei über die Möglichkeit eines besonderen deutschen Weges zum Sozialismus auszubauen. Er las mir das handschriftliche Manuskript eines Artikels vor, den er an jenem Abend allerdings erst zur Hälfte fertig hatte.

Ackermann ging davon aus, daß Karl Marx einen revolutionären Übergang zum Sozialismus auf die kontinentalen Länder beschränkte, im damaligen England und Amerika aber einen friedlichen demokratischen Übergang zum Sozialismus für möglich hielt, weil diese Länder bürgerlich-demokratische Regierungsformen ohne besonders ausgeprägten Militarismus und große Bürokratie besaßen. Daraus zog Anton Ackermann die Schlußfolgerung, »daß es falsch wäre, unter allen Umständen, für alle Länder und alle Zeiten« die Möglichkeit eines friedlichen Überganges zum Sozialismus zu verneinen:

Dieser Übergang ist dann auf relativ friedlichem Wege möglich, wenn die Klasse der Bourgeoisie durch besondere Umstände nicht über den militärischen und bürokratischen staatlichen Gewaltapparat verfügt...

Für die Mitglieder und Funktionäre der KPD waren dies völlig neue Gedankengänge. Die Zitate von Marx und Engels, in denen von dieser Möglichkeit die Rede war, waren bis dahin weder in der Sowjetunion noch in der früheren KPD zum Mittelpunkt theoretischer oder politischer Erörterungen gemacht worden. Selbst in der Kominternschule im Jahre 1942 hatten wir davon niemals gesprochen.

Anschließend legte Ackermann dar, daß für Deutschland nach 1945 die Möglichkeit einer solchen friedlichen Entwicklung gegeben sei:

Entwickelt sich der neue demokratische Staat als ein neues Gewaltinstrument in den Händen reaktionärer Kräfte, so ist der friedliche Übergang zur sozialistischen Umgestaltung unmöglich. Entwickelt sich aber die antifaschistisch-demokratische Republik als ein Staat aller Werktätigen unter Führung der Arbeiterklasse, so ist der friedliche Weg zum Sozialismus durchaus möglich... Niemand wünscht sehnlicher als wir, daß neue Kämpfe, ein neues Blutvergießen vermieden werden.

Im letzten Teil des Artikels wurde endlich einmal das ausgesprochen, was ich schon lange dachte, aber nicht öffentlich vertreten durfte: daß es notwendig sei, einen selbständigen Weg zum Sozialismus zu gehen, der sich von dem Rußlands unterscheiden würde. Mit vergnügtem Lächeln las Anton Ackermann vor:

Kein anderer als Lenin hat betont, das es der größte Fehler wäre, die Wahrheit über die Allgemeingültigkeit der russischen Erfahrung zu übertreiben und »sie auf mehr als einige Grundzüge unserer (d.h. der russischen) Revolution auszudehnen« ... in diesem Sinne müssen wir einen besonderen deutschen Weg zum Sozialismus bejahen.

Ackermann wies anschließend – wenn auch in relativ vorsichtigen Formulierungen – auf die Unterschiede einer sozialistischen Entwicklung in Deutschland gegenüber der in Rußland hin. Rußland war 1917 weit hinter den fortgeschrittenen Ländern zurückgeblieben. Die Produktivität der Arbeit war relativ niedrig, die Industrie schwach entwickelt, die Zahl der Arbeitskräfte gering. In Deutschland könne das hohe Niveau der Produktion dagegen rasch wieder erreicht werden, und es gäbe eine unvergleichlich größere Zahl von qualifizierten Arbeitskräften als 1917 in Rußland:
Dieser Unterschied kann sich in der Richtung auswirken, daß im Verhältnis zu den Opfern, die vom russischen Volk für den Aufbau des Sozialismus gebracht werden mußten, unsere Anstrengungen relativ geringer sein werden – das Anwachsen des sozialistischen Wohlstandes kann unter Umständen rascher vor sich gehen.

Im Unterschied zu Rußland im Jahre 1817 stellte in Deutschland die Arbeiterklasse die Mehrheit der Gesamtbevölkerung dar:
Das wird ebenfalls nach dem Sieg der Arbeitermacht in Deutschland von großer Bedeutung sein, weil es den inneren politischen Kampf erleichtert, weniger opferreich gestalten und die Entfaltung der sozialistischen Demokratie beschleunigen kann.
Ich hatte mit Ackermann oft politische Diskussionen geführt. Noch nie aber hatte ich gespürt, daß die geäußerten Gedanken und Ansichten ihn innerlich so tief bewegten. Mir ging es nicht anders. Die Ideen, die Ackermann mir jetzt vortrug, hatte ich schon seit langem ersehnt.

Es war seit vielen Jahren mein Wunsch gewesen, daß andere Länder einen anderen Weg zum Sozialismus gehen sollten als die Sowjetunion. Nun sollte Ackermann darüber einen theoretischen Artikel für die offizielle Parteizeitschrift *Einheit* schreiben! Er sollte die Grundlinie der Partei werden!
Diese offizielle Veränderung der Parteilinie in einer so entscheidenden Frage veranlaßte uns, viele Dinge in einem völlig anderen Licht zu sehen. Die Übergriffe der Roten Armee bei der Besetzung, die Demontagen, die politische Kontrolle durch sowjetische Offiziere – all das waren für uns nur noch zeitweilige Erscheinungen einer etliche Jahre dauernden Übergangsperiode. Sie schadete uns zwar, aber sie würde doch bald überwunden sein. Dann, so hoffte und glaubte ich damals, käme bald der Tag, an dem die Besatzungsmacht abziehen würde, während die deutschen Sozialisten völlig frei von ausländischer Bevormundung ihren Weg zum Sozialismus finden könnten gemäß ihren eigenen Traditionen und Bedingungen.
Um vier Uhr früh ging ich, von den neuen Hoffnungen noch ganz benommen, in meine Pankower Wohnung zurück. Endlich, so schien mir, sollte das Wirklichkeit werden, was ich schon immer gewollt hatte: ein selbständiger Weg zum Sozialismus, ohne jene Erscheinungen, die mich in der Sowjetunion so oft bedrückt hatten. Wenige Wochen später – im Januar 1946 – erschien Ackermanns Artikel *Gibt es einen besonderen deutschen Weg zum Sozialismus?*
Der Artikel wirkte wie eine Bombe. Abgesehen von einem ganz kleinen Teil hundertprozentig moskauhöriger Funktionäre, denen neue Gedanken überhaupt zuwider waren, lösten die Thesen eine große Erleichterung aus. Nun – so schien es uns – war endlich ein Weg gefunden. Wir hatten zwar keine öffentliche Distanzierung von den Maßnahmen der sowjetischen Besatzungsbehörden vorgenommen, aber etwas anderes, was uns damals viel bedeutender und tiefer zu sein schien, war eingetreten: eine grundsätzliche Abgrenzung von der Entwicklung in der Sowjetunion. Ackermanns These begann ihren Siegeszug durch die Partei.

Die Einheitskampagne beginnt

Die Theorie vom besonderen deutschen Weg zum Sozialismus hat, vor allem bei den Funktionären, eine wichtige Rolle bei der großen Vereinigungskampagne in der sowjetischen Zone Deutschlands gespielt.

Unverkennbar wünschten 1945 viele Sozialdemokraten und Kommunisten unter dem Eindruck der bitteren Erfahrungen mit der faschistischen Diktatur, die Spaltung der Arbeiterbewegung zu überwinden und eine sozialistische Partei zu schaffen, die besser sein sollte als die SPD und die KPD der Weimarer Zeit. An diese Grundstimmung knüpfte die Theorie vom besonderen deutschen Weg zum Sozialismus an, und sie war – wie aus ihrer späteren Rücknahme im Herbst 1948 geschlossen werden kann – von der damaligen Moskauer Führung nur als Mittel gedacht, um die Bedenken der Sozialdemokraten (und übrigens auch nicht weniger Kommunisten), die eine zu große Abhängigkeit von Moskau befürchteten, zu zerstreuen.

Unmittelbar nach der Gründung von SPD und KPD im Juni 1945 hatte Ulbricht alle Vorschläge zur Bildung einer vereinten sozialistischen Partei mit der Begründung abgelehnt, der organisatorischen Vereinigung müsse ein ideologischer Klärungsprozeß vorangehen. Danach waren beide Parteien darangegangen, ihren Organisationsapparat aufzubauen.

Zweifellos befanden wir von der KPD uns im Vorteil. Wir hatten unsere Organisationen in den Städten und Dörfern schon früher als die SPD gründen können, unsere materiellen Möglichkeiten waren größer, die Auflage unserer Zeitungen höher, und wir hatten – was in dieser ersten Periode des organisatorischen Aufbaus besonders wichtig war – mehr Autos zur Verfügung und konnten dadurch die Verbindung mit den örtlichen Organen schneller herstellen.

Die sowjetische Unterstützung beschränkte sich keineswegs auf die bevorzugte Bereitstellung technischer Mittel. Auch politisch wurde die KPD von der Besatzungsmacht offenkundig bevorzugt. Andererseits griffen die sowjetischen Organe auch unmittelbar in die inneren Angelegenheiten der SPD ein, um durch politischen Druck und Einschüchterungsmaßnahmen alle kritischen und unabhängigen Stimmen auszuschalten.

Die Beziehungen zu der im Aufbau befindlichen SPD waren unterschiedlich. Auf zentraler Ebene wurde unmittelbar nach der Neugründung der beiden Parteien im Juni 1945 ein gemeinsamer Arbeitsausschuß geschaffen. Ähnliche Arbeitsausschüsse bestanden auch in anderen Orten.

In einigen Orten, Bezirken und Ländern waren die Beziehungen eng, kameradschaftlich und sogar freundschaftlich, in anderen gab es hier und da eine gespannte, manchmal sogar fast feindliche Atmosphäre, da die Sozialdemokraten an unzähligen Beispielen die einseitige Bevorzugung der KPD durch die sowjetische Besatzungsmacht zu spüren bekamen.

Trotzdem zeigte sich bald, daß die SPD sich bedeutend schneller entwickelte, als die KPD-Führung im Juni 1945 angenommen hatte. Der Vorsprung der KPD wurde zunehmend geringer. Immer zahlreicher wurden die Orte, an denen die Sozialdemokratie unseren Mitgliederstand überflügelte.

Zum 9. November, dem Jahrestag der Novemberrevolution, sollte eine gemeinsame zentrale Feier von KPD und SPD in Berlin stattfinden. Der Zentralausschuß der SPD lehnte eine gemeinsame Veranstaltung jedoch ab, verlegte die der SPD auf den 11. November und sandte uns einige Einladungskarten zu.

Wilhelm Pieck lud mich ein:

»Wir können zusammen zur SPD-Feier fahren. Grotewohl spricht.«

Von SPD-Funktionären höflich begrüßt, wurden Wilhelm Pieck und ich in eine Loge geleitet, die für die Gäste reserviert war.

Grotewohl begann zu sprechen. Schon nach wenigen Worten spürte ich, daß diese Rede gar nicht auf der »Linie« war. Statt über die von uns propagierte »antifaschistisch-demokratische Ordnung« sprach Grotewohl viel und ausführlich vom Sozialismus, einem Begriff, den wir damals vermieden, ja sogar bekämpften, weil er unserer Auffassung nach nicht der gegenwärtigen Entwicklungsphase entsprach, die Einheit aller antifaschistisch-demokratischen Kräfte gefährden könnte und den Begriff des Sozialismus diskreditieren würde. Noch bedenklicher waren für uns die wirtschaftlichen Forderungen Grotewohls: Er trat zwar nicht direkt gegen Demontagen und Reparationen auf, behandelte diese Fragen aber in einer Weise, daß jeder der Anwesenden den wahren Sinn seiner Worte sehr deutlich heraushören konnte. Wilhelm Pieck war sehr ernst geworden.

Abschließend bezeichnete Grotewohl es als die Aufgabe der SPD, innenpolitisch eine mittlere Position zwischen den bürgerlichen und der Kommunistischen Partei zu beziehen und außenpolitisch eine Mittlerrolle zwischen der Sowjetunion und den westlichen bürgerlichen Demokratien zu spielen. Die Notwendigkeit einer verstärkten Zusammenarbeit mit der KPD oder die Entwicklung zu einer Einheit dieser beiden Parteien wurde in Grotewohls Rede nicht erwähnt.

Als Grotewohl geendet hatte, klatschten wir aus Höflichkeit einige Male in die Hände. »Gehen wir«, flüsterte mir Wilhelm Pieck zu. Er war bedrückt und ernst. Ich hatte angenommen, daß wir nachher von der SPD-Führung zu einem Zusammensein eingeladen würden. Aber die Stimmung nach diesem Referat machte das unmöglich.

Wenige Minuten später saßen wir im Wagen, der uns nach Pankow brachte. Wilhelm Pieck schwieg noch immer.

»Ich hatte das nicht erwartet. Wie wird denn das nun mit Grotewohl werden?« brach ich das Schweigen.

»Grotewohl hat sich mit seiner heutigen Rede ganz klar und offen als Gegner der Einheit ausgesprochen.«

Am nächsten Tag war Grotewohls Rede das Hauptgesprächsthema bei uns im ZK. Irgendwo tauchte das Gerücht auf, die Rede sei gar nicht von Grotewohl, sondern von Klingelhöfer ausgearbeitet worden.

Grotewohls Rede wurde in keiner Zeitung der Sowjetzone veröffentlicht. Sie ist auch weder in der 1948 herausgegebenen zweibändigen Ausgabe seiner Reden und Aufsätze noch in späteren Sammelbänden veröffentlicht worden.

Ende November 1945 wurden die Ergebnisse der ersten österreichischen Parlamentswahlen nach dem Kriege bekannt. Die Wahlen waren für die KPÖ eine Katastrophe: Die Österreichische Volkspartei hatte 85 Abgeordnete, die SPÖ 76 und die KPÖ nur 4 Abgeordnete durchgebracht.

Kurz zuvor war uns ein Bericht aus Österreich zugegangen, in dem die österreichischen Genossen erklärten, sie rechneten damit, bei den Wahlen genausoviel Stimmen wie die Sozialdemokraten zu erhalten. Die österreichischen Wahlen und die Konsequenzen daraus waren das Hauptgesprächsthema bei uns im ZK.

»Die österreichischen Genossen haben zwei entscheidende Fehler gemacht, aus denen wir unsere Lehren zu ziehen haben. Der wichtigste Fehler war ihre Unterschätzung der Sozialdemokratie...«

Von diesem Tag an begann die große Einheitskampagne. Es gab nur noch ein Thema: Die Einheit. Bei allen Besprechungen wurde die Frage der Einheit immer an die Spitze gestellt. Das war notwendig, denn in den ersten Wochen gab es auch in den Reihen der KPD-Mitglieder manche Bedenken gegen eine Vereinigung mit der Sozialdemokratie und die Bildung einer einheitlichen Partei. In der Schulungsabteilung hatten wir zunächst die Aufgabe, unsere eigenen Mitglieder endgültig auf »Linie« zu bringen, um so mehr, als einige Genossen von den neuen Formulierungen keineswegs begeistert waren. Zur Überraschung vieler Parteimitglieder wurden nämlich in Hunderttausenden von Exemplaren die alten sozialdemokratischen Programme – das Eisenacher Programm 1869, das Gothaer Programm 1875 und das Erfurter Programm 1890 – unter die Mitglieder verteilt, und in der Schulungsabteilung fanden wir uns plötzlich mit der für uns seltsamen Aufgabe betraut, aus den

Schriften von August Bebel, Wilhelm Liebknecht und, falls möglich, sogar von Kautsky und Hilferding Zitate zu finden, die für die Einheitskampagne zu gebrauchen waren.

Danach erhielten wir Anweisung zu noch größeren Konzessionen. Während wir bisher die Hauptschuld an der Niederlage der Arbeiterbewegung in der Weimarer Republik der SPD zugeschrieben, bei der KPD aber nur einige taktische Fehler zugegeben hatten (beim Volksentscheid 1931 in der Einschätzung der nationalen Frage und bei der Formulierung der Haltung gegenüber der SPD), wurde jetzt die Bedeutung der Fehler beider Parteien gleichgestellt.

Die Niederlage sei deshalb möglich gewesen, hieß es nun, weil es keine einheitliche Arbeiterbewegung gegeben habe*.

Unsere disziplinierten KP-Mitglieder gewöhnten sich verhältnismäßig schnell an die neuen Gegebenheiten. Für die jüngeren Parteimitglieder gab es ohnehin keine Schwierigkeiten bei diesen Umstellungen. Sie waren gleich in den Einheitsgedanken hineingewachsen.

Am 20. und 21. Dezember 1945 fand eine gemeinsame Sitzung der beiden Parteileitungen, die sogenannte »Konferenz der Sechzig«, statt; es wurde ein offizieller Beschluß gefaßt, in dem es u.a. hieß:

Die Einheitspartei wird eine unabhängige deutsche sozialistische Partei sein. Sie vertritt die Interessen der Werktätigen in Stadt und Land nach den für Deutschland gegebenen Notwendigkeiten.

Der Aufbau der Einheitspartei erfolgt nach demokratischen Grundsätzen. Freie Meinungsbildung, freie Wahl aller Instanzen sind unveräußerliche Rechte der Mitglieder...

Die Einheitspartei will die parlamentarisch-demokratische Republik. Ihr Ziel ist die Verwirklichung des Sozialismus in der sozialen Demokratie. Kameradschaftliche Verständigung und Zusam-

* Diese These wurde allerdings 1948 wieder zurückgenommen.

menarbeit beider Parteien sollen den Zusammenschluß geistig vorbereiten.

Die Sozialdemokraten stimmten damals nur unter der Bedingung zu, daß die Frage einer Vereinigung auf einem Reichsparteitag der gesamten Sozialdemokratie entschieden wird. Den selbständig denkenden Mitgliedern und Funktionären der KPD gaben die Formulierungen über die unabhängige deutsche sozialistische Partei und das ausdrückliche Bekenntnis zur freien Meinungsäußerung aller Parteimitglieder eine neue Hoffnung. »In der neuen Partei wird doch manches ganz, ganz anders sein als in der bisherigen KPD«, hörte man damals öfter sagen.
Zwei Wochen später, am 3. Januar 1946, wurde Wilhelm Pieck 70 Jahre alt.

Der notdürftig renovierte Admirals-Palast in der Friedrichstraße war festlich hergerichtet worden. Auf der Tribüne hatte man ein riesiges Ehrenpräsidium von vier oder fünf hintereinanderliegenden Sitzreihen aufgebaut. Es waren alle versammelt, die damals im politischen Leben eine Rolle spielten. Auf dem Weg in den Saal traf ich Elli Winter, die Tochter Wilhelm Piecks.
»Wilhelm wird heute Ehrenbürger der Stadt Berlin«, flüsterte sie mir zu.

Nacheinander wurden die verschiedenen Glückwünsche dargebracht. Wenn ältere Genossen sprachen, die Wilhelm Pieck noch aus der Kampfzeit kannte, lebte er auf. Aber sonst hatte ich den Eindruck, daß ihm das Ganze ein wenig unangenehm war. Oberbürgermeister Dr. Werner sprach in bewegten Worten seinen Glückwunsch aus und überreichte ihm feierlich den Ehrenbürgerbrief. Danach wurde Otto Grotewohl als Gratulant des Zentralausschusses der SPD angekündigt. Noch nicht einmal zwei Monate waren seit seiner Rede vom 11. November vergangen, aber wieviel hatte sich seitdem geändert! Grotewohl schloß seinen Glückwunsch mit den Worten:

Wenn wir auch keinen Ehrenbürgerbrief zu überreichen haben , so haben wir dafür etwas Schlichteres, aber von Herzen Kommendes zu überreichen, nämlich dir, lieber Wilhelm Pieck, einen Händedruck, einen Händedruck, der nicht nur für heute Bedeutung haben soll, sondern der einmal so lange währen soll, daß die Hände sich nicht mehr trennen.

Einige Fotografen stürzten vor und knipsten die Szene. Dieses Bild wurde in allen Zeitschriften und Zeitungen veröffentlicht. Am Abend fand im Schloß Hohenschönhausen zu Ehren Piecks ein Empfang statt.
Nach zwei Stunden Begrüßungsreden war der offizielle Teil beendet, und Kapellen spielten zum Tanz. Die anfangs recht steife Gesellschaft löste sich in einzelne Gruppen auf. Es bestand nicht nur die seltene Möglichkeit, mit allen KP-Führern ungezwungen zu sprechen, sondern auch mit hohen sowjetischen Funktionären, die an diesem Abend anwesend waren. Viele Politiker, vor allem aus der Sowjetzonen-CDU und der Liberal-Demokratischen Partei (LDP), nutzten die Gelegenheit.
»Geh doch bitte mal zum politischen Leiter der Stadtkommandantur von Berlin. Er hat eine Unterredung mit dem Vorsitzenden der LDP, Külz, und möchte, daß du übersetzt«, wurde mir gesagt. Wir setzten uns an einen etwas abgelegenen Tisch. Anfangs übersetzte ich Wort für Wort, aber dann erwachte mein politisches Interesse. Mir schien der Kommandant von Berlin gegenüber dem Vorsitzenden der LDP nicht höflich genug zu sein und manchmal auch ungeeignete politische Formulierungen zu gebrauchen. So begann ich seine Sätze zunächst in eine etwas höflichere Form zu kleiden, und später fügte ich hier und da noch Nebensätze ein, die von mir selbst erdacht waren. Ich hatte erwartet, daß Külz sich über die schönen Formulierungen und die zuvorkommende Art des hohen Sowjetfunktionärs freuen würde, aber er blickte immer ernster drein.
Als der stellvertretende Kommandant einen Moment aufgestanden war, um Getränke zu bestellen, flüsterte mir Külz zu: »Ich

danke Ihnen, daß Sie versuchen, die Haltung des Kommandanten in eine freundlichere Form zu bringen und auch von sich aus die Einheitsfront so stark zum Ausdruck bringen, aber ich möchte darauf hinweisen, daß ich etwas Russisch verstehe und in diesem Falle doch lieber die Ansichten des Kommandanten wörtlich wissen möchte!«

Kurz nach Wilhelm Piecks Geburtstag kam ein Sonderauftrag: »Wir müssen sofort ein Schulungsheft ausschließlich über die für Anfang Februar 1946 vorgesehenen Gewerkschaftsdelegiertenkonferenzen herausgeben.« Ich war sehr erstaunt, denn an ein Schulungsheft für FDGB-Konferenzen hatte ich bisher noch nicht gedacht. Es war zunächst unverständlich, warum auf einmal diesen Dingen solche Bedeutung beigemessen wurde.

Wenige Tage später wuchs mein Erstaunen: Selbst wir, die Mitarbeiter des ZK, wurden genau instruiert, wo und wann wir an den Gewerkschaftswahlen teilnehmen zu hatten. »Diese Wahlen sind die entscheidendsten und wichtigsten, die es überhaupt gibt. Jede Stimme ist kostbar«, wurde uns erklärt.

Einige von uns – darunter auch ich – wurden sogar schnell in andere Gewerkschaften umgeschrieben, um dort unsere Stimmen abgeben zu können.

Alles blickte wie gebannt auf die Gewerkschaftswahlen.

»Du, komm mal heute und morgen abend mit, bei uns wird jetzt Politik gemacht«, lud mich Waldemar Schmidt zur Berliner Leitung der KPD ein. In einem kleinen Zimmer saßen die wichtigsten Funktionäre der Berliner Organisation und auch einige Gewerkschaftsspezialisten des ZK. In der Mitte des Zimmers saß – Ulbricht.

Im Nebenzimmer war ein Telefondienst eingerichtet worden; in jedem Bezirk waren einige Funktionäre für die Verbindung mit der Berliner Bezirksleitung bereitgestellt. Sie hatten die Anweisung, uns sofort alle Neuigkeiten aus den Bezirken durchzugeben. Unaufhörlich trafen Berichte über die Stimmung und die Situation in den Betrieben ein.

Ulbricht war mit Energie geladen. Das Ganze mutete wie ein Feldzug an.
»Sofort durchgeben – an alle: Nur Kommunisten wählen, nur Kommunisten. Jetzt entscheidet sich alles!«
Wenige Minuten später kam ein Funktionär aus dem Nebenzimmer:
»Die Genossen wollen nicht. Sie sagen, sie hätten mit den Sozialdemokraten abgemacht, die Gewerkschaftsleitung paritätisch zusammenzusetzen. Unsere Genossen sollen deswegen auch für die Sozialdemokraten stimmen.«
»Kommt jetzt überhaupt nicht in Frage. Ganz fest sein – nur Kommunisten wählen.«
Der Funktionär gab die Anweisung durch. Nach einer Viertelstunde kam er wieder:
»Die Genossen sind unzufrieden. Sie sagen, wenn wir uns nicht an unsere Abmachung mit den Sozialdemokraten halten, machen wir die Einheit kaputt.«
»Die Einheit wird um so fester, je mehr Kommunisten wir in der FDGB-Leitung haben. Sag ihnen das«, war Ulbrichts Antwort.
Die Parteidisziplin war stärker als Wünsche und Gefühle der zur ehrlichen Zusammenarbeit bereiten Genossen in allen Teilen Berlins. In den Berliner FDGB-Wahlen erhielt die KPD eine Mehrheit.
Ulbricht strahlte – aber die Genossen aus den Berliner Bezirken waren verbittert:
»Das werden uns die sozialdemokratischen Genossen niemals verzeihen. Denen ist doch nicht entgangen, daß wir nur für die Kommunisten gestimmt haben. Durch diese Wahl haben wir die Früchte einer monatelangen Zusammenarbeit zerstört.«
Dann aber, als die Berliner Gewerkschaftsleitung »stand«, wurde den SPD-Leuten im Namen der KP-Fraktion großmütig Parität angeboten.
»Wenn das geplant war«, sagte mir ein Bezirksfunktionär, »dann hätten wir uns lieber an die Abmachung mit den sozialdemokratischen Genossen halten sollen. Wir hätten das gleiche

Ergebnis erzielt, aber nicht das Vertrauen in den Betrieben zerstört.«

Daran lag Ulbricht nichts. Er hatte alles aufs Spiel gesetzt, um die Stärke der KPD in den Gewerkschaften zu demonstrieren, und dann die Parität angeboten, um die höheren Funktionäre der SPD zu gewinnen.

Wenige Tage später, am 9. Februar 1946, befand ich mich auf der großen Gewerkschaftsdelegiertenkonferenz der gesamten Zone, die sich allerdings kaum mit Gewerkschaftsfragen beschäftigte, sondern ausschließlich – das war sehr bald offensichtlich – als Aktion für die Vereinigung diente. Mit der Annahme der Einheitsresolution war die Frage der Vereinigung entschieden, um so mehr, als am 11. Februar die Mehrheit im Zentralausschuß der SPD eine Entschließung durchgesetzt hatte, »der Mitgliedschaft der Partei alsbald die Einheit der beiden Arbeiterparteien zur Entscheidung vorzulegen«. Ein separater Parteitag für die Sowjetzone sollte darüber bestimmen. Damit wurde auf die bisherige Stellung – die Vereinigung nur im Rahmen ganz Deutschlands durchzuführen – verzichtet.

»Alles ist klar, Wolfgang. Die Gewerkschaftskonferenz hat die Entscheidung gebracht. Die Vereinigung findet am 22. April abends statt«, triumphierte Waldemar Schmidt einen Tag nachher.

»So genau kannst selbst du das nicht wissen«, sagte ich.

»Doch! Wir hatten eben mit den sowjetischen Freunden eine Sitzung, auf der das alles festgelegt wurde. Die FDGB-Konferenz hat uns ja die Möglichkeit dazu gegeben.«

»Und die Sozialdemokraten?«

»Das wird jetzt schon klappen!«

Mir war auf einmal etwas ungemütlich zumute. Sosehr ich die Einheit wollte – war es wirklich richtig, in einer internen Sitzung Mitte Februar auf zwei Monate im voraus den Tag und die Stunde zu bestimmen, wann sich in der gesamten Zone Hunderttausende Kommunisten und Sozialdemokraten zu einer einzigen Partei vereinigen sollten?

Aber dann setzten wieder die Rechtfertigungen ein: Die Gründung einer Einheitspartei aus Kommunisten und Sozialdemokraten berechtigte schließlich zu der großen Hoffnung, daß vieles, was mich bisher in der Sowjetunion und in der Zone enttäuscht hatte, überwunden werden würde.

Ist es bei einer solchen geschichtlichen Entscheidung wirklich wichtig, ob alle angewandten Methoden völlig einwandfrei sind? Waren nicht offizielle Erklärungen über den neuen Charakter der zukünftigen Partei proklamiert? War nicht Ackermanns These vom besonderen deutschen Weg zum Sozialismus angenommen worden? War das nicht alles – so sagte ich mir – viel wichtiger als einige taktische Winkelzüge?

Der Weg zur Vereinigung

Am 26. Februar 1946 fand die zweite Konferenz der Parteileitungen der SPD und KPD der Zone statt. Auf dieser Konferenz, an der dreißig führende Vertreter beider Parteien teilnahmen, wurde beschlossen, den Vereinigungsparteitag zum 21. und 22. April einzuberufen. Gleichzeitig wurde ein Entwurf der Grundsätze und Ziele sowie des Organisationsstatuts der zukünftigen SED bekanntgegeben.

Damit begann, wie es in der offiziellen Formulierung hieß, die »dritte Phase der Einheit«. Die »erste Phase«, die Periode der Zusammenarbeit, dauerte von Juni 1945 bis zur Konferenz am 21. Dezember 1945, unter der »zweiten Phase« wurde die Zeit vom 21. Dezember 1945 bis zum 26. Februar 1946 verstanden. Alles, was ich bisher in der Einheitskampagne erlebt hatte, verblaßte vor dem, was nun begann.

Unsere ganze Arbeit war nur auf die Einheit abgestellt. Das Referat Massenagitation, damals von Rudolf Dölling geleitet, dem späteren Chef der Politverwaltung der Volkspolizei, hatte Verstärkung erhalten. Flugblätter, Plakate wurden am laufenden Band gedruckt. Meine Schulungshefte hatten alle nur ein Thema: die Einheit.

Keine Tagung, keine Versammlung, keine Konferenz, zu welchem Thema sie auch immer einberufen worden war, verging, ohne daß am Schluß eine Resolution mit der Forderung einer sofortigen Vereinigung der KPD und der SPD angenommen wurde. Stapelweise liefen die Entschließungen im ZK und der Redaktion der *Deutschen Volkszeitung* ein.

Mitten im hektischen Arbeitseifer der Vereinigungskampagne wurden plötzlich alle Mitarbeiter der Abteilung Agitation und Propaganda zu Fred Oelßner gerufen. Auf den Tischen sahen wir große farbige Entwürfe der Fahne und des Abzeichens der zukünftigen SED.

»Hier sind die ersten Vorschläge für unsere neuen Embleme. Wir haben eine Reihe von Graphikern beauftragt, ein Abzeichen für die SED mit dem Symbol der verschlungenen Hände zu entwerfen.«

Vor uns lagen etwa acht bis zehn Entwürfe von runden Abzeichen mit den verschlungenen Händen und den Worten: Sozialistische Einheitspartei Deutschlands.

»Ich habe Bedenken«, meinte ein Funktionär unserer Abteilung, der in Deutschland im KZ gewesen war. »Die runde Form gefällt mir nicht. Sie könnte Erinnerungen an das Naziabzeichen, an den Bonbon, wecken.«

Sein Einwand wurde sofort von den anderen unterstützt. Es entspann sich eine längere Diskussion, welche Form das Abzeichen nun haben sollte. Schließlich entschieden wir uns für die ovale. Den Künstlern wurde die neue Direktive übermittelt, und wenige Tage später standen wir wieder vor einer Reihe von Entwürfen.

Am besten gefiel uns ein Entwurf, der auf weißem Hintergrund die verschlungenen Hände zeigte. Aber auch darauf konnten wir uns nicht einigen. Otto Grotewohl, der sich als Sonntagsmaler betätigte, hatte vorgeschlagen, im Hintergrund noch eine rote Fahne zu zeigen. Sein Vorschlag fand allgemeine Zustimmung. Wieder gingen die Künstler an die Arbeit. Bei unserer nächsten Besprechung wurde dann die endgültige Fassung des Parteiabzeichens bestimmt:

In der Mitte sollte auf weißem Grund eine rote Fahne zu sehen sein, davor die verschlungenen Hände in Gold, und in der Umrahmung auf stahlblauem Grund, ebenfalls in Gold, die Worte: Sozialistische Einheitspartei Deutschlands.

Nun hatten wir ein Statut, eine kurze Programmdeklaration und sogar ein Abzeichen, nur eins war noch nicht geschaffen: die Einheitspartei. Alle Anstrengungen konzentrierten sich jetzt darauf, die SED in der ganzen Zone und in Berlin zum festgelegten Termin zu gründen.

In der SPD war der Widerstand gegen eine sofortige organisatorische Vereinigung inzwischen offensichtlich stärker geworden. Das Mißtrauen gegen die KPD war gewachsen. Während jedoch in der Zone eine öffentliche Manifestierung dieses Widerstandes unmöglich war, setzten in Berlin die sozialdemokratischen Gegner eines Zusammenschlusses mit der KPD in ihrer Partei eine Urabstimmung aller Mitglieder über diese Frage durch. Sie sollte am 31. März stattfinden.

Der damalige, unter Grotewohls Führung stehende Zentralausschuß der SPD, der sich zur Einheit bekannte, lehnte die Urabstimmung ab, und im Sowjetsektor wurde sie sogar von den sowjetischen Kommandanten verboten.

Letzteres wurde übrigens von einigen mir bekannten KP-Funktionären mißbilligt.

»Natürlich gibt es in der SPD noch erhebliche Bedenken gegen die Einheit, aber durch dieses Verbot einer solchen Abstimmung wird die Stimmung gegen die Einheit nur verschärft. Laßt doch die sozialdemokratischen Genossen die Dinge entscheiden«, sagte mir ein Genosse – und ich stimmte ihm zu.

Aufgrund des Verbots konnten nur die 32547 SPD-Mitglieder der Westsektoren Berlins abstimmen. Die Urabstimmung hatte folgendes Resultat:

1. Für die sofortige Vereinigung der SPD und KPD: 2937 Stimmen.

2. Für ein Bündnis der SPD und KPD, »welches gemeinsame Arbeit sichert und Bruderkampf ausschließt«: 14763 Stimmen.

3. Gegen jede Vereinigung und gegen jedes Bündnis: 5559 Stimmen.

Es war unbestreitbar, daß die überwältigende Mehrheit der Berliner Sozialdemokraten sich gegen die sofortige Verschmelzung ausgesprochen hatte.
Nachdem dieses Ergebnis im ZK der KPD bekannt wurde, erhielten wir die Anweisung, die Vereinigungskampagne noch mehr zu verstärken. Konferenzen und Versammlungen lösten sich in schneller Folge ab. Bei vielen dieser Versammlungen herrschte eine echte Begeisterung, die Hoffnung, daß endlich die unselige Spaltung überwunden und die neue Partei die besten Traditionen beider Parteien in sich vereinigen würde.
Es wurde allerdings weiter ein Druck ausgeübt gegenüber den vielen Sozialdemokraten, die sich einer Vereinigung widersetzten – aber selbst wir in der ZK-Abteilung Agitation und Propaganda wurden über diese Vorgänge weitgehend im unklaren gelassen. Damals ist mir über Verhaftungen von Einheitsgegnern aus den Reihen der Sozialdemokratie nur ein einziger Fall im Bezirk Prenzlauer Berg bekannt geworden. Dieser Fall erregte einige Funktionäre der Berliner KP-Leitung aufs äußerste. »Diese Russen mit ihren Verhaftungen. Dadurch schaden sie uns bloß. Wenn jetzt einige Funktionäre noch nicht wollen, so soll man sie ruhig beiseite lassen. Sie werden sich später schon von der Richtigkeit der Einheitspartei überzeugen.«
Wir hatten damals noch große Illusionen...
Eine Geschichte aus einem Mecklenburger Kreis machte in jenen Tagen bei allen Funktionären die Runde. Waldemar Schmidt erzählte sie mir: Am Dienstag voriger Woche wurden plötzlich die beiden Kreisvorsitzenden der KPD und SPD abends um sieben Uhr zur Kreiskommandantur eingeladen. Beide waren pünktlich zur Stelle. Der Kommandant grüßte sie freundlich, machte ein majestätisch-geheimnisvolles Gesicht und führte sie in den anliegenden Speisesaal. Der Tisch war gedeckt wie bei einem diplomatischen Empfang. Es gab alles, was das Herz begehrte.

»Bitte, essen«, sagte der Kommandant, und die Kreissekretäre langten zu.
»Bitte, trinken«, lud der Kommandant sie weiter ein. Die beiden Kreissekretäre tranken.
Dann schenkte der Kommandant jedem von ihnen ein ganz großes Glas Wodka ein. Die Kreissekretäre zögerten, aber der Kommandant war unerbittlich.
»Unbedingt müssen trinken«, forderte er sie auf.
Schweren Herzens tranken die beiden Kreissekretäre das ganze Glas Wodka aus.
»So, und jetzt geben die Hand.«
Sie taten es.
»Oooh, sehr gutt«, rief der Kommandant erfreut aus, »nun ich kann berichten, daß Vereinigung in unserem Kreis vollzogen!«
Im März 1946 wurden in den Kreisen und später sogar schon in den Ländern der Zone alle Veranstaltungen gemeinsam organisiert. Es fanden gemeinsame Schulungsabende statt. In Sachsen und Thüringen, später auch in den anderen Ländern, wurden gemeinsame Einheitszeitungen mit hohen Auflagen herausgegeben.
Am 8. und 9. April meldeten Sachsen, Thüringen und Mecklenburg, daß auf ihren Landesparteitagen die Einheit vollzogen sei.
Am 13. und 14. April fanden die Landesparteitage der KPD und der Einheitsanhänger der SPD in Berlin statt. Ich besuchte den Kommunistischen Landesparteitag, auf dem Waldemar Schmidt, der damalige Berliner Parteivorsitzende, das Hauptreferat hielt. Anschließend sprach Ulbricht. Es war die erste Rede, in der er schroff und klar Unterschiede und Gegensätze zu den westlichen Zonen betonte. »Bei ihnen in den Westzonen – bei uns in der Sowjetzone...«, begannen seine Gegenüberstellungen. Allgemeines Gelächter – damals gab es noch keinen Ulbricht-Kult, –, als Ulbricht sich versprach: »Bei uns in der Sowjetunion...« Er bekam einen puterroten Kopf: »Ich meine natürlich bei uns in der Sowjetzone...«
Wenige Tage später begannen die beiden zentralen Parteitage der KPD und der SPD, auf denen die Vereinigung beschlossen wer-

den sollte. Erst später erfuhr ich, wie wenig dieser »SPD-Parteitag« die wahre Stimmung der SPD-Mitglieder in der Zone und Berlin widerspiegelte und daß Delegierte, die nicht einverstanden waren, noch auf der Fahrt zum Tagungsort aus den Zügen herausgeholt und verhaftet wurden. Damals glaubte ich noch, dieser Parteitag repräsentiere die große Mehrheit der SPD-Mitglieder.

Am Morgen des 19. April fuhr ich mit anderen Mitarbeitern des ZK zum 15. Parteitag der KPD im festlich geschmückten Deutschen Theater in der Schumannstraße.

Die Tribüne prangte in leuchtendem Rot, an der Hauptwand standen in riesigen Lettern die Worte: Friede, Aufbau, Fortschritt. Wilhelm Pieck begrüßte im Namen des ZK die Anwesenden, darunter auch die Vertreter der alliierten Besatzungsmächte, wobei er die Hoffnung äußerte, daß die zukünftige SED Anerkennung und Unterstützung der Alliierten finden werde. Die Reden waren damals noch relativ kurz. Ulbricht sprach über die Politik der Partei, Franz Dahlem über die Organisation. Er teilte dabei mit, daß bereits über 200 000 Neuanmeldungen zum Beitritt in die SED vorlägen. Besonders betonte Dahlem die ursprüngliche Demokratie in der zukünftigen SED: »In der Sozialistischen Einheitspartei wird der Wille der Parteimitglieder oberstes Gesetz sein.«

Anton Ackermann, der über die ideologischen Fragen sprach, faßte noch einmal eindringlich die These vom unterschiedlichen Weg zum Sozialismus in den verschiedenen Ländern zusammen: *Es wäre allerdings der größte Fehler, ein Fehler, den wir in der Vergangenheit oft begangen haben, einzelne Sätze Lenins und Stalins, die aus den Besonderheiten der Lage ihres Landes geboren worden sind, schematisch auf unsere ganz anders gearteten Verhältnisse zu übertragen oder unter ganz anderen Voraussetzungen genau dasselbe zu tun, was sie getan haben. Vor diesen Fehlern müssen wir uns hüten, wenn wir nicht Schiffbruch erleiden wollen.*

Man merkte, wie ernst es ihm war, als er mit besonderer Betonung die Worte sprach:

Die Sozialistische Einheitspartei wird eine unabhängige Partei sein, weil sie in ihren Entschlüssen völlig frei sein wird, weil sie die grundlegenden Lehren des Marxismus nicht als Schema, nicht als starre Glaubenssätze betrachtet, sondern auf die spezifisch deutschen Verhältnisse und den spezifisch deutschen Weg der Entwicklung anwenden wird.

Diese Erklärung wurde mit großem Beifall aufgenommen.
Am nächsten Tag sprach Wilhelm Pieck über die kommende Einheitspartei. Er sparte nicht mit Kritik an der früheren KPD. »Wir Kommunisten«, so sagte Pieck, »waren oftmals bestrebt, die Erfahrungen der Oktoberrevolution schematisch auf Deutschland zu übertragen. Dabei haben wir die nationalen Besonderheiten Deutschlands und der deutschen Arbeiterbewegung häufig weitgehend ignoriert.«
Anschließend fanden die Wahlen zum Parteivorstand statt. 40 Funktionäre wurden gewählt. Nach der Gründung der SED sollten sie in den 80köpfigen Parteivorstand der SED übernommen werden. Noch immer hoffte man, die Einheitspartei werde bald darauf in ganz Deutschland zustande kommen, denn von den 40 Parteivorstandsmitgliedern waren zwölf aus Westdeutschland. Der Parteitag nahm zum Abschluß einstimmig eine Entschließung an, in der es hieß:
Der Parteitag der Kommunistischen Partei Deutschlands tritt mit dem Parteitag der Sozialdemokratischen Partei Deutschlands am 21. und 22. April 1946 im Admirals-Palast in Berlin zu einem gemeinsamen Parteitag zusammen, um die Vereinigung der beiden Parteien und damit die Konstituierung der Sozialistischen Einheitspartei zu vollziehen ...

Die Gründung der SED

Am nächsten Morgen, am 21. April 1946, vormittags 10 Uhr, begann im Admirals-Palast zu Berlin der Vereinigungsparteitag. Mehr als tausend Delegierte und Hunderte von Gästen strömten

in das Gebäude – der erste gemeinsame Parteitag der Kommunisten und Sozialdemokraten!
Vor dem Admirals-Palast hatten sich – damals noch keineswegs organisiert, sondern spontan aus Interesse und Sympathie heraus – Tausende von Menschen eingefunden, die uns zuwinkten und ermunternde Worte zuriefen. Endlich hatten wir Platz genommen. Kommunisten und Sozialdemokraten saßen in den Reihen bunt durcheinander, begrüßten sich, sofern sie sich von früher kannten, und stellten sich vor, wenn sie sich zum erstenmal sahen. Das Orchester spielte die Fidelio-Ouvertüre von Ludwig van Beethoven.
Einige Minuten später kamen Wilhelm Pieck und Otto Grotewohl von verschiedenen Seiten auf die Bühne, trafen sich in der Mitte und reichten sich unter minutenlangem stürmischem Beifall die Hände.
»Als wir beiden eben auf diese Bühne kamen«, sagte Grotewohl, »wurde mir die symbolische Bedeutung dieses Aktes klar. Wilhelm Pieck kam von links, und ich kam von rechts. Wir kamen aber, um uns in der Mitte zu treffen ...«
Die Delegierten waren aufgesprungen und brachen in Hochrufe aus.
Was immer auch später geschah – an diesem Vormittag des 21. April 1946 herrschte eine echte, spontane Begeisterung unter den Delegierten.
Der erste Tag des Kongresses verging mit Begrüßungen; besonders oft kamen Kommunisten und einheitsbejahende Sozialdemokraten aus den westlichen Teilen Deutschlands zu Wort.
Der zweite, entscheidende Tag des Vereinigungsparteitages begann mit einer Überraschung.
»Ich möchte dem Genossen Amborn aus Leipzig zu einer Überreichung eines Geschenkes und zu einer kurzen Erklärung dazu das Wort geben«, wurde vom Präsidium mitgeteilt.
In den hinteren Reihen des Parteitages stand ein Delegierter auf und ging langsam durch den großen Saal zum Präsidium. Er trug in der Hand einen großen, gefährlich aussehenden Holzstock.

Endlich war er, von den erstaunten Blicken der Delegierten begleitet, zum Präsidiumstisch gelangt.
Feierlich übergab er Grotewohl den großen Stock, der ihn an Pieck weiterreichte, bis beide den Stab gemeinsam in den Händen hielten.
Es handele sich, so erklärte der Delegierte Amborn aus Leipzig, um ein Erinnerungsstück von August Bebel. Dieser habe den Stock selbst gedrechselt. Mit ihm habe Bebel den Erfurter Parteitag 1890 geleitet.
»Damals war eine Opposition vorhanden, die sogenannten ›Jungen‹. Bei den schweren Auseinandersetzungen haben dann die Delegierten des Parteitages erklärt, daß August Bebel mit diesem Stab die ›Jungen‹ niedergeschlagen habe.«
Allgemeines Lachen im Saal.
Nach Ende des Parteitages habe August Bebel den Stock dem Genossen Paul Reißhaus zur treuen Aufbewahrung übergeben. Reißhaus sei ein Anhänger der Einheit gewesen. Er wollte diesen Stock nur dann einem Parteitag zur Verfügung stellen, wenn die Einheit verwirklicht worden sei.
»Als Nachlaßverwalter des Genossen Reißhaus habe ich mich verpflichtet gefühlt«, sagte Amborn, »diesen Stab dem Parteitag bzw. dem neuen Vorstand der Einheitspartei zu übergeben*.
Obwohl dieses Intermezzo natürlich vorbereitet war, zeigte Wilhelm Pieck sich sichtlich bewegt. Erinnerte er sich seiner eigenen Jugend in der deutschen Arbeiterbewegung? Fühlte er sich dieser Zeit noch immer im Herzen verbunden – trotz aller Umschulung, Parteidisziplin und sowjetischer Emigration?
Ich kannte Wilhelm Pieck gut genug, um gespieltes und echtes Gefühl bei ihm unterscheiden zu können.
Dann wurde ihm von Grotewohl das Wort für sein Referat erteilt. Wilhelm Pieck führte noch einmal alle Gründe an, die für

* Amborn, ein alter Parteiveteran der Sozialdemokratischen Partei, war Bürgermeister in Burghausen ü. Sa. und wurde einige Zeit nach der Gründung der SED wegen seiner sozialdemokratischen Gesinnung (Sozialdemokratismus) von der MWD verhaftet.

die Vereinigung sprachen, und erwähnte jene Konferenzen und Beschlüsse, die dem Vereinigungstag vorausgegangen waren. Von der sachlichen Darstellung ging er nur einmal ab, als er von dem sozialdemokratischen Parteitag der Einheitsgegner in Zehlendorf und von der Urabstimmung sprach. In völliger Verkennung der Stärke der Sozialdemokratie nannte er den Parteitag in Zehlendorf einen »Scherz« und die dort gegründete Sozialdemokratische Partei Berlins einen »Zehlendorfer Krankenhaus-Klub«. Niemand im Saal ahnte, daß der »Zehlendorfer Krankenhaus-Klub« sich nur sechs Monate später als die stärkste Partei Berlins erweisen würde...

Abgesehen von dieser Verächtlichmachung war Piecks Rede eine Mahnung zur harmonischen Zusammenarbeit von Sozialdemokraten und Kommunisten in der SED. Das Ziel müsse in einem völligen Ineinanderaufgehen bestehen, erklärte Pieck, »so daß nicht mehr zu unterscheiden ist, wer Sozialdemokrat oder Kommunist ist«. Er rief alle Delegierten und Parteimitglieder auf, »den Geist der Kameradschaft, der Freundschaft und der Geduld noch mehr zu pflegen«.

Auch Grotewohl redete damals noch nicht in jenem Einheitsjargon, der später zum festen Bestandteil der SED wurde. Undogmatisch, lebendig, mit einer Fülle brillanter Formulierungen sprach er über Gegenwart und Zukunft Deutschlands. Die SED, erklärte Otto Grotewohl, lehne den Antibolschewismus ab, »aber diese Ablehnung ist weit davon entfernt, innere Bindungen an fremde Einflüsse zu verraten«. Den größten Beifall des gesamten Parteitages erntete Grotewohl mit der Erklärung:

»Ich glaube nicht, daß es vermessen ist, und ich glaube auch nicht, daß die sowjetischen Besatzungsbehörden es mir etwa übelnehmen werden, wenn ich an dieser Stelle erkläre, daß die heute geschaffene Sozialistische Einheitspartei mindestens in der sowjetischen Besatzungszone durch ihre riesengroße politische Stärke eine so große Sicherheit für unseren Bestand in der sowjetischen Zone darstellt, daß wir auf die Bajonette der Russen nicht mehr angewiesen sind.«

Der tobende, minutenlange Beifall und die begeisterten Zurufe waren ein Ausdruck der Hoffnung, daß mit der Gründung der SED die deutschen Sozialisten bald Herren im eigenen Haus sein würden, um dann aufgrund eigener Traditionen einen selbständigen Weg zum Sozialismus zu beschreiten.
Grotewohl betonte besonders die Notwendigkeit der persönlichen Freiheit in der neuen Partei. Die Partei, so sagte er, habe die Aufgabe, »die freie Persönlichkeit zu entwickeln und zu entfalten ... In keiner deutschen Partei lebt wohl die Achtung vor den Lebensrechten der Menschen heißer und stärker als in der Sozialistischen Einheitspartei.«
Dann kam der Höhepunkt: Die Abstimmung über das Programm, das Statut und über den Beschluß zur Schaffung der SED.
Die »Grundsätze und Ziele der SED« enthielten neben den in 14 Punkten zusammengefaßten Gegenwartsforderungen eine kurze Formulierung des sozialistischen Endziels:
Das Ziel der Sozialistischen Einheitspartei Deutschlands ist die Befreiung von jeder Ausbeutung und Unterdrückung, von Wirtschaftskrisen, Armut, Arbeitslosigkeit und imperialistischer Kriegsdrohung. Dieses Ziel, die Lösung der nationalen und sozialen Lebensfragen unseres Volkes, kann nur durch den Sozialismus erreicht werden...
Die Sozialistische Einheitspartei Deutschlands erstrebt den demokratischen Weg zum Sozialismus; sie wird aber zu revolutionären Mitteln greifen, wenn die kapitalistische Klasse den Boden der Demokratie verläßt...

»Wer ist für die vorgeschlagenen Grundsätze und Ziele der SED?«
Alle Delegierten hoben ihre Karten in die Höhe.
Damit war das Programm einstimmig angenommen.
Nunmehr folgte die Abstimmung über das neue Parteistatut. Erstaunt schaute ich mich um: In meiner unmittelbaren Nähe sah ich einige Delegierte, die ihre Karten nicht erhoben.
»Die Gegenprobe«, ertönte es vom Präsidium. 21 Delegierte zeigten ihre Karten.

»Stimmenthaltungen?« Vier Delegierte meldeten sich.
»Das Parteistatut ist gegen 21 Stimmen bei 4 Enthaltungen angenommen.«
Mich beeindruckte dieses Ergebnis sehr. In Komsomolversammlungen und anschließend in der KPD hatte ich bei politischen Fragen niemals Gegenstimmen gesehen. »Die SED wird doch etwas anderes als das, was ich bisher erlebt habe«, dachte ich befriedigt. Noch konnte ich nicht ahnen: Es war das erste-, aber gleichzeitig auch das letztemal in der Geschichte der SED, daß auf einem Parteitag Delegierte gegen einen Vorschlag der Leitung stimmten. Inzwischen hatte Ulbricht den Vorsitz übernommen. Laut, mit seinem typischen sächsischen Akzent, las er den Beschluß zur Vereinigung vor:
Am 19. und 20. April 1946 haben der 40. Parteitag der Sozialdemokratischen Partei Deutschlands und der 15. Parteitag der Kommunistischen Partei Deutschlands übereinstimmend die Vereinigung beider Arbeiterparteien beschlossen.
Die Sozialdemokratische Partei Deutschlands und die Kommunistische Partei Deutschlands konstituieren sich nunmehr als Sozialistische Einheitspartei Deutschlands.

Stürmischer Beifall hinderte Ulbricht zunächst daran, weiterzusprechen. Endlich konnte er fortfahren: »Wer für den Beschluß der Vereinigung ist, den bitte ich um das Kartenzeichen.« Diesmal war die Annahme einstimmig.
Anschließend wurde bekanntgegeben, daß der Parteivorstand aus 80 Mitgliedern bestehen würde, und zwar aus je 40, die auf den gestrigen KPD- und SPD-Parteitagen gewählt worden waren.
Übrig blieb, die Vorsitzenden der Partei zu wählen. Viele Delegierte schmunzelten, als Ulbricht nach Bekanntgabe der Namen von Pieck und Grotewohl sich nicht mit der Akklamation begnügte, sondern – auch das war das erste- und letztemal auf einem SED-Parteitag – alle ruhig und sachlich aufforderte:
»Ich bitte die Genossen um das Kartenzeichen.«

Ein Wald von Händen erhob sich.
»Gegenprobe! Stimmenthaltungen?«
»Ich stelle die einstimmige Wahl der Genossen Pieck und Grotewohl als neue Vorsitzende fest.«
Wir hörten die vom Beifall unterbrochenen Schlußworte Ulbrichts:
Mit dem heutigen Tag gibt es keine Sozialdemokraten und keine Kommunisten mehr, mit dem heutigen Tag gibt es nur noch Sozialisten ... Es geht heute nicht nur um eine Vereinigung von Sozialdemokraten und Kommunisten, es geht um die Neugeburt der deutschen Arbeiterbewegung ...

Gemeinsam sangen wir das Lied »Brüder, zur Sonne, zur Freiheit«. Die SED war gegründet.
Abends kamen alle Delegierten und viele Funktionäre zu einem »frohen Ausklang« im Friedrichstadt-Palast zusammen. Bis auf den letzten Platz war das dreitausend Menschen fassende Gebäude besetzt, und vor den Eingängen standen noch Hunderte von Genossen. Hoffnungsvoll war dieser für uns ereignisreiche Tag zu Ende gegangen. Alles schien für die Verwirklichung unserer Wünsche zu sprechen: die paritätische Besetzung der Leitungen, die mahnenden Worte über Kameradschaft und Vertrauen, die Pieck an die Kommunisten gerichtet hatte, die Beteuerungen Grotewohls über die Freiheit der Persönlichkeit in der neuen Partei, die erste Abstimmung, die einen Bruch mit der üblichen Einstimmigkeit gebracht hatte und von niemandem übel vermerkt worden war; die These vom besonderen deutschen Weg zum Sozialismus, die nun im Programm der SED ihren Niederschlag gefunden hatte; die Andeutung Grotewohls über das vielleicht nahe Ende der sowjetischen Besatzung ...
An diesem Abend konnte ich nicht ahnen, daß von den Teilnehmern des Vereinigungsparteitages innerhalb weniger Jahre fast die Hälfte aus ihren Funktionen verdrängt, abgesetzt, verleumdet oder einer Säuberung zum Opfer gefallen sein würde.

Auch die aktivsten Mitgründer der SED blieben von diesem Schicksal nicht verschont.
Von den 14 Mitgliedern des Zentralsekretariats trat *August Karsten* 1947 aus »Gesundheitsgründen« zurück; *Erich W. Gniffke* floh im Oktober 1948 nach Westdeutschland und wurde von Ulbricht später als »klassenfeindliches Element« bezeichnet, *Otto Meier, Käthe Kern* und *Helmut Lehmann* wurden im Januar 1949 auf minder wichtige Posten abgeschoben, *Paul Merker* im August 1950 unter der Anschuldigung »kein Vertrauen zur Sowjetführung« gehabt und in der Emigration »Befehle der amerikanischen Imperialisten« befolgt zu haben, aller Parteifunktionen enthoben. Nicht besser erging es *Franz Dahlem*. Ihm wurde vorgeworfen, »gegenüber den Versuchen imperialistischer Agenten, in die Partei einzudringen, völlige Blindheit bewiesen« zu haben. *Max Fechner*, im Januar 1949 aus dem Zentralsekretariat entfernt, wurde im Juli 1953 als »Feind der Partei und des Staates« aus der Partei ausgeschlossen und verhaftet unter der Begründung, er hätte als Justizminister am 17. Juni 1953 »seine Position ausgenutzt, um faschistische Provokateure vor der verdienten Strafe zu schützen«. Auch *Elli Schmidt* wurde aus der Führung verdrängt und im Zusammenhang mit den Ereignissen am 17. Juni auf einen unbedeutenden Posten abgeschoben. *Anton Ackermann*, zweifellos der bedeutendste Kopf des Zentralsekretariats, mußte im Herbst 1948 Selbstkritik üben, wurde im Januar 1949 zum Kandidaten des Politbüros degradiert und nach den Ereignissen am 17. Juni auch seiner Funktion als Mitglied des ZK enthoben, weil er »eine versöhnliche Position« vertrat.
So sind von den 14 Mitgliedern des Zentralsekretariats, die bei der Vereinigung unter dem Jubel der Delegierten gewählt wurden, 10 Spitzenfunktionäre im Verlauf von wenigen Jahren ihrer Funktionen beraubt, degradiert, teilweise sogar als »Parteifeinde« entlarvt und aus der Partei ausgeschlossen worden.
Nicht weniger groß waren die Opfer unter dem neugewählten achtzigköpfigen Parteivorstand und unter den über tausend Delegierten des Vereinigungsparteitages. Auch sie wurden zum gro-

ßen Teil Opfer der besonders nach 1948 einsetzenden Säuberungen. Manche kamen mit einer Degradierung relativ glimpflich davon, andere aber wurden aus der Partei ausgeschlossen oder sogar verhaftet.
Wenn ich all das an diesem Abend des 23. April 1946 gewußt hätte, wären mein Jubel und meine Freude erheblich gedämpft gewesen. Aber noch ahnte ich es nicht – genausowenig wie wohl fast alle Delegierten, die an diesem Abend glückselig, voller Hoffnung und Freude den »Palast« verließen in dem Glauben, an einem großen Werk der Vereinigung der deutschen Arbeiterbewegung mitbeteiligt gewesen zu sein.

Moskau bestätigt Ackermanns These

Wenige Wochen nach der Gründung der SED erhielt ich vom sowjetischen Verbindungsoffizier ein russisches Manuskript: »Bitte, übersetzen Sie das ganz genau ins Deutsche, Genosse Leonhard. Es handelt sich hierbei um eine sehr wichtige Angelegenheit.«
Der Titel war enttäuschend: *Was ist Demokratie?* Beim Lesen merkte ich jedoch bald, daß es sich um eine völlig neue politische Konzeption handelte. Der Artikel propagierte für Deutschland eine Form der mittleren Demokratie, »die zwischen der bürgerlichen und sozialistischen Demokratie liegt ... Die Besonderheiten dieser Demokratie liegen im Bestreben zur Sicherung der Herrschaft der Mehrheit der Bevölkerung unter Beibehaltung der Grundlage der kapitalistischen Wirtschaftsordnung, der Beibehaltung privater Produktionsmittel.« Die Veränderungen sollten sich auf die Liquidierung der imperialistischen Monopolverbände, die Durchführung einer Bodenreform und die Ausmerzung der Überreste des Faschismus beschränken, ohne die Form und den Inhalt des Sowjetsystems zu übernehmen. »Uns scheint, daß in der heutigen Etappe für Deutschland dieser Typus der Demokratie am annehmbarsten ist.«
Von höchster sowjetischer Stelle war an unsere Partei somit die

Weisung ergangen, das Sowjetsystem nicht zu kopieren, sondern eine Form zu finden, die zwischen der bürgerlichen Demokratie des Westens und dem Sowjetsystem liegt!

Gespannt wartete ich darauf, was mit diesem Dokument geschähe! War es nur eine interne Anweisung für die höchsten Funktionäre? Sollte es für eine größere Anzahl von Funktionären als Direktive vervielfältigt werden?

»Das Manuskript wird veröffentlicht, Genosse Leonhard«, sagte der Verbindungsoffizier lächelnd, als er meine Übersetzung abholte.

Zum Erstaunen vieler Funktionäre erschien in der nächsten Nummer der theoretischen Zeitschrift *Einheit* erstmalig – so etwas hat es weder vorher noch später jemals wieder gegeben – ein Artikel, der nicht mit dem Namen des Autors, sondern mit drei Sternchen gezeichnet war. Jeder Funktionär wußte natürlich, daß dies ein Artikel von höchster Stelle war, und es gab in den folgenden Wochen kaum einen Abend, an dem nicht über diesen Artikel gesprochen wurde. Es war der Beweis dafür, daß der besondere deutsche Weg zum Sozialismus die offizielle Theorie nicht nur der deutschen Partei, sondern auch Moskaus war.

1946 wurde die Lehre vom unterschiedlichen Weg zum Sozialismus auch in den kommunistischen Parteien anderer Länder zum untrennbaren Beispiel der »Linie«.

Der große Aufschwung, den die kommunistischen Parteien in allen Ländern in der Zeit von 1945 bis 1948 erlebten, ist sicherlich nicht nur durch die aktive Teilnahme der Kommunisten an der Widerstandsbewegung zu erklären – obwohl das sehr entscheidend war –, sondern auch durch die Tatsache, daß sie sich in jener Zeit öffentlich gegen die Kopierung des sowjetischen Weges ausgesprochen haben.

Offen bleibt die Frage:

War das Einverständnis Stalins und der damaligen Sowjetführung mit der These vom selbständigen Weg ehrlich gemeint?

Waren sie wirklich selbst von der Notwendigkeit des selbstän-

digen Weges zum Sozialismus in den verschiedenen Ländern überzeugt?
Oder haben sie diese These nur inspiriert und gefördert mit dem Ziel, die kommunistischen Parteien stärker und fester werden zu lassen und die These sofort ad acta zu legen, wenn das Ziel erreicht war?

Die ersten Wahlen

In den verflossenen Monaten war unsere gesamte Arbeit ausschließlich auf die Verwirklichung der Einheit konzentriert gewesen. Jetzt war die Einheitspartei da. Was nun?
Bei uns Funktionären – für die ein Leben ohne ständige politische Aktivität, ohne Kampagnen kaum vorstellbar war – kam ein Gefühl der Leere auf. Zum erstenmal gab es außer der routinemäßigen Arbeit nichts zu tun.
Der zentrale Parteiapparat war um jene Zeit fast ausschließlich mit sich selbst beschäftigt: mit der Einrichtung und Zimmerverteilung im neuen riesigen Parteigebäude, dem sogenannten »Haus der Einheit« in der Lothringer Straße 1, mit der Zusammenlegung der Redaktionen der früheren SPD-Zeitung *Das Volk* und der früheren KP-Zeitung *Die deutsche Volkszeitung*, darüber hinaus mit der Aufteilung der Funktionen unter den Mitgliedern des Zentralsekretariats.
Unser Gebäude in der Wallstraße 76–79, das früher das gesamte Zentralkomitee der KPD beherbergt hatte, diente nur noch unserer Abteilung Agitation und Propaganda, die sich jetzt Schulung und Werbung nannte, und dem Parteiverlag.
Jede Parteifunktion mußte nun doppelt besetzt werden: von einem früheren KPD- und einem früheren SPD-Funktionär. So wurde plötzlich die Zahl der Funktionäre verdoppelt, der Parteiapparat um ein vielfaches schwerfälliger und langsamer. Alles ging viel gemächlicher als bei der früheren KPD.
Bis zur Vereinigung hatte das Zentralkomitee der KPD als einzige Institution offiziell einen zehnstündigen Arbeitstag. Am

zweiten Tag nach der Vereinigung wurde bei uns der Achtstundentag eingeführt.
Zwei Wochen später fand eine Besprechung unserer Abteilung »Schulung und Werbung« statt. Otto Grotewohl unterbreitete einen Vorschlag des Zentralsekretariats: »Wir haben gedacht, den Schulungstag nicht mehr wöchentlich, sondern nur zweimal monatlich stattfinden zu lassen ... Ich möchte euch doch zu bedenken geben, daß die Überlastung der Genossen ...«
Oelßner erteilt mir als ersten Diskussionsredner das Wort. Meine Verteidigungsrede für den wöchentlichen Schulungsabend half aber nicht. Wie überall im Parteiapparat wurde auch bei uns die hektische Arbeitsweise der früheren KPD durch die ruhigere der SPD ersetzt.
Mehrere Wochen vergingen. In den Parteischulen und in den unteren Parteiorganisationen war ein deutliches Absinken der Begeisterung zu spüren. Nichts konnte einer solchen Partei gefährlicher werden als einige Wochen Ruhe, das Fehlen einer unmittelbaren Aufgabe, die alle in Atem hielt.
Dazu kam eine große Enttäuschung: das Hinauszögern der Anerkennung der SED in Berlin. Erst am 29. Mai, fast fünf Wochen nach der Gründung, auf der 57. Sitzung der Alliierten Kommandantur, wurde die SED in Berlin anerkannt – gleichzeitig aber auch die im Frühjahr neugegründete SPD.
Langsam kamen wieder Zweifel bei einigen Nachdenklichen auf. Vielleicht hätte man noch kurze Zeit warten sollen? Vielleicht war die Vereinigung doch übereilt gewesen? Wäre es nicht bei einer etwas langsameren Entwicklung zu einer echten, organischen Verschmelzung gekommen?
Die Verzögerung der Anerkennung in Berlin, die doppelte Besetzung der Parteifunktionen, die den Parteiapparat so aufgebläht hatte, vor allem aber die wochenlange Untätigkeit des Parteiapparates waren für die Partei nicht ohne Folgen geblieben. Die SED vom Juni 1946 war nicht mehr dieselbe wie die Ende April.
Erst in der zweiten Junihälfte gab es wieder neue Aufgaben – am 30. Juni 1946 sollte ein Volksentscheid für die Enteignung und

Entmachtung der Kriegs- und Naziverbrecher im Lande Sachsen stattfinden. Der Volksentscheid am 30. Juni 1946 diente jedoch weniger dem Zweck, die schon vorher beschlossene Übergabe der Betriebe der Kriegs- und Naziführer in die Hände des Staates zu bestätigen, sondern es ging in erster Linie darum, ein Bild von der im Volke herrschenden Stimmung zu erhalten.
Die Partei, durch wochenlange Untätigkeit müde und träge geworden, war nur mit halbem Herzen dabei. Funktionäre unseres Apparates, die aus Sachsen zurückkamen, stöhnten: »Es ist furchtbar, die Leute sind so passiv geworden.«
Erst allmählich wurde die Partei wieder »auf Trab« gebracht. Bei uns aber herrschte schon vor Beginn des Volksentscheides wieder Hochbetrieb – wir mußten die Losungen und Plakate für Sachsen entwerfen. »Dein Ja zum Frieden! Betriebe der Kriegs- und Naziverbrecher in die Hand des Volkes!« In Hunderttausenden von Exemplaren wurden sie in Sachsen verteilt.
Am 2. Juli wurden die Ergebnisse der Volksabstimmung veröffentlicht. Annähernd 2,7 Millionen Menschen (77,7 %) hatten mit »Ja« gestimmt, fast 600 000 (16,5 %) mit »Nein«, über 200 000 Stimmen waren ungültig. In den übrigen Ländern verzichtete man auf einen Volksentscheid. Die ersten volkseigenen Betriebe wurden geschaffen.
Nach den relativ günstigen Ergebnissen wurden die ersten Gemeindewahlen in der sowjetischen Zone beschlossen. Da wir die besten Ergebnisse in Sachsen erwarteten, sollten dort die Wahlen am 1. September, in Thüringen und der Provinz Sachsen am 8. und in Brandenburg und Mecklenburg, wo wir die größten Schwierigkeiten erwarteten, am 15. September stattfinden.
Ehemalige Mitglieder der SS, des SD, der Gestapo sowie ehemalige NSDAP-Funktionäre vom Ortsgruppenleiter an aufwärts und höhere Funktionäre der verschiedenen anderen Naziorganisationen waren nicht wahlberechtigt.
Große Diskussionen gab es bei uns über die Frage: »Sollen nur die drei Parteien – die SED, die CDU und die LDP – Kandidaten aufstellen, oder sollen wir versuchen, durch unsere Leute auch

die Massenorganisation, wie etwa die Frauenausschüsse, den Kulturbund, den FDGB, die FDJ, zur Aufstellung von Listen zu bewegen, um damit auf indirekte Weise Stimmen zu gewinnen?«
Die meisten Funktionäre, die in Deutschland illegal gearbeitet hatten, waren für eine reine Parteiwahl. »Die Sache mit den überparteilichen Organisationen hat gar keinen Sinn. Diese Organisationen wird kaum jemand wählen.« Der eifrigste Verfechter der Teilnahme von Massenorganisationen war Ulbricht – und er setzte sich durch.
Alles wurde aufgeboten, um die Wahlen zu einem Erfolg für die SED werden zu lassen. Aus Rußland kehrten Transporte geschulter antifaschistischer Kriegsgefangener vorzeitig zurück, um beim Wahlkampf für die SED mitzuwirken.
Wichtiger war jedoch eine weitere Maßnahme. Am 20. Juni 1946, als der Termin für die Gemeindewahlen bekanntgegeben wurde, erschien die Erklärung des Parteivorstandes »SED und nominelle Pgs«. Sie war schon seit langem vorbereitet worden. »Wir dürfen die Fehler der KPÖ bei den Wahlen im Herbst 1945 nicht wiederholen. Die österreichischen Genossen haben durch ihren primitiven Anti-Nazismus die Masse der kleinen Nazis abgestoßen und sich damit von der Bevölkerung isoliert«, war das entscheidende interne Argument für die neue Stellungnahme. Offiziell hieß es dagegen: »Die SED hält den Zeitpunkt für gekommen, die einfachen Mitglieder und Mitläufer der ehemaligen Nazipartei in den demokratischen Aufbau einzugliedern.«
Nun erhob sich jedoch ein Sturm der Entrüstung und Empörung in unseren eigenen Reihen, den wir in diesem Ausmaß nicht erwartet hatten. Was auch immer für ein Thema auf Parteiversammlungen angesagt war – unweigerlich sprach der erste Diskussionsredner über die »Nazifrage«:
Es blieb nur eins: Schulung.
»Du mußt sofort ein Schulungsheft über die Frage des Verhältnisses der SED zu den nominellen Pgs schreiben. Das vorgesehene Thema wird um zwei Wochen verschoben. Das ist jetzt dringender als alles andere.«

Fünf Tage später saß ich den ganzen Sonntagnachmittag und -abend bei Ackermann, um die letzten Formulierungen dieses bisher kompliziertesten Schulungsheftes auszufeilen. Endlich wurde es unterzeichnet.
»Oelßner ist in Sachsen. Das Bildungsheft genügt nicht. Du mußt zum selben Thema einen Artikel für das *Neue Deutschland* schreiben.«
»Unter welchem Titel?«
»Der klare Kurs der Partei in der Nazifrage.«
Das schien mir dann doch etwas übertrieben. Schließlich wurde beschlossen, den Schulungsartikel unter »Kriegsverbrecher, aktive Nazis und nominelle Pgs« erscheinen zu lassen.
»Klare, entschiedene Differenzierung, nicht nach Äußerlichkeiten, sondern nach der Verhaltensweise, schnelle, strenge Aburteilung der Kriegsverbrecher für die von ihnen begangenen Verbrechen, Sühnemaßnahmen gegen die aktiven Nazis, die sich als Träger der Politik und der verbrecherischen Bestrebungen der NSDAP betätigten und heute den Wiederaufbau zu stören versuchen; aber keinerlei Sühnemaßnahmen gegen die vielen Millionen früherer nomineller Mitglieder der NSDAP, die ehrlich einen neuen Weg gehen wollen. So, und nur so kann die Frage der Behandlung der Nazis richtig gelöst werden«, beendete ich den Artikel.
Das entsprach meiner Überzeugung, aber war nicht leicht, sie beim nächsten Schulungsabend – alle führenden Funktionäre wurden dafür eingesetzt – vor den Genossen zu vertreten. Die Anti-Nazi-Stimmung, die zwischen wirklichen Schuldigen und nominellen Mitgliedern keinen Unterschied machte, war so stark, daß sich klare Unterscheidungen nur sehr schwer durchsetzen konnten.
Unmittelbar darauf begannen die von der SED inspirierten und organisierten Versammlungen mit ehemaligen nominellen Pgs. »Das geht ja nun wirklich etwas zu weit«, sagten manche Funktionäre, andere dagegen waren von diesen Versammlungen sehr beeindruckt. »Sind ganz fabelhafte Leute dabei, die

würden sich gut bei uns machen, aktiv, konstruktiv, meckern nicht viel.«

Waldemar Schmidt, der selbst fast zehn Jahre Konzentrationslager hinter sich hatte, kam eines Abends lachend von einer solchen Versammlung nomineller Pgs nach Hause: »Ich habe ja schon viel erlebt, aber so etwas hätte ich mir doch nicht träumen lassen. Die Leute waren von den Erklärungen der SED ganz begeistert. Einer beendete seine temperamentvolle Rede mit einer selbstformulierten Losung.«

Waldemar Schmidt schaute mich listig lächelnd an: »Du hast schon soviel Losungen fabriziert. Was meinst du, was er gerufen hat?«

Ich nannte einige Losungen, aber er schüttelte den Kopf.

»Nein, die Losung des nominellen Pgs war viel besser. Er rief: *Es lebe die SED, der große Freund der kleinen Nazis!*«

Nachdem sich die Unruhe über unsere neue Parteilinie gegenüber den nominellen Pgs gelegt hatte, richteten die Mitglieder und Funktionäre alle Kraftanstrengungen auf die Kampagne für die Gemeindewahlen. Wir hatten einen großen Vorteil: Eine Partei konnte nur in den Orten kandidieren, in denen sie über eine Ortsgruppe verfügte. Die SED hatte ihre Organisationen in jeder Gemeinde. CDU und LDP waren jedoch noch nicht soweit. In vielen Orten gab es daher nur Kandidatenlisten der SED. Es war also keineswegs erstaunlich, daß die SED bei den Gemeindewahlen in Sachsen am 1. September 1946 mehr Stimmen bekam als die beiden anderen Parteien zusammen. 1 608 851 SED-Stimmen standen 671 271 LDP- und 655 147 CDU-Stimmen gegenüber. Die sogenannten »Massenorganisationen« hatten zusammen nur etwa 60 000 Stimmen erhalten.

In den Provinzen Sachsen und Thüringen nahm der Wahlkampf schärfere Formen an, und die Aktivität der bürgerlichen Parteien war größer, als wir erwartet hatten. Besondere Aufregung gab es bei uns, als in Halle bestimmte Kreise der LDP an einem Straßenbahnwagen, der am Tage vor der Wahl durch die Stadt fuhr,

ein großes Transparent anbringen ließen: *Für den Anschluß an die Sowjetunion – wählt SED.*
Der Ausgang der Wahlen in Sachsen-Anhalt und Thüringen war für die SED bedeutend ungünstiger als in Sachsen. Um so größere Anstrengungen wurden nun für die am 15. September stattfindenden Wahlen in Brandenburg und Mecklenburg gemacht.
Nach Fahrten durch die Zone berichteten uns Genossen immer wieder über ein schwieriges Diskussionsthema: die Oder-Neiße-Linie. Das galt besonders für Mecklenburg, da dort eine sehr große Zahl von Flüchtlingen aus dem Gebiet jenseits der Oder-Neiße angesiedelt worden war. »Es muß etwas getan werden«, hieß es.
Am letzten Tag vor der Wahl erschien mit riesiger Überschrift eine Erklärung Max Fechners: *»Zur deutschen Ostgrenze möchte ich erklären, daß die SED sich jeder Verkleinerung deutschen Gebiets entgegenstellen wird. Die Ostgrenze ist nur provisorisch und kann erst auf der Friedenskonferenz unter Mitwirkung aller großen Siegerstaaten festgelegt werden**.«
Ein Aufatmen ging durch die Partei. Fechners Erklärung wurde auf allen Wahlversammlungen unter begeistertem Beifall der Zuhörer zitiert. Offenbar war sie jedoch zu weitgehend gewesen; außerdem erschien es nicht ratsam, durch eine solche Erklärung einen Spitzenfunktionär der SED besonders hervorzuheben. Darum erschien kurz darauf eine offizielle Erklärung des Parteivorstandes, in der die Formulierung etwas abgeschwächt war: *»Die Sozialistische Einheitspartei wird alles tun, damit auch in den Fragen der zukünftigen Grenzen des neuen Deutschlands die Stimme des Volkes auf der Friedenskonferenz Gehör findet***.«
Die Gemeindewahlen endeten, wie erwartet, mit einem großen Sieg der SED. In allen fünf Ländern der sowjetischen Zone zusammengenommen hatte die SED 76,2 %, mit den sogenannten

* Neues Deutschland vom 14. September 1946.
** »Die SED zur Grenzfrage«, Erklärung des SED-Parteivorstandes *Neues Deutschland* vom 21. September 1946.

»Massenorganisationen« sogar fast 82 % aller Stimmen erhalten. In der Abteilung Schulung und Werbung machten wir uns über dieses Ergebnis keine Illusionen. Wir wußten, daß es nicht der wirklichen Stimmung entsprach, sondern unseren politischen und materiellen Vorteilen zu verdanken war.
Ernster zu nehmen waren die bevorstehenden Kreis- und Landtagswahlen. Bei ihnen gab es Landeslisten. Die Wähler hatten überall die Möglichkeit, neben der SED auch für die CDU und LDP zu stimmen. Alle verfügbaren Kräfte wurden bis zum letzten eingesetzt.
Trotz größter Anstrengungen erhielt aber die SED durchschnittlich nicht ganz die Hälfte aller abgegebenen Stimmen. Von insgesamt 519 Abgeordneten gehörten 249 zu den SED-Landtagsfraktionen. Hier halfen die »Massenorganisationen« nach, denn von ihren 16 Abgeordneten waren 12 SED-Mitglieder. Die tatsächliche Zahl der SED-Abgeordneten stieg dadurch auf 261; damit war eine knappe SED-Mehrheit in den Landtagen der Zone erreicht worden.
Nach der Wahlordnung hätten zwei Jahre später, 1948, die nächsten Gemeindewahlen und drei Jahre später, 1949, die nächsten Kreis- und Landtagswahlen stattfinden müssen.
»Bei den nächsten Wahlen wird es besser gehen«, sagten viele optimistisch gestimmte Funktionäre nach dem 20. Oktober 1946. Aber es gab keine nächsten Wahlen mehr.
Die Wahlen im Oktober 1946 in der Sowjetzone waren die ersten und letzten, bei denen die Wähler noch vor politische Entscheidungen gestellt wurden. Von diesem Zeitpunkt an gab es nur noch Einheitslisten.

Die Niederlage in Berlin

Uns war klar, daß die Gemeinde- und Landtagswahlen in der Zone nur ein Vorspiel waren: Die wirkliche Entscheidung mußte bei den Berliner Wahlen am 20. Oktober 1946 fallen.
Im »Haus der Einheit« war man im allgemeinen recht siegesgewiß.

Am 26. September gab Wilhelm Pieck eine offizielle Erklärung ab, wonach »durchaus für die SED die Möglichkeit besteht, die absolute Mehrheit aller Stimmen zu erhalten«, sie zumindest aber »mit ihren Wahlstimmen an der Spitze aller übrigen Parteien marschieren werde«.
In der Berliner SED-Leitung war man längst nicht so optimistisch. Da viele Besprechungen mit Waldemar Schmidt bei uns zu Hause stattfanden, konnte ich mir ein ungeschminktes Bild von der Lage machen. In den Wochen vor der Wahl fuhr ich oft mit öffentlichen Verkehrsmitteln, besuchte in den Westsektoren Restaurants und Lokale und hörte den Gesprächen zu. Ich war erschüttert. Wie sehr standen diese Eindrücke im Gegensatz zu dem Optimismus, der im »Haus der Einheit« herrschte!
Während eines geselligen Abends mit verantwortlichen Berliner Funktionären schlug einer vor: »Nun wollen wir mal sehen, wieweit wir die Lage richtig einschätzen. Wie wäre es, wenn jeder von uns auf einen Zettel die vermutlichen Prozentzahlen des Wahlergebnisses notieren würde?«
Als ich meine Zahlen vorlas, herrschte allgemeines Erstaunen: »SPD 30%, SED 30%, CDU 25%, LDP 15%« hatte ich getippt. Von allen Voraussagen für die SED war meine die pessimistischste – und doch war sie noch weit von der Wirklichkeit entfernt.
Die Nacht vom 20. auf den 21. Oktober verbrachte ich in der Redaktion des *Neuen Deutschland*. Hier liefen alle Meldungen ein, und wir konnten sofort den besten Überblick erhalten.
In Erwartung des Wahlsieges waren vor dem Redaktionsgebäude große Lautsprecher angebracht worden, um den draußen versammelten Menschen die Wahlergebnisse bekanntgeben zu können.
Die ersten Ergebnisse einiger Altersheime und Krankenhäuser im Ostsektor waren für uns noch recht ermutigend. Der Durchschnitt lag bei den von mir vorausgesagten 30% für die SED. Dann kam eine Hiobsbotschaft nach der anderen. Unsere Gesichter wurden immer länger. Der Ansager, der die Wahlergebnisse den draußen wartenden Menschen bekanntgeben sollte,

raufte sich die Haare. Verzweifelt suchte er aus den einlaufenden Meldungen die für die SED günstigsten heraus. Er versuchte sich dadurch zu retten, daß er immer wieder die ersten Ergebnisse aus den Krankenhäusern und Altersheimen des Ostsektors vorlas. Als aber die Protestrufe »Det ham wa schon jehört, die neuen woll'n wa wiss'n!« von draußen immer stärker wurden, wußte er nicht mehr ein noch aus. »Hör auf mit dem Quatsch«, sagte ein führendes Redaktionsmitglied, »stell bloß diese Übertragung ein.« Wir versuchten uns zu beruhigen. »Die großen Arbeiterviertel Friedrichshain, Wedding, Lichtenberg, Neukölln werden uns wieder herausreißen«, sagte einer. Aber ich glaubte nicht mehr daran. Mit jeder Viertelstunde wurde die Situation schlimmer und schlimmer. Die ersten zusammenfassenden Meldungen zeigten eine katastrophale Niederlage der SED und einen riesigen Wahlsieg der Partei, die wir noch vor sechs Monaten als »Zehlendorfer Krankenhaus-Klub« und in den letzten Wochen als »Rest-SPD« bezeichnet hatten.
Lex Ende, der damalige Chefredakteur *Neues Deutschland*, stöhnte: »Ich muß morgen den Leitartikel schreiben. Was soll ich denn bloß schreiben?« Er schaute sich hilfesuchend um. »Schreib doch: Alles im Eimer!« sagte einer, der seinen Galgenhumor loswerden wollte. »Nein, ernsthaft, ich muß das doch morgen begründen!« Inzwischen war eindeutig die »Rest-SPD« zur stärksten Partei Berlins geworden. Im Redaktionszimmer wurde es immer stiller. Die Agenturmeldungen wurden schweigend weitergegeben. Das Schweigen wurde nur unterbrochen durch Lex Endes hoffnungslose Ausrufe: »Was soll ich bloß schreiben?«
Ich wartete die endgültigen Ergebnisse nicht ab, sondern fuhr zur Kreisleitung nach Pankow. Einige Dutzend Funktionäre des Kreises waren um den Radioapparat versammelt. Freundlich, aber wortkarg begrüßten sie mich. Es gab viele Mitarbeiter des ZK, die in Pankow wohnten, aber ich war der einzige, der an diesem Abend zu ihnen kam.
Der Rundfunk hatte gerade wieder ein zusammenfassendes Zwischenergebnis aus allen Kreisen Berlins durchgegeben. Die SED

befand sich an dritter Stelle. »Sogar noch hinter der CDU«, flüsterte einer. Die anderen schwiegen. In den frühen Morgenstunden hörten wir das endgültige Wahlergebnis: Die Sozialdemokratische Partei hatte 48,7 %, die Christlich-Demokratische Union 22,1 %, die SED 19,8 % und die Liberal-Demokratische Partei 9,4 % aller Stimmen erhalten.

Die Ursache der Niederlage war mir wie vielen anderen Funktionären völlig klar. Im Volksmund hießen wir die »Russenpartei«. Wir hatten zwar theoretisch die Linie des besonderen deutschen Weges zum Sozialismus ausgearbeitet, das war aber nur einem kleinen Kreis der Bevölkerung bekannt und verständlich. In der Praxis hatten wir alle Maßnahmen der sowjetischen Besatzungsbehörden unterstützt und verteidigt. Wir bekamen von ihnen Papier, Wagen, Häuser und besondere Lebensmittelzuteilungen. Unsere Spitzenfunktionäre wohnten in großen Villen, hermetisch von der übrigen Bevölkerung abgeschlossen, von Soldaten der Sowjetarmee bewacht, und fuhren mit Wagen, die teilweise russische Kennzeichen hatten. Das Wahlergebnis war die logische Folge unserer Abhängigkeit von der sowjetischen Besatzungsmacht. Die Berliner Bevölkerung hatte nicht gegen uns gestimmt, so sagte ich mir, weil wir für den Sozialismus sind, sie hat auch nicht gegen aufopferungsvolle Mitglieder und Funktionäre gestimmt, die, soweit es möglich war, alles getan hatten, um die Not der Bevölkerung zu lindern. Sie hatte gegen uns gestimmt, weil sie – leider nicht zu Unrecht – in uns eine von der Sowjetunion abhängige Partei sah.

Nur eines konnte uns jetzt retten: eine klare Scheidung von der sowjetischen Besatzungsmacht, das offene Bekenntnis, von nun an als unabhängige, deutsche, sozialistische Partei wirken zu wollen. Vielleicht, so hoffte ich in jener Nacht, wird die Wahlniederlage vom 20. Oktober endlich zu diesem Schritt führen und sich damit letzten Endes doch positiv auswirken. Ich hoffte, daß nun die Parteiführung die wirklichen Ursachen der Niederlage offen darlegen und entsprechende Schlußfolgerungen ziehen würde.

Am 22. Oktober 1946 prangte auf der Morgenausgabe des *Neuen Deutschland* die Balkenüberschrift: »Großer Wahlsieg der SED in der Zone.« Nach den Wahlergebnissen der Zone – sie wurden überschwenglich kommentiert – kam endlich das, worauf an diesem Morgen alle Leser warteten: der Kommentar zu den Wahlen in Berlin.

Das Gesamtergebnis der Berliner Wahlen ... spiegelt die politischen Schwankungen eines großen Teils der kleinbürgerlichen Wählerschichten wider ... Der politische Sinn der Berliner Wahl ist nicht klar genug zum Ausdruck gekommen. Die Entscheidung ist nicht zugunsten der von der Sozialistischen Einheitspartei Deutschlands vertretenen politischen und wirtschaftlichen Forderung und der bisher geleisteten Aufbauarbeit erfolgt, sondern aufgrund der von der reaktionären Presse wochenlang gegen die SED betriebenen unsachlichen Kampfesweise, deren Argumente neben den großen politischen Gesichtspunkten nebenherliefen.

Kein Wort, daß nicht nur »kleinbürgerliche Wähler«, sondern die absolute Mehrheit der Berliner Industriearbeiter gegen die SED und für die SPD gestimmt hatte, keine Erklärung, warum die westliche Presse eine solche entscheidende Wirkung haben konnte, nicht die geringste Andeutung, daß diese Niederlage mit den engen Verbindungen der SED an die Sowjetunion und die sowjetische Besatzungsmacht etwas zu tun haben könnte.

Enttäuscht, fast verzweifelt, legte ich das Zentralorgan meiner Partei aus der Hand. Ich wußte, daß der Chefredakteur, mein Freund Lex Ende*, den ich sehr schätzte, nichts dafür konnte. Er

* Lex Ende, einer der fähigsten und begabtesten kommunistischen Redakteure – er gab vor 1933 die *Rote Post* und während der Emigration in Paris den *Gegen-Angriff* heraus – wurde im Zusammenhang mit der Affäre Noel-Field zusammen mit Paul Merker und anderen »West-Emigranten« aus der Partei ausgeschlossen, weil sie »dem Klassenfeind in umfangreicher Weise Hilfe geleistet« hatten. Nach seinem Ausschluß aus der Partei kam Lex Ende nach Aue und ist dort wenige Monate später an Leiden und Entbehrungen gestorben.

hatte in seinem Artikel nur das zum Ausdruck gebracht, was ihm von oben als Direktive gegeben worden war. Auch in der offiziellen Erklärung des Parteivorstandes zu den Wahlen wurde weder die Situation analysiert noch die wirklichen Ursachen der Niederlage aufgeklärt.

Wenige Tage später wurde ich von einem höheren Offizier der Politischen Verwaltung der sowjetischen Militäradministration eingeladen. Er gehörte zu jenen schon während des Krieges sorgfältig ausgebildeten politischen Funktionären, die ich Anfang Mai 1945 in Bruchmühle kennengelernt hatte. Es waren erst wenige Tage seit der Niederlage in Berlin vergangen, aber er sprach mit einer Kälte und Gleichgültigkeit darüber, als ob es sich um ein vor langer Zeit ausgetragenes Spiel gehandelt hätte. »Ich habe die letzten Tage damit verbracht, die Wahlergebnisse zu analysieren und zu durchdenken«, warf er in lässigem Tone hin. »Sie sind äußerst interessant!«

Ich wußte nicht, was ich dazu sagen sollte und schwieg in der Annahme, daß er nun etwas über die Politik der SED sagen würde. Statt dessen kam etwas ganz anderes.

»Ich merke, Genosse Leonhard, Sie sind erstaunt, daß ich das alles nicht so tragisch nehme. Sehen Sie, ich habe das genauso erwartet. Warum sollte ich mich jetzt wundern?« bemerkte er in seinem lässigen Tonfall.

Ich habe dieser Tage mit einigen Freunden über eine interessante Frage nachgedacht. Stellen Sie sich einmal vor, Genosse Leonhard, in Berlin und in der sowjetischen Zone würden völlig unbeeinflußte Wahlen stattfinden – ohne Propaganda und ohne besondere Papierzuteilungen – und allen Wahlberechtigten würde nur eine Frage vorgelegt: ›Sind Sie für den Osten oder sind Sie für den Westen?‹ Wie würde Ihrer Meinung nach eine solche Wahl ausfallen?«

Ich zögerte ein wenig – der kluge Politoffizier bemerkte es.

»Nun, nun, Genosse Leonhard, kein Zögern hier, wir sind ganz unter uns. Mich interessiert Ihre wirkliche Meinung!«

»Also gut, hier ist meine wirkliche Meinung: Bei einer solchen

Wahl würden unter den jetzigen Umständen meiner Auffassung nach etwa 15–20% für den Osten und 80–85% für den Westen stimmen.«
Er nahm meine Antwort nicht nur ruhig, sondern sogar freundschaftlich lächelnd hin.
»Sie haben ein gutes Gefühl für Massenstimmung. Zum gleichen Resultat sind auch wir gekommen.«

Schulung, Schulung, Schulung

Wenige Tage nach diesem Gespräch stand plötzlich unsere Schulungsabteilung im Mittelpunkt der Aufmerksamkeit. Das Schwergewicht der politischen Arbeit wurde nun wieder auf die Schulung verlegt.
Die Wahlen hatten gezeigt, daß der Frontalangriff, das Überschwemmen der Bevölkerung mit Millionen von Flugblättern, nicht zum Ziele führen konnte. Jetzt begann ein zeitweiliger Rückzug, um die Kräfte zu formieren und zu festigen. Dazu war eine verstärkte Schulung notwendig.
Am 25. Oktober 1946 erschien ein besonderer Beschluß der Parteiführung, der sich ausschließlich mit der Schulungsarbeit beschäftigte. Es wurde bemängelt, daß »in den letzten Monaten die Bildungsarbeit in den Hintergrund gedrängt« worden sei und die bisherigen Beschlüsse in dieser Frage »nur sehr ungenügend durchgeführt wurden«. Dann folgte die entscheidende Direktive: »Angesichts dieser Lage hält der Parteivorstand der SED es für die *wichtigste* Aufgabe der gesamten Partei, nunmehr in verstärktem Maße die Aufmerksamkeit der Bildungs- und Schulungsarbeit zuzuwenden.«
Der Besuch des politischen Bildungsabends sei »für jedes Parteimitglied selbstverständliche Verpflichtung«. Für den regelmäßigen Besuch des Schulungsabends »ist sofort in der gesamten Parteipresse eine systematische Werbekampagne« einzuleiten.
Die sechs Landesvorstände der SED wurden verpflichtet, in allen 130 Kreisen der sowjetischen Zone sofort Kreisschulen auf In-

ternatsbasis zu organisieren, in denen, je nach Größe des Kreises, 60 bis 80 Teilnehmer einen zweiwöchigen Schulungskursus durchzumachen hatten. Die Lehrgänge in den sechs Landesschulen wurden von vier Wochen auf drei Monate verlängert.

Unsere Schulungsabteilung, die in den letzten Monaten vor den Wahlen etwas in den Hintergrund gedrängt worden war, konnte sich nun vor Konferenzen, Direktiven und Aufgabenstellungen nicht mehr retten.

Schon am Tag nach der Veröffentlichung des Schulungsbeschlusses kam Grotewohl zu uns, um die Arbeit im einzelnen zu erläutern: »Wir haben uns die Aufgabe gestellt, im Verlaufe eines einzigen Jahres 180 000 SED-Mitglieder in 14tägigen Kursen in Kreisschulen zu schulen. Diese Aufgabe muß und wird durchgeführt werden.«

180 000 Mitglieder in einem Jahr schulen – ich war manches gewöhnt, aber das schien mir doch kaum durchführbar zu sein. Genügten die vorgesehenen Kreisschulen? Während Grotewohl weitersprach, rechnete ich: 130 Kreisschulen mit durchschnittlich 60 Kursanten in 14tägigen Lehrgängen, also 24 Lehrgänge in einem Jahr. Die Rechnung war einfach. Wenn dieser Vorschlag zu 100% verwirklicht würde, ergäbe es 187 800 Kursanten.

Unsere Abteilung bekam den Auftrag, innerhalb von nur vier Wochen ein obligatorisches Lehrbuch für die zu gründenden 130 Kreisschulen der SED herzustellen.

»An die Arbeit!« waren die letzten Worte.

Die Schulungssekretäre fuhren in die Kreise, Gebäude wurden requiriert, Lebensmittellieferungen »sichergestellt«, und schon zwei Wochen später trafen die ersten Meldungen über Eröffnungen von Kreisparteischulen ein.

Unterdessen waren wir dabei, das politische Lehrbuch für jene 180 000 Menschen herzustellen, die im Verlaufe der nächsten zwölf Monate die Schulen besuchen sollten. Von einem normalen Arbeitstag war keine Rede mehr. Wir arbeiteten bis spät

nachts. Zehn Tage später, genau zum Termin, lag das Lehrbuch der SED-Schulen im Manuskript vor.
Von Oelßner und Ackermann durchgesehen, wurde es sofort beim Dietz Verlag mit der Direktive in Druck gegeben: »Alle in Arbeit befindlichen Bücher und Broschüren müssen zurückstehen. Das Lehrbuch für die SED-Kreisschulen muß unter allen Umständen fristgemäß herausgegeben werden!«
Nach drei Monaten trat der Parteivorstand erneut zusammen. Wieder gab es eine Erklärung über die Schulung: »Der Parteivorstand der SED stellt mit Befriedigung fest, daß in der Durchführung des Beschlusses vom 25. Oktober 1946 über die Schulungsarbeit bedeutende Fortschritte erzielt wurden.«
Inzwischen waren überall die Landesschulen zu dreimonatigen Kursen übergegangen, in fast allen Kreisen begannen die Kreisschulen zu arbeiten, und im Dezember 1946 waren die Lehrer für die Kreisschulen bereits ausgebildet.
Alle Kreisschulen wurden angewiesen, sich an unser Lehrbuch zu halten, und die Zeitungsredaktionen wurden erneut beauftragt, die Schulungsarbeit noch mehr als vorher zu unterstützen. Die sechs Landesvorstände der SED erhielten den Auftrag, neben den Kreis- und Landesschulen besondere Schulungstagungen mit hohem Niveau für die leitenden Funktionäre der SED zu veranstalten.
Mitte April 1947 wurde in unserer Abteilung ein Bericht über die geleistete Arbeit gegeben. Oelßner konnte uns imponierende Zahlen nennen. Die *Schulungshefte* waren in einer Gesamtauflage von über 2 Millionen Exemplaren erschienen. Unsere sechs Landesschulen arbeiteten nach einem festen Lehrplan mit 45 Themen und hatten schon eine große Anzahl zusätzlicher Lehrkräfte für die Kreisschulen herangebildet. In der Parteihochschule »Karl Marx« waren Sechsmonatekurse für höhere Parteifunktionäre eingerichtet, und die Vorbereitungsarbeit für die Ausbildung politisch-wissenschaftlicher Fachkräfte war beendet. In den nächsten Wochen sollten Zweijahreskurse der Parteihochschule beginnen. Trotz dieser Leistungen ließ uns Oelßner nicht

zur Ruhe kommen. »Unsere Erfolge sind mangelhaft und gering, wenn wir sie mit dem vergleichen, was heute die Partei von uns fordert.«

Das waren keine leeren Worte. Die Schulungsarbeit wurde seit dem Frühjahr 1947 verstärkt und weiter ausgebaut. Finanzielle Fragen spielten keine Rolle; alles Notwendige wurde großzügig zur Verfügung gestellt. Auf die Schulungsfunktionäre wurde keine Rücksicht genommen, bis zur Erschöpfung wurden Lehrpläne ausgearbeitet, wurde unterrichtet, und von den über 100 000 Schülern der Kreisschulen, noch mehr aber von den tausend Teilnehmern der Landesschulen wurden erhebliche Leistungen verlangt.

Die Resultate blieben nicht aus. Wenn ich in regelmäßigen Abständen als Referent die Berliner Landesparteischule und die Brandenburger Landesparteischule im Schloß Schmerwitz besuchte, konnte ich jedesmal spüren, wie immer mehr Funktionäre sich nun der offiziellen Parteisprache bedienten.

So schuf sich die SED Schritt für Schritt, ohne sich durch Mißerfolge oder Niederlagen bei den Wahlen beeinflussen zu lassen, zäh und geduldig einen Stamm von geschulten und ergebenen Funktionären.

Die Sowjetisierung beginnt

Sosehr ich in der Schulungsarbeit aufging und mich über Erfolge auf diesem Gebiet freute, so stark wurden jedoch meine Bedenken gegenüber der Politik der SED nach der Wahlniederlage vom 20. Oktober 1946. Nicht der Weg zu einer größeren Selbständigkeit wurde beschritten, sondern der entgegengesetzte Weg:

Die Bindungen an die Sowjetunion und an die sowjetische Besatzungsmacht wurden stärker.

Am 7. November 1946 wurden große SED-Feiern zum sowjetischen Staatsfeiertag abgehalten; im Unterschied zum Jahre 1945 wurden erstmalig die aus diesem Anlaß gehaltenen Reden der Sowjetführer im Wortlaut veröffentlicht.

Am 5. Dezember 1946 wurde auch der Tag der Sowjetverfassung in fast unterwürfiger Art feierlich begangen, und am 21. Dezember, dem 67. Geburtstag Stalins, erschien ein langer Artikel von Wilhelm Pieck, in dem es hieß: »Die geniale Weitsicht des großen Führers der Sowjetunion zeigte auch dem deutschen Volke den Weg.«

Mitte Januar 1947 folgte ein weiterer Schritt. Marschall Sokolowski und seine Stellvertreter sowie der Leiter der Politischen Verwaltung, Oberst Tulpanow, luden die SED-Führer Pieck, Grotewohl, Ulbricht und Fechner zu Verhandlungen ein, und am 16. Januar wurde das Resultat bekanntgegeben: »Dem Ersuchen der Sozialistischen Einheitspartei Deutschlands, die Demontagen endgültig einzustellen, wurde stattgegeben. Nachdem insbesondere die Kriegsindustrie demontiert ist, finden keine weiteren Demontagen statt.«

So erfreulich dieses Versprechen für uns war – später sollte sich allerdings herausstellen, daß es nicht eingehalten wurde –, so bedenklich schien mir und einigen anderen Funktionären die Tatsache, daß unsere Parteiführung ihre enge Verbindung mit der Besatzungsmacht durch unterwürfige Dankschreiben noch stärker zum Ausdruck gebracht hatte.

Es folgte eine offizielle Dankeserklärung von Wilhelm Pieck, danach eine von Ulbricht und schließlich auch noch ein gemeinsames Dankschreiben des gesamten Parteivorstandes der SED an die sowjetische Besatzungsmacht.

»Ich freue mich über die Beendigung der Demontage, aber ich weiß nicht, ob es für unsere Partei gut ist, sich als eine Mischung von Bittsteller und Dankschreiber hervorzutun«, sagte mir ein Funktionär.

»Hoffentlich ist es das erste und letzte Mal, daß wir diese Rolle spielen«, war meine Antwort.

Es war das erste Mal, aber keineswegs das letzte Mal.

Diese Form wurde nun gang und gäbe. Ende Januar 1947 waren die FDGB-Führer bei Sokolowski; wieder wurden einige Bitten erfüllt, wieder folgten unterwürfige Dankschreiben. Dann kam die FDJ an die Reihe. Schließlich wurden sogar kleine Verbesserungen in der Gemüseversorgung durch Verhandlungen und gemeinsame Erklärung mit Dankschreiben der SED feierlich begrüßt. Die immer stärker werdende Bindung an die Sowjetunion und an die sowjetische Besatzungsmacht zeigte sich auch deutlich an anderen Ereignissen.

Im Frühjahr 1947 verzichtete die SED-Führung auf ihre selbständige Haltung zur deutschen Ostgrenze. Im Gegensatz zur offiziellen Stellungnahme vor den Landtagswahlen im Oktober 1946 erklärte jetzt Franz Dahlem im Auftrage der SED-Führung: *Der Verlust der Ostgebiete trifft das deutsche Volk schwer. Aber das Leben muß weitergehen.**

Noch immer war unsere These vom besonderen deutschen Weg zum Sozialismus offizielle Parteilinie, aber wurde sie nicht zunichte gemacht durch die Verherrlichung Stalins, die Gruß- und Glückwunschtelegramme an die Sowjetunion, die Bitten, Verhandlungen und Dankschreiben an die sowjetische Administration, die Aufgabe einer eigenen Haltung zur Frage der Ostgrenze? Langsam verstärkten sich meine Zweifel.

Wenige Wochen später gerieten alle höheren Funktionäre – und nicht nur die höheren – in helle Aufregung. Das Tagesgespräch war die sogenannte Münchener Konferenz. Auf Einladung des bayerischen Ministerpräsidenten sollte Anfang Juni 1947 eine Konferenz der Ministerpräsidenten aller deutschen Länderregierungen stattfinden. Auch die Ministerpräsidenten der Sowjetzone waren eingeladen worden.

Bald darauf folgte die offizielle Antwort der Sowjetzone: Die Konferenz sollte nicht in München, sondern in Berlin stattfinden, und man solle auch die Vertreter der Parteien und Gewerkschaften hinzuziehen. Das wurde von westlicher Seite abgelehnt. Die Meinung in den SED-Funktionärskreisen war unterschiedlich. »Ganz egal, wo das stattfindet und mit wem; Hauptsache,

* Franz Dahlem: Zur Lage der Ostgrenze, Neues Deutschland vom 2. April 1947.

die Konferenz findet statt. Wir müssen unbedingt unsere Leute hinschicken«, sagten die einen. Zu ihnen gehörte auch ich.
»Wenn die unsere Forderungen nicht annehmen, sollen wir gar nicht erst hinfahren«, meinten die anderen.
Mit Spannung warteten wir darauf, wie die Antwort der Parteiführung ausfallen würde. Ich war sehr erfreut über die Mitteilung, daß eine östliche Delegation, bestehend aus Dr. Friedrichs (Sachsen), Dr. Hübener (Sachsen-Anhalt), Höcker (Mecklenburg), Dr. Paul (Thüringen) und Dr. Steinhoff (Brandenburg), fahren würde. Meine Freude wurde jedoch etwas gedämpft, als ich erfuhr, daß anstelle des erkrankten Ministerpräsidenten von Sachsen, Dr. Friedrichs, sein Stellvertreter Kurt Fischer zur Fahrt nach München ausersehen war. Ich kannte Fischer von Moskau her. Wenn Fischer einmal Macht in Händen hat, möchte ich ihm nicht untertan sein, hatte ich damals gedacht. Die Erkrankung Friedrichs zu einem solchen Zeitpunkt erschien mir eigenartig. und bei der Ernennung Fischers, der zweifellos als eine Art Kontrolleur der anderen Teilnehmer fungieren sollte, schwante mir nichts Gutes. Zwei Tage später war die Konferenz bereits geplatzt. »Die Brüskierung aller Deutschen in der Ostzone«, war die Schlagzeile des Zentralorgans. Es stellte sich heraus, daß die östlichen Vertreter mit einer bindenden Direktive nach München gefahren waren. Unmittelbar nach Beginn der Konferenz hatten sie den Antrag eingebracht, als Punkt eins der Tagesordnung die Bildung einer deutschen zentralen Verwaltung durch Verständigung der demokratischen Parteien und Gewerkschaften zur Schaffung eines deutschen Einheitsstaates zu verlangen. Das war von den westdeutschen Vertretern abgelehnt worden. Daraufhin hatte die Delegation der Sowjetzone die Konferenz sofort verlassen und war unverrichteterdinge nach Berlin zurückgekehrt.
Die Rückkehr der Ministerpräsidenten der Sowjetzone wurde damit begründet, »daß von den Veranstaltern der Konferenz die wirtschaftliche Not des deutschen Volkes nur dazu mißbraucht werden sollte, ihre dunklen föderalistischen Ziele zu verfolgen.

Für diese volksfeindlichen Machenschaften sollten auch die Vertreter der Ostzone ausgenutzt werden.«
Die große Chance, durch eine gemeinsame Konferenz der Ministerpräsidenten der Westzonen und der Sowjetzone zu einer Verständigung zu kommen, war verpaßt.
Am gleichen Tage ging ich in das »Haus der Einheit«.
»Ich verstehe überhaupt nichts mehr«, sagte mir ein Mitarbeiter. »Die große Chance für die Einheit Deutschlands ist verspielt. Ulbricht aber ist erfreut wie selten. Er und einige andere Funktionäre sprechen von einem großen Sieg. Es scheint fast, sie freuten sich darüber, daß die Konferenz aufgeflogen ist.«
Diese Vermutung wurde mir wenige Minuten später bestätigt. Ich traf Gyptner, den ich noch aus den Zeiten der »Gruppe Ulbricht« kannte. Er war jetzt Sekretär des Zentralsekretariats. Er strahlte: »Das haben wir gut hingekriegt. Ein Glück, daß es so gekommen ist, aber es hat vorher manche Schwierigkeiten im Zentralsekretariat gegeben.«
»Schwierigkeiten?«
»Wir wollten doch zuerst überhaupt nicht hinfahren, aber die Sozialdemokraten und sogar einige der unsrigen drängten. Darauf wurde dann dieser Weg beschlossen: Wir haben den guten Willen gezeigt, gleichzeitig ist diese Konferenz aber nicht zustande gekommen.«
Ich sagte nichts.
Gyptner war nun erst richtig in Fahrt. »Stell dir mal vor, was passiert ist. Ulbricht weist in der Sitzung des Zentralsekretariats darauf hin, daß er mit den sowjetischen Freunden gesprochen habe und sie uns diesen Rat gaben. Da steht doch einer von den Sozialdemokraten auf und erklärt mir nichts dir nichts, die Münchener Konferenz sei eine innerdeutsche Angelegenheit, und man brauche sich doch nicht unbedingt nach den sowjetischen Vorschlägen zu richten!«
Völlig richtig, dachte ich, sprach es aber Gyptner gegenüber nicht aus. Gyptner schüttelte bloß mißbilligend den Kopf: »Stell dir doch vor, Wolfgang, eine solche Nulpe sitzt jetzt mit

uns im Zentralsekretariat. Mit solchen Leuten sollen wir die Partei führen!«
»Na, und was geschah?«
»Er wurde natürlich überstimmt!«
Schade, dachte ich, gleichzeitig aber erschrak ich, daß meine Opposition schon so weit vorgeschritten war.
Als ich vom »Haus der Einheit« in unser Schulungsgebäude zurückgekehrt war, stürzte Fred Oelßner auf mich zu:
»Es wird ein außerordentlicher Schulungsabend über die Münchener Konferenz stattfinden. Wir müssen sofort ein Sonderheft ausarbeiten. Fang am besten gleich an.«
Ich zögerte.
»Na, was ist denn?«
»Weißt du, Fred, ich kenn' mich in dieser Frage nicht genügend aus, und mir ist, ehrlich gesagt, auch manches recht unklar.«
Oelßner blickte mich ironisch lächelnd an. »Nana, gehörst du etwa auch zu denen, die in dieser Frage politische Bauchschmerzen haben?«
Politische Bauchschmerzen – das war der Ausdruck für Stimmungen und Ansichten bei Funktionären, die mit der offiziellen Linie nicht übereinstimmten.
»Teils, teils«, antwortete ich ausweichend. »Auf keinen Fall möchte ich das Bildungsheft schreiben.«
Glücklicherweise ging Fred Oelßner nicht weiter auf das Thema der politischen Bauchschmerzen ein: »Hast recht, Wolfgang, du hast in den letzten Tagen sehr viel zu tun gehabt. Ruh dich etwas aus. Ich werde das Heft über die Münchener Konferenz selbst schreiben.«
Mir fiel ein Stein vom Herzen. Doch als ich die Treppe zu meinem Büro hinaufging, wurde ich mir meiner eigentümlichen Situation bewußt. War es schon soweit, daß ich, ein Mitarbeiter der Abteilung Schulung und Werbung des Zentralsekretariats der SED, der verantwortliche Redakteur der Schulungshefte, mich von der aktuellen Parteilinie so entfernt hatte, daß ich nicht mehr mit reinem Gewissen darüber schreiben könnte?

Abstecher nach Jugoslawien

Wenige Tage nach den dramatischen Ereignissen der Münchener Konferenz wurde ich von der Kaderabteilung angerufen: »Der Zentralrat der Jugoslawischen Volksjugend möchte gerne mit einem führenden jungen Funktionär Kontakt aufnehmen. Sie haben dich vorgeschlagen, und von unserer Seite steht dem nichts im Wege. Wärst du mit einer Fahrt nach Jugoslawien einverstanden?«

»Natürlich!«

Ich war hocherfreut. Wenige Wochen zuvor war ich auf dem II. FDJ-Parlament in Meißen gewesen und hatte dort zwei jugoslawische Delegierte kennengelernt. Im Namen der Volksjugend hatten sie der FDJ ein Geschenk überreicht und den Wunsch ausgedrückt, daß die FDJ bald als gleichberechtigtes Mitglied in den »Weltbund der demokratischen Jugend« eingereiht werde.

Die Jugoslawische Volksjugend war die erste ausländische Jugendorganisation, die die FDJ begrüßte und Delegierte entsandt hatte, und ihre Erklärung war mit großem Beifall aufgenommen worden. Niemand von uns konnte damals ahnen, daß diese Begrüßungsrede und der darin ausgesprochene Wunsch, die FDJ in den Weltbund aufzunehmen, der Jugoslawischen Volksjugend schwer verübelt wurde, da sie selbständig und ohne Rücksprache mit der sowjetischen Jugendorganisation und dem Weltbund gehandelt hatte.

Ich hatte mich mit den jugoslawischen Delegierten angefreundet, und sie hatten mir in Meißen den Vorschlag gemacht, einmal nach Jugoslawien zu kommen. Aber ich ahnte natürlich nicht, daß es so schnell gehen würde.

Kaum einen Monat später saß ich freudig erregt mit einem jugoslawischen Funktionär in einem schönen Wagen, der uns über Dresden, Prag, Bratislava und Budapest nach Belgrad brachte. Es war in den letzten Tagen des Juni 1947.

Jugoslawien wurde zu jener Zeit – ein Jahr vor dem Bruch mit Moskau – von vielen ausländischen Journalisten als das Land bezeichnet, das der Sowjetunion am ähnlichsten sei. Äußerlich gesehen war eine solche Schlußfolgerung verständlich: In keinem anderen volksdemokratischen Land war die Nationalisierung so weit vorgeschritten, die Bodenreform so konsequent verwirklicht worden, nirgends außerhalb der Sowjetunion wurde das öffentliche Leben so weitgehend durch die Politik der Kommunisten bestimmt wie in Jugoslawien. Es gab keine nennenswerten Parteien im Lande außer der Kommunistischen, und nirgends sah man so viele rote Fahnen. Die Schlußfolgerung der ausländischen Korrespondenten ging jedoch an wesentlichen Tatsachen vorbei, die schon damals, zumindest für einen ausländischen Kommunisten, sichtbar waren.

Bei meinem ersten Besuch im Zentralrat der Jugoslawischen Volksjugend in Belgrad entspann sich eine aufgelockerte, interessante Diskussion über die jugoslawische Jugend und die FDJ, über Gemeinsamkeiten und Unterschiede beider Jugendorganisationen. Es hagelte Fragen über Deutschland. Ich staunte, wie gut diese Funktionäre informiert waren.

Anders als in Rußland, dachte ich, freier, ungezwungener, selbständiger.

In den nächsten Tagen besuchte ich das Museum des Befreiungskrieges, Fabriken, die Pionierstadt bei Belgrad, Zeitungsredaktionen und die deutsche Abteilung des Belgrader Rundfunks. Es gab viel Interessantes zu sehen, aber eines vermißte ich:

»Wie ist das eigentlich bei euch?« fragte ich meinen Übersetzer und Begleiter. »Ich habe noch kein einziges Büro der Kommunistischen Partei gesehen, und die Menschen tragen hier ja gar keine Parteiabzeichen?«

»Wir haben keine großen Parteibüros und auch keine Parteiabzeichen, Genosse Leonhard. Die praktische, politische Arbeit wird bei uns von der Volksfront geleistet. Du hast doch sicher schon die vielen Volksfrontbüros gesehen.«

»Aber wie tritt dann die Partei in Erscheinung?«

Mein Begleiter lächelte.

Wahrscheinlich war ich nicht der erste ausländische kommunistische Besucher, der diese Frage stellte.
»Wieso, man braucht ja schließlich keine Parteiabzeichen und große Parteibüros, um die Politik maßgebend zu bestimmen. Alle Parteimitglieder sind bei uns gleichzeitig in der Volksfront; alle Mitglieder des kommunistischen Jugendverbandes sind gleichzeitig in der Volksjugend. Sie treten dadurch in Erscheinung, daß sie am vorbildlichsten und aktivsten arbeiten.«
Viel klüger als die Russen und viel klüger als die SED, dachte ich. Die Sache gefiel mir.
»Wenn du Lust hast, kannst du morgen zur großen jugoslawischen Jugendbahn fahren. Es kommen noch zwei bulgarische Jugendfunktionäre mit.«
Vom Bau der jugoslawischen Jugendbahn Schamaz-Sarajewo hatte ich schon viel gehört. Diese 247 Kilometer lange Strecke war am 1. April 1947 in Angriff genommen worden. 180 000 Jugendliche, in mehreren Schichten arbeitend – jede Brigade war für zwei Monate dort –, sollten sie fertigstellen.
Der Bau dieser Bahn hatte nicht nur ein wirtschaftliches, sondern auch ein politisch-erzieherisches Ziel. Die Jugend der verschiedenen Nationalitäten Jugoslawiens sollte sich in gemeinsamer Arbeit kennenlernen und einander näherkommen, hatten die nationalen Gegensätze doch früher die Entwicklung des Landes gehemmt. Zum Bau dieser Bahn waren jedoch nicht nur Jugendliche aus allen Teilen Jugoslawiens, sondern auch aus Italien, Polen, Bulgarien, Großbritannien, der Tschechoslowakei und aus anderen Ländern gekommen.
Auch unsere Gruppe war international: Neben den beiden bulgarischen Jugendfunktionären und mir saßen zwei Italiener, eine Griechin und ein Engländer in unserem Abteil. Sie alle fuhren zur Jugendbahn. Je näher wir unserem Ziel, der bosnischen Stadt Seniza, damals »Hauptstadt der Jugendbahn«, kamen, desto häufiger sahen wir Jugendkolonnen, die mit Erdarbeiten und Gleisbauten beschäftigt waren. Die Holzbaracken waren mit Blumen, Girlanden und Losungen geschmückt.

»Seniza, wir sind da!« Verwundert ging ich durch diese eigentümliche Stadt, in der das Alte und das Neue, Vergangenheit und Zukunft so eng zusammengedrängt waren. Die einheimische Bevölkerung bestand meist aus Mohammedanern; die Männer trugen rote Turbane und die Frauen schwarze Schleier, »Feredsha« genannt, und weiße, blaue oder schwarze Kleider, die bis zu den Knöcheln reichten. Einige Tage später erfuhr ich, daß die Farben nicht zufällig waren – sie geben nämlich das Alter der Frau an. Die mohammedanische Bevölkerung hatte sich schon an den Betrieb beim Bau gewöhnt. Die Männer mit den Turbanen und die Frauen mit den Schleiern schauten gar nicht mehr auf, wenn amerikanische Jeeps und Lastwagen, mit den roten Wimpeln der Volksjugend geschmückt, die singenden Jugendlichen zu ihren Bauabschnitten fuhren.

In einem Nebenbau befand sich die Zentrale. Tag und Nacht herrschte Hochbetrieb, denn hier liefen alle Fäden dieses Bahnbaues zusammen. Täglich trafen Jugendbrigaden, Delegationen und Journalisten aus fast allen Ländern der Welt ein. In diesem Durcheinander hörte man Englisch, Serbisch, Tschechisch, Ungarisch, Französisch, Griechisch, Deutsch, Arabisch und Hebräisch, denn außer den Jugendlichen aus Europa, Amerika und Australien waren auch arabische und jüdische Jugendliche aus Palästina eingetroffen. Im Zeichen der »Brüderlichkeit und Einheit« hatten auch sie eine gemeinsame Brigade gebildet – und verstanden sich ausgezeichnet.

Nur ein Land war nicht vertreten: die Sowjetunion.

»Warum sind hier eigentlich keine sowjetischen Jugendlichen?« fragte ich ein Mitglied der Leitung.

»Die sowjetischen Jugendlichen sind mit dem Aufbau ihres eigenen Landes beschäftigt«, antwortete er.

Das klang nicht sehr überzeugend. Sollte es nicht möglich sein, von den 10 Millionen Komsomolzen einige Dutzend hierher zu senden? Sicher lagen andere Gründe vor, und es war für mich nicht schwer, sie zu erraten.

In wenigen Tagen war mir klargeworden, daß hier im Sommer

1947 die Begeisterung und der Enthusiasmus echter und stärker, die Jugendlichen ungezwungener und freier, die Diskussionen weniger schablonenhaft, das ganze Jugendleben aufgelockerter waren als in der Sowjetunion. Wenn ich schon nach wenigen Tagen zu dieser Schlußfolgerung kam – was würden erst Komsomolzen sagen, wenn sie zwei Monate hier wären? Das dürfte der wahre Grund gewesen sein...

Bei den politischen Vorträgen mißfielen mir nur drei Worte, die ich immer wieder zu hören bekam: *Posle sovjetskog saveza* (nach der Sowjetunion). Wenn die Jugoslawen zu jener Zeit über ihre Erfolge sprachen, setzten sie diese drei Worte voran, um zu betonen, daß sie nie daran dächten, sich mit der Sowjetunion zu vergleichen.

Auf der Rückfahrt nach Belgrad kam ich in ein Gespräch mit jugoslawischen Jugendlichen.

»Sie waren in der Sowjetunion?« fragte eine junge Jugoslawin mit leuchtenden Augen. »Dort muß es ja wunderbar sein.«

»Bei Ihnen in Jugoslawien ist es viel schöner«, sagte ich mit Überzeugung.

Die Jugendlichen sahen mich erstaunt an.

»Manches, was ich in den drei Wochen in Jugoslawien gesehen und erlebt habe, gefällt mir besser als in der Sowjetunion.«

Ich versuchte, dies an Beispielen zu beweisen, aber sie schüttelten nur den Kopf.

»Nein, das glaube ich nicht, wir sind noch weit hinter der Sowjetunion zurück«, meinte die Jugoslawin, und die anderen stimmten ihr zu. Inzwischen werden sie mich wohl verstanden haben.

In Belgrad hatte ich meine letzten Besprechungen mit den Spitzenfunktionären der Jugoslawischen Volksjugend.

»Wir freuen uns, daß Sie bei uns waren und wir die persönliche Verbindung zur FDJ hergestellt haben, die nun sicher nicht mehr abreißen wird. Für das nächste Jahr ist wieder ein größeres Jugendbauprojekt geplant. Wir wollen dazu erstmalig auch eine Brigade der FDJ einladen.«

»Wann würde das ungefähr sein?«
»Genau können wir das jetzt noch nicht sagen, vielleicht im Juni oder Juli 1948...«
Am Abend vor meiner Rückfahrt nach Berlin traf ich einen höheren Parteifunktionär, der im Verlaufe des Befreiungskrieges Redakteur der *Borba* gewesen war und dem Zentralkomitee der Partei angehörte. Er sprach fließend Deutsch, war selbst in Deutschland gewesen und kannte die deutschen Verhältnisse und auch viele der deutschen SED-Funktionäre.
Ich stellte Dutzende von Fragen über Jugoslawien, die noch offengeblieben waren. Bald steckten wir in einer Diskussion, und plötzlich fragte er mich:
»Sag mal, was hat denn dir hier *nicht* gefallen? Es ist für uns interessant, welche Eindrücke die ausländischen Genossen von unserem Land haben, vor allem aber, welche kritischen Bemerkungen sie zu machen haben.«
»Es gibt nur eine Sache, die mir nicht gefällt und die ich für nicht ganz richtig halte.«
»Was denn?« – Er schaute mich interessiert an.
»Ich habe hier viele politische Referate gehört, und mir wurden auch einige wichtige Reden und Zeitungsartikel übersetzt. Mir fällt dabei immer wieder euer Hinweis auf, daß ihr noch weit hinter der Sowjetunion zurücksteht. Ich war zehn Jahre in der Sowjetunion und habe daher einige Vergleichsmöglichkeiten. Ich bin nicht eurer Ansicht. Eure Funktionäre sind politisch viel geschulter und gebildeter als die sowjetischen, und eure Jugend ist begeisterter und interessierter als die Komsomolzen. Eure Partei hat zwar keine bombastischen Häuser, aber dafür einen viel größeren Einfluß im Volk, meiner Überzeugung nach beschreitet ihr einen Weg, der besser ist als der sowjetische.«
Ich war ganz in Fahrt gekommen und hatte meinem Herzen Luft gemacht. Der Funktionär schaute mich nachdenklich und ernst an. »Darüber wollen wir nicht sprechen«, sagte er.
Am nächsten Morgen mußte ich leider wieder nach Berlin, zu-

rück zu meiner Arbeit in der Schulungsabteilung des Zentralsekretariats der SED.
Die Reise nach Jugoslawien im Sommer 1947 hatte mir neue Kraft und neue Hoffnung gegeben, gleichzeitig aber meine Bedenken gegenüber dem »sowjetischen Beispiel« verstärkt...

Der II. Parteitag

Nach meiner Rückkehr besuchte ich meinen Jugendfreund Mischa Wolf, den ich von der Kominternschule her kannte. Jetzt war er unter dem Namen »Michael Storm« außenpolitischer Kommentator des Ostberliner Rundfunks. Noch wichtiger jedoch war seine Tätigkeit als verantwortlicher Kontrolleur der wichtigsten politischen Sendungen. Mischa, der ausgezeichnete Beziehungen zu den höchsten sowjetischen Stellen hatte, bewohnte eine luxuriöse Fünf-Zimmer-Wohnung in der Bayern-Allee unweit des Rundfunkgebäudes in Westberlin. Er hatte inzwischen Emmi Stenzer geheiratet, das blonde, blauäugige Mädchen aus der Kominternschule, das so gut Volksausschüsse auf dem Papier zusammensetzen konnte und das meine Äußerungen der Schulleitung hinterbracht und damit meine erste Selbstkritik veranlaßt hatte.
»Wunderbar, daß du kommst. Du kannst gleich mit in unser Landhaus fahren. Dort verbringen wir immer unser Wochenende.« Eine Stunde später hielten wir vor einer schönen Villa in der Nähe des Glienicker Sees. Sie gehörte dem damals 25jährigen Mischa Wolf.
Beim Spaziergang am Ufer des Sees meinte Mischa leichthin: »Eigentlich wird es Zeit, daß ihr mit eurer Theorie vom besonderen deutschen Weg zum Sozialismus Schluß macht. Die Linie wird bald anders.«
Ich lachte: »Mischa, deine Position und deine Klugheit in Ehren, aber über die politische Linie weiß ich ja nun doch besser Bescheid. Ich arbeite schließlich im Zentralsekretariat und schreibe die Schulungshefte, die für alle Mitglieder und Funktionäre der gesamten Partei maßgebend sind.«

Mischa hatte sich eine Zigarette angezündet.
»Es gibt höhere Instanzen als euer Zentralsekretariat«, meinte er ironisch lächelnd. Es machte ihm offensichtlich Spaß, von »eurem« Zentralsekretariat zu sprechen.
»Aber, Mischa, die These vom besonderen deutschen Weg zum Sozialismus ist doch in den Grundsätzen und Zielen der SED ausdrücklich enthalten!«
Mischa Wolf ließ sich von den Grundsätzen und Zielen der SED nicht im geringsten beeindrucken: »Dann muß man sie eben umschreiben.«
Ich schaute ihn entgeistert an.
»Wolfgang, ich sag' ja nicht, daß das schon morgen geschieht. Ich möchte dich nur rechtzeitig auf gewisse Veränderungen hinweisen. Wir haben kürzlich mit Tulpanow darüber gesprochen. Er sagte – natürlich nur im engsten Kreise –, daß man mit der Theorie vom besonderen deutschen Weg bald Schluß machen sollte. An deiner Stelle würde ich nicht mehr allzuviel davon sprechen und schreiben, die zukünftige Umstellung wird dir dann leichterfallen.«
Er sagte es leichthin, ohne zu ahnen, daß mit der Aufgabe dieser These für mich eine große Hoffnung zusammenstürzen mußte. Für ihn dagegen schien das lediglich ein Mittel zum Zweck zu sein. An wen erinnerte er mich bloß? Jetzt wußte ich es: Mischa war der gleiche Typ wie der hohe sowjetische Politoffizier, der in so lässigem Tonfall über den Ausgang der Wahlen vom 20. Oktober gesprochen hatte. Er war der Typ des sehr klugen, ruhigen, im Hintergrund stehenden Funktionärs, der alles, was die anderen Genossen ernst nahmen, wofür sie kämpfen, wovon sie begeistert sind, nur als eine große Schachpartie ansieht. Mischa war Deutscher, aber die Nationalität spielte dabei nicht die geringste Rolle. Er hatte den gleichen Tonfall, die gleiche Art, sich die Zigarette anzuzünden, das gleiche leicht ironische Lächeln für die begeisterten Funktionäre und ihren Ernst, mit dem sie neue Losungen und Direktiven vertraten, wie der politische Sowjetoffizier, den ich Ende Oktober 1946 besucht hatte. Die »Hinter-

grund-Funktionäre« schienen sich für nichts zu begeistern und anscheinend auch durch nichts aus der Ruhe bringen zu lassen. Sie beschränkten sich darauf, vorsichtig und behutsam den neuen taktischen Schritt auszuarbeiten, um dann ihre Weisungen den Spitzenfunktionären zu übergeben, die sie auf riesigen Versammlungen in die Welt hinausposaunen, die Menschen dafür zu begeistern suchen und enthusiastische Leitartikel schreiben.
In wenigen Tagen sollte der II. Parteitag der SED beginnen. Wenn Mischa recht hätte, dann würde die Parteiführung vom besonderen deutschen Weg zum Sozialismus viel weniger sprechen und die Bindung an die Sowjetunion noch mehr hervorheben als bisher.
Am 20. September 1947 saß ich erwartungsvoll in der Deutschen Staatsoper. Unter den feierlichen Klängen von Beethovens »Weihe des Hauses« wurde der II. Parteitag der SED eröffnet. Mit Spannung erwartete ich die Reden der Spitzenfunktionäre. Wilhelm Pieck sollte den politischen Bericht, Erich W. Gniffke den Organisationsbericht geben, Otto Grotewohl sollte über die Probleme der Einheit Deutschlands und Walter Ulbricht über den wirtschaftlichen und staatlichen Aufbau der Sowjetzone sprechen. Während der fünf Tage des Parteikongresses wurde die These vom besonderen Weg zum Sozialismus zwar nicht offiziell beseitigt, aber die ständige Betonung der »hervorragenden Leistungen der Sowjetunion« zeigte mir eine Tendenz an, die mich beunruhigte und die zu rechtfertigen mir immer schwerer wurde.
In seiner Eröffnungsansprache versuchte Max Fechner noch eine Synthese zwischen enger Zusammenarbeit mit der Sowjetunion und eigenständiger Politik zu finden: *Das Bekenntnis zur engen wirtschaftlichen und kulturellen Zusammenarbeit mit der Sowjetunion bedeutet nicht Verzicht auf eine eigenständige Politik, und deutsche Politik zu betreiben bedeutet nicht, antisowjetische Hetze zu betreiben.*

Otto Grotewohl ging jedoch in seinem Referat weiter:
Die Stärke der neuen demokratischen Ordnung, die in Ost- und

Südosteuropa und auch in der sowjetischen Besatzungszone entstanden ist, beruht auch darauf, daß sie die Unterstützung der Sowjetunion genießt.

Schon am nächsten Tag spürte ich die Bedeutung dieser Erklärung für die praktische Politik. In seinem großen politischen Bericht nahm Wilhelm Pieck zu einem Problem Stellung, das uns allen damals sehr zu schaffen machte – die Demontage.

Anfang 1947 hatte Marschall Sokolowski der SED-Führung feierlich versichert, die Demontagen seien beendet. In Massenversammlungen wurde das als Sieg und Erfolg der SED gefeiert und mit untertänigstem Dank an die großzügige sowjetische Militärverwaltung verbunden.

Dann aber, nur wenige Wochen später, wurden die Demontagen fortgesetzt. Das war ein offener Wortbruch. In der Partei wurden Stimmen laut, die forderten, man sollte sich wenigstens in diesem Falle, wenn auch in höflicher und bescheidener Form, von den Demontagemaßnahmen distanzieren. Wir durften es nicht. Funktionäre, die in Betrieben oder allgemeinen Versammlungen zu sprechen hatten, befanden sich in einer hoffnungslosen Lage.

Auf dem II. Parteitag mußte Pieck diesen Wortbruch rechtfertigen:

Der Parteivorstand quittierte diese großzügige Zusage der sowjetischen Militärverwaltung mit großem Dank und gab darin einen Vertrauensbeweis gegenüber dem deutschen Volke.

Es sind in der letzten Zeit trotzdem weitere Demontagen bekanntgeworden, so die Demontage von Gleisanlagen, die sehr ernste Schwierigkeiten im Verkehrs- und Transportwesen hervorrufen. Wir haben auch hier um eine maximale Einschränkung dieser Demontagen ersucht. Die in einer Reihe von Bergwerken vorgenommenen Demontagen von Maschinen sind nach den Erklärungen des Marschalls Sokolowski nicht als neue Demontage anzusehen, sondern bewegen sich in Ergänzung der Demontagen an Bergwerkseinrichtungen, die bei der früher festgelegten Demontage vorläufig belassen wurden …

Bei diesen Worten herrschte eisiges Schweigen. Alle Anwesenden wußten, daß die Dinge anders lagen, als Pieck sie darstellte, denn gerade zu jener Zeit war die Demontage wieder in vollem Gange. Diese Erklärung zeigte mir erneut, wie sehr wir in allen Fragen der praktischen Gegenwartspolitik an die Verordnungen und Beschlüsse der sowjetischen Militäradministration gebunden waren. Die enge Bindung an die Sowjetunion wurde nun – im Unterschied zu 1945/46 – auch offen proklamiert.

Es war am Abend des dritten Verhandlungstages. Am Präsidiumstisch erhob sich Hermann Matern und rief in den Saal: »Nun habe ich die ehrenvolle Aufgabe, zu den vielen internationalen Grüßen den wohl bedeutungsvollsten Gruß dem Parteitag zu übermitteln.«

Er las die sowjetische Grußbotschaft vor, die von Suslow, dem Sekretär des Zentralkomitees der KPdSU, unterzeichnet war.

Alle Blicke richteten sich auf die Loge, in der Suslow als Gast des Parteitages saß. Suslow stand auf und rief in deutscher Sprache: »Es lebe die Sozialistische Einheitspartei Deutschlands!« Als sich der Beifall für diese Begrüßung gelegt hatte, rief Matern vom Präsidiumstisch aus in den Saal: »Es lebe die Kommunistische Partei der Sowjetunion! Es lebe ihr Zentralkomitee! Es lebe ihr Führer Stalin!«

In den anderthalb Jahren seit dem Vereinigungsparteitag hatte sich die SED sehr gewandelt. Auf dem Vereinigungsparteitag wäre eine solche Begrüßung nicht möglich gewesen...

Am Sonntag nach dem Parteitag fuhr ich mit einem der höchsten Funktionäre der Sowjetzone im Wagen. Wir hatten die Möglichkeit, ungestört zu sprechen. Ich beschloß, diese Gelegenheit nicht ungenutzt zu lassen.

»Unter uns gesagt: Du weißt doch sicher besser als ich, daß die Demontagen in vollem Umfang weitergehen. Die Verhandlungen über eine Einstellung wurden im Namen der Partei geführt und von uns popularisiert. Du kannst dir vorstellen, was das jetzt für uns bedeutet. Gibt es denn wirklich keine Mög-

lichkeit, die Einstellung der Demontagen zu erreichen, oder kann sich nicht wenigstens die Partei offiziell davon distanzieren?«
Der Spitzenfunktionär schaute mich ruhig an: »Nein, diese Möglichkeit gibt es nicht.«
»Aber was sagst du selbst dazu?«
Er holte tief Luft, es wirkte fast wie ein Stöhnen. Leise, etwas stockend, kam es aus ihm heraus:
»Sie nehmen auf uns keine Rücksicht.«
Mit »sie« war die sowjetische Führung gemeint. Aber auch bei diesem »Unter-uns-Gespräch« siegte die Selbstdisziplin, die jedem Funktionär durch Schulung und langjährige Parteitätigkeit eingeimpft worden ist:
»Wir wollen lieber nicht mehr davon sprechen.«
Eine Viertelstunde später waren wir jedoch wieder bei einem »heißen Eisen« angelangt: Das Benehmen der sowjetischen Soldaten und das Verbot für die SED, von sich aus dazu Stellung zu nehmen. Ich machte einen neuen Versuch:
»Ich kann die Dinge durchaus verstehen. Bei jeder Besatzung kann so etwas vorkommen, vor allem aber bei der gegenwärtigen Zusammensetzung der sowjetischen Besatzungstruppen in Deutschland. Die besten Kader wurden 1941 vernichtet, und die Mehrzahl der Soldaten stammt aus abgelegenen Dörfern. Sie haben noch keine längere Erziehung durchgemacht. Man könnte aber doch über diese Dinge offen reden. Was ich will, ist ja nur dies: daß die Partei das Recht erhält, darüber frei und offen zu sprechen, daß sie versucht, die Dinge zu erklären, sich von diesen Vorfällen zu distanzieren und zugleich damit verhindert, daß das Ansehen unserer Partei schwer geschädigt wird. Wenn wir nicht darüber sprechen, werden es andere tun und diese Vorfälle zu einer allgemeinen nationalistischen Verhetzung benutzen.«
Mein Gesprächspartner nickte und schien mir zuzustimmen. Aber er sagte nichts.
»Ihr wart doch in den vergangenen anderthalb Jahren mehrere Male in Moskau. Ist denn nicht wenigstens der Versuch gemacht worden, dort die Frage anzuschneiden?«

»Ja, wir haben so einen Versuch gemacht – bei Stalin.«
Er schwieg wieder. Aber ich ließ nicht locker.
»Und wie ging es aus?«
»Stalin antwortete mit einem alten russischen Sprichwort: ›In jeder Familie gibt es ein schwarzes Schaf.‹ Mehr sagte er nicht. Als dann einer von uns die Dinge etwas ernster darzustellen begann und auf die Folgen hinwies, wurde er von Stalin unterbrochen: ›Ich dulde nicht, daß jemand die Ehre der Roten Armee in den Schmutz zieht.‹ Damit war das Gespräch beendet.«
Weitere heikle Themen schnitt ich nicht mehr an – aber an diesem Sonntag im September 1947 hatte ich erkannt, wie außerordentlich fest wir an die Sowjetführung gekettet waren.

Parteihochschule »Karl Marx«

Es ist im stalinistischen Apparat allgemein üblich, daß ein Funktionär nach anderthalb bis drei Jahren von der Parteiführung eine andere neue Aufgabe erhält.
Seit zwei Jahren hatte ich nun ununterbrochen das Schulungsmaterial der Partei verfaßt und Gastvorlesungen auf der Parteihochschule, den SED-Landesschulen und der Zentralschule der FDJ (in der früheren Villa von Goebbels am Bogensee) gehalten.
Als ich im September 1947 zu meinem unmittelbaren Chef Anton Ackermann und dem damaligen Kaderchef der SED, Franz Dahlem, gerufen wurde, ahnte ich, daß mir neue Parteiaufgaben zugewiesen würden.
Beide sagten etwa dasselbe:
»Die Parteiführung legt großen Wert darauf, die Arbeit der Parteihochschule ›Karl Marx‹ zu erweitern. Es wurde daher der Vorschlag gemacht, daß du zur Unterstützung des Lehrkörpers für etwa zwei Jahre in unsere Parteihochschule gehst. Du könntest dir die Fakultät selbst aussuchen. Einverstanden?«
»Einverstanden!«
Der Vorschlag freute mich. Jetzt, so dachte ich, würde ich nicht mehr gezwungen sein, alle politischen Entschlüsse und Maßnah-

men der SED zu propagieren, sondern die Möglichkeit haben, in gewisser Distanz von der Tagespolitik mich in Ruhe mit theoretischen Problemen zu beschäftigen.

Die Parteihochschule befand sich damals in Liebenwalde, etwa 35 Kilometer nordöstlich von Berlin. Der Gebäudekomplex erinnerte mich schon äußerlich etwas an die Kominternschule in Kuschnarenkowo. Ich wurde von Rudolf Lindau, dem damaligen Direktor der Parteihochschule, empfangen. In Moskau hatte ich ihn unter seinem damaligen Parteinamen »Paul Grätz« kennengelernt. Er gehörte zu den wenigen überlebenden Veteranen: 1916 war er Mitglied des Gründungsausschusses des Spartakusbundes und gehörte der KPD seit ihrer Gründung an. In der sowjetischen Emigration hatte er sich vor allem mit Vorarbeiten für eine Geschichte der Kommunistischen Partei Deutschlands befaßt.

Rudolf Lindau begrüßte mich freundlich und weihte mich in die Arbeit der Parteihochschule ein: »Wir haben bis jetzt sechsmonatige Lehrgänge gehabt; von nun an aber werden wir die ersten Zweijahreslehrgänge beginnen. Die Halbjahreslehrgänge werden nebenher – allerdings mit anderem Charakter – noch weitergeführt werden.«

»Als eine Art verkürzte Zweijahreslehrgänge?«

»Nein, es handelt sich um einen wichtigen Unterschied: In den Zweijahreslehrgängen wollen wir junge, entwicklungsfähige Genossen, die nach 1945 zu uns gestoßen sind und bereits Kreis- und Landesparteischulen besucht und beendet haben, zu theoretisch fundierten Funktionären, zu verantwortungsvollen Parteiarbeitern heranbilden. Die Halbjahreslehrgänge sind dagegen in erster Linie für ältere Genossen vorgesehen, die bereits vor 1933 als KPD- oder SPD-Funktionäre tätig waren. Wir wollen sie hier mit den neuen politischen Aufgaben und Erkenntnissen vertraut machen und sie in theoretischer Hinsicht auf eine höhere Stufe bringen. Besondere Aufmerksamkeit müssen wir den Genossen aus Westdeutschland widmen.«

»Aus Westdeutschland?«

»Ja, etwa ein Viertel unserer Lehrgangsteilnehmer, sowohl im

Zweijahreslehrgang als auch in den Halbjahreslehrgängen, sind KPD-Funktionäre aus Westdeutschland, deren Schulung wir übernommen haben. Verständlicherweise studieren sie hier unter einem anderen Namen. Dasselbe gilt auch für die vier norwegischen Genossen, deren Ausbildung unsere Partei übernommen hat, da die Partei in Norwegen nur über Wochenendschulen verfügt.«

Rudolf Lindau zeigte mir die reichhaltige Bibliothek und führte mich anschließend in die »Lehrmittelabteilung«, in der gerade einige Mitarbeiter mit der Herstellung hektographierter Lehrmittel beschäftigt waren.

»Hier werden alle Lehrmaterialien für unsere Hörer hergestellt«, erläuterte er. »Vor jeder Vorlesung erhalten die Kursanten ein kurzes hektographiertes Vorlesungsprogramm, worin auch schon die zu diesem Thema verlangte Literatur verzeichnet ist. Nach Beendigung der Vorlesung erhalten sie in der Literaturausgabe das hektographierte Lesematerial für die betreffende Vorlesung und können dann im Lesesaal oder auch in ihren Zimmern mit dem für diese Vorlesung angesetzten Selbst-Studium beginnen. Am darauffolgenden Tag – manchmal wird die Zeit auch länger bemessen – wird ein dreistündiges Seminar abgehalten. Alle drei Monate folgen schriftliche Prüfungen und nach Beendigung eines Semesters finden in jedem Fach schriftliche und mündliche Examen statt.«

Am nächsten Tag stellte mich Rudolf Lindau den vier Fakultätsleitern der Parteihochschule vor.

Den Lehrstuhl für Geschichte hatte *Erich Paterna* inne, mit dem ich im Herbst 1945 in der Abteilung Agitprop des ZK der KP zusammengearbeitet hatte. Damals war er Referent für Schulfragen. Erich Paterna, ein begeisterter Verfechter der Schulreform, ist während der Weimarer Republik Sozialdemokrat gewesen, aber 1931 zur KPD übergetreten. Während der Nazijahre hatte er viele Jahre im Zuchthaus Brandenburg verbracht. Nun hatte er endlich die Möglichkeit, seine pädagogischen Ziele zu verwirklichen. Mit großem Eifer und großer Sachkenntnis arbeitete er un-

ermüdlich an der marxistischen Betrachtung der allgemeinen Geschichte und der Geschichte der deutschen Arbeiterbewegung. Er war der Typ des suchenden, revolutionären Wissenschaftlers und Forschers.
Mit *Frieda Rubiner*, die die Fakultät »Grundfragen des Marxismus-Leninismus« leitete, feierte ich ebenfalls ein Wiedersehen. Ich hatte sie schon in der Sowjetunion kennengelernt – zuletzt als Mitarbeiterin der VII. Abteilung der politischen Hauptverwaltung der Roten Armee. Jetzt versuchte sie mich gleich zu überreden, bei ihrer Fakultät mitzuarbeiten.
»Ich brauche ein Gegengewicht gegen die Sozialdemokraten«, sagte sie mit ernüchternder Offenheit.
Auch *Viktor Stern* kannte ich aus Moskau. In den zwanziger Jahren hatte er eine große Rolle in der tschechoslowakischen Partei gespielt und war Abgeordneter des tschechoslowakischen Parlaments gewesen. 1944, als ich ihn mehrmals in Moskau in seinem Haus besuchte – er war einer der wenigen Funktionäre, die nicht im Hotel »Lux« wohnten –, war es noch nicht einmal klar, in welchem Land er nach dem Sieg über Hitler tätig sein würde. Er wurde jedoch nicht in die Tschechoslowakei, sondern nach Deutschland entsandt, avancierte zum Professor, verfaßte eine Schrift über den dialektischen Materialismus*, und später eine zweite über *Stalin als Philosoph*. In der Parteihochschule leitete er die Fakultät für Philosophie.
Den Lehrstuhlleiter für politische Ökonomie, *Alfred Lemnitz*, kannte ich noch nicht; er hatte die Nazijahre in Deutschland in einem Gefängnis verbracht.
Die vier Fakultätsleiter kamen alle aus der KPD – die Parteihochschule war eine der wenigen Institutionen, in denen es schon damals keine Parität zwischen ehemaligen Sozialdemokraten und ehemaligen KP-Angehörigen gab. Um wenigstens eine »symbolische Parität« vorzuweisen, war dem Direktor der Parteihochschule, Rudolf Lindau, ein sympathischer, bescheidener, älterer

* Dieses Büchlein wurde später verfemt und aus dem Verkehr gezogen.

Sozialdemokrat als Stellvertreter beigegeben: *Paul Lenzer*, früher lange Jahre in der Kulturarbeit der SPD und im Abstinenzler-Bund tätig. Gegen die Übermacht der KP-Funktionäre in der Parteihochschule kam er natürlich nicht auf. Er mußte sich darauf beschränken, gelegentlich eine Vorlesung zu halten und sich um kulturelle Veranstaltungen der Schule zu kümmern.

Ich traf auch *Walter Köppe* aus der »Gruppe Ulbricht« wieder, der inzwischen von der politischen Arbeit auf den Posten eines Wirtschaftsleiters der Parteihochschule abgeschoben worden war. Hier fühlte er sich in seinem Element, war allerdings sehr darauf bedacht, ebenfalls als »Genosse Direktor« angesprochen zu werden.

Nach einigen Überlegungen entschied ich mich für die Geschichtsfakultät und lernte nun die Arbeitsweise der höchsten »Kaderschmiede der Partei« kennen.

Schon in den ersten Tagen fielen mir Unterschiede gegenüber der Kominternschule auf. Die Ausstattung der SED-Parteihochschule in Liebenwalde 1947 war vorbildlich, sogar noch besser als die der Kominternschule 1942/43. Die Verpflegung war trotz der Hungerzeit reichlich. Alle Parteihochschüler erhielten ein Taschengeld, und den Familienmitgliedern wurde das Gehalt oder der Lohn des betreffenden Teilnehmers weitergezahlt*. Die Bestimmungen waren damals – im Herbst 1947 – noch längst nicht so streng wie in der Kominternschule. Die Kursanten konnten Briefe schreiben und am Wochenende nach Berlin fahren. Auch an den Wochentagen durfte das Schulgebiet verlassen werden. Es gab zwar Kritik- und Selbstkritikabende, aber sie standen damals noch in keinem Verhältnis zu dem, was ich in der Kominternschule erlebt hatte.

Auch die Seminare waren nicht so streng. »Fehlerhafte« Auffassungen und »falsche« Formulierungen wurden zwar scharf kri-

* 1952 wurde eine generelle Regelung eingeführt: verheiratete Teilnehmer erhielten 800 Ostmark, ledige 600 Ostmark monatlich.

tisiert, aber sie führten zu jener Zeit noch nicht zum sofortigen Ausschluß aus der Schule und Partei.
Mir erschien diese Schule – im Vergleich zur Kominternschule – fast liberal. Hochschüler, die diese Vergleichsmöglichkeit nicht hatten und nicht ahnen konnten, wie die Parteihochschule in einigen Jahren aussehen würde, waren anderer Meinung. Ein früherer Sozialdemokrat stöhnte: »Ich komme mir hier wie in einer Zwangsjacke vor.« Er erzählte mir von einstigen sozialdemokratischen Bildungsstätten. Danach verstand ich ihn.
Der Unterschied zwischen der Parteihochschule »Karl Marx« und der Kominternschule lag nicht nur in der relativ freieren Atmosphäre, sondern auch in der Art des Studiums. In der SED-Parteihochschule gab es weder eine militärische Ausbildung noch Unterricht in illegaler Arbeit. Dagegen war das rein theoretische Studium teilweise umfassender als in der Kominternschule.
In Philosophie erhielten die Hochschüler zunächst einen Überblick über die gesamte Philosophie; erst dann wurde ausführlich die marxistisch-leninistische Philosophie im einzelnen behandelt. In Politökonomie wurde Abschnitt für Abschnitt das *Kapital* von Karl Marx, Auszüge aus den ökonomischen Schriften von Hilferding und Rosa Luxemburg, die Leninsche Imperialismus-Theorie und die Politökonomie des Sozialismus behandelt.
Wir Lehrer der Geschichtsfakultät hatten die Aufgabe, einen allgemeinen Überblick über die Weltgeschichte zu geben. Die Übergangsepochen wurden besonders eingehend behandelt: der Übergang von der Sklavenhaltergesellschaft zum Feudalismus und der Übergang vom Feudalismus zum Kapitalismus. Danach folgten Vorlesungen und Seminare über den deutschen Bauernkrieg, die Hussitenbewegung, die englische Revolution, die große Französische Revolution und die Napoleonischen Kriege, den amerikanischen Unabhängigkeitskrieg und – besonders ausführlich – die Revolution von 1848 in den verschiedenen Ländern Europas. Nach dieser allgemeinen Übersicht wurde die Geschichte Deutschlands behandelt, angefangen von der Entstehung Brandenburgs, der Entwicklung des preußischen Staates,

der Rolle Friedrichs II. und der Einigung Deutschlands unter Bismarck. Die Geschichte der deutschen Arbeiterbewegung wurde nicht gesondert behandelt, sondern im Rahmen der allgemeinen deutschen Geschichte von 1848 bis heute. Diese Epoche nahm selbstverständlich den größten Teil des Geschichtsprogramms der Parteihochschule ein. Die Vorlesungen in »Grundfragen des Marxismus-Leninismus« waren denen der Kominternschule ähnlich. Es waren dieselben Themen, wie sie in allen östlichen Parteischulen von Eisenach bis Peking üblich sind: Klasse und Klassenkampf – die Lehre vom Staat – formale und reale Demokratie – die Rolle der Arbeiterklasse – die Lehre von der Partei – der Kampf gegen Opportunismus, Reformismus und Revisionismus – Strategie und Taktik – die Bauernfrage – die nationale und koloniale Frage.

Ähnlich wie in der Kominternschule wurde auf das Studium und die Widerlegung »feindlicher« Theorien und »gegnerischer« Auffassung großer Wert gelegt.

In unserer Geschichtsfakultät hatten wir die Aufgabe, u.a. den militärischen Charakter der Gründung der Mark Brandenburg zu unterstreichen, die Vertreibung der Slawen herauszuarbeiten und (damals gab es noch keine »Nationale Front«) den reaktionären Charakter des Preußentums darzustellen und insbesondere die Legende von Friedrich dem Großen zu entkräften.

Mit Rücksicht auf die Funktionäre aus der Sozialdemokratie wurden die reformistischen Abweichungen Rudolf Hilferdings und Karl Kautskys in ihren späteren Jahren noch sehr zurückhaltend behandelt. Die gleiche Vorsicht galt bei Lassalle. Seine Auffassungen wurden zwar kritisiert, aber seine Rolle in der deutschen Arbeiterbewegung keineswegs so negativ dargestellt, wie ich es in der Kominternschule erlebt hatte. August Bebel, der beim Vereinigungsparteitag 1946 so herausgestellt worden war, galt zu jener Zeit noch als völlig sakrosankt, und unter den KP-Lehrern flüsterte man sich zu: »Wir müssen ihn wie ein rohes Ei behandeln.«

Besonders eifrig wurde das Studium gegnerischer und feindlicher

Auffassungen beim Unterricht in Philosophie betrieben. Sehr eingehend erfuhren die Schüler, wie sie die landläufige Auffassung vom angeblichen »Determinismus des Marxismus« zu widerlegen hatten, ausführlich wurde das Verhältnis von Logik und Dialektik behandelt und regelmäßig gab es hektographierte Materialien unter dem Namen »Neuzeitliche Angriffe auf die marxistische Philosophie«, die ausschließlich Auszüge bürgerlicher und sozialdemokratischer Schriften enthielten.

Allerdings gab es – wie in der Kominternschule – eine wichtige Ausnahme: Schriften von Trotzki und Bucharin und wichtigen Oppositionsgruppen oder Bücher von ehemaligen KP-Funktionären, die mit dem Stalinismus gebrochen hatten, fanden sich weder in der Bibliothek noch wurden Auszüge davon in den hektographierten Materialien veröffentlicht. Diese Schriften den Schülern oder Lehrern der Parteihochschule zum Studium zu geben, erschien der SED-Führung 1947 in Ostberlin genauso gefährlich wie den Komintern 1942 in Ufa.

Später wurde das noch verschärft. Nicht einmal die Namen führender KP-Funktionäre, die sich später vom Stalinismus gelöst hatten, durften erwähnt werden. Als einmal Arthur Dorf, ein Lehrer der Fakultät »Grundfragen des Marxismus-Leninismus« und früherer Spanienkämpfer, in einer Lektion den Namen Paul Frölichs erwähnte (eines alten Mitkämpfers von Karl Liebknecht und Rosa Luxemburg, der sich Ende der zwanziger Jahre der Opposition angeschlossen hatte), stürzte die Fakultätsleiterin Frieda Rubiner wie eine Furie auf das Podium und schrie: »Ich dulde nicht, daß hier die Namen von trotzkistischen Verrätern ausgesprochen werden.«

Außer uns hielten Gäste aus dem Zentralsekretariat der SED, der Redaktion der theoretischen Zeitschrift *Einheit*, der Ostberliner Universität sowie gelegentlich auch führende Funktionäre der Ostblockstaaten Vorlesungen. Teils waren diese Gastvorlesungen in unserem allgemeinen Lehrplan einbegriffen, teils behandelten sie völlig andere Themen, die zur allgemeinen Bereicherung der Kenntnisse als notwendig erachtet wurden.

So sprach z. B. Klaus Zweiling über »Einführung in die Probleme der Biologie«, Prof. Meyer über »Die geschichtliche Entwicklung der Instrumentalmusik«, Dr. Pollak über »Verfassungsfragen« und »Das Problem der Justiz in der Volksverwaltung«, Prof. Meusel von der Berliner Universität über »Einzelfragen der Geschichte des 19. Jahrhunderts«.

Auch ideologische Vorgänge in der westlichen Welt wurden ausführlich behandelt. Als z. B. Anfang April 1948 eine große Tagung der Physiker und Philosophen in Clausthal (Harz) stattfand, erhielten wir nicht nur einen genauen Bericht, sondern wurden auch durch mehrere Vorträge in die Probleme dieser Tagung eingeführt.

Es war für viele Schüler nicht leicht, sich mit dem Jordanschen Elektronenzwillingspaar, mit der Impulskomplementarität, der Heisenbergschen Unbestimmtheitsrelation und ähnlichem zu beschäftigen.

Interessant waren auch die zusätzlichen Informationsvorträge über internationale Fragen. Bereits zu jener Zeit wurden Vorlesungen über die Situation im Nahen Osten oder über die Revolution in China (von einem Funktionär, der gerade aus China zurückgekehrt war) gehalten. Ein Mitglied der bulgarischen Parteiführung, Dramaljeff, gab einen ausführlichen Bericht über die Situation in Bulgarien, der weit über das hinausging, was in der Presse zu lesen war. In den Gastvorlesungen über Einzelfragen der aktuellen Politik der SED sprachen Spitzenfunktionäre auf der Parteihochschule natürlich viel offener als in Versammlungen. Dadurch erhielten wir ein recht klares Bild von der Situation in der Sowjetzone und den Schwierigkeiten innerhalb der Partei – in einigen Fällen wurden wir sogar aufgefordert, keine Notizen zu machen.

Wenige Wochen nach meinem Eintreffen, im Spätherbst 1947, wurde uns auf einer Lehrerkonferenz mitgeteilt:

»Es ist von maßgebender Stelle vorgeschlagen worden, die Parteihochschule auszubauen und zu erweitern. Die hiesigen Räumlichkeiten in Liebenwalde reichen dazu nicht aus. Gegenwärtig wird bereits an der Ausgestaltung unserer neuen Parteihochschule gearbeitet, die sich in Klein-Machnow bei Berlin befinden wird. Voraussichtlich wird die Übersiedlung Anfang 1948 erfolgen.«

Als dieser Beschluß gefaßt worden war, hatte man offensichtlich noch nicht mit einer so schnellen Verschlechterung der Beziehungen zwischen der Sowjetunion und den Westmächten gerechnet, denn unsere neuen Schulgebäude lagen nur etwa einen Kilometer von der amerikanischen Sektorengrenze entfernt.

Ende Dezember 1947 lud mich Rudolf Lindau ein:

»Ich fahre heute die neuen Gebäude besichtigen. Wenn du willst, kannst du mitfahren.«

Was ich an diesem Dezembernachmittag zu sehen bekam, übertraf meine höchsten Erwartungen: fünf riesige, moderne Häuser mit großen Fenstern, in einem Park gelegen, Garagen, unterirdische Gänge, die die fünf Gebäude miteinander verbanden, Hunderte von modern eingerichteten Wohnzimmern für je zwei bis drei Studenten. Einige kleinere Villen waren für die Fakultätsleiter reserviert. Die Lehrer, sofern sie Familie hatten, erhielten eine Villa in Klein-Machnow, wenn sie ledig waren, eine schöne Wohnung in einem Neubau.

In den ersten Januartagen 1948 zogen wir um. Nach dem Umzug wurde die Tätigkeit der Parteihochschule erweitert. Die Zahl der sechsmonatigen Lehrgänge für verantwortliche Funktionäre wurde vergrößert. Gleichzeitig fanden verschiedene andere Kurzlehrgänge statt.

Anfang 1948 – noch keine drei Jahre nach der Kapitulation Hitler-Deutschlands – erschien uns dieser riesige Gebäudekomplex, in dem gleichzeitig Hunderte von Funktionären ausgebildet wurden, als die Grenze des Möglichen. Es war aber erst der Anfang.

Die Sechsmonatslehrgänge für verantwortliche Funktionäre wurden schon 1949 auf neun Monate verlängert, seit 1950 wurden außerdem noch Jahreslehrgänge eingeführt, und im Herbst 1950 begann ein besonderer Fernunterricht der Parteihoch-

schule, der immer weiter ausgebaut und nach drei Jahren zu einem Fünfjahresfernunterricht erweitert wurde.
Im Februar 1953 begann der erste Dreijahreslehrgang; seit 1954 werden nur noch Dreijahreslehrgänge abgehalten, die mit dem Staatsexamen abschließen. Der Parteihochschule wurde inzwischen auch das Promotions- und Habilitationsrecht verliehen.

Besuche Ulbrichts und Tulpanows

Wenige Wochen nach unserem Umzug – es war im Frühjahr 1948 – spürten wir, daß eine Wendung der »Linie« bevorstand. Besuche von Grotewohl, Pieck und Ulbricht in der Hochschule fanden häufiger statt. Am 16. April 1948 hielt Walter Ulbricht ein fünfstündiges Referat über die allgemeine Situation in der Sowjetzone, um uns auf bevorstehende Veränderungen hinzuweisen. Ulbricht sprach offen über Dinge, die teilweise erst ein halbes Jahr später »offiziell« wurden. Die wichtigsten Feststellungen seines Instruktionsreferates waren folgende:
In der Zeit von 1945 bis 1947 konnten viele Fragen nicht offen gestellt werden. Die SED mußte schrittweise vorgehen, sowohl aufgrund der ideologisch-politischen Rückständigkeit in der Partei als auch aus außenpolitischen Gründen.
Bis 1947 wurden die Grundlagen einer antifaschistisch-demokratischen Ordnung geschaffen. Jetzt, im Frühjahr 1948, da 40% der Produktion in den Händen volkseigener Betriebe liegt und der Kapitalismus entscheidend geschwächt ist, kann man diese Periode als beendet betrachten. Das gleiche gilt für die Landwirtschaft. Die Bodenreform ist abgeschlossen, der Großgrundbesitz endgültig und unwiderruflich aufgeteilt. Jetzt kommt es darauf an, sich auf die Klein- und Mittelbauern zu stützen und eine Organisation zur Zurückdrängung der Großbauern zu schaffen.
Durch die weitgehenden Veränderungen der gesellschaftlichen Verhältnisse, erklärte Ulbricht, habe sich der Klassenkampf zugespitzt, aber die Formen und Methoden des Klassenkampfes seien anders geworden. »Wir haben jetzt die Möglichkeit, unsere

Forderungen mit Hilfe des Staatsapparates durchzusetzen. Auf der anderen Seite müssen wir bestrebt sein, mehr die Massenorganisationen zu aktivieren und damit die Blockpolitik ihrem Wesen nach zu verändern.«
Unsere Partei ist zu einer Staatspartei geworden, die die Hauptverantwortung für die Lösung aller Fragen der Volkspolizei, der Wirtschaftsplanung, der Landwirtschaft und der Kulturpolitik trägt. Die »Blockpolitik« hat in der ersten Phase eine große Rolle gespielt. Jetzt werden jedoch die reaktionären Kräfte in den bürgerlichen Parteien wieder lebendig, um unter dem Vorwand der »Überprüfung« unsere Maßnahmen rückgängig zu machen.
Wir werden auch jetzt noch nicht den Weg zum Einparteiensystem beschreiten, aber dafür sorgen, daß unsere Partei die führende und tragende Kraft im Staate ist. Wir müssen aber auch in dieser neuen Periode mit den anderen beiden Parteien zusammenarbeiten. »Vielleicht wäre es nicht schlecht, noch ein paar neue zu gründen«, meinte Ulbricht sarkastisch lächelnd. Wir wußten, daß dies nicht so hingesagt war – tatsächlich wurde zwei Monate später die Gründung der »National-Demokratischen Partei« und der »Demokratischen Bauernpartei« bekanntgegeben. Beide hatten das Ziel, die bestehenden bürgerlichen Parteien (Sowjetzonen-CDU und LDP) zu schwächen und die außerhalb der SED stehenden politischen Kräfte aufzusplittern.
Durch dieses Instruktionsreferat von Ulbricht wurden wir auf der Parteihochschule bereits Mitte April auf jenen politischen Kurswechsel vorbereitet, der im Sommer und Herbst 1948 das gesamte Leben in der Sowjetzone weitgehend verändern sollte. Nunmehr wurde das bis Ende 1947 übliche »Bremsen« der Entwicklung der Zone mit Rücksicht auf die Situation im übrigen Deutschland und die Beziehungen mit den westlichen Alliierten aufgegeben.
Der Beginn der von Ulbricht angekündigten »neuen Phase« brachte die Frage der »Volksdemokratie« auf die Tagesordnung – jenes System, das sich in den Ostblockstaaten herausgebildet hatte. Bis zum Frühjahr 1948 war die Definition von Inhalt und

Wesen des Begriffes »Volksdemokratie« eines der wenigen »ungelösten« Probleme, für die es noch keine offiziellen Richtlinien gab.
Man kann sich daher unsere Spannung vorstellen, als wenige Tage nach Ulbrichts Referat Rudolf Lindau bekanntgab: »Übermorgen wird Genosse Oberst Tulpanow, der politische Berater der sowjetischen Militäradministration, bei uns ein Referat über das Thema ›Volksdemokratie‹ halten.«
Oberst Tulpanow hat in Leningrad Philosophie studiert. Dann war er viele Jahre Parteifunktionär gewesen. Seinen Vortrag hielt er in deutscher Sprache.
Obwohl er das Manuskript vor sich hatte, sprach er größere Passagen völlig frei. Mehr als die Hälfte seines sechsstündigen Vortrages widmete er einer Analyse der Entstehung der Volksdemokratie.
Ausführlich sprach Tulpanow über die »zwei Kennzeichen der Entstehung der Volksdemokratie« (die Existenz der Sowjetunion und der gemeinsame Kampf gegen den Faschismus), über den »Doppelcharakter der volksdemokratischen Revolution« (da sie gleichzeitig eine nationale und demokratische Revolution sei) und über die Besonderheiten der Klassenkräfte (das Bündnis der Arbeiterklasse, der Bauernschaft, der Intelligenz, des Kleinbürgertums und des patriotisch gesinnten Teils der Bourgeoisie).
Dann aber kam das Entscheidende. Bis dahin hatten wir die Volksdemokratie, das System in den Ostblockstaaten, als eine »fortschrittliche«, manchmal auch als eine »reale« Demokratie bezeichnet. Nun aber erklärte Tulpanow, daß eine volksdemokratische Revolution, »wenn sie sich ohne Hindernisse entwikkelt, zwangsläufig in eine sozialistische Revolution übergeht«.
Die Volksdemokratie sei eine Übergangsform, die die Voraussetzung für eine sozialistische Entwicklung schaffe. Der Klassenkampf in den volksdemokratischen Ländern vollziehe sich in besonderen, neuen Formen. Man könne von einem »Klassenkampf von oben und von unten sprechen«, da der Partei für ihren Kampf der Staatsapparat zur Verfügung stehe. Die Volksdemo-

kratie sei eine »demokratische Diktatur der Arbeiter und Bauern«, die in Form einer Koalitionsregierung ausgeübt werde. »Wenn es der Bourgeoisie gelungen ist, ihre Diktatur in Form von Koalitionsregierungen auszuüben, so ist dies heute uns umgekehrt gelungen«, rief Tulpanow aus. »Laßt die Bourgeoisie ruhig gegen den Staat kämpfen.« Die Volksdemokratie werde sich zu einer Diktatur des Proletariats entwickeln, nicht durch eine neue Revolution, sondern durch eine konsequente Weiterentwicklung, wobei allerdings die Schaffung einer einheitlichen Partei notwendig sei. »Mit der Beendigung der volksdemokratischen Revolution hat somit der Prozeß der Verwandlung dieser Revolution in eine sozialistische Revolution begonnen.«

Besonders interessant waren seine Bemerkungen über die Situation in den verschiedenen osteuropäischen Staaten im Frühjahr 1948: »Wenn wir uns einen großen Fluß vorstellen und als ein Ufer die bürgerliche, kapitalistische Demokratie, als anderes Ufer aber die sozialistische Staatsform annehmen, so könnten wir heute sagen, Jugoslawien hat das andere Ufer bereits erreicht, Bulgarien macht gerade noch die letzten Schwimmzüge, um es zu erreichen, Polen und die Tschechoslowakei sind etwa in der Mitte des Flusses, gefolgt von Rumänien und Ungarn, die erst ein Drittel der Strecke zurückgelegt haben, während die Sowjetzone Deutschlands sich gerade erst mit einigen Schwimmzügen von dem bürgerlichen Ufer entfernt hat.«

Ich dachte an den Hinweis von Mischa Wolf, Tulpanow sei bereits im Herbst 1947 im kleinen Kreis gegen die Ackermannsche These aufgetreten, und wartete mit Spannung darauf, was er nun zum Thema des unterschiedlichen Weges zum Sozialismus sagen würde.

Nun, Mitte April 1948, hielt Tulpanow offensichtlich die Zeit für gekommen, auch in einem größeren Rahmen – wenn auch noch vorsichtig – die These vom unterschiedlichen Weg zum Sozialismus einzuschränken:

»Wohl gibt es spezifische Formen, die den nationalen Bedingungen entsprechen. Formen und Methoden können verschieden sein, aber der Inhalt wird und muß immer gleich sein... Die Erfahrungen zeigen, daß es keinerlei spezifisch national-bulgarischen, national-jugoslawischen, national-polnischen, keinen besonderen ungarischen oder tschechoslowakischen Weg des Überganges zum Sozialismus gibt*.«

Sein Referat hatte eine Fülle von neuen Fragen aufgeworfen, und er erklärte sich bereit, mit den Dozenten und Lehrern der Parteihochschule noch einige »zusätzliche« Dinge zu besprechen und Fragen zu beantworten.

Eine halbe Stunde später saßen wir mit Tulpanow zusammen im Direktionszimmer. »Alles, was hier gesprochen wird, gilt nur der Information der Lehrer, soll aber noch nicht in Seminaren behandelt werden«, wurde uns eingeschärft. Tulpanow machte uns Andeutungen über eine bevorstehende Verschärfung der internationalen Beziehungen und eine »schnellere politische Entwicklung« der Sowjetzone. Anschließend erzählte er lebhaft über die Vorbereitungsarbeit zur Bildung einer neuen Partei.

»Wir haben von der sowjetischen Militärverwaltung aus eine Reihe von Untersuchungen über ehemalige Mitglieder und Funktionäre der Nazipartei vorgenommen und sind zu der Überzeugung gekommen, daß sich dort sehr brauchbare Kräfte befinden, die sich nur schlecht in die bestehenden Massen- und Parteiorganisationen eingliedern lassen. Jetzt werden Entlassungen ehemaliger Nazifunktionäre vorgenommen, und ich habe mit einigen von ihnen ausführliche Gespräche gehabt. Um diese Kräfte zu aktivieren, haben wir von unserer Seite aus vorgeschlagen, die Bildung einer Partei zu befürworten, in denen diese Kräfte gesammelt, vereinigt und der weiteren Entwicklung der

* Das Referat Tulpanows auf der Parteihochschule erschien darauf in gekürzter und abgeschwächter Fassung unter dem Pseudonym »E. Perling« in der Zeitschrift *Neue Welt*. An alle wichtigen Parteiinstanzen ging die Anweisung, diesen Artikel genau zu studieren. Die Landes- und Kreisparteischulen waren beauftragt, ihn in ihre Pflichtliteratur aufzunehmen. Es wurde natürlich nicht erwähnt, daß sich hinter dem Pseudonym »E. Perling« der politische Berater der sowjetischen Militäradministration verbarg.

Zone nutzbar gemacht werden können. Die Partei wird voraussichtlich National-Demokratische Partei heißen. Diesen Kräften sollen in der Zone größere Entfaltungsmöglichkeiten gegeben werden«, sagte er abschließend.

Auch auf diesem Gebiet befanden wir uns offensichtlich in einer »neuen Phase«.

Die National-Demokratische Partei trat etwa zwei Monate später, am 16. Juni 1948, an die Öffentlichkeit. Als ich bald danach mit einem anderen Dozenten in Klein-Machnow spazierenging, entdeckten wir in unmittelbarer Nähe der Parteihochschule das erste große Plakat dieser neuen Partei. In riesigen Lettern leuchtete uns die Losung entgegen: *Gegen den Marxismus – für Demokratie*. Ganz klein unten, in winziger Schrift, standen die Worte »Mit Genehmigung der sowjetischen Militäradministration«, die dieses Plakat nicht nur genehmigt, sondern wahrscheinlich sogar angeregt hatte ...

Einige Wochen nach seinem Referat über »Volksdemokratie« war Oberst Tulpanow wieder bei uns – diesmal allerdings nicht als Referent. Er kam zu einer kleinen Zusammenkunft mit Vertretern des Zentralkomitees ausländischer kommunistischer Parteien, darunter Österreichs, der Tschechoslowakei und Norwegens. Vom Zentralsekretariat der SED nahmen u. a. Pieck und Dahlem, von der Parteihochschule Rudolf Lindau und zwei Lehrer, darunter auch ich, teil. Die ZK-Funktionäre aus den anderen Ländern berichteten kurz und in zwangloser Form über die Situation in ihren Bereichen.

Am Schluß der Besprechung richtete Wilhelm Pieck einige Worte des Dankes an Oberst Tulpanow und an die sowjetische Besatzungsmacht. Er hatte kaum geendet, als Tulpanow freundlich lächelnd bemerkte:

»Genossen, es ehrt mich, daß unser Genosse Pieck eine so hohe Meinung von der sowjetischen Besatzungsmacht hat, aber ich möchte doch sagen, daß die sowjetische Besatzungsmacht in Deutschland unglaublich viele und ernste Fehler gemacht hat, die leider nur schwer wiedergutzumachen sind. Als einzige Entschuldigung dafür kann ich nur sagen, daß wir uns vorher mit einer sozialistischen Okkupation noch nie beschäftigt hatten. Sozialistische Okkupation – das war für uns etwas völlig Neues. Vielleicht kann ich hier, in diesem Kreis, die Versicherung abgeben, daß, wenn wir in Zukunft vielleicht noch einmal von unseren Gegnern dazu gezwungen sein sollten, sozialistische Okkupation durchzuführen, wir dann aus unseren Erfahrungen in Deutschland gelernt haben und es besser machen werden.«

Nachdenklich ging ich in meine Wohnung, besorgt über den Begriff der »sozialistischen Okkupation«, von Tulpanow mit einer liebenswürdigen Selbstverständlichkeit ausgesprochen. Es war nicht mehr 1946, und ich war in manchen Dingen viel kritischer geworden.

Sozialistische Okkupation – sind das nicht letzten Endes zwei Begriffe, die einander ausschließen? Hatte nicht Friedrich Engels geschrieben: »Das siegreiche Proletariat kann keinem fremden Volke irgendwelche Beglückung aufzwingen, ohne damit seinen eigenen Sieg zu untergraben*.«

Zu dem Mosaik meiner Zweifel und Bedenken war ein neues Steinchen hinzugekommen.

* Friedrich Engels, Brief an Karl Kautsky vom 12. September 1882.

9 Mein Bruch mit dem Stalinismus

Für Zweifel und Bedenken, für Auffassungen, die mit der offiziellen Linie nicht übereinstimmen, gibt es in östlichen Funktionärskreisen einen besonderen Ausdruck: »Politische Bauchschmerzen.« Die meisten Funktionäre behalten ihre »politischen Bauchschmerzen« für sich, manche teilen sie unter dem Siegel der Verschwiegenheit ihren besten Freunden mit.

Natürlich hängt die Art der »politischen Bauchschmerzen« vom Arbeitsgebiet des Betreffenden innerhalb der Partei, der Wirtschaft oder der Verwaltung ab, von seiner politischen Schulung und seinem »Rang«. So unterschiedlich die »politischen Bauchschmerzen« innerhalb der verschiedenen Funktionärs-Kategorien auch sind – zwei Merkmale haben wohl alle gemeinsam:

Erstens: Sie haben nur wenig mit »westlichen« Argumenten und »westlichen« Lebensanschauungen zu tun, sondern sind Ausdruck oppositioneller Stimmungen und Auffassungen innerhalb des Systems selbst, Ausdruck der Widersprüche zwischen den Lehren von Marx und Lenin auf der einen und der stalinistischen Theorie und Praxis auf der anderen Seite.

Zweitens: Diese »politischen Bauchschmerzen« werden niemals einem Nichtparteimitglied mitgeteilt oder auch nur angedeutet. Es kann vorkommen – und dies habe ich auch selbst öfter erlebt –, daß in Diskussionen mit Menschen aus dem Westen derselbe Funktionär, der sich innerlich mit den schwersten Bedenken herumschlägt, hartnäckig und scheinbar völlig überzeugt die offizielle Parteilinie verteidigt. Sein westlicher Gesprächspartner verläßt ihn dann in der festen Überzeugung, mit einem hundertfünfzigprozentigen Stalinisten gesprochen zu haben. Er sieht das ganze Gespräch als nutz- und sinnlos an, während in Wirklichkeit der gleiche, innerlich schon oppositionelle Funktionär nachher im kleinen Kreis sein Gespräch genauso schildert und mit oppositionellen Genossen stundenlang darüber diskutiert.

Politische Bauchschmerzen

So sehr ich damals angespannt und meine ganze Zeit mit Parteitätigkeit ausgefüllt war – wie es wohl bei allen östlichen Funktionären der Fall ist –, so konnte es doch nicht ausbleiben, daß immer wieder kritische Gedanken und Zweifel aufkamen. Nicht selten wurden Erinnerungen, unangenehme und schmerzhafte Ereignisse wach, die ich für längere Zeit in den Hintergrund gedrängt hatte:

die Verhaftung meiner Mutter und mein vergebliches Klopfen an ihrer Tür;

die unruhigen Gedanken und Befürchtungen, die ich jahrelang abends im Kinderheim wegen der Prozesse und Verhaftungen gehabt hatte;

die Angst der Menschen in Moskau in den Jahren der großen Säuberungen 1936/38 und – noch schlimmer – ihre schließliche Gleichgültigkeit;

die Verhaftung meines Freundes Rolf im Schlafsaal des Kinderheimes im März 1938;

der Pakt mit Hitler-Deutschland und die darauffolgende Ausmerzung der antifaschistischen Literatur;

die drakonischen Strafbestimmungen gegen Arbeiter im Sommer 1940;

der ängstliche Blick der Studentin, die mir unter dem Siegel der Verschwiegenheit mitteilte, sie sei gezwungen, für die NKWD zu arbeiten;

die hungernden Menschen in Karaganda und Ufa bei der gleichzeitigen Privilegierung der Funktionäre, die von dieser Not unberührt blieben;

die grauenvolle Atmosphäre bei den Kritik- und Selbstkritikabenden in der Kominternschule, vor allem beim Ausschluß des Genossen Willi;

die traurigen Augen und die bettelnde Hand des Funktionärs, der, von der Kominternschule entfernt, mich in Ufa um ein Stück Brot bat;
die hochmütige Überlegenheit Ulbrichts gegenüber den Genossen in Deutschland, die dort illegal gekämpft hatten, und seine Härte und Schärfe im Konflikt mit Koenen in der ZK-Sitzung, seine List und Tücke, mit der er bei den Berliner Gewerkschaftswahlen die Sozialdemokraten ausgeschaltet hatte.
Bald stellte ich fest, daß ich keineswegs allein stand, ja, gerade die geschultesten Funktionäre nicht selten diejenigen waren, die in ihrem Ketzertum besonders weit gingen. Zunächst war unsere ganze Hoffnung darauf gerichtet, daß eine zukünftige sozialistische Entwicklung in Deutschland sich nicht in jenen Methoden und Formen vollziehen würde, wie wir sie in der stalinistischen Sowjetunion kennengelernt hatten. In diesem Wunsch nach einer von der Sowjetunion unabhängigen und selbständigen Politik, nach einem besonderen Weg zum Sozialismus in Deutschland, fühlten wir uns durch die Hinweise von Marx, Engels und Lenin bestärkt, die jeder von uns kannte und die von Hand zu Hand weitergegeben wurden.
Wir alle kannten den Hinweis von Karl Marx aus seiner Rede in Amsterdam vom 15. September 1872, in dem er sagte:
»Der Arbeiter muß eines Tages die politische Gewalt in der Hand haben, um die Neuorganisation der Arbeit zu begründen... Aber wir haben nicht behauptet, daß die Wege, um zu diesem Ziel zu gelangen, überall dieselben seien. Wir wissen, daß man die Institutionen, die Sitten und das Herkommen der verschiedenen Gegenden berücksichtigen muß.«
Auch Lenin hatte im Herbst 1916 darauf hingewiesen, daß die Völker »nicht auf ganz dem gleichen Wege« zum Sozialismus gelangen, sondern den »verschiedenen Seiten des gesellschaftlichen Lebens seine Eigenart verleihen« werden.
Auf dem 8. Parteitag im März 1919 hatte Lenin den bolschewistischen Parteidelegierten eingeschärft: »Man darf nichts aus Moskau dekretieren.« In seiner Rede auf dem III. Kongreß der Kom-

munistischen Internationale im Jahre 1921 hatte er, sich an die ausländischen Genossen wendend, erklärt, »daß die Kommunistische Internationale niemals verlangen wird, daß ihr die Russen sklavisch nachahmt«. Besonders gefiel uns der Ausspruch Lenins auf dem IV. Kongreß der Komintern im Jahre 1922, als er sich über jene ausländischen Funktionäre lustig machte, die die russische Revolution »wie ein Heiligenbild in die Ecke hängen und davor ihr Gebet verrichten«.

Selbst die Ende 1945 von Ackermann veröffentlichten und später zur offiziellen Parteilinie erklärten Thesen über den besonderen Weg zum Sozialismus waren manchen selbständig denkenden Funktionären nicht durchschlagend genug, denn trotz dieser These hatten wir in der Praxis den sowjetischen Kurs und die sowjetischen Maßnahmen zu unterstützen.

Je mehr Bindung an die sowjetische Besatzungsmacht und die Sowjetunion offensichtlich wurde, um so größer wurden die »politischen Bauchschmerzen«, um so weitgehender der Themenkreis der »Unter-uns-Gespräche«. Es war uns nicht wohl bei dem Gedanken, daß wir nun vielleicht eine Entwicklung einschlagen würden, wie sie die Sowjetunion unter Stalin beschritten hatte. Nicht selten wurden nun wir, die wir die Sowjetunion aus eigenem Erleben kannten, von anderen Funktionären gefragt, wie es denn »unter-uns-gesagt« nun wirklich in der Sowjetunion aussieht. Es konnte nicht ausbleiben, daß frühere Emigranten mit den illegalen Kämpfern in Deutschland zusammenkamen und manches kritisch durchdachten.

War der Hitler-Stalin-Pakt wirklich nur ein notwendiger, außenpolitischer Kompromiß?

Wie war das eigentlich mit der Befreiung der Westukraine und Weißrußlands? War das nicht aufgrund eines Übereinkommens mit Hitler-Deutschland erfolgt? War das nicht – man scheute sich fast, es auszusprechen – faktisch eine imperialistische Teilung Polens gewesen?

Und der Krieg in Finnland? War es nicht die Sowjetunion, die dieses Land angegriffen hat?

War der Führerkult, die ständige Betonung Stalins »weiser Führung« und Unfehlbarkeit nicht etwas, was dem ursprünglichen Gedanken einer lebendigen sozialistischen Bewegung widerspricht? Hatte nicht Marx bei seinem Eintritt in den »Bund der Kommunisten« gefordert, daß »alles aus den Statuten entfernt würde, was dem Autoritätsaberglauben förderlich ist«? Hatte nicht Rosa Luxemburg erklärt, »Fehltritte, die eine wirkliche revolutionäre Arbeiterbewegung begeht, sind geschichtlich unermeßlich fruchtbarer und wertvoller als die Unfehlbarkeit des allerbesten Zentralkomitees?«

Standen die von Stalin in die Partei eingeführten Methoden nicht überhaupt im Widerspruch zu den Auffassungen von Marx und Engels über eine Arbeiterpartei? »Alle Mitglieder sind gleich und Brüder und als solche sich Hilfe in jeder Lage schuldig«, hieß es im Statut des von Marx und Engels gegründeten Bundes der Kommunisten. Bei Stalin aber lasen wir:

»In den Reihen unserer Partei gibt es, wenn wir die führende Schicht betrachten, etwa 3000 bis 4000 höhere Führer. Das ist, so würde ich sagen, die Generalität unserer Partei.

Dann kommen 30000 bis 40000 mittlere Führer. Das sind unsere Parteioffiziere.

Dann kommen 100000 bis 150000 untere Kommandeure der Partei. Das ist sozusagen das Unteroffizierskorps unserer Partei.«

Wir konnten nicht umhin, uns über den krassen Widerspruch zwischen der Marxschen Auffassung der Brüderlichkeit innerhalb der Partei und dem Stalinschen Offiziers-und Unteroffizierskorps der Partei unsere eigenen Gedanken zu machen.

Und die Nationalitätenpolitik Stalins? War die Hervorhebung alles Russischen und die Erklärung des russischen Volkes zur »führenden Nation« nicht eine völlige Abkehr von den sozialistischen Prinzipien einer Nationalitätenpolitik.

Am meisten diskutierten wir über die »Säuberungen« – vor allem über die große »Tschistka« der Jahre 1936 bis 1938. Mehr als ein Jahrzehnt war seitdem vergangen, und doch kamen wir immer wieder darauf zurück. Waren es nicht die Mitkämpfer Lenins, die Helden der Oktoberrevolution, die von den Salven der NKWD niedergemäht wurden? Waren die anderen hunderttausend Opfer der großen Säuberungen nicht Partisanenkämpfer des Bürgerkrieges und alte Bolschewiki? Konnte es ein Zufall sein, daß man vor der Säuberung die Gesellschaft der alten Bolschewiki verboten hatte? Wenn ich heute an unsere damaligen »Unter-uns-Gespräche« zurückdenke, glaube ich, daß sich unsere »politischen Bauchschmerzen« in folgenden Punkten zusammenfassen lassen:

1. Die Abhängigkeit der SED (oder der stalinistischen Partei eines anderen Landes) von der Sowjetführung und der KPdSU im Gegensatz zu der von Marx und Engels geforderten Gleichberechtigung der sozialistischen Arbeiterbewegung eines jeden Landes.

2. Die stalinistische These, die volksdemokratischen Länder (d.h. die östlichen Satellitenstaaten) hätten dem Beispiel der Sowjetunion zu folgen, im Gegensatz zu dem von Marx und Engels proklamierten Grundsatz, daß die Entwicklung zum Sozialismus in jedem Land entsprechend den eigenen ökonomischen, politischen und kulturellen Bedingungen erfolgen müsse.

3. Der vom Stalinismus proklamierte Grundsatz von der ständigen Verstärkung der Staatsmacht in der UdSSR und den Ostblockstaaten im Gegensatz zu den Lehren von Marx und Engels, wonach eine sozialistische Entwicklung zu einer Abschwächung und schließlich zum Absterben des Staates führen werde.

4. Die Allmacht der staatlichen Betriebsdirektoren in der Sowjetunion und in den Ostblockstaaten im Gegensatz zu der von Marx und Engels geforderten Leitung der sozialistischen Industriebetriebe durch gewählte Arbeiterausschüsse.

5. Der Anspruch auf Unfehlbarkeit einer weisen Führung und der Autoritätsaberglaube im Stalinismus im Gegensatz zur Bereitwilligkeit, freimütig und offen Probleme anzupacken, wie wir dies in den Schriften von Marx, Engels und auch Lenin fanden.

6. Die Unterdrückung der Meinungsfreiheit in der Partei, die uns vor allem deutlich wurde, wenn wir in den Schriften Lenins die offenen und freien Diskussionen lasen, wie sie früher in der Bolschewistischen Partei üblich waren.
7. Die ungeheuren Privilegien der Funktionäre in Partei, Staat und Wirtschaft im Gegensatz zu den Lehren von Marx und Engels und Lenin, wonach in einer sozialistischen Gesellschaft niemand »eine den Arbeiterlohn übersteigende Bezahlung« erhalten dürfe.
8. Die ständige Verschärfung der Unterdrückung im Gegensatz zu den von Marx, Engels, Lenin dargelegten Prinzipien, die Einschränkung der Freiheit dürfe lediglich als vorübergehende Maßnahme gegen die Ausbeuterklasse betrachtet werden und müsse nach deren Entmachtung aufgehoben und durch die Gewährung weitestreichender Freiheiten für alle Werktätigen ersetzt werden.

»Pajoks« und Privilegien

Eines der größten Übel und auch eine häufige Ursache »politischer Bauchschmerzen« waren die Privilegien der Funktionäre. Meine Freunde und ich, die wir in der Sowjetunion aufgewachsen waren, kannten es von dort nicht anders und sahen anfangs kein Problem in der materiellen Bevorzugung von Staats-, Wirtschafts- und Parteifunktionären. Zwar hatte ich schon früher, 1942 in Karaganda, eine gewisse Ungerechtigkeit darin gesehen, daß die Unterschiede in der Kriegszeit so außerordentlich kraß waren, die große Masse der Arbeiter – und übrigens auch viele Parteimitglieder – im buchstäblichen Sinne des Wortes hungerten, während einige wenige Funktionäre nicht die geringsten materiellen Sorgen hatten. Aber ich hielt bloß das Ausmaß der Privilegien für übertrieben, nicht die Tatsache selbst.
Ein Zufall brachte mich zum Nachdenken. Es war im Oktober 1945, zu Beginn der großen Vereinigungskampagne. Ich kam gerade aus meinem Büro und wollte in den Speisesaal des ZK gehen. Auf der Treppe sprach mich ein sympathisch aussehender Mann mittleren Alters an.

»Entschuldige, Genosse, arbeitest du hier?«
»Ja, in der Agitpropabteilung.«
»Das trifft sich ja gut. Ich bin nämlich als KPD-Funktionär aus dem Westen eingeladen worden. Eben hat man mir die Marken zum Essen gegeben, aber ich weiß nicht, wo hier der Speisesaal ist.«
»Das kommt darauf an, welchen Talon du hast.«
Er schaute mich erstaunt an und zeigte mir seinen Talon. Es war einer der Kategorie Nr. 3 – ein Talon für die »nicht so wichtigen« Mitarbeiter. Ich zeigte ihm den Weg.
»Sag mal, gibt es denn hier im ZK für die Mitarbeiter verschiedenes Essen?«
»Natürlich, es gibt vier verschiedene Talons, je nachdem, in welcher Funktion der Betreffende tätig ist. Die letzten beiden Gruppen sind für technische Mitarbeiter und Angestellte.«
»Ja, aber... sind das nicht alles Genossen?«
»Natürlich – auch die Putzfrauen, Chauffeure und Nachtwächter sind alles geprüfte Parteimitglieder.«
Er schaute mich entsetzt an: »Verschiedene Talons, verschiedenes Essen..., aber es sind doch alles Genossen!«
Er wandte sich grußlos ab und ging; wenig später hörte ich die Ausgangstür quietschen. Der Genosse hatte das ZK-Gebäude verlassen.
Nachdenklich ging ich über den Hof zu den Speisesälen. Ich durchquerte die Räume, in denen die 3. und 4. Kategorie, die unteren, abgespeist wurden und bekam zum erstenmal ein beklemmendes Gefühl, als ich die Tür zu dem Séparée für unsere Kategorie öffnete. An weißgedeckten Tischen erhielten hier die höheren Mitarbeiter ein aus mehreren Gängen bestehendes, ausgezeichnetes Essen. Eigentümlich, daß mir das früher nie aufgefallen ist!
Dann dachte ich an die luxuriösen Villen in Niederschönhausen, wo Pieck, Grotewohl, Ulbricht, Dahlem, Ackermann und andere wohnten. Fast jedes Wochenende war ich dort zu Besuch. Das ganze Viertel war umzäunt, und die Ausgänge wurden von sowjetischen Posten bewacht.

»Gut, einverstanden«, sagte ich einem der Spitzenfunktionäre, der dort wohnte, »ich verstehe, daß Sicherungsmaßnahmen notwendig sind. Aber müssen es unbedingt Sowjetsoldaten sein? Natürlich braucht ihr eine geräumige Wohnung, aber muß es gleich eine pompöse Villa sein? Das ist zwar keine grundsätzliche Frage, aber in dieser Zeit der allgemeinen Not kann die Bevorzugung in der Bevölkerung Erbitterung hervorrufen.«
Mein Gesprächspartner lächelte ironisch.
»Was würdest du denn machen?«
»Ich würde vorschlagen, daß alle Mitglieder des Zentralsekretariats sich Drei- oder meinetwegen Vier-Zimmer-Wohnungen irgendwo in Arbeiterbezirken nehmen. In den unteren Wohnungen der Häuser kann man ja handfeste Genossen, vielleicht vom früheren Rot-Frontkämpfer-Bund, einquartieren, die für Sicherheit genausogut sorgen würden wie Rotarmisten.«
Mein Gesprächspartner wurde ernst.
»Von dir hätte ich solche rückständigen Auffassungen nicht erwartet. Das bedeutet, vor der gegnerischen Propaganda zurückzuweichen. Es ist nichts anderes als ein Rückfall in kleinbürgerliche Gleichmacherei. Warum sollen unsere führenden Genossen nicht in diesen Villen wohnen? Oder willst du sie etwa den Nazis zurückgeben?«
»Aber das habe ich doch gar nicht gesagt«, antwortete ich, »ich bin gegen diese pompösen Villen in der Zeit der allgemeinen Not, mitten in den politischen Auseinandersetzungen in Berlin, wo es allgemein bekannt ist, daß die sozialdemokratischen Funktionäre im Westen bedeutend bescheidener leben und sogar der alte Külz von der Liberal-Demokratischen Partei irgendwo in einem Mietshaus eine Drei-Zimmer-Wohnung hat.«
»Manchmal habe ich den Eindruck, daß du trotz deiner verantwortungsvollen Stellung etwas von einem revolutionären Schwärmer an dir hast.«
Die Worte »revolutionärer Schwärmer« hatte er mit der kalten Überlegenheit eines Apparatschiks gesprochen. Ich sagte nichts mehr. Die Villen blieben natürlich. Die sowjetische Bewachung

auch. Beides wurde ein Wahlschlager der SPD vor den Berliner Wahlen im Oktober 1946.
Übrigens gab es einige Genossen, die sich zunächst weigerten, in diesen Villenvierteln zu wohnen. Der Hinweis, es liege im Interesse der Partei, war jedoch stets stark genug, um sie dazu zu bringen, die Villa anzunehmen. Manche fühlten sich in den luxuriösen Häusern keineswegs wohl und hatten als treue Arbeiterfunktionäre ein schlechtes Gewissen dabei. Andere dagegen gewöhnten sich schnell an ihre neue Lebenslage. Unter selbständig denkenden Funktionären wurde ein Bonmot flüsternd weitererzählt: Nach einem lukullischen Mahl rekelte sich ein hoher Funktionär auf dem Diwan und rief spontan aus: »Es ist doch schön, zur herrschenden Klasse zu gehören!«
Die Villen und die hierarchisch abgestufte Essenszuteilung waren nicht die einzigen Privilegien hoher Funktionäre. Das ZK-Gebäude in der Wallstraße war gerade eingerichtet worden, als wir von der Eröffnung eines nur für die Mitarbeiter des ZK-Apparates bestimmten Erholungsheimes erfuhren. Es befand sich in Bernicke bei Bernau, war (für die damalige Zeit) sehr luxuriös eingerichtet, von einem riesigen Park umgeben und von der Außenwelt völlig abgeschlossen. Das Essen war dort so hervorragend, daß einem die Verpflegung im ZK-Gebäude dagegen armselig erschien. Hier verbrachten wir unseren Urlaub. Manchmal wurden auch Funktionäre nach einer besonderen Arbeit für einige Tage nach Bernicke geschickt, um sie wieder fit zu machen. Eines darf dabei nicht vergessen werden: So groß die Privilegien waren, so groß waren auch die Anforderungen, die von der Partei an die Funktionäre gestellt wurden. Nicht wenige dienten der Partei bis zur völligen physischen Erschöpfung. Wenn sie körperlich und nervlich völlig herunter waren. durften sie für kurze Zeit ausspannen. Diejenigen Funktionäre aber, die den Aufgaben und Anforderungen der Partei aus gesundheitlichen Gründen oder wegen ihres hohen Alters – mit Ausnahme der allerhöchsten Funktionäre – nicht mehr gewachsen waren, wurden weggeworfen wie eine

ausgepreßte Zitrone. Es war das Nützlichkeitsprinzip par excellence.
Sorgfältig wurde bei allen Privilegien auf die Rangstufe geachtet. Das Erholungsheim Bernicke diente zunächst allen Funktionären im ZK-Apparat. Bald darauf erfolgte jedoch eine Trennung. Für die allerhöchsten Mitglieder des Zentralsekretariats wurde ein noch exklusiveres Erholungsheim in Seehof geschaffen.
Eine genaue Rangordnung gab es auch bei den berühmten »Pajoks«, jenen großen Paketen mit Lebensmitteln, Zigaretten, Tabak, alkoholischen Getränken und Schokolade, die wir regelmäßig neben unseren Lebensmittelkarten und der ZK-Verpflegung erhielten. Da es diese Pajoks nicht nur für mittlere und höhere Parteifunktionäre, sondern auch für Funktionäre im Staats- und Wirtschaftsapparat, für Wissenschaftler, Spezialisten, Dichter und Künstler gab, waren sie besonders stark gestaffelt.
Dies richtete sich genau danach, welche Funktion der Betreffende ausübte, wie »wichtig« er war. Eine offizielle Erklärung dafür wurde niemals gegeben. Wenn man sich mit »Linientreuen« darüber unterhielt, war die Antwort einfach: »Kaderschutz! Unsere Genossen müssen so viel arbeiten, daß es eine Selbstverständlichkeit ist, sie von allen materiellen Sorgen zu befreien.« Das konnte schon stimmen – es erklärte aber keineswegs die hierarchische Abstufung der Zuteilungen und Pajoks. Außerdem – mußten die Arbeiter in den Betrieben und Bergwerken und die unteren Funktionäre (die keine Pajoks bekamen) nicht auch unter Anspannung aller Kräfte tätig sein?
In Sachsen traf ich einen Parteifunktionär, der im FDGB tätig war und die Lage in den Betrieben gut kannte. Er hatte Vertrauen zu mir und wollte einmal sein Herz ausschütten.
»Unter uns«, sagte er, »die Abhängigkeit von den Russen spüren wir hier unten noch viel krasser als ihr da oben, wo es in etwas höflicheren Formen zugeht. Die Pajoks haben nämlich einen Haken...«

»Kann ich mir denken. Die Arbeiter sind sicher erbittert darüber.«
»Das auch – aber es ist noch etwas anderes.« Und er erzählte mir das Schicksal eines »Pajok-Funktionärs« aus seiner Stadt.
Ein guter Genosse, der lange Jahre im KZ gewesen war, kehrte in seinen Betrieb zurück. Von den Arbeitern freudig begrüßt, wird er schnell wieder Funktionär und gilt als der »erste Mann« im Betrieb. Es kommt die Demontage. Die Russen erklären ihm, er müsse die Demontage vor den Arbeitern rechtfertigen. Wenn die Demontage beendet sei – so versprechen ihm die Russen –, werde alles erledigt sein und die Arbeiter könnten ungehindert arbeiten. Der Genosse glaubte es, und die Arbeiter vertrauten seiner Erklärung. Die Demontage wird durchgeführt. Die Arbeiter glauben, jetzt sei alles erledigt, sie gehen mit großem Eifer ans Werk, holen von irgendwoher wieder Maschinen und bauen den Betrieb auf – nicht ganz so gut wie früher, aber immerhin, der Betrieb läuft. Einige Monate vergehen. Wieder wird der Genosse zu den Russen geladen. Sie sagen ihm, sein Betrieb werde erneut demontiert. Er redet auf sie ein, erinnert sie an ihr Versprechen bei der ersten Demontage, an seinen Ruf, an das Ansehen der Partei. Es hilft nichts. Die Russen bestehen auf der zweiten Demontage. Er weigert sich, dies vor den Arbeitern zu vertreten. Der Offizier lächelt höhnisch: »Wenn Sie es nicht tun«, sagte er ihm, »werde ich den Arbeitern mitteilen, was Sie inzwischen an Pajoks und Sondervergünstigungen erhalten haben.« Dabei zieht er eine Liste heraus. Alles war sorgfältig zusammengezählt worden, in den anderthalb Jahren war allerhand zusammengekommen. Da erst begriff der Genosse, was Pajoks bedeuten. Am nächsten Tag rechtfertigt er auch die zweite Demontage vor den Arbeitern. Aber er ist nicht mehr der alte. Er ist ein gebrochener Mensch.
Nach dieser Erzählung verstand auch ich, daß die Pajoks nicht nur eine solidarische Hilfe für aufopferungsvolle Genossen sind und nicht nur dem Kaderschutz dienen...

Die westliche Propaganda

Es ruft meist Erstaunen hervor, wenn ich im Westen sage, daß ich seit 1945 jeden Tag die wichtigsten westlichen Zeitungen gelesen habe.

»Na und? Wie hat es denn auf Sie gewirkt?« wird dann prompt gefragt. Ich kann leider nur antworten: »Gar nicht.«

Drei Viertel des Raumes in den westlichen Zeitungen – die sich naturgemäß auf ihren »westlichen« Leser einstellen müssen – waren und sind Ereignissen gewidmet, die selbst den oppositionellsten Funktionär nicht interessieren. Die meisten Artikel und Kommentare sind in einer Sprache geschrieben, die ein im Osten geschulter Funktionär zwar versteht und in die er sich irgendwie hineindenken kann, die ihn aber keineswegs anspricht.

Nicht selten wurden die Verhältnisse in der Sowjetunion als »Verwirklichung des Marxismus« bezeichnet. Unsere »politischen Bauchschmerzen« bestanden aber doch gerade in den ernsten und begründeten Zweifeln daran, ob die politische Entwicklung der Sowjetunion und der Sowjetzone mit den Grundsätzen des Marxismus in Einklang zu bringen sei! Nun bescheinigten uns die Westzeitungen – wenn auch unter anderem Vorzeichen –, daß die parteioffizielle These wohl doch richtig sein könne.

Allerdings gab es einige Ausnahmen, und die werden mir stets in Erinnerung bleiben. Als ich einmal in Westberlin spazierenging, entdeckte ich in einem Zeitungsstand am Steglitzer Rathaus eine kleine Broschüre mit dem sachlichen Titel *Gewerkschaften und Sozialpolitik in der Sowjetunion*. Der Autor war Salomon Schwartz, ein Name, der mir bis dahin völlig unbekannt war. Beim Aufschlagen der Broschüre sah ich das Impressum: *Die Neue Zeitung*, bis 1955 die offizielle amerikanische Zeitung in Deutschland.

Das wird ja ein schöner Blödsinn sein. Von den Amerikanern herausgegeben, dachte ich. Als ich in meine Wohnung in der Parteihochschule zurückgekehrt war, legte ich Papier und Füll-

federhalter bereit, um sofort alle Fälschungen, von deren Vorhandensein ich fest überzeugt war, zu notieren.
Ich begann zu lesen: keine Schimpfereien, eine sachliche Sprache mit vielen Zitaten, Tabellen und statistischem Material – so, wie wir es gewohnt waren.
Ich verglich die Zahlen und Zitate. Sie stimmten. Mein Füllfederhalter lag noch immer bereit, aber beim besten Willen gab es nichts anzustreichen. Nach zwei Stunden hatte ich diese Broschüre ausgelesen. Abgesehen von zwei oder drei Fragezeichen bei einigen Formulierungen, konnte ich den Angaben, dem statistischen Material und den Zitaten aus der Sowjetpresse nichts entgegenhalten. All das hatte ich vorher gewußt – aber ich hatte es noch nie in so geschlossener Form gelesen und die *Zusammenhänge* so klar gesehen.
Einige Monate später machte eine andere Broschüre bei oppositionellen Funktionären die Runde. Es handelte sich um einen Auszug aus Koestlers Buch *Der Yogi und der Kommissar* und war unter dem Titel *Sowjetmythos und Wirklichkeit* ebenfalls von der *Neuen Zeitung* herausgegeben worden. Ich war sofort gefesselt, denn schon auf den ersten Seiten war von der Oktoberrevolution die Rede.
Vieles, was ich bis dahin geahnt hatte, wurde hier zusammenhängend geschildert. Ich hatte eine Schrift vor mir, in der der Begriff »Stalinismus« als Gegensatz von Marxismus vorkam, eine Schrift, in der das gegenwärtige System der UdSSR nicht als Nachfolger der Oktoberrevolution geschildert war, sondern der Beweis erbracht wurde, daß das stalinistische System die Errungenschaften der Oktoberrevolution verraten und ins Gegenteil verkehrt hatte.
Dann kam die dritte Schrift aus dem Westen, die mir zeigte, daß wir mit unseren Gedankengängen nicht allein standen. Es war ein Buch unter dem Titel *Jenseits des Kapitalismus* von Paul Sering, mit dem Untertitel *Versuch einer sozialistischen Neuorientierung*. Ein großer Teil des Buches beschäftigte sich mit der Sowjetunion, und – obwohl manche oppositionellen Funktionäre mit

einigen Gedanken nicht einverstanden waren – es hat uns tief beeindruckt, weil es im Rahmen der Literatur, die wir damals bekamen, der erste Versuch war, eine Analyse der Sowjetunion zu geben, ein Versuch, die Frage zu beantworten, warum diese Entwicklung zu jenem Staatstypus geführt hatte und wie sehr dieser im Widerspruch zu den ursprünglichen Lehren der Klassiker des Marxismus steht.

Auch bei den Rundfunksendungen gab es einige Ausnahmen: Die erste war ein Hörspiel nach Koestlers Buch *Sonnenfinsternis*. Von diesem Buch hatte ich bis dahin noch nichts gehört, aber da ich eine Broschüre Koestlers kannte, schaltete ich die Sendung ein. Schon nach den ersten Sätzen war ich gefesselt. Ein Hörspiel über einen alten Bolschewiken, der in einem NKWD-Gefängnis sitzt! Als es zu Ende war, ging ich mehrere Stunden spazieren, um darüber nachzudenken. In den nächsten Tagen stellte ich fest, daß auch andere Funktionäre die Sendung gehört hatten und tief beeindruckt waren. Von diesem Tag an hörte ich häufiger westliche Rundfunkstationen, aber nach etwa einer Woche gab ich es wieder auf. Es war sinn- und zwecklos. Solche Sendungen waren Ausnahmen.

Mitte Januar 1949 saßen wir wieder mit einer Gruppe von Funktionären zusammen – einer davon war Offizier der Volkspolizei.

»Der RIAS wird in einer halben Stunde eine Sendung zum Tode Rosa Luxemburgs bringen«, bemerkte einer.

»Der amerikanische Sender über Rosa Luxemburg?«

Mißtrauisch schaltete der Volkspolizeioffizier den Apparat ein, aber unser Mißtrauen verschwand bald. Mit objektiven, ja sogar anerkennenden Worten wurde die große deutsche Revolutionärin skizziert. Zugleich wurden Auszüge aus ihrer Schrift *Die russische Revolution* gebracht, eine Schrift, die in keiner Zeitung der Sowjetzone zitiert und in keiner Parteischule als Studienmaterial ausgehändigt wurde. (Auch in späteren, großen, zweibändigen Ausgaben der Reden und Schriften Rosa Luxemburgs ist sie nicht enthalten.) Diese Schrift zirkulierte unter oppositionellen SED-Funktionären, und ich selbst hatte sie von einem Funktio-

när sogar im Gebäude einer SED-Landesleitung erhalten. Nun hörten wir durch den RIAS Auszüge daraus:
Mit dem Erdrücken des politischen Lebens im ganzen Land muß auch das Leben in den Sowjets immer mehr erlahmen. Ohne allgemeine Wahlen, ungehemmte Presse- und Versammlungsfreiheit, freien Meinungskampf stirbt das Leben in jeder öffentlichen Institution, wird zum Scheinleben, in der die Bürokratie allein das tätige Element ist. Das öffentliche Leben schläft allmählich ein, einige Dutzend Parteiführer von unerschöpflicher Energie und grenzenlosem Idealismus dirigieren und regieren, unter ihnen leitet in Wirklichkeit ein Dutzend hervorragender Köpfe, und eine Elite der Arbeiterschaft wird von Zeit zu Zeit zu Versammlungen aufgeboten, um den Reden der Führer Beifall zu klatschen, vorgelegten Resolutionen einstimmig zuzustimmen, im Grund also eine Cliquenwirtschaft – eine Diktatur allerdings, aber nicht die Diktatur des Proletariats, sondern die Diktatur einer Handvoll Politiker…

Nach einigen Zwischentexten kam es am Schluß der Sendung wie ein Peitschenhieb: »Wo würde Rosa Luxemburg heute stehen?«
Es herrschte Stille im Raum. Wir schwiegen, und jeder dachte: Was denkt wohl der andere? Diesmal war es nicht ganz einfach, drei der Anwesenden kannte ich nicht. Ich war vorsichtig:
»Bei den Amerikanern würde sie bestimmt nicht stehen.«
»Aber bei uns auch nicht«, sagte einer der beiden unbekannten Funktionäre mit Bestimmtheit. Die anderen nickten zustimmend – auch der Offizier der Volkspolizei…
Diese wenigen Schriften und Sendungen der westlichen Propaganda blieben mir wohl deshalb so genau im Gedächtnis, weil sie dem, was wir suchten, entsprachen: Die Untersuchung des Klassencharakters des Systems in Begriffen und in einer Terminologie, die wir verstanden, eine Untersuchung, wie weit das stalinistische System sich von den marxistischen Grundsätzen abgewendet hat, wie die Sowjetunion wirklich aussehen müßte, wenn sie sich in marxistischer Richtung entwickelt hätte.

Da die Zeitungen und Rundfunksendungen des Westens die für uns so entscheidenden Fragen häufig übergingen, mußten wir, eine Gruppe selbständig denkender, mit vielen »politischen Bauchschmerzen« behafteter Sozialisten – und mit uns wahrscheinlich Tausende anderer Mitglieder und Funktionäre der SED –, uns mühselig und Schritt für Schritt bemühen, unsere Probleme allein zu lösen, ohne von irgendeiner Seite für unsere Diskussionen auch nur Anregungen zu erhalten, die uns in unseren Bemühungen, dem Stalinismus etwas entgegenzusetzen, hätten helfen können.

»Was ist mit Jugoslawien los?«

Im Frühjahr 1948 traten Ereignisse ein, die uns in eine Aufregung versetzten, wie wir sie seit der Gründung der Partei nicht mehr erlebt hatten. Es begann zunächst ganz harmlos, mit scheinbar unwichtigen Vorfällen, die wir uns nicht erklären konnten und über die von keiner Seite Aufklärung gegeben wurde.
Da war die eigentümliche Sache mit den 150 FDJlern. Nach meiner Jugoslawien-Sommerfahrt hatte ich dem FDJ-Vorsitzenden Honecker kurz Bericht erstattet. Die Verbindung zwischen der FDJ und der Jugoslawischen Volksjugend wurde aufgenommen, und vom Herbst 1947 an wurde eine Kampagne gestartet unter der Losung »Die besten 150 FDJler fahren im Sommer 1948 nach Jugoslawien«. Das FDJ-Zentralorgan, die *Junge Welt*, brachte lange Artikel, und auf Funktionärstagungen wurden die besten FDJler für die Fahrt nach Jugoslawien ausgesucht.
Plötzlich, über Nacht, wurde die Kampagne gestoppt. Kein Artikel in den Zeitungen, kein Hinweis – es war, als ob es die Kampagne nie gegeben hätte. »Was ist denn bloß mit eurer Jugoslawienkampagne los?« fragte ich ein Mitglied des Zentralrates. »Genau weiß ich es auch nicht. Die Sache ist höchst merkwürdig: Bei unserer letzten Besprechung mit sowjetischen Freunden haben sie uns gesagt, wir sollten die Kampagne abbrechen. Die 150 FDJler würden wahrscheinlich im Sommer 1948 nicht nach Ju-

goslawien fahren können. Eine Begründung wurde nicht gegeben. Sie sagten nur, wir sollten alles unauffällig im Sande verlaufen lassen.«

Kurze Zeit darauf hörte ich, daß in den nächsten Wochen die vier Spitzenfunktionäre der SED die volksdemokratischen Länder besuchen würden. Einige Tage später kam die offizielle Ankündigung der Reise der SED-Führer. Nach Jugoslawien fuhr keiner. Als ich im Sommer 1947 in Belgrad war, hatte ich ausgemacht, daß ich im nächsten Sommer wiederkommen würde. Es war im Mai 1948, und mein Urlaub stand bald bevor. Ich ging in die jugoslawische Militärmission, um die Frage meiner Reise zu klären.

»Du kannst jederzeit zu uns fahren. Du bist ja auch offiziell vom Zentralrat der Volksjugend eingeladen worden. Wir werden uns sehr freuen.«

Die jugoslawischen Genossen waren sehr freundlich, aber als ich vorsichtig die Frage andeutete, was mit den 150 FDJlern sei, antworteten sie mir ausweichend:

»Genaues können wir darüber auch nicht sagen. Von uns aus bleibt die Einladung nach wie vor bestehen.« Mehr sagten sie nicht, aber auch das war genug.

Ich wußte nun: Die Jugoslawen waren nach wie vor für die Fahrt der 150 FDJler. Die FDJ war natürlich auch dafür. Es blieb nur eine Möglichkeit: Die sowjetischen Vertreter waren dagegen.

Aber warum? Was konnte der Grund sein?

Am 29. Juni 1948 ging ich, wie jeden Morgen, in unsere Zeitungsverteilerstelle für Lehrer und Fakultätsleiter. Ich mußte ein wenig warten, da gerade neben mir Professor Viktor Stern seine Zeitungen erhielt. Obenauf lag der *Telegraf*, mit der riesigen Schlagzeile *Stalin bricht mit Tito, Tito des Trotzkismus beschuldigt*.

»So ein Blödsinn! Diesen Quatsch, den die da bloß immer schreiben! Was heißt hier ›Tito des Trotzkismus beschuldigt‹ – so ein Unsinn. Tito hat doch gerade die Trotzkisten aus der Parteiführung eliminiert.«

Ärgerlich schnaufend faltete Viktor Stern seine Zeitung zusammen und ging.
Mit einem Blick überflog ich die Schlagzeilen der wichtigsten westlichen Zeitungen und wußte: Es war keine »Ente« des *Telegraf*, es war die Erklärung für die eigentümlichen Vorgänge der letzten Wochen. In den Ostzeitungen stand an diesem Morgen noch nichts.
Ich rannte in mein Zimmer und las die Meldungen aller westlichen Zeitungen aufmerksam durch. Sie waren so verkürzt, daß man kein genaues Bild bekommen konnte. Eines allerdings schien festzustehen: Es war eine Resolution der Kominform gefaßt und veröffentlicht worden, die Jugoslawien politischer Fehler und Abweichungen bezichtigte. Von diesem Augenblick an saß ich fast ununterbrochen am Radio. Zwei Stunden später kam meine Freundin Ilse, die auch zu den »Unter-uns-Leuten« gehörte – sie arbeitete im Gebäude des Zentralsekretariats, in der Redaktion der Funktionärszeitschrift *Neuer Weg* –, zu mir nach Klein-Machnow. Sie hatte natürlich auch alles gehört und war schon zu Freunden in den verschiedenen Zeitungsredaktionen gegangen. »Der wörtliche Text ist noch immer nicht da, soll aber morgen in unseren Zeitungen erscheinen. Schon jetzt herrscht überall große Aufregung, aber noch immer ist nichts Genaues bekannt.«
Wir saßen bis spät in die Nacht am Radioapparat. Noch immer war alles unklar.
Am nächsten Morgen – es war der 30. Juni 1948 – erhielt ich endlich den Text der Kominformresolution. Aufmerksam las ich die Anschuldigungen gegen die jugoslawischen Kommunisten und geriet immer mehr in Wut über diese primitiven und, wie ich wußte, völlig unbegründeten Anklagen.
Kaum zehn Monate waren seit meinem Besuch in Jugoslawien vergangen, und ich hatte nicht nur seit dieser Zeit, sondern auch schon vorher regelmäßig alle jugoslawischen Veröffentlichungen verfolgt. Es war daher für mich nicht schwer zu erkennen, daß die Anschuldigungen falsch waren.

Den jugoslawischen Kommunisten wurde »bürgerlicher Nationalismus« vorgeworfen – ich hatte sowohl in Gesprächen mit jugoslawischen Kommunisten als auch in ihren Veröffentlichungen einen Geist des Internationalismus verspürt, den ich oft vergeblich in der Sowjetunion gesucht hatte.
»Unterstützung der kapitalistischen Elemente auf dem Dorf«, las ich in der Resolution – und wußte, daß die jugoslawischen Kommunisten nicht nur die Bodenreform am konsequentesten verwirklicht, sondern auch als erstes Land der Volksdemokratien landwirtschaftliche Arbeitsgenossenschaften eingerichtet hatten.
»Sowjetfeindliche Einstellung!« Ich dachte daran, wie in den jugoslawischen Veröffentlichungen über die Sowjetunion geschrieben wurde, wie die Jugoslawen die UdSSR idealisierten, wie sie stets ihre größten Erfolge bescheiden hinter die der Sowjetunion stellten.
Über das angeblich »militaristisch-bürokratische System« in der jugoslawischen Partei konnte ich nur lachen. Ausgerechnet die sowjetische Partei, in der das militaristisch-bürokratische System par excellence herrscht, die entgegen ihren eigenen Statuten seit 1939, also neun Jahre, keinen Parteitag einberufen hatte, spielte sich als Verteidiger der Parteidemokratie auf!
Dann kam wieder ein Angriff gegen die jugoslawische Landwirtschaftspolitik, diesmal wegen angeblicher »Linksabweichungen«. Sie wurde als »abenteuerlich« bezeichnet, nachdem wenige Abschnitte zuvor den jugoslawischen Kommunisten »opportunistische Einstellung« vorgeworfen worden war.
Das Ganze war einfach lächerlich.
»Wer kann denn ein solches Dokument ernst nehmen oder dran glauben«, dachte ich – aber im nächsten Augenblick nahm ich es ernst, allerdings nicht wegen der darin enthaltenen »Argumente«, sondern vielmehr wegen der Drohung und Warnung am Schluß der Resolution:
Die Aufgabe dieser gesunden Kräfte der KPJ besteht darin, ihre Fehler offen und ehrlich einzugestehen... oder, falls die gegenwärtige Führung der KPJ sich dazu unfähig erweist, sie abzuset-

zen und eine neue internationalistische Führung der KPJ aufzustellen.

Das war deutlich – sehr deutlich sogar. Das einzige Land Europas, in dem in den letzten 20 Jahren eine siegreiche Revolution vor sich gegangen war, an dessen Spitze eine kommunistische Partei stand, sollte jetzt zum Gehorsam gezwungen werden. Es war mir sofort klar – dazu kannte ich die sowjetische Politik inzwischen gut genug –, daß es sich keineswegs um die in der Resolution enthaltenen Beschuldigungen handelte, sondern darum, daß die jugoslawischen Kommunisten offensichtlich eine gewisse selbständige, eigene Politik betrieben hatten.
Vom ersten Augenblick an stand ich mit voller Überzeugung auf seiten der verleumdeten und angegriffenen jugoslawischen Kommunisten und gegen diejenigen, die die Kominformresolution repräsentierten.
Ich war nicht der einzige. An diesem Tag hatte ich glücklicherweise nur in den Vormittagsstunden zu tun und fuhr nach Berlin, um meine Freunde zu sehen. Alle sprachen von der Kominformresolution. Die Berliner Blockade, die in diesen Tagen begann, wurde, obwohl alle Gespräche in Berlin stattfanden, kaum erwähnt.
Alles drehte sich um die eine Frage. Was werden die Jugoslawen tun? Werden sie sich unterwerfen, ihre gar nicht begangenen Fehler eingestehen, vor der massiven Drohung kapitulieren? Oder werden sie den Mut finden, sich der Resolution entgegenzustellen? Viele saßen am Radio und wechselten sich ab, um ja nichts zu versäumen: Sie warteten auf die jugoslawische Antwort.
»Hoffentlich lehnen sie ab« – das war der Tenor der »Unter-uns-Kreise« an diesem Tag. Am Abend kam meine Freundin Ilse aus dem Zentralhaus der Einheit:
»Im Glaspalast ist es wie in einem Bienenschwarm. Alle sind schrecklich aufgeregt. Einige sympathisieren mit den Jugoslawen. Hoffentlich lehnen sie ab!«

Wieder saßen wir am Radio. Eine halbe Stunde, eine Stunde ... Endlich hörten wir die Stimme des Londoner Nachrichtensprechers: »Das Zentralkomitee der Kommunistischen Partei Jugoslawiens hat die Anwürfe der Kominform als unberechtigt zurückgewiesen.«
Noch nie hatte mich eine Meldung so elektrisiert.
BBC meldete, das ZK der jugoslawischen Kommunisten sei zusammengetreten, habe die Beschuldigungen im einzelnen widerlegt und erklärt, es sei nicht gewillt, Fehler einzugestehen, die Jugoslawien nicht begangen habe.
Wir konnten uns vor Freude kaum fassen. Endlich, endlich hatte eine Partei den Mut gefunden, der Stalin-Führung zu widersprechen!
Aber sofort meldeten sich auch unsere Besorgnisse. »Werden sich die Jugoslawen halten können? Es wird doch sicherlich nicht bei der Resolution bleiben.«
»Vielleicht wird Bulgarien oder ein anderes volksdemokratisches Land auf die Seite der Jugoslawen treten, vielleicht auch Polen, vielleicht kommt es zu inneren Auseinandersetzungen in den Parteien der volksdemokratischen Länder.«
Bis in die Nacht diskutierten wir und versuchten, Radio Belgrad zu bekommen, aber an diesem Abend gelang es uns nicht. In den nächsten Tagen erfuhren wir, daß wir nicht die einzigen gewesen waren, die aufgeregt am Radio gesessen hatten, um sich über die unglaubliche Tatsache klarzuwerden, daß eine kommunistische Partei sich Beschlüssen der Kominform und damit Stalins entgegenstellte.
Noch immer fehlte uns aber eines: der Text der jugoslawischen Antwort an die Kominform. Einige Optimisten hofften, daß die SED-Zeitungen die jugoslawische Antwort veröffentlichen würden – sie wurden natürlich enttäuscht. So kauften wir nun alle Zeitungen, die man in Westberlin erhalten konnte, und hörten alle westlichen Rundfunksendungen ab. Leider brachten sie immer nur Zusammenfassungen.
Wir schimpften:

»Wenn die doch bloß mal die ganze Antwort im Wortlaut bringen würden!« Drei Tage später hatten wir endlich die Antwort. Sie wurde im Tanjug-Bulletin veröffentlicht. Bis dahin war das eines der vielen Presse-Bulletins, die in den Zeitungsredaktionen herumlagen. Über Nacht waren die Bulletins der jugoslawischen Nachrichtenagentur zu den aufregendsten und bedeutsamsten Schriftstücken geworden, die jemals in der SED verbreitet wurden

Nun lasen wir schwarz auf weiß, was wir bis dahin nicht für möglich gehalten hatten: Die Führung einer kommunistischen Partei weigerte sich, die Kominformresolution anzuerkennen, und erklärte sie einfach für falsch: »Die Kritik in der Resolution ist auf ungenauen und unbegründeten Behauptungen aufgebaut und stellt den Versuch dar, das Ansehen der KP Jugoslawiens im Ausland und im Lande zu zerstören, in den Massen im Inland sowie in der internationalen Arbeiterbewegung Verwirrung hervorzurufen.«

Ruhig und sachlich, mit einer Fülle von Tatsachen wurden anschließend alle Behauptungen der Kominformresolution im einzelnen widerlegt. Besonders interessant war für mich die Antwort auf den Vorwurf der angeblichen Überwachung von sowjetischen Militär- und Zivilspezialisten in Jugoslawien. Die Jugoslawen wiesen nicht nur die Anschuldigungen zurück, sondern erklärten ihrerseits, daß der sowjetische Geheimdienst versucht habe, seine Agenten in die brüderliche kommunistische Partei einzubauen. Eine Reihe von Mitgliedern der KP Jugoslawiens hätte in Erklärungen an ihre Parteiorganisationen darauf hingewiesen, »daß sie von Organen des sowjetischen Informationsdienstes rückhaltlos angeworben worden sind. Das ZK der KP Jugoslawiens war der Ansicht, daß eine solche Haltung einem Lande gegenüber, in dem die Kommunisten die herrschende Partei sind und das dem Sozialismus entgegengeht, etwas Unerlaubtes ist und zur Demoralisierung der Bevölkerung der Föderativen Volksrepublik Jugoslawiens, zur Schwächung und Untergrabung der Partei und des Staates führt.«

»Das sollte unsere SED-Führung auch einmal sagen« – war der Stoßseufzer eines SED-Funktionärs, der wie ich diese Stelle besonders stark angestrichen hatte.
Klar und unmißverständlich schlossen die Jugoslawen mit der Erklärung, daß sie nicht bereit seien, die Anschuldigungen der Kominformresolution anzuerkennen, gleichzeitig aber – und das war für uns besonders wichtig – »mit noch größerer Ausdauer die Arbeit am Aufbau des Sozialismus« fortsetzen würden.
Für einen Menschen im Westen ist es schwer, sich vorzustellen, wie uns die Sätze der jugoslawischen Antwort beeindruckten, in denen die sklavische Unterordnung verurteilt wurde, in denen man sich weigerte, Fehler einzugestehen, die man nicht begangen hatte – worauf das gesamte System der Kritik und Selbstkritik, ja das stalinistische System überhaupt, beruht. Es war für mich wie ein revolutionäres Fanal, als ich die Worte las:
Das ZK der KP Jugoslawiens ist nicht der Ansicht, daß es durch seine Ablehnung, über Fehler zu diskutieren, an denen es keine Schuld trägt, irgendwie die Einheit der kommunistischen Front verletzt habe. Die Einheit dieser Front gründet sich nicht auf die Anerkennung erfundener und konstruierter Fehler und Verleumdungen, sondern auf die Tatsache, ob die Politik einer Partei faktisch internationalistisch ist oder nicht. Man kann jedoch nicht stillschweigend über die Tatsache hinweggehen, daß das Informationsbüro die Prinzipien, auf denen es gegründet ist und die die Freiwilligkeit jeder Partei hinsichtlich der Annahme von Beschlüssen vorgesehen haben, verletzt hat. Das Informbüro zwingt nicht nur die Leitung der KPJ dazu, Fehler einzugestehen, die sie nicht begangen hat, sondern sie ruft die Mitglieder der KPJ zum Aufruhr in der Partei und zur Spaltung der Einheit der Partei auf. Das Zentralkomitee der KP Jugoslawien kann niemals darauf eingehen, daß über seine Politik auf der Grundlage von Erfindungen, unkameradschaftlichen Beziehungen und ohne gegenseitiges Vertrauen diskutiert werde.

Die Antwort der jugoslawischen Kommunisten wirkte wie eine Bombe. Wohin ich auch kam, alle diskutierten darüber, und viele zogen das Tanjug-Bulletin aus der Tasche. »Das Tanjug-Bulletin«, flüsterte einer dem anderen zu, »aber gib es mir morgen wieder zurück, es haben sich schon viele andere angemeldet.« Die Blätter wanderten von Hand zu Hand.
Bisher war das nicht illegal: Die SED hatte noch nicht Stellung bezogen, und manche hofften noch auf eine Art Neutralität, aber sie wurden schnell enttäuscht.

Die SED schaltet sich ein

Am 4. Juli 1948 veröffentlichten alle SED-Zeitungen auf der ersten Seite eine sogenannte »Erklärung zur jugoslawischen Frage«. Die Kominformresolution wurde von der SED – obwohl diese gar nicht der Kominform angehörte – rückhaltlos begrüßt:
Das Zentralsekretariat der Sozialistischen Einheitspartei Deutschlands hat zu dem Kommuniqué des Informationsbüros der kommunistischen Parteien Stellung genommen und die dadurch erfolgte Verurteilung der Politik des Zentralkomitees der Kommunistischen Partei Jugoslawiens als richtig erkannt.

Aus diesem Beschluß war deutlicher als aus der Kominformresolution selbst zu ersehen, worum es in der Auseinandersetzung wirklich ging:
Vor allem aber zeigen die Fehler der jugoslawischen Kommunistischen Partei, wohin es führt, wenn eine führende Arbeiterpartei die selbstverständliche Grundlage der brüderlichen Beziehung zur sozialistischen Sowjetunion und zur Partei Lenins und Stalins aufgibt... Ganz besonders zeigen die Fehler der Kommunistischen Partei Jugoslawiens unserer Partei, daß die klare und eindeutige Stellungnahme für die Sowjetunion heute die einzig mögliche Position für jede sozialistische Partei ist...

Mir lief es kalt über den Rücken. An die Parteisprache gewöhnt, wußte ich, was das zu bedeuten hatte: die noch stärkere Unterordnung der SED unter die Sowjetunion und die sowjetische Politik, das Ende der These vom besonderen deutschen Weg zum Sozialismus.

Dann kam der Schlußsatz:

Im übrigen verurteilt das Zentralsekretariat der SED, daß einige führende jugoslawische Kommunisten in Berlin Materialien verteilen, die gegen das Kommuniqué gerichtet sind. Das Zentralsekretariat erblickt darin einen groben Verstoß gegen die Gepflogenheiten der internationalen Arbeiterbewegung.

Das war der Gipfel der Perfidie. Nicht nur, daß die SED darauf verzichtete, die selbstverständliche Pflicht zu erfüllen, in einer politischen Auseinandersetzung innerhalb der kommunistischen Parteien beide Materialien zu veröffentlichen – sie protestierte nun sogar, wenn Vertreter der jugoslawischen Kommunisten von sich aus alles taten, um den Standpunkt ihrer Partei zu Gehör zu bringen!

Nun waren die Tanjug-Bulletins vom offiziellen SED-Standpunkt aus »parteifeindlich« – aber viele SED-Funktionäre empfanden es doch als eine starke Zumutung: Materialien einer kommunistischen Partei sollten »parteifeindlich« sein? Weitere Tanjug-Bulletins erschienen, in denen einzelne Fragen des Konflikts genauer behandelt wurden. Als Absender waren, wie wir bald feststellten, erfundene Namen und Adressen angegeben, und die Materialien wurden in den verschiedensten Umschlägen verschickt, um das Abfangen zu erschweren. »Gelernt ist gelernt«, schmunzelte vergnügt ein Parteifunktionär, »die Jugoslawen verstehen was von solchen Dingen.«

Die Tanjug-Bulletins waren nicht totzukriegen. Alle wichtigen jugoslawischen Artikel erschienen prompt in deutscher Übersetzung und drangen durch viele Kanäle in den Funktionärskörper der SED ein...

Die Situation war so ernst, daß die SED-Führung am 29. Juli 1948 einen Beschluß über die »organisatorische Festigung der

Partei und ihre Säuberung von entarteten und feindlichen Elementen« erließ. Darin wurde »ein beschleunigtes Ausschlußverfahren gegen folgende Kategorien von Mitgliedern« verlangt:
1. »Mitglieder, die eine parteifeindliche Einstellung vertreten.«
2. »Mitglieder, die eine sowjetfeindliche Haltung bekunden.«
Jeder wußte natürlich, daß damit in erster Linie jene gemeint waren, die, wie man es damals in der Partei nannte, »in der jugoslawischen Frage schiefliegen«.
Viele Funktionäre, mit denen ich in jenen Tagen sprach, waren auf seiten der Jugoslawen – wenn manche es auch nur sehr vorsichtig durchblicken ließen –, zumindest aber waren sie der Meinung, daß die SED sich keineswegs ausschließlich auf die Seite der Kominform stellen sollte. Selbst die Kominformanhänger gingen nicht soweit, sich mit allen Behauptungen der Resolution zu identifizieren.
Besonders interessant für mich war ein Gespräch mit Paul Wandel, der damals Präsident der Zentralverwaltung für Volksbildung war.
Ich kannte Wandel noch als »Klassner« von der Kominternschule her und beschloß, meine Meinung nicht offen darzulegen. In dem Glauben, daß ich in der Jugoslawien-Frage »SED-treu« sei, beschwerte er sich über die Wirkung der Tanjug-Bulletins.
»Stell dir nur vor, Wolfgang, es ist einfach unglaublich: Ich komme gestern in mein Büro und mußte meine Sekretärin zweimal laut rufen, ehe sie überhaupt reagierte. Was tat sie? Sie las das Tanjug-Bulletin. Sie ist eine Genossin, die mir bisher alle parteifeindlichen Materialien sofort überreichte.«
Es fiel mir schwer, meine Freude zu verbergen. Also nicht nur im Parteiapparat, sondern auch in den Zentralverwaltungen werden die Bulletins gelesen.
Ich befand mich nun im Zimmer meines früheren Lehrers der Kominternschule. Er hatte mich zum Funktionär ausgebildet. Wie würde er mir jetzt das Ganze erklären?
»Wenn wir ernst darüber sprechen, Wolfgang: Was in der Resolution steht, ist natürlich vereinfacht für die Massen. Man muß

die Dinge nicht so wörtlich nehmen, sondern den politischen Sinn erkennen.« Paul Wandel versuchte eine Rechtfertigung der Kominformresolution gewissermaßen auf »höherer Ebene«, da er wohl der Meinung war, daß man einem geschulten Funktionär eine solche Resolution nicht vorsetzen könne.

»Ich habe mich lange mit Fragen des Balkans beschäftigt, schon durch meine frühere Tätigkeit im Balkan-Sekretariat. Man muß sich die Dinge etwa so vorstellen ...« Und dann begann er mit dem 19. Jahrhundert, mit den Besonderheiten der dortigen Klassenverhältnisse, der Rolle der nationalrevolutionären Intelligenz, die zwar revolutionär, aber niemals wirklich marxistisch gewesen sei, deren Einfluß aber auf die Partei abgefärbt habe. Er sprach über die Trotzkisten, die in der jugoslawischen Partei zwar eliminiert, deren Gedankengänge aber niemals ganz überwunden worden seien, und über die jugoslawischen Parteiführer, die zwar vorbildliche Kämpfer gewesen seien, aber – da sie fast immer im Lande waren – keine Möglichkeit gehabt hätten, sich ernsthaft zu schulen. »Alle diese Faktoren zusammengenommen« – Paul Wandel hatte inzwischen länger als eine halbe Stunde gesprochen –, »ergeben dann die Situation, die zur heutigen Lage geführt hat.«

Es war ein sehr gründliches Referat – überzeugt hatte es mich nicht.

Vielleicht konnte Anton Ackermann mir das Problem erklären? Ich schätzte ihn als den klügsten Kopf der Parteiführung, als den einzigen, den man wirklich mit Recht als Parteitheoretiker bezeichnen konnte – obwohl ich wußte, daß auch er mir gegenüber die Resolution verteidigen würde. Wir saßen in einem geschmackvoll eingerichteten Raum in seiner Villa.

»Na, nehmen wir zuerst einmal einen Kognak. Du machst ja ein Gesicht, als ob du ›politische Bauchschmerzen‹ hättest.«

»Habe ich auch. Weißt du, ich meine ...«

»Brauchst gar nicht weiterzureden, ich kann mir schon denken: Jugoslawien.«

Ich kam gar nicht dazu, ihm etwas zu sagen. Fast schien es mir, als ob er sich fürchtete, ich könnte einige Argumente für die Ju-

goslawen vorbringen, die ihm seine Stellungnahme noch schwerer machen würden.
Er war aufgestanden und ging im Zimmer auf und ab. Im Unterschied zu Wandel suchte er weder eine historische noch soziologische oder sonstige Begründung der Kominformresolution zu geben. »Wolfgang, du bist ja trotz deiner jungen Jahre schon ein alter Parteihase. Man muß sich da an manches gewöhnen. Wenn du mit einem Schiff fährst, dessen Kapitän dich bisher durch alle Klippen und Gefahren immer richtig hindurchgesteuert hat, und einmal macht er plötzlich eine scharfe Wendung, die dir völlig unmotiviert oder sogar falsch erscheint, dann muß man eben Vertrauen zum Kapitän haben, da er sicher weiß, warum er das tut; man muß denken, daß er vielleicht eine bessere Übersicht hat, ihn nicht dabei stören, sondern unterstützen – auch wenn einem diese Wendung noch so unklar ist.«
Er hatte mich nicht angeschaut, sondern immer vor sich auf den Boden geblickt.
Wenn ich heute an das Gespräch zurückdenke, kommt es mir in vieler Hinsicht typisch für die Zwiespältigkeit der stalinistischen Ideologie vor, eine Ideologie, die den Anspruch erhebt, streng und logisch nach der dialektischen Methode vorzugehen, in Wirklichkeit sich ihrer jedoch nur als Mittel einer nachträglichen Rechtfertigung bedient, eine Ideologie, in der es zum Grundprinzip jeder Schulung gehört, sich genau an festgelegte Definitionen zu halten, alle Maßnahmen logisch und klar zu begründen, um dann plötzlich und unvermittelt – und zwar gerade bei solchen »Wendungen« der sowjetischen Politik, die einfach nicht mehr logisch zu begründen sind – irrationale Momente eines blinden Glaubens an einen »unfehlbaren Kapitän« einzuführen.

Die Kampagne gegen den Titoismus

Die Vorlesungen und Seminare in der Parteihochschule hielt ich weiter, ohne mit dem Herzen dabeizusein. Immer wieder schwenkten meine Gedanken zu den Jugoslawen ab, zu jener

Partei, die nun verwirklichte, was mir oft vorgeschwebt hatte: die Errichtung einer von Moskau unabhängigen sozialistischen Gesellschaft. Meine Gedanken, meine Sympathie, meine Hoffnungen, meine Wünsche weilten bei den jugoslawischen Kommunisten, die von der Kominform angegriffen und verleumdet wurden.
Zwei Tage später besuchte ich einen Bekannten aus der jugoslawischen Militärmission, mit dem ich ein Jahr zuvor über meine Reise nach Jugoslawien gesprochen hatte. Ich beschloß, die Dunkelheit abzuwarten und zu Fuß zu gehen.
Je näher ich der Pfeilstraße kam, in der sich die Villen der Jugoslawen befanden, um so häufiger schaute ich mich um, ob mir jemand folgte.
Plötzlich kam mir meine völlig neue Situation zu Bewußtsein: Ein in der Sowjetunion ausgebildeter Funktionär und Lehrer an der SED-Parteihochschule, der einen jugoslawischen Kommunisten und Partisanenkämpfer besuchen will, muß das heimlich tun. Noch vor wenigen Wochen hätte mich dieser Gedanke zutiefst erschreckt – jetzt machte er mich nur traurig. Innerlich hatte ich schon aufgehört – in diesem Augenblick wurde mir das völlig klar – ein SED-Funktionär zu sein. Im ersten Haus auf der linken Seite der Pfeilstraße wohnte Paul Markgraf, bis 1949 Polizeipräsident in Ostberlin. Er war am gleichen Tag wie ich mit dem Flugzeug aus Moskau gekommen. Seiner Funktion eingedenk, schaute ich im Vorbeigehen das Haus mit gemischten Gefühlen an.
Mein jugoslawischer Bekannter sah übernächtigt, müde, angegriffen, fast leidend aus. Die zwei Wochen seit der Kominformresolution hatten ihm ihren Stempel aufgedrückt. Als er erfuhr, daß ich zu jenen Funktionären gehörte, die nicht nur an der Richtigkeit der Kominformresolution zweifelten, sondern sie rundweg ablehnten, gab er mir freundschaftlich die Hand. Spontan umarmten wir uns. »In einigen Wochen, am 29. November, haben wir unseren Revolutionsfeiertag. Wir werden an diesem Abend in unserer Botschaft einen Empfang geben, und es würde mich freuen, wenn auch du daran teilnehmen wolltest.«
Ich sagte zu.

Als ich am nächsten Wochenende von der Parteihochschule in meine Pankower Wohnung fuhr, gab es eine freudige Überraschung für mich. Ein Paket aus der Schweiz war eingetroffen. Neugierig öffnete ich es. Es enthielt einige dicke Broschüren in deutscher Sprache: die Reden von Tito und Kardelj und andere Materialien vom 5. Parteitag der Kommunistischen Partei Jugoslawiens, der wenige Wochen nach dem Bruch mit Moskau in Belgrad abgehalten worden war.
Nichts hätte mich in jenen Tagen mehr freuen können als dieses Paket, und wenige Minuten später war ich schon ganz in die Schriften vertieft.
Auf einmal fuhr ich erschreckt zusammen. Es hatte scharf an die Tür geklopft. Es war das erste Mal, daß ich in Ostberlin bei einem Klopfen erschrak.
Mein Schreck war überflüssig, vor der Tür stand ein zufälliger Besucher.
In meine Wohnung auf der Parteihochschule zurückgekehrt, schloß ich die Broschüren und die bisherigen Tanjug-Bulletins sorgfältig ein. Zum erstenmal verheimlichte ich bewußt etwas vor der Partei. Ich hatte dabei nicht das geringste Schuldbewußtsein, denn ich wußte, daß die jugoslawischen Kommunisten im Recht waren und die Kominform unrecht hatte. In dieser Frage konnte es keine noch so weithergeholten Rechtfertigungsversuche mehr geben. Ich hatte meine Entscheidung getroffen.
Die Erklärung des Parteivorstandes vom 3. Juli und die ausführliche Stellungnahme vom 29. Juli waren keineswegs das Ende, sondern erst der Anfang der großen Kampagne gegen die jugoslawischen Kommunisten und gegen den »Titoismus«.
Zu dieser Frage wurde im September 1948 eine besondere Tagung des Parteivorstandes einberufen. Es war die 13. Tagung, und ihr einziger Zweck bestand darin, die jugoslawischen Kommunisten zu verurteilen. Die Entschließung der Kominform wurde erneut – nun schon zum zweitenmal – in einer offiziellen Stellungnahme untertänigst begrüßt und die vollständige Anlehnung an die Sowjetunion proklamiert.

Nach der Tagung erschien unter einer bombastischen Überschrift eine langatmige Resolution: »Die theoretische und praktische Bedeutung der Entschließung des Informationsbüros über die Lage der KP Jugoslawiens und die Lehren für die SED.«
Kriecherisch dankte der SED-Parteivorstand »dem Politbüro der KPdSU (B) und besonders Genossen Stalin«, weil sie »rechtzeitig die Fehler der KPJ enthüllt« hätten. Die primitive und verlogene Kominformresolution wurde als »hervorragender Beitrag zur Theorie des Marxismus-Leninismus« bezeichnet, und selbstkritisch wurde vermerkt, daß »in der SED die Bedeutung des Dokuments des Informationsbüros der Kommunistischen Parteien bisher unterschätzt« und »nur in einem Teil der Parteileitungen und Mitgliederversammlungen dazu Stellung genommen« worden sei. Die Resolution wandte sich gegen »Erscheinungen des Zurückweichens vor feindlichen Ideologien« (womit die Erklärungen der jugoslawischen Kommunisten gemeint waren) und stellte fest, daß »nicht genügend« getan worden sei, »um die Parteimitglieder vertraut zu machen mit den Erfahrungen des Kampfes um den Sozialismus in der Sowjetunion und mit den Lehren aus der Geschichte der KPdSU (B), mit der führenden Rolle der Sowjetunion im Kampfe für den Frieden und gegen den Imperialismus und mit der Befreierrolle der Sowjetarmee«.
Dann wurde mir auch das letzte genommen, was mich noch mit der Partei verbunden hatte: die Theorie des besonderen deutschen Weges zum Sozialismus. Die marxistische These vom besonderen deutschen Weg zum Sozialismus wurde mit den Worten verurteilt:
Der Parteivorstand stellt fest, daß auch in der SED falsche »Theorien« über einen »besonderen deutschen Weg« zum Sozialismus vorhanden sind ... Der Versuch, einen solchen besonderen deutschen Weg zum Sozialismus zu konstruieren, würde dazu führen, das große sowjetische Beispiel zu mißachten.

Viele prominente Spitzenfunktionäre der Partei äußerten sich unmittelbar darauf zu dieser neuen »Linie«. Ackermann, mit dessen Namen die Theorie des besonderen deutschen Weges zum Sozialismus verbunden war, schwieg zunächst. Aber am 24. September brach er sein Schweigen und veröffentlichte – zweifellos wider besseres Wissen – einen ausführlichen Artikel unter dem Titel: *Über den einzig möglichen Weg zum Sozialismus*. In ihm sagte er sich von seinen bisherigen marxistischen Auffassungen über den besonderen deutschen Weg zum Sozialismus los: »Diese Theorie enthält das Element einer Abgrenzung von der Arbeiterklasse und von der bolschewistischen Partei der Sowjetunion«, schrieb Ackermann.

Die Verurteilung der jugoslawischen Kommunisten hatte bei mir zur inneren Trennung von der SED geführt. Indem die Theorie des besonderen Weges zum Sozialismus verurteilt wurde, zerriß der letzte Faden, der mich mit jener Partei verband, an deren Vorbereitung und Neugründung ich mit soviel Begeisterung mitgewirkt hatte.

Es waren schwere Wochen, schwere Monate. Die Hetze gegen Jugoslawien, die beginnenden Verunglimpfungen jener, die besonders aktiv die Theorie des besonderen Weges zum Sozialismus verbreitet hatten, nahmen immer schärfere Formen an.

Immer wieder fanden in der Parteihochschule Versammlungen und Konferenzen über die Kominformresolution und über die Verurteilung der Theorie vom besonderen Weg zum Sozialismus statt. Die entscheidenden Referate hielt Fred Oelßner, der nun, nach der Selbstkritik Ackermanns, spürbar als der oberste Partei-Ideologe der SED hervorzutreten begann. Nach seinem Referat sprach eine Reihe von Diskussionsrednern. Es verlief alles sehr planmäßig – ein wenig zu planmäßig. Ich spürte: diese Diskussionen waren vorbereitet und organisiert worden. Ich kannte das von manchen Versammlungen in der Sowjetunion. Bisher hatte es so etwas in der Parteihochschule nicht gegeben. Die SED war in ihrer Angleichung an die KPdSU wieder einen sichtbaren Schritt weiter gegangen.

Für mich war es daher nicht mehr schwer, mir auszumalen, was nun noch folgen mußte. Bald würde, diesem Fahrplan gemäß, die

Geschichte der KPdSU besonders propagiert werden. Danach würde die Kritik und Selbstkritik in der stalinistischen Form folgen, und schließlich würden auch in der Sowjetzone die »Säuberungen« innerhalb der Partei beginnen: ehrliche, selbständig denkende Funktionäre würden abgesetzt, aus der Partei ausgeschlossen, als Agenten diffamiert und unter falschen Anschuldigungen verhaftet werden.

Wiedersehen mit meiner Mutter

Im August 1948 verlebte ich meinen Urlaub in einem »geschlossenen« Erholungsheim in Zinnowitz an der Ostsee.
Ich lag am Strand und döste, als nach mir geschrien wurde. »Telefon aus Berlin.«
Am anderen Ende sprach ein Funktionär der Kaderabteilung: »Deine Mutter ist angekommen. Komm sofort nach Berlin!«
Einige Stunden später war ich im Wagen auf der Fahrt nach Berlin, um meine Mutter wiederzusehen – nach zwölf Jahren der Trennung.
Was war alles seit jenem Abend geschehen, als ich sie im Oktober 1936 das letztemal in Moskau gesehen hatte! Während ich inzwischen die Sowjetschule beendet, die Hochschule besucht, in den Komsomol eingetreten, später die Kominternschule absolviert und ein verantwortlicher Funktionär der SED geworden war, hatte meine Mutter das Leben in der Sowjetunion von einer anderen Seite gesehen: Sie hatte zwölf Jahre in sowjetischen Zwangsarbeiterlagern verbracht.
Offiziell war meine Mutter »nur« zu fünf Jahren verurteilt worden, eine Strafe, die in der Periode der Säuberungen von 1936 bis 1938 als sehr gering galt. Ihre Haftzeit lief im Oktober 1941 ab. Nach Kriegsbeginn war jedoch die Entlassung aller politischen Gefangenen – von einigen wenigen Ausnahmen abgesehen – gestoppt worden.
Nach dem Kriege schien endlich die Zeit ihrer Befreiung gekommen zu sein. Mehrmals versuchte ich, in der Kaderabteilung et-

Beide hatten wir, wenn auch unter völlig verschiedenen Bedingungen, einen großen Teil unseres Lebens in der Sowjetunion verbracht. Im Leben meiner Mutter wie auch in meinem hatten weltanschauliche Fragen stets eine entscheidende Rolle gespielt. So war es nur verständlich, daß wir schon in unseren ersten Gesprächen politische und weltanschauliche Fragen berührten.
Anfangs fanden wir kaum eine gemeinsame Sprache. Zu unterschiedlich waren zwölf Jahre gewesen, die wir, sie im Lager und ich als Komsomolze und Funktionär, verbracht hatten. Die oppositionellen Äußerungen, die sie in den ersten Gesprächen vorbrachte, wies ich zunächst scharf zurück. Unter keinen Umständen wollte ich mich durch das Schicksal meiner Mutter in meinen politischen Überlegungen beeinflussen lassen. Erst nach etwa einer Woche, als sie bei mir zu Hause war, beschloß ich, meine bisherige Zurückhaltung aufzugeben und ihr offen zu sagen, daß auch ich, der scheinbar überzeugte in der Sowjetunion geschulte Funktionär, insgeheim oppositionell eingestellt war und Sympathien für Jugoslawien hegte. Mit weit aufgerissenen, erstaunten Augen sah sie mich an. »Ich dachte schon, du seist auch so ein Hundertprozentiger geworden«, sagte sie erleichtert. Ich erzählte ihr von den Hoffnungen, die wir 1944 in Moskau hatten, von Ackermanns These vom besonderen deutschen Weg zum Sozialismus, von meinen »politischen Bauchschmerzen« und vor allem von Jugoslawien, das sich von Moskau gelöst hatte, um einen eigenen selbständigen Weg zum Sozialismus zu beschreiten.
Beide waren wir nun dem Stalinismus gegenüber oppositionell – aber unsere Opposition hatte verschiedene Wurzeln und berührte andere Fragen. Sie hatte die Leiden und Entbehrungen ihrer Mitgefangenen vor Augen, und ihre Empörung war zu jener Zeit sicher heftiger als meine. Sie sprach von den Millionen Zwangsarbeitern, von den Zehntausenden und Hunderttausenden alter verdienter Revolutionäre, die von Stalin zu Konterrevolutionären erklärt und verhaftet worden waren; von den unglaublichen Opfern, vom Ideal, das bis zur Unkenntlichkeit verfälscht worden war.

»Die Sowjetunion ist kein sozialistisches Land!«
Das war für mich damals zu weitgehend.. Meine Opposition war noch auf die Frage des selbständigen Weges zum Sozialismus und die Gleichberechtigung der sozialistischen Länder beschränkt. Noch war ich, trotz allem, davon überzeugt, daß die Sowjetunion ein sozialistisches Land sei. Und doch brachte uns dieses Gespräch einander näher.
Meine Mutter hatte sich schon nach sehr kurzer Zeit eingelebt und wollte wieder arbeiten.
»Meine beiden Reisegefährtinnen und ich sind der Kaderabteilung übergeben worden und werden in den nächsten Tagen Bescheid erhalten«, sagte sie. Meine Mutter hatte den Wunsch, eine möglichst unpolitische, »neutrale« Arbeit zu bekommen. Schließlich wurde sie im Verlag »Kultur und Fortschritt« als Lektorin angestellt. Ihre beiden Reisegefährtinnen dagegen traten sofort der SED bei, und eine erhielt eine verantwortungsvolle politische Arbeit.
Das war keineswegs ein Einzelfall. Ich hatte seit 1945 eine Reihe von Funktionären kennengelernt, die in der Sowjetunion das Schwerste durchgemacht hatten oder deren engste Familienangehörige in sowjetischen Lagern schmachteten, die aber nach wie vor treu zur SED und zur Sowjetunion standen.
Meine erste derartige Begegnung hatte ich bereits im Juni 1945. Ich saß eines Vormittags mit Paul Wandel in der Prinzenallee 80 zusammen, als ein KP-Funktionär eintrat. Er kannte Paul Wandel von früher, und sie begrüßten sich freudig. Der Sohn dieses KP-Funktionärs war in die Sowjetunion gekommen und dort aufgewachsen.
»Wann kommt mein Sohn zurück?« fragte er, der viele Jahre in einem Nazi-KZ verbracht hatte und nun endlich seinen Sohn wiedersehen wollte.
»Ich fürchte, er wird nicht zurückkommen«, antwortete Paul Wandel ruhig. »Wieso? Was ist denn los?«
Noch heute ist mir das erschreckte Gesicht des KP-Funktionärs unvergeßlich.

»Er hat dort einige Dummheiten angestellt, aber ich hoffe, das wird dich nicht beeinflussen.«
Dem KP-Funktionär kamen Tränen, die er aber schnell mit der Hand wegwischte.
»Nein, nein ... natürlich nicht«, sagte er stockend und traurig und fuhr dann in völlig anderem Tonfall fort: »So, und jetzt wollen wir von der Arbeit sprechen.«
Er erhielt einen verantwortungsvollen Posten und vertrat mit voller Überzeugung die Politik der SED und die Freundschaft mit der Sowjetunion, obwohl dieses System ihm seinen Sohn genommen hatte.
Ich lernte auch Funktionäre und Funktionärinnen kennen, die selbst in sowjetischen Gefängnissen oder Lagern gewesen waren, nach ihrer Entlassung nach Ostberlin kamen und dort weiterhin treu der SED und der Sowjetunion dienten.
Meine Mutter nahm sich unweit meiner Wohnung in Pankow ein Zimmer, und bald verbrachte ich das Wochenende stets bei ihr. Erstaunlich schnell hatte sie sich in die neuen Verhältnisse eingelebt. Hier konnte ich nun alles, was mir auf dem Herzen lag, offen aussprechen. Ich weihte sie in meinen Plan ein, nach Jugoslawien zu fliehen.
»Wenn du fliehst, muß ich ja auch wieder fort von hier«, sagte sie. Wir brauchten nicht lange zu diskutieren. Sie war einverstanden. »Wann?« fragte sie nur. Sie war in ihrem Leben schon an vieles gewöhnt.
»Ich bleibe, so lange ich irgend kann. Ich will vorher noch möglichst viele Genossen über die Wahrheit des Kominformkonflikts aufklären.«
»Diese Woche? Die nächste?« fragte sie mich nun, wenn ich sie zum Wochenende besuchte.
»Wart noch ein wenig, bereite alles vor, ich werde es dir rechtzeitig mitteilen.«
»Wenn es ganz überraschend und schnell kommt, rufe mich bitte sofort an. Sag mir einfach, wann du deinen Artikel an die Redaktion abschicken wirst. Das wird mir dein Fluchtdatum anzeigen.«

Meine Mutter hatte unwillkürlich wieder den Tonfall angenommen, in dem sie in der Zeit ihrer illegalen Arbeit gesprochen hatte.
»Einverstanden«, sagte ich.
Diese Frage war geklärt.

Nach sowjetischem Fahrplan

»Große Veränderungen bahnen sich an«, flüsterte mir Fred Oelßner nach Schluß einer Veranstaltung der Parteihochschule zu, auf der er das Referat gehalten hatte.
Fred Oelßner konnte nicht ahnen, wie sehr ich zu jener Zeit schon von »politischen Bauchschmerzen« geplagt wurde. Zu mir, als seinem früheren Mitarbeiter und als einzigem Lehrer der Karl-Marx-Hochschule, der in der Sowjetunion geschult war, hatte er besonderes Vertrauen.
Etwas geheimnisvoll zog er zwei Telegramme aus der Tasche. »Lies mal!«
Sie waren aus Bukarest vom Informationsbüro der kommunistischen Parteien, dem »Kominform«.
»Berichtet über bisherige Ausgaben der Geschichte der KPdSU und Gesamtziffer der Auflage«, stand in dem einen.
Auch das andere übergab in Frageform eine Direktive zur Verstärkung des Studiums der Geschichte der KPdSU.
»Die Fragen sind deutlich genug, nicht wahr?«
Das waren sie allerdings. Zehn Tage später erschien ein entsprechender Beschluß des ZK der SED: »Über die Verstärkung des Studiums der Geschichte der KPdSU«:
Die deutsche Arbeiterklasse ... muß vor allem aus der Geschichte der KPdSU (B) lernen ... Noch nie hat es in der Geschichte eine Partei gegeben, die so grandiose Siege errungen hat wie die Kommunistische Partei der Sowjetunion (Bolschewiki). Sie ist durch diese Siege zur anerkannten und unbestrittenen Führerin der internationalen sozialistischen Arbeiterbewegung und des internationalen Kampfes gegen den Imperialismus geworden.

Wie Peitschenhiebe gingen Anordnungen zum Studium der Geschichte der KPdSU auf die Partei nieder. Allen Funktionären wurde zur Pflicht gemacht, den *Kurzen Lehrgang* zu studieren. Die Parteipresse wurde angewiesen, eine Kampagne zur Förderung dieses Studiums einzuleiten, besondere Konsultationsbüros für die Geschichte der KPdSU sollten eingerichtet und in den *Sozialistischen Bildungsheften* – wie froh war ich, daß ich nicht mehr verantwortlicher Redakteur war! – laufend einzelne Kapitel behandelt werden. Unser 1946 ausgearbeiteter Lehrplan für die Kreisparteischulen sollte umgearbeitet werden, um die Geschichte der KPdSU »in größtmöglichem Maße heranzuziehen«, in den Landesschulen mußte der *Kurze Lehrgang* gründlich studiert werden. Vor allem aber wurden auch wir betroffen: »Auf der Parteihochschule Karl Marx ist der *Kurze Lehrgang* zur Grundlage der Lehrpläne zu machen.«
Es hatte mich stets befriedigt, daß der Unterricht der Parteihochschule auf einem hohen Niveau stand. Was aber würde jetzt geschehen, wenn wir das primitive und – wie ich schon damals, wenn auch noch nicht im vollen Ausmaß wußte – von Geschichtsfälschungen strotzende Buch zur Grundlage der Lehrpläne machen sollten! Ich war nicht der einzige, dem diese Anordnungen Sorgen bereiteten. Viele Kursanten und Lehrer, mit Ausnahme der hundertfünfprozentigen, schüttelten bedenklich den Kopf, und einige sprachen in kleinem Kreis offen ihre Bedenken aus.
Ein Lehrer, der aus der Sozialdemokratie kam, bezeichnete die *Geschichte der KPdSU* als »Märchenbuch«, ein anderer erklärte: »Den *Kurzen Lehrgang* kann man höchstens als Leitfaden benutzen, das Studium auf der Parteihochschule müßte sich aber in erster Linie mit den Quellen beschäftigen.«
Auch ich konnte meinen Mund nicht halten. Einem Kursanten, der in meinem Seminar die Frage aufgeworfen hatte, antwortete ich: »Genossen, wir müssen bei der Frage des *Kurzen Lehrgangs* der *Geschichte der KPdSU* die Dinge doch in ihrem historischen Zusammenhang sehen. Das Buch wurde 1938 für

die große Masse der sowjetischen Bevölkerung herausgegeben und hat zweifellos eine wichtige Rolle gespielt. Wenn wir heute, 10 Jahre später, auf einer Parteihochschule zu den in diesem Buch behandelten Fragen Stellung nehmen, so muß das naturgemäß in völlig anderen Formen geschehen. In unseren Verhältnissen wird es sicher ratsam sein, den *Kurzen Lehrgang* lediglich als Anleitung zum weiteren ernsten Quellenstudium zu nehmen.«

Die Kursanten des Seminars nahmen meine Erklärung befriedigt auf – aber ich ahnte nicht, daß das System der Bespitzelung jetzt auch schon Eingang in die Parteihochschule gefunden hatte und sich unter den Kursanten Spitzel befanden. Zwei Tage später verbreitete sich unter den Lehrern die unheilvolle Kunde: »Es soll eine außerordentliche Lehrerversammlung stattfinden. Kritik und Selbstkritik wegen der Geschichte der KPdSU.« Jeder überlegte sich, was er schon alles auf dem Kerbholz hatte.

Am nächsten Tag fand tatsächlich eine außerordentliche Lehrerversammlung statt. Die Einleitungsrede hielt Rudolf Lindau, in jenem kalten und scharfen Ton, den ich in Kreisen höherer Funktionäre seit einigen Jahren nicht mehr gehört hatte, der aber in den letzten Wochen wieder aufgekommen war. Er erinnerte mich schon fast an die Kritik- und Selbstkritikabende in der Kominternschule. Es fiel mir schwer zuzuhören. »Die große Befreierrolle der sowjetischen Armee ... kein Nachgeben gegenüber nationalistischen Stimmungen ... der Verrat der jugoslawischen Parteiführung ... die parteifeindliche Theorie des besonderen deutschen Weges zum Sozialismus ... Verstärkung des Studiums der Geschichte der KPdSU ... Bedenkliche Erscheinungen im Lehrerkollektiv ... Notwendigkeit der Kritik und Selbstkritik ... Unterschätzung des großen Werkes der Geschichte der KPdSU ...«

Dann, mit besonderer Betonung: »... ausdrücklich darauf hinweisen ... von maßgebender Seite darüber informiert ... daß die Geschichte der KPdSU von Stalin selbst verfaßt ist ...«

Lehrer und Fakultätsleiter der Parteihochschule saßen mit roten Köpfen da. Die Erklärung, daß Stalin der Autor der Geschichte der KPdSU sei, hatte die Situation noch bedenklicher gestaltet.
Aber ich wußte, daß diese Erklärung eine Lüge war. Wenige Wochen zuvor, als ich das erstemal davon hörte, hatte ich mich unklar daran erinnert, in Moskau während der Zeit der Säuberungen einen Brief Stalins an die Autoren des *Kurzen Lehrganges* gelesen zu haben. Nach längerem Suchen fand ich ihn. Der Brief war am 6. Mai 1937 in der *Prawda* veröffentlicht worden. Kopfschüttelnd las ich den *Brief des Genossen Stalin an die Autoren der Geschichte der KPdSU*. Ein Zweifel war ausgeschlossen: Stalin war gar nicht der Autor! Ich hütete mich selbstverständlich, meine Entdeckung jemandem mitzuteilen oder sie gar auf der Versammlung auch nur anzudeuten.
Der erste Kritik- und Selbstkritikabend der Lehrer der Karl-Marx-Parteihochschule begann. Rudolf Lindau hatte die Stichworte gegeben, und manches in der anschließenden »Diskussion« schien vorbereitet und organisiert zu sein. Genau nach Lindaus Stichworten wurden vor allem die aus der Sozialdemokratie kommenden Lehrer vorgeknöpft. Sie, die noch nie etwas Ähnliches mitgemacht hatten, saßen mit roten Köpfen da und schienen überhaupt nicht zu begreifen, was vor sich ging. An stalinistische Kritik und Selbstkritik nicht gewöhnt, versuchten sie, sich zu rechtfertigen und einer verstieg sich sogar zu der Erklärung, man müsse die Dinge objektiv sehen. Ich hatte Mitleid mit ihnen – sie hatten noch keine Ahnung, was Kritik und Selbstkritik bedeutete...
Die Sowjetisierung ging mit riesigen Schritten voran. Nachdem die Theorie des besonderen Weges zum Sozialismus verurteilt, die *Geschichte der KPdSU* zur Grundlage aller Lehrpläne gemacht, die Kritik- und Selbstkritikabende nach sowjetischem Muster eingeführt worden waren, wurde Mitte Oktober 1948, getreu nach sowjetischem Muster, der deutsche Stachanow »entdeckt«. Am 13. Oktober hatte Adolf Hennecke in einem Stollen

der Grube Karl Liebknecht im Zwickauer Kohlenrevier das bisher übliche Tagessoll um 380 % überboten. Dies wurde – ähnlich wie 1935 bei Stachanow – sofort zum Ausgangspunkt einer mächtigen »Bewegung« gemacht. Ich erinnerte mich noch gut, wie wir in der Sowjetschule den Rekord Stachanows vom 31. August 1935 im Irmino-Schacht bei Stalino – Stachanow hatte die Norm mit 1.400 % erfüllt – bis zum Überdruß durchgenommen hatten.

Bei Hennecke war man bescheidener. Er hatte die Norm nicht mit 1.400 %, sondern »nur« mit 380 % erfüllt. Sonst war aber alles ebenso.

In der Sowjetunion hatte ich allmählich ein wenig über die Hintergründe der Stachanow-Bewegung erfahren: Wie lange man ein bestimmtes Arbeitsgebiet vorbereitet, besonders günstige Arbeitsbedingungen schafft, eine ganze Brigade damit beschäftigt, Zubringerdienste zu leisten, um dann den »Rekord« zu brechen. Ich hatte keine Illusionen mehr darüber, und doch war ich erstaunt, mit welch nüchterner Offenheit wir auf einer internen Lehrerbesprechung von Rudolf Lindau über die beginnende Hennecke-Bewegung informiert wurden:

»Wir wollen hier ganz offen sprechen. Wir befinden uns jetzt in der Zeit, da es sich als notwendig erweist, durch eine besondere Bewegung eine neue Einstellung zur Arbeit, einen neuen mächtigen Aufschwung der Arbeitsproduktivität zu erzielen. Solche Dinge gehen natürlich nicht spontan, sondern müssen sorgfältig geplant und organisiert werden. Bereits vor mehr als zwei Monaten haben die Besprechungen darüber begonnen. Es mußte zunächst die Frage geklärt werden, in welchem Teil unserer Zone der Ausgangspunkt einer solchen Bewegung zu liegen habe.

Nach längeren Diskussionen entschied man sich, diese Bewegung in Sachsen ins Leben zu rufen.

Danach wurde die Entscheidung über den Industriezweig getroffen. Ähnlich wie in der Sowjetunion wurde der Bergbau als günstigster Ausgangspunkt erkannt. Sollte man nun einen jüngeren

oder einen älteren Arbeiter zu dieser Funktion auswählen? In der Sowjetunion hat man sich für einen Komsomolzen entschieden. Bei uns in der Zone liegen die Dinge aber anders. Die jüngere Generation der Arbeiter wird leichter für eine Aktivistenbewegung zu gewinnen sein. Bei uns ist die Hauptfrage, einen Umschwung bei den älteren Industrie- und Facharbeitern zu erreichen. Daher wurde festgelegt, einen älteren Arbeiter auszuwählen.
Schließlich galt es noch, eine andere Frage zu klären: Sollte man einen Parteilosen oder ein SED-Mitglied damit beauftragen? Nach eingehenden Beratungen entschied man sich für ein SED-Mitglied, um damit die Rolle der Partei in dieser wichtigen Frage deutlich zu unterstreichen.
Nachdem diese wesentlichen Fragen beantwortet waren, konnte man mit der Auswahl beginnen. Einige verantwortliche Genossen fuhren ins sächsische Bergbaugebiet und sprachen vertraulich mit den zuständigen Parteisekretären bzw. Betriebsdirektoren, um den geeigneten SED-Arbeiter zu finden. Bei dieser Schicht stieß man auf Adolf Hennecke, der den gewünschten Anforderungen entsprach. Er ist jetzt 43 Jahre alt, seit über 20 Jahren im Bergbau, Mitglied unserer Partei und hat auch eine SED-Parteischule besucht.
Unerwartet gab es jedoch eine Schwierigkeit: Adolf Hennecke wollte zunächst nicht. Er fürchtete, seine Arbeitskollegen würden ihm diese Rolle übelnehmen. Erst als ihm die politische Bedeutung und auch seine eigenen Aufstiegsmöglichkeiten klargemacht wurden, erklärte er sich bereit, die Aufgabe zu übernehmen. Am 13. Oktober erfolgte dann sein Rekord, und damit stehen wir nun am Ausgangspunkt einer Aktivistenbewegung.«
Einige Tage später erschien ein Brief des Zentralsekretariats über Adolf Hennecke in allen Zeitungen der Sowjetzone. Es wurde von seiner »wegweisenden Tat« gesprochen, von seiner »revolutionären Leistung zur Erfüllung des Wirtschaftsplanes«, »die eine schlagende Antwort auf die Marshallplan-Politik im We-

sten« sei. Da ich wußte, wie die Sache wirklich vor sich gegangen war, wurde ich schamrot, als ich den Brief las:

Hieraus geht klar hervor, daß Deine Tat als Ergebnis der in Dir lebendig gewordenen revolutionären Tradition der deutschen Arbeiterbewegung, wie sie sich unter anderem in Karl Liebknecht, dessen Namen Deine Grube mit Stolz trägt, verkörpert. Sie ist das Ergebnis des sozialen Verantwortungs- und höchsten Pflichtbewußtseins gegenüber Deiner Partei, Deiner Klasse und unserem Volk.

Tito-Material auf der Parteihochschule

Am 22. November 1948 gab es für mich eine unangenehme Überraschung. In der Eingangshalle des Hauptgebäudes der Parteihochschule war die neue Nummer der Wandzeitung aufgehängt. Groß aufgemacht entdeckte ich einen Artikel mit der Überschrift *Jugoslawien und der Genosse Leonhard*. Als ich näher trat, las ich folgenden Beitrag, von Rudolf Fritsche unterzeichnet:

Unter Teilnahme von Lehrern und Schülern wurden auf unserer Schule die Fehler der KP Jugoslawiens gründlichst durchdiskutiert, Klärung über unzureichende und falsche Stellungnahme herbeigeführt und somit eine einheitliche Auffassung erzielt.

Als Grundlage unserer Diskussion diente die Resolution des Informbüros und die Entschließung des Zentralsekretariats der SED.

Man könnte nun die Sache als abgeschlossen betrachten, wenn bei all diesen Auseinandersetzungen hier auf der Schule nicht nur von mir, sondern auch von anderen Genossen eine klare und offene Stellungnahme des Genossen Leonhard vermißt wurde.

Ich erinnere mich noch eines Vortrages des Genossen Leonhard, in dem er aufgrund seiner reichen Erfahrungen und guten Kenntnisse die Lage in Jugoslawien schilderte. Mit überzeugenden Worten ließ er die Leistungen des jugoslawischen Volkes und Titos Revue passieren. Die Arbeit der KP Jugoslawiens wurde sozu-

sagen als Meisterwerk hingestellt. Jugoslawien marschiere auf dem Weg zum Sozialismus allen Volksdemokratien voran. Nun genug, ich zähle dies nicht auf, um Altes, längst Vergessenes wieder auszugraben. Es kann jedoch für uns alle und für den Genossen Leonhard von Wert sein, aus seinem eigenen Munde eine klare und präzise selbstkritische Meinung zu hören, die wir bis jetzt so schmerzlich vermißt haben.

Es war mir sofort klar, daß der Kursant Rudolf Fritsche aus der Fakultät Ökonomie diesen Artikel nicht aus eigenem Antrieb geschrieben haben konnte. Es war ein »Warnschuß« von oben. Die Tendenz war deutlich. Ich sollte zur Selbstkritik herausgefordert werden. Was sollte ich tun? Immer wieder dachte ich darüber nach. Tagelang ging mir das Problem nicht aus dem Kopf.

Schließlich verfaßte ich eine Antwort – nur wenige Zeilen –, in der ich darauf hinwies, das Problem Jugoslawien sei zu kompliziert, um in einem kurzen Wandzeitungsartikel behandelt zu werden. Ich sei aber gern bereit, vor interessierten Genossen darüber zu sprechen.

Ich brachte den Artikel einem der Wandzeitungsredakteure. Er las ihn rasch durch. Skeptisch blickte er mir ins Gesicht: »Glaubst du, daß sie sich damit zufriedengeben werden, Genosse Wolfgang?«

Die eigentümliche Betonung und das Wörtchen »sie« machten mich stutzig. Bald war ich mit dem Wandzeitungsredakteur in ein reges Gespräch vertieft, und ich merkte, daß auch er in der Jugoslawienfrage »politische Bauchschmerzen« hatte. Der Redakteur war ein junger westdeutscher Kommunist, der auf der Parteihochschule den Namen »Wunderlich« trug, in Wirklichkeit aber Hermann Weber hieß*.

Der Wandzeitungsartikel zeigte mir, daß weitere Maßnahmen

* Hermann Weber hat einige Jahre nach mir mit dem Stalinismus gebrochen und lebt jetzt in der Bundesrepublik. Das Original des Wandzeitungsartikels gegen mich ist in seinem Besitz.

gegen mich ergriffen würden, wenn ich mich nicht bald eindeutig für die Kominformresolution erklären würde. In dieser Frage gab es aber für mich kein Kompromiß und keine Rechtfertigungen mehr. So bereitete ich schon alles für die Flucht nach Jugoslawien vor.

Wenige Tage später, am 29. November, wurde in der jugoslawischen Botschaft im Westsektor von Berlin ein Empfang anläßlich des Nationalfeiertages gegeben. Ich hatte eine Einladung bekommen.

Mit der Annahme der Einladung ging ich kein geringes Risiko ein, denn es war anzunehmen, daß auch Sowjetvertreter kommen würden, aber ich wollte den Jugoslawen zeigen, daß ich in der Auseinandersetzung zwischen dem Kominform und Jugoslawen auf ihrer Seite stand.

Auf dem Empfang waren die Diplomaten aller nicht-sowjetischen Länder und auch einige Sowjet-Vertreter anwesend. Keiner der Gäste ahnte, daß sich in diesem Kreis ein oppositioneller SED-Funktionär und Lehrer der Parteihochschule »Karl Marx« befand. Selbstverständlich gab ich mich auch nicht durch die leiseste Andeutung zu erkennen. Wenn sich am Büfett oder in kleinen Gruppen Gespräche nicht vermeiden ließen, sprach ich englisch, mit den Jugoslawen russisch.

Etwa um zwölf Uhr nachts war der diplomatische Empfang dann beendet.

»Bleib noch etwas hier, wir werden uns noch ein wenig unterhalten«, wurde ich eingeladen. Die Stimmung war nun, da man unter sich war, auf dem Höhepunkt. Wir saßen in kleinen Gruppen zusammen. Plötzlich stand ein Jugoslawe auf und sprach einige aus dem Herzen kommende Worte über die Revolution und über den Kampf, den man jetzt noch zu bestehen habe. Mit Verachtung sprach er über die Kominformverleumdungen, und hier hörte ich zum erstenmal jene Worte, die ich später in Jugoslawien noch oft hören sollte: *Istina mora pobediti* (Die Wahrheit muß siegen).

Ein jugoslawischer Parteifunktionär kam an meinen Tisch: »Genosse Leonhard, wir haben gehört, daß Sie gern zu uns kommen möchten. Unsererseits haben wir nichts dagegen. Wir würden uns freuen, wenn Sie gerade in diesen Zeiten bei uns wären. Aber bitte machen Sie sich kein falsches Bild – es ist jetzt nicht leicht in Jugoslawien, und in den nächsten Monaten, vielleicht Jahren, wird es noch schwerer werden. Stellen Sie sich die Verhältnisse nicht so rosig vor. Es wird uns sehr Schweres bevorstehen. Vielleicht möchten Sie es sich doch noch einmal überlegen?«

»Nein, ich brauche mir nichts mehr zu überlegen. Ich habe es mir schon lange genug überlegt. Mein Entschluß steht fest. Ich stehe auf eurer Seite und möchte mit euch sein.«

Er lächelte und drückte mir fest die Hand. »Gut, einverstanden – und auf Wiedersehen in Jugoslawien!«

Nach diesem 29. November waren meine Gedanken nur noch auf Jugoslawien gerichtet. Solange ich aber noch auf der Parteihochschule war, wollte ich versuchen, soviel wie möglich zur Verbreitung meiner Überzeugung zu tun.

Die Diskussionen um Jugoslawien hörten nicht auf. Immer häufiger kamen Kursanten der Hochschule oder Berliner Funktionäre zu mir.

»Sag doch mal, Wolfgang, was meinst du? Du warst doch unten, was hältst du denn davon?«

In das allgemeine Verdikt gegen die jugoslawischen Kommunisten einstimmen konnte ich nicht, das brachte ich nicht fertig. Andererseits konnte ich nicht jedem meine Meinung offen sagen. So wurde ich zu jener Doppelzüngigkeit gezwungen, die der Stalinismus notwendigerweise hervorbringt. Den Linientreuen gab ich ausweichende Antworten, den selbständig denkenden Funktionären deutete ich an, daß ich die Behauptungen der Kominformresolution für falsch hielt, den Oppositionellen gab ich Übersetzungen der jugoslawischen Schriften.

Die Erfolge blieben nicht aus. Fast alle wiesen auf eine Tatsache hin, die sie besonders beeindruckt hatte: »In Jugoslawien hat man beides veröffentlicht, die Kominformresolution und die ju-

goslawische Antwort, so daß sich jeder selbst ein Urteil bilden kann. Bei uns ist aber nur die Kominformresolution erschienen.«
Mitunter traf ich oppositionelle Funktionäre, wo ich es am wenigsten erwartet hatte. Einmal ging ich mit einem Parteifunktionär spazieren, der über »jeden Verdacht« erhaben war. Nur mit großen Bedenken gab ich ihm das Material, vorsichtigerweise mit der Bemerkung, daß es nur zur Information diene, »weil wir ja immerhin zu jenen Kreisen gehören, die ruhig so etwas lesen können«.
Drei Tage später trafen wir uns auf dem Territorium der Parteihochschule wieder. Er schaute sich um. Es war niemand in der Nähe: »Ich halt' das hier nicht mehr aus«, sagte er mit erstaunlicher Offenheit. »Diese Jugoslawien-Sache ist eine Gemeinheit, aber es sind nicht nur die politischen Verleumdungen. Dahinter steht etwas anderes. Dahinter steht Stalin, dieser Halbgebildete, dieser Barbar, der es nicht verwinden kann, daß eine andere Partei, die Jugoslawen, und ein anderer Führer, Tito, bei den westeuropäischen Kommunisten viel beliebter sind als er. Wenn du wüßtest, wie ich Stalin hasse. Ja – ich hasse Stalin!«
Er war ganz bleich vor Zorn und ich vor Schrecken. Solche Worte hatte ich noch nie gehört, noch dazu auf dem Territorium der SED-Parteihochschule. Dann faßte er sich.
»Unter uns?« Er streckte mir die Hand entgegen.
»Unter uns« – bekräftigte ich.
An jenem Vormittag ging ich nachdenklich allein spazieren. Ich erinnerte mich daran, irgendwo gelesen zu haben, daß kämpferische Atheisten nicht selten aus Jesuitenschulen hervorgegangen seien. Sollte sich das wiederholen? Sollte die SED-Parteihochschule »Karl Marx« auch die gefährlichsten Ketzer heranziehen?*
Die Spitzenfunktionäre blieben dagegen fest auf der »Linie«. Wieder – zum letztenmal – war ich an einem Wochenende in dem

* Diese Vermutung sollte sich nach einigen Jahren bestätigen. Als ich im November 1950 nach Westdeutschland kam, traf ich mehrere Absolventen der SED-Parteihochschule, die nach mir mit dem Stalinismus gebrochen hatten.

eingezäunten Villenviertel in Niederschönhausen, wo die zehn höchsten SED-Führer wohnten. Ich hatte in den letzten Wochen und Monaten so viel mit Oppositionellen gesprochen, daß es mir schon schwerfiel, mich in der Villa dieses Spitzenfunktionärs, dessen Bilder man so oft im *Neuen Deutschland* sehen konnte, zurückzuhalten.

Der SED-Funktionär bot mir Kognak und Zigaretten an.

»Du machst ja so ein bedrücktes Gesicht. Bauchschmerzen wegen Jugoslawien?« wandte er sich an mich.

»Ich habe einige der letzten jugoslawischen Schriften gelesen und...«

»Du solltest nicht zuviel davon lesen«, sagte er lächelnd – aber ich spürte den Ernst hinter seinen Worten.

»In diesen neueren Schriften wird nicht nur die Frage gestellt, ob die Kominformresolution richtig sei oder nicht, sondern es werden einige grundsätzliche Fragen aufgeworfen, die man nicht mit einer Handbewegung abtun kann.«

Mein Gesprächspartner schaute mich ruhig und kühl an:

»Es gibt in der Politik manchmal Situationen, in denen eine gute Sache mit schlechten Argumenten und eine schlechte Sache mit guten Argumenten verfochten wird.«

Wieder mußte ich erstaunt und erschüttert feststellen, mit welchen nichtssagenden Redensarten manche Funktionäre offensichtlich Widersprüche vor anderen und wahrscheinlich in erster Linie vor sich selbst zu rechtfertigen suchen. Vorsichtig wagte ich mich einen Schritt weiter.

»Mir scheint, es geht hierbei nicht um gute oder schlechte Argumente, sondern um bestimmte marxistische Grundprinzipien. Die Jugoslawen weisen in ihren Schriften darauf hin, daß sich mit der Entstehung der volksdemokratischen Länder eine neue Situation herausgebildet hat. Diese Länder befinden sich auf dem Weg zum Sozialismus, und damit stellt sich die Frage, in welchen Beziehungen diese Länder zur Sowjetunion stehen sollen. Die Jugoslawen stellen die meiner Meinung nach durchaus richtige marxistische Forderung, daß zwischen den volksdemokratischen

Ländern und der Sowjetunion vollständige Gleichberechtigung bestehen muß und daß es keine führenden und abhängigen sozialistischen Staaten, sondern nur gleichberechtigte Länder geben kann.«
Mein Gesprächspartner war offensichtlich nervös geworden. Er winkte ab:
»Aber Wolfgang, stellen wir uns doch mal auf den Boden der nüchternen Tatsachen. Was heißt denn hier Gleichberechtigung? Sieh mal: Der Kampf, der auf der Welt geführt wird, ist letzten Endes ein großes Schachspiel.«
Er deutete mit den Händen ein Schachbrett an:
»Auf diesem Schachbrett gibt es nur Schwarz und Weiß. Zwei Partner stehen sich gegenüber. Jeder hat verschiedene Figuren, ihrem Wert nach unterschiedlich, die er vor- und zurückstellen kann. Aber diese Figuren in Bewegung setzen – das kann nur einer, das kann nur vom Zentrum aus geschehen, und dieses Zentrum kann nur Moskau sein oder...«, sagte er in ironischem Tonfall, »willst du vielleicht Belgrad an Moskaus Stelle setzen?«
Ich erinnerte mich an Marx und Engels, die immer wieder gegen eine führende Partei innerhalb einer Internationale Stellung genommen hatten, an Lenin, der selbst nach dem Sieg der Revolution in Rußland den Führungsgedanken der siegreichen Bolschewistischen Partei abgelehnt und verworfen hatte.
Mein Schweigen wurde von meinem Gesprächspartner anders gedeutet: Er nahm wohl an, daß seine Schachspieltheorie mich beeindruckt hatte.
»Wir müssen einmal ganz nüchtern an die Sache herangehen. Du bist doch nicht seit gestern in Parteifunktionen tätig. Ist dir noch niemals das Besondere an der Bezeichnung ›Sowjetunion‹ und ›UdSSR‹ aufgefallen?«
Ich verstand nicht gleich, worauf er hinauswollte.
»In dieser Bezeichnung kommt der Begriff Rußland nicht vor. Das ist doch nicht zufällig. Damit ist die Möglichkeit gegeben, daß die später nachfolgenden sozialistischen Staaten dieser Union beitreten können. Glaubst du wirklich, daß wir, wenn die

volksdemokratischen Länder und später auch die Zone die Grundlage des Sozialismus errichtet haben, noch als selbständige Länder unabhängig von der Sowjetunion existieren können? Wir müssen doch realpolitisch an diese Dinge herangehen. Hier, unter uns, können wir doch mal ganz offen darüber sprechen.«
Obwohl wir allein im Zimmer waren, senkte er unwillkürlich die Stimme. »Es ist durchaus möglich – ich sage nicht, daß es so sein muß –, daß sich zu einem späteren Zeitpunkt die volksdemokratischen Länder an die UdSSR als neue Unionsrepubliken anschließen. Natürlich werden wir das heute nicht sagen, und auch du solltest es niemandem gegenüber erwähnen – aber du solltest es wenigstens wissen. Das sind die Tatsachen und nicht irgendwelche Diskussionen über gleichberechtigte Beziehungen zwischen sozialistischen Ländern.«
Das Gespräch bestätigte mir, daß ich nichts mehr in dieser Partei zu suchen hatte. Nicht eine neue sowjetische Unionsrepublik, sondern ein unabhängiges, gleichberechtigtes, sozialistisches Deutschland war mein Ziel. Auf die Dauer konnte der Widerspruch zwischen meiner offiziellen Tätigkeit in der SED-Parteihochschule und der Verteilung »titoistischer« Materialien an Funktionäre nicht unentdeckt bleiben. Ich wußte – lange konnte ich das nicht weitermachen. So bereitete ich beschleunigt alles für die Flucht vor.
Mehrere Male spielte ich mit dem Gedanken, in einer öffentlichen Vorlesung, vor der gesamten Parteihochschule die Wahrheit über die Kominformresolution zu sagen, ihre Verlogenheit nachzuweisen, für den unabhängigen Weg zum Sozialismus zu sprechen. Wenn ich den Fall ruhig überlegte, dann wußte ich, wie unsinnig solche Gedanken waren.
Was würde ich erreichen? Schon nach den ersten Sätzen würde man mich mit Gewalt am Sprechen hindern und anschließend in eine Gegend verschwinden lassen, wo ich nie mehr etwas sagen könnte. »Revolutionärer Romantiker«, sagte ich mir selbst. »Ehrlich, aber wirkungslos.« Zweckmäßiger erschien mir daher, solange wie möglich auf der Parteihochschule zu bleiben, mehr

und mehr Funktionäre in vorsichtigen Privatgesprächen zum Nachdenken zu bewegen und, wenn ich ihre Zustimmung fand, ihnen Material zu geben. Wenn das aufgedeckt werden sollte, konnte ich noch versuchen, nach Jugoslawien zu fliehen. Eine solche Flucht nach Jugoslawien würde wohl auch viel mehr Genossen zum Nachdenken bringen – war ich doch der einzige SED-Funktionär, der Jugoslawien nach 1945 offiziell besucht hatte.

Es war Februar 1949 geworden. Die SED hatte sich immer mehr dem »sowjetischen Vorbild« angeglichen. Auf der I. Parteikonferenz vom 25. bis 28. Januar 1949 wurde die Parität zwischen ehemaligen SPD- und KP-Leuten aufgehoben, zugunsten vor allem derjenigen KP-Funktionäre, die in der Moskauer Emigration waren. Das Zentralsekretariat der SED wurde aufgelöst. An seine Stelle trat ein Politbüro, bestehend aus neun Mitgliedern, darunter sechs ehemalige KP-Spitzenfunktionären und drei ehemalige Sozialdemokraten. Für die laufende Arbeit wurde ein »kleines Sekretariat« unter Vorsitz Ulbrichts geschaffen. Eine zentrale Parteikontrollkommission unter Vorsitz von Hermann Matern folgte. All das lief unter der Losung der Entwicklung zu einer »Partei neuen Typs« – es war aber nichts anderes als die weitere Angleichung der SED an die stalinistische Partei der Sowjetunion. Den kommunistischen Parteien Westeuropas blieb auch das letzte nicht erspart. Die Parteiführer wurden Ende Februar 1949 angehalten, öffentlich zu erklären, daß die kommunistischen Parteien im Falle einer militärischen Auseinandersetzung die sowjetischen Truppen unterstützen würden. Am 2. März 1949 gab auch das Politbüro der SED eine entsprechende Erklärung ab. Damit wurde der letzte Anschein einer Unabhängigkeit aufgegeben. Die Partei erklärte sich offen zum Hilfsverband der Sowjetarmee.

Es war die letzte Erklärung der SED, die ich in der Sowjetzone Deutschlands erlebte.

Wenige Tage später kam ein Funktionär in meine Wohnung in der Parteihochschule.

Er druckste ein wenig herum. »Ich möchte mit dir unter-uns-sprechen.«
»Politische Bauchschmerzen?«
»Ja, und zwar ernste.«
»Einverstanden. Unter uns, was gibt's?«
Wir sprachen wohl eine halbe Stunde in vorsichtigen Andeutungen miteinander. Dann sagte er plötzlich:
»Weißt du, ich habe manchmal das Gefühl, daß nicht alles stimmt, was über Jugoslawien erzählt wird.«
Freudig reichte ich ihm die Hand. »Dein Gefühl täuscht dich nicht. Ich bin überzeugt, daß die Jugoslawen recht haben.«
Er schaute mich erstaunt an. Das hatte er nicht erwartet.
Ich öffnete mein stets verschlossenes Fach und nahm einen ganzen Stapel jugoslawischer Broschüren in deutscher Sprache heraus, die ich auf den Tisch legte.
»Gib mir das zu lesen«, sagte er fast fiebernd. »Ich habe bisher nichts bekommen. Genau darauf habe ich gewartet.«
»Langsam, langsam«, mußte ich meinen neuen Bundesgenossen bremsen, »hier hast du erst mal die jugoslawische Antwort auf die Kominformresolution und Titos Referat auf dem 5. Parteitag. Wenn du das gelesen hast, bringst du es zurück, und dann bekommst du mehr. Aber sei vorsichtig!«
Er versprach es, steckte die Schriften in seine Innentasche und ging.
Besorgt schaute ich ihm nach. Er hatte einen guten politischen Instinkt. Hatte er aber auch die Erfahrung, sich nichts anmerken zu lassen? Er war, obwohl schon in verhältnismäßig hoher Funktion, einige Jahre jünger als ich und hatte keine so strenge Schulung durchgemacht...
Am nächsten Morgen, ganz früh, kam er schon wieder. Er war ganz begeistert.
»Endlich finde ich mal einen Genossen, mit dem ich offen sprechen kann.« Und nun überschüttete er mich mit seinen oppositionellen Gedanken. Jetzt aber steigerten sich meine Sorgen. Seine Ehrlichkeit war entwaffnend, aber seine übersprudelnde

Art konnte uns zum Verhängnis werden. Drei Tage später sah ich mit Schrecken im Speisesaal der Parteihochschule den jungen Funktionär am Mittagstisch, umgeben von einer ganzen Gruppe interessierter Funktionäre. Es waren 150%ige dabei – aber er erzählte. Ich ging weg. Später erfuhr ich, daß bei diesem Mittagessen das Verhängnis seinen Anfang genommen hatte. Tatsächlich hatte er im Speisesaal der Parteihochschule offen über Jugoslawien und über die Kominformresolution gesprochen und alle an ihn gerichteten Fragen – sicher auch einige provozierende – beantwortet; er kannte die Materialien und vertrat die richtige Sache. Dann, im Übereifer und bedenkenlos alle Regeln der Konspiration verletzend, nannte er mich als Kronzeugen.

»Wolfgang Leonhard hat auch gesagt, daß ...«

In der nächsten Sekunde versuchte er sich zu verbessern, aber die Worte waren schon gefallen. Es war zu spät.

Die letzte Selbstkritik

Am nächsten Tag ging ich, noch ohne zu wissen, was geschehen war, zu einem meiner üblichen Seminare. »Du sollst sofort zu Rudolf Lindau kommen«, wurde mir ausgerichtet. Lindau stand an der Tür des Direktionszimmers.

Ernst und verbissen, ohne mir wie sonst die Hand zu reichen, sagte er nur kurz:

»Ich möchte dich nach dem Seminar sprechen.«

Noch nie war mir die Leitung eines Seminars so schwergefallen wie dieses. Immer wieder schaute ich auf die Uhr. Endlich waren die drei Stunden um.

Ich ging zu Lindau. Er führte mich, ohne ein Wort zu sagen, in das Direktionszimmer. Dort saßen fünf Funktionäre. Vor ihnen lagen Papier und Bleistift.

Es war ein ähnliches Bild wie im Herbst 1942 in der Kominternschule. Dazwischen lagen sechseinhalb Jahre. Jetzt, im März

1949, stand ich wieder vor einem Verhör durch eisige Apparatschiks, vor einer Kritik und Selbstkritik.
Ruhig schaute ich die vor mir sitzenden Funktionäre an. Gewiß, es war mir nicht gerade angenehm zumute, aber ich war nicht mehr von ihnen beeindruckt. Das sind gar keine Kommunisten – dachte ich –, die wirklichen Kommunisten sind jene, die sich gegen eine Unterordnung unter die Sowjetunion, gegen die unmenschlichen Methoden der Bespitzelung wehren.
Das Verhör begann.
Außer Rudolf Lindau, dem Direktor der Parteihochschule, war mir nur noch einer der Anwesenden bekannt. Ich traute meinen Augen nicht: Da saß Herbert Henschke, der mit mir 1942 in der Kominternschule gewesen war. Damals war er einer der schwächsten Schüler, Paul Wandel (Klassner) hatte mich sogar beauftragt, ihm bei der Vorbereitung der Prüfung zu helfen.
Es begann dasselbe, was ich sechseinhalb Jahre vorher in der Kominternschule erlebt hatte – das lange, auf die Nerven gehende Warten, die politische Einleitung, in der auf die allgemeine Situation, die Treue zur Partei und zur Sowjetunion, auf die Notwendigkeit des Kampfes gegen Abweichungen hingewiesen wurde. Aber das, was mich seinerzeit zutiefst bewegt hatte, ließ mich jetzt völlig kalt. Damals fühlte ich mich noch völlig und ganz mit der Partei verbunden.
Jetzt war es anders. Ich hatte innerlich schon mit der Partei gebrochen. Die Szenerie beeindruckte mich nicht mehr. Während der ganzen Prozedur ging ich ruhig meinen Gedanken nach:
Die These des besonderen Weges zum Sozialismus ist in den Lehren von Marx, Engels, Lenin begründet. Die jugoslawischen Kommunisten, die einen Weg gehen, der ihren Bedingungen entspricht, haben recht. Jene, die die jugoslawischen Kommunisten verurteilen, haben den Boden des Marxismus-Leninismus verlassen. Die These der Gleichberechtigung der kommunistischen Parteien innerhalb der kommunistischen Arbeiterbewegung stimmt mit den Lehren von Marx und Engels und Lenin überein. Jene, die an ihre Stelle die These der »führenden Rolle« der

Sowjetunion gesetzt haben, stehen nicht mehr auf dem Boden des Marxismus. Inzwischen hatte Rudolf Lindau seine Einleitung beendet.
Nach üblichem Schema sprachen noch zwei andere. Aber der Bann war gebrochen, der Einfluß, der mich jahrelang völlig gefesselt hatte, überwunden.
Erst als der dritte zu sprechen begann und damit das eigentliche Verhör beginnen mußte, kam mir meine Lage richtig zu Bewußtsein. Mit diesen Apparatschiks zu diskutieren, hatte nicht den geringsten Sinn. Sie waren keine Kämpfer der Arbeiterklasse, wenn sie sich auch noch so oft so nannten. Sie waren keine Marxisten-Leninisten, obwohl sie das immer wieder vorgaben. Es kam jetzt nur auf eines an: Zeit zu gewinnen, um nach Jugoslawien zu kommen! Also hieß es, taktisch zu handeln. Man hatte mich diese Taktik gelehrt. Nun wandte ich sie gegen sie selber an. Ich beschloß, einige »Verfehlungen« zuzugeben und mich als Zweifelnden hinzustellen. Nur so konnte ich erreichen, daß man nicht sofort Maßnahmen gegen mich ergriff, sondern noch eine zweite Sitzung einberufen würde. Zeit gewinnen! Vielleicht würde die Flucht nach Jugoslawien noch glücken.
»Ich glaube, wir können jetzt zur Frage selbst übergehen.«
Das war Lindaus Stimme.
Es war in Klein-Machnow in Berlin, März 1949 – aber es war die gleiche Stimme und der Tonfall von Herbst 1942 in Kuschnarenkowo im fernen Baschkirien: Die Stimme des stalinistischen Apparatschiks ist überall gleich.
Die Fragen prasselten auf mich nieder.
»Ist es wahr, daß du parteifeindliche jugoslawische Materialien an Genossen zum Lesen gegeben hast?«
»Ja.«
Die Köpfe senkten sich. In der kurzen Pause nach meiner Antwort hatten sich alle fünf Notizen gemacht.
»Ist es wahr, daß du im Gespräch mit einem Kursanten der Parteihochschule von zwei Typen von Funktionären gesprochen hast – von denjenigen, die im Lande illegal gekämpft hatten, und

den anderen, die auf Anweisung der Partei in der Sowjetunion gewesen sind?«

»Ja, aber ich habe damit...«

»Du hast nachher Zeit, dich genauer zu äußern, vorläufig hast du nur mit Ja und Nein zu antworten.«

»Ja.«

»Ist es wahr, daß du diejenigen, die in dieser Zeit im Lande selbst tätig waren, als vorbildlich hingestellt und behauptet hast, sie seien Kämpfer für eine selbständigere Politik? Hast du in diesem Zusammenhang folgende Namen erwähnt: Tito, Gomulka, Markos, Mao Tse-tung...«

»Mao Tse-tung auch?« fragte Herbert Henschke erschreckt, für den ich offenbar immer noch eine politische Autorität war. Er bekam einen strafenden Blick der älteren Apparatschiks und wurde rot.

»Ist es wahr, daß du einem anderen Kursanten gegenüber Zweifel an der Berechtigung der Existenz sowjetischer Aktiengesellschaften in der Zone geäußert und dich über sowjetische Berater in den volksdemokratischen Ländern negativ ausgesprochen hast?«

»Ja«, antwortete ich in dem Bewußtsein, daß ich sowieso nichts anderes tun konnte. Bei den letzten Fragen war ich doch sehr erschrocken. Darüber hatte ich mit meinem übereifrigen Freund nicht gesprochen. Das hatte ich zwei anderen Funktionären gesagt. Sie hatten es gemeldet.

»Ist es wahr, daß du einen Auszug aus dem Machwerk Koestlers an Kursanten weitergegeben hast?«

»Ja, aber ich habe mich mit Koestler keineswegs identifiziert.«

»Das haben wir nicht gefragt. Es genügt, daß du dieses Machwerk weitergegeben hast.«

»Bist du im Gespräch mit Kursanten dafür eingetreten, daß die parteifeindlichen Schriften der jugoslawischen Trotzkisten und Nationalisten in der Parteipresse abgedruckt und zur Diskussion gestellt werden?«

»Ja.« Zeit gewinnen, Zeit gewinnen! – Das war das einzige, woran ich jetzt dachte.

Das direkte Verhör war beendet. Nun mußte die »Auswertung« und Analyse kommen. Ein Vertreter der Kader-Abteilung nahm das Wort:
»Ich brauche dir nicht zu sagen, Genosse Leonhard, daß diese Dinge äußerst ernst sind.« Sein Ton war drohend. Trotzdem fiel mir ein Stein vom Herzen. Er hatte mich noch mit Genosse angeredet. Sofortige Konsequenzen würden sich also nicht ergeben. Man würde mir vielleicht noch eine Bewährungsfrist geben.
»Die Dinge sind um so ernster, weil es sich bei dir um einen Genossen handelt, der in der Sowjetunion aufgewachsen ist. Die Frage deines Verhaltens und deiner parteifeindlichen Äußerungen wird noch besprochen werden. Die Partei braucht heute aber jeden einzelnen. Trotz des außerordentlichen Ernstes deiner Situation wird die Partei in Anbetracht deiner bisherigen Arbeit dir noch Gelegenheit geben, durch erhöhten Einsatz deine schweren Fehler gutzumachen. Das soll dich aber nicht darüber hinwegtäuschen, wie sehr du durch deine Äußerungen das Vertrauen der Partei mißbraucht hast.«
Danach machte der Apparatschik eine Pause und schaute mich ernst und kopfschüttelnd an. Es war für ihn offensichtlich schwer, meinen »Fall« zu begreifen. Bis dahin war er immer nur ehemaligen Sozialdemokraten oder alten Kommunisten begegnet, die sich Abweichungen zuschulden kommen ließen.
»Nun sag mal, Genosse Leonhard, wie ist denn das bei dir möglich, nach dem Weg, den du beschritten hast? Wie konnte es geschehen, daß dich die jugoslawische Frage so irremachen konnte?«
Aufpassen, dachte ich, bloß aufpassen!
Aller Augen waren auf mich gerichtet.
»Ja, die Sache ist so ... Es ist ja schließlich keine alltägliche Angelegenheit, daß eine kommunistische Partei mit der Sowjetunion und dem Informationsbüro der kommunistischen Partei in Konflikt gerät. Das sind ernste Fragen, die man überlegen muß. Ist es da erstaunlich, daß man sich darüber Gedanken macht?«

Ein Apparatschik, der bis dahin geschwiegen hatte, unterbrach mich:
»Nun sag doch mal klipp und klar: Wie stehst du zu der Resolution des Informationsbüros der kommunistischen und Arbeiterparteien und zu den Resolutionen unserer Partei über Jugoslawien? Oder bekennst du dich zu dieser verräterischen Führung in Belgrad?«
Wie gerne hätte ich jetzt losgelegt und ihnen erzählt, was ich in den Monaten seit 1948 gelesen, worüber ich nachgedacht hatte und zu welchen Schlußfolgerungen ich gekommen war. Aber ich hielt mich zurück.
»Mir sind einige Dinge noch unklar, und deswegen möchte ich sehr gern die Möglichkeit haben, darüber zu diskutieren. Die Angelegenheit erscheint mir so ernst, daß ich es für notwendig halte, diese Frage etwas grundsätzlicher zu behandeln.«
»Wie meinst du das – grundsätzliche Behandlung?« fragte ein anderer, der mit dem Phänomen des in der Sowjetunion geschulten Funktionärs und jetzigen Ketzers noch nicht fertig geworden war.
»Ich kann verstehen, daß man beim gegenwärtigen Zustand der Partei es vielleicht noch nicht verantworten kann, die Materialien der beiden Seiten zu veröffentlichen. Vielleicht kann man selbst hier auf der Parteihochschule bei den Kursanten das Problem nicht in dieser Form zur Diskussion stellen. Aber wäre es nicht zumindest im Lehrerkollektiv der Parteihochschule möglich, auch die jugoslawischen Materialien zu lesen und die Dinge ernst durchzudiskutieren? Schließlich handelt es sich doch hierbei um eine ideologische, eine politische, teilweise sogar eine theoretische Frage.«
Der erste Apparatschik unterbrach mich:
»Du irrst, Genosse Leonhard, Jugoslawien ist keine politische, sondern eine administrative Frage«, sagte er mit schneidender Stimme.
»Administrativ« – das Wort kannte ich. Unter diesen Begriff fielen die Verhaftungen der Jahre 1936 bis 1938. Der Hinweis war

deutlich. Ich war so weit gegangen, wie es unter diesen Umständen möglich war. Noch eine Nuance, und ich würde nach Beendigung des Verhörs nicht mehr frei sein.
»Wir kommen jetzt zum Abschluß. Es ist dir bekannt, Genosse Leonhard, daß alle politischen und personellen Fragen des Lehrkörpers der Parteihochschule direkt und unmittelbar vom Politbüro der Partei entschieden werden. In deinem Falle trifft dies in besonderem Maße zu. Der Bericht über deine parteifeindlichen Äußerungen und über die heutige Besprechung wird dem Politbüro unterbreitet. Dort wird dir in einigen Tagen auch die Entscheidung über deinen Fall mitgeteilt werden.«

Meine Flucht nach Belgrad

»In einigen Tagen...«, hatte er gesagt. Ich hatte also noch Zeit. Die Kommission verschwand im Direktionszimmer. Ich war allein.
Langsam ging ich vom zentralen Lehrergebäude in meine Wohnung, die in einer Villa unmittelbar vor dem stets bewachten Ausgang lag. Es war möglich, daß ich jetzt schon überwacht wurde. Daher beschloß ich, nichts zu tun, was mich noch verdächtiger hätte machen können. In meiner Wohnung nahm ich die kleinste Tasche, die ich hatte und die jeder Lehrer meist mit sich trug, wenn er auf ein Seminar ging.
Noch einmal schaute ich mich im Zimmer um. Es waren noch einige wichtige Sachen dort, einige Aufzeichnungen aus der Zeit der »Gruppe Ulbricht«, ein etwa zwanzigseitiges Protokoll aus der Sitzung mit Marschall Shukow, Briefe von und an Parteifunktionäre, aber ohne politische Belastungen. Mitnehmen war ausgeschlossen! Vielleicht würde ich am Ausgang der Parteihochschule untersucht werden. Wenn man diese Dinge fand, war ich verloren. Verbrennen konnte ich sie nicht. Ich ließ das Material liegen, wie es lag, zog meinen Mantel über und wollte zum Ausgang gehen.
Unterwegs traf ich einen unserer Chauffeure, der mich bisher

immer in die Stadt gefahren hatte. Er wußte noch nichts. Für ihn war ich noch persona grata.

»Genosse Leonhard, ich muß gerade zum ›Haus der Einheit‹ fahren. Wollen Sie mit?«

»Einverstanden«, antwortete ich gleichmütig. So begann meine Flucht mit einem Wagen der Parteihochschule.

Am Tor mußten wir halten. Der Pförtner sah mich und gab sofort das Zeichen zur Durchfahrt. Es war also noch nichts gemeldet worden.

Der Wagen brachte mich zur S-Bahn Düppel, die direkt an der Grenze zwischen den Westsektoren Berlins und der Sowjetzone lag.

»Ich werde hier aussteigen«, sagte ich.

»Auf Wiedersehen, Genosse Leonhard.«

»Auf Wiedersehen.«

Erst Jahre später erfuhr ich durch einen ehemaligen Kursanten der Parteihochschule, der nach mir mit dem Stalinismus gebrochen hatte, daß diese Autofahrt als ganz besonders heimtückisch bezeichnet worden war. Auf einer Versammlung nach meiner Flucht wurde auf der Parteihochschule erklärt:

»Daß ein Agent die Frechheit besitzt, sich noch mit einem Auto der Parteihochschule von hier wegfahren zu lassen, übertrifft alles.«

Das Auto war verschwunden. Mit der Bahn fuhr ich zu meiner zweiten Wohnung in Pankow, zog mich warm an, packte das Notwendigste in eine kleine Tasche, erzählte den Funktionären, mit denen ich zusammen wohnte, daß ich auf eine Sonderkommandierung führe und einige Wochen wegbleiben würde.

Damit begann die seit langem vorbereitete Flucht aus Berlin-Pankow nach Belgrad.

Ich ging zunächst in eine Telefonzelle und führte drei Gespräche. »Meinen Artikel werde ich heute abend beendet haben«, sagte ich mitten im Gespräch zu meiner Mutter. Das hatten wir ausgemacht, um das Fluchtdatum anzukündigen. Dasselbe sagte ich meiner Freundin Ilse, die ihrerseits auch schon alle Vorbereitun-

gen für die Flucht getroffen hatte, um unmittelbar nach mir auf einem anderen Weg auch nach Jugoslawien zu fliehen.
Dann kam das dritte Gespräch, das Stichwort für den Beginn meiner Flucht. Es war fünf Uhr nachmittags.
Fünfzehn Minuten später hielt an einer verabredeten Stelle ein Wagen.
»Fertig?«
»Fertig!«
»Gut.«
Es war jetzt Viertel nach fünf. Fünfeinhalb Stunden später, um dreiviertel elf Uhr nachts, befand ich mich nur noch wenige Kilometer von der Grenze entfernt. Es war die Grenze zwischen der Sowjetzone und der Tschechoslowakei.
»Hier ist es«, sagte mein Begleiter. Wir stiegen in einem kleinen Lokal ab. Er führte mich an einen Tisch, an dem zwei Männer saßen. Wir begrüßten uns und sprachen einige unverfängliche Sätze.
»Ich glaube, wir können aufbrechen«, sagte einer von ihnen, nachdem wir unsere Rechnung beglichen hatten.
In einem kleinen Häuschen wurden die letzten Vorbereitungen getroffen. Ein Bündel Banknoten verschwand in der Tasche des Mannes, der mich über die Grenze bringen sollte. Er hatte keine Ahnung, wer ich war; es interessierte ihn auch nicht. Er wollte mich nur gut hinüberbringen und selbst wieder zurückkehren, denn dann lag noch eine größere Summe für ihn bereit.
Er musterte mich interessiert, war aber befriedigt, als er sah, daß ich hohe Stiefel anhatte und für ein solches Unternehmen gut gerüstet war.
»Halten Sie was aus?«
»Ja, ich bin manches gewöhnt.«
»Na, Sie sind ja noch jung. Also – vorwärts!«
Der Wagen mit meinem bisherigen Begleiter verschwand. Jetzt war ich ganz dem illegalen Grenzführer ausgeliefert.
Vor sieben Stunden hatte ich die Parteihochschule verlassen. Sobald mein Verschwinden bemerkt war, würde man, so rechnete

ich, zunächst bei dem Funktionärsehepaar nachforschen, das mit mir die Wohnung in Pankow geteilt hatte. Sie würden berichten, was ich hinterlassen hatte: ich sei auf einer »Sonderkommandierung«. Ehe man sich bei den verschiedenen Parteistellen durchgefragt hatte, würden gewiß mehrere Tage vergehen. Sonderkommandierungen wurden zum Glück mit vielen Geheimnissen umgeben. Ich hatte also einen gewissen Vorsprung.

»Wir müssen schneller gehen«, flüsterte mir mein Begleiter zu. Bis zur Grenze waren es zwar nur noch vier Kilometer, dennoch mußten wir sehr vorsichtig sein. Nach einer Stunde waren wir in unmittelbarer Grenznähe. Wir sprachen kein Wort mehr. Ab und zu blickte mein Begleiter auf die Uhr. Es war ein Uhr nachts. Vor Morgengrauen mußten wir »drüben« sein. Plötzlich packte mich der Begleiter am Arm. Wir warfen uns flach hin. Vor uns lag ein kleiner Bach. Das war die Grenze.

»Tschechoslowakei«, flüsterte er mir zu, indem er mit der Hand auf die andere Seite des Baches zeigte. Auf Zehenspitzen, so leise es ging, durchwateten wir den kleinen Bach. Plötzlich hob mein Begleiter den Kopf und machte mir ein Zeichen. Wir warfen uns in den Schnee.

Jetzt konnte auch ich Stimmen hören. Sie schienen sich zu nähern. Eine oder zwei qualvolle Minuten vergingen. Es waren sicher Grenzpolizisten. Sie sprachen deutsch. Was nun? Immer wieder ging mir ein Gedanke durch den Kopf: Was sollte ich bloß sagen, wenn sie mich entdeckten? Sollte ich mich als Lehrer der SED-Parteihochschule zu erkennen geben? Was sollte ich bloß sagen? Wie sollte ich erklären, was ich hier in der Nacht vom Sonnabend auf Sonntag ausgerechnet auf der Grenze zwischen der Sowjetzone und der Tschechoslowakei machte?

Plötzlich sah ich mit Schrecken, wie mein Begleiter sich erhob. Jetzt, so schien mir, war ich am Ende. Aber er winkte mir beruhigend zu:

»Keine Angst, es sind auch nur Grenzgänger wie wir. Ich kenne sie.« Mit diesen Worten ging er auf die Gruppe zu, und ich folgte ihm. Schweigend reichten sie mir die Hand. Sie waren aus der

Tschechoslowakei mit Schmuggelwaren gekommen. Einer bot Zigaretten an.
Die werden doch hier nicht fünf Meter von der Grenze entfernt, zu rauchen anfangen, dachte ich gerade noch – als einer von ihnen bereits seelenruhig uns anderen Feuer reichte.
Vergebens versuchte ich, meinen Begleiter wegzuziehen.
»Keine Angst! Um diese Zeit ist es gerade an diesem Abschnitt sehr ruhig.« Die anderen – offensichtlich ebenso erfahrene Grenzgänger – nickten bestätigend. Mich beruhigte das keineswegs. Wenn ich gefaßt wurde, hatte ich Schlimmeres zu erwarten als die Schmuggler.
Unterdessen unterhielten sie sich, wo man in der Tschechoslowakei am besten und billigsten die begehrten Waren bekommt und wo man sie in der Zone am günstigsten absetzt.
Die Zigarettenpause wollte und wollte kein Ende nehmen. Immer wieder versuchte ich, meinen Begleiter wegzuziehen, aber er war stur – wie eben ein waschechter Grenzgänger.
Anfangs hatten die Leute geflüstert, jetzt sprachen sie schon fast mit voller Lautstärke. Krampfhaft überlegte ich unterdessen, wohin ich flüchten sollte, wenn plötzlich von der einen oder anderen Seite die Grenzposten auf uns zukämen.
Endlich waren die qualvollen Minuten vorüber. »Gutes Heimkommen«, wünschten wir uns gegenseitig zum Abschied.
»Los!« spornte mich jetzt mein Begleiter an. »Wir müssen noch fast zwei Stunden laufen, bis wir an das Haus kommen, wo meine Freunde uns erwarten.«
Es war jetzt drei Uhr morgens. Ein kalter Gegenwind kam auf. Wir gingen aufrecht weiter.
»Jetzt ist es nicht mehr so gefährlich. Hier brauchen wir nicht so aufzupassen, die tschechischen Grenzpolizisten machen sich um diese Zeit nicht soviel Mühe«, beruhigte mich mein Begleiter.
Nun, da wir die erste Gefahr überwunden und das Ziel – die Wohnung seiner Freunde – vor uns hatten, war mir wieder leichter zumute.

Nach anderthalb Stunden sahen wir ein kleines, verschneites Dorf in der Ferne liegen. Es war halb fünf Uhr früh.
»Wir müssen uns beeilen, damit wir noch vor fünf Uhr da sind und uns niemand sieht.«
Als wir näher kamen, hörten wir einige Hunde bellen. Mein Begleiter gab das Zeichen zum Ducken, doch ich hatte mich bereits hingeworfen.
»Dort ist es«, flüsterte er und zeigte auf ein kleines Holzhäuschen am Rande des Dorfes. Nun wurden wir wieder genauso vorsichtig wie an der tschechoslowakischen Grenze.
»Niemand zu sehen. Jetzt los!« Mit schnellen Schritten ging er auf das Haus zu. Ich folgte ihm mit kurzem Abstand, hörte ein Klopfzeichen, und dann sah ich erleichtert wie die Tür geöffnet wurde. Das war geschafft! Mein Begleiter wurde von der Hauswirtin und deren Tochter freundlich auf deutsch begrüßt. Unsere nassen Kleider wurden zum Trocknen aufgehängt, und wir erhielten sofort heißen Tee.
Mein Begleiter wollte schon nach einigen Stunden wieder zurück.
»Und Sie?« fragte mich die Hausfrau.
Ich schwieg, aber er antwortete für mich:
»Ihn müssen wir nach Podmokly* bringen. Dort wartet ein Freund auf ihn, der ihm weiterhelfen wird.«
»Wann sollen Sie in Podmokly sein?«
»Zwischen zwölf und zwei Uhr mittags.«
»Das wird aber kaum gehen, denn gerade in den letzten Tagen ist der Autobusverkehr von hier nach Podmokly unterbrochen worden.«
Das war ein schwerer Schlag für mich! Meine Gedanken waren bisher immer nur darauf gerichtet gewesen, wohlbehalten nach Podmokly zu kommen.
»Gibt es denn keine andere Möglichkeit?«
Die Hauswirtin zögerte.

* Tschechische Bezeichnung für Bodenbach.

»Heute sollte einer vom Ortsausschuß der Nationalen Front mit dem Schlitten nach Teplice* fahren. Vielleicht wird's möglich sein, daß er sie mitnimmt. Von dort können Sie dann mit dem Zug nach Podmokly fahren.«
Es war keine angenehme Vorstellung und konnte sehr riskant sein – doch blieb mir keine andere Wahl.
Plötzlich klopfte es an die Tür.
»Da hinein«, flüsterte sie. Ehe ich mich versah, standen wir in einem Kämmerchen.
Der Besucher durchschritt das Zimmer und stand in unmittelbarer Nähe der Tür, hinter der wir uns verbargen. Wieder vergingen qualvolle Minuten. Endlich ging er.
»Ich muß unbedingt nach Podmokly«, wiederholte ich immer wieder. Die Tochter der Hausfrau war bereits unterwegs, um eine Fahrgelegenheit zu finden.
Nach einer Stunde kam sie endlich zurück.
»Der Mann vom Ortsausschuß der Nationalen Front hat sich bereit erklärt, meine Mutter nach Teplice mitzunehmen und auch den Verwandten, der bei uns ist. Das sind Sie«, sagte sie lächelnd zu mir gewandt.
Ich sah dieser Fahrt mit gemischten Gefühlen entgegen, um so mehr, als ich kein einziges Wort Tschechisch konnte.
Aber die Hausfrau beruhigte mich: »Keine Angst, er ist ein sehr schweigsamer Mann und wird Sie nichts fragen. Sie müssen ihn nur begrüßen und dann, wenn wir angekommen sind, sich von ihm verabschieden.«
Die nächste Stunde verbrachte ich damit, die wichtigsten zwanzig tschechischen Worte auswendig zu lernen. Nach einer Stunde hatte ich es tatsächlich geschafft.
»Ist das richtig: *Naskledano*?«
»Ausgezeichnet! Sie sprechen schon wie ein richtiger Tscheche.«
Als der Schlitten ankam, begrüßte ich den Ortsfunktionär auf tschechisch. Es gelang, er schöpfte keinen Verdacht.

* Tschechische Bezeichnung für Teplitz.

Eine Stunde später waren wir in Teplitz.
»*Naskledano*!« sagte ich so selbstverständlich zum Abschied, als ob ich mich zeit meines ganzen Lebens nie anders verabschiedet hätte.
Schon wenige Minuten später fuhr ein Zug nach Podmokly.
Das Glück schien mir hold zu sein. Nun würde ich bald meinen Bekannten treffen: Er sollte mich am Ausgang rechts vom Bahnhof erwarten. Alles Weitere würde leichter sein.
»Podmokly«, stand in großen Lettern auf dem Bahnsteig.
Schnell ging ich mit der mich noch immer begleitenden Hausfrau aus dem Bahnhof heraus.
Mein Bekannter war nicht da!
Ich schaute auf die Uhr. Halb sechs. Es war fast vier Stunden nach dem verabredeten Termin.
»Vielleicht ist er bloß mal einen Moment weggegangen und kommt später wieder«, versuchte mich meine Begleiterin zu beruhigen.
Anderthalb Stunden schlenderten wir durch das Städtchen und immer wieder zum Bahnhof zurück.
Von meinem Bekannten war keine Spur zu sehen.
Was nun?
»Ich werde zurückfahren«, sagte meine Begleiterin. Sie hatte ihren Auftrag, mich nach Podmokly zu bringen, erfüllt. Ich nahm es ihr nicht übel, daß sie mich jetzt verließ.
Ich tauschte bei ihr etwas Geld um, und nun hatte ich wenigstens genügend tschechische Kronen in der Tasche, um mich einigermaßen sicher zu fühlen.
Eine weitere halbe Stunde ging ich unschlüssig und ratlos vor dem Bahnhof auf und ab.
Dann beschloß ich, auf eigene Faust nach Prag zu fahren. Als ich etwas hilflos die tschechischen Hinweisschilder auf dem Bahnhof zu entziffern versuchte, kam ein Bahnbeamter auf mich zu und redete mich in tschechisch an.
»Ich verstehe kein Tschechisch und würde Sie bitten, mir zu helfen. Ich möchte gerne eine Fahrkarte nach Prag haben«, sagte ich

in fließendem Russisch – so sicher und unbekümmert, wie ich nur konnte.
Der Bahnbeamte machte eine kurze, beflissene Verbeugung, zeigte mir höflich den Weg zum Fahrkartenschalter und bestellte dort für mich die Fahrkarte.
»Der Zug fährt in drei Minuten.«
Diensteifrig und höflich geleitete er mich auf den Bahnsteig. Unmittelbar darauf fuhr der Zug ab. Wenige Minuten später war ich nach diesen aufregenden 24 Stunden in einen bleiernen Schlaf versunken.
»Praha« – einer der Mitreisenden hatte mich angestoßen. Ich stieg mit allen anderen aus. Es war halb elf Uhr abends.
In meinem Kopf war jetzt nur noch eines: der Name der Straße und eine Hausnummer. Das war die Adresse in Prag, für den Fall, daß die Zusammenkunft in Podmokly mißglückte. Ich kannte Prag flüchtig von meiner Sommerreise 1947. Es war nicht schwer, die Straße zu finden.
Je näher ich dem Haus kam, um so mehr stieg meine Hoffnung. Noch wenige Minuten, und dann hatte ich endlich die Verbindung zu meinen Freunden, die mir weiter nach Belgrad helfen würden. Dort! Die rettende Wohnung.
Ich klopfte. – Keine Antwort.
Nochmals. – Wieder keine Antwort.
Immer wieder.
Vergeblich.
Jetzt wurde meine Lage sehr ernst. Ich war ganz allein in Prag, hatte verhältnismäßig wenig tschechisches Geld in der Tasche, niemanden, an den ich mich wenden konnte, und vor allem: Es war nach elf Uhr abends.
Was tun?
In ein Hotel gehen? Unmöglich. Ich konnte nicht tschechisch und hatte auch keinerlei tschechische Dokumente. Das plötzliche Auftauchen eines Ausländers würde sofort weitergemeldet werden.
Die ganze Nacht auf der Straße spazierengehen? Sehr gefährlich.

Vor allem nach 12 Uhr nachts konnte man sehr leicht auffallen und nach Papieren gefragt werden.
In einen Vorort fahren und vielleicht dort bei einem Bauern übernachten? Dazu war es auch zu spät.
Krampfhaft versuchte ich, mir alle Anweisungen in Erinnerung zu rufen, die wir im Unterrichtsfach »Illegale Arbeit« in der Kominternschule erhalten hatten. Eine Anweisung, was ein Mensch auf der Flucht nachts um elf Uhr, mit wenig Geld und ohne Dokumente in der Hauptstadt eines Landes tun sollte, dessen Sprache er nicht beherrscht – eine solche Anweisung war uns damals nicht gegeben worden.
Nach wenigen Minuten hatte ich meinen Entschluß gefaßt. Ich mußte zunächst aus dieser menschenleeren Gegend und Straße heraus, irgendwohin, wo viele Menschen waren. Dort mußte ich versuchen, irgendwie, selbst mit größtem Risiko, einen Platz zum Übernachten zu finden.
Am besten noch einmal zum Bahnhof. Als ich dort ankam, war es bereits dreiviertel zwölf Uhr nachts. Hier fühlte ich mich schon sicherer. Ich war nicht mehr allein. Kaum hatte ich mich damit beruhigt, als ich von der Vorhalle des Bahnhofs aus zufällig in den Wartesaal blickte und dort sah, daß zwei tschechoslowakische Milizionäre Dokumente prüften.
Meine Nerven waren zum Zerreißen gespannt. Ruhe! Ruhe! Bloß keine Aufregung zeigen! Langsam ging ich auf die Toilette zu und schloß mich ein. Natürlich wußte ich, daß das keine Sicherheit bedeutete. Aber ich konnte schnell meine Taschen kontrollieren und alles vernichten, was bei einer Kontrolle verdächtig werden könnte.
Da klopfte es. Eine Stimme rief irgend etwas auf tschechisch. Als ich öffnete, sah ich, daß es glücklicherweise kein Polizist, sondern ein Bahnangestellter war. Ich hielt die Hand an die Stirn, instinktiv sprach ich russisch: »Entschuldigen Sie. Mir ist etwas schlecht geworden. Werde wohl zuviel getrunken haben.« Der Beamte grinste und begleitete mich durch die Bahnhofsvorhalle zum Ausgang.

Der Kontrolle war ich entgangen. Aber wieviel Kontrollen würde es in dieser Nacht noch geben?
An der Treppe vor dem Bahnhof zündete ich mir eine Zigarette an. Neben mir stand ein Mann in mittleren Jahren. Schweigend bot ich ihm auch eine an. Er nahm sie und sagte etwas auf tschechisch.
»Ich kann leider kein Tschechisch, sondern nur Russisch und Deutsch«, sagte ich hintereinander in beiden Sprachen.
Er zog es vor, mit mir deutsch zu sprechen.
»Woher sind Sie denn?«
»Aus Berlin.« Ich war einfach nicht mehr imstande, nach allem mir jetzt noch eine Geschichte auszudenken.
Vielleicht konnte er mir einen Tip für die Übernachtung geben. Vorsichtig begann ich. »Eigentlich hätte ich heute abend weiterfahren sollen, aber die Sache hat nicht geklappt. Jetzt kann ich erst morgen weiter, weiß aber nicht, wo ich heute noch übernachten soll.«
»Wohin wollen Sie denn?«
Ich beschloß, alles auf eine Karte zu setzen.
»Nach Belgrad.«
»Nach Belgrad?« flüsterte er aufgeregt und schaute sich schnell um.
»Kommen Sie mit. Ich habe heute jemanden erwartet, aber der kommt sowieso nicht mehr. Sie können bei mir übernachten.«
Eilig entfernten wir uns vom Bahnhof. Ich hatte fast Mühe, ihm zu folgen. Unterwegs sprach er kein Wort, und mir kamen Zweifel. War es nicht sehr leichtsinnig von mir, einem völlig fremden Mann offen zu sagen, daß ich ausgerechnet nach Belgrad wollte? Wohin würde er mich führen? Würde er mich wirklich zu sich nach Hause bringen? Sollte ich wieder weglaufen?
Aber wohin sollte ich dann?
Wir waren etwa eine Viertelstunde gegangen und befanden uns in einer menschenleeren Straße.
»Es ist nicht mehr weit«, flüsterte er mir zu.
Endlich blieb er vor einem Haus stehen, zog den Schlüssel aus

der Tasche, während ich mich blitzschnell vergewisserte, ob Schilder irgendwelcher Dienststellen an der Hauswand waren. Nein, es war ein Wohngebäude. Aber war ich deshalb schon sicher? Waren nicht gerade die gefährlichsten Dienststellen jene, die keine Schilder hatten? Aber irgendwie hatte ich das Gefühl, daß es ungefährlich sein würde, ihm zu folgen.
Auf der dritten Etage machte er halt. Er öffnete die Tür. Als wir eintraten, sah ich, daß wir uns in einer einfachen Zwei-Zimmer-Wohnung befanden.
Plötzlich trat ein Mann aus einem der Zimmer. Ich zuckte zusammen.
»Keine Angst, es ist nur mein Freund«, wurde ich beruhigt.
»Ein Deutscher?« fragte dieser.
»Ja, er will nach Jugoslawien.«
Wieder sah ich den erstaunten, freudigen Blick.
»Hoffentlich kommen Sie gut durch.« Im Laufe des weiteren Gesprächs bemerkte ich, daß meine beiden neuen Bekannten den offiziellen Anschuldigungen gegen Jugoslawien genausowenig glaubten wie ich.
Mein Bahnhofsbekannter mußte seinem Freund abwinken, der drauf und dran war, eine Diskussion zu beginnen.
»Laß ihn doch in Ruhe, er ist auf der Flucht und hat sicher schon viel erlebt. Wir wollen ihn erst mal schlafen lassen.«
Sie machten mir eine Schlafstelle zurecht und wünschten gute Nacht.
Erleichtert konnte ich mich niederlegen. Was war in den vergangenen 24 Stunden nicht alles geschehen! Die Flucht von der Parteihochschule, der Grenzübergang, die Fahrt nach Podmokly und Prag, die grauenhafte Nacht, die ich so fürchtete – all das war jetzt überwunden. Ich war so erschöpft, daß ich bald einschlief. An den kommenden Tag dachte ich kaum.
»Hallo, Jugoslawienreisender, stehen Sie auf«, wurde ich früh geweckt. »Wir müssen jetzt beide weg zur Arbeit.«
Ich zog mich schnell an.
»Werden Sie denn heute weiterkommen?«

»Ja, ich bin ganz sicher, daß heute alles klappen wird. Und recht, recht vielen Dank! Ohne Sie hätte ich gar nicht gewußt, wo ich die Nacht verbringen sollte.«
»Nichts zu danken. Man muß in unserer Zeit immer Leuten helfen, die fliehen – und gute Fahrt nach Jugoslawien. Wenn Sie dort gut ankommen, sagen Sie, daß es noch Tschechen gibt, die sich ihre Freundschaft für Jugoslawien bewahrt haben.«
Das versprach ich.
Langsam schlenderte ich durch die Stadt. Jetzt war ein Spaziergang durch Prag nicht mehr so gefährlich. Die Straßen waren voller Menschen, und ich fiel nicht auf.
Ausgeruht und gestärkt klopfte ich um neun Uhr morgens an derselben Tür, vor der ich am Abend vorher vergeblich gewartet hatte.
Diesmal öffnete sich die Tür. Mein Bekannter reichte mir erleichtert und freudig die Hand.
»Herrlich, daß du da bist. Ich dachte schon, die Sache hätte nicht geklappt.«
Ich erzählte ihm von meinem Mißgeschick. Es stellte sich nun heraus, daß er bis 5 Uhr in Podmokly gewartet hatte, dann mit dem Wagen nach Prag zurückgekehrt war, im Glauben, mich dort anzutreffen. Als er mich in Prag nicht fand, war er gleich wieder nach Podmokly gefahren. So hatten wir uns verpaßt.
»Hauptsache, daß du jetzt da bist. Jetzt werden wir die Sache schon richtig machen, und bald wirst du in Belgrad sein.«
Es war am 14. März. Nun war ich beruhigt. Ich hatte die Verbindung zu einem oppositionellen Funktionär, der in solchen Dingen sehr erfahren war und die gleiche Auffassung vertrat wie ich.
Es kamen Tage, in denen meine Nerven bis zum Zerreißen gespannt waren. Ich wußte nie, was mir die nächste Stunde bringen würde. Aber allmählich näherte ich mich meinem Ziel: Belgrad. Die Menschen, die mir auf meiner Flucht halfen, werden mir unvergessen bleiben. Es waren oppositionelle Parteimitglieder, die mir aus Überzeugung beistanden. Es ist selbstverständ-

lich, daß ich weder ihre Namen nenne noch die Orte angebe, in denen ich Station machen mußte.
Am 25. März 1949, um 6 Uhr nachmittags, kam ich endlich in Belgrad an. Ich war am Ziel. Meine Flucht hatte 13 Tage gedauert. Ich war wie erlöst. Endlich in Jugoslawien!
Ich rief sofort einen guten Bekannten, einen Funktionär der jugoslawischen Partei an. Eine halbe Stunde später holte er mich mit dem Wagen ab und brachte mich in seine Wohnung.
»Du kannst bei mir wohnen. Ruh dich erst einmal aus, dann werden wir alles weitere besprechen.«
Zwei Tage später wurde ich in das Zentralkomitee der Kommunistischen Partei Jugoslawiens gebeten.
»Veljko Vlahovic erwartet Sie bereits«, sagte mir eine Sekretärin.
Veljko Vlahovic, das wußte ich, war ein führendes Mitglied des Zentralkomitees und Leiter der Auslandsabteilung der Parteiführung.
»Ich freue mich, Genosse Leonhard, daß du gut angekommen bist«, sagte er in fließendem Russisch.
Ich betrachtete ihn, und es kam mir vor, als hätte ich ihn früher schon einmal getroffen, aber ich konnte mich nicht genau erinnern wo.
Er wußte es:
»Ich kenne dich schon von früher. Du warst doch 1942 bis 1943 auf der Kominternschule in Kuschnarenkowo.« Schmunzelnd schaute er mich an. »Hattest du auf der Kominternschule nicht den Parteinamen ›Linden‹?«
Ich war sehr erstaunt. In den sieben Jahren, die seitdem verstrichen waren, hatte ich keinem Menschen meinen Parteinamen in der Kominternschule anvertraut.
»Nun, Genosse Leonhard, wie hast du dir hier in Jugoslawien deine Tätigkeit vorgestellt?«
»Ich würde zunächst gern die Ursachen und den Verlauf des Konflikts zwischen der jugoslawischen Partei und dem Kominform zusammenhängend für die oppositionellen Genossen in Deutschland darstellen. Die bisherigen Materialien behandeln

Einzelprobleme, über die unsere Genossen wenig wissen. Es ist daher schwer für sie, sich ein Bild zu machen.«
»Gut, schreib das. Wir werden es hier in Jugoslawien auf deutsch drucken.«
Er wandte sich an meinen Begleiter.
»Ist es möglich, für ihn eine deutsche Stenotypistin ausfindig zu machen?« Mein Begleiter nickte. Diese Frage war erledigt.
»Gut, das wäre deine Tätigkeit in der nächsten Zeit. Aber was hattest du dir als ständige Arbeit in Jugoslawien gedacht?«
»Wäre es vielleicht möglich, daß ich bei der deutschen Redaktion im Belgrader Rundfunk mitarbeiten könnte?«
Er nahm den Telefonhörer und führte ein kurzes Gespräch auf serbisch.
»Du kannst dich in den nächsten Tagen beim Direktor des Belgrader Rundfunks melden und, sobald du deine Broschüre fertig hast, dort arbeiten.«
Das Gespräch war beendet. In wenigen Augenblicken war alles geregelt.
Es hatte kein Verhör stattgefunden, sondern die freundliche Begrüßung eines ausländischen Genossen, der nach langen inneren Kämpfen mit dem Stalinismus gebrochen hatte. Die Jugoslawen kannten mich von früher und wußten aus eigener Erfahrung, wie ein solcher Bruch vor sich geht. Ich wurde vor keine Kommission gezerrt, es gab keine mißtrauischen Fragen, keine »Pensionen«, in denen man Berichte zu schreiben hatte, keinen Kampf um irgendwelche »Anerkennung«.
Es war Ende März 1949 – fast zwei Jahre nach meinem ersten Besuch in Jugoslawien, neun Monate nach der Kominformresolution und dem Bruch mit Moskau.
Die Auswirkungen des Moskauer »Bannfluchs« waren schon zu bemerken. Durch die Wirtschaftsblockade der Ostblockländer war eine Warenverknappung eingetreten. Hier würde mir manches Schwere bevorstehen. Ich hatte das Wohlleben eines höheren Funktionärs mit Pajoks, Wohnung und Wagen, ein Leben voller Verfälschungen und Lügen eingetauscht gegen ein Leben

mit manchen materiellen Schwierigkeiten, vielleicht auch – damals konnte man noch nicht wissen, was Jugoslawien bevorstehen würde – mit großen Gefahren. Doch ich war voller Freude, nun in dem Land Zuflucht gefunden zu haben, das sich zum Ziel gesetzt hatte, die sozialistische Gesellschaftsordnung zu errichten, ohne Herrschaft eines hierarchischen Apparats und einer bürokratisch-zentralistischen Leitung der Wirtschaft, ohne jene unmenschlichen Züge des Stalin-Systems, befreit von Terror und stalinistischen »Säuberungen«, von Parteidirektiven für Künstler und Wissenschaftler, vom Führerkult, Dogmatismus und Autoritätsaberglauben.

Noch ganz benommen verließ ich das Belgrader Parteigebäude. Auf der gegenüberliegenden Häuserwand sah ich die Bilder von Marx, Engels und Lenin. Stalins Bild fehlte.

Mein Leben unter dem Stalinismus war beendet.

Nachwort

Seit Erscheinen meines Buches »Die Revolution entläßt ihre Kinder« im Herbst 1955 und seit der gleichnamigen dreiteiligen Fernsehserie im Jahre 1962 erhielt ich Hunderte von Briefen von mir unbekannten Lesern, die mein Buch gelesen hatten und mir nun Fragen stellten.

Drei Fragen kamen dabei besonders häufig vor:

– Ihr Buch endet mit Ihrer Flucht im März 1949; warum sind Sie dann später aus Jugoslawien weggegangen?

– Sie leben seit 1950 im Westen als Ost- und Kommunismus-Experte. Wie hat sich Ihr Leben weiterentwickelt? Wie haben Sie die Entwicklung der Sowjetunion, der DDR und Osteuropas beurteilt?

– Und schließlich: Wo stehen Sie nach all Ihren Erfahrungen heute? Wie würden Sie Ihren weltanschaulichen politischen Standpunkt heute definieren?

Meine fragenden Leser haben das Recht auf eine – zumindest kurze – Antwort.

Das Buch endet mit meiner gefahrvollen Flucht aus Ostberlin nach Jugoslawien im März 1949. Schon wenige Tage später begann in Belgrad meine Arbeit – als Leiter der deutschsprachigen Sendungen des Belgrader Rundfunks. Es war keine leichte Zeit: Jugoslawien wurde damals von allen Ostblockstaaten boykottiert, die Wirtschaftsverträge waren gekündigt, die Versorgungsschwierigkeiten ernst. Hinzu kamen die pausenlosen Angriffe aus der gesamten kommunistischen Weltbewegung und die östlichen Truppenkonzentrationen an den jugoslawischen Grenzen.

Unmittelbar nach meiner Ankunft in Jugoslawien war ich bereits bei der Arbeit. Ich schrieb eine Erklärung über meine Flucht und verfaßte meine Broschüre über »Kominform und Jugoslawien«. Am 22. April 1949 verlas ich im Studio des Belgrader Rundfunks meine Erklärung gegen die Kominformresolution und für die jugoslawischen Kommunisten – das vergilbte Manuskript liegt vor mir. Meine Erklärung wurde vom Belgrader Rundfunk in zwölf Sprachen verbreitet – auf deutsch, englisch und russisch verlas ich sie selbst – und am nächsten Tag erschien sie in allen jugoslawischen Zeitungen. Nun erst war meine erfolgreiche Flucht der Öffentlichkeit bekanntgeworden.

Am 26. April 1949 veröffentlichte das SED-Zentralsekretariat eine Erklärung über meinen Ausschluß. Ich hätte, so hieß es, eine »parteifeindliche Aktivität« entfaltet und sei ein »Agent der jugoslawischen Militärmission«. Die Erklärung, warum ich aus der Sowjetzone nach Jugoslawien geflohen war, wurde vom SED-Zentralsekretariat recht einfach beantwortet: »Der Agent« (also ich!) sei »für seine Tätigkeit mit Zigaretten und Lebensmitteln belohnt worden«.

Als ich diese Erklärung im SED-Zentralorgan *Neues Deutschland* in Belgrad las, konnte ich mich darüber weder ärgern noch konnte ich lachen. Es berührte mich nicht mehr. Ich befand mich nun unter den Jugoslawen, die als erste den großen Versuch einer Liberalisierung und Demokratisierung ihres Systems machten. Unter dem Druck von außen und inneren Schwierigkeiten erlebte ich, wie sich das jugoslawische System zu lockern begann, elastischer und freier wurde. Die zunehmende Unabhängigkeit von Moskau war von einem Umdenken und Neudenken größten Ausmaßes begleitet.

Anstelle des Stalinschen Zentralismus trat die Dezentralisierung in Wirtschaft und Verwaltung; der »sozialistische Realismus« in Kunst und Literatur wurde durch Herausbildung unterschiedlicher Stile, Formen, Themen und Konzeptionen ersetzt. Zunehmend wurden Fragen des Stalinismus offen und frei erörtert. Die Kollektivierung wurde rückgängig gemacht, in den Betrieben die frühere Alleinherrschaft des Direktors durch weitreichendes Mitspracherecht der Betriebskollektive ersetzt.

Anfang Mai 1950 – damals war ich schon länger als ein Jahr in Jugoslawien – wurde ich zu Tito nach Dedinje eingeladen. Es war ein schöner Sommertag, und Tito schlug vor, das Gespräch im Garten zu führen. Ich begann, mit ihm russisch zu sprechen, aber er winkte nur lächelnd ab: »Sprechen Sie doch lieber deutsch«, sagte er mit leicht österreichischem Akzent. Im Verlaufe dieses Gesprächs machte mich Tito darauf aufmerksam, daß die bisherigen Reformen in Jugoslawien noch längst nicht ausreichend seien. Es sei an der Zeit, anstelle der Staatswirtschaft zur ursprünglichen Marxschen Konzeption der »Assoziation der freien Produzenten« überzugehen. Die Wirtschaft eines sozialistischen Landes sollte, wie Tito schon damals im Mai 1950 in diesem Gespräch meinte, nicht durch eine Staatliche Plankommission und durch eingesetzte Betriebsdirektoren von oben erfolgen, sondern durch frei gewählte Arbeiterräte in Fabriken, Betrieben und Unternehmungen. »Wir bereiten wichtige Veränderungen in dieser Richtung vor«, fügte er hinzu. Als ich einige ideologisch-theoretische Detailfragen dazu stellte, meinte er lächelnd mit einer Bescheidenheit, die ich bis dahin bei kommunistischen Funktionären noch nicht erlebt hatte: »Darüber unterhalten Sie sich lieber einmal mit dem Genossen Kardelj, der in diesen Fragen besonders sachkundig ist.«

Kurz darauf, während meines Urlaubs im Rahmen meiner Tätigkeit im Belgrader Rundfunk, besuchte ich die südlichen Republiken Montenegro und Mazedonien. Hier erlebte ich am 26. Juni 1950 die Einführung der Arbeiterräte. Überall wurde über dieses Thema heftig diskutiert; schon wenige Wochen später besuchte ich Betriebe und Unternehmungen, in denen die Arbeiterräte in geheimen Wahlen gewählt wurden. Aus den Wahlzetteln entnahm ich, daß jeweils mindestens doppelt so viele Kandidaten aufgestellt worden waren, wie gewählt werden sollten. Hier, im Juni 1950, erlebte ich das erste Mal in meinem Leben, daß Wahlen nicht nach einer vorgeschriebenen Einheitsliste erfolgten.

In den deutschsprachigen Sendungen des Belgrader Rundfunks versuchte ich, diese Entwicklung darzustellen – und erhielt manche zustimmenden Briefe der Hörer. Vor allem meldeten sich enttäuschte Mitglieder und Funktionäre der westdeutschen KP, die sich, ähnlich wie ich zuvor, gegen den Stalinismus wandten und in Jugoslawien ein neues positives Modell des Sozialismus erblickten. Schon bald sickerte durch, daß einige der Ausgeschlossenen die Gründung einer unabhängigen marxistischen Partei in der Bundesrepublik planten – für mich ein deutliches Zeichen, daß die neuen Zielsetzungen weit über Jugoslawien hinausgingen.

Die eineinhalb Jahre – von März 1949 bis November 1950 – die ich in Jugoslawien verbrachte, haben mich zutiefst beeindruckt. Nach wie vor bin ich der Überzeugung, daß sich die jugoslawischen Kommunisten ein historisches Verdienst erworben haben. Sie befreiten nicht nur ihr eigenes Land zunächst von der faschistischen Okkupation und anschließend von der damaligen Vorherrschaft der Stalinschen Sowjetunion, sondern beschritten neue Wege und vollzogen eine echte Alternative zum Stalinschen Kommunismus. Sie gaben damit den Anstoß für andere kommunistische Parteien und Länder, die später ihrem Beispiel folgten – wenn auch jeweils auf eigene Art – und legten damit den Grundstein für jene große Reformströmung, die sich, leider erst Jahrzehnte später, allmählich in den mittel- und osteuropäischen Ländern durchsetzen sollte.

In der weiteren jugoslawischen Entwicklung hat es nicht nur, wie zu erwarten, eine Vielzahl von Fehlern gegeben, sondern weit darüber hinaus ernste Rückschläge, ja seit 1970 sogar Rückfälle ins bürokratische Denken und Handeln. All dies kann meiner Meinung nach jedoch nicht die Bedeutung der jugoslawischen Verselbständigung und Wandlung in den ersten Jahren nach 1948 verdunkeln.

Als ich Anfang November 1950 aus Jugoslawien in die Bundesrepublik Deutschland übersiedelte, war dies – auch eine häufig an mich gestellte Frage – keine »Abkehr«, sondern folgte aus der Erkenntnis, daß mein Platz als deutschsprachiger Publizist im deutschsprachigen Raum liegt.

Das Leben in der Bundesrepublik war zunächst nicht leicht. Vieles war und mußte mir äußerst fremd sein – nicht nur, wie häufig

geschildert, das große Warenangebot, sondern die völlig anderen Vorstellungen und Denkformen und, für mich anfangs recht erschreckend, die damals weit verbreitete Unkenntnis über die Vorgänge in der Sowjetunion, der DDR und Osteuropas. Das Einleben war nicht immer einfach. Häufig war ich isoliert. Über das Alleinsein und die Isolierung der Flüchtlinge aus dem anderen Teil Deutschlands ist viel geschrieben worden; zweifellos war dies Anfang der 50er Jahre noch viel schwieriger als heute.
Schon bald nach meinem Eintreffen in der Bundesrepublik kam ich zur Schlußfolgerung, daß ich mich nun, vom Westen aus, mit den Vorgängen in der kommunistischen Welt beschäftigen werde. Diese Aufgabe erschien mir um so dringlicher, als zur damaligen Zeit – Anfang der 50er Jahre – die Sachkenntnis in diesem Bereich, auch in den Massenmedien, oft recht beschränkt und einseitig waren. Begierig las ich zunächst die Bücher ehemaliger kommunistischer Funktionäre, die vor mir mit dem Stalinismus gebrochen hatten. Viele Schriften haben mich zutiefst beeindruckt, aber bei manchen mußte ich mit Bedauern feststellen, daß sie schon bald nach ihrem Bruch zu Wortführern eines extremen Antikommunismus geworden waren. Eine einseitige, von Haß erfüllte Auseinandersetzung lag und liegt mir jedoch völlig fern. Schon damals befürwortete ich eine objektive Kommunismus-Forschung mit der Zielsetzung, die realen Entwicklungen in der kommunistischen Welt zu analysieren – gleichermaßen entfernt von primitivem Antikommunismus und den Haßgefühlen (wie sie in den 50er Jahren noch recht verbreitet waren), aber auch von Schönfärbereien und Illusionen (wie sie in den 70er Jahren vorherrschten).
Mit dieser Grundeinstellung schrieb ich 1953 bis 1955 mein Buch »Die Revolution entläßt ihre Kinder«. Es war mein Wunsch, die Probleme, Widersprüche und Wandlungen in kommunistischen Staaten anhand eines menschlichen Schicksals darzustellen und dabei meine eigenen Erfahrungen, Erlebnisse, Hoffnungen und Zweifel so zu schildern, wie ich sie zum Zeit-

punkt des Geschehens erlebt hatte – und nicht etwa von einem späteren Standpunkt aus.
Mein im September 1955 erschienenes Buch »Die Revolution entläßt ihre Kinder« sollte zu einem tiefen Einschnitt in meinem weiteren Leben führen. Schon wenige Wochen nach der Veröffentlichung des Buches meldete sich in meiner Kölner Wohnung ein Besucher an: Carew-Hunt, ein bekannter britischer Professor, der sich an der Universität Oxford mit der Geschichte des Kommunismus befaßte. Im Verlaufe des ausführlichen Gesprächs erwähnte er, fast nebenbei, ob ich vielleicht eine Einladung nach Oxford annehmen würde – »wenn ich nichts Besseres zu tun habe«.
Kurz darauf wurde ich gebeten, in Oxford einige Vorlesungen zu halten; darauf ergab sich – ohne Fragebögen oder Kommissionen – die Einladung zu einer zweijährigen Forschungstätigkeit am St. Antony's College der Universität Oxford. Gerade in dieser Zeit – es waren die Jahre 1956 bis 1958 – befand sich die Sowjetunion in der Periode ihrer Entstalinisierung. Die Möglichkeiten und Grenzen dieser Entstalinisierung zu analysieren, stand damals im Zentrum meines Interesses. So konnte ich unter den günstigen Bedingungen der Oxford-Universität mein Buch »Kreml ohne Stalin« schreiben.
Die zwei Jahre am St. Antony's College Oxford haben mich tief beeindruckt. Manchmal dachte ich plötzlich wieder an die Kominternschule von 1942/43 zurück. Der Kontrast könnte kaum größer sein. Damals, in der Kominternschule, die einseitige doktrinäre überhebliche Siegesgewißheit, der Anspruch, die Gesetze der Geschichte zu kennen und alle Probleme lösen zu können, wenn man sie nur »richtig« vorbereitet und organisiert ... Und jetzt die ruhige, sachliche, objektiv kritische Atmosphäre in Oxford, das sorgfältige bedächtige Abwägen unterschiedlicher Faktoren, der leicht spöttische, manchmal skeptische Ton, das liebenswürdige Aufeinander-Eingehen in Gesprächen und Diskussionen, die genaue Sachkenntnis. Meine zwei Jahre in Oxford trugen beträchtlich dazu bei, weitere ideologische Scheuklappen

abzustoßen und verbliebene Vorurteile zu überwinden – ohne deshalb die Erfahrungen meines zehnjährigen Lebens in der Sowjetunion und der vierjährigen Tätigkeit in der Sowjetzone Deutschlands zu negieren oder zu vergessen.
Nach wie vor war und bin ich der Meinung, daß jene, die früher als Funktionär im System und der Bewegung tätig waren, mitunter einen entscheidenden Vorteil bei der Analyse kommunistischer Länder haben: die Kenntnis des inneren Mechanismus des Systems; die Möglichkeit, sich Wandlungen im Osten plastisch vorzustellen und sich in die Menschen der kommunistischen Welt hineinzudenken – auch in Parteimitglieder, Funktionäre und Führer; die Fähigkeit, die für viele im Westen so rätselhafte ideologische Wortklauberei, nicht nur zu entziffern, sondern leicht, fast automatisch lesen zu können; die Kenntnisse der politischen Ziele östlicher Führungen, vor allem die praktische Anwendung der politischen Strategie und Taktik. Vieles, was den im Westen aufgewachsenen und von westlichen Systemen geprägten Menschen oft so unwahrscheinlich anmutet, erscheint den früheren Funktionären von drüben wie ein offenes Buch.
Nach meinem ersten Buch »Die Revolution entläßt ihre Kinder« beschäftigten sich auch alle meine weiteren Bücher mit den Entwicklungen und möglichen Wandlungen im Osten. »Kreml ohne Stalin« (1959) und »Chruschtschow – Aufstieg und Fall eines Sowjetführers« (1965) behandelten die widerspruchsvolle Entstalinisierung in der Sowjetunion. In meiner »Sowjetideologie heute – Politische Lehren« (1962) war ich bestrebt, für westliche Leser die entscheidenden Konzeptionen der Sowjetideologie darzustellen und kritisch zu betrachten, sowie vor allem auch auf den tiefen Widerspruch zwischen den ursprünglichen Vorstellungen von Marx und Engels und den späteren Verfälschungen hinzuweisen. Von Mitte der 50er bis Anfang der 70er Jahre schrieb ich darüber hinaus regelmäßig Kommentare für die »Zeit« über die Sowjetunion und den internationalen Kommunismus.

Seit Anfang der 60er Jahre war ich auch im akademischen Bereich in der Kommunismus-Forschung tätig; von 1963 bis 1964 als Senior Research Fellow am Russian Institute der Columbia Universität in New York. Ein damaliger Besuch bei der Yale Universität führte dann zu einer über 20jährigen Verbindung. Von Anfang 1966 bis Sommer 1987, 21 Jahre lang, hielt ich im Rahmen der historischen Fakultät der Yale Universität Vorlesungen und Seminare über die Geschichte der Sowjetunion sowie – darauf aufbauend – auch über die Geschichte der internationalen kommunistischen Bewegung. Meine Seminare beschäftigten sich mit einer Vielzahl von Problemen: von »ungelösten Fragen in der Sowjetgeschichte« über die Geschichte der sowjetischen Außenpolitik bis zu den Methoden der Sowjetforschung. Da ich stets lediglich im Frühjahrssemester (Januar bis Anfang Juni) an der Yale Universität lehrte, konnte ich in der zweiten Jahreshälfte in der Bundesrepublik in der Analyse östlicher Vorgänge publizistisch tätig sein.

Wenn ich heute die Hunderte meiner damaligen Artikel und Analysen durchblättere, so fällt mir ein roter Faden auf: meine Konzentration auf mögliche zukünftige Wandlungen in den kommunistisch regierten Ländern, mein Bestreben, Ereignisse nicht nur statisch zu sehen, sondern auf die Widersprüche und Gegensätze in den kommunistischen Staaten aufmerksam zu machen, auf die Möglichkeit, ja Wahrscheinlichkeit zukünftiger weitreichender Reformen hinzuweisen. Immer wieder unterstrich ich den tiefen Konflikt in den Ostblockstaaten zwischen den neuen gesellschaftlichen Kräften der entstehenden Industriegesellschaft auf der einen und dem veralteten überlebten bürokratisch-diktatorischen System auf der anderen Seite. Das zunehmende Zurückbleiben der Oststaaten in der wissenschaftlich-technischen Revolution, die Nicht-Erfüllung der eigenen ökonomischen Planziele, die zunehmenden Autonomiebestrebungen gegenüber dem Moskauer Zentralismus, die Herausbildung einer Reform-Opposition in vielen Oststaaten mit klaren Alternativprogrammen – all dies waren für mich Zeichen der Hoffnung,

daß es eines Tages gelingen werde, das bürokratisch-diktatorische System zu überwinden und den Weg zu einem pluralistischen freiheitlichen Sozialismus zu beschreiten.
Mit fieberndem Interesse und innerster Anteilnahme verfolgte ich den Prager Frühling von 1968. Manche westliche Kommentatoren sahen in diesen Ereignissen einen »Ausnahmefall«; für mich waren die neun Monate dieser gewaltigen Emanzipation ein Hinweis auf zukünftige Reformen, die auch in anderen osteuropäischen Ländern und schließlich in der Sowjetunion einmal zum Durchbruch kommen würden.
Als am Morgen des 21. August 1968 die sowjetischen Truppen die Tschechoslowakei okkupierten, schien für viele im Westen das Urteil gesprochen: alle Hoffnungen auf zukünftige Reformen im kommunistischen Machtbereich galten nun als Illusion, die Unmöglichkeit eines »Sozialismus mit menschlichem Antlitz« schien für viele bewiesen zu sein. Diesem Verdikt konnte ich mich weder im August 1968 anschließen, noch in den folgenden Jahren. Die Okkupation der Tschechoslowakei war für mich ein grauenvoller Rückschlag, der jedoch auf die Dauer die dringend notwendigen Reformen nicht verhindern könne – weder in den osteuropäischen Ländern noch in der Sowjetunion selbst.
Aber zunächst, nach der Okkupation der Tschechoslowakei, verschärfte sich die Unterdrückung in der damaligen Sowjetunion Breschnews, den osteuropäischen Ländern und in der DDR. Unter Druck und oft ständiger Gefahr von Verhaftungen bildeten sich die ersten Zirkel der Bürgerrechtler, im Westen häufig »Dissidenten« genannt. Aber in der Öffentlichkeit westlicher Länder wurde dies, wie mir scheint, nicht genügend wahrgenommen, denn die 70er Jahre standen im Zeichen der Entspannung. So begrüßenswert mir die Versuche erschienen, mit den Führungen im Osten die Beziehungen zu normalisieren und im Bereich der Abrüstung voranzukommen, so sehr bedauerte ich es, daß diese Entspannungsbemühungen nicht selten zu einer Beschönigung der Situation in den Ostblockstaaten führten, zu einer Überschätzung der damals häufig beschworenen »Stabili-

tät«, einer Unterschätzung der Widersprüche, der Gegensätze, der im Verborgenen unter äußersten Schwierigkeiten wirkenden Reformkräfte. Ich bedauerte, daß – wie mir schien – nicht selten im Interesse diplomatischer Übereinkommen das wichtige Eintreten für Menschenrechte in den Hintergrund geriet.
Nachdrücklich wies ich darauf hin – damals nicht gerade populär –, daß eine Ost-West-Entspannung untrennbar mit einer Liberalisierung verbunden sein müsse. Nur eine Reformentwicklung in den östlichen Ländern, größere Freiheitsräume für die Menschen, die Überwindung von Willkür und Unterdrückung sehe ich als Voraussetzung einer wirklichen Entspannung zwischen Ost und West. Immer wieder wies ich in Aufsätzen und Artikeln auf das Wirken von Andrej Sacharow und die Bürgerrechtsbewegung in der Sowjetunion hin, auf Robert Havemann und seine Anhänger in der DDR, auf die Solidarność-Bewegung in Polen, auf die Bürgerrechtsbewegung in der Tschechoslowakei.
In meinem 1975 erschienenen Buch »Am Vorabend einer neuen Revolution? / Die Zukunft des Sowjetkommunismus« stellte ich, ausgehend von den tiefen Widersprüchen und Gegensätze des Systems, mögliche zukünftige Wandlungen dar. In meiner damaligen – 1975 veröffentlichten! – Prognose über eine mögliche zukünftige Demokratisierung in der Sowjetunion erwähnte ich die Diskussionsfreiheit in der Partei, die ungehinderte Möglichkeit, Gruppierungen zu bilden, echte geheime Wahlen mit mehreren Kandidaten, die Haftentlassung unschuldig Verhafteter aus Lagern und Gefängnissen, die Abschaffung von Zensur und Vorzensur, die Verwirklichung der Presse-, Organisations- und Meinungsfreiheit, die öffentlich-kritische Überprüfung aller politischen Prozesse der Vergangenheit, die Bildung eines Verfassungsgerichts, die Wandlung des Obersten Sowjets von einem Scheinparlament von Ja-Sagern zu einer echten Volksvertretung, freie kritische Diskussionen auf den Tagungen des Sowjets über alle politisch relevanten Probleme, die Abkehr vom Messianismus in der Weltpolitik, die Herausbildung neuer Beziehungen Moskaus zu den osteuropäischen Ländern auf der Grundlage der

Gleichberechtigung sowie den schrittweisen Abzug sowjetischer Truppen aus den Ländern Mittel- und Osteuropas.
Damals, im Jahre 1975, klang dies wie utopische Zukunftsmusik. Aber nur ein Jahrzehnt später, nach der Ernennung Gorbatschows am 11. März 1985, begann in der Sowjetunion – leider viel zu spät! – die Periode von Glasnost und Perestroika. Endlich, endlich war es soweit! Mit innerster Anteilnahme verfolgte ich jeden neuen Schritt in diesem gewaltigen Aufbruch – ohne die Schwierigkeiten und Gegenkräfte aus den Augen zu verlieren. Auch auf mein persönliches Leben wirkte sich die Perestroika aus: Im Juli 1987, als Pressevertreter anläßlich des Besuches des Bundespräsidenten von Weizsäcker in der Sowjetunion, fuhr ich erstmals wieder in die Sowjetunion. Gern gebe ich zu: nach dem schrecklichen Trauma der Stalin-Ära spürte ich zunächst bei der Ankunft am Moskauer Flughafen wieder die Angst der Vergangenheit. Als ich vom Flughafen Wnukowo II nach Moskau hinein fuhr, kam ich mir zunächst vor wie in einer völlig fremden Stadt – riesige Neubauviertel im Stil der 60er Jahre. Je näher ich dem Zentrum kam, desto mehr erkannte ich jenes Moskau wieder, in dem ich von 1935 bis 1945 gelebt hatte. Es erschien mir so vertraut, als hätte ich die Stadt erst vor wenigen Tagen verlassen: Gorkistraße, Kusnezkij-Most, Petrowka. Ich fühlte mich zu Hause.
Es gab frappierende Unterschiede zur Stalin-Zeit: Weniger Losungen, kaum Führerbilder in den Straßen. Ich fotografierte die weit selteneren Losungen – Form und Schrift waren wie früher, die Inhalte aber neu. Vor allem die Menschen wirkten auf mich anders: Die Moskauer in der Stalin-Ära waren militanter, überzeugter, härter, während ich sie jetzt legerer, entspannter empfand, auch auf dem Roten Platz. Unwillkürlich dachte ich an früher. Stets hatte ich einen großen Bogen um die Ausländer-Hotels »Metropol« und »National« gemacht, aus Furcht, ein »bourgeoiser Ausländer« könnte mich nach dem Weg fragen und dies könnte dann für mich nicht ungefährlich sein. All das war vorbei – man konnte sich beliebig mit Sowjetbürgern treffen und

über alles unterhalten. Hier in Moskau und später in Nowosibirsk erlebte ich noch direkter und unmittelbarer die unterschiedlichen Auffassungen in unterschiedlichen sowjetischen Zeitungen, die Offenheit, mit der die Massenmedien über Mängel, Schwierigkeiten und Mißstände berichteten, die Überwindung der Tabus, die Auseinandersetzungen über Richtung und Tempo der geplanten Reformen. Bei drei weiteren Reisen in die Sowjetunion – im Juli und Oktober 1988 und im Dezember 1989 – verstärkte sich der Eindruck eines Aufbruchs, aber auch die zunehmenden Schwierigkeiten und das Auftreten von Gegenkräften. Im März 1989 hatte ich schließlich die Freude, daß die sowjetische Wochenzeitung »Sa Rubeshom« (»Jenseits der Grenzen«) kapitelweise mein Buch »Die Revolution entläßt ihre Kinder« veröffentlichte. »Allerdings«, sagte mir einer der Redakteure, »wir können aus Ihrem Buch alles über die Sowjetunion veröffentlichen, jedoch nicht Ihre letzten drei Kapitel, die sich mit der Sowjetzone Deutschlands, der heutigen DDR, beschäftigen.«

Bei aller Freude über die Reformentwicklungen der Sowjetunion, Ungarns und Polens blieb die Traurigkeit und Enttäuschung darüber, daß in der DDR unter Erich Honecker alles noch unverändert schien.

Im September 1987 besuchte Erich Honecker – damals noch SED-Generalsekretär und Staatsratsvorsitzender – die Bundesrepublik. Der Besuch hatte für mich auch eine persönliche Note. Erstmals war ich Erich Honecker am 10. Mai 1945 begegnet, im damaligen Büro der »Gruppe Ulbricht« in der Prinzenallee 80 in Berlin-Friedrichsfelde (heute Einbeckerstraße 41). Am 10. Mai traf eine Gruppe von »Brandenburgern« ein – den früheren Häftlingen des Zuchthauses Brandenburg. Zu ihnen gehörte auch der damals 33jährige Erich Honecker. Zwischen den aus Moskau zurückgekehrten Emigranten und den »Brandenburgern« gab es ein herzliches, aber leider nur kurzes Wiedersehen. Man ging schnell zur Arbeit über. Ulbricht entschied: Honecker soll für die bald wieder zu gründende KPD die Jugendarbeit übernehmen.

Nun, 42 Jahre später, im September 1987, kam er als Staatsratsvorsitzender in die Bundesrepublik Deutschland. Ich hatte wiederholt Gelegenheit, ihn zu sehen und zu beobachten: seine Ankunft in Bonn, der große Empfang, das Abspielen der DDR-Hymne und das Aufziehen der DDR-Fahne, seine Reise durch die Bundesrepublik – in Düsseldorf, Wuppertal, Essen, in Trier und im Saarland und, vor allem, die unterschiedlichen Stimmungen der bundesdeutschen Bevölkerung. Von Zustimmungsäußerungen auf der einen, immer wiederkehrenden Forderungen »Menschenrechte in der DDR« und dem Ruf »Die Mauer muß weg« auf der anderen Seite. In der öffentlichen Meinung gab es, ähnlich wie in der Entspannungszeit der 70er Jahre, optimistische Hoffnungen. Man sprach von einem »Durchbruch« in den deutsch-deutschen Beziehungen und hoffte auf eine »Koalition der Vernunft« – mit Honecker! Ich war skeptisch und schrieb zum Abschluß seines Besuches am 13. September 1987:
»Zu einem wirklichen Durchbruch in den deutsch-deutschen Beziehungen kann es erst dann kommen, wenn die Absichtserklärungen zur Realität werden, Ausreisen und Besuchsreisen nicht mehr vom Wohlwollen der Behörden und dem Wohlverhalten der DDR-Bürger abhängen, sondern als Recht verankert sind, wenn es zu einem geregelten Zeitungsaustausch kommt, wenn die Städtepartnerschaften sich nicht nur auf Beamte und Funktionäre beschränken, sondern im weiten Umfang ungehinderte Begegnungen von Menschen der beiden deutschen Staaten ermöglicht.
All dies würde aber auch innere Reformen in der DDR selbst voraussetzen: mehr Diskussionsfreiheit, offene kritische Betrachtungen über die Vergangenheit und über die gegenwärtigen Probleme, die Bereitschaft zu Reformen, die Verselbständigung der ›Blockparteien‹ gegenüber der SED, die Unabhängigkeit der Justiz, ein starkes Eigengewicht einer künftig demokratisch zu wählenden Volkskammer, die Befreiung der Medien, der Kultur und Wissenschaft von der Bevormundung durch die herrschende Staatspartei und damit, vor allem, größere Freiräume für die Bürger der DDR.

Erst wenn sich in der DDR Reformen vollziehen, dann würden sich die deutsch-deutschen Beziehungen schnell verbessern, dann würde der ›Durchbruch‹ erfolgen und die ›Koalition der Vernunft‹ zur Realität werden.«

Noch zwei Jahre mußte ich warten, bis sich endlich mein großer Wunsch erfüllte: die Wende und die friedliche Revolution in der DDR, der Sturz des diktatorischen Honecker-Regimes. Im September 1989 kam es zu den großen Demonstrationen in fast allen Städten der DDR. Das Volk stand auf. Unter den Losungen »Wir sind das Volk«, »Stasi in die Produktion«, »Reisepässe für alle – Laufpaß für die SED« und »Sägt die Bonzen ab, nicht die Bäume« vollzog sich die Demokratisierung der DDR. Ich verhehle nicht, daß mir nicht selten die Tränen kamen, als ich die Massendemonstrationen mit diesen Freiheitslosungen im Fernsehen verfolgte.
In wenigen Wochen vollzog sich das, worauf ich 40 Jahre gewartet hatte: die Aufgabe des Monopolanspruchs der SED, die Herausbildung und offizielle Anerkennung der unabhängigen Reformbewegungen, die Loslösungen der ehemaligen Blockparteien von der Vormundschaft durch die bisherige Staatspartei, die offenen und freien Diskussionen, die Tätigkeit der Bürgerkomitees zur Auflösung des Staatssicherheitsdienstes, die Befreiung der Wirtschaft von den Fesseln einer bürokratisch-zentralistischen Planwirtschaft, die Befreiung der Schulen und Hochschulen von einseitiger politischer und weltanschaulicher Ausrichtung, die frei gewählte Volkskammer, die Meinungs-, Versammlungs-, Vereinigungs-, Presse- und Medienfreiheit sowie die beginnende Aufarbeitung der DDR-Geschichte und die Überwindung der vielen »weißen Flecken«.
Auch für dieses Buch hatte die Wende einen eigenen Aspekt. Erstmals nach 40 Jahren konnte ich wieder die DDR besuchen: Dresden, Leipzig, Ost-Berlin, Rostock und die Mark Brandenburg. Erstmals konnte ich wieder frei mit DDR-Bürgern diskutieren, Vorträge vor Geschichtslehrern über die Gründung der

SED halten und schließlich am 25. Juni 1990 mein Buch »Die Revolution entläßt ihre Kinder«, vom Reclam-Verlag Leipzig gedruckt, in der Akademie der Künste in Ost-Berlin vorstellen.
Die Demokratisierung der DDR gab mir auch die Möglichkeit, jene Stätten zu besuchen, die in diesem Buch beschrieben wurden: den Ort Bruchmühle, 35 Kilometer östlich von Berlin, wo die aus Moskau kommende »Gruppe Ulbricht« vom 2.–9. Mai 1945 tätig gewesen war, unsere erste »Zentrale« in der Prinzenallee 80 (heute Einbeckerstr. 41) in Berlin-Friedrichsfelde, die Gaststätte »Rose« schräg gegenüber, in der im Mai und Juni 1945 die Zusammenkünfte der aktivsten Berliner Kommunisten stattfanden sowie das damalige Gebäude des Zentralkomitees der KPD in der Wallstraße 61–65 – wo heute der Dietz-Verlag, der langjährige SED-Parteiverlag, ansässig ist.
Schließlich gelang es mir auch – allerdings erst im Juni 1990 –, den großen Gebäudekomplex der ehemaligen SED-Parteihochschule »Karl Marx« in Kleinmachnow zu besuchen. Hier erlebte ich eine Überraschung: das Hauptgebäude, die Hakeburg, in dem damals die Verwaltung der SED-Parteihochschule und die wichtigsten Seminare stattfanden, entpuppte sich inzwischen als ein »Inter-Hotel«. Die Mehrzahl der großen Gebäude, in denen damals die Kursanten und Dozenten der SED-Parteihochschule tätig waren, stehen allerdings heute leer.
Wichtiger aber als die Besuche dieser Stätten waren die Gespräche mit den DDR-Bürgern, die nun endlich über ihre Vergangenheit frei sprachen und mit denen ich über die Ereignisse, die in diesem Buch geschildert wurden, diskutieren konnte.

Manderscheid/Eifel
Juli 1990 *Wolfgang Leonhard*

Personenregister

Wolfgang Leonhard
Spurensuche
... Vierzig Jahre nach Die Revolution entläßt ihre Kinder

Mit zahlreichen Dokumenten, historischen und aktuellen Fotos. Aktuelle Fotos von Gerhard Weber
Leinen

Wolfgang Leonhards autobiographisches Buch *Die Revolution entläßt ihre Kinder* erschien erstmals 1955. Seither ist es in Hunderttausenden von Exemplaren aufgelegt worden und in alle Weltsprachen übersetzt. DerAutor schildert darin seine Jugend in der UdSSR, wohin er vor den Nazis floh. In Moskau erlebte er den Stalinismus; seine Mutter verbringt Jahre in sibirischen Lagern. Er erhält eine Eliteerziehung, die ihn für politische Aufgaben nach dem Krieg präpariert. Im April 1945 kehrt er mit der sogenannten »Gruppe Ulbricht« nach Deutschland zurück. Während seiner Arbeit lernt er alle entscheidenden Repräsentanten der sowjetischen Besatzungszone kennen, gehört zum inneren Kreis der KP. Bald gerät er in Widerspruch zur Parteilinie und flieht 1949 über Jugoslawien in die BRD.
1987 kann er erstmals wieder die Sowjetunion bereisen; 1990 die DDR. Er sucht Orte und Personen auf, die er in *Die Revolution entläßt ihre Kinder* beschrieben hat. Es ist dies keine nostalgische Reise in die Vergangenheit, sondern es sind erschütternde Wiederbegegnungen, die zeigen, wie zerstörerisch und menschenverachtend totalitäre Regime sind.

MICHAEL SCHNEIDER
DAS ENDE EINES JAHRHUNDERTMYTHOS

Eine Bilanz des Sozialismus Leinen

1989 haben die osteuropäischen Völker ein Jahrhundert abgewählt. Nach dem gescheiterten Putsch vom 19. August 1991 hat sich die Sowjetunion aufgelöst. Das »Gespenst des Kommunismus«, das zu Marxens Zeiten in Europa »umging«, ist untergegangen.
In dieser Situation zieht Michael Schneider aus dem Scheitern des »Realsozialismus« Bilanz. Sein Buch eröffnet einen historischen Blick auf die Hammer & Sichel-Epoche, der die zentralen Mythen der sowjetischen Geschichte demontiert. Schneider weist nach, daß die Oktoberrevolution nicht den »weltgeschichtlichen Übergang vom Kapitalismus in den Sozialismus« einleitete, weil es im Rußland des Zaren den Kapitalismus nie gegeben hat. Das stalinistische Regime interpretiert er als sozialistisch verbrämte Hülle einer Industrialisierungsdespotie, die mit dem Rückfall in die »allgemeine Staatssklaverei« einherging. Was in Osteuropa und der Sowjetunion zu Ende gegangen ist, war nicht »der« Sozialismus, sondern die »asiatische Variante« des »rohen Kommunismus«, den Marx selbst als die schlechte Negation des Privateigentums und der mit ihm verknüpften bürgerlichen Zivilisation bezeichnet hat.
Gleichzeitig warnt Schneider vor den Gefahren eines weltweit gewordenen Kapitalismus. Die »freie Marktwirtschaft« verschärft gerade die Probleme, die sie zu kurieren vorgibt: Welthunger und Weltflüchtlingsbewegung, ökologische Krise und strukturelle Massenarbeitslosigkeit. Nur mit einer radikalen Wende in den Nord-Süd-Beziehungen, einer neuen Weltwirtschaftsordnung und dem Primat der Ökologie vor der Ökonomie kann der Kapitalismus die größte Herausforderung seiner Geschichte bestehen.

KIEPENHEUER & WITSCH

Heiner Müller
Krieg ohne Schlacht
Leben in zwei Diktaturen

Mit zahlreichen Fotos und Dokumenten. Leinen

Heiner Müller, der bedeutendste deutschsprachige Dramatiker der Gegenwart, hat nie die Öffentlichkeit gescheut und sich in den letzten Jahrzehnten neben seiner dramatischen Arbeit in vielen Interviews und öffentlichen Reden pointiert mit der politischen Situation im geteilten Deutschland vor 1989 und nach der Vereinigung auseinandergesetzt.
Doch obwohl sein dramatisches und literarisches Werk seit den 50er Jahren eine Vielzahl von biografischen Bezügen enthält, weiß man wenig über den Lebensweg dieses Autors, der die letzten Kriegsmonate noch als Jugendlicher erlebte, bis 1989 seinen Wohnsitz in der DDR hatte und das deutschsprachige Theater revolutioniert.
Damit ist diese Autobiografie ein einzigartiges Dokument, das zugleich einen wesentlichen Beitrag zur Geschichte der DDR und des DDR-Theaters darstellt.
Ausführlicher als bisher spricht Heiner Müller in seinem Buch über literarische Einflüsse und Vorbilder, über Freunde und Feinde, über seine Auseinandersetzungen mit der allgegenwärtigen Partei und Staatszensur und über die Vorgänge 1961, die zu seinem Ausschluß aus dem Schriftstellerverband der DDR führten, vor allem aber über seine langjährige Arbeit als Dramatiker und Regisseur an den großen Berliner Theatern vom »Berliner Ensemble« bis zum »Deutschen Theater«.
Die Lebendigkeit und der Witz vieler Passagen des Buches ist Folge seiner Entstehungsgeschichte: Die Grundlage des Textes sind mündliche Erzählungen des Autors über viele Wochen hinweg, die anschließend vom Autor überarbeitet und ergänzt worden sind.

Kiepenheuer & Witsch

CHRISTIAN V. DITFURTH
BLOCKFLÖTEN

Wie die CDU ihre realsozialistische
Vergangenheit verdrängt
Broschur

Dieses Buch ist eine Streitschrift gegen das Verdrängen und Vergessen der realsozialistischen Vergangenheit der CDU. Binnen weniger Wochen wandelte sich die Ost-CDU von einer Staatspartei Ost in eine Staatspartei West – ohne sich auseinanderzusetzen mit der eigenen Verstrickung in das SED-Regime. So bekleiden heute Menschen Führungsfunktionen in Staat und Partei, die gestern den »Imperialismus der BRD« verdammten und den realen Sozialismus priesen.